KB136923

서양 중세의 교황권

정치적 갈등과 투쟁의 역사

이 저서는 2017년 정부(교육부)의 재원으로
한국연구재단의 지원을 받아 수행된 연구임(NRF-2017S1A6A4A01018802)

This work was supported by the National Research Foundation of Korea Grant funded
by the Korean Government(NRF-2017S1A6A4A01018802)

Papacy in the Middle Ages
: A History of Political Complications and Struggles

서양 중세의 교황권

정치적 갈등과 투쟁의 역사

장 준 철 지음

혜안

본 필자가 서양 중세사학도로서 교황권 이론을 어렴풋이 이해하고 총 정리하기까지 기나긴 시간이 흘렀다. 중세를 공부하기 시작한 1970년대 말과 80년도 초엽 국내에서는 '새로운 역사학'이나 '아날학파'의 영향으로 사회사, 경제사, 심성사, 문화사, 생활사 등 역사연구 영역이 확장되어 가는 시기였다. 역사를 바라보는 눈을 새롭게 가져본다는 것은 매력적인 일이었지만 그러한 방향으로 나아가기에는 연구 자료의 한계로 용기 내기가 어려운 시절이었다. 그 무렵 울만Walter Ullmann의 저서가 국내에 많이 유입되었고, 그로 인해 중세교회사에 많은 관심이 모아지면서 교황권의 역사에 대한 접근이 비교적 용이하였다.

울만은 방대한 사료를 추적하면서 중세 정치 이론의 현대적 해석을 이해하기 쉽게 구조화하였다. 영미권에서 그의 학문적 업적과 영향력은 지대하였다. 다른 자료보다 비교적 쉽게 접할 수 있었던 울만의 교황권 이론서들을 통해서 필자는 교황권의 형성과정과 전개, 그리고 교회법 이론에 대해 전반적인 내용을 파악하는 데에 큰 도움을 받았다.

교황권 이론에 좀 더 깊은 내용을 알아가면서 각론에 있어서는 울만의 견해와 다른 점을 발견하게 되었다. 오클리Francis Oakley는 국가의 정치적 주권을 신정적인 하향적 관념과 상향적 인민주의 관념을 대비시켜서 구조화한 울만의 정치적 견해를 검토하면서 곳곳에서 돌출된 문제들을 지적하였다. 또한 라드너Gehard B. Ladner는 중세 전성기에 진행된 교권주의의 형태에 대해서 울만의 오류들을 밝히면서 그와는 다른 결론을 이끌어 나갔다. 중세 정치사상 연구의 한 획을 그었던 울만도 내부적으로 상당한 오류를 가지고 있었음이 밝혀지고 있었다.

　교황권의 전개 과정과 교회법을 연구해가는 과정에서 여전히 많은 것을 울만의 이론으로부터 도움을 받고 있었지만 많은 시간이 지난 후에 나의 시각이 라드너의 견해와 유사하다는 것을 알게 되었다. 그러한 생각은 1995년 캔자스 대학 방문교수 시절 브런디지James A. Brundage 교수와 1년 동안 매주 자료를 분석하고 지도를 받는 과정에서 확신으로 자리를 잡았다. 울만은 12·13세기 중세의 전성기에 교회법 학자들과 교황들에게 있어 이미 신정적 교황권지상주의가 주류를 이루었다고 보면서 이를 보니파시오 8세까지 연속선상에서 바라보았다. 그러나 본 연구에서는 교권주의와 속권주의가 12·13세기 교회법학자들 사이에 활발하게 논란이 되기는 했지만 그 시기의 교황들과 교회법 학자들이 일반적으로는 교·속 병행주의의 입장을 지녔고 몇몇 단계를 거치면서 교황권지상주의로 강화되어 갔다고 보게 되었다.

　오랜 시간이 경과되면서도 중세의 교황권 이론을 어느 정도 정리하고도 마감하지 못하였는데 이는 복잡하고 이해하기 어려운 교회법 이론과 연관된 교황권 개념을 명료하게 보여주기에는 본 저자의 능력이 턱없이 부족했기 때문이었다. 또 다른 이유로는 교황권에 대해서 상당한 정도의 연구가 진행되었음에도 그와 관련해서 반드시 해결해야 할 주제가 있었는데 그것은 중세교회의 파문에 대한 명확한 이해였다. 중세의 교황들이 왕이나 황제와 같은 세속권력에 맞설 수 있었던 것은 파문이라는 교회법적 징계를 무기로 힘을 발휘할 수 있었기 때문이었다. 파문에 관한 논문 한 편 발표할 정도의 관심을 가지면 아마도 충분할 것이라고 판단했다. 그러한 판단은 철저하게 빗나갔다. 8개의 주제로 이루어진 책 한권을 서술하고서야 비로소 파문의 실체와 그것이 중세 정치에 미친 영향을 파악할 수 있었다. 그러한 이유로 앞서 출간한 저서 『서양중세교회의 파문』의 결론 부분인 '교황의 보편적 지배권 행사와 파문'을 이 책에 삽입할 수 있게 됨으로써 비로소 교황권에 대한 탐구를 마무리하게 되었다.

교황권 이론에 대해 관심을 깊게 가질 무렵 누군가가 나에게 혹시 가톨릭 신자인지 물었다. 그 질문 속에는 가톨릭 신앙 안에서 교황의 역사를 바라보는, 어느 정도는 파당적 시각에서 접근하는 것이 아니냐는 일종의 질책이 담겨 있었다. 이는 16세기 프라키우스를 중심으로 서술된 『막데부르그의 세기』의 신교적 역사 서술과 바로니우스가 중심이 되어 서술된 『교회사 연보』의 가톨릭적 역사서술의 파당적 시각을 연상시켰다. 본 필자는 신교 그리스도인으로서 신앙을 가지고 있지만 역사 서술에서 편견을 가지고 예단하지 않도록 노력하였다. 『교황의 역사』를 서술한 푸어만이나 『옥스퍼드 교황사전』을 편찬한 노먼 데이비슨 켈리 역시 신교 그리스도인으로서 교황의 역사를 바라보았다. 신교 그리스도인으로서 반교황적 시각이나 반가톨릭적 감정을 표출할 수 있다는 염려를 하지 않는 것은 필자가 사실을 중시하는 역사학도이기 때문이었다. 아마도 그러한 객관적 자세는 푸어만이나 켈리도 마찬가지였을 것이다. 다만 그리스도인이었기 때문에 교회법과 교령에 언급되는 수많은 신학적 내용이나 성경 구절을 용이하게 이해할 수 있는 유리한 위치에 있었다는 것을 부인할 수 없다. 그러므로 이 책은 신교인이 바라보는 교황권의 역사가 아니라, 역사학도의 객관적 시각으로 바라보는 중세 역사의 한 페이지라는 점을 강조하고자 한다.

이 주제를 본격적으로 공부하게 되면서 유럽 각지의 관련 자료를 수집하는 일이 큰 난관이었다. 2000년대 초반까지는 오늘날처럼 네트워크를 통해 자료 수집이 용이한 시절이 아니었다. 80년대 후반에서 90년대 중반까지 괴팅겐 대학 도서관에서 소장한 교황권 관련 자료를 꾸준히 복사해서 보내주었고 소장하지 않는 자료는 독일 내 다른 도서관에 연락하여 보내주었다. 그 덕택으로 원하는 거의 모든 자료를 수집할 수 있어서 이러한 정도나마 나름대로의 결과를 만들어 낼 수 있게 되었다. 외국에까지 많은 분량의 자료를 복사해서 보내준 괴팅겐 대학 도서관의 호의에 평생 고마움을 느끼며 지내고 있다.

　한국서양중세사학회는 이 주제에 관련된 논문을 하나하나 작성해 가면서 이를 발표하고 전문 학자들의 검토를 받을 수 있는 좋은 기회의 장이었다. 학회에서 논문을 발표할 때마다 시각을 교정해주고 오류를 범하지 않도록 토론해주고 올바른 방향을 제시해준 한국서양중세사학회의 선후배 동료 회원들에게 깊은 감사의 마음을 느낀다.

　여러 가지로 어려운 국내의 상황 속에서도 꾸준히 전문학술서를 출판하고 계시는 출판사 혜안의 오일주 사장님께 감사를 드린다. 그리고 이 책의 교열과 편집을 위해 수고해주신 편집장님에게 역시 고마움의 마음을 표하고 싶다.

　끝으로 평생의 반려자로서 격려와 용기를 주면서 연구를 지속할 수 있도록 배려해주고 같은 사학도로서 연구 내용을 검토하며 원고를 교정해주었던 아내 이호선 여사와 연구 생활에 지장이 없도록 각자의 삶을 잘 지켜준 자녀 진수와 혜원에게 이 책을 헌정하고자 한다.

전주 가든시티 연구실에서

(1) 교황권의 개념

교황제도는 고대 로마제국 시대에 발생하여 현대 가톨릭교회에 이르기까지 오랜 세월 동안 지속된 제도이다. 그러나 왕권적 힘과 권위를 속성으로 가지는 교황권은 중세의 역사를 대표할 만한 이념이요 현상의 하나로서 중세적 창조물이라 할 수 있다. 1870년 제1차 바티칸 공의회에서 선포된 가톨릭교회의 교리에서 "교황은 성 베드로의 후계자로서 그리스도가 사도의 군주에게 부여한 최고의 권위를 상속받는다"라고 명기할 정도로 수위권에 기초한 교황의 절대적인 권위가 중세로부터 현대에까지 이어져 내려오고 있다. 그러한 교황의 권위는 중세 시대에 교회와 세속의 끊임없는 갈등과 충돌 속에서 형성된, 즉 중세의 역사적 환경이 만들어낸 독특한 요소라 할 수 있다.

중세의 로마교회는 이그나티오스, 클레멘스, 테르툴리아누스 등 1~2세기 교회지도자들의 편지 속에 언급된 베드로와 로마교회의 특수한 관계를 근거로 로마주교의 우월한 권위를 주장하였다. 또한 이탈리아의 무기력한 정치적 상황, 그리고 야만족의 침탈과 위협에 맞서서 로마를 구하고 교회를 보호하고자 했던 교황 레오 1세(440-461)가 로마주교를 중심으로 하는 강력한 교회의 질서를 정비하면서 주장한 교황의 수위권과 완전권을 토대로 교황권이 확립되었다고 말하기도 한다.

그러나 교황제도는 고대에까지 거슬러 올라가 그 근원을 찾아볼 수는 있겠지만 교황의 강력한 왕권적 권위는 수세기 동안 많은 난관을 거치면서 12세기 이후에야 그 개념이 형성되기 시작했다고 할 수 있다.

교황권 이념은 로마교회와 지역교회들과의 관계 속에서 점차 형태를 가지기 시작했으며, 교황권력과 세속권력의 충돌과 갈등 속에서 초월적인 권위를 지향하였다. 중세 가톨릭교회가 고대의 교회나 현대의 가톨릭교회와 다른 점은 교회 자체의 문제에만 관심을 국한하지 않고 세속국가와 긴밀한 관계를 가지거나 첨예하게 대립하면서 정치적으로 강력한 힘과 영향력을 발휘했다는 점이다. 그러한 상황 속에서 로마주교인 교황이 주장한 수위권, 완전권, 보편적 권위를 세속국가와 군주까지를 대상으로 적용하고자 하였다. 즉 교황은 교회의 수장일뿐 아니라, 황제나 왕을 포함한 모든 세속권력에 대해서도 우월권을 주장하였다. 그리고 종교적 문제뿐 아니라 세속 문제까지도 간섭할 수 있는 교황의 권한은 교황이 지닌 완전권에서 비롯된다고 보았다.

11세기에서 13세기까지 중세 전성기의 교황들이 세속권력과 끊임없이 긴장관계를 유지하고 때로는 첨예하게 대립하며 맞설 수 있었던 것은 교황이 그리스도교 사회 내에서는 황제나 왕의 지위보다 더 높은 수위적 권위를 지니고 있다고 여겼기 때문이다. 그러한 이유로 군주라 할지라도 교회의 사법적 영역을 침범할 수 없었던 반면에, 교황은 각 국가에서 발생한 중대한 세속적 문제들을 '영적 재치권spiritual jurisdiction'의 범위에 포함시키려고 하였다. 그렇기 때문에 교황의 권력이 어느 곳까지 미칠 수 있는지, 교황은 과연 세속적 권력을 행사할 수 있는지의 문제를 두고 중세의 왕권옹호자들과 교황권론자들 사이에 수없는 논쟁이 진행되었다.

중세의 지식인은 대부분 성직자들이었기 때문에 왕권론자들 역시 성직자였다. 그러나 적어도 아리스토텔레스의 국가론이 보편화되기 전까지는 중세의 정치적 이론은 교회법학자들에 의해서 검토되고 교회법 이론으로 구체화되었다. 교황의 '완전권plenitudo potestatis'[1]은 교황 레오 1세가 처음 사용했으나 12세기 초까지 주교의 '전권plena postatis'과 뚜렷한 구분이 없었다. 호스티엔시스Hostiensis (1200-1271)에 의해서 비로소 완전 권이 교황이 관장하는 로마교회에 속한다고 말할 정도였고, 이는 점차 교황 개인에게 소유되는 교황만의 배타적이고 절대적인 권한으로 교회 법학자들에게 인식되었다. 12·13세기 교회법학자들은 교회의 위상, 법적 구조뿐 아니라 실정법, 자연법, 관습법에 이르기까지 공동체에 속하는 법적 속성에 대해서까지 언급하였다.[2] 나아가서 중세 교회법 문헌에는 중세 정치 이론과 헌정주의 이론이 광범위하게 논의되었다.

11세기 그레고리오 교회개혁 시대 이후로부터 세속과 첨예하게 대립할 때마다 교황들은 세속에 영향을 미칠 수 있는 사법권이나 정치력을 발휘하고자 할 때에 그렇게 할 수 있는 근거를 교회법의 법원法源에서 찾고자 하였다. 그만큼 중세 세계에서 다른 다양한 분야에서 만큼 정치사법적인 면에서도 교회법은 강력한 힘을 발휘하였다. 그래서 교황의 주변에는 최고의 교회법학자들이 있었고 때로는 교황 자신이

---

1) 'plenitudo potestatis'는 가득차고 완전하며 충만한 권력을 뜻한다. 이는 교황의 대리자에게 부여되었던 'plenary potestas 전권'과는 구별되는 개념이다. 권한의 범위나 내용에 있어 위의 두 권력은 분명한 차이를 보여주고 있다. 'plenitudo potestatis'는 신의 속성인 'omnipotentia 전능'에는 못 미치는 권력이다. 신의 전능함이 우주와 인간을 창조한 능력, 역사를 섭리하고 우주를 지배하는 능력을 의미한다고 한다면, 교황의 'plenitudo potestatis'는 그리스도교 세계의 수장으로서 재치권裁治權, 통치권統治權, 입법권立法權 등 그리스도교의 구성원과 조직에 미칠 수 있는 현세적 권력을 말한다. 이는 한국어로 된 적합한 용어가 없으나 그 내용과 범위, 성격을 고려해 볼 때 '전권'이나 '전능권'과는 구분해서 이해되어야 할 것이다. 수위권을 가진 교황이 그리스도교 세계에서 행사할 수 있는 완전한 권력, 또는 충분하고 충만한 권력이라고 본다면 'plenitudo potestatis'는 '완전권' 또는 '충만권'이라고 해석해야 한다. 둘 모두가 사용 가능한 용어라는 점을 인정하면서 본서에서는 완전권을 교황의 권력으로 지칭하고자 한다.

2) Brian Tierney, "The Canonists and the Medieval State," *The Review of Politics* vol.XV (1953), pp.378-388.

교회법학자인 경우가 많았다. 교황 알렉산데르 3세로 알려진 롤란두스 반디넬리, 교황 인노첸시오 3세의 스승인 후구치오, 교황 인노첸시오 4세가 되는 시니발트 피에스키와 구리엘무스 두란두스, 요한네스 안드레아이, 자바렐라, 파노르미탄누스 등 수많은 교회법학자들이 교황의 강력한 재치권을 뒷받침하기 위한 이론가로서 활동하였다. 따라서 중세의 교황권에 대한 탐구는 교회법에 대한 이해를 토대로 진행되어야 한다.

교황의 주변에서 강력한 교황권을 위해 교회법의 법원과 해석을 제공한 교회법학자들이 모두가 교황권지상주의자들은 아니었다. 그들 가운데에는 세속 군주가 그리스도의 대리자인 교황으로부터 군주권을 부여받았기 때문에 군주들도 모두가 교황의 재치권에 종속된다고 보는 이들이 있었다. 하지만 많은 교회법학자들은 왕도 교황처럼 신으로부터 직접 왕권을 부여받았기 때문에 교황의 간섭을 받지 않고 독립적 권한을 가진다고 해석하였다. 중세 교·속 관계에 있어 전자를 교황권지상주의자라고 한다. 후자의 경우를 이원론dualism주의자라고 표현하는 것이 일반적이지만 이를 교·속 병행주의parallelism자라고 하는 것이 좀 더 정확한 이해라고 할 수 있다.

(2) 교황권과 세속권력의 갈등

11세기 이후 중세 사회에서는 로마교회를 중심으로 조직화된 서유럽 교회가 세속 사회에 그 영역을 확대해가면서 교황을 구심점으로 범 유럽적 정치 조직을 구축하였다. 그것은 교회가 이전에 페핀이나 카롤루스 마그누스Carulos Magnus, Charlemagne(742-814)와 같은 세속권력에게서 받았던 도움과 후원에 안주하지 않고 독자적인 힘과 권위를 강화시켜가려는 끊임없는 의지의 발로였다. 그러한 교회 권력의 의지는 11세기에 표면화되기 시작하였고 13세기에 이르러 절정을 이루게 된다. 그러나 그 길은 순탄한 과정은 아니었다. 교황을 중심으로 하는 교회의 권력이 강화되기 위해서는 두 가지의 조건이 성숙되어야만 가능한 것이었다.

첫째, 권력을 추구하는 교황의 권위를 뒷받침해 줄 수 있는 교회법적 근거가 반드시 필요하였다. 합당한 근거를 토대로 하지 않는다면 교황권은 외부의 세속권력으로부터 허상이라고 공격을 받을 뿐 아니라 교회 내부에서도 성직자들의 강력한 저항과 반발에 부딪힐 수밖에 없었다. 그렇기 때문에 교황정부는 끊임없이 교황권의 강화를 위한 하나의 방편으로서 자신들의 목적에 맞는 교회법의 법원을 발굴하는 일에 온힘을 기울였다. 11세기에 편집된 훔베르트의 『74주제 법령집』은 11세기 개혁의 핵심적인 주장들을 분명히 의식하고 그러한 주제에 맞추어 법령집을 구성하였다. 이후 개혁의 이념을 반영하고자 하는 교령집 편찬은 지속되어 나아갔다. 그러한 정신 속에서 추기경 아토Atto 의 『개요 법령Breviarum』(c. 1075), 루카의 주교 안셀무스Anselm fo Lucca의 『교령집Collectio canonumic』(c. 1083), 추기경 데우스데디트Cardinal Deusdedit 의 『교령집Collectio canonum』(c. 1083-1087), 이보Ivo의 『교령집』 등 개혁 법령집이 편찬되었다.

개혁 법령집 편찬자들은 광범한 사료들 가운데서 부적절한 것들을 파기하고 새로운 사료들을 채택함으로써 이전의 법령들보다 훨씬 더 정확하면서도 풍요로운 법령집을 만들어 나갔다. 개혁법령집 가운데에 서는 『74주제 법령집』이 맨 먼저 편집되었으며 개혁교령집의 교과서와 같은 역할을 하였다. 『74주제 법령집』에서는 로마교회의 수위권이 사법적인 면에서 다른 교회들보다 우월하다는 것을 강조했고 안셀무스는 교황의 수위권을 완전권과 일치시켜 설명하였다.

교황들이 현실 속에서 세속권력과 맞서게 될 때 언제나 교회법의 한계를 벗어나지 않으려고 노력하였고 법의 토대 위에서 그들의 정책을 추진하고자 하였다. 교황 그레고리오 7세가 황제 하인리히 4세에 대해 폐위 선언을 할 때에는 교황 실베스터가 메로빙 왕가의 칠데릭을 폐위한 것을 근거로 삼았다. 로마교회나 교황은 교회법이나 전거가 될 수 있는 선례가 없이는 정치적 행보를 걸을 수가 없었다. 그와 같은 면에서 볼 때 중세 교황권에 대한 연구는 바로 교회법의 연구와 병행되어야 하는 것이다.

둘째, 교회의 권력행사는 황제, 왕, 제후 등 세속권력의 후원과 도움이 있을 때에 가능한 것이었다. 교황이 아무리 탄탄한 이론적, 교회법적 근거를 바탕으로 그의 권력을 행사하려고 할지라도 교황은 이를 현실속에서 강제할 수 있는 물리적 힘을 소유하지 못했다. 따라서 강력한 힘을 가진 군주와 제후들의 도움을 받지 않고서는 여러 지역의 세속적 문제에 간섭할 수가 없었다.

11세기 초반 3명의 교황이 동시에 존재하는 혼란상을 종결시키기 위해 황제 하인리히 3세는 수트리에서 공의회를 개최하여 클레멘스 3세를 교황으로 선출하였다. 황제의 강력한 지원을 받게 된 클레멘스 3세는 교회 개혁 운동을 과감하게 추진하였고 세속적 문제에 적극적으로 간여하게 되었다. 또한 11세기 시칠리아와 칼라브리아 등 이탈리아 남부에 정착한 노르만 족은 로마교회의 강력한 후원 세력이었다. 반교황파의 막강한 위력에 맞서서 교황 알렉산데르 2세(1061-1073)는 노르만 왕국의 왕 로베르트 귀스카르트의 보호 속에서 추기경들에 의해 선출되었다. 교황 그레고리오 7세가 한 때 황제 하인리히 4세를 궁지에 몰아넣은 것도 독일 지역의 작센 지역 제후를 중심으로 하는 여러 제후들의 강력한 지원 때문이었다.

11세기에서 13세기까지 중세의 전성기에 교황들이 강력한 세속적 권력을 행사할 수 있었던 것은 바로 그와 같은 근거와 무기를 가지고 있었기 때문이었다. 교회의 문제가 아닌 순전히 세속적이고 정치적인 문제에 교황이 깊이 간여하는 모습은 교황이 단순히 성직자의 지위에 머물지 않고 정치인으로서의 활약상을 보여주는 것이었다. 교황의 세속 정치적 활동이 정당한 것이었는지의 여부를 떠나서 중세 정치의 역사에서 로마교회와 교황의 역할과 비중은 배제할 수 없는 것이었다. 교황의 정치적 활동은 교황의 권력을 강화시키는 결과를 낳았고, 다른 한편으로는 정치적, 사법적 영역을 중심으로 세속권력과의 갈등을 초래하기도 하였다. 따라서 중세의 정치는 황제, 왕, 제후와 같은 세속군주의 활동만을 따로 떼어 바라보아서는 안 되는 것이다. 여기에는 교회와 교황을 동시에 그 시대의 정치적 역할자로 여겨야 한다는 당위성을 인정할 수밖에 없다.

그러한 면에서 교황이 행사한 세속적 권력의 유형과 성격, 그리고 그것의 범위를 살펴보는 것이 본서의 기본적인 목적이다. 그와 함께 세속적 지배권을 두고 돌출되는 교황권과 세속권력의 갈등과 충돌의 양상을 밝혀보고자 한다. 또한 교황권의 본질과 범위는 어디까지이고 그 속성은 어떻게 설명해야 할지를 교황들의 활동과 이념, 그리고 교회법의 내용을 통해서 추적해보고자 한다. 그리고 교황권과 교황정부의 속성은 처음부터 고정된 것인지 아니면 시대적 상황과 환경에 따라서 변화하는 것인지를 밝혀보려고 한다.

(3) 중세 사회의 역동성

중세 교황의 역사는 여러 각도에서 바라볼 수 있다. 교황의 선출과 계승에 관련된 역사를 찾아볼 수 있고, 각 시대의 교황들이 중세 교회에 남겨놓은 업적과 활동을 추적해 볼 수 있을 것이다. 그러나 이러한 측면에서 교황을 바라보는 것은 매우 평범하고 일상적인 일이며 중세 역사만의 특징을 보여주고 역사적 의미를 부여하기에는 한계가 있다. 그보다는 중세 역사 전반에 걸친 역사적 흐름 속에서 교황이 중세 사회에 끼친 영향이 무엇인지, 교황정부가 중세 세계의 권력구조에 어떠한 역학관계를 조성했는지를 살펴보는 것이 그 어느 것보다도 훨씬 역동적이고 긴장감을 불러일으킬 수 있을 것이다.

어느 시대의 역사에서나 그렇듯이 정치, 경제, 사회, 문화, 종교 등을 통해서 그 시대의 중요한 특징과 역사성을 바라볼 수 있다. 본 연구는 가톨릭이 지배하던 중세의 시대에 교황이 그 자신의 권력을 어떻게 활용했으며, 그로 인해 어떠한 긴장과 갈등을 초래했는지를 통해서 중세 역사의 독특한 환경을 재구성해보고자 하는 것이다. 중세 교황권의 역사는 서양의 근대나 현대 시기와 분명히 구분되는 특성을 가지고 있다고 할 수 있다. 그것은 특히 11세기-13세기 중세 전성기High Middle Ages의 교황들이 그들의 활동 영역을 교회 내부의 종교적 범주에 국한하지 않고 권력을 세속적인 문제에까지 행사하였으며, 마치 중세 유럽 세계의 유일한 지배자처럼 행세를 했기 때문이다. 그러한 상황이 결국은 로마교회와 교황으로 하여금 황제나 왕, 제후들과 같은 세속권력과 정치적 갈등을 야기하였다. 뿐만 아니라 정치적 영역에서의 주도권이 사법관할권의 범위에 영향을 주게 되었고, 나아가서 세속 사회에 대한 교회법의 구속력을 강화시키는 결과를 가져 왔다. 그러한 면에서 본다면 교황권의 역사를 고찰하는 것은 중세 세계의 정치적, 사법적, 법적 영역의 복잡한 관계를 들추어내는 셈이 되는 것이다. 따라서 중세사회의 긴장과 역동의 관계를 살펴보기에 가장 적합한 분야가 바로 교황권의 역사라 할 수 있을 것이다.

(4) 주류 연구의 경향

서양에서 중세 교황권과 교회법에 대한 연구는 다른 어느 분야보다도 활발했고 많은 연구 결과가 축적되었다. 많은 연구자들 가운데 독일어권에서는 카스파르Erich Caspar, 프리드베르크Emil Friedberg, 켐프Friedrich Kemp, 스틱클러Alfons M. Stickler 등으로 이어지는 연구자들이 교황권 연구의 중심을 이루었다. 프랑스에서는 쟝 리비에Jean Rivière 푸르니에 Paul Fournier 등으로 대표되는 연구자들이 심도 있는 교황권과 교회법 연구를 진행해왔다. 영어권에서는 칼라일R.W. Carlyle이나 맥길웨인C.H. McIlwain과 같은 연구자가 중세정치에 대한 연구를 개척해왔지만 교황권과 교회법에 대해 가장 많은 영향을 끼치고 연구의 흐름을 지배한 학자는 단연코 울만Walter Ullmann이라고 할 수 있다. 이 분야에 관해 200여권의 책을 저술하고 많은 제자를 배출했던 울만과 그리고 그와 궤를 같이했던 학자들은 타이어니Brian Tierney, 와트J.A. Watt, 모랄John Morall, 루이스Ewart Lewis, 넬슨Janet Nelson 등 서양중세정치이론 연구에서 높은 권위를 가진 연구자들로 그 수를 헤아릴 수 없이 많다. 유럽대륙과 영미계통의 중세사 연구자들 사이에는 관점의 차이가 분명히 존재한다. 그럼에도 불구하고 영어권의 연구 성과가 급격히 증가하였고 특히 울만 계열의 관점이 학계에 많은 영향을 미치면서 그들의 해석이 주류를 이루어 왔음을 부정할 수 없다.

울만의 방대한 사료 연구와 저술은 타의 추종을 불허할 만한 연구 성과였다. 너무도 방대한 작업이었기 때문에 부분적으로는 사료의 인용에 문제가 드러나기도 하였고 편향적인 역사적 시각에 사로잡힌 자신의 관점을 단정적으로 정형화하기도 하였다. 울만의 역사적 해석에 대해서는 오클리Francis Oakley와 스틱클러Alfons M. Stickler, 라드너Gehart B. Ladner, 캐닝Joseph Canning 등을 비롯한 연구자들이 그의 역사적 시각에 대해서 강력히 비판했음에도 불구하고 울만과 그의 제자들의 위력은 여전히 지속되고 있다고 할 수 있다.

울만은 정치권력의 형태를 민중의 주권이 모아져 통치자를 선출하고 권력을 위임하는 상향적 정부와 신으로부터 권력을 위임받아 통치하는 하향적 정부로 구분하였다. 콘스탄티누스 대제 이후 로마의 황제들이 신으로부터 권력을 위임받는 하향적 정부의 형태를 취했다고 보았다. 그러나 사실 트라야누스 황제(117년) 이후 갈레리우스 막시무스(260-311)까지의 주화에는 주피터가 황제에게 황제의 휘장을 수여하는 그림이 새겨져 있다. 울만은 중세의 하향적 정부의 관념이 아리스토텔레스의 자연주의가 소개됨으로써 상향적 정부의 이념으로 전환되었다고 보았다. 그러나 그것은 아리스토텔레스가 서유럽에 본격적으로 소개되기 훨씬 이전부터 이미 일부 교회법학자들과 시민법학자들이 인간은 원래 정치적 동물이라는 개념을 가지기 시작했음을 간과하는 것이었다. 오히려 아리스토텔레스의 소개이후 그의 자연주의와 정치사상은 상당기간동안 신정적 하향적 정부를 뒷받침하는 데에 이용되었을 뿐이었다. 울만은 비잔티움의 황제가 '사제-왕Caero-papism'으로서의 이중적 기능을 소유하는 것으로 보고 새로운 용어를 창안하였다. 그러나 사실 비잔티움의 황제들이 그리스도교의 종교적인 문제에 영향력을 행사하고 그리스도교의 존속에 중요한 역할을 행하였음에도 불구하고 그들이 사제로서의 기능을 가졌다고 스스로가 주장한 바가 없으며 실제 황제들의 활동에서 그러한 흔적을 찾아볼 수는 없다.[3]

중세 정치이론의 연구에서 울만의 업적은 결코 무시할 수 없고 그를 뛰어 넘을 수 있는 연구자도 사실상 없다고 할 수도 있다. 그러나 이상에서 열거한 바와 같은 그의 핵심적 이론과 분석에 심각한 문제가 엿보이고 있음을 인정하지 않을 수 없다. 따라서 울만이 소개한 중세정치사의 시각을 그대로 여과 없이 받아들이는 것은 역사의 현실을 왜곡한 채로 인정해버리는 매우 위험한 일이 될 수도 있다. 그러한 면에서 울만이 그려놓은 중세의 정치의 이념과 현실을 재검토해야 하며 경우에 따라서는 그의 관점을 수정할 필요가 있을 것이다.

본서에서는 특별히 교황정부와 교황의 세속권에 관련된 울만의 역사적 시각을 재검토하고자 한다. 울만은 중세에 교황의 세속권과 완전권이 12세기의 교회법학자 알라누스가 처음으로 구체화하고 인노첸시오 3세와 4세를 거쳐 보니파시오 8세에 고착되는 것으로 보면서도

---

3) Francis Oakley, "Celestial Hierarchies Revised: Walter Ullmann's Vision of Medieval Politics," *Past & Present* No. 60 (Aug., 1973), pp.3-48.

그러한 교황의 권력은 이미 교황 그레고리오 7세에 의해서 확립되었고 그것은 신정정치적인 교황정부의 성립을 의미하는 것으로 주장하였다.[4] 이는 그레고리오 7세가 이미 교황의 세속권을 완성하고 그 위에서 신정정치가 확립된 것으로 받아들일 수 있다. 그러나 중세 전성기의 정치적 상황과 교황권 이론을 면밀히 들여다보면 그레고리오 7세 이후로 보니파시오 8세까지 교황권 이론이 점차 강화되면서 변화되어가는 과정을 추적해 볼 수 있다. 또한 그것은 점진적 발전의 과정이라기보다는 첨예한 교·속의 갈등 속에서 나타난 현상들이었다는 점을 분명히 하고자 한다. 그러한 면에서 본 저서의 서술에서는 중세 정치이론 연구의 주류를 이룬 울만과는 다른 각도에서 중세 전성기의 교황권 이론을 조명하고 재구성하고자 하는 것이다.

(5) 저술의 방향

본서는 중세의 교황권papacy 전반에 걸친 내용을 분석하고 그 본질과 속성, 그리고 변천과정을 파악하고자 한다. 여기에서 주로 관심을 가지는 것은 중세의 교황권이 과연 세속적 권력을 포함하는 것인지의 문제이다. 교황령 안에서는 교황이 세속군주와 같이 직접적인 세속권력을 가진다는 것에는 이론의 여지가 없을 것이다. 따라서 본서에서 밝히려

---

4) Walter Ullmann, *Medieval Papalism: The Political Theories of the Medieval Canonists* (London, Methuen & Co., 1949), pp.10, 147, 195: Alfons M. Stickler, "Concering the Political Theories of the Medieval Canonists," *Traditio* 7 (1951), pp.450-463. 스틱클러는 알라누스Alanus가 결코 절대적 교황권을 처음 정립한 것이 아니라는 점을 당시 교회법학자들의 언급을 통해서 밝히고 있다. 뿐만 아니라, 교황 인노첸시오 3세의 최측근이며 교회법 고문이었던 후구치오Huguccio와 교황 인노첸시오 4세의 법률 고문이었던 호스티엔시스Hostiensis마저도 교황의 절대적 세계 왕권을 지지한 것으로 보는 울만의 해석이 오류임을 지적하고 그들은 모두 철저하게 교·속 병행주의자였음을 강조하였다. 이러한 울만의 오류는 많은 필사본과 교회법 원전을 소개하면서도 이에 대한 철저한 고증과 해석, 사료 비판의 과정이 부족했기 때문이었던 것으로 보았다.

고 하는 것은 교황령 밖에서 유럽 국가들과의 관계에서 교황이 정치적으로나 사법적으로 세속적 권력을 주장했는지, 그러한 권력을 주장했다면 그것은 직접적인 세속권력인지, 간접적인 것인지를 추적하고 파악하려고 하는 것이다. 이러한 문제가 해결된다면 교황의 수위권과, 완전권의 범위가 바르게 이해될 수 있을 것이다.

이를 위해서

첫째, 교황제도와 교황권의 확립과정을 서론적으로 추적하고자 한다. 고대의 그리스도교 시대에 로마교회와 로마주교가 다른 지역의 주교들에 비해서 우월한 지위를 주장한 근거를 찾아보고 그와 같은 우월한 권위가 점차 정착되어 가는 원인과 배경을 서술하고자 한다.

둘째, 중세 교황권 강화의 과정에서, 그리고 교권과 속권이 격돌하는 과정에서 교권과 속권 양측 모두가 각자 유리한 방향으로 이용했던 교황 젤라시오 1세의 교령 〈두 권력*Duo sunt*〉을 분석하고 이 교령의 역사적 배경을 고찰함으로써 '두 권력론'의 본질을 규명하고자 한다. 나아가서 젤라시오의 의도와는 달리 이 두 권력론이 어떻게 변모되어 갔는지 추적하고자 한다.

셋째, 교황권이 독립적으로 그 지위를 확립하고 세속권력과의 충돌을 가져온 교황 그레고리오 7세의 교회개혁 운동과 성직서임권 논쟁의 과정을 서술하고자 한다. 그 과정에서 교황권의 강화와 교회 개혁의 당위성을 입증하기 위해 제시된 개혁 교회법에 대해서 분석하고자 한다. 이를 토대로 교황 그레고리오 7세의 교황권 이념이 과연 개혁적이었는지 아니면 단지 전통에 입각한 것이었는지를 평가해보고자 한다.

넷째, 중세 전성기 교황권의 강화는 교회법의 체계적인 수집과 편찬을 토대로 하는 것이었다. 12세기에 특별히 교회법학자 그라티아누스와 그의 제자들이 당시까지의 교회법을 집대성하였고, 그것은 교회의 계서적 질서와 로마교회의 보편성, 교황의 수위권을 확대해 나아가는 데에 있어 막강한 위력을 발휘하였다. 따라서 12·13세기에 활약했던 교회법학자들canonists, 세분해보면 교령집연구가들decretists과 교령연구가들decretalists의 활동과 그들의 교회법적 이론을 분석하여 정리하고자 한다.5)

다섯째, 중세 전성기에 교황으로서 강력한 세속적·정치적 권력을 발휘했던 교황 인노첸시오 3세와 교황 인노첸시오 4세, 그리고 교황의 세속권 이론을 극대화함으로써 교황의 보편적 지배권 이론을 강화하였던 교황 보니파시오 8세의 이념을 당시의 역사적 배경과 더불어서 살펴보고자 한다.

여섯째, 교황권의 핵심적 요소라고 할 수 있는 교황 완전권, 양검 이론의 본질과 변천, 성직자 정치론 등을 정리하고자 한다.

---

5) 중세의 교회법학자 또는 교회법연구가들을 일반적으로 교회법학자canonists라고 한다. 그러나 1140년경 그라티아누스의 『교회법령집』이 출간된 이후로 이를 분석하고 주해와 주석을 작성한 교회법학자들을 특별히 교령집연구가decretists라고 호칭한다. 그들은 주해를 모아 별도의 주석집Aparatus이나 개요집Summa, 요약집Brevis 등을 편집하였다. 그들은 12, 13세기에 활동하였으며 파우카팔레아Paucapalea, 롤란두스Roland Bandinelli(교황 알렉산더 3세), 요한네스John of Faenza, 루피누스Rufinus, 스테파누스Stephen of Tournai, 후구치오Huguccio, 지카르두스Sicard of Cremona 등이 대표적인 학자들이다.

또한 1179년, 1215년 라테란 공의회 법령과 교황들의 교령을 모아 편집하는 일에 전력을 기울이고 이를 토대로 교회법 연구에 주력하는 학자들을 교령연구가decretalists라고 한다. 그들에 의해서 모아진 교령은 그라티아누스 『교회법령집』을 보완하는 것이었다. 그래서 그들이 모아 편집한 교령집을 부록집Extravagantes이라고 부른다. 1190에서 1226년까지 5차례의 편집이 있었으며, 이는 그레고리오 9세 교령집의 중심적인 토대를 이루었고, 이후 교회법은 한 단계 진전된 발전을 이룩하였다. 교령연구가들은 13세기에 두드러진 활동을 하였는데 베르나르드Bernard of Pavia, 탕크레드Tancred, 고트프레이Godfrey of Trani, 시니발드Sinibaldo Fieschi(교황 인노첸시오 4세), 호스티엔시스Henry of Susa(Hostiensis), 아에길리우스Aegilius de Fuscarariis, 두란두스William Durandus 등이 대표적인 학자들이다.

제 1 장

로마주교의 수위권 형성 배경

1. 고대 로마교회의 출현

(1) 베드로 로마 선교의 진실

로마교회의 주교가 다른 지역교회의 주교들보다 높고 우월한 권위를 주장하고, 교황*papa, pope*이라는 특수한 호칭을 사용하면서 차별적인 지위를 가지고자 하는 데 근거가 된 것은 로마교회가 사도적 전통을 이어 받았다는 점이다. 로마는 베드로와 바울 사도가 그리스도교의 복음을 가지고 마지막으로 심혈을 기울여 활동한 지역이었다. 64년에서 67년 사이에 진행된 네로의 박해로 이 두 사도가 순교하여 베드로는 오늘날의 바티칸 언덕에 묻혔고, 바울은 오스티아 항으로 향하는 가도에 매장되었기 때문에 로마교회는 그들 사도들의 활동과 권위를 이어받았다는 자부심을 가졌다.

로마교회에서는 베드로 사도의 권위가 그 다음의 로마주교에게 전승되었기 때문에 로마주교는 베드로의 계승자라고 보았다. 마태복음 16장 18-19절에 기술되어 있는 것처럼 그리스도로부터 땅과 하늘을 매고 푸는 열쇠를 부여받은 베드로는 예수로부터 가장 사랑 받은 제자였고 사도들 가운데 으뜸가는 권위를 가졌다. 그러한 베드로가 로마교회에서 사역하였고 그가 가진 사명과 권능을 로마교회의 후계자에게 위탁했다는 것을 인정한다면 로마주교는 다른 지역교회의 주교들과는 분명히 다른 위상을 가진 것으로 보아야 할 것이다.

두 사도가 로마에서 활동했고 순교했다는 것을 증언하는 당대의 기록은 존재하지 않는다. 처음으로 그러한 것을 사실로 확인해주는 최초의 기록은 95년경 로마에서 활약한 클레멘스가 고린도교회에 보낸 서한1)이다. 그와 더불어 110년경 안티오크 교회의 이그나티오스가 로마에 보낸 편지에서 베드로가 로마에 있었다는 것을 확신하는 동방교회들의 생각을 전하였다. 또한 200년경 가이우스 사제가 성 베드로 성당 아래에 있을 것으로 추정했던 베드로의 무덤을 발굴한 사실과 오스티아 가도에 있는 바울 무덤의 발굴을 묘사2)한 것으로 보아 발굴의 결과물과는 상관없이 두 사도가 로마에 있었다는 것을 확신했던 것으로 보인다.

이러한 초기 그리스도교 시대의 기록들을 토대로 두 사도가 로마 그리스도교인 공동체를 이끌었다는 믿음은 시대를 거듭할수록 더욱 확대되었고, 이는 로마교회의 특수성을 뒷받침하는 토대가 되었다. 그러한 특수성은 로마주교의 위상에 차별성을 가지도록 하였고 로마주교는 단순히 지역교회의 대표가 아니라 전 세계교회를 지도할 수 있는 우월한 지위를 소유한다고 보았다. 그렇지만 콘스탄티누스의 그리스도교 공인이후로도 상당기간 동안은 로마교회의 특별한 지위와 권한이 강조되고 표면화되지는 않았다. 4세기 후반을 지나면서 로마교회가

---

1) Karl Baus, *From the Apostolic Community to Constantine*, vol.1 of *Handbook of Church History*, edited by H. Jedin, J. Dolan (New York: Herder & Herder, 1965), pp.115-118.

2) Eusebius, *Historiae Ecclesiastica*, The Ecclesiastical History (Harvard UP, 1926-1932) 2.25.

조직화되고 주교를 중심으로 성직자의 구조가 뚜렷하게 확립되면서 로마주교의 우월권과 로마교회의 자부심이 표면화되기 시작하였다.

4세기 후엽부터 5세기 사이에 로마교회의 주교는 다른 지역교회의 주교들과 위상을 구분하면서 특별히 교황이라는 호칭을 사용하였고, 지역교회의 갖가지 문제에 의견이나 해결책을 제시하면서 지도력을 발휘하고자 하였다. 서방과 동방교회들이 로마주교의 그러한 지도력을 얼마나 받아들였는지의 여부를 떠나서 로마교회는 지속적으로 로마주교를 사도 베드로의 후계자로 지칭하며 그의 우월권을 주장하였다. 사도좌Apostolic See로 표방되는 로마교회는 세계교회를 대표하는 것으로 생각하였고, 지역 공의회나 보편공의회도 로마주교의 동의가 있을 때에 그들 공의회에서 결정된 법규와 신조의 정당성을 인정받았다. 일관성 있게 로마주교의 권위가 받아들여진 것은 아닐지라도 로마교회는 끊임없이 우월권을 주장하였고, 이는 11세기 교회개혁 시대 이후로 교황의 수위권을 강화하고 세속권을 발휘하도록 하는 상황에 이르도록 하였다.

고대로부터 제2차 바티칸 공의회에 이르기까지 로마의 주교인 교황이 가톨릭교회의 수장으로서 우월한 권위를 주장할 수 있었던 가장 근본적인 근거는 베드로가 로마에서 그리스도인 공동체를 이끌면서 활약하였고 그의 사역을 로마교회의 감독에게 위탁했다는 점이었다. 이러한 주장의 타당성을 이해하기 위해서는 과연 베드로가 초대교회 시대에 실제 로마에서 활동했고 순교했는지, 그리고 그의 권한과 사역을 후계자에게 위임했는지를 알아보아야 할 것이다.

베드로가 실제 로마에서 활동했는지에 대한 고찰은 현대의 고대 그리스도교 역사 연구자들에 의해서 활발하게 이루어졌다. 쿨만Oscar Culmann3)은 신약성서의 해석을 통해 열두 사도 가운데서 베드로의 지도

---

3) Oscar Culmann, *Peter: Disciple, Apostle, Martyr*, translated by Floyd Fuson (New York: Living Age Books, 1958), pp.230-250.

적 역할에 대해 설명하였다. 그는 베드로의 지도력은 흩어진 유대인들을 향해서 예루살렘 교회를 떠나갈 때 끝이 났다고 보았다. 초기에 그가 지도력을 가지고 있었지만 그의 그러한 역할과 직무가 다른 사람에게 계승되었다는 증거는 찾아볼 수 없다는 것이다. 1970년대에 가톨릭과 신교 학자들이 공동으로 참여한 연구서『신약성서에서의 베드로』[4]에서는 신약성서에서 베드로의 모습은 다양하게 나타나고 있다고 보았다. 어느 곳에서는 베드로가 다른 사도들보다 우월하게 묘사되고 다른 곳에서는 두드러진 모습으로 보이지 않는다는 것이다. 당시의 전도자들이 묘사한 베드로는 예루살렘에서 가장 중요한 위치에 있었으며 그릇된 가르침에 맞선 진리의 수호자였다. 그럼에도 불구하고『신약성서에서의 베드로』에서는 초기 그리스도교 사상과 관련된 베드로의 형상이 여러 가지 모습이었던 것으로 의견이 모아졌다.

가장 중요한 가톨릭 쪽의 연구는 페쉬Rudolf Pesch의『시몬 베드로』[5]이다. 여기서 페쉬는 역사적 인물로서의 베드로의 이야기나 후기 신약성서의 전통에 나타나는 베드로의 형상은 어느 것도 로마주교의 우월권을 지탱해줄 수 있는 중요한 역할을 하지 못했다고 주장하였다. 뿐만 아니라, 교회 안에서 베드로의 보편적 지도력에 대한 문제에 대해 의문을 품었다. 베드로가 열두 사도 가운데 으뜸가는 지위를 가졌을지라도 그의 직분이 후계자에게 계승되었다는 것은 의문이라고 하였다. 그러한 까닭으로 페쉬의 관점은 역사 속의 베드로나 1·2세기의 베드로 형상은 로마주교가 세계 교회에서 지도적 지위를 가지도록 하는 데에 결정적인 역할을 하지 못했다는 것이었다.

위와 같이 신약성서에 나타나는 베드로의 역할과 지위가 로마주교

---

4) R. Brown, K. Donfried, and J. Reumann, editors, *Peter in the New Testament: A Collective Assessment by Protestant and Roman Catholic Scholars* (Minneapolis: Augsburg Press, New York: Paulist Press, 1973), pp.58-166.

5) Robert Pesch, *Simon-Petrus: Geshcichte und Geschichtliche Bedeutung des ersten Jünger Jesu Christi, in Päpste und Papstum* Band 15 (Stuttgart: Anton Hiersemann 1981).

의 직분과 연결 고리를 찾아볼 수 있는가라는 시각과는 별개로 그렇다면 실제 로마에서의 베드로의 존재와 역할을 얼마나 찾아볼 수 있을까?

종교개혁 시대 이후로 많은 연구자들이 로마의 그리스도교 공동체 내에서 베드로와 관련된 엄청난 전통과 주장들을 분석하였다. 그들 중 많은 학자들이 베드로가 로마 근처 어느 곳에도 왔다는 흔적이 없다고 주장하였는데 신교 학자인 호이씨Karl Heussi가 그 대표적인 인물이었다.6) 그동안의 연구 결과들을 토대로 쉼멜페니히B. Schimmelpfennig 역시 베드로가 로마에 오지 않았다고 주장하였다.7) 베드로가 예루살렘을 떠난 뒤 로마에 갈 수도 있었겠지만 베드로가 로마에 있었다는 것은 후대의 추측에 불과하다고 보았다. 1세기 중엽 바울이 로마에 가기 전 로마에는 이미 비교적 큰 규모의 유대인 공동체 안에 그리스도 교인들 집단이 존재하였다. 바울은 베드로를 개인적으로 알고 있었지만 그의 서신에는 베드로가 로마에서 활동했다는 언급을 찾아볼 수 없다. 적어도 55년경 이전까지 베드로가 로마에 오지 않았던 것이 분명하고 그 이후 10여 년 동안에도 그가 로마에 있었다는 것이 당대의 기록에서는 나타나고 있지 않다고 쉼멜페니히는 설명하였다.

베드로가 로마에 있지 않았다는 주장에도 불구하고 여전히 많은 학자들8)은 베드로가 로마에 있었다는 긍정적인 의견을 가지고 있다. 그들은 베드로가 로마에 있었다면 그곳의 그리스도교 공동체에서 지도

---

6) Oscar Culmann, *Peter: Disciple, Apostle, Martyr*, pp.71-77.

7) Bernard Schimmelpfennig, *The Papacy*, translated by James Sievert (New York: Columbia UP, 1992), pp.4-5.

8) D. W. O'Connor, *Peter in Rome: The Literary, Liturgical and archeological Evidence* (New York: Columbia UP, 1969); G. Synider, "Survey and 'New' Thesis on the Rome of Peter," *Biblical Archeologist* 32 (1969), pp.2-24K. Karl Heussi, *Die römische Petrustradition in Kirche Schicht* (Tübingen; J. C. B. Mohr [Paul Siebeck], 1955); J. E. Walsh, *The Bones of St. Pter; The First Full Account of the Search of the Apostle's Body* (Garden City, New York: Doubleday, 1982) 등 다수의 연구물들이 베드로가 로마에서 실제 활동했다는 것을 긍정적으로 받아들인다.

력을 발휘했다고 보는 것이 마땅하다고 여겼다. 로마의 그리스도인들은 베드로와 바울이 로마에서 순교하고 매장되었다는 것을 의심하지 않았다. 바티칸 언덕에 있는 베드로 매장지와 오스티아 가도에 있는 바울의 무덤에 콘스탄티누스 바실리카가 세워졌는데 이는 그 시대의 로마 그리스도교인들이 두 사도가 로마에서 순교했다는 믿음을 가지고 있었다는 것을 보여준다. 200년경 그리스도교 공인 훨씬 이전에 로마교회의 사제 가이우스[9]가 사도들의 무덤에 세워진 조그만 기념비적 구조물 '트로파이아tropaia'에 대해 언급하였던 것을 통해서도 그 시대 사람들의 인식을 어느 정도 짐작할 수는 있다.

베드로가 로마에서 활동하다가 순교했는지에 대해서 현대에 이르기까지 긍정과 부정의 견해들이 공존하는 논쟁적 현실을 인정하면서 한편으로 이를 긍정적으로 받아들일 때 해결해야 할 두 가지의 문제가 대두된다. 그 하나는 베드로가 로마에 있었다면 그가 로마교회의 개척자라고 할 수 있는가 하는 점이다. 바울은 그가 로마에 가보기 전에 로마인들에게 보내는 편지를 썼다. 이는 이미 그리스도교가 로마에 전파되었고 그리스도교인 공동체가 형성되었다는 것을 의미한다. 베드로가 로마 그리스도교 공동체의 최초 설교자라고 할지라도 베드로는 로마교회의 개척자는 아닌 것이다. 그가 로마에 왔을 때 그곳에는 이미 그리스도교인 공동체가 있었던 것이다. 그렇다고 할지라도 베드로와 바울은 역사적 의미를 떠나서 도덕적으로 윤리적으로 로마교회의 설립자들이요 주춧돌로 간주되었다.[10]

그 다음으로 해결해야 할 또 하나의 문제는 베드로가 최초의 '로마주

---

9) Eusebius, *Historia Ecclesiadtica* II.25.7; W. Rordorf, "Was heisst: Petrus und Paulus haben die Kirch in Rom gegrundet?" in *Unterwegs zur Einheit: Festschrift H. Suraimann*, eds. J. Brantschen and P. Selvation (Freiburg: UP, 1980), pp.609-616.

10) Robert B. Eno, *The Rise of the Papacy* (Eugene, Oregon: Wipf & Stock, 2008), p.18.

교'였다고 할 수 있을까 하는 것이다. 로마교회를 개척한 사도와 로마주교를 일치시켜 바라보는 관행은 3세기 중엽 키프리아누스Cyprian of Carthage(200-258)에 의해서 처음 시작되었다. 그러나 가장 오래된 주교 명단에는 교회개척 사도를 단순히 최초의 주교로 이름을 올리지는 않았다. 일례로 사도 마가가 알렉산드리아 교회를 개척했지만 그의 뒤를 이은 지도자가 최초의 주교로 간주되었다. 이는 그리스도교의 전파와 헌정적 질서의 수립을 주도하는 세대와 체계가 정립된 이후의 미래 세대를 이끌어 가는 지도자 사이의 기능적 차이가 분명히 있었기 때문이다. 이는 구조적이고 기능적인 면에서 바라보는 기술적인 것이지만 초대교회 시대 공동체 형성의 과정 속에서 매우 중요한 의미를 가졌던 것이다. 그러한 면에서 로마의 경우도 베드로가 최초의 로마주교라고 할 수 없다는 것이다. 오히려 후대의 교황명단에서 두 번째 로마주교로 공식화된 리노Linus(67-76)가 첫 번째 로마주교라고 보는 것이 타당하다는 주장이 강력히 제기되었다. 에노Eno는 베드로가 리노보다 더욱 명망이 높았다고 할지라도 주교좌나 주교관의 권위를 토대로 후대의 주교와 교황을 베드로와 연결시키려 하는 것은 시대착오적인 발상이라고 강조하였다.[11]

(2) 지역교회의 구조와 직책

베드로가 실제 로마에 왔고 거기서 그리스도교 공동체를 이끌었는지의 역사적 진실 여부와 상관없이 후대의 그리스도교 교회에서는 이를 사실로 받아들였다. 그렇지만 교황권이 발생하고 성장해가는 과정에서 베드로를 초대 로마주교로 여기고 그의 권위와 직무가 후계자에게 계승되었다는 주장은 얼마나 신빙성이 있을 것인가? 1세기 로마

---

11) 같은 책, p.19.

교회의 현실을 들여다보면 주교가 확실히 지도력을 가지고 공동체를 이끌었다는 그러한 주장은 타당한 것인지? 만약 그렇지 않다면 로마교회가 어느 시점에서 그리고 어떠한 배경 속에서 특수성과 우월성을 내세우면서 서방교회를 주도하게 되었을까? 이러한 문제는 로마주교의 권위가 변화하고 성장하는 과정을 이해하기 위해 필연적으로 해결해야 하는 선결적 문제라 할 수 있다. 따라서 초기 그리스도교 시대 지역교회들의 구조와 직책을 살펴봄으로써 당시 로마교회의 상황을 더듬어 볼 수 있을 것이다.

사도 시대 교회의 지도자와 직책에 대한 내용은 신약성서의 몇몇 서신에서 찾아볼 수 있다. 그에 따르면 공동체 안에는 '감독overseer, bishop', '장로presbyter, elder', '집사deacon' 등 직분을 맡는 자들이 있었고 그들의 자격과 직무, 지도자로서 갖추어야 할 덕목에 대한 설명이 있다. 예수 그리스도가 복음을 전파하던 때에는 제자 외에 그러한 직책을 두지는 않았다. 그리스도교가 세계로 전파되고 공동체의 수와 규모가 점차 확대되면서 공동체를 이끌어가야 할 지도자가 필요하였다. 그러나 초기에는 교회의 직책이 뚜렷한 형태로 체계화되지 않았고 보편적으로 동일하게 시행된 것 같지도 않다.

초기 그리스도교 사회에서 후대의 주교 직책과 연관해서 살펴볼 수 있는 직책은 감독직이다. 감독에 대한 언급은 디도서 1장 1절에 감독이 청지기로서 지녀야 할 덕목을 강조하는 것과 디모데 3장에서 좋은 평판을 받고 책망을 받지 않아야 하는 감독의 자격에 대한 내용이 있다. 초기에는 지도자로서 '감독bishop'과 '장로elder'의 구분이 뚜렷하지 않은 것으로 보인다. 시간이 점차 경과하면서 감독이 공동체를 이끌어 가는 중심적인 위치에 서게 된다. 감독의 직책을 주교라고 호칭할 수도 있지만 주교는 교회 연합의 지도자로서 대표성과 권위를 가진 성직자라는 인상을 주기 때문에 적어도 사도 시대와 그 이후 상당기간 동안에는 주교라기보다는 감독이라는 용어를 사용하는 것이 바람직하다. 그뿐만 아니라 초기 그리스도교 사회의 감독이 교회 공동체의 지도자라는 것은 분명하지만 그가 2-3세기의 주교와 동일한 존재라고 말할 수는 없다.

초기 그리스도교회에서 사목 직책은 감독, 장로, 집사의 구조를 이루고 있는 것으로 보이지만 지역교회가 점차 확산되면서 지역에 따라 지도적 구조는 각기 다른 속도와 형식으로 변화하였다. 175년경이 되어서야 세계 각 지역의 교회에서 사목 직무를 가진 지도자의 형태가 뚜렷해지고 보편화되었다. 1세기와 2세기 초반의 문헌은 지역교회를 이끌어간 지도자는 단 한명의 감독이 아니라, 지역의 상황에 따라 여러 명의 감독이 존재했음을 보여준다.

감독-장로-집사로 구성된 교회의 직책은 신정법이나 계명은 아니었다. 그렇기 때문에 사목의 직책이 지역과 시기에 따라 다양하게 형성되었다. 심지어 고린도 지역의 공동체는 뚜렷한 직책을 가진 사역자가 존재하지 않은 신비한 집단이었다. 이러한 것은 교회의 이상적인 모습도 아니었고 초기 그리스도 공동체의 기원적인 형태도 아니었다.[12] 오히려 그러한 구조가 가지는 무정부적 혼란이 뚜렷한 체계를 가진 사목의 직책을 필요로 하였음을 말해준다.

그리스도 교회에 등장하는 사목 직책은 다양한 형태가 있으나 엄밀히 말하면 크게 두 부류로 나누어 볼 수 있다. 한 부류는 '감독episcopus, overseer'과 '집사diaconos, servant, minister'이고, 이는 그리스 공동체로부터 기원하는 것이다. 또 한 부류의 형태는 '장로presbyters, elders'로서 이는 유대인 공동체로부터 나온 것이다. 각기의 출발은 그렇다고 해도 1세기 교회에는 감독과 장로, 집사가 존재하였다는 점은 분명하다. 그렇지만 각 직책자의 수나 역할 등은 명확하지 않았다.[13]

바울 서신에는 거짓 교사나 거짓 가르침과 같이 교회의 통일성을

---

12) Hans Küng, *The Church* (New York: Sheed & Ward, 1968), p.403.

13) Eno, *The Rise of the Papacy*, pp.20-21.

무너트릴 수 있는 위협을 방지하기 위해서 그 해결책으로 공동체를 단합해서 이끌어 갈 수 있는 지도자를 세우도록 하였다. 바울은 디도(1:5)에게 각 도시에 감독과 장로를 세우도록 하였고, 그들 사역자에게 합당한 영적 자격과 덕목을 자세히 설명하였다. 디모데(1.3:1-13)에게는 장로와 집사 직분을 담당한 자가 지녀야 할 모습에 대해 설명하였다.

그러나 이러한 직분을 가진 자들은 공동체 내에서 지도자임이 분명하지만 그들의 역할이 명확히 구분된 것은 아니었다. 일례로 사도행전의 내용을 보면 바울이 밀레도를 떠나면서 장로(20:17)들을 불러 작별인사를 하고자 했는데 나중에는 바울이 그들을 감독(20:28)이라고 지칭하기도 하였다. 바울이 교회의 분열을 막고 바른 신앙을 유지하기 위해 지도자를 세우도록 하고 그들에게 지도자로서의 권위를 부여한 것은 확실하지만 아직은 그들 직분 자들의 역할과 위상이 뚜렷이 구분되는 것은 아니었다.

80~90년경 작성된 것으로 알려진 『12사도들의 가르침 Didache 』14)을 살펴보면 1세기 후엽 교회 지도자들의 면모를 찾아볼 수 있다. 11장의 내용을 들여다보면 순회하는 교사와 사도, 선지자들이 있었음을 알 수 있다. 이 장에서의 가르침은 그들이 진정한 직분자인지 구분할 수 있는 요령이었다. 또한 15장에서는 지도자의 모습이 순회 목회로부터 지역교회에 정착하는 전임 목회로 전환되는 것을 보여준다. 이 장에서는 '장로 presbyter' 직분에 대한 언급은 없으나 흠이 없고 올바른 복음을 가르치는 자를 감독이나 집사로 임명하도록 권면하는 내용이 있다. 이들 직분자는 한 명이 아니고 여러 명이 공동 사역하는 것으로 묘사되어 있다.

1세기 말과 2세기 초엽 교회 지도자의 체계를 알 수 있도록 하는 문헌은 안티오크 출신 이그나티오스 Ignatius(?-112 또는 116)의 편지들15)이

---

14) 정양모 역주, 『두 사도들의 가르침 – 디다케』(칠곡: 분도출판사), 교부 문헌 총서 7, 1993.

다. 그는 여섯 통의 편지를 소아시아 교회들에게 보냈고 한 통은 로마교회에 보냈다. 이 편지들에서 특징적인 것은 지역 공동체 내에 사역하는 감독이 복수가 아니고 단수의 권위 있는 지도자로 묘사되었다는 점이다. 또한 여기에는 장로 집단이 소개되고 있으며, 그들의 역할은 전례를 담당하는 것 외에 감독을 보좌하는 것으로 되어 있다. 이그나티오스는 사도적 사역의 고전적 구조와 형태를 크게 강조하였다. 무엇보다도 그가 먼 훗날에 주장되는 왕권과 같은 주교의 권위를 이렇게 이른 시기에 묘사했다는 것은 매우 놀라운 일이다. 그는 그의 편지를 읽은 사람들이 감독의 지도를 따르고 복종하도록 훈계하였다. 만약 그들이 감독과 함께 하지 않는다면 그것은 그들이 그리스도와 함께하지 않는 것과 마찬가지라고까지 명시하였다. 이러한 내용으로 볼 때 지역교회의 공동체는 권위 있는 지도자를 중심으로 구조적 중앙집중화가 진행되고 있었음을 알 수 있다.

이그나티오스가 그와 같이 지도자를 중심으로 단합된 공동체를 희망하며 확실한 지도력과 권위를 가진 지도 체제를 지역교회에 수립하고자 했지만 이러한 구조가 2세기 초 지역교회 전반에 실행된 일반적인 규례라고 보기는 어렵다. 그는 지역교회가 '가현설주의Docetism'나 유대 교주의로 인해 지역의 그리스도인 공동체가 해체되는 것을 두려워하였다. 따라서 그러한 현상을 방지하기 위해서는 스미르니아에서 폴리갑이 그랬던 것처럼 지역 공동체에서 위신과 권위를 가지는 단일한 지도자의 필요성을 역설한 것이었다.

그리스도교 공동체의 단합과 자기 방어의 수단으로서 강력한 집중화 양상이 지역교회에서 나타나기 시작하였다. 그러한 경향은 로마의 교회에서도 촉진되었으며 점차적으로 세계 교회로 확산되어 나갔다.

---

15) J. A. Kleist, *The Epistles of St. Clement of Rome and St. Ignatius of Antioch* (Ancient Christian Writers, 1) (1946); Virginia Corwin, *St. Ignatius and Christianity in Antioch* (New Haven: Yale University Press, 1960).

시간이 경과하면서 지역교회 공동체는 대내외적으로 발생하는 위험요소들에 맞서서 통일성을 유지하고 안정적으로 공동체를 이끌어갈 구심점이 필요하게 되었다. 그러나 그리스도교의 전파이후 상당한 기간 동안 그러한 체계가 확립되지는 못했다.

(3) 로마 지역교회의 구조

1세기 후반에서 2세기 초반 무렵의 로마교회의 지도체제는 동방의 지역교회들과 별로 다르지 않았다. 이그나티오스는 동방교회들을 향해서 감독이나 장로와 같은 지도자를 중심으로 교회가 단합해야 한다고 주장하였다. 그의 주장으로 미루어 볼 때 1세기 말에서 2세기 초엽에 지역교회들은 단일 지도체제가 아니었음을 알 수 있다. 또한 그의 편지에서는 로마교회가 다른 지역교회에 비해서 차별된 교회 구조를 가졌다고 볼 수 있는 내용이 없다. 이 무렵 로마의 지역교회 역시 한 명의 주교가 강력한 권위를 가지고 지도력을 발휘하는 상태가 아니었고 집단적 지도체제 하에서 공동체가 유지되었다.

사도 요한의 제자였던 이그나티오스가 로마로 압송되어 순교하기 전 로마교회에 보낸 편지를 살펴보면 그는 로마의 그리스도인들에게 사도적인 교훈을 전하지 않았다. 또한 그의 편지에는 감독에게 인사하는 내용이 없다. 아마도 그 시대에는 로마교회를 이끌어 가는 권위를 가진 단일한 지도자가 없었기 때문에 감독의 이름도 몰랐고 인사 문구를 쓸 수가 없었던 것으로 보인다.

이 시기 로마 지역교회의 상황을 엿볼 수 있는 두 문헌이 있다. 그 하나는 헤르마스Hermas의 『목자*Poimên tou Herma*』(A.D.100-160)이다. 헤르마스는 해방노예로서 농부였고, 로마 그리스도인 공동체의 평신도 일원이었으며, 환상을 보고 계시를 받은 인물이었다. 헤르마스는 그의 글에서 로마 그리스도인 공동체를 이끌어 가는 사람들을 '지도자들

leaders'16)이라고 칭하였고, 그들에게 의로운 길로 개혁하도록 권면하였다. 때로는 그들을 교회를 책임지고 있는 '장로들elders'17)이라고 언급하기도 하였다. 또 다른 곳에서는 '감독들bishops'을 언급하고 있는데 복수로 묘사하고 있으며, 이를 '감독들, 교사들, 집사들'18)과 같이 다른 직분 자들과 연계시키곤 하였다.

다음으로는 A.D. 96년경 클레멘스Clement(35-99)에 의해서 작성된 것으로 전해지는 〈편지들Clementine Homilies and Recognitions〉을 통해서 로마 지역 공동체의 지도체제를 살펴볼 수 있다. 교부 테르툴리아누스Tertullian(155-240?)는 클레멘스가 베드로에 의해서 감독으로 임명되었다고 하였다. 그러나 고대에 작성된 로마주교 명단에는 사실 그 이전에 리노Linus와 클레투스Cletus가 있었다. 더욱이 그 클레멘스가 로마교회의 감독이었는지에 대한 의문조차도 있다. 그러한 의문은 헤르마스의 『목자』에 언급된 클레멘스라는 인물을 보면 이해가 간다. 헤르마스는 그의 계시록을 클레멘스에게 주면서 여러 도시들에 전하도록 하였다. 이때 헤르마스는 그를 다른 공동체를 돌보는 책임을 가진 장로로 여긴 것 같다.19) 여기서 언급된 클레멘스는 일반적으로 로마감독으로 알려진 사람과 같은 인물로 추정되고 있다.20)

1세기 말 로마교회는 '장로들presbyters'을 파면한 고린도교회의 결정을 강력히 비난하면서 파벌주의를 버리고 통합할 것을 권면하는 편지를 보내게 된다. 이 편지는 로마교회가 보내는 것으로 되어 있고 작성자의 이름이 밝혀져 있지 않지만 실제로는 클레멘스가 작성한 것으로 추정되어 왔다.21) 장로들의 파면을 준엄하게 꾸짖는22) 한편 성령의 도움을

---

16) Kirsopp Lake, trans, *Sherpherd of Hermas. in The Apostolic Fathers*, Vol.Ⅱ (New York: G. P. Putnam's Sons, 1913), Vision Ⅱ.2.6; Ⅲ.9.7, pp.21, 51.

17) Vision Ⅱ.4.3.

18) Vision Ⅲ.5.1.

19) Vision Ⅱ.4.3.

20) Eno, *The Rise of the Papacy*, p.36.

받아 감독들은 공의를 지키고 집사들은 신앙을 돈독히 하도록 권면[23] 하였다. 편지에는 "하나님은 이 세상에 그리스도를 보냈고, 그리스도는 사도들을 보내 복음을 설교하도록 하였다. 그리고 사도들은 최초의 개종자들을 감독과 집사로 세워 공동체의 지도자들로 임명하였다. 비록 공동체의 성도들이 그들을 선출하여 직분을 맡게 했지만 그들을 쫓아내서는 안 된다. 왜냐하면 그들은 사도들과 연관되어 있고 나아가서 그리스도와 연계되어 있기 때문이다"[24]라고 항변하고 있다.

클레멘스의 편지에서 '감독episcope'의 직분은 '장로presbyters' 직과 연결되어 사용되었다.[25] 그리고 감독과 장로 직분의 기능적 차이를 특별히 구분해 설명하지는 않았다. 이러한 내용은 헤르마스의 계시록에서도 마찬가지로 나타난다. 뿐만 아니라 로마와 고린도 공동체에 단일한 왕권적 권위를 가진 감독이 존재했다는 내용을 찾아볼 수 없다. 오히려 고린도교회 공동체에는 감독과 장로, 집사들이 집단적 지도체제를 구성해왔음을 알 수 있다. 그러한 면에서 고린도교회의 지도체제는 로마의 공동체와 다르지 않았음을 알 수 있다. 이그나티오스가 지역교회에 감독 중심의 단일 지도체제를 강조한 것은 거짓 교사와 그들의 가르침에 맞서서 교회가 단합하고 위험스런 현실에 대응할 수 있도록 하려는 한 방편이었다. 이상과 같은 정황으로 볼 때 2세기 초반까지 지역교회에서나 로마교회에서나 단일한 왕권적 권위를 가진, 그리고 다른 성직과 구분되는 단일한 감독 지도체제는 형성되지 못했음을 알 수 있다.

---

21) Kirsopp Lake, trans, *The First Epistle of Clement to the First Epistle of Clement*, in *The Apostolic Fathers*, Vol.II (London: William Heinemann; New York: G. P. Putman's Sons, 1913), p.3.

22) *The First Epistle of Clement to the First Epistle of Clement*, 37.

23) 같은 문헌, 42.4.

24) 같은 문헌, 44.

25) 같은 문헌, 44.5

2. 로마교회의 사명과 역할

(1) 로마교회의 사명

초기 그리스도교 시대의 로마교회는 다른 지역교회들과 마찬가지로 감독-장로의 집단 지도체제로 사역이 이루어지고 있었고 아직 세계 그리스도교의 구심점을 이루거나 특별히 높은 권위를 누리지는 못했다. 겨우 이탈리아 중부 지역에서 중심적인 위치에 불과했던 로마교회였지만 다른 지역교회들은 특별히 로마교회의 사랑과 관심을 기대하였다. 안티오크의 이그나티오스는 로마교회는 '사랑agape'에 있어 으뜸이라고 묘사하였다. 이에 대해 가톨릭 학자인 퀘스텐Quasten은 '아가페'를 가톨릭교회와 동등한 것으로 해석하였다. 따라서 로마교회가 가진 아가페의 사명으로 인해 로마 지역교회가 세계 가톨릭교회를 관장한다고 보았다.[26] 다른 교회를 압도할 수 있는 도구로 아가페를 바라보려는 퀘스텐의 해석은 과장된 면이 있다. 그렇다고 할지라도 유세비우스의 『교회사』에 로마교회가 보여준 자선의 사례에 비추어 보면 로마교회가 다른 지역교회들을 돌보고 자선을 베푸는 일을 앞서서 행했다는 것은 분명하다.

170년경 고린도의 디오니시우스Dionysius of Corinth는 로마의 감독 소테르Soter of Rome에게 편지를 보내 로마교회의 사명을 환기시켰다. 그는 모든 그리스도인들에게 여러 가지 방식으로 자선을 베풀고, 각 도시의 교회에 기부금을 보내는 것이 처음부터 로마교회의 관례라고 설명하였다. 그로 인해 어느 지역에서는 궁핍한 가난을 모면할 수 있었고, 광산에 있는 그리스도인들이 재난에 대비할 수 있도록 해주었음을 밝히고 바로 그것이 처음부터 믿음의 조상으로부터 내려오는 로마의 관행을

---

26) Johannes Questen, "Pre-eminet in love," *Patrology*, vol.1 (Westminster, MD: Newman Press, 1950), pp.69-70.

유지하는 길이라고 강조하였다. 더불어서 축복된 감독 소테르는 이러한 관습을 유지했을 뿐 아니라 더욱 확장하였고, 아버지가 자녀들을 사랑하는 것처럼 은혜로운 말로 형제들에게 로마를 방문하도록 했다고 칭송하였다.[27]

256년경 알렉산드리아의 디오니시우스Dionysius of Alexandria는 로마의 감독 스테파누스에게 편지를 보내 로마교회가 매사에 일이 있을 때마다 모든 시리아 교회와 아라비아 교회를 돕고 편지를 보내 그들에게 용기를 북돋아 주었음을 상기시켰다. 그 외에도 로마교회가 메소포타미아와 본도와 비티니아 교회에 베풀어준 일로 인하여 모든 곳에서 화합과 사랑을 기뻐하고 하나님을 찬양하였다고 칭송하였다.[28] 4세기에 바실 Basil of Caesarea은 이전에 로마의 감독 디오니시우스가 가파도키아에 있는 지역교회의 지도자들에게 편지를 보냈고, 포로로 잡힌 그리스도인들을 위해 몸값을 지불한 사실을 말하기도 하였다.[29]

이와 같이 로마교회는 다른 지역교회들에 대해서 비록 먼 거리에 위치한 곳일지라도 물질적으로 돕고 자선을 베푸는 일과 질서와 신앙을 올바르게 유지하도록 끊임없이 돌보고 있었다. 역으로 다른 지역교회와 지도자들은 로마교회가 이웃 교회뿐 아니라 먼 곳에 있는 교회까지도 돕고 돌보는 것을 기대하였고, 그것이 로마교회의 사명이라고 보았다. 이러한 사명은 로마교회가 다른 지역교회에 비해서 우월한 위치에 있기 때문에 행하는 것은 아니었다. 1세기-2세기는 로마교회가 특별한 권위를 내세울 수 있는 분위기나 환경이 조성된 것은 아니었다. 그렇다

---

27) Eusebius & Deferrari, Roy J., *Ecclesiastical History*, Books 1-5, *The Fathers of the Church*, Vol.19 (Washington, D.C.: Catholic U of America P. 2005), IV.23, p.259.

28) 같은 책, VII.5, p.95.

29) Basil, "Letters," *Early Church Fathers: Nicene and Post-Nicene Fathers*, 2nd Sr., Vol.8., edited by Philip Schaff and Henry Wace (Buffalo, NY: Christian Literature Publishing Co., 1895.), Letter 70.

고 할지라도 자선을 베풀고 돕는 일에 앞장서서 행했던 로마교회의 사역을 통해 그리스도교 교회의 공동체 속에서 로마교회의 존재와 역할이 어느 정도였는지 이해할 수 있다.

(2) 전통의 수호자 로마

2세기 말 그리스도교는 '영지주의Gnosticism'의 확산으로 중대한 고비를 맞이하게 된다. 이는 위기이면서 한편으로 교회가 더욱 발전할 수 있는 계기가 되었다. 영지주의는 신앙의 깊은 통찰력을 중시하였고, 이는 비밀스러운 전통 속에서 이어져 내려온다고 주장하였다. 일반적 신앙은 초신자들이 받아들이는 단계이고, 다음 단계는 지식을 소유한 자들이 내적 성소에 들어갈 수 있다고 보았다. 이러한 새로운 요소가 그리스도인 가운데 지적 엘리트들의 큰 호응을 받았기 때문에 영지주의는 전통적 신앙에 기초를 둔 교회에 큰 위협이 되었다.

정통의 신학자들은 누구에게나 열려있고 이해될 수 있는 '전통paradosis'을 통해서 밀의종교에 맞서고자 하였다. 전통을 이해시킬 수 있는 길은 두 가지 방법이 있었다. 첫째는 확실한 근거가 있는 경전을 마련하여 흔들리지 않는 교리를 확립하는 것이었다. 이를 위해서 근거가 분명한 사도들의 글을 모으는 운동이 전개되었고 그것들을 '정경canon'화하여 신약성경으로 편집하였다. 이는 근거가 희박한 '경외전통經外傳統, secret tradition'에 기초를 둔 신앙에 맞설 수 있는 강력한 무기였다. 2세기에 신약성경 정경이 확정되기 시작하였다. 처음 로마교회가 히브리서를 정경으로 확정했을 때 특이하게도 동방의 교회들이 이를 받아들였고 서방의 교회들은 거부하였다. 정경을 확정하는 기간이 긴 시간 동안 지속되었지만 로마교회는 중심적인 위치에서 신약 정경의 목록을 후기 신약성서의 것과 거의 유사하게 확정하였다. 점차 시간이 경과하면서 동방뿐 아니라 서방교회들도 로마에서 확정한 정경을 받아들이게 된다. 이러한 정경의 수집은 영지주의 이단에 대비하기 위한 것이었지만 사도적 전통의 계승과 연계되면서 진행되었다.[30] 즉 사도들이 작성한 기록이야말로 사도들이 전해주는 전통적 진리가 담겨 있다고 생각했다. 그러한 과정에서 로마교회의 전통이 더욱 강조되도록 하는 호소력을 가지게 되었다.

둘째는 그리스도 교회 공동체를 이끈 감독들의 계보를 작성하여 이를 사도들과 연계시키는 일이었다. 당시의 교회 지도자들이 사도들의 계보와 연결되어 있다면 그들이 지켜온 전통이 진리이고 모두가 다 받아들일 수 있는 교리가 될 수 있었다. 그런데 모든 교회가 똑같이 그들의 전통을 보편적으로 인정받을 수 있는 위치에 있었던 것은 아니었다. 가장 중요한 위치에 있었던 것은 '사도좌'라고 불리는 사도교회들이었다. 사도교회는 사도가 개척을 했거나 사역을 했던 교회로서 때로는 그곳에 사도의 무덤이 있는 교회를 말한다. 다른 지역보다는 바로 그러한 곳에서 원래의 신앙이 강력히 유지되어 왔을 것이고 전통이 생생하게 이어져 내려왔을 것으로 보았다. 그렇기 때문에 사도교회들이 새로운 교리로 무장한 이단의 침투를 막을 수 있는 중요한 역할과 기능을 할 수 있을 것으로 여겼다. 초기에 사도교회로서 인정을 받았던 곳은 안티오크, 빌립보, 에베소, 고린도, 데살로니가, 로마 등이었다.[31]

사도교회들 가운데서 가장 중요한 위치에 있었던 곳은 로마교회였다. 로마교회는 베드로와 바울 두 사도의 무덤이 있을 뿐 아니라 신약성서의 전통과 직접적으로 연관되어 있어서 다른 어떤 교회보다도 중요한 위치에 있었다. 예수 그리스도로부터 교회의 반석이 되는 권위를 부여받았고 지상과 천국의 열쇠를 받은 으뜸가는 사도 베드로의 활동 무대이자 순교지가 바로 로마였다는 것이 로마교회를 다른 사도교회와

30) Klaus Schatz, *Papal Primacy: from its origins to the present*, translated by John A. Otto and Linda M. Malony (Collegeville: The Liturgical Press, 1996), p.15.
31) 같은 책, pp.6-7.

구분하는 데에 큰 영향을 미쳤다. 더욱이 로마교회는 서방 즉 라틴 세계에서 유일한 사도교회였다는 점이 로마교회의 위상을 강화하는 데 큰 역할을 하였다. 따라서 로마 그리스도교 공동체의 감독 직분은 이탈리아와 갈리아, 북아프리카 지역에 이르기까지 유일한 사도좌로서의 지위를 가지게 되었다.

사도교회로서의 로마교회가 다른 지역교회에 비해서 우월한 권위를 가지고 있다는 의식은 이레네우스Irenaeus of Lyon의 『이단 반박문Adversus haereses』(180-190)32)을 통해서 엿볼 수 있다. 이레네우스의 저서는 영지주의 이단과의 투쟁을 배경으로 서술되었다. 그는 영지주의자들과 그들의 경외전통에 맞서서 사도직과 연관이 있는 교회의 '성스런 전통聖傳, public tradition'을 따라야 한다고 주장하였다. 다시 말하면 사도직의 계승과 더불어 이어져 내려온 '사도적 전통paradosis'과 긴밀하게 연합함으로써 사도들로부터 전승된 순수한 신앙을 지켜나갈 수 있다고 보았다. 그는 사도적 전통이란 가장 영예로운 두 사도, 베드로와 바울의 의해서 로마에 설립된 교회에 오래전에 보편적으로 알려진 진리라고 설명하였다. 따라서 이단이라는 큰 난관에 부딪힌 모든 교회들이 '우월한 권위 potentior principatus'를 가진 로마교회를 따라야 한다는 것이었다.33)

로마교회를 사도교회로 보고 그 특수성을 인정하는 경향은 2세기의 교부 테르툴리아누스의 글에서도 찾아볼 수 있다. 테르툴리아누스는 이단에 맞서 구원의 문제를 논의할 때 권위 있는 신앙의 기록들을 읽고 가르치는 사도교회에 의지해야 한다고 주장했다. 그러한 사도교회로서는 아가야에 고린도교회가 있으며, 마케도니아에는 빌립보교회와 데살로니가교회가 있으며, 아시아에는 에베소교회가 있으며 이탈리아와 북아프리카에는 로마교회가 있다고 하였다. 그 가운데에서도

---

32) Irenaeus of Lyon, *Against ALL Heresis*, in New Advent, Catholic Online Encyclopedia.
33) 같은 문헌, 3.3.1-2.

로마교회는 베드로와 바울이 수난을 당하고 그들이 흘린 피와 함께 올바른 복음의 말씀이 쏟아졌으니 얼마나 행복한 일인가[34]라고 하였다. 테르툴리아누스의 글은 모든 사도교회가 동등하게 중요한 것처럼 시작하지만 궁극적으로는 로마교회의 중요성과 권위를 제시하였다.

2세기에 이르러 로마교회가 으뜸가는 사도교회로서 서방에서 유일하다는 인식이 상당히 보편화되어갔다. 그러나 로마교회의 전통만이 유일하고 로마교회 단독으로 모든 신앙의 문제를 결정할 수 있었다는 것은 아니었다. 문제에 부딪칠 때마다 로마교회만이 독자적인 해결책을 제시한 것이 아니라 다른 사도교회들과의 협력 속에서 화협을 이루며 방안을 마련해 나아갔다. 그러한 과정에서 로마교회의 목소리가 더욱 중시되었고, 다른 사도교회들은 똑같은 비중을 가지지는 못했다.

(3) 그리스도교 공동체 중심으로서의 로마

2·3세기 로마교회의 위상은 '공동체communio'의 개념을 통해서도 이해할 수 있다. '콤뮤뇨'라는 용어는 교회와 연관된 다양한 내용을 가지고 있지만 여기서는 공동체라는 의미에 국한하여 그 내용을 알아보고자 한다. 우선 콤뮤뇨는 감독을 중심으로 형성된 신앙공동체로서의 지역교회를 의미한다. 다른 한편으로 교회들의 연합으로 이루어진 신앙공동체를 뜻하기도 한다. 이 공동체 속에서 감독들은 중요한 일이 있을 때에 서로 소식을 알렸다. 새로운 감독을 선출했을 때 이를 알리기도 하였고 이단을 단죄하고 파문할 때 다른 교회들이 단죄된 자들을 받아들이지 않도록 하기 위해 그 사실을 공지하였다. 지역교회가 새로운 감독을 선출할 때 최후의 결정은 인근 지역 감독들이 참여한 상태에서

---

34) Tertullian, *Latin Christianity Its Founder: Tertullian*, translated by Peter Holmes, in Alexander Roberts and James Donaldson, eds., *Ante-Necean Fathers*, vol.3 (New York: Charles Scribners's Sons, 1908), p.260.

이루어졌다.

다른 한편으로 콤뮤뇨는 '평화 서신communion letters'이라는 의미로 사용되었다. 감독들은 다른 곳으로 이동하는 그리스도인들에게 그를 보증하고 인증하는 서신을 써주었는데 이를 평화 서신이라고 한다. 이 서신을 가지고 있는 사람은 누구든지 다른 공동체에서 영접 받을 수가 있었고 그들과 함께 성찬 의식에 참여할 수가 있었다. 또한 그가 체류하는 동안 숙박 등 일상에 필요한 것들을 공동체의 경비로 제공받을 수 있었다.

교회 공동체 내에서 여러 가지로 필요한 일들을 위해서나 상호 긴밀한 연락을 취하기 위해서 감독들은 여러 지역의 감독 명단을 작성하여 가지고 있었다. 그러나 모든 감독들의 명단을 빠짐없이 보존하기가 어려웠고 그들 모두와 지속적으로 연락을 유지하기가 불가능했다. 그러한 이유로 교통과 통상의 요지에 공동체의 거점 중심지를 정하였다. 북아프리카에서는 모든 교회가 카르타고의 감독과 연계를 이루었고, 이집트에서는 알렉산드리아 감독과 연계를 이루었다. 로마교회가 그들 지역의 문제들에 관해서 연락을 취할 때는 카르타고나 알렉산드리아의 감독과 접촉하였다.

지역에 분쟁이 발생하여 감독들 간에 다툼이 발생하면 지역의 감독회의 '시노드synod'를 통해서 이를 해결하였다. 시노드는 진리와 사도적 전통을 가르치고 신봉한다는 조건 위에서 그 정통성이 인정되었다. 2·3세기 각 지역의 시노들 간의 위계상의 차별은 존재하지 않았고 서로가 평등한 지위를 가지고 있었다. 부적절한 시노드를 구분하여 차별화한 것은 4세기 아리우스 논쟁 이후에 발생하였다. 시노드들은 중요한 결정을 내릴 때 다른 지역의 교회들과 긴밀히 연락을 취하였다. 결정에 참여할 수 있도록 다른 교회가 요청하면 연락을 취하여 합동으로 중요한 문제를 처리하기도 하였다. 그러나 그러한 요구가 더 높은 권위에 의한 승인을 의미하지는 않았다. 그렇다고 할지라도 로마교회는 시노드들의 교령을 보편교회의 결정으로 권위를 부여하기도 하였다. 그러한 방식으로 3세기까지 로마교회, 알렉산드리아교회, 안티오크교회 등 세 교회가 중요 거점 교회로서의 지위를 가지게 되었다. 그래서 중대한 문제가 발생하면 가장 높은 위치에 있는 이 세 교회에 의해서 검토되고 다루어지게 되었다.

3세기 이후로 로마의 그리스도교 공동체가 크게 부흥하면서 그 위상도 점점 높아졌다. 3세기 중엽 로마의 그리스도인 수는 도시 인구의 5퍼센트 정도인 3만 명 정도 되었다. 공동체 내에는 50명가량의 '장로 presbyters'가 사역을 하였고, 다른 직책의 성직자도 100명 이상 활동하였다. 로마 공동체는 지리적으로 변방이 아니었고 더 이상 그리스교회의 마지막 전초기지도 아니었다. 이제 로마교회는 서방의 라틴 그리스도교 세계의 중심지가 되었다. 그 만큼 로마교회는 중요한 지위를 갖게 되었다. 지역교회에서 갈등과 문제가 발생하게 되면 불리한 입장에 있거나 더 높은 권위의 도움을 얻고자 하는 세력이 로마교회에 의지하여 자신들의 어려움을 극복하고자 하였다. 그들이 자기들의 뜻과 상충되는 로마의 결정까지도 무조건 받아들인 것은 아니었다. 그렇다고 할지라도 로마와의 접촉은 그만큼 로마교회의 비중을 높게 두었다는 것을 의미한다. 로마의 위상이 상승하는 것은 로마가 제국의 수도이고 지리적 요충지에 위치해 있다는 유리한 점도 있지만 그보다는 로마가 베드로와 바울, 두 사도의 순교지라는 것이 더욱 크게 작용하였다.

규모도 커지고 지위도 점점 높아가는 로마교회는 보편교회의 결속을 위한 책임감을 가지지 않을 수 없었다. 그러한 의식은 3세기 교회의 문제들이 돌출되는 가운데서 더욱 표출되었다. 그 일례로 255년 아를의 감독 마르키아누스Marcian of Arles의 사례를 찾아볼 수 있다. 마르키아누스는 박해를 피하기 위해서 그리스도교 신앙을 거부한 사람들을 영구적으로 파문하였고 참회벌의 기회도 주지 않았다. 그러한 조치가 지나치게 가혹하다고 생각한 카르타고의 감독 키프리아누스Cyprian of Carthage는 로마의 감독 스테파누스Stephen of Rome에게 갈리아 지방의 교회에 편지를 보내 마르키아누스를 면직하고 다른 주교로 교체할 것을 요구하도록 요청하였다. 그리고 새로이 선출된 감독을 알려주면 북아프리카 주교단이 그와 관계를 맺도록 하겠다고 하였다.

이때 키프리아누스가 로마의 감독 스테파누스의 수위권을 의식하고 책임감을 요청한 것은 아니다. 아를 근처에 있는 리용의 감독 파우스티누스는 스테파누스와 키프리아누스 양자에게 편지를 보냈다. 스테파누스로부터 응답이 없자 파우스티누스는 키프리아누스에게 다시 편지를 보내 스테파누스에게 다시 한 번 요청해주도록 부탁을 하게 된다. 이러한 일련의 진행과정을 보면 로마의 감독 스테파누스의 발언이 더욱 비중이 있었고 좀 더 큰 권위를 가진 것으로 보인다. 로마의 다음 감독으로 코르넬리우스Cornelius가 선출되었을 때 키프리아누스는 로마교회를 가톨릭교회의 모체요 뿌리라고 말하였다. 또 다른 곳에서는 로마교회를 '베드로 좌cathedra Petri'라고 하였다. 키프리아누스 자신에게 대항해서 대립감독이 선출되었을 때 그는 베드로 좌의 권위에 의지하고자 하였다.

키프리아누스가 때로는 로마감독을 의지하고 중요한 문제를 협의하기도 하면서 로마감독의 특별한 사명을 언급하기도 했지만 그가 로마감독을 사도의 유일한 후계자로서 인정한 것은 아니었다. 키프리아누스는 모든 감독들이 베드로의 후계자로서 천국의 열쇠를 가지고 있다고 보았다. 심지어는 모든 교회에 대한 책임감을 가지고 모든 감독들이 결속한다면 로마에 대립할 수 있다고까지 생각하였다. 바실리데스와 마르티알리스라는 두 명의 스페인 지방 감독들이 박해를 피하려고 우상에 제물을 직접 바치지 않았지만 관리에게 뇌물을 주고 '제물 공여증서'를 받은 일로 인해서 지역교회로부터 추방되었다. 그런데 그는 로마의 감독 스테파누스로부터 그의 과오를 용서받는 데 성공한다. 이 소식을 접한 키프리아누스가 즉각 아프리카의 시노드를 소집하여 스테파누스의 결정을 거부하고 두 감독들의 용서를 부정하였다.

3세기의 사건들을 통해서 볼 때 로마 공동체는 서방 그리스도교회에서 그 권위나 입지가 명확히 규정되고 강제된 것은 아니었다. 그렇기 때문에 키프리아누스의 개인적 입장에서 볼 수 있는 것처럼 로마감독의 역할을 중요하게 생각하기도 했고, 때로는 지역교회의 모든 감독들도 베드로의 후계자들로서 로마감독과 동등한 지위를 가진다고 생각하였다. 그럼에도 불구하고 로마교회는 그리스도 공동체의 상호 유기적 관계와 결속력을 가지는 데에 중심적인 역할을 하게 된 것은 분명하다. 갈리아나, 스페인, 북아프리카 등 멀리 떨어져 있는 교회 공동체에서 분쟁이나 문제가 발생하면 로마교회에 알리고 로마감독의 중재나 해석을 기대하였다. 그만큼 로마교회는 그리스도교 세계에서 높이 존중받았다. 그러나 그것은 로마교회가 보편 그리스도교의 결속력과 감독들의 협력관계 속에서 다른 지역교회들로부터 좀 더 많이 존중받는 정도의 대우에 불과했다.

(4) 그리스도교 공인과 로마

313년 콘스탄티누스 황제가 밀라노 칙령을 공포하여 그리스도교 신앙을 공인한 이후로 그리스도교 교회는 대부흥기를 맞이하게 된다. 그로 인해 300년에서 450년 사이에 교회의 구조와 체계에 많은 변화가 이루어졌다. 이전까지 교회들의 공동체는 로마교회와의 연계를 유지하며 각 지역의 거점 교회와 지역 시노드를 중심으로 유동적으로 결속력이 유지되었다. 그러나 새로운 변화의 시기에 그러한 공동체의 구조가 좀 더 공식적으로 제도화 되었다. 관구 교회에 주교좌가 등장하게 되고 맨 위에는 수도대주교가 위치하여 관구의 주교들을 대표할 뿐 아니라 관구 내 교회의 행정, 사법, 입법에 관한 일들을 관장하게 되었다. 교회의 관구는 제국의 속주 행정구역과 영역이 일치하였다. 이 관구 교회 내에서 주교 협력단이 완전한 형태를 갖추었다.

관구의 주교들과 수도대주교는 관구 내의 주교 선출과 임명을 관장하였다. 어느 한 주교가 이단으로 몰리거나 직무를 태만히 한 것 때문에 면직되어야 한다면 그에 관한 일은 관구의 시노드가 처리해야 하는 업무가 되었다. 그뿐만 아니라 시노드는 신조의 문제나 이단의 단죄까지도 결정해야 하는 책임을 가지게 되었다. 수도대주교는 관구 조직의 상부에 위치하였고, 로마와 알렉산드리아, 안티오크 등의 주요 교회들이 인근 지역의 관구들을 감독하는 기능을 가지고 영향력을 행사하게 된다. 4세기 말경까지 콘스탄티노플의 주교가 여기에 추가되었다. 그리고 이들 네 지역의 주교들을 특별히 총주교patriarchs라고 호칭하게 되었다.

3세기까지 지역교회를 공동으로 관리하는 대표적 성직자들을 감독overseers, episcopus으로 호칭했으나 4세기 초부터 진행된 그리스도교회 공동체의 구조 변화를 바라본다면 감독의 직분에 오늘날 가톨릭에서 호칭하는 주교라는 명칭을 적용하는 것이 좋을 것으로 생각된다. 교회 공동체에서 주교는 이전의 감독들과는 달리 위상이 강화되고 광범한 권한을 행사하면서 소위 말하는 왕권적 주교의 모습을 가지게 되었기 때문에 감독이라는 용어는 더 이상 적합하지 않다. 그와 함께 초기 그리스도교 시대에 감독과 기능이 뚜렷이 구분되지 않았던 장로presbyters는 교회 공동체의 지도적인 위치에서 성직의 직분을 가지게 되었다. 3세기 이후로 그 직분은 전문 성직자 계층에 속하고, 평신도 가운데 선출되어 교회를 관리하는 장로elders와는 뚜렷이 구분된다. 그러므로 'presbyters'는 더 이상 장로라고 하기보다는 사제라고 칭하는 것이 옳을 것 같다.

330년 콘스탄티누스 황제가 제국 수도를 비잔티움으로 천도하게 된 것은 단순히 제국의 정치적 지형을 바꾸는 데에 그친 것이 아니라 세계 그리스도교회의 위상에도 큰 영향을 미치게 된다. 우선적으로 그것은 점진적으로 신장되고 있던 로마주교의 우월한 지위가 동방지역에서는 제한되는 결과를 가져왔다. 동방교회에 문제가 발생해서 로마

교회가 그 문제에 관여하려고 한 경우가 종종 있었다. 이때 로마교회는 황제를 수장으로 하는 콘스탄티노플의 제국교회와 충돌하거나 갈등이 발생하였다. 그러나 한편으로 콘스탄티노플로의 수도 이전은 로마주교의 활동을 자유롭게 해방시켜 주기도 하였다. 천도와 더불어 황제의 동방 이주로 로마주교는 서방교회에 대해서 권위를 강화시킬 수 있었다. 그와 더불어 서방교회는 자립적이고 독자적인 길을 갈 수 있었다. 따라서 로마주교는 콘스탄티노플의 총주교를 지칭하는 궁정주교와 같은 자유롭지 못한 위상을 피할 수 있었다.

박해를 벗어나 자유로운 신앙생활을 할 수 있게 되자 그리스도인의 수가 크게 증가하고 세계 각 지역의 교회는 급격히 성장하게 되었다. 그러나 교회가 부흥하고 공동체의 규모가 확대된 만큼이나 그 안에서 다양한 목소리가 표출되었다. 완전히 정립되지 않은 신학적·교리적 문제들이 표면화되어 그리스도교는 대대적인 교리논쟁에 휩싸이게 된다. 그리스도교의 분열이 제국의 정치적 안정에도 위협적인 요인이 될 수 있었기 때문에 콘스탄티누스 황제 자신이 325년 니케아에서 공의회를 소집하여 아리우스파를 이단으로 단죄하고 아타나시우스가 주장한 삼위일체론을 정통 교리로 결정하였다. 그러나 니케아 공의회의 결정으로 이 문제가 종결된 것은 결코 아니었다. 이 논쟁은 이후 1세기 반 이상 지속되었고 피의 항쟁을 불러 일으켰다. 아리우스 논쟁은 4세기의 지역주의와 밀접히 연관되어 있었고, 그 지역주의에 로마교회가 맞서게 된다.

아타나시우스Athanasius of Alexandria와 유스타티우스Eustatius of Antiochs로 대표되는 두 파벌 사이의 극심한 충돌로 인해서 국가 권력이 지원하는 시노드가 여러 곳에서 소집되었고 그중 대표적인 것이 335년 티레Tyre에서 개최된 시노드였다. 이들 시노드들은 양 파벌 모두를 이단으로 단죄하였다. 지역의 시노드들이 이 문제를 처리하기에는 너무도 큰 충돌과 갈등이었다. 이 당시 주교를 파면할 수 있는 최고 법정은 이웃

주교들이 개최하는 시노드였다. 아타나시우스 일파는 로마에 도움을 요청하였고 341년 로마에서 시노드가 개최되었다.

그런데 문제는 '어느 한 시노드가 결정한 교령을 다른 시노드가 무효화할 수 있는가' 하는 점이었다. 시노드의 독립성과 자립에 대한 논쟁이 부가적으로 발생하였다. 그러한 문제를 논의하기 위해 동방의 주교들은 341년 안티오크에서 시노드를 소집하였다. 안티오크에서는 모든 시노드가 자립적 지위를 가지고 있으므로 티레에서 결정된 내용은 그 자체로 최종적인 것이며 그곳에서 결정된 교령을 결코 다른 시노드가 무효화 할 수 없다고 주장하였다. 안티오크에 모인 주교들은 시노드가 단죄한 주교나 사제는 어느 누구라도 다른 시노드에 항소할 수 없다고 주장하였다. 즉 모든 교회는 자립적이라는 결과를 확인하였다.

지역주의와 교회의 자립성이 제기된 가운데서 로마교회는 시노드의 서열화 또는 차등화를 선호하는 입장을 가지고 있었다. 즉 모든 시노드가 동등하지는 않으며 하위 시노드의 결정은 상위 시노드에 의해서 무효화될 수 있다고 보았다. 교회의 갈등을 지역교회에 국한하고자 하는 지역주의에 맞서 보편교회 또는 세계교회의 존재를 강조하고자 하는 로마교회의 의도가 강력히 표출되었다. 제국의 동방과 서방이 정치적으로 분할되어 있고 반反아타나시우스파가 동방 황제의 지원을 받고 있는 상황에서 세계교회주의는 지역의 문제를 지역교회의 것으로만 한정시키지 않고 세계교회의 관심에 포함시키고자 한 것이었다.

그러한 관념은 로마주교 율리오 1세Julius I(337-352)가 341년 로마 시노드에서 논의된 내용을 동방의 주교들이 따르도록 권고하는 편지에서 확고하게 표명되었다. 편지에서 율리오는 지역의 중대한 문제가 발생했다면 교회의 정전에 따라 판결이 선포되어야 하고 우리 모두에게 알려서 우리 모두에 의한 올바른 판단이 되도록 해야 한다고 주장하였다. 그러한 문제는 어느 지역교회에만 국한된 것이 아니라 모든 주교들의 관심사여야 하고, 특별히 사도교회들의 관심사여야 한다는 것이었다. 관습법에 따르면 우리에게 먼저 알리고 무엇이 옳은지를 결정하는 절차를 밟아야 한다는 것을 모르는 것이냐고 율리우스는 반문하였다. "알렉산드리아의 주교를 제재하려는 절차를 진행하려 했다면 먼저 이에 대해 알려줬어야 하고, 알리지 않고 진행하려 했다면 우리의 조사를 생략하고 우리가 이를 무조건 따르라고 한 것이나 마찬가지다." "이러한 것은 사도 바울의 가르침이나 전해내려 온 교부들의 전통도 아니다." 사도 베드로로부터 우리가 이어 받은 것을 여러분들에게 알도록 하고자 한다고 호소하였다.[35]

율리오의 입장은 그리스도 교회 공동체 안에서 주교들의 협력과 동시에 로마교회의 수위적 지위를 제시한 것으로 보인다. 그는 중심교회들이 단단히 결속해야 한다는 것과, 그들의 주교가 관련된 사건은 반드시 함께 참여해서 처리해야 한다는 것을 강조하였다. 즉 알렉산드리아 주교에 대한 문제이기 때문에 당연히 로마에 그 사건이 이첩되었어야 한다는 것이다. 그리고 이를 해결하기 위해서 교회 공동체의 차원에서 주교들의 협력을 거쳐서 바른 결정을 해야 한다는 주장이다. 이와 같은 율리오의 입장은 로마주교의 수위권을 향한 출발점이었다. 그러나 그의 주장이 로마주교의 수위권이라고 아직은 단정을 내려서는 안 된다. 그의 생각이 수위권을 향한 출발점은 되지만 그 자체가 수위권은 아니다. 오히려 율리오는 베드로 좌를 가지고 있는 로마주교의 사법적 관점을 제시한 것은 아니고, 로마교회가 그리스도교 공동체 안에서 짊어지고 있는 도의적 책임감, 또는 베드로와 바울의 사도적 사명 위에서 그러한 입장을 표명한 것뿐이었다.[36]

전 교회의 참여를 요구하는 율리오 주교의 주장으로 니케아 공의회

35) Athanasius, *Apologia contra Arianos* 35 (PG 25.308A/B), Nicene and Post-Nicene Fathers, Second Series, Vol.4. Edited by Philip Schaff and Henry Wace (Buffalo, NY: Christian Literature Publishing Co., 1892).

36) Schatz, *Papal Primacy: from its origins to the present*, pp.23-24.

이후 처음으로 보편공의회가 342년 사르디카에서 황제에 의해 소집되었다. 이 공의회는 처음부터 심각한 의견차를 보이면서 들끓었다. 동방의 반反아타나시우스파 주교들은 아타나시우스와 그의 동조자들에 대해서 공의회 참여를 허용하지 않아야 한다고 주장하였으나, 그들의 요구는 거절되었다. 뿐만 아니라 동방과 서방의 교회들은 자치적이어야 하며 각자의 논쟁 문제를 서로 간섭하지 않아야 한다고 주장하였다. 서방교회의 주교들이 그러한 주장을 받아들이지 않자 그들은 공의회에서 빠져나갔다.

서방의 주교들만이 참석한 가운데서 회의는 좀 더 효율적으로 진행되었다. 그동안의 시노드들이 교회의 중대한 갈등들을 원만하게 처리하지 못한 경험을 가지고 있었으므로 공의회는 주교들 사이의 소통과 대화를 원만하게 조정하는 역할을 할 수 있도록 로마교회의 책임을 법적으로 규정하고자 하였다. 코르도바의 주교 오시우스Ossius of Cordoba는 시노드에서 파면된 주교들은 로마주교에게 항소할 수 있다는 규정의 제정을 주도하였다. 또한 시노드의 결정이 바르지 못하다고 로마주교가 판단한다면 인근 관구의 주교들을 불러서 새로운 청문회를 열 수 있도록 하고 파면된 주교가 동의하면 로마의 사제들이 참여할 수 있다고 정하였다. 이와 같이 로마주교의 대표성이 법적으로 규정되었다. 그러나 이 단계에서 로마교회를 항소법정이라고 말할 수는 없다. 그것은 로마주교가 단독으로 결정할 수 있는 권리를 인정한 것이 아니라 인근 관구의 주교들이 협의체로서 함께 논의하고 결정하는 구조이기 때문이다. 로마주교는 항소가 진행되는 과정을 지켜보고 검토하는 권한을 가진 것에 불과했다.[37]

아직은 단독 결정권을 부여받지는 못했지만 적어도 로마주교는 일종의 법정 감독으로서의 권한을 부여받은 것이다. 이는 다분히 '사도

---

37) 같은 책, p.25.

베드로에 대한 기억을 존중하는 'Petri memoriam honoremus' 마음에서 출발한 것이다. 베드로의 교회로서 로마교회가 가진 종교적 권위를 토대로 교회의 분쟁에 로마교회가 간여할 수 있는 법적 권한을 합법화해 준 것이다. 이러한 사르디카 공의회의 결정이 동방에서는 물론이고 서방에서조차 즉각적으로 받아들여지지는 않았다. 그러나 사르디카의 교령들은 5세기 이후 로마에서 니케아 신조와 같은 정도로 권위 있게 여겨졌다. 이는 점차적으로 확대되어 13세기 인노첸시오 3세 때에 꽃을 피우는 교황의 사법적 권한, 즉 중대한 사건 causis maiores인 경우 교황이 세속적 문제까지 처리할 수 있다는 절대적인 사법적 권력의 기원이 되었다.

3. 로마주교의 수위적 지위 형성

(1) 로마주교의 도의적 책임의식

로마주교 율리오 이후 아리우스 논쟁은 로마교회에게 불리하게 진행되었다. 율리오의 뒤를 이은 주교 리베리오 Liberius(352-366)는 황제의 압박으로 위약한 모습을 보이면서 아타나시우스와의 교류를 단절하였다. 그리스도교 세계 전체로 볼 때 아타나시우스파에 동조하는 세력은 소수에 불과했다. 대부분의 동방교회에서는 아리우스의 입장을 지지하였다. 그럼에도 불구하고 시간이 경과하면서 점차적으로 아리우스 논쟁은 로마의 입장을 강화해주는 방향으로 진전되었다. 콘스탄티노플의 주교가 황제의 후광을 받아 주도권을 행사하려 했지만 광대한 동방 교회 공동체가 통합되지 못한 상태였기 때문에 구심점 역할을 하지 못했다. 그런 가운데서 370년 이후 아리우스주의는 동방에서 완전히 배척되었다. 오랫동안 지속된 갈등 속에서 신학적으로 큰 상처를 입은 동방교회에서는 교회 공동체의 관계 개선, 회복과 통합에 대한 필요성이 고조되었다.

신학적 논쟁 속에서 동방교회가 분열된 것과는 달리 서방의 라틴교회 공동체는 로마교회를 중심으로 유기적인 관계가 원만하게 지속되고 있었고 안정적으로 통합되어 있었다. 이러한 상황 속에서 대부분의 다양한 집단이 로마교회와 교통하기를 원했고 로마의 인정을 받고자 하였다. 로마교회는 이제 서방교회들뿐 아니라 동방교회들로부터도 세계교회 공동체의 중심으로서 큰 기대를 받게 되었다. 그동안 어려움에 처해 있던 동방교회들에는 로마의 관심과 지원을 받고자 하는 기대감이 넘쳤다. 그러나 사실 로마가 그러한 기대감을 충족시켜줄 수 있을 만큼 능력이 충분한 것은 아니었다. 더욱이 먼 거리에 있는 동방교회의 어려움과 문제들에 대해서 충분히 숙지하지도 못했고, 로마교회가 그러한 문제들을 명쾌하게 결정할 수 있을 만큼 실제적인 능력을 충분히 소유하지도 못했다.

세계교회의 중심축으로 기대를 받게 된 로마교회는 주교 다마소(366-384)의 재위와 함께 강력한 지도력을 행사하게 된다. 다마소는 교회 문제를 단순히 다루고 처리하는 형식이 아니라 문제의 해결을 결정하여 명령하는 새로운 형식의 군주적 태도를 보였다. 379년 안티오크에서 153명의 주교들이 참석한 가운데 개최된 시노드에서는 다마소가 수정한 신조를 받아들였고, 그가 지시한 공동체 간의 교류 조건을 수용하였다. 이제 로마와의 교통이 매우 중요한 의미를 가지게 되었기 때문에 분규가 발생할 때마다 되풀이해서 로마에 호소하였고 로마와의 교통에 큰 가치를 두게 되었다. 로마교회가 그리스도교 공동체의 중심이라는 인식은 5세기까지 서방교회 어느 곳에서나 받아들여졌다. 교부 제롬이나 암부로시우스는 로마와의 교통은 정통 신앙 즉 '가톨릭*catholica*'과의 교통과 같다고 주장하기까지 하였다.

동방에서는 로마교회에 대한 인식이 서방에서와 같은 정도로 명료하게 정리되지는 못했다. 그러나 380년 황제 테오도시우스가 그리스도교를 국교화하면서 "성 베드로가 로마인들에게 설교하고 다마소가 선포한 신앙이 제국 전체에 받아들여져야 한다"는 것을 법제화함으로써 로마교회의 위상은 제국 내의 모든 교회 공동체에 명확히 각인되었다. 물론 이때까지도 로마가 모든 공동체의 규범을 단독으로 결정하는 것이 아니라, 동방의 중심 교회인 알렉산드리아와 협의하면서 이루어졌다. 그렇지만 신앙의 원천은 성 베드로와 그의 로마 설교라는 점이 국가적으로 인정을 받은 것이고, 로마교회는 신앙의 원천이 되는 교회로서 독보적인 위상을 가지게 된 것이다.[38]

로마교회가 신앙의 원천이라는 인식이 보편화되기는 했지만 동방교회에 대한 로마의 지도력이 평상적으로 발휘되지는 못했다. 심각한 교회의 분열이나 갈등이 있을 때조차도 로마에 상소한다고 해서 문제가 쉽게 해결되지는 못했다. 그렇지만 449년 에베소 '강도 시노드Robber Synod'[39]의 사태를 맞으면서 긴급한 상황에서는 로마에 알리고 도움과 지원을 받아야 하는 것이 하나의 관행으로 자리를 잡게 되었다. 그러나 법적 의미에서 로마를 상위 법정으로 여긴 것은 아니다. 그보다는 그리스도교의 결속력을 위해 더 높은 종교적 권위를 가진 초법적인 법정으로 생각하였다. 동방 황제의 현실적 권력에 대항해서 로마가 법적인 권위를 행사할 수는 없었다. 로마주교가 할 수 있는 것은 주교들에게 경고하고 편지를 보내고 새로운 공의회를 개최하도록 하는 등 교회의 결속력을 위해 도의적 책임감에서 도움을 주는 것이었다. 로마주교는 법을 넘어서 종교적 권위로서 여겨졌고, 비상시에 억압받는 자들과 상해를 입은 자들을 위한 특별한 책임을 가지는 것으로 생각하였다.[40]

---

38) 같은 책, pp.23-24.
39) 449년 강도 시노드에서 콘스탄티노플의 총주교 플라비아누스와 도리라움의 주교 에우세비우스, 키루스의 신학자 테오도레트가 단죄되었다. 그리고 이들이 로마에 항소하면서 로마를 성자 베드로와 바울의 도시라고 칭하였다.
40) Schatz, *Papal Primacy: from its origins to the present*, p.28.

(2) 로마주교 '수위권*primatus*' 관념의 형성

4세기 후반 이후로 로마주교의 수위권 관념은 뚜렷한 형태를 가지기 시작한다. 이 시기에 알렉산드리아 주교 등 일부 주교들이 'papa, pope' 이라는 호칭을 사용하기 시작한다. 로마교회에서는 로마주교 시리치오 (382-399)가 이 호칭을 처음 사용했다. 5세기에는 로마주교에 한해서 이 호칭이 사용되었고, 우리말로는 교황으로 번역하고 있다. 교황의 호칭은 로마주교의 수위권에 대한 관념이 강화되면서 사용되었고, 수위권은 교황권을 상징하는 핵심적 요소가 되었다. 이에 따라 4세기 후반 이후로 서품된 로마주교를 교황이라고 칭하는 것이 자연스러울 것이다.

로마에서 수위권의 관념은 다마소 Damasus(366-384), 시리치오 Siricius(384-399), 인노첸시오 1세 Innocent I(402-417), 레오 1세 Leo I(440-461)41) 등의 교황들이 재위하는 동안 크게 발전한다. 로마주교의 수위권은 베드로와 바울에 대한 특별한 존경심을 중심으로 형성된 다양한 내용이 집약된 것이다. 이들 교황들의 재위기간을 거치면서 '로마주교는 베드로의 후계자'라는 특별한 계보와 함께 특수성을 가진 이념으로 변모하였다. 로마주교의 베드로 계승 이념은 3세기 중엽 스테파노 1세 Stephen I(254-257) 때에 처음 나타났고, 4세기 후반 이후로 수위권의 중심적 요소가 되었다. 베드로의 후계 이론을 토대로 교황 안에 베드로가 현존하고 베드로가 교황 안에 거한다고 생각하였다.

교황의 베드로 승계 개념은 세계교회에 교황의 지도력을 주장하는 데에 강력한 무기가 되었다. 베드로 승계 개념에서 본 로마교회의 역할과 위상을 보면 첫째, 로마교회는 모든 교회를 보살피는 책무를

---

41) 3세기 중엽 이전의 로마주교는 라틴어의 발음에 준하여 이름을 표기하였으며, 이후 로마교황의 한글 이름은 한국가톨릭교회에서 표기하는 바와 같이 이탈리아어의 한글 발음으로 표기하도록 한다.

가지고 있으며, 둘째, 로마교회는 모든 교회의 머리caput이고 다른 교회들은 머리를 중심으로 한 몸을 이루는 지체라는 것이다. 이러한 이념을 바탕으로 로마교회는 더 이상 세계교회 공동체의 중심에 그치는 것이 아니라, 필요할 때는 언제든지 어느 곳에나 간여할 수 있는 능동적 기관으로서 그 기능과 지위를 크게 확대하였다. 마태 16장 18절-20절을 토대로 개별교회들의 문제들에 대한 교황의 구속력 있는 결정권을 좀 더 명확하게 내세웠다. 즉 베드로와 연관을 지으면서 입법자로서의 베드로를 강조하였다. 모세가 구약시대 입법자였던 것같이 베드로는 신약시대 모든 나라에 법전을 제공했다고까지 주장하였다. 그러한 것을 가시적으로 보여주기 위해 고대 로마의 성 베드로 성당의 입구 모자이크에는 베드로가 그리스도로부터 신약의 율법을 받는 모습을 새겨 넣었다.

새로운 법을 제정할 수 있는 교황의 권위를 표출한 최초의 역사적 이정표가 된 것은 교황 시리치오가 스페인 주교에게 보낸 답변이었고, 이 답변서는 최초의 '교령papal decretals'이라고 불린다. 385년 타라고나의 주교 히메리우스는 당시 스페인 지역교회의 현안 문제에 대해서 교황에게 질의를 하였고 이에 대한 응답을 하면서 이 답변서를 스페인의 주교들에게 알리도록 요구하였다.42) 이 답변서를 최초의 교령이라고 하는 것은 편지의 형식과 내용이 입법자로서의 교황의 권위를 여실히 드러냈기 때문이다. 우선 그 형식과 내용이 형제애를 가진 조언이나 충고가 아니라 강력한 권위적 명령조의 어투로 되어 있다. 이는 마치 황제의 교서에서나 볼 수 있는 명령의 형식이었다. 히메리우스는 교황으로부터 답변서를 받고서 보낸 답장에서 로마교회를 육체의 머리라고 표현했으며, 사도좌의 교훈은 어느 주교도 무시해서는 안 된다고 묘사하였다. 뿐만 아니라 그는 교황 안에 베드로가 신비하고 사법적인

---

42) Jaffé P. Migne, *Patrologiae Latinae cursus completes* (Paris, 1844), 13. 1131-1147.

방식으로 현존하다고 하였다.[43] 이러한 스페인 주교의 인식은 로마교회가 주장하는 교황 수위권과 베드로 계승 이론을 그대로 받아들인 것이며, 그만큼 서방교회에서는 수위권 이론이 보편적으로 받아들여지고 있었음을 보여준다.

교황 시리치오의 교령이 법적 권위를 가지기 이전까지는 교회 공동체에서 오직 시노드 만이 새로운 법을 규정할 수 있는 것으로 되어 있었다. 그런데 이제 교황 문서가 사실상 시노드의 법과 같은 수준에 위치하게 되었다. 로마주교는 그리스도인의 삶에서 부딪히는 어려운 문제들이나 교회의 규율에 관해서 베드로 전통에 입각한 로마의 입장을 말하였다. 서방의 모든 교회가 베드로와 그 후계자들에 의해서 직·간접적으로 세워졌다는 416년 교황 인노첸시오 1세의 말이 역사적 진위 여부에 상관없이 서방교회들을 로마교회에 의존적으로 만드는 근거가 되었다. 따라서 서방교회들은 그저 로마교회의 관습을 따르는 것이 마땅한 것으로 여겼다.

서방교회들이 로마교회를 따르면서 긴밀한 관계를 유지했던 것에 비해서 동방교회들은 로마교회를 바라보는 입장이 달랐다. 로마교회는 동방교회들을 대할 때 로마교회의 주장을 강력히 내세우기보다는 비교적 절제하는 자세를 가졌다. 레오 1세 대교황조차도 동방에 대해서 교황이 입법권을 가지고 있다는 주장을 과감히 내세우지 못했다. 동방교회들의 눈으로는 교황이 단지 공의회 법규들의 수호자에 불과했다. 그들에게 있어 베드로의 직분은 공의회에서 확인된 교리나 권징 법규들을 유지하고, 나아가서 옛 법에 위배되는 새로운 법의 출현을 방지하기 위해 전통을 지켜주는 정도의 기능을 가진 것으로 보았다.

4세기 후반 로마주교가 공의회로부터 독립되어 있고 더 높은 위상을 가진다는 분위기가 나타났다. 382년 로마 공의회 이래로 로마교회는

---

43) 같은 책, 13. 1136A.

공의회 법령이 아닌 신의 제도에 의해서 다른 교회들보다 상위에 위치한다는 것을 당연하게 여겼다. 359년과 360년에 각각 소집된 셀레우키아 공의회와 리미니 공의회는 황제의 압력 하에서 아리우스파도 받아들이는 애매한 규정을 채택했기 때문에 이들 공의회의 타당성을 두고 많은 논란이 일었다. 이를 계기로 정당한 공의회와 거짓 공의회를 구분해야 할 필요성이 제기되었다. 이러한 상황 속에서 로마는 공의회의 연속성을 지켜주는 보증인 역할을 하며 공의회의 유효성을 판가름하는 권한을 행사하였다. 그러한 분위기가 고조되면서 371년과 372년의 로마 시노드 이후로 규모에 상관없이 로마주교의 동의를 받지 못한 공의회는 무효라는 주장이 제기되었다. 이와 함께 한번 공인된 공의회들은 정당한 것으로 인정되며, 그들 공의회에서 규정된 법령은 영구히 지켜져야 하고, 그 외의 것들은 거부된다는 기준도 로마교회에 의해서 제시되었다.

교황의 교령이 공의회 법령과 같은 위상을 가진다는 것과 교황이 인정하는 공의회만이 유효하다는 주장은 베드로 좌로서 세계교회의 중심인 로마교회의 우월한 권위와 교황의 수위권을 현실 속에 각인시켜 나가는 과정 속에서 표출되는 현상이었다. 3세기 후반부터 서서히 진행된 교황 수위권 개념은 5세기 중엽 교황 레오 1세 Leo I(440-461)에 의해서 본격화되었다.

레오 1세가 교황 수위권 이론을 구체화하고 교황권의 범위를 크게 확대할 수 있었던 것은 로마교회가 다른 교회와의 관계에서 우위를 차지할 수 있을 만큼 상황이 유리하게 되었기 때문이다. 물론 교황 레오의 개인적 노력과 활약이 그에 기여했다는 점을 간과할 수는 없다. 레오는 황제들이 이미 버린 이교적 명칭 '대사제 Pontifex maximus'를 교황의 호칭으로 사용하였다. 레오의 이러한 태도에는 교황의 군주적인 권한을 내세우려는 의도가 역력하게 나타나고 있음을 알 수 있다. 교황의 군주적 권한에 대한 레오의 견해에 따르면 베드로는 사도의 군주일

뿐 아니라 교회의 대군주이며, 이 선례는 그리스도가 보여주었다는 것이다. 이와 같은 면에서 울만은 레오가 교회를 교황의 군주권에 의해 통치되는 왕국으로 보았다고 해석하였다.[44]

교황의 권한에 대한 레오의 주장이 서방에서는 무리 없이 받아들여졌으나 동방에서는 상황이 달랐다. 451년 칼케돈회의에서는 로마가 서방에서 그런 것처럼 콘스탄티노플이 동방에서 우월권을 가져야 한다고 결정하였기 때문에 레오의 주장은 동방에서 받아들여지지 않았다. 이 사실은 교황 우월권이 서방에만 국한될 수밖에 없었음을 말해주고 있다. 비록 서방에 제한적인 것이었지만 교황권 사상의 발전에 레오가 큰 기여를 했다는 점을 부인할 수는 없다. 교황의 군주권 사상 외에도 교회법에서 수없이 나타나는바 교황이 '베드로의 대리자_cuius vice fungimur_'라는 관념을 처음 제시한 사람이 바로 레오였고, 교황권 사상의 발전에서 핵심을 이루었던 교황의 '완전권_plenitudo potestatis_' 개념을 그가 처음 제시하였다.[45] 그뿐만 아니라, 보편교회의 성직은 베드로 좌를 정점으로 모아져야 한다는 성직계층 이론에도 레오의 기여한 바가 매우 컸다. 이와 같이 볼 때 비록 레오시대 로마교회는 여전히 제국 국가교회의 부분으로 존재하였고, 로마주교와 황제의 관계가 애매한 상태로 있었을지라도 레오는 교황권을 가능한 범위 내에서 최대한 확대시킨 인물이었다.

그렇다면 레오 1세 때까지 정립되었다고 하는 교황권 사상의 내용과 범위는 무엇이라고 할 수 있을까? 먼저 이 당시의 교황권은 교회라는 지상의 공동체를 기반으로 그 존재의 의미가 있었다. 그리스도교 공동체의 몸으로서 교회는 그 구성원의 행위를 지도하기 위해서 그리스도교의 규준을 제시하고 구성원이 이에 입각해 행동하는 것을 목표로 한다.

---

44) Walter Ullmann, *Die Machtstellung des Papsttums im Mittelalter: Idee und Geschichte* (Wien, Köln: Verlag Styria Graz, 1960), p.12.
45) 같은 책, pp.26-27.

여기에서 교회의 지도력은 지도자의 강제력으로 생각될 수 있고 '권력 potestas'의 행사로 표현될 수 있다. 그런데 그 위에 교회를 세울 반석인 베드로에게 그리스도가 그 권한을 위탁했다는 점이 교황권 사상의 출발이다.

마태 18장 18절-19절의 내용과 더불어 요한 21장 21절의 '내 양을 먹이라'라는 그리스도의 말은 베드로의 임무를 가르쳐 준 것이기도 하고 베드로에 대한 그의 지상명령이기도 하다. 이로 말미암아 그리스도의 권한을 대행하게 되었으므로 베드로는 '그리스도의 대리자 vices Christi'라고 불리게 되었다. 그러므로 베드로의 후계자요 상속자인 교황 역시 지상에서 그리스도의 대리자가 된다. 이와 같이 볼 때 베드로의 계승자, 또는 상속자라는 말과 그리스도의 대리자라는 말은 본질적으로 내용이 일치한다고 할 수 있다. 46)

그리스도의 대리자인 교황에게 상속된 권한은 교황의 '완전권 plenitudo potestatis'을 말한다. 47) 이는 레오 1세에 의해서 구체화된 개념으로서

---

46) Walter Ullammm, *Principles of Government and Politics in the Middle Ages* (London: Methuen & Co., Ltd., 1961), pp.35-36.

47) *potestas*에 대해서 성 아우구스티누스가 그의 저서 『신국론 *De Civitate Dei*』에서 언급하고 있으며, 이후에는 레오 1세가 황제 테오도시우스에게 보내는 서한에서 언급되고 있다. 또한 5세기 말에 교황 젤라시오 1세 Gelasius(492-496)는 성직권과 교황권의 관계를 설명하면서 상당히 구체적으로 그 내용을 규정하였다. 비잔티움의 황제 아나스타시우스 1세 Anastasius I에게 보낸 서한에서 그는 "두 권력이 있습니다. 하나는 황제 아우구스도로서 이 세상은 그로부터 통치를 받습니다. 둘째는 사제의 성스런 권위입니다. 사제는 신의 심판대에서 왕을 위해 변호해야 하는 위치에 있기 때문에 두 권력 가운데서 사제의 권위와 책임이 더욱 무거운 것입니다."라고 언급하였다. 바로 이 내용은 중세시대에 두고두고 해석상의 논란을 야기하였다. 교황권을 지지하는 입장이나 왕권을 옹호하는 편에서나 이 내용을 서로가 유리한 근거로 삼았다. 그 때뿐 아니라 오늘날까지도 학자들 사이에 해석의 논란이 지속되고 있다. 이 편지의 구절을 볼 때 외관상으로는 황제권과 교황권이 서로 대등하고 균등한 위치에 있다는 것을 의미하는 이원론적 해석을 표현한 것으로 보인다. 그러나 편지의 작성 배경과 의도, 그리고 내면적 의미를 고찰해보면 그와는 전혀 다른 각도에서 해석이 가능하다. 여기에서 젤라시오는 사제의 기능에는 '아욱토리타스

두 가지 성격으로 나뉜다. 하나는 사법권, 더 정확히는 '재치권裁治權, *potestas jurisdictionis*'으로서 각기의 교황이 베드로로부터 중간 승계자 없이 이를 직접 상속받았다고 주장하였다. 또 다른 하나는 '성품권*potestas ordinis*'으로서 이것은 대대로 계승되는 것이라고 생각하였다.

그러므로 이 두 권한을 식별해 주는 요건은 교황의 직접 계승 여부이

---

auctoritas'를, 군주의 기능에는 '포테스타스*potestas*'라는 용어를 적용하고 있다. 이에 대해 가스파르Erich Gaspar는 '포테스타스'는 실제 강제력을 가진 군주권을 의미하고 '아욱토리타스'는 단순히 도덕적 권위를 뜻하는 것으로 여기고 있다.(1) 울만Walter Ullmann은 '아욱토리타스'를 고유의 통치권으로 보았고, '포테스타스'는 단지 칙령을 실행할 수 있는 행정권이라고 생각하였다. 그래서 그는 중세 교황통치가 바로 '아욱토리타스'의 행사를 전제로 한다고 여겼다. 또한 '아욱토리타스'는 그것의 소유자와 불가분리이고 오직 한 사람만이 소유할 수 있는 반면, '포테스타스'는 소유자와 분리될 수 있고 대리할 수 있다고 분석하였다.(2)

또 다른 해석가들은 이 두 용어를 동의어로 보고 있다. 즉 그것은 젤라시오가 중복을 피하기 위해서 사용한 용어들이어서 내용상 거의 차이가 없는 수사적 표현에 불과하다고 생각하였다.

모랄John B Morral은 젤라시오가 아욱토리타스와 포테스타스에 관해 서술한 서한은 읽을 가치도 없는 것이라고 혹평하였다. 그는 다음의 두 가지로 이에 대한 이유를 들고 있다. 첫째, 지상권의 면에서 제국에 대한 교황의 우월권을 젤라시오가 의식하면서 그 말들을 쓴 것이 아니었다는 것이다. 그뿐만 아니라 제국의 공적 업무에 관련된 분야에서는 주교들이 오히려 제국법에 복종해야 한다는 것을 젤라시오가 인정하고 있었다는 것이다. 둘째, 그 사상이 현실적으로 암흑기 후기 교황들의 언행과 부합되지 않는다는 점이다. 오히려 그레고리오 1세 대교황(590-604)을 포함한 많은 교황들이 황제의 권위에 거의 예속적이었음을 엿볼 수 있다는 것이다.(3) 그런데 이러한 모랄의 재고무용론은 너무 지나친 극단적 표현이라고 할 수 있다. 젤라시오가 인식했던 실제 개념과는 차이가 있었을지라도, 그리고 중세 전반기에 교황권이 대체적으로 약세를 면치 못했을지라도 11세기 이후 교황권 강화시기에 젤라시오의 이 서한은 교권과 속권이 첨예하게 대립할 때 매우 비중 있는 사료적 가치를 지니고 있었으며, 교회법 법원으로서의 매우 중요한 위치에 있었다는 점을 간과해서는 안될 것이다.

(1) Brain Tierney, *The Crisis of Chuch & State 1050-1300* (Englewood Cliffs, N. J.: Prentice-Hall, Inc., 1964), pp.3-14.

(2) Ullmann, *Principle of Government and Politics in the Middle Ages*, p.52.

(3) John B. Morall, *Political Thought in Medieval Times* (New York: Harper & Brothers, 1962), p.22.

다. 그런데 이 두 용어는 13세기 교회법 정립 이전에는 나타나지 않고 있다. 그렇지만 그 내용 자체는 이미 교황권 사상의 출현 당시부터 나타나고 있어서 초기 교황권 이론을 고찰할 때 반드시 이해해야 하는 요소이다.

먼저 완전권은 '매고 푸는 권한'의 형태로 그리스도가 베드로에게 부여한 사법권의 총체로 표현되었다. '상속' 또는 '승계'를 말할 때 이는 무엇보다도 베드로가 소유한 사법권에 관계된다. 한편 교황은 이 권한을 타인이 대리하도록 할 수 있다. 성직자뿐 아니라 심지어 세속군주들과 같은 평신도에게도 그 권한은 위임될 수 있다고 간주되었다. 그것은 교황이 성직계층구조 안에 속해 있지 않고 독립적으로 고립된 존재이므로 그의 고유한 권한은 성직제도 안에서 제한되거나 의존적이지 않기 때문이라는 것이다. 완전권 안에서 사법권은 교황의 '통치권gubernatio'을 조성해주고, 교황은 '통치자gubernator'로서의 모습을 지니게 된다. 이는 결국 레오가 제시한 군주적 권한과 연결될 수 있다. 이러한 각도에서 울만은 교황권을 군주적 통치권으로 보면서 11세기 이후 교황정부의 성립과 발전, 그리고 그러한 정부의 형태와 속성을 규명하였다.[48] 그러나 5세기까지의 과정에서는 아직 통치의 형태로서 교황권을 파악할 수는 없다. 레오 1세가 교황의 군주적 권한을 언급했지만 그리스도교 교회 안에서의 교황의 권위에 관한 문제이지 세속군주와 동일하게 현실 속에서 행사할 수 있는 통치권을 의미하는 것이 아니었다.

다음으로 '성품권potestas ordinis'은 로마주교 신분으로서의 교황의 기능을 말한다. 성품권은 교황이 그리스도의 사도로부터 전해 받은 권한에 속하기는 하나 통치권으로서 교황권과는 무관하다. 성품권은 오로지 서품, 견진, 헌당과 같은 성사들을 집행하는 권한을 말한다.[49] 이러한

---

48) Walter Ullmann, *The Growth of Papal Government in the Middle Ages* (Methuen & Co., Ltd., 1955), pp.41-42.

49) Walter Ullmann, *Medieval Political Thought* (Harmondsworth: Penguin Books,

면에서 교황은 다른 주교들과 다를 바가 없다. 그러므로 성품권은 법의 결정이나 칙령 등 사법적인 것과는 무관하다. 사법권 행사의 경우에 교황은 어떠한 개인적 카리스마가 요구되지 않는다. 그것은 교황권이 교황의 인간적 가치에 달려 있는 것이 아니기 때문이다.[50] 그러나 성품권은 교황 개인의 카리스마적 자질을 토대로 행사된다.

4. 초기 교황권 이념의 평가

교황권은 수위권을 중심으로 형성된 입법·사법권을 포괄하는 왕권적 권력을 말한다. 로마교회 공동체의 형성 이래 오랜 기간이 지나서야 로마감독이 단일한 지도자로서 모습을 갖추기 시작하였고, 서서히 사도적 전통 위에서 우월권을 내세우기 시작하였다. '수위권primatus'이 제기된 것은 3세기 말엽으로부터 5세기까지 오랜 기간에 걸쳐 형성되었다.

교황 수위권의 형성은 신학적 관점과 구원사의 측면에서 해석해볼 수 있다. 초기 그리스도교 시대에 교회는 '사도적 성격apostolicity'과 연계를 이루며 그리스도 몸인 가시적인 신앙 공동체의 통합을 이루려고 노력하였다. 그리스도 공동체의 통합을 방해하는 이단의 위협에 맞서서 교회는 두 가지 방식으로 분열을 막고자 하였다. 첫째는 경외전통의 가짜 문헌들과 차별화를 이루기 위해 사도적 전통에 근거한 성서 정경을 수집하고 편집하였다. 둘째는 주교 직분의 사도적 승계와 연속이라

Ltd., 1975), p.27.

50) Ullmann, *Principle of Government and Politics in the Middle Ages*, p.42; 교황이 베드로의 후계자이지만 이는 교황 개인의 인간성이나 위대함과는 무관하다. 따라서 베드로의 무가치한 후계자(indigmus heres beati petri)라는 표현이 쓰이기에 이른다. 그래서 그와 같은 인간적 무가치함 때문에 베드로부터 받은 권한은 교황에게 대를 이어 계승되지는 않는다. 각기의 교황은 베드로로부터 직접 권한을 위임받은 것이 되고 한 교황이 받은 모든 권한은 그에게서 끝나고 더 이상 지속되지 않는다는 것이다.

는 역사성을 강조하는 것이었다. 물론 이 두 가지 방향이 모두 사도와 관련되었고 사도의 전통으로부터 시작된 것이었다. 이러한 분위기 속에서 사도들에 의해서 세워진 교회들은 특별히 중요한 위치에 있었고, 그 교회들이 담당한 역할도 매우 큰 비중을 가졌다.

분열의 위기 속에서 교회는 항구적인 통합을 위한 중심적 존재가 필요하였다. 교회는 예수 그리스도에 의해서 세워졌고 여러 가지 은혜와 전통을 부여 받았기 때문에 그리스도로부터 사도들을 통해 이어져 내려오는 사도적 전통 안에서 문제들을 해결할 수 있는 열쇠를 찾고자 하였다. 사도적 전통을 안티오크교회, 알렉산드리아교회, 에베소교회 등에서도 찾을 수 있었으나 그보다는 초기 그리스도인 공동체에서 가장 큰 영향력을 발휘했던 베드로와 바울 사도의 마지막 사역지이며 순교지였던 로마교회를 가장 중심이 되는 교회로 여기게 되었다. 지역교회들은 로마교회의 역할에 높은 기대를 가졌고, 그러한 이유로 다른 지역교회들에 비해서 로마교회는 우월한 권위를 가지게 되었다.

교회의 원형과 통합의 모형으로서 성서 속의 베드로는 매우 중요한 위치에 있었다. 또한 모든 교회는 예수가 베드로에게 부여한 권한과 명령이 교회가 따라야 할 지표라고 생각하였다. 그러므로 베드로로부터 이어지는 직책은 그리스도에게까지 연결되는 사도적 직분이라 할 수 있으며, 그것은 공동체를 통합시켜줄 수 있는 교회의 보편성, 즉 가톨릭(정통 신앙)이다.

교회의 문제들을 해결하기 위해서 각 지역에서 끊임없이 시노드가 개최되었지만 서로 결과가 상충되기도 했기 때문에 중재와 조정을 해줄 수 있는 중심적 권위가 반드시 필요하였다. 사도 베드로의 정신과 전통을 고스란히 간직하고 있다고 여겼던 로마교회가 그러한 기능을 행사하는 것이 당연한 것으로 인식되었다.

4세기 중엽 이후로 변화된 로마제국의 정치적 지형과 로마교회를 중심으로 형성된 교황권의 발전을 어떻게 해석해야 할 것인가? 그리스도교의 발전과 제국 정부의 후원이 점진적으로 세속적이고 정치적인 모형을 교회에 들어오도록 한 것이 아닐까? 교황의 수위권은 어떻게 보면 그러한 환경 속에서 형성된 교회의 세속적 요소가 아니라고 부정할 수는 없다.

교회의 세속화가 초기 그리스도교 시대의 순수성을 훼손하는 새로운 교회의 요소일 수 있다. 로마교회는 교황권 강화를 위해서 수위권을 뚜렷한 법적, 제도적 형태로 구체화 시켜 나갔다. 어떻게 보면 그러한 부정적인 상황마저도 위기를 극복하려는 교회의 염원 속에서 형성된 면도 있다는 점을 감안한다면 죄인들의 교회에서, 죄로 물든 교회 구조 속에서 불가피하게 지불해야 하는 비용이었을 것이다. 그렇게 형성된 보편교회는 더 이상 추상적 존재가 아니고, 현실 속에서 구체적으로 형상화된 존재가 되었다. 그렇게 해야만 교회가 국가나 정부의 질서와 구조 속에 흡수되지 않고 독립성을 유지할 수 있었기 때문이었다.

제 2 장

두 권력론의 출현과 변천

교황 젤라시오 1세 Gelasius I는 492년 3월 3일부터 496년 12월 21일까지 4년 8개월 18일의 매우 짧은 기간 동안 교황에 재위했다. 그러나 그가 남긴 저작물은 중세의 교회와 국가의 관계 이론에 커다란 영향을 끼치는 한편 많은 논란의 대상이 되기도 하였다. 재위 기간은 짧았지만 젤라시오는 이미 선대 교황 펠릭스 Felix(483-492) 2세를 보좌하면서 상당 기간 동안 두드러진 활약을 하였고, 정치적으로 중요한 의미를 지니는 펠릭스 2세의 여러 서한을 그가 작성하면서 이 서한들에 그 자신의 생각을 반영한 것으로 알려지고 있다.

그는 당 시대의 탁월한 법률가요, 이론가로서 완벽한 지식을 소유하였다. 뿐만 아니라 그는 뛰어난 현실적 감각을 소유하고 시대적 상황을 잘 직시했기 때문에 교황의 바람직한 통치에 무엇이 필요한지를 어느 시대의 교황들보다 잘 알고 있었던 것으로 생각된다. 젤라시오 1세의 재위 기간은 오도아케르의 통치를 받던 이탈리아 반도가 테오도릭 왕의 지배하에 들어가는 전환적 시기였다.[1] 따라서 반도에는 혼란과

---

1) A. H. M. Jones, "The Constitutional Position of Odoacer and Theodoric," *Journal of Roman Studies* 52 (1962), pp.126-130.

공포, 무질서가 난무하였기 때문에 종교적 문제뿐 아니라 사회 내에 갖가지 미묘한 문제들이 발생하였으며 그 문제들의 해결을 교황에게 요청하는 사례가 빈번하였다. 이러한 현실 속에서 젤라시오의 법률적 지식과 개인의 능력은 더욱 빛을 발하였다.[2]

후대의 역사에서 젤라시오 1세의 진가가 인정되고 그의 사상이 중요 시되는 것은 동로마 황제 아나스타시우스 1세 Anastasius I (491-518)에게 보 낸 그의 교령 〈두 권력Duo sunt〉 때문이다. 교황권과 황제권의 속성을 규정한 것으로 해석되고 있는 교령 〈두 권력〉은 중세 시대에 수 세기를 거치면서 두고두고 정치적 논쟁의 근거로 활용되었다. 그러나 그것은 당파의 이익에 따라 각기 상반되게 해석되었기 때문에 중세의 교회법학 자들뿐 아니라 현대의 중세사가들도 젤라시오의 두 권력론을 여러 각도에서 바라보며 이 서한을 쓴 젤라시오의 분명한 의중을 밝혀보려고 하였다. 교령 〈두 권력〉이 다양한 해석의 여지를 남겼을지라도 거기에 나타난 두 권력론을 검토하는 것은 중세 교황권의 성격과 범위를 파악 하는 데 있어 필수적인 일이라 생각된다. 따라서 본장에서는 교령 〈두 권력〉이 중세의 정치적 논쟁에 이용되는 과정을 살펴보고, 중세사 가들의 다양한 현대적 해석을 파악해봄으로써 중세 초기 교황권 사상의 일부를 이해하고자 한다.

1. 교령 〈두 권력Duo sunt〉의 작성 배경과 출처

5세기말 서유럽의 정치적 혼란과 과도기 속에서 동로마제국의 황제 들은 서방에 지속적으로 정치적 영향력을 행사하고자 하였다. 한편으 로 그들은 그리스도교의 신학적 분규를 원만하게 해결함으로써 제국의

---

2) Justin Tylor, "Early Papacy at Work: Gelasius I (492-6)," *Journal of Religious History* 8 (Dec. 1975), pp.317-332.

정치적 분위기를 안정되게 이끌어 가고자 하였다. 그러나 이러한 제국 황제들의 정치적 의도는 로마 교황청의 정치적 역량 강화노력과 로마주교의 수위권 사상에 걸림돌이 되었다. 그렇기 때문에 로마주교와 제국 황제, 양측은 서로의 협조를 구하면서도 긴장된 관계를 유지할 수밖에 없었다. 그리스도교의 신학적 문제와 이단의 처리를 둘러싼 동방교회와 로마교회의 논쟁은 451년 칼케돈공의회로부터 시작되었으며, 아카시우스 분열Acasian Schism을 거치면서 양측의 불화는 점점 깊어지게 된다.[3]

451년 칼케돈 공의회는 동·서 교회의 불편한 관계를 유발시키는 매우 중요한 계기가 되었다. 칼케돈 공의회에서는 그리스도의 두 가지 본성, 즉 신성과 인성이 별개로 그리스도 안에 존재한다는 것을 정통의 교리로 확정하였고, 이로써 그리스도의 본성에 대한 격렬했던 논쟁을 종식시키고자 하였다. 그리고 알렉산드리아의 총대주교인 디오스코로스Dioscoros(444-457)가 이끌며 그리스도의 단성론, 즉 신성과 인성이 혼합되어 존재한다고 주장하는 에우티케스Eutyches파[4]를 이단으로 규정하게 된다. 이 공의회에서는 28개의 법령[5]을 규정하는데 그 중 제28조는 콘스탄티노플의 총대주교가 로마주교 다음의 서열로서 종교적 문제를 결정하는 데 있어 로마주교와 동등한 권리를 지닌다고 규정한 381년 콘스탄티노플 공의회의 결정을 확인해주는 것이었다. 그러나 381년의

---

3) Karl Baus, Hans-Georg Beck, Eugen Ewig, and Hermann Josef Vogt, *The Imperial Church From Constantine to the Early Middle Ages*, trans. by Anselm Biggs (New York: The Seabury Press, 1980), pp.421-433.

4) 같은 책, pp.111-114: W. H. C. Frend, *The Rise of the Monophysite Movement* (Cambridge, 1972); Eutyches는 단성론을 처음 주장한 사람으로서 그의 이름을 따서 단성론파monophysite를 에우티케스파라고도 부른다.

5) http://www.piar.hu/councils/ecum04.ht;http://iclnet93.iclnet.org/pub/resouces/text/history/creeds.calcedon.txt; Norman P. Tanner S. J. *Decrees of the Ecumenical Councils*, vol.1: *Nicaea I to Lateran V* (Washington D. C.: Georgetown UP, 1990), p.100.

규정은 이미 로마교회에서 거부된 바 있는데다가, 더욱이 이 칼케돈의 법령 중 제28조는 교황의 특사가 부재한 가운데서 결정되었다는 명분으로 교황 레오 대제Leo I(440-461)에 의해서 거부되었다.6)

이 당시 이집트에 근거를 둔 단성론파는 이집트인들의 민족적 감정을 부추겨 칼케돈 의회에서 결정된 내용을 거부하였다. 이에 황제 마르키아누스Marcianus(450-457)는 그 교파의 영향력 하에 있던 알렉산드리아, 안티오크, 예루살렘의 총대주교들을 면직시켰고, 알렉산드리아에 티모시 아엘루루스Timothy Aelurus를 임명하는 등 다른 인물들로 교체하였다. 왕위를 찬탈한 황제 바실리스쿠스Basiliscus(475-476)는 475년에 제국의 정책을 바꾸어 단성론파에 양보하였고 아엘루루스를 소환하게 된다. 뿐만 아니라, 그는 회칙回勅 Enclyclion에서 칼케돈 공의회와 교황 레오 1세의 서한 〈토무스Tomus〉7)를 모두 규탄하였다. 이 문서에 500명 이상의 주교들이 서명하였으나 정작 콘스탄티노플의 총대주교인 아카시우스Acasius(475-489)는 이를 거부한 바 있다.8)

476년 9월 황제 제노Zeno(474-475, 476-491)는 찬탈된 제위를 되찾게 되고, 이어서 칼케돈 공의회를 다시 공식 인정하는 조처를 취하게 된다. 그리고 482년에는 동방의 분열된 그리스도교를 통합하기 위해서 칙서 〈헤노티콘Henotikon〉을 반포하였다. 이 칙서에서 황제는 '가톨릭 사도 교회는 붕괴될 수 없는 영원한 통치의 모체'라고 말하였다. 또한 네스토리우스파와 에우티케스파를 규탄하면서도 교황 레오

---

6) Aloysius K. Ziegler, "Pope Gelasius I and His Teaching on the Relation of Church and State," *Catholic Historical Review* 27 (1942), p.422.

7) http://www.catholicism.org/pages/leo.htm; 교황 레오 1세의 *Tomus*는 콘스탄티노플의 주교 플라비안Flavian에게 보낸 서한으로서 그리스도의 본성에 관한 로마교회의 해석을 담고 있는 문서이다. 이 서한에서 레오는 에우티케스의 단성론을 규탄하였다.

8) Nicholas Cheetham, *Keepers of the Keys: The Popes in History* (London & Sydney: Macdonald Co., 1982), pp.26-29; Ziegler, "Pope Gelasius I and His Teaching on the Relation of Church and State," p.423.

1세의 토무스를 무시하였고 칼케돈 회의에 대해서는 어떠한 언급도 없었다. 이칙서는 총대주교 아카시우스가 작성하고 알렉산드리아의 총대주교이며 단성론자인 페트루스 몽구스Petrus Mongus가 서명한 것이었다.[9]

이러한 과정에서 교황 심플리치오Simplicius(468-483)는 황제 제노와 총대주교 아카시우스의 조치에 강한 반감을 드러내 보이며 격렬히 항의하게 된다. 비록 심플리치오가 제노의 헤노티콘을 받아보기 전에 사망했을지라도, 그는 제노의 황제 복귀 이후로 총대주교 아카시우스가 칼케돈 공의회에서 부여한 권한의 범위를 넘어서 과잉 행동을 했던 점에 대해서, 그리고 이단의 경력을 가진 바 있는 페트루스 몽구스로 하여금 알렉산드리아 대주교 좌를 계속 보유하도록 한 것을 엄준히 꾸짖고, 그 과정과 사유 및 내용을 조사하도록 하였다.[10]

교황 심플리치오의 뒤를 이은 교황 펠릭스 2세는 두 명의 특사를 통해 제노와 아카시우스 모두에게 온화한 내용의 편지를 보내 난국을 해결하려는 실마리를 찾게 된다. 그러나 그 뒤 헤노티콘에 관한 소식을 알게 되자 서한을 보내 아카시우스를 로마에 소환한다. 아카시우스가 이 소환에 응하지 않자 484년 7월 28일 로마 공의회에서는 아카시우스와 페트루스 몽구스를 신속히 파문하였으며, 제노로 하여금 헤노티콘을 철회하도록 요구하였다.[11] 이에 아카시우스는 교황의 이름을 콘스탄티노플의 명문판diptychs에서 제명함으로써 교황의 조치에 보복하였다. 이를 계기로 아카시우스는 로마교회의 영향력으로부터 벗어나기

---

9) Jeffrey Richards, *The Popes and the Papacy in the Early Middle Ages 476-492* (London, Boston and Henley: Routledge & Kegan Paul, 1979), p.18.

10) Ziegler, "Pope Gelasius I and His Teaching on the Relation of Church and State," pp.423-424.

11) Robert Hull, "A Famous Text: The 'Duo Dunt' of Gelasius," in *Medieval Theories of the Papacy and Other Essays* (London: Burns Oates & Washbourne Ltd.), p.25.

위해 동방교회의 분립을 추진하였다. 이는 동방교회와 로마교회 사이에 발생한 최초의 대분열이었으며, 이 분열은 519년까지 계속되었다.[12]

교황 젤라시오 1세는 동방에서 전개된 일련의 과정과 이에 대한 로마교회의 입장에 대해서 이미 충분히 숙지하고 있었다. 그는 488년 교황이 되기 전에 그의 첫 번째 논저『아카시우스의 지명 사건과 에우티케스파의 간략사Gesta de nomine Acacii vel Breviculus historiae Eutychianistarum』를 작성한 것으로 추정된다. 이 논저에서 그는 이단인 네스토리우스파와 에우티케스파에 대해 명료하게 설명하였으며, 이단 문제에 관해 콘스탄티노플이 쓸데없이 간섭하고 있음을 서술하였다. 또 다른 젤라시오의 논저는『그리스도의 두 본성에 관하여De duabus naturis in Christo adversus Eutychem et Nestorium』로서 이는 네스토리우스파와 에우티케스파의 이론을 반박하고 그들의 이단성을 밝히고 있으며, 그리스도의 양성론에 대한 당위성을 제시하고 있다. 한편 젤라시오가 교황에 서품되자, 파문을 당한 아카시우스의 주변 인물들은 그의 파문을 사면 받도록 하기 위해 노력하였고, 그 가운데 핵심적 역할을 한 사람은 제노의 제위를 승계해 491년 황제가 된 아나스타시우스 1세였다. 그러한 요청에 대한 젤라시오의 답변이〈파문의 결박문Tomus de anathematis vinculo〉이다. 이 서한은 교회와 국가의 관계와 역할에 대한 젤라시오의 설명이자 언명이라고 할 수 있다.[13]

동·서 교회의 관계를 통해서 볼 때 젤라시오가 교황이 될 때까지 로마교회가 비잔틴 황제와 비잔틴 교회에 대해서 거부감을 가지게 된 이유를 다음과 같이 정리해 볼 수 있다. 첫째는 콘스탄티노플 공의회 이후 칼케돈 공의회에 이르기까지 동방에서는 콘스탄티노플 총대주교의 권위를 로마주교보다 우위에 두려고 했다는 점이다. 둘째는 동방교

---

12) Ziegler, "Pope Gelasius I and His Teaching on the Relation of Church and State," pp.424-425.
13) 같은 논문, pp.425-426.

회가 보편공의회를 개최했을 때 로마교회의 대표자가 없이 중대한 문제를 결정함으로써 로마 교황의 권위를 인정하지 않았다는 점이다. 셋째는 비잔틴 황제가 공의회의 개최나 결정, 기타 종교적 문제에 간섭함으로써 교회의 고유한 권한을 침해했다는 것이다. 무엇보다도 이 세 번째 문제가 젤라시오로 하여금 교령 〈두 권력Duo sunt〉을 작성하도록 하는 동기가 되었다.

로마교회의 입장에서는 황제가 종교적 문제에 간여한다는 것이 참을 수 없는 문제였다. 그러나 비잔틴 황제의 입장에서 보면 그것은 정당한 것이었다. 비잔틴의 황제들은 황제가 지상에서 신을 대리한다고 하는 고대 로마의 정치적 이념과 동방의 헬레니즘적 통치 관념을 연결시켜 자신들이 그리스도교 황제이며 종교적 사명을 지니고 있다고 생각하였다.[14] 즉 그들은 자신들이 다윗이나 심지어는 그리스도와 같이 사제-왕이라고 자부하였다. 그래서 신성하게 임명된 황제는 그리스도교 왕으로서의 능력을 가지고 있으며, 신민들을 그리스도교의 원리 위에서 통치할 수 있는 자격을 부여받았다고 여겼다.

그런데 제국의 통일을 유지해야 하는 황제에게 있어서 신앙의 통일은 그리스도교 제국 내에서 매우 중요한 문제였다. 그것은 신앙의 분열이 제국의 통일적 분위기를 해칠 수 있는 가능성이 매우 높았기 때문이다. 황제 제노가 헤노티콘을 반포한 것은 바로 그러한 정신의 발로였고, 그의 주목적은 황제가 주도하여 제국 내 신앙의 통일을 유지하려는 것이었다. 따라서 제국 정부는 황제가 신성한 권위 위에서 정통 신앙을 선언할 수 있다고 보았다. 뿐만 아니라 교회의 조직이나 질서에 대한 황제의 간섭이나, 성직자에 대한 사법권 행사와 성직 임명까지도 당연한 것으로 여겼다. 한 예로 황제 제노는 플라비아누스

---

14) Francis Dvornik, *Early Christian and Byzantine Political Philosophy: Origins and Background* (Washington: Dumbarton Oaks, 1966), vol. 2, pp. 805-806; Francis Dvornik, *Byzantine and the Roman Primacy* (New York: Fordham UP, 1979).

를 비롯해서 다수의 주교를 면직시킨 바 있으며, 알렉산드리아의 주교 요한 탈라야와 안티오크의 주교 칼렌디오를 재판하였다. 황제의 입장에서 이러한 조치는 신앙의 통일을 유지하려는 목적으로 시행된 통치 행위의 일환이었던 것이다.[15]

5세기 후반 황제 아나스타시우스는 황제 교권주의Caero-Papism의 관념 위에서 그리스도교의 균열을 회복시켜야 한다는 책임감을 가지고 있었으며, 그러한 책임 의식 속에서 교황과 총대주교 아나스타시우스 사이에 중재를 시도하였다. 그러나 종교적인 문제에 서슴없이 간섭하는 황제들의 행위를 로마교회로서는 더 이상 용인할 수 없었다. 찬탈 황제 바실리우스, 황제 제노와 아나스타시우스 등 비잔틴 황제들이 그리스도교 문제에 취한 일련의 조치들에 맞서서 로마교회로서는 분명히 규명해야 할 필요성을 느꼈다. 그러한 측면에서 젤라시오는 보편교회 안에서 황제의 사명과 그의 존재, 지위 등을 이론적으로 설명해야한다는 책임감을 느꼈으며, 그러한 그의 의도를 교령 〈두 권력〉을 통해서 보여주었다.

2. 교령 〈두 권력〉에 나타나는 젤라시오의 견해

교회와 국가의 관계에 대한 젤라시오의 견해는 그의 선대 교황 펠릭스 2세의 서한을 통해 표명된 바 있다. 이 서한은 펠릭스 2세를 보좌하였던 젤라시오가 작성한 것으로 알려져 있다. 484년 8월 1일에 작성된 이 서한에는 황제 제노가 교황특사에게 취한 행위를 꾸짖고 콘스탄티노플의 총주교 아카시우스를 파문한다는 내용을 담고 있다. 교황 펠릭스

---

15) Walter Ullmann, *The Growth of Papal Government in the Middle Ages: A Study in the Ideological Relation of Clerical to Lay Power* (New York: Barnes & Nobles Inc., 1953), pp.16-18.

를 위해서 작성한 이 편지에서 젤라시오는 교회와 국가의 영역을 구분하였다. 그리고 황제는 가톨릭교회가 자체의 법을 따르도록 허용하도록 해야 하며 세속에서의 왕국에 대한 권한은 황제에게 있음을 주지시켰다. 또한 신의 것에 대한 문제가 있을 때 황제의 뜻을 그리스도교 성직자들에게 부과하지 말아야 하며, 교회의 지도자들을 가르칠 것이 아니라 그들로부터 신성한 것을 배우는 것이 황제의 사명이라고 주장하였다.16) 젤라시오는 이 편지를 통해서 신성한 공동체인 '교회ecclesia'는 자격이 없는 자에 의해서 지도될 수 없다고 하였다. 즉 신성한 것과 교회의 문제들은 황제에 의해서 간섭되거나 처리될 수 없다는 것이었다. 이러한 젤라시오의 견해는 그 자신이 교황이 되었을 때 좀 더 정교하고 상세하게 진술되었다.

교황 재위 초기에 젤라시오 1세는 콘스탄티노플과 거의 편지 왕래를 하지 않았다. 젤라시오가 콘스탄티노플의 총대주교에게 보낸 것으로 흔히 인용되는 편지는 모조품으로 알려지고 있다.17) 새로이 서품된 교황은 황제 아나스타시우스 1세Anastasius I(430-518)에게 어떠한 문안 편지도 보내지 않았다. 젤라시오는 편지를 보냄으로써 굳이 문제를 일으키고 싶지 않았던 것이다. 그런데 아나스타시우스는 로마로 귀환하는 테오도릭 왕의 사신들을 통해서 왜 젤라시오가 관례적인 전갈을 보내지 않는지를 물어 왔다. 교황은 황제로부터 그러한 질문을 받았을 바에야 그리스도교의 보호를 위해서 무엇인가 분명한 의사를 표시해야 한다는 의무감을 느꼈다. 그와 같은 동기에서 작성된 서한이 바로 교령 〈두 권력Duo sunt〉이다.18)

젤라시오가 이 교령을 통해서 그의 생각을 명확히 황제에게 전하고

---

16) Ziegler, "Pope Gelasius I and His Teaching on the Relation of Church and State," pp.427-430.
17) 같은 논문, p.430.
18) Hull, "A Famous Text: The 'Duo Dunt' of Gelasius," in *Medieval Theories of the Papacy and Other Essays*, p.24.

자 했음에도 불구하고 중세에 수세기 동안 교령 〈두 권력〉에 담겨있는 진정한 의미에 대해서 많은 논란이 일었다. 그의 편지는 "이 세상을 통치하는 두 권력이 있는데 그 하나는 성직자의 신성한 권위이고 다른 하나는 왕의 권력"이라고 시작하고 있다. 이어서 그는 "이 둘 가운데 성직자의 권위가 더욱 높은 무게를 가지고 있는데 그것은 하나님의 심판에서 성직자가 왕을 변호해야하기 때문"이라고 하였다.

또한 "하나님으로부터 당신은 세상의 것들을 통치하도록 허용을 받았지만 영적인 것에 대해서는 지도적인 성직자들 앞에서 겸손히 머리를 숙여야 하고 그들의 손으로부터 구원의 방법을 기다려야 한다"고 하였다. "하늘의 신비를 받아들일 때에는 왕이 종교적 질서보다 우위에 있는 것이 아니라 그 질서에 종속되어야 하고, 이 문제에 관해서는 당신의 뜻을 그들이 따르도록 강압해서는 안 되며 당신이 그들의 판결에 의지해야 한다"고 하였다.

젤라시오는 "신을 섬기는 일에 대해 침묵하는 교황에게 적지 않은 위험이 뒤따르는 것만큼이나 그에게 순종하지 않고 얕잡아보는 사람들에게도 큰 위험이 닥칠 것이다"라고 경고하였다. 나아가서 "누구도 인간적인 방법으로는 그리스도의 말씀에 따라 모든 사람들보다 앞에 위치하고 교회의 존경을 받으며 수위권을 소유한 자의 특권과 위치에 오를 수는 없다"고 단정적으로 선포하였다. 따라서 그는 "하나님의 판단으로 세워진 것들은 주제넘은 인간들에 의해서 침해될 수는 있겠지만 어느 누구의 권력도 그들을 끌어내리거나 그들의 권위를 전복시킬 수 없다"고 강변하였다.[19]

교령 〈두 권력〉을 통해서 표현하고자 했던 젤라시오의 두 권력 이론은 위압적인 세상의 압력을 방지하기 위해서 고안된 일종의 방어적인 대책이었다. 유사한 의미를 가지고 반복되는 긴 설명 속에서 젤라시

---

19) Andreas Thiel (ed.), *Epistolae Romanorum Pontificum Genuinae*, vol.1 (Braunsberg, 1868), pp.350-351.

오는 황제가 세속의 문제에서만 우월할 뿐이고, 교회 안에서 그의 임무는 복종하는 것이지 명령하는 것이 아니라는 것을 고취시키고자 하였다. 이는 교회와 성직의 문제에 대한 황제의 간섭을 거부하고 교회의 결정에 황제도 복종할 것을 요구하는 것이었다.

젤라시오는 궁극적으로 그리스도인의 공동체 안에서 교황이 수위권을 가진다는 점을 명백히 하고자 하였다. 그렇기 때문에 황제는 그리스도인의 공동체 속에서는 성직자의 지도를 받아야 한다고 강조하였다. 그는 세속권력이 신앙을 수정하는 법령을 반포할 권리가 없을 뿐만 아니라 사제를 통해 주어진 지시에 따라 신의 통치를 실행해야 한다고 보았다. 따라서 그리스도교 세계에서 세속 군주는 이 세상에서의 단순한 권력을 가졌을 뿐이고, 교황은 수위권을 가지고 있으며 이는 교황의 권위 안에 포함되어 있다고 주장하였다.

젤라시오 1세는 아나스타시우스에게 보낸 이 서한에서 두 권력을 '교황의 신성한 권위auctoritas sacrata pontificum'와 '왕의 권력regalis potestas'으로 구분하여 표현하였다. 신성한 성직자의 권위는 신에 의해서 만들어진 것이며 그리스도가 이를 사제들에게 부여한 무한정한 권한을 의미하였다. 그러므로 이 권한의 행사는 정의로워야 하며 경외심을 가지고 대해야 하는 것이었다. 이에 비해 황제의 권한을 '왕의 권력'이라고 지칭함으로써 의도적으로 황제의 권한을 평가 절하하였다. 사실 헬레니즘과 동방의 의식에서 보면 종교적 위엄을 '권위auctoritas'로 표현하였고 동방의 황제들은 이를 소유했다고 봄으로써 황제의 종교적 권한과 위상을 높게 평가하였다. 이와 같은 면에서 '아욱토리타스'를 토대로 교회의 문제에 간섭하고 교회를 지배하고자 하는 황제의 위상을 의도적으로 무시하려는 입장이 교황 젤라시오의 편지 속에 면면이 드러나고 있다.[20]

---

20) Ullmann, *The Growth of Papal Government in the Middle Ages*, pp.16-17.

그렇다면 젤라시오가 황제의 '권위'를 부정하였던 근거는 어디에 있을까?

젤라시오는 그의 네 번째 논고[21]에서 교회를 지배하려는 황제의 주장이 어떻게 출현했는지를 설명하였다. 여기서 황제직과 성직 모두는 '권력 potestas'이라고 칭할 수 있지만 황제직에 권력 소유의 정당성을 더욱 크게 부여하였다. 그의 설명에 따르면 그리스도의 모형인 멜기세덱은 왕이며 성직자였다. 제정초기 로마황제들도 유사한 관념을 가졌으며, 그에 따라 로마황제들이 '대사제 pontifex maximus'라고 불리게 되었다. 어쨌든 그리스도야말로 진정한 '왕이요 제사장 Rex et pontifex'이었다.

그런데 그리스도는 인간의 연약함을 인식하고 그 직책을 둘로 나누었다. 그 이후로 그리스도교 황제들은 영원한 생을 위해서 성직자들을 바라보아야 하고, 성직자들은 세상의 번영을 위해서 황제의 통치를 주시해야 한다. 그러므로 그리스도교 황제 권력의 원천은 바로 그리스도이다. 뿐만 아니라 교황은 베드로의 대리자로서 그의 개인과 직책 속에 두 권력을 모두 가지지는 않는다. 이와 같은 생각 속에서 젤라시오는 성직자와 황제 사이에 권력의 영역을 구분하였다. 후에 교황이 두 권력을 가진다는 견해는 교황이 단순히 '베드로의 대리자 vicarius petrus'라는 것으로부터 '그리스도의 대리자 vicarius Chiristi'라는 관념으로 진전되면서 나타난다. 그러나 정작 젤라시오의 설명에서는 교황이 세속 문제에 관여할 수 있는 권한을 가진다는 관념이 나타나지는 않는다.[22]

이와 같이 두 권력을 구분하는 젤라시오의 입장에서 볼 때 주교 요한 탈라야와 칼렌디오를 추방한 황제의 재판은 정당하지 못한 것이었다. 비록 그들이 대역죄로 처벌되었을지라도 두 주교는 사제로서 세속 사법권에 종속되어서는 안 되는 것이었다.

---

21) Thiel (ed.), *Epistolae Romanorum Pontificum Genuinae*, p.567.
22) Gerd Tellenbach, *Church, State and Christian Society: At the Time of the Investiture Contest*, Translated by R. F. Bennett (Oxford: Basil Blackwell, 1959), p.35.

3. 중세의 두 권력론 해석

젤라시오는 이 서한에서 "세상을 지배하는 두 권력이 있는데 그 하나는 '사제의 신성한 권위autoritas sacrata pontificum'이며, 또 다른 하나는 '왕의 권력regalis potestas'이다. 신의 심판에서 교황이 왕을 변호할 책임이 있는 한 둘 가운데 사제의 책임이 더욱 무겁다."[23]라고 말하고 있다. 이 서한의 구절을 단순하게 외형적으로 본다면 이는 젤라시오가 교황의 권위와 황제의 권력을 구분하면서 교회의 독자적 영역을 강조하려는 의도를 그렇게 표현한 것으로 생각될 수 있다. 그렇기 때문에 중세 시대에 교권과 속권의 관계가 미묘해지거나 갈등이 표출될 때마다 그 구절은 두 권력론을 상징하는 것처럼 해석되고 이용되었다.

교령 〈두 권력〉의 구절을 두 권력론으로 해석하면서 인용한 문헌은 9세기에 처음으로 나타난다. 프랑크 왕국의 메로빙가와 카롤링가의 왕들은 젤라시오의 논조를 전혀 의식하지도 거론하지도 않았다. 오히려 카룰루스 대제는 그 자신을 '신앙의 수호자요, 교회의 주主'로 보면서 스스로를 사제-왕으로 인식하였는데[24] 이는 〈두 권력〉의 논지와 상반되는 입장이었다. 그러나 9세기 초반에 경건왕 루도비쿠스 1세Louis the Pius(778-840)와 카룰루스 2세Charles the Bald(823-877)의 충성스런 지지자였던 오를레앙의 주교 요나스는 루도비쿠스 왕에 대한 경의와 충성심을 상기시키기 위해 아퀴타니아의 왕 피피누스에게 쓴 글에서 교령 〈두 권력〉을 언급하였다. 요나스는 훈계의 목적으로 작성한 서한에서 "그

---

23) Andrea Thiel (ed), *Epistolae Romanorum Pontificum a S. Hilario usque S. Hormisdam.* (Brundbergae, 1868), pp.250-251: "Duo quippe sunt, imperator auguste, quibus pricipaliter mundus hic regitur: autoritas sacrata pontificum, et regalis potestas."; http://www.fordham.edu/halsall.source/gelasius1.html: Gelasius I on Spiritual and Temporal power.

24) Ullmann, *The Growth of Papal Government in the Middle Ages*, pp.105-107; Geoffrey Barraclough, *The Medieval Papacy* (New York: W.W. Norton & Company Inc., 1968), pp.44-45.

와 같이 그 자신이 신 앞에서 왕을 변호하는 한, 사제는 그를 책임지고 있는 것이다"[25]라고 그 구절을 인용하며 추론하고 있다. 여기에서 책임 진다는 의미로 해석된 'praestantia'는 사제가 왕들의 영원한 구원을 위해 그들을 돌본다는 것을 의미한다. 따라서 요나의 훈계문은 왕국의 건전한 세속적 통치를 간섭하려 하기보다는 왕의 영적 선을 권면하려 한 것이었다.

다음으로 젤라시오 문헌에 대한 언급은 랭스의 대주교 힝크마르 Hincmar(806-882)에게서도 찾아볼 수 있다. 교회법의 대가로서 탁월한 능력을 발휘하였던 힝크마르는 몇몇 중요 사건들의 처리를 주도하면서 젤라시오의 문헌을 인용하였다. 그는 교회의 역사에서 젤라시오가 레오 1세와 같은 위상을 차지한다고 여겼으며, 이들을 '고대의 두 위대한 인물'[26]이라고 일컬었다.

상당기간 수도 대주교로 있었던 힝크마르는 876년 폰티온 공의회에서 그의 논저 『수도대주교구 법에 대하여 De iure metropolitanorum』[27]를 발표한바 있다. 이 공의회에서 교황 요한 8세는 썽의 대주교를 임명하는 공한을 발송하게 된다. 그런데 이 임명에 대해 힝크마르는 853년 스와송의 공의회에서 랭스의 대주교가 오직 로마 교황에게만 종속되어야 한다고 선언된 바와 같이 썽 대주교의 임명 역시 제국의 간섭이 있어서는 안 된다는 점을 강조하였다. 그는 교황 레오와 젤라시오를 언급하면서 교회 문제에 관한 세속권력의 간섭은 부당하다고 말하였다. 즉 힝크마르는 왕들의 권력이 정당하게 행사될 수 있는 자체의 영역이 있으며 왕들은 이 범주를 이탈하지 않아야 한다고 주장하였다. 이러한

---

25) Jean Reviron (ed), *Les idees politico-religieuses d'un eveque du IXe siecle : Jonas d'Orleans et son "De institutione regia"* (Paris: Librairie philosophique J. Vrin, 1930), p.134: "Tantoque est prestantior sacerdotalis (persona) quanto pro ipsis regibus Deo est rationem redditura."

26) Jaffé P. Migne, *Patrologiae Latinae cursus completes* (Paris, 1844), pp.126, 194.

27) 같은 책, 126, p.660.

주장을 뒷받침하기 위해 그는 젤라시오의 교령 〈두 권력〉을 인용하였다. 왕의 권력 행사 범위를 확고하게 제시하였던 그의 목적은 교회 문제에서 세속권력의 간섭을 배제하려는 것이었다. 그렇다고 그가 왕권의 영역을 축소시키고 사제의 권력을 확대하고자 하는 것은 아니었다.[28]

세속의 간섭을 배제하려는 힝크마르 주교의 활약상은 881년 피스메스 공의회에서도 나타난다. 이 공의회에서 법령이 선포되었는데 그 서두에 〈두 권력〉이 언급되었다.[29] 이 공의회의 결정이 주교들의 합의하에서 작성된 것이지만 이는 주로 힝크마르의 손을 거쳐 작성된 것임을 쉽게 알 수 있다. 이러한 언급은 오직 그리스도만이 왕이요, 제사장이며, 그 후 두 직책이 구분되어 서로 독립되었음을 강조하기 위한 것이었다. 이와 더불어 사제가 왕을 안수하는 한 사제의 위엄이 더욱 높다는 점, 그리고 사제는 최후의 심판에서 왕들을 위해서까지 변호해야 하기 때문에 사제의 책임이 더욱 크다는 내용이 기술되어 있다. 그렇지만 왕이 세속적 문제에서는 사제보다 더 큰 보호권을 가진다는 점을 명백히 하고 있다.[30]

힝크마르는 시민 권력의 신성 기원을 인정하였는데 이는 요나스의 견해를 전적으로 따르는 것이었다. 이들 두 주교는 젤라시오 문헌의 '책임감 *pondus gravius*'을 사제가 신 앞에서 왕을 위해 짊어지는 책임으로 이해하였을 뿐이지, 이러한 사제의 책임이 세속 문제에 행사될 수 있는 교황의 권력과는 무관하다고 생각하였다. 그런데 여기에서 교황이 왕을 안수한다는 사실을 부각시켰던 점은 후대의 역사에 영향을 미칠 수 있는 매우 중요한 의미를 가진다. 그것은 이 사실이 다음

---

28) Hull, "A Famous Text: The 'Duo sunt' of Gelasius," p.16.
29) Migne, *Patrologiae Latinae* 125, p.1071: "quia sicut in sacris legimus litteris, duo sunt ….".
30) Hull, "A Famous Text: The 'Duo sunt' of Gelasius," pp.17-18.

세기에 영적 권력의 수위권을 뒷받침하는 근거로서 이용될 수 있는 소지를 안고 있었기 때문이다.

그러한 해석은 실제 10세기 초에 랭스 대주교가 관장한 주교 회의에 왕을 초빙하여 고대 교회 시대에 지녔던 성직자의 특권을 왕에게 인식시키려는 목적으로 언급한 내용에서 엿볼 수 있다. 이때 주교들은 왕권의 신성 기원을 인정하는 한편 젤라시오의 교령 〈두 권력〉을 인용하면서 두 권력은 서로 평등한 지위에 있다고 해석했다. 이 주교 회의에서는 교령 〈두 권력〉을 세밀하게 설명하기보다는 두 권력의 조화와 상호 협동의 필요성을 위한 하나의 언명으로 이 문헌을 받아들였다.[31]

11세기에 이르러 서임권을 둘러싼 교황과 황제 사이에 격렬한 투쟁이 전개될 때 양측에서 서로 교령 〈두 권력〉을 이용하게 된다. 그러한 갈등과 투쟁 속에서 젤라시오의 서한을 인용한 논저로서 『에보라센시스의 논고Tractatus Eboracensis』[32]를 들 수 있다. 이 논저는 여섯 부분으로 구성되어 있는데 그 중 네 번째 항목인 「교황과 왕의 서품에 관하여De consecratione pontificum et regum」[33]에서 관련된 내용을 찾아 볼 수 있다. 사실 이 논저는 반反성직자적 어투로 일관되어 있다.[34]

이 논저의 내용은 일관성이 결여되어 있으나 저자는 왕권의 우월성을 제시하려는 의도를 명백히 보여주고 있다. 저자는 두 권한의 존재를 의식하고 있으며 이를 각각 왕권과 사제의 권력에 귀속시키고 있다.

---

31) 같은 논문 p.18.
32) M. G. H.: *Libelli de lite, III, Tractatus Eboracenses*, ed. by Boehmer, pp.642-687.
33) 같은 책, pp.662-679.
34) Hull, "A Famous Text: The 'Duo Dunt' of Gelasius," pp.18-19; M. G. H. *Libelli de lite, III, Tractatus Eboracenses*, p.685: "Et quioquid prerogat vel tribuit, sive rex episcopatum, sive sacerdos regnum, iam non homo prerogat et tribuit, sed deus et christus Domini. Et si verum fateri volumus, et rex sacerdos et sacerdos rex, in hoc quod christus Domini est, iure potest appellari. Nam et sacerdotis est in spiritu Christi regere populum, et regis est sacrificare et immolare in spiritu."

그러나 그는 두 권력 중에 왕권이 더욱 큰 비중을 가지며 사제가 그리스도교 세계를 지배할 수 있는 권력은 바로 왕으로부터 부여받는 것이라고 주장하였다. 따라서 이 논저는 왕과 사제 양자 사이의 안수와 축복이 서로 간에 통치 권리를 부여하는 의식이라고 보았으며, 이를 입증하기 위해 교령 〈두 권력〉을 인용하고 있다.[35]

이와 유사한 내용의 주해는 이 문헌의 다른 부분[36]에서도 찾아볼 수 있다. 그 내용에 따르면 사제가 모든 교회를 지배할 수 있는 권리를 왕으로부터 탈취하려는 것은 신의 세상 지배 원리를 전복하려는 행위라고 하였다. 이 논저는 왕의 영역을 인간 몸을 돌보는 데에 국한시키고 사제의 영역을 인간들의 영혼을 돌보는 일에 한정시켜야 한다는 견해를 거부하고 있다. 그는 사제의 권한을 가르치고 헌신하는 것에 국한시켰던 반면에 왕의 권한은 사제직을 포함해서 교회를 사악한 사람들과 가시적인 적들의 공격으로부터 방어해야 한다고 주장하였다.[37] 이러한 견해는 젤라시오의 두 권력론이 교회와 교황의 독자적인 권한을 지키기 위해 이용되었던 것과는 역행하는 것이었으며, 이는 오히려 광범위한 왕의 권한을 정당화하기 위한 근거로 교령 〈두 권력〉을 이용하려는 것이었다.

『에보라센시스의 논고』와는 대조적으로 교황 그레고리오 7세는 그 자신의 행동을 정당화하기 위하여 젤라시오의 문헌을 활용하였다. 황제 하인리히 4세를 파문할 당시 그레고리오는 헤르만 메츠Hermann of Metz에게 두 번의 편지[38]를 보냈는데 이 편지에서 그는 교황의 황제

---

35) M. G. H. *Libelli de lite, III, Tractatus Eboracenses,* p.685: "Propter quod et beatus papa Gelasius ita dicit: *Duo sunt quibus hic mundus principaliter regitur: sacerdotalis auctoritas et regalis potestas.* Mundum hic appellat sanctam ecclesiam, que in hoe mundo peregrinatur."

36) M. G. H. *Libelli de lite, III, Tractatus Eboracenses,* p.685.

37) Hull, "A Famous Text: The 'Duo Dunt' of Gelasius," pp.19-20; M. G. H. *Libelli de lite, III, Tractatus Eboracenses,* p.663: "quo cum ita sint, manifestum est, quod rex habet principatum regandi eos qui sacerdotali dignotate potiunter."

폐위를 정당화하기 위해 그 근거로 교령 〈두 권력〉을 인용하고 이를 평이하게 설명하였다. 이러한 그레고리오의 주장은 반대 파당에 의해서 규탄 대상이 되고 공격을 받게 된다. 그 중 대표적인 문헌은 『교회 통일의 유지에 관하여De unitate ecclesiæ conservanda』39)로서 이는 나움부르그 Naumburg의 발람Walram에 의해서 1090년경에 쓰인 것으로 알려지고 있다. 발람은 하인리히의 열렬한 지지자로서 황제를 위한 변호문을 쓰게 된다. 그는 이 글을 통해서 서방 세계의 분열에 대한 혐오감을 표출하였다. 그의 눈으로는 그레고리오가 그리스도의 옷을 입은 방자한 모습으로 보였으며 그레고리오 자신이 그의 권한 밖 영역에까지 침입한 것으로 생각되었다. 교황은 오직 영적 검만을 가지고 있는데 만일 교황이 그 권한 범위를 넘게 되면 이는 세속권력에 의해서 응징되어야 한다는 것이었다. 그러한 면에서 그레고리오는 최고의 세속권력을 독립시킨 신의 통치에 반항한 죄를 범했다고 하였다. 발람은 이러한 주장의 근거로서 젤라시오의 문헌을 인용하였다.40)

발람은 젤라시오가 말한 바처럼 양 권력은 신으로부터 유래하는 것이라는 점을 부각시키면서 그레고리오가 황제의 파문을 선언한 것은 '케자르의 것을 케자르에게 돌리지 않은 것'을 의미한다고 주장하였다. 또한 그레고리오가 루돌프를 왕으로 안수했을 때 그는 교황이 '두 권력의 직분officia utriusque potestatis'을 강탈한 것이고 세상을 통치하는 권력의 이원성을 파괴한 것이라고 격렬히 비난하였다. 발람은 젤라시오의 서한을 인용할 때 교령 〈두 권력〉의 문헌을 축어적으로 기술하며 그 내용을 윤색하는 모습을 보였다. 그러한 서술을 통해 그는 세속권력의 신성 기원과 독립적 지위를 내세우고자 의도하는 한편 두 권력의 상호

---

38) Aemilius Friedberg, *Corpus Iuris Canonici* (Graz: Akademische Druk-U. Verlagsanstalt, 1956), Pars Secunda: *Decretum Gratiani*, di. xxxii. c. x.

39) M. G. H. *Libelli de lite, III, Tractatus Eboracenses*, pp.184-284.

40) Hull, "A Famous Text: The 'Duo Dunt' of Gelasius," pp.20-21.

협동과 조화를 염원했다.[41]

발람과 같이 왕권을 옹호하기 위해 교령 〈두 권력〉을 언급한 또
다른 저작은 휴 플뢰리Hugh of Fleury가 쓴 논저 『왕의 권력과 사제의
권위에 관한 논고Tractatus de regia potestate et sacerdotali dignitate』[42]를 들 수 있다.
이는 잉글랜드 왕 헨리 1세에게 헌정된 것으로서 왕권을 직접적으로
옹호한 내용이었다. 그는 이 글의 서두에서 왕권의 인간적 기원론과
왕권의 영적 권력 종속론 주장자들을 규탄하였다. 인간들의 왕국에서
는 인간들의 탐욕과 교활함을 보게 된다는 그레고리오 7세의 말을
반박하면서 휴는 성 바울의 서한 가운데 로마서 8장 2절의 '신으로부터
나오지 않는 권세는 없다'를 인용하였다. 나아가서 그는 왕권이 성부의
형상이고 영적 권력은 그리스도의 형상이기 때문에 성부가 성자 그리스
도보다 더 위대한 것처럼 왕권은 영적 권력보다 더 위대하다고 하였고,
이러한 주장을 뒷받침하기 위해 젤라시오의 교령 〈두 권력〉을 인용하
였다.[43]

발람이나 휴가 왕의 지상권을 옹호하면서 젤라시오의 문헌을 인용
한 반면에 교황 그레고리오 7세의 편에서는 교황권을 지지하기 위해
같은 문헌을 이용하게 된다. 왕권에 맞서 교황권을 방어하고자 했던
대표적 인물로는 베르놀드 콘스탄스Bernold of Constance를 들 수 있으며,
그는 그레고리오의 가장 열렬한 지지자였다. 당시 스프리스의 제후
아달베르트가 성 블레시우스 수도원의 수사들을 탄압하는 사건이 있었
다. 이 사건을 보고서 베르놀드는 제후를 비난하고 수사들을 옹호하는
저작물 『변명Apologeticæ Rationes』을 작성하게 된다. 그는 이 저작물에서
아달베르트가 교회의 사법권에 포함된 군주적 권한을 박탈하려 했다는
내용을 기술하면서 세속 제후의 월권적 행위를 규탄하였다. 이 사건과

---

41) 같은 논문, p.21.
42) M. G. H., Libelli de lite, III, Tractatus Eboracenses, pp.465-494.
43) Hull, "A Famous Text: The 'Duo Dunt' of Gelasius," p.23.

연관 지어서 그는 만일 황제조차도 교회에 항거한다면 파문될 수 있다는 것을 주장하면서 교령 〈두 권력〉을 인용하였다.[44]

젤라시오의 교령 〈두 권력〉이 언급되어 있는 또 다른 문헌으로는 『교황 파스칼의 논쟁과 변론Disputatio vel Defensio Paschalis Papæ』[45]을 들 수 있다. 1111년 신성로마황제 하인리히 5세는 황제의 통치권 회복의 문제로 교황 파스칼Paschal 2세와 불화하고 있었다. 그 해 2월 하인리히는 교황청에서 교황과 그 수행원들을 포로로 붙잡고 교황이 황제의 성직 서임권을 인정하도록 요구하게 된다. 파스칼은 약 2개월간의 포로 생활 이후 4월 11일 "주교나 수도원장은 성직 매매 없이 자유로이 선출된 후 왕의 동의를 얻어야 하고, 왕은 주군으로서 반지와 지팡이를 가지고 그들을 서임해 준다."는 폰트 맘몰로 협약Treat of Ponte Mammolo[46]에 동의하게 된다.[47] 황제에게 주교 서임권을 인정한 파스칼의 행위는 그레고리오 7세와 우르바노 2세의 입장을 전적으로 배반한 것이었으며, 그러한 교황의 행위는 추기경들로부터 강력한 비난과 반감을 사게 된다. 1112년 공의회가 개최되었을 때 파스칼은 1111년 4월의 황제특전privilegium[48]을 취소함으로써 그의 비판자들의 분노를 누그러뜨리게 된다. 이후로 주교 서임권에 관한 논쟁이 일고 갖가지 견해가 제기되는데 그러한 내용이 바로 『교황 파스칼의 논쟁과 변론』에 기록된다.

---

44) 같은 논문, p.23.

45) M. G. H., *Libelli de lite, III, Tractatus Eboracenses*, p.494.

46) M. G. H. *Constitutiones* I, 149.

47) I. S. Robinson, *The Papacy 1073-1198: Continuity and Innovation* (Cambridge: Cambridge UP, 1990), pp.426-428.

48) New *Catholic Encyclopedia*, vol.11, *privileges* pp.811-813; Walter Ullmann, *Principles of Government and Politics in the Middle Ages* (London: Methuen & Co Ltd, 1978), p.61; *Privilegium*은 교황이 발급하는 특전으로서 그리스도교인 개인이나 수도원, 대학 등의 기관, 그리고 도시와 같은 사회 집단에 부여하는 특별한 혜택이나 그러한 내용을 담고 있는 문서를 말한다. 이 특전은 보통 법, 특히 교회법에 대립되는 내용을 합법화할 때 부여되며, 일단 특전이 주어지면 그 내용은 법적 구속력을 가지며 합법성이 인정된다.

이 글의 저자는 황제에 의해서 강요된 "1111년 교황의 약속은 무효이며, 이는 취소되어야 하고, 주교 서임은 세속 군주에게 속하지 않는다."라는 점을 입증하고자 하였다. 이를 위해 저자는 여러 문헌을 근거로 들고 있는데 교령 〈두 권력〉이 그 중의 한 문헌이었던 것이다.

이상에서 살펴본 바와 같이 중세에 수세기 동안 교권과 속권의 관계를 두고서 전개된 논쟁에서 양편 모두는 서로의 입장을 이론적으로 강화하기 위해 그 근거로서 젤라시오의 교령 〈두 권력〉을 빈번하게 인용하고 해석해 왔다. 바로 그러한 사실은 중세 정치사에서 젤라시오의 문헌이 얼마나 중요시되어 왔는가를 말해 준다. 그런데 교권과 속권의 옹호자들이 같은 문헌을 가지고 각기 서로 대립된 입장을 옹호하는데 이용했던 점은 교령 〈두 권력〉의 진정한 의미 파악이 용이하지 않기 때문이다. 이는 젤라시오 문헌의 외면은 두 권력의 독립적 지위를 보여주는 것이지만 그것의 내면적 의도는 무엇인가를 알 수 없었기 때문이다.

사제의 권한을 제한하고 교회의 문제를 간섭할 수 있는 왕의 권한을 이론적으로 뒷받침하기 위해 젤라시오의 문헌이 수차례 언급되었다. 그 반면에 이는 교황권 강화기에 교황의 독립적인 권한과 권위를 방어하기 위해 교회법 이론가들에게 더욱 빈번히 인용되어 왔던 것도 사실이다. 세속의 간섭을 배제하려는 로마교회의 노력 속에서 젤라시오의 두 권력론은 끊임없이 거론되었다.

교황권의 성격을 규명하려는 과정 속에서 12·13세기 교회법학자들에게 있어 핵심적 사료의 하나는 그레고리오 7세가 인용한 교령 〈두 권력〉이었다. 이 문헌은 그라티아누스가 젤라시오의 것으로 추정하고 그라티아누스의 『교회법령집 *Decretum*』에 포함시킨 것이지만, 사실상은 젤라시오의 〈두 권력〉 문헌이 그레고리오에 의해서 각색된 것이었다. 그 시기 교회법학자들은 "영적 권력과 세속권력은 구분된다." "그 권력들은 서로 협동해야 한다." "영적 권력이 더욱 우월하다."라는 세 가지의 명제를 정당화하기 위해 꾸준히 노력하였다. 그러한 작업에 항상 언급되는 사료는 교령 〈두 권력〉의 의미를 담고 있는 법령 〈충성서약 해제 Alius item〉49)였다.

베닌카사 아레조Benincasa of Arezzo는 교령 〈두 권력〉에 대한 주해를 통해서 교령집 연구가decretist들에게 길잡이가 된 해석을 제시하였다. 이 주해에서 그는 젤라시오와 황제 아나스타시우스가 각자의 우월권 논쟁을 벌였을 때 교황이 두 가지 면에서 자신의 권위가 높다는 것을 논증했다고 말하였다.

첫째, 교황은 황제와 모든 사람들의 영혼을 위해 신으로부터 책임을 부여 받았고 신은 그에게 이를 설명하도록 하였다는 점이다. 둘째, 인노첸시오가 아레아디스를 파문하고 성 암부로시우스가 테오도시우스를 파문했을 때 보인 바와 같이 황제의 사법권이 교황에게 종속된다는 것이었다. 베닌카사는 아나스타시우스에게 보낸 젤라시오의 서한이 "황제가 사악하기 때문에 교황이 황제를 폐위시킬 수 있음"을 말한 것이라고 하였다. 그러나 젤라시오는 이러한 폐위 이론을 결코 언급한 적이 없으며 이는 순전히 그레고리오 7세의 논리이며 주장이었다. 이와 같이 젤라시오의 교령 〈두 권력〉은 원래의 의미나 의도와는 달리 영적 권력의 우월권을 주장하기 위한 근거로서 수없이 언급되었다.50)

또한 교회법학자 후구치오Huguccio(d. 1271)는 영적 권력과 세속권력의 구분에 대해서 논할 때 젤라시오의 교령 〈교·속 상호 불침범Cum ad

---

49) the canon Alius item (*Decretum* C.15, qu.6, c.3). "Alius item Romanus Pontifex, Zacharias scilicet regem Francorum non tam pro suis iniquitatibus, quam pro eo, quod tantae potestas erat inutilis, a regno deposuit, et Pipinum, Karoli imperatoris patrem, in eius loco substituit, omnesque Francigenas a iuramento fidelitatis absoluit. Quod etiam ex frequenti auctoritate agit sancta ecclesia, cum milites absoluit a uinculo iuramenti, quod factum est his episcopis, qui apostolica auctoritate a pontificali gradu deponuntur."

50) John A. Watt, "Theory of Papal Monarchy in the Thirteenth Century: The Contribution of the Canonist," *Traditio* 20 (1964), pp.191-192.

verum〉을 참조하고 있으며, 그러한 구분은 사실상 교령 〈두 권력〉에 대한 후구치오 자신의 해석이라고 할 수 있다. 교령 〈두 권력〉을 통해 후구치오는 교황이 영적인 문제에 있어 황제에 대한 사법권을 가지지만 황제는 세속적인 문제에 있어서 교황에 대한 사법권을 가지지 못한다고 확신하였다. 따라서 '죄로 인해*ratione peccati*' 발생한 사건이 고발되었을 때 이에 대한 사법권은 교황에게 속한다고 보았던 그의 견해는 교령 〈두 권력〉에서 그가 얻을 수 있었던 결론이었다. 또한 잘못을 저지른 군주에게 상위의 재판자가 없을 때 교황은 최상위 재판관으로서 그를 재판할 수 있는 권리를 가진다고 보았다.[51] 이러한 후구치오의 관념은 교황 인노첸시오 3세에게 받아들여졌으며, 교령 〈존경하는 형제를 통해서*Per venerabilem*〉[52]를 작성할 때 교황이 소유하는 사법권의 권한과 영역을 설명해주는 핵심적 논리가 되었다.

젤라시오의 두 권력론은 성직자 정치론적 사고가 확립될 때까지 교권 이론가들에게 있어 매우 유용한 근거였다. 그러나 보편교회가 두 권력의 독립과 구분보다는 오히려 세속적 사법권을 포함한 교황의 완전권을 표방하고 교황의 절대적 수위권을 주장하는 단계에 이르면 젤라시오의 교령 〈두 권력〉은 그 중요성을 상실하게 된다. 그래서 1300년경 교황 보니파시오가 교황의 절대적 수위권 이론을 강력히 제기할 무렵 교회법 학자들의 저작물에서 젤라시오 문헌에 대한 언급을 거의 찾아볼 수 없게 된다. 그러한 면에서 중세의 보편교회와 교회법 이론가들은 교회의 문제에 관한 한 교황이 세속의 간섭을 배제하고

---

51) 같은 논문, pp.153-154.
52) Friedberg, *Corpus Iuris Canonici*, Pars Secunda: Gregory IX's *Liber Extra* X 2. 28. 7., col.412; Brian Tierney, "'Tria Quippe distinguit iudicis …' A Note on Innocent III's Decretal *Per venerabilem*," *Speculum* 37 (1962), pp.48-59; Kenneth Pennington, "Pope Innocent III's Views on Church and State: A Gloss to *Per Venerabilem*," in *Law, Church and Society*, ed. by Kenneth Pennington and Robert Sommerville (Philadelphia: U of Pennsylvania P, 1977), pp.49-67.

독자적인 권한의 영역을 제시한 것으로 젤라시오의 교령 〈두 권력〉을 이해했다고 할 수 있다.

4. 현대의 두 권력론 해석 논쟁

젤라시오의 교령 〈두 권력〉에 대한 현대 역사가들의 해석은 세 부류로 대별해 볼 수 있다. 첫째, 교령 〈두 권력〉은 종교적 문제에 관한 황제의 권한과 간섭을 배제하며 교황의 독립적 권한을 제시하려는 의도가 담긴 것으로서 이는 명백히 교권과 속권의 영역을 구분하려는 이론이라는 해석이다. 이러한 견해는 카스파르Erich Caspar 53)에 의해서 제시되었다. 그리고 울만Walter Ullmann 54)은 이를 두 권력론 위에서 교황의 수위권, 나아가서 성직자 정치론적 의도를 엿볼 수 있는 문헌으로 해석하였다. 울만의 그러한 견해는 왓트J. A. Watt 55), 넬슨Janet L. Nelson 56), 로버츠Adrian R. Roberts와 하젤Debora E. Hazel 57) 등이 따르고 있다.

둘째, 젤라시오는 고대 이래로 황제가 그리스도교 문제에 행사했던 권한을 잘 알고 있었으며, 그가 그러한 전통적 입장을 결코 벗어난 것이 아니었다는 주장이 있다. 드보르니크Francis Dvornik 58)는 동방제국

---

53) Erich Caspar, *Geschichte des Papsttums von den Anfängen bis zur Höhe der Weltherrschaft*, vol.2 (Tübingen: Druck von H. Lapp Jr., 1930-33), pp.10-81.

54) Walter Ullmann, *Gelasius I. (492-496): das Papsttum an der Wende der Spätantike* (Stuttgart: A. Hiersemann, 1981); *Principles of Government and Politics in the Middle Ages; The Papacy and Political Ideas in the Middle Ages* (London: Variorum Reprints, 1976).

55) Watt, *The Theory of Papal Monarchy in the Thirteenth Century*, pp.179-317.

56) Janet L. Nelson, "Gelasius I's Doctrine of Responsibility: A note," *Journal of Theological Studies* 18 (April 1967), pp.154-162.

57) Adrian R. Roberts and Debora E. Hazel, "The Great Fifth Century African Pope, St. Gelasius I: A Firm Leader, Defender of Papal Supremacy, and Champion of the Poor," *Griot* 13:2 (1994), pp.3-8.

의 황제권 이론을 분석하고 그 위에서 교령 〈두 권력〉을 해석하고 있다.

셋째, 코트렐Alan Cottrell59)은 〈두 권력〉의 의미 해석이 다양한 것은 '아욱토리타스auctoritas'와 '포테스타스potestatis'의 용어를 잘못 이해한 데서 비롯되었다고 보고 이들 용어를 새로운 각도에서 조명하며 젤라시오의 의도를 분석하고 있다. 이상과 같은 분류를 염두에 두고서 학자들의 해석을 살펴보기로 한다.

카스파르는 '아욱토리타스'와 '포테스타스'의 용어가 지니는 의미의 중요성을 강조하였다. 젤라시오는 교황이 아욱토리타스를 바탕으로 성사적 기능을 관장하고 평신도인 황제에게도 그 영향력을 행사한다고 여겼으며, 그렇기 때문에 세속적 권력과 영적 권력은 서로 독립적이면서 평등한 신분이라고 생각했다는 것이다. 이 용어에 대한 해석을 위해서 카스파르는 언어학적 접근을 시도하였다. 이러한 방편으로 이교도와 그리스도교 문학 모두의 관행적 통념에 비추어 그 내용을 고찰하였다. 그의 해석에 따르면 포테스타스는 실질적인 절대 권력이며, 이는 단순한 강제력의 행사로서 합법적인 권위이다. 반면에 아욱토리타스는 도덕적 권위로서 윤리적 문제를 결정할 수 있는, 때에 따라서는 윤리적인 면에서 정치적인 문제를 판단할 수 있는 권리로 간주되었다.60)

울만은 젤라시오가 신의 공동체에서의 교황 수위권을 강조하려 하였고, 황제는 그리스도교 사회에서 사제의 지도를 따라야 함을 주장한

---

58) Francis Dvornik/Dumbarton Oaks, "Pope Gelasius and Emperor Anastasius I," *Byzantinische Zeitschrift*, 44 (1951), pp.111-116; Dvornik, *Early Christian and Byzantin Political Philosophy: Origins and Background* (Washington D. C.: The Dumbarton Center for Byzantine Studies, 1966), vol.1, pp.205-278.

59) Alan Cottrell, "Auctoritas and Potestas: A Reevaluation of the Correspondence of Gelasius I on Papal-Imperial Relation," *Medieval Studies* 55 (1993), pp.95-109.

60) Caspar, *Geschichte des Papsttums von den Anfängen bis zur Höhe der Weltherrschaft*, vol.2, pp.10-81.

것으로 보았다.. 나아가서 그러한 젤라시오의 논지는 수위권이 왕권적 관념과 동일하였다는 것이다.[61] 젤라시오는 성베드로의 후계자인 교황이 그리스도교인의 공동체에서 유일하게 아욱토리타스를 가지고 있으며, 황제도 그 공동체 내에서 중요한 지위를 차지하고 있으나 단지 보조적 역할을 담당한 것으로 생각하였다. 황제는 절대적 권력을 가지는 제왕의 모습이라기보다는, 범위에 있어서는 세속적인 세계에만 국한되고 성격에 있어서는 왕의 주권적 권력을 행사하는 존재일 뿐이다. 반면에 신이 그리스도교 공동체의 통치를 위해 교황에게 아욱토리타스를 부여했기 때문에 교황의 아욱토리타스는 신성한 것이라고 주장하였다.[62]

울만은 젤라시오가 신의 뜻을 이 땅에 성취시키고자 하는 그리스도교적 목적론을 두 권력의 관계와 연계시켰다고 설명하였다. 즉 젤라시오는 그리스도교 군주의 목적과 목표는 그리스도교 공동체의 목적과 분리될 수 없다고 했으며, 그러한 목적을 성취하기 위해서 왕권은 자격을 갖춘 존재로부터 지도를 받아야 한다는 것이었다. 이러한 면에서 울만은 젤라시오가 군주의 권력을 교부들이 자주 언급한 목적론적 동기와 접목시켰다고 본 것이다.[63] 그는 심지어 젤라시오의 논리 이면에는 황제가 백성들보다 우위에 있는 권위를 가지고 있으나 종교적 수장에게는 머리를 굽혀야 한다는 뜻이 내포되어 있다고까지 하였다. 뿐만 아니라 그는 젤라시오가 교황 레오의 완전권 관념 위에서 바라본 교회론적 · 사법적 원칙이 성직자 정치론적 원리를 암시한 것으로 파악하였다.[64]

젤라시오의 의도를 두 권력의 구분으로 해석하고 이를 중세 후기의

---

61) Ullmann, *The Growth of Papal Government*, pp.25-27.
62) 같은 책, pp.20-21.
63) Ullmann, *Gelasius I.*, pp.201-202.
64) 같은 책, p.221.

성직자 정치론으로 연관시키면서 울만의 계열에 선 사가로서 넬슨Janet L. Nelson을 들 수 있다. 넬슨은 신 앞에서 교황이 군주들을 위해 변호해 주는 사명을 지녔다고 한 젤라시오의 주장에 주안점을 두고 있다.(65) 성사적 보호와 관심이라는 사제의 사명을 변호의 역할과 책임으로 연관시킨 사람은 교황 레오 1세이다. 레오는 그러한 교황의 보편적 책임은 주교의 특수한 사명과 같은 내용을 포함한다고 하였다.(66) 젤라시오는 이러한 레오의 관념을 신 앞에서 보편적 변호를 해야 하는 법적 책임으로 진전시키고, 공동체의 보호라는 막연한 생각을 교황의 책임이라고 분명하게 정의하고 이를 재 강화하게 된다.(67) 그러므로 젤라시오의 관점에 따르면 그리스도교인을 위한 궁극적 책임과 더불어 궁극적 권위는 로마 교황의 독점물이 된 것이다.

넬슨은 젤라시오가 히브리서 8장 17절을 '변호의 사명'에 대한 근거로 삼았다고 여긴다. 넬슨은 이 성서의 구절에서 '이유를 말한다*ratione reddere*'의 표현은 보통 사람에 대한 지도자의 책임에 적용된 것이라고 보고 있다. 이러한 성서적 근거와 함께 젤라시오가 책임론을 위해 로마법의 몇 가지 용어와 실례를 차용하였다는 것이 넬슨의 새로운 견해이다. 즉 로마법 체계 속에 '가장*pater familios*'이 가지는 책임과 권위가 로마교회의 이론 체계로 전환되어 최후의 심판에서 변호를 해야 하는 교황의 책임 또는 절대적 권리로 연결된다는 것이다. 그러한 로마법의 관념은 경구 '나쁜 행위들에는 사형이 뒤따른다'(68)를 통해 알 수 있다. 여기서 '나쁜 행위들'을 강조하는 로마의 전통은 한 사람이 다른 사람의

---

65) Nelson, "Gelasius I's Doctrine of Responsibility: A note," p.156.

66) Migne, *Patrologiae Latinae*, 54. 153: "Quamvis enim singuli pastores quique speciali sollicitudine gregibus suis praesint, sciantque se pro commissis sibi ovibus reddituros esse rationem, nobis tamen cum omnibus cura communis est …."

67) Nelson, "Gelasius I's Doctrine of Responsibility: A note," p.157.

68) Gauis, *Institutiones*, ed. B. Kübler (Leipzig, 1935), iv. p.7 7: "Noxales actiones caput sequuntur."

범죄에 책임을 져야 할 것이라는 것을 전제로 한 것이다. 따라서 가장은 자신의 아들이나 노예가 범죄를 저질렀을 때 그의 '부권父權, patria potestas' 하에서 그들을 법적으로 책임지도록 되어 있다. 그러므로 가장은 그의 가문 내에서 가솔들을 책임져야 하는 부담을 가지고 있으면서 동시에 그들을 통제할 수 있는 사법적 권력을 소유하고 있는 것이다. 이는 바로 '가장의 권위auctoritas patric familior'에 고유하게 내재해 있는 요소이며 로마인 가문들의 중요한 원칙이었던 것이다.[69]

넬슨은 젤라시오가 레오의 말, '부담onus'을 책임과 권위의 이중적 의미로 해석했으며 이를 교황의 성스러운 권위가 내포된 '책임pondus'으로 대치했다고 보았다.[70] 젤라시오는 그의 서한에서 교황이 평신도의 범죄를 변호해야 하지만 필요하다면 최후의 심판에서 고발할 수도 있다고 하였다.[71] 이러한 젤라시오의 견해는 범죄 사건에서 로마의 가장이 지녔던 책임과 매우 유사한 형태라고 넬슨은 유추하고 있다.[72] 그에 따르면 교황은 부양하는 가솔들을 변호하는 가장의 모습으로 나타난다.

넬슨은 젤라시오가 로마 법정에서 최후 심판의 형상을 바라보았으며, 교회 모습의 한 형태를 로마인의 가문에서 발견하였고, 이러한 요소들을 교회의 사법적 도구에 적용하게 된다고 주장하였다. 젤라시오는 교부 암부로시우스의 견해를 따라 교회 안에서 황제를 포함한 모든 평신도의 자녀적 신분을 매우 강조하였다. 그러한 입장에서 젤라시오는 황제 아나스타시우스에게 보낸 편지에서 황제를 '영예스런 자녀

---

69) M. Kaser, *Das römische Privatrecht* (Munich, 1955), I, p.527.

70) Janet L. Nelson, "Gelasius I's Doctrine of Responsibility: A note," p.159.

71) Gelasius, *Gelasii papae ad Anastasium Augustum* in A. Thiel (ed), *Epistolae Romanorum Pontificum a S. Hilario Usque S. Hormisdam* (Brunsbergae, 1868), Ep. 12, c. 4: "Rogo inquam, ut me in hac vita potius audias deprecantem, quam, quod absit, indivino iudicio sentias accusantem."

72) Nelson, "Gelasius I's Doctrine of Responsibility: A note," p.159.

gloriose fili'73)라고 지칭하며 강론하였던 것이다. 그 이전에도 교황 펠릭스 3세가 비잔틴 황제에게 보내는 편지 작성에 참여했을 때 그는 "왜냐하면 염려하는 아버지는 자비로운 아들의 건전한 번영이 오랫동안 남아 있기를 바라기 때문에"74)라고 교황의 모습을 서술하였다. 젤라시오는 황제에게뿐 아니라, 교회의 문제에 간섭하는 모든 평신도 권력체제에 저항하고 있었다. 그리고 교황이 가장과 같은 권리와 의무를 가진 것으로 확신하였다.75)

넬슨은 교황과 그리스도교인들의 관계를 로마 가문의 가장이 자식과 노예에 대해 지는 책임감과 관련시키면서 교황이 아버지로서의 책임을 가진다고 본 젤라시오의 전제는 훨씬 큰 함축적 의미를 가진다고 보았다.76) 그리고 이러한 교황의 모습은 신과 그리스도교인 사이에서 중보자이며 옹호자의 역할을 담당하는 그리스도의 위치에 근접하는 것이었다. 따라서 넬슨은 이 중보적 원리가 중세 후기의 성직자 정치론에서 교황을 그리스도의 대리직으로 인식하도록 하는 매체적 이념이라고 보고 있다.

넬슨은 젤라시오의 〈두 권력〉문헌이 교황권의 독자성을 주장함과 동시에 그 교황권 안에는 두 권력이 내포되어 있다는 것을 의미한다고 보았다. 그러한 면에서 본다면 젤라시오의 주장은 그 이전의 교·속의 관계에 가히 혁명적인 변화를 시도했던 것이라 할 수 있다. 그런데 젤라시오의 문헌이 혁신적인 문서라기보다는 전통적 관념의 반복에 불과하다는 견해가 있다. 드보르니크Francis Dvornik는 젤라시오가 황제의 지위에 관하여 당대의 정치적 이념과 단절되어 있지 않다는 견해를 제시하였다.77)

---

73) Gelasius, *Epistulae*, 12, p.350.

74) Felix III, *Epistulae*, 15, c. 3, Thiel (ed), *Epistolae Romanorum Pontificum a S. Hilario Usque S. Hormisdam*, p.272.

75) Gelasius, *Epistulae* 1, c. 10, pp.292-293.

76) Nelson, "Gelasius I's Doctrine of Responsibility: A note," p.161.

황제 아나스타시우스가 당시의 관행에 따라 로마 교황의 즉위 사실을 콘스탄티노플에 왜 전하지 않았는지를 물은 바 있다. 이에 젤라시오는 서방교회와 동방교회의 단절로 그러한 사태가 비롯되어 유감이라고 답변하였으며, 신앙의 문제에 대해서는 황제에게 동의하지 않으나 여전히 로마의 원수를 존경하고 사랑하며 환영한다고 말하였다.[78]

드보르니크는 종교적 문제에 있어서나 교회와의 관계에 있어서 황제의 지위를 그리스도교적 헬레니즘Christian Hellenism의 관점에서 고찰하였다. 그리스도교적 헬레니즘의 관념에 따르면 황제는 지상에서 신의 대리자로서 활동한다. 그리고 황제가 지니는 최고의 임무는 백성을 신에게 인도해야 할 뿐 아니라, 그들이 물질적으로 만족하고 종교적·영적 평안을 얻을 수 있도록 돌보는 것이다. 이와 같이 황제의 종교적 문제의 개입 요구와 교회의 권한 사이에 타협이 이루어진 것은 콘스탄티누스 대제 때부터라고 할 수 있다. 콘스탄티누스는 자신이 진정한 신앙의 수호자라고 생각했으며 그러한 입장에서 니케아 공의회를 소집하여 교리 확정을 주도했던 것이다.

로마 공화정 시대에 로마인들은 포테스타스는 로마 시민의 주권으로부터 유래한다고 보았으며, 그 주권을 집정관에게 임기 동안 위임하는 것이라고 여겼다. 나중에 그 권력은 원수元首, princeps에게 부여되었고 원수는 이를 황제의 임페리움imperium으로 간주하게 된다. 한편 아욱토리타스는 원로원이나 로마의 사제단, 또는 원수 개인과 같이 사회적 위엄과 지위를 가지는 기구나 신분에 부여되었다. 그런데 아욱토리타스는 윤리적 명망이나 위엄이라는 면에서 포테스타스보다 훨씬 높은 권위를 내포했으며, 반면에 포테스타스는 효율적인 힘과 강력력을 지녔다. 이러한 내용으로 두 용어를 구분하여 이해하는 관행은 5세기말까지 비잔틴에서 지속되었다. 로마법에서는 황제가 포테스타스의 소유자

---

77) Dvornik/Oaks, "Pope Gelasius and Emperot Anastasius I," pp.111-116.

78) Migne, *Patrologiae Latinae*, 59.41; Gelasius, *Epistulae* 12, p.350.

로서 임페리움을 소유하게 되지만, 종교적 문제에 관해서는 아욱토리타스를 소유한 자의 협조 아래 이를 행사한다고 규정되어 있다. 따라서 황제는 포테스타스와 아욱토리타스 모두를 소유하고 있으며 특별히 종교적인 면에서는 그가 대사제Pontifex Maximus로서 아욱토리타스를 행사한다고 할 수 있다.[79]

드보르니크는 교황 펠릭스 3세가 세상과 교회에서 황제가 점유하는 특별한 지위에 관해 고대의 정치적 이념을 따랐다고 보고 있으며, 그러한 견해는 젤라시오 1세의 두 논저에서도 나타나고 있음을 주장하였다. 당시 로마교회는 황제 아나스타시우스의 조처에 반발하였음에도 불구하고 젤라시오는 황제의 권위를 거부하지 않았다. 황제에 대한 로마주교의 충성의 발로는 매우 중요한 의미를 지닌다. 그것은 젤라시오가 황제의 최고 지위에 관한 당대의 정치적 이념과 단절되지 않았다는 것을 입증하기 때문이라고 드보르니크는 분석하고 있다.[80]

적어도 그리스도교적 헬레니즘의 관점에서는 황제의 사제적 신분을 거부하거나 부정할 수가 없다. 그 이유로 황제들이 그리스도교 신앙을 가진 뒤에도 이교적 잔재인 폰티펙스 막시무스의 칭호를 포기하지 않았던 점을 들 수 있다. 다만 그리스도교 정치사상사에서 새로운 것은 젤라시오가 교회의 아욱토리타스와 황제의 포테스타스 사이를 대립시켰다는 점이다. 이의 근거로 드보르니크는 젤라시오가 황제의 권력을 포테스타스로 지칭하였고 교회의 특정한 영역에 아욱토리타스를 사용하였음을 강조하였다.[81]

드보르니크는 왕권에 관한 한 젤라시오의 논저가 본질적으로 5세기 로마제국의 통념을 벗어나지 않았다고 보았다. 젤라시오는 황제에게 속한 모종의 특권을 사제에게 결코 귀속시키지 않았고, 세속권력이

---

79) Dvornik/Oaks, "Pope Gelasius and Emperor Anastasius I," pp.113-114.
80) 같은 논문, p.112.
81) 같은 논문, p.113.

종교적인 것에 종속되어야 한다는 것을 의미하지도 않았다는 것이다. 젤라시오의 서한 가운데 '두 권력 duo sunt' 구절에 이어지는 내용을 보면 황제가 지상에서 신의 대리자라는 헬레니즘의 정치이론이 여전히 로마에 상존했다는 것을 보여준다. 다만 젤라시오는 황제도 한 인간으로서 '매고 푸는 권력'을 내포하고 있는 교회의 아욱토리타스에 종속된다고 본 것이다. 이것은 교회의 중대한 결정에 대해서 두 권력이 상호 협력한다는 것을 암시하는 것이었으며, 황제가 그러한 문제에 관례적으로 개입할 수 있는 협력적 역할의 여지를 남겨 두는 것이었다. 더욱이 젤라시오는 동서 분열을 해소하기 위해서 아타나시우스의 협력을 얻고자 노력하였고 교회 내에서 황제의 역할을 분명히 인정하였다. 그래서 그는 로마교회의 결정을 황제가 포용해 주도록 설득하였다. 이러한 면에서 젤라시오의 서한은 종교적 문제에 대한 황제의 역할에 관해서 당시의 관념과 단절하는 것은 아니라고 드보르니크는 결론짓고 있다.

젤라시오는 〈두 권력〉 외에 다른 문서에서도 아욱토리타스와 포테스타스의 용어를 여러 차례 언급하였다.[82] 그런데 그 문헌이 작성될 당시의 상황에 따라 그 용어는 약간의 차이를 보이고 있으며, 그의 임의적인 용어 사용이 혼란을 야기하는 요인이기도 하다.

---

82) "vobis inesse animum fidelissini sacerdotis et principis, ut imperialis auctoritas et iuncta Christianae devotion: acceptabilior Deo fieret." Gelasius, *Epistulae*, 15, 1 Thiel S. 203 JK 584.; 황제 Zeno에게 보내는 교황 Felix의 편지에서 "temporalis culminis potestatem" Felix, *Epistolae*, 1.1., "praesentis apostoli velut auctoritas te commonitus" Felix, *Epistulae*, 1. 3., "ad apicem summae regrediens potestatis" Felix, *Epistulae*, 1. 6.; 젤라시오가 주교들에게 보내는 편지에서 "praesulum nostrorum auctoritas emanavit, ut facullatus ecclesiae episcopi ad regendum habeant potestatem."이라고 했으며 그 후에 "filiorum nostrorum principum ita emanavit auctoritas"라고 썼다. Gelasius, *Epistulae*, 17. Thiel s. 381f JK 637; 젤라시오의 법령에서 "auctoritatem quopue nostrum, quae ad Damatiarum et directa pontifies" Gelasius, *Epistulae*, 18, 4 Thiel. JK 638; 직후에 제자 Comes Zeja에게 보낸 편지에서 테오도릭 왕의 법령을 "auctoritas regia"라고 칭하고 있다. Wilhelm Ensslin, "Auctoritas und Potestas: Zur Zweigewaltenlehre des Papstes Gelasius I." *Historische Jahrbuch* 74 (1955), p.666.

그러나 엔슬린Wilhelm Ensslin은 젤라시오의 용어 사용에 일관성이 없거나 모순된 것으로 보지 않았다. 그는 각주 82)에서 열거된 바와 같이 그 용어가 그 의미를 명백히 구분치 않고 혼용된 것처럼 보이나 실제에 있어서 젤라시오는 이들 용어의 분명한 의미를 알고서 사용했다는 것이다.[83] 엔슬린은 젤라시오가 '사도 좌의 아욱토리타스'를 언급했을 때 이를 교황의 영적인 권위로 본 것은 아니라고 주장하고 있다. 그것은 이 언급 이후 황제 아나스타시우스에게 보낸 서한에서 "존경하는 당신의 아욱토리타스는 절제될 것이다."라고 언급한 것으로 미루어 알 수 있다는 것이다. 그래서 엔슬린은 선임 교황 심플리치오와 펠릭스의 시기에 활발히 교회 정치에 참여하였던 젤라시오가 그 당시뿐 아니라 494년 자신의 교황 서품 이후에도 아욱토리타스와 포테스타스를 그 자신의 필요에 따라 결코 구분하여 사용치 않았다고 주장하였다. 이의 근거로 황제 제노에게 보낸 심플리치오의 편지[84]에서 제노의 권력을 '황제의 아욱토리타스'라고 지칭했던 점을 들고 있다. 여기에서 제노는 아욱토리타스의 소유자로서 신앙의 수호자요, 정통 교회의 옹호자로 서술되어 있다. 한편으로 젤라시오가 시칠리아의 주교들에게 보낸 한 편지에서 군주에게는 과감하게 아욱토리타스를, 주교들에게는 포테스타스를 적용하였다. 또한 아욱토리타스는 황제의 칙령이 지니는 법적 권위에 적용되었는데 젤라시오는 자신의 교황법령에 그 말을 사용하였다.[85]

젤라시오는 코메스 제자에게 보낸 편지에서 테오도릭 왕의 법령을

---

83) Ensslin, "Auctoritas und Potestas: Zur Zweigewaltenlehre des Papstes Gelasius I." p.665.

84) Simplicius *Epistulae* 15. 1, p.203: "vobis inesse animum fidelissimi sacerdotis et principis, ut imperialis auctoritas et iuncta Christianae devotion: acceptabilior Deo fieret."

85) Ensslin, "auctoritatem quoque nostrum, quae ad Damatiarum est directa pontifies." p.666.

'왕의 아욱토리타스 _auctoritas regia_'라고 하였다. 그리고 젤라시오는 서한 10. 5와 6에서 '사도좌의 아욱토리타스 _apostolicae sedis auctoritas_'에 대해서, 그리고 '양도될 수 있는 사도좌의 아욱토리타스 _concessa sedis apostolicae potestas_'에 대해서 말하고 있다. 이미 〈두 권력〉 작성 이전에 그러한 형식의 용어는 수없이 사용되었다. 이와 같은 용어 사용으로 판단해 볼 때 젤라시오는 세속권력자나 교회의 권력자 모두에게 두 용어를 혼용하여 지칭하였고, 세속적 법령이든, 교회의 법령이든 권위를 지니는 법령에 아욱토리타스를 사용하고 있음을 알 수 있다. 말하자면 젤라시오는 교회의 특수한 도덕적 권위나 영적 영역을 구분지어 이에 아욱토리타스의 용어를 사용한 것은 아니다. 그러한 면에서 엔슬린은 아욱토리타스가 포테스타스와 대립된 개념으로서 영적 권력의 우월권을 뒷받침해 주는 용어로 사용되지 않았음을 지적하고 있다.[86] 그는 두 용어의 의미가 일치되는 것은 아니라는 점을 분명히 하고 있다. 그러나 그는 이 두 용어의 의미가 서로 대립되고 엄격히 구분되어 각각 따로 적용되는 것이 아니라, 서로 보충적으로 사용되었다고 보았다.

코트렐 Alan Cottrell 은 아욱토리타스와 포테스타스의 용어가 내포하는 의미를 규명하면서 젤라시오의 입장을 설명하고 있다. 그는 이 두 용어가 함축적으로 지니는 의미를 설명하기 위해 로마 후기 공화정과 초기 제정 시대에 통용된 관념을 추적하였다. 로마 시대에 권력을 의미하는 용어는 아욱토리타스나 포테스타스와 더불어 임페리움을 들 수 있다. 임페리움은 특별한 정치적 의미를 지니는 것으로서 인명을 처벌할 수 있는 권력을 포함해서 강제력을 행사할 수 있는 권력이며, 이는 법의 규정을 통해 합법화되었던 정치적 권위였다. 집정관과 같이 임페리움을 향유했던 로마의 행정관들은 사형을 선고할 수 있는 최고의 '권위 있는 권력'을 소유하였다. 이와는 대조적으로 포테스타스를 가지

---

86) 같은 문헌, p.667.

고도 벌금을 부과하거나 투옥할 수는 있어도 사형을 선고할 수는 없었다. 그렇다고 하여도 행정적이며, 달리 사법적으로 민사적 권한의 성격을 지닌 포테스타스는 임페리움과 마찬가지로 합법적으로 인정받는 권위를 내포하였다. 이에 비해 아욱토리타스는 공적 권력으로 간주되지는 않는다. 대신에 아욱토리타스를 지닌 사람은 사회적으로나 정치적으로 영향력을 발휘할 수 있는 탁월한 개인적 지위를 누렸다. 그러한 영향력은 효율적인 권력을 부여한다고 할 수는 있어도 공식적으로 부여된, 즉 성문법적인 권위는 아니었다.[87]

아욱토리타스는 가문의 덕택이든지, 업적 때문에든지, 아니면 인품이나 정치적 관계로 인한 것이든지, 여러 가지 이유로 지역 사회의 지도자로서 부각된 개인들에게 부여된 것이었으며, 그들은 아욱토리타스를 토대로 처해 있는 상황을 진전시키며 영향력을 행사하였다. 아욱토리타스를 지니는 개인은 주위 사람들로부터 존경받으며 최고의 신망을 받았다. 일찍이 로마 사회는 존경받는 개인들로 구성되며 집합적으로 아욱토리타스를 지니는 원로원의 지도를 필요로 하였으며 국가는 점진적으로 원로원에 의존하였다. 원로원에는 임페리움에 상응하는 권력이나 포테스타스에 해당하는 정도의 권력과 기능을 부여하지는 않았다. 원로원이 소유했던 것은 바로 아욱토리타스였는데, 그것은 법규를 통해서 주어지는 것이 아니라 축적된 영향력을 토대로 하여 성립된 것이었다.[88]

코트렐은 원로원이 지녔던 집합적 아욱토리타스는 정확히 고대 후기의 교황권과 동일한 의미를 지닌다고 보았다. 교황은 아욱토리타스를 지닌 상태에서 교회 집합체를 이끌었고, 제국 정부의 권력이 쇠퇴할 때 소수 사회가 처한 상황을 호전시키며 지도적인 역할을 하였다.

---

87) Alan Cottrell, "Auctoritas and Potestas: A reevaluation of the Correspondence of Gelasius I on Papal-Imperial Relation," *Medieval Studies* 55 (1993), p.96.
88) Cottrell, "Auctoritas and Potestas" p.100.

그러한 교황의 영향력은 법적이거나 이론적 규정을 근거로 한 것은 아니었으나 존경 받을 수 있는 교황의 능력이 빚어낸 자연스런 결과인 것이다. 그러므로 아욱토리타스는 단순히 권위authority로 번역하기보다는 '신망 있는 영향력prestigeous influence'으로, 포테스타스는 단순한 권력power보다는 '권위있는 정치적 권력authoritative political power'으로 번역하는 것이 타당하다는 것이 코트렐의 주장이다.89)

고전적 의미를 담고 있는 이 두 용어는 3세기 법률가 울피아누스에 의해서, 4세기말에는 역사가 암미아누스 마르첼리우스Ammianus Marcellinus에 의해서 같은 의미로 사용되었다. 뿐만 아니라 유사한 형식으로 아욱토리타스를 사용한 흔적은 그리스도교 문헌들에서도 찾아볼 수 있다. 5세기초에 아우구스티누스는 오늘날 교회의 '정치적 권위'를 뜻하는 것에 '포테스타스'와 '임페리움'의 용어를 적용하였으며, 개인적 영향력을 지칭하기 위해 고전적 의미를 지니는 아욱토리타스를 사용하였다. 제롬 역시 유사한 의미로 아욱토리타스를 사용하였다.90) 갈라디아서 1장 18절에 대한 그의 해석에 따르면 1세기에 베드로는 신망이 매우 높은 사람이어서 개종한 바울이 전도 활동 초기에 베드로와의 친교를 소망하였다.91)

코트렐은 고전적 의미로 사용된 아욱토리타스와 포테스타스의 용어는 고대 말까지도 그것의 본래 의미가 변질되지 않은 채로 사용되어 왔다고 설명하고 있으며, 젤라시오가 사용한 아욱토리타스도 고전적 의미와 차이가 나타나지 않는다고 보고 있다. 그래서 충분한 영향력을

---

89) 같은 논문, p.100.

90) Augustine, *De Civitate Dei*, vol.1 CCL 47 (Turnhout, 1955), p.98: "uir doctissimus apud eos varro et gravissimae auctoritatis."

91) Jerome, *Epistula* 112. 8 (Ad Augustinum), ed Jérôme Labourt, Saint Jérôme, Lettres, vol.6 (Paris, 1959), p.26: "Denique tantae Petrus auctoritatis fuit, ut Paulus in epistula sua scripserit: Deinde post annos tres ueni Hierosolymam uidere Petrum, et mansi apud illum diebus quindecim."

지닌다고 하는 가정 위에서 젤라시오는 '사도 좌의 아욱토리타스'라고 표현하였다는 것이다.[92] 코트렐은 교회의 '신망 있는 영향력'과 황제의 '권위 있는 권력,' 양자에 의해서 당시의 세계가 지배된다는 점을 젤라시오가 분명히 인식했다고 주장하고 있다.[93] 그리고 이들 용어는 서구 세계에서 사실상*de facto*의 지도자로 부상한 교황과 한편으로 제국 전체 내에서 법적*de jure*으로 권위를 소유하고 있으면서도 서구 세계에 실제적으로 권력을 행사할 수 없는 황제 사이의 관계를 묘사하는 것으로 보아야 한다는 것이다.[94]

5세기 혼란 속에서 황제는 더 이상 서구 지역을 행정적으로 관장할 수가 없게 된다. 그렇다고 게르만 왕들이 모든 지역을 직접적이고 효율적으로 통제한 것도 아니었다. 492년 젤라시오가 교황이 되는 시기까지 교회가 자체의 조직과 관리를 통해서 왕들의 힘이 미치지 못하는 지역에서 그런 대로 세속 사회의 질서를 유지하고 지도했으며, 그에 대한 책임감도 가지고 있었다. 이러한 배경 속에서 젤라시오가 보낸 서한에는 황제의 협동을 구하기 위한 젤라시오의 요청이 암시되어 있다고 할 수 있다. 그런데 482년 황제 제노가 반포한 〈헤노티콘*Henotikon*〉은 정교회와 단성론자들의 교리적 마찰을 타협적으로 해결하려는 것이어서 이는 단성론자들을 이단으로 단정한 바 있는 칼케돈 공의회의 법령을 근본적으로 부정한 것이 된다. 로마교회를 더욱 격앙시킨 것은 콘스탄티노플의 주교를 로마주교와 대등한 위치에 두려는 동방의 분위기였다. 코트렐은 바로 이러한 상황에서 젤라시오가 가증한 정도까지 자신의 영향력을 행사하고자 한 것이라고 보고 있다.[95] 그래서 젤라시오가 서한에서 자신의 정치적 이론을 설명하려 했다기보다는 이단과의

---

92) Cottrell, "Auctoritas and Potestas" p.103; 그에 대한 예로 Cottrell은 Thiel, Epistolae 344, 356, 397, 416, 426, 427을 제시하고 있다.
93) 같은 논문, p.104.
94) 같은 논문, p.106.
95) 같은 논문, p.108.

싸움에서 황제가 그에게 협력해 주도록 설득하려 했다는 것이다. 즉 젤라시오는 그리스도교에 극히 해로운 존재를 제거하기 위해서 그의 명백한 영향력auctoritas을 표명하고자 했다는 것이 코트렐의 견해이다.

5. 두 권력론의 평가

젤라시오가 의도한 것이 진정으로 무엇이었든 간에 그의 교령 〈두 권력〉은 그레고리오의 생각과 조합되어 12·13세기 교회법학자들에게 중요한 의미를 지니는 법원法源이 되었다. 교회법학자들은 교권과 속권이 구분된다는 것과 두 권력의 협동, 나아가서 교권의 우월성이라는 대명제들을 위해 〈두 권력〉의 문헌을 인용하곤 하였다 그들이 인용한 문헌은 그라티아누스의 『교회법령집』에 편집된 〈충성 서약 해제Alius item〉였으며, 이 법령이 〈두 권력〉의 내용을 포함하고 있다. 그라티아누스와 당시의 교령 연구가들이 이 법령의 대부분을 순전히 젤라시오의 문헌으로 여겼으나 이는 사실상 서임권 투쟁 당시 그레고리오 7세가 교회의 개혁과 교황권의 옹호를 위해 〈두 권력〉을 인용한 것이었다.

아레조의 베닝카사나 후구치오 등의 해석에서 볼 수 있듯이 당시의 많은 교회법학자들은 교령 〈두 권력〉이 두 권력의 구분뿐 아니라, 나아가서 교황권의 우월성, 교황의 세속 군주 폐위권까지도 제시한 문헌으로 생각하였다. 교황권과 황제권을 병행주의의 입장에서 바라보았던 교회법학자들은 교령 〈두 권력〉을 분명히 구분되는 두 권력의 위상을 밝혀주고 세속권력의 신성 기원론을 설명해주는 근거로 여겼다.

그러한 해석은 교황 수위권, 그리고 죄에 관련된 한에 있어 세속적 문제도 교황의 사법권 영역에 포함된다고 여기는 교황 세속권 관념에 기초를 마련해 주었다고 할 수 있다. 바로 이러한 해석에 전적으로 동의한 울만은 세속 군주가 그리스도교 세계에서 단순한 포테스타스를 소유하는 반면에 교황의 수위권은 교황의 아욱토리타스에 내재해 있다고 보았다. 이러한 울만의 주장은 〈충성서약 해제 *Alius item*〉중의 〈두 권력〉문헌을 토대로 해석한 12·13세기 교령 연구가들의 해석을 그대로 따르는 것이며, 아욱토리타스와 포테스타스의 의미를 너무도 단순하게 보았고, 그 둘의 차이를 무시해 버리는 것이었다.

그러나 현대의 중세 사가들은 좀 더 명확한 젤라시오의 서한과 저작물을 비교 검토하는 작업을 꾸준히 진행해 왔으며 핵심적인 용어 포테스타스와 아욱토리타스의 의미를 규명하는 데 노력해왔다. 엔슬린 William Ensslin은 젤라시오의 문헌들에서 두 용어가 사용된 용례들을 고찰한 뒤 특별히 아욱토리타스가 교회의 특수한 도덕적 권위나 영적 영역을 구별하여 사용된 것은 아니라는 것을 발견하였다. 그렇기 때문에 그는 이 두 용어를 서로 대립된 개념으로 여기지 않았고, 그 용어들이 영적 권력의 우월권을 뒷받침해 주기 위해 사용되었던 것은 아니라고 보고 있다. 이 두 용어의 의미가 일치되는 것은 아니지만 서로 엄격히 구분되어 적용된 것도 아니며, 서로 보충적으로 사용되었다는 것이 엔슬린의 해석이다.

한편 코트렐 Alan Cottrell은 로마 시대에 권력을 지칭했던 세 용어 임페리움, 아욱토리타스, 포테스타스의 역사적 의미를 고찰하면서 〈두 권력〉에서 사용된 아욱토리타스와 포테스타스를 단순히 현대적 용어인 권위와 권력으로 해석해서는 안 된다는 점을 역설하고 있다. 따라서 그는 그 용어가 의미하는 바처럼 젤라시오는 서한에서 정치적 이론을 설명하려 했다기보다는 이단에 맞서서 황제의 협력을 요청하려 한 것이었으며, 이 일을 위해 자신의 영향력을 표명하고자 했다고 설명하고 있다.

두 용어의 의미와 용례를 추적하면서 젤라시오의 의도를 규명하고자 했던 엔슬린과 코트렐은 용어에 대한 설명은 각기 달랐을지라도 그 용어가 사용된 배경을 이해하는 데 큰 도움을 준다고 할 수 있다.

5세기 말은 교황권 이론이 이념적으로 정리되고 발전해 나간 시기는 아니었다. 그렇기 때문에 역사적 배경에 대한 깊은 고찰이 없이 젤라시오의 서한을 교권의 이념과 사상 면에 국한해 접근한다면 그 실체를 파악하기 어려울 것이다. 그러한 면에서 젤라시오가 그리스도교적 헬레니즘을 이해하고 있었고, 그의 생각이 황제의 권력과 황제의 사제적 신분을 인정하면서 종교적 문제에 대한 황제의 역할에 관해 당시의 통념과 단절되어 있지 않았다고 본 드보르니크Dvornik의 설명 역시 상당한 설득력을 가진다.

젤라시오 시대에 교황이 로마교회를 중심으로 왕권적 권력을 가진 그리스도교 제국을 계획한 것은 아니었다. 단지 로마교회는 정통교회이며 신앙의 보수자요, 서방교회의 수위권자라는 것을 강하게 확신했을 뿐이지 교회와 국가의 관계에서는 상당히 보수적인 입장을 지키고 있었다. 아직 프랑크 왕국과의 관계가 맺어지지 않고 서방에서 확고한 보호 세력을 확보하지 못한 교황은 여전히 로마제국의 협력을 기대해야 했다. 그런데 황제가 종교적인 문제에 개입했다고 할지라도 그것이 로마교회의 입장과 일치하지 않았다는 데에 문제가 있었던 것이다. 따라서 로마교회로서는 황제의 그러한 태도에 대해서 로마교회의 분명한 태도와 확고한 의지를 천명할 필요가 있었다. 그러므로 젤라시오의 교령 〈두 권력〉은 명백한 이념 위에서 교황권과 황제권을 구분하려한 문서라기보다는 현실적 위기를 극복하고 황제의 협력을 촉구하는 선언적 의미를 지니는 문서라고 할 수 있을 것이다.

제3장

8세기 로마교회의 정치적 변신

1. 비잔티움 제국과의 갈등

로마교회는 교황 레오 1세(440-461) 때까지 로마주교를 그리스도교 세계의 최고 지도자로 격상시키며 특별히 'papae'라는 호칭을 사용하는 등 특권적 지위를 내세웠지만 그러한 주장이 범그리스도교적으로 받아들여진 것은 아니었다. 더욱이 서로마제국의 몰락이후 고트족과 비잔티움 제국, 롬바르드족이 차례로 이탈리아를 지배하는 가운데서 정치적 위기에 처한 교황은 서방교회를 결속시키는 일과 세속군주들과의 평화 관계 추구에 급급했다. 그렇기 때문에 로마교회는 세속군주와의 관계에서 교황의 우월권을 주장한다거나 교황의 세속적 권한을 요구할 만큼 강력한 지위를 인정받지 못했다.

교황 레오 1세 이후로부터 11세기 교회개혁 시대 이전까지 교황권의 정치적 배경은 다음과 같이 두 시기로 나누어 볼 수 있다. 첫째 시기는 고트족을 몰아내고 이탈리아를 장악한 비잔티움 제국에 로마교회가 종속적인 위치에 있던 때이다. 두 번째 시기는 롬바르드족의 이탈리아 정복으로 로마교회가 비잔티움 제국의 지배를 어느 정도 벗어났으나 오히려 롬바르드족의 왕이 로마에까지 진출함으로써 위기에 빠진 교황이 프랑크 왕국의 도움과 지원을 받는 시기이다.

첫째 시기는 레오 1세 이후 약 3세기 가량의 시대로 한정해 볼 수 있다. 493년 고트족의 테오도릭 왕이 이탈리아를 정복했을 때 로마교회는 혼란스러운 국제 관계 속에서 생존을 위한 필사적인 노력을 기울여야 했다. 그 일환으로 교황들은 국제 관계를 전략적으로 이용하기도 하였고 야만족 군주의 지원을 받아 콘스탄티노플 황제의 지배를 벗어나기도 하였다. 그러한 상황 속에서 교황 젤라시오 1세(492-496)가 황제에게 편지를 보내 황제의 영역과 사제인 교황의 영역을 분명히 구분하고 황제가 교회의 문제에 간섭해서는 안 된다고 설명하였다. 뿐만 아니라 교황이 성직자로서 가지고 있는 특별한 기능 때문에 세속의 왕보다 더욱 높은 권위를 지닌다고 주장하였다. 젤라시오가 콘스탄티노플의 황제에 맞서 그와 같은 완강한 입장을 취할 수 있었던 것은 교황이 이탈리아를 지배하고 있었던 고트족의 왕 테오도릭의 보호를 받을 수 있었기 때문이었다.

야만족의 서유럽 확산이 정치적 혼란을 가져올 뿐 아니라 궁극적으로는 교황의 영향력을 위축시키는 결과를 초래하기도 하였다. 그동안 우월권을 인정받았던 서유럽 총주교로서의 교황은 서방에서마저 권위를 상실하게 되었다. 스페인, 북아프리카, 이탈리아가 아리안족 군주의 지배를 받게 되면서 이들 지역에서는 로마교회의 권위를 더 이상 인정하지 않았다. 프랑크족이 가톨릭으로 개종한 갈리아 지방에서조차 교회의 문제들은 지역 주교회의의 통제를 받았고 주교회의는 그 조직과 규범의 구성에 있어 교황의 간섭을 거부하였다. 이러한 상황으로 인해 6세기 초까지 교황의 권위는 아드리아 해의 서쪽에서 이탈리아의 중부와 남부 지역에 국한되었다.

533년 비잔티움 황제 유스티니아누스(482-565)의 이탈리아 정복이 위축된 교황의 지위에 변화를 주지 못했다. 제국의 입장에서 보면 황제 제노(474-491)로부터 콘스탄티누스 4세(668-685)까지 끊임없이 교리 논쟁이 지속되어 시리아와 이집트가 상실될 우려가 있었다. 이에 황제들은 정치적 위기 속에서 로마와 콘스탄티노플 교회를 똑같이 압박하여 교리문제를 해결하고자 하였다. 이러한 제국의 정책은 결과적으로 서방에서마저 교황의 도덕적 권위를 최하위로 떨어뜨렸다. 일례로 삼장논쟁三章論爭, Three Chapters Controversy의 결과로 교황권이 추락되는 사건을 들 수 있다. 서방교회가 삼장에 대해서 이단으로서의 정죄를 거부하자 황제 유스티니아누스가 교황 비질리오(537-561)를 콘스탄티노플로 소환하여 삼장의 내용을 정죄토록 압박하였다. 황제의 위협 속에서 비질리오는 이를 받아들이고 동의하게 되었다. 이러한 교황의 입장에 실망한 밀라노, 라벤나, 아퀼리야 지역의 대주교들은 교황의 권위를 거부하였고 시칠리아의 부주교들마저 몇 년 동안 교황을 무시하였다.[1] 이러한 교황 권위의 실추에 비해 콘스탄티노플의 주교는 그 호칭을 세계적ecumenical 또는 보편적 총주교universal patriarch 라고 지칭하며 그 권위와 지위를 높이 올려 세웠다. 심지어 황제는 그의 칙령에서 콘스탄티노플을 '모든 교회의 머리'로 언급하였다.[2]

황제 펠라기우스 1세(551-561) 이후 741년경까지 황제와 제국에게 교황이 종속되어 있거나 의존하는 상황은 두드러지게 나타났다. 로마교회는 황제에게 새롭게 선출된 교황의 이름을 보고하는 것이 일반적 관행이었고, 그와 함께 일종의 조공과 같은 상당액의 금화를 보냈다. 그러한 절차는 콘스탄티노플에 있는 황제나 이탈리아의 라벤나에 있는 제국 총독으로부터 선출된 교황을 인준 받고자 하는 것이었다. 이러한 형편 속에서 로마교회로서는 로마주교의 수위권을 내세울 만한 겨를이

1) Jeffrey Richards, *The Popes and the Papacy in the Early Middle Ages 472-752* (London, Boston and Haenley: Routledge& Kegan Paul, 1979), pp.139-161.
2) Geoffrey Barraclough, *The Medieval Papacy* (Harcourt, Brace & World, 1968), p.29.

없었다. 오히려 로마교회는 야만족이 지배하는 서유럽에 맞서서 대항하는 동로마제국의 거점과도 같았다. 678년에서 752년까지 13명의 교황 가운데 7명 이상이 그리스나 시리아 출생이었던 것으로 볼 때 로마교회가 얼마나 제국의 영향력 하에 있었는지 짐작할 수 있다.[3]

그러나 국제적인 상황의 변화로 동방 제국의 지배와 간섭을 받아왔던 로마교회가 제국의 영향력으로부터 벗어날 수 있는 계기가 형성되었다. 제국에 종속적이었던 로마교회의 독립적 지위를 갖게 해준 것은 586년 이후 롬바르드족이 이탈리아에 진입해서 라벤나와 로마로 그 세력을 확대한 사건과 632년 발생한 이슬람 세력이 시리아와 이집트를 정복하고 동방에서 비잔티움의 영역을 위축시킨 역사적 상황이었다. 이슬람 세력의 확산으로 콘스탄티노플의 제국 정부는 동방의 변경을 방어해야하는 군사적 정책에 집중할 수밖에 없었기 때문에 서방에 더 이상 관심을 가질 수가 없었다. 동방 그리스도교 지역에서 무함마드 군대의 종횡무진으로 옛 로마주교의 경쟁자들이었던 알렉산드리아, 안티오크, 예루살렘, 카르타고 지역의 총주교가 사라지게 되었다. 이러한 상황이 로마교회에 유리한 면도 있지만 여전히 로마는 콘스탄티노플의 총주교와 경쟁해야 했고 로마교회에 대한 제국 정부의 압력이 남아 있었다. 그런데 이 시기에 롬바르드족의 출현으로 그러한 상황에 결정적인 변화를 가져온다.

롬바르드의 이탈리아 침입에 직면해서 로마주교는 제국과의 관계를 견고하게 유지하고자 했다. 사실 제국에 대한 충성심은 제국의 지원이 끊긴 뒤에도 남아 있었다. 8세기 교리 논쟁에도 불구하고 727년에서 728년까지 제국에 대항한 이탈리아 내 반란을 진압한 사람은 바로 로마출신의 교황 그레고리오 2세(715-731)였다. 그럼에도 불구하고 롬바르드 침입의 위기 속에서 로마가 콘스탄티노플의 지원을 요청했으나

---

3) 같은 책, pp.29-30.

제국 정부는 이를 무시해버리고 아무런 도움도 주지 않았다. 이러한 위기 국면 속에서 교황 스테파노 2세(752-757)는 프랑크 왕 피피누스에게 지원을 요청하게 된다.

당시의 정치적 지형의 변화를 좀 더 구체적으로 살펴보면 롬바르드 족의 위협에 직면한 최초의 교황은 그레고리오 1세(590-604)였다. 그레고리오 1세가 제국정부에 의지하고 제국에 대한 충성심을 여전히 가지고 있으나 여건이 변화하기 시작하였고 교황의 지위에도 점진적인 변화가 있었다. 황제 마우리키우스Maurice(586-602)의 재위 기간 동안에 제국정부가 총독을 통해 로마를 직접 지배하던 행정 체계가 붕괴되었고 로마공국은 자체의 독립적인 정치, 행정 체계를 수립할 수 있는 기회를 가지게 되었다. 로마에서는 주교가 고위 행정관이 되었고 그의 관리가 임명되어 상수도 공급, 빈민구제, 기타 행정 업무를 수행하게 되었다. 로마교회는 거대한 자원을 자의로 이용할 수 있었고, 교황 그레고리오 1세는 성 베드로 세습지patrimony of St. Peter에서 재정 수입을 상당히 증액시킬 수 있었다. 이러한 시대적 변화 속에서 교황은 지역의 권력자가 되었고 새로운 정치적 힘과 자율권을 가지게 되었다.[4]

제국과 롬바르드 세력 사이에서 외교적 수완을 발휘한 교황은 로마 민중의 신임을 얻었고, 그와 함께 교황의 지위가 상승되었다. 롬바르드 문제에 맞서 그레고리오는 제국의 지시를 따르기보다는 독자적인 노선을 따라 행동하였다. 이는 제국 정부에 대한 그의 충성심이 약해진 것이라기보다는 이탈리아 지역의 긴급한 사정을 제국이 더 이상 돌보고 지원할 수 있는 능력이 없었기 때문이었다. 더욱이 롬바르드의 군주 아길룰프Agilulf(c. 555-616)와의 복잡한 교섭과정으로 인해 교황은 로마제국 밖의 다른 국가들과 직접적인 관계를 맺으면서 상황을 유리하게 이끌어 나가고자 하였다. 그러한 노력 속에서 스페인, 갈리아, 잉글랜드

---

4) 같은 책, pp.32-33.

지역의 교회를 규합하고 교황의 영향력 아래에 두려고 하였으나 원하는 만큼 성과를 이루지 못했다. 그러나 그레고리오 시대로부터 상황은 많이 변하기 시작했고 그리스도교 제국 안에 하나의 그리스도교회라는 인식은 더 이상 유지될 수 없었다.

황제가 서지중해 연안에서 세력을 유지하고 있는 한 로마교회는 자연히 제국과의 긴밀한 관계를 맺어가야 하겠지만 서방 지역에 황제의 힘이 더 이상 미치지 못하게 된 상황에서 로마교회는 서유럽을 장악하고 있는 야만족 군주들과 화협의 관계를 맺지 않을 수 없었다. 물론 그레고리오 1세가 제국과의 관계를 단절한 것은 아니었다. 그럼에도 불구하고 교황 그레고리오 1세의 활동으로 새로운 변화와 발전이 시작되었고, 그러한 이유로 그를 '최초의 중세교황'이라고 일컫기도 한다.[5]

새로운 시대가 시작되고 있었지만 상당 기간 동안 교황이 제국정부의 영향력을 완전히 뿌리칠 수는 없었다. 제국 정부가 이전보다 상당히 융통성 있게 로마교회를 대했지만 교황이 황제의 정책을 공식적으로 거부하는 것은 매우 위험한 일이었다. 그 한 예로 교황 마르티노 1세 Martinus I(649-655)가 황제의 명령으로 체포되어 크리미아로 추방되었고 655년 큰 고통 속에서 사망했던 점을 들 수 있다. 이슬람 세력에게 정복된 시리아와 이집트의 탈환이 거의 불가능해지자 로마교회에 대한 제국 정부의 태도가 변하였다. 여전히 잔존한 일부 제국 관할지가 상실될 위험을 느낀 황제 콘스탄티누스 4세는 로마와의 화해를 시도하게 된다. 마침내 681년에는 콘스탄티노플 제6차 보편공의회에서 교황이 정의한 그리스도의 성격을 인정하였고 오랫동안 끌어왔던 그리스도론 논쟁에 종지부를 찍었다. 이러한 결과는 로마교회에게 있어 매우 중요한 의미를 지니는 것이었다.[6]

제국 정부와 로마교회 사이의 유화적인 관계는 별개로 진행된 두

---

5) 같은 책, p.33.
6) 같은 책, pp.34-35.

가지 사건으로 깨어지게 되었다. 첫째는 황제 레오 3세(686-741)가 서방의 성상숭배를 공격함으로써 신학 논쟁이 야기된 사건이다. 다른 하나는 반세기 후에 롬바르드 세력의 확대로 로마교회를 위기에 빠트린 사건이었다.

첫째, 성상숭배 논쟁iconoclastic controversy은 726년 황제 레오 3세에 의해서 제기되었고 이로 인해 황제와 교황 그레고리오 2세(731-741) 사이에 충돌이 발생하였다. 그레고리오 2세를 계승한 시리아 출신의 교황 그레고리오 3세(731-741)가 황제의 요구를 받아들이지 않자 로마교회에 가혹한 조치를 취하였다. 황제는 로마교회의 큰 수입원이었던 시칠리아와 남부 이탈리아에 있는 교황령을 몰수해 버렸고 동시에 이 지역의 교회들을 제국교회로 조직해 버렸다. 그때까지 교황의 관할 하에 있었던 일리리아, 시칠리아, 남부 이탈리아, 데살로니카, 고린도, 시라큐스, 레기오, 니코폴리스, 아테네, 파트라스 등의 주교구가 732년에 모두 콘스탄티노플 총주교의 관할 하에 놓이게 되었다. 황제의 이러한 조치로 인해서 로마교회는 제국교회와 단절되었으며, 이는 사실상 로마교회가 제국 밖으로 던져지고 주변의 외곽에 고립되어 버린 상황이 되어 버렸다.

둘째, 교황권에 중대한 영향을 끼쳤던 또 하나의 사건은 롬바르드 세력의 확산으로 롬바르드 왕 리우트프란드Liutprand(712-744)에 의해서 시작되었다. 리우트프란드의 목적은 로마를 복속시키는 데에 있었던 것이 아니라, 남부의 스폴레토와 베네벤토의 두 롬바르드 공국에 자신의 지배권을 확대하려는 것이었다. 739년 리우트프란드가 라벤나를 정복하고 그곳을 거점으로 하였던 제국의 총독을 추방하게 되자 로마도 위협을 느꼈고 교황은 이를 모면하기 위해 중대한 정책적 시도를 하지 않을 수 없었다. 제국의 도움을 더 이상 받을 수 없었던 교황 그레고리오 3세는 프랑크 왕국에 손을 내밀고 칼 마르텔에게 도움을 요청하였으나 지원을 받을 수 없었다.

다음 교황 쟈카리아(741-752)는 전략을 통해 위급한 사태를 어느 정도 모면하였다. 그러나 새로운 롬바르드의 왕 아이스툴프 Aistulf(749-756)는 전진정책을 다시 펴서 751년 라벤나를 정복하였고 로마시의 외곽까지 진출하였다. 아이스툴프는 로마공국의 주민에게 복속의 징표로 과중한 조공을 바치도록 강요하였다. 스폴레토를 근거지로 삼은 롬바르드 공국은 라벤나와 로마를 이간시키면서 교황을 고립시키려고 압박을 가하였다.

쟈카리아의 뒤를 이은 교황 스테파노 2세(752-757)는 급박한 상황에 직면해 있으면서도 제국의 도움을 받을 수 없었다. 그것은 성상숭배 논쟁의 절정기인 754년 초에 개최된 콘스탄티노플 공의회에서 격렬한 논쟁이 전개되었고 제국과의 관계에서 로마교회의 입지가 축소되었기 때문이었다. 황제의 지원을 기대할 수 없게 된 스테파노는 그레고리오 2세가 했던 것처럼 프랑크 왕국에 다시 도움을 요청했다. 754년 프랑크의 왕 피피누스는 스테파노에게 성 베드로의 권리를 방어하고 보호할 것이라고 약속하였다. 이러한 교황과 프랑크 왕의 협력관계는 이후 5세기 동안 교황권의 발전에 결정적으로 영향을 미치는 중대한 계기가 되었다.

2. 프랑크 왕국의 협력과 압박

롬바르드의 압박 속에서 도움을 약속받은 교황 스테파노 2세와 프랑크의 왕 피피누스 Pepin(714-768)는 754년 1월 6일 퐁티옹 Ponthion에서 역사적 만남을 가진다. 프랑크 왕의 궁정을 찾아간 교황은 프랑크 왕에게서 무엇을 어느 정도 기대했으며, 어떤 계획을 가지고 있었을까? 이 만남에서 교황 스테파노는 피피누스가 롬바르드 왕에게 영향력을 행사하여 평화적으로 모든 문제를 조정해 줄 것을 요구했다. 피피누스는 교황의 그러한 요청에 이미 긍정적으로 응답한 바가 있었기 때문에 만남의 장소에서 충분한 공감대가 형성되었다. 프랑크 왕들의 묘지가 있는 생 드니에서 교황은 751년 교황 쟈카리아가 했던 것처럼 피피누스를 다시 한 번 프랑스의 왕으로써 도유塗油(기름 바르는 의식)하였다. 피피누스와 스테파노는 우정을 나누듯이 상호 협력할 것을 약속하며 결연을 맺었다. 피피누스는 베드로 대리자(교황)의 보호를 약속하면서 성 베드로에게 순종할 것을 서약하였고, 스테파노는 피피누스를 '로마의 보호자 patricius Romanorum'라고 지칭하였다. 나중에는 그들은 결연을 우정의 서약이라기보다는 교황을 왕의 두 아들의 대부이자 영적 아버지로서 여기고 영적 결연을 맺은 것으로 여겼다.[7]

피피누스는 교황과의 약속을 행동으로 옮기고자 하였다. 그는 우선 세 명의 사절을 롬바르드의 왕 아이스툴프에게 보내 성 베드로와 성 바울에게 경의를 가지고 로마 근교에서의 적대 행위를 삼가도록 정중하게 요구하였다. 그해 4월 중순 께지 Quierzy에서 왕과 교황은 한 번 더 회합을 가졌고, 여기서 피피누스는 롬바르드 왕이 화해의 요구에 순순히 응하지 않을 때에는 무력을 사용할 것이라고 강력한 의지를 밝혔다. 또한 이 회합에서 피피누스는 이탈리아의 광대한 지역을 교황에게 회복시켜 줄 것을 약속하였다. 그 회합 후 20년 뒤에 작성된 문헌에 교황의 회복지는 라벤나 총독령 전체, 스폴레토와 베네벤토 공국, 베니스와 이스트리아 지방, 롬바르드 왕국의 남부 등으로 기록되었다. 이러한 정도의 영토는 이탈리아 반도의 절반 이상이나 되는 광대한 땅이었다. 이를 가리켜 '께지의 기증 Donation of Quierzy'이라고 하며, 이는 소위 '교황령 Status Pontificius, Patrimonium Petri'을 성립시킨 중대한 역사적 사건이었다.[8] 교황에게 있어서 이러한 프랑크 왕의 협력은 그동안 침체되었던

7) Bernard Schimmelpfenig, The Papacy, tranlated by James Sievert (New York: Columbia UP, 1988), pp.86-87.

8) Walter von Loewenich, Die Geschichte der Kirche, I (Hamburg: Siebenstern

교황의 힘과 권위를 회복시켜주는 것이었고 교황권의 발전에 든든한 발판을 마련해준 것이었다.

피피누스는 아이스툴프에게 한 번 더 자제하도록 요청했으나 아이스툴프는 이를 거부하였다. 마침내 프랑크 왕국의 군대는 알프스를 넘어 롬바르드를 공격하여 승리를 거두었다. 754년 10월 아이스툴프는 항복하고 프랑스 왕의 대군주권을 받아들였으며 총독령과 로마 공국의 변경에 위치한 성채들을 성 베드로에게 양도할 것을 약속하였다. 아이스툴프가 약속에도 불구하고 이를 이행하지 않자 756년 초 피피누스가 재원정을 하였고, 교황에게 약속한 바 있던 땅을 모두 교황에게 돌려준다.

이때 콘스탄티노플로부터 사절이 급히 파견되어 라벤나의 총독령이 제국의 영토임을 주장하고 교황에게 양도된 것을 항의하였다. 제국의 항의에 대해 피피누스는 그것은 롬바르드로부터 정복한 것이며 황제에게 반납할 의사가 없다는 것과, 그는 성 베드로에 대한 사랑, 자신의 죄 용서와 성 베드로의 유익을 위해서 전투에 참가했을 뿐이라고 응답하였다. 이러한 과정 속에서 교황은 중부와 북부 이탈리아의 광대한 땅을 교황령으로서 소유하게 되었다. 이는 단순히 넓은 영토를 소유한 세속적 군주의 모습으로서보다도 그러한 힘을 토대로 교황의 영적 권위를 확대할 수 있는 계기가 되었다는 점에서 큰 의미를 찾아볼 수 있다.

롬바르드 왕국의 데시데리우스 왕은 프랑크 왕과 혼인관계를 통해 밀접한 상태에 있었고, 한편으로 이탈리아의 중부 지역을 점유하면서 로마를 계속 압박하였다. 773년 교황령을 침탈당하고 로마 공격의 위협 속에 있었던 교황 하드리아노 1세(772-795)는 프랑크의 왕 카룰루스 대제(Carolus Magnus, Charlemagne(748-814)에게 외교적·군사적 도움을 요청하였다. 교황의 요청을 받은 카룰루스는 일차적으로 데시데리우스에게

Taschenbuch Verlag, 1971), p.100; "Durch die 〈Pippinische Schenkung〉 ist der Grund zum Kirchenstaat gelegt(756)."

금화 14,000솔리두스를 보내며 문제가 된 지역에서 철수하도록 요구하였다. 그러한 외교적 노력을 거부당하자 카룰루스는 스스로 군대를 이끌고 알프스를 넘어 롬바르드를 공격하였다.9) 774년 롬바르드의 수도 파비아에 진입하고 데시데리우스와 왕족들을 모두 추방한 다음 스스로를 롬바르드의 왕Rex Rombardrorum이라고 선언하였다. 스폴레토, 라베나, 베네벤토 등 롬바르드가 지배했던 지역은 교황의 요구대로 교황에게 귀속되기보다는 오히려 프랑크 지역으로 변했을 뿐 교황은 무기력하게 그 지역 세력으로부터의 침해를 인내할 수밖에 없었다. 781년 왕과 교황이 로마에서 만났을 때 교황은 롬바르드에게 빼앗겼던 땅을 돌려달라고 했지만 왕은 그러한 교황의 요구를 들어주지 않았다. 교황에게 귀속된 영토는 오직 라베나와 펜타포리스뿐이었다. 그 후 왕의 양보로 남부 투스카니 지역의 오르비에토와 비테르보가 교황의 영지로 추가되었다.

카룰루스는 교황과 우호적인 관계를 유지했지만 교황을 특별한 존재로 인정하지는 않았다. 그는 콘스탄티누스 대제처럼 그 자신이 신앙의 수호자요 교회의 지배자라고 생각하였다. 왕의 고문 알퀸의 증언에 의하면 카룰루스는 자신이 교황이나 동로마 황제보다 우월한 권력을 소유하며 숭고한 위엄을 가졌다고 생각하였다. 그러한 자의식 속에서 카룰루스는 신앙의 문제까지 전적으로 교황에게 맡기고자 하지 않았다.

787년 로마와 콘스탄티노플 사이의 성상숭배 논쟁을 종결짓기 위해 니케아의 공의회가 소집되었고 교황의 특사가 파견되었다. 이 회의에서 성상의 문제는 교황 하드리아노가 원하는 방향으로 결정됨으로써 그동안의 모든 갈등이 해소되었다. 이 회의에 프랑크의 주교들도 초대되었으나 카룰루스 왕이 그 회의를 인정하지 않았기 때문에 누구도 참석하지 않았다. 이때 니케아 회의의 라틴어 번역에 오류가 있었고

---

9) Roger Collins, *Charlemagne* (Toronto, Buffalo: U of Toronto P, 1988), pp.59-61.

로마나 동방 모두가 성상을 향해 기도하고 숭배한다는 의심이 확산되었기 때문에 프랑크의 주교들은 크게 분개하고 동요하였다. 이에 니케아 회의의 결정을 규탄하고 성상의 올바른 이해를 촉구하는 내용의 『카룰루스 대제의 교리서 *Libri caloini*』(790-792)를 작성하였다. 그리고 카룰루스는 794년 프랑크푸르트에서 시노드를 소집하고 787년의 니케아 회의와 교황을 규탄하였다.[10]

카룰루스는 교황 하드리아노 1세의 뒤를 이은 레오 3세(795-816)와의 우호적 관계 속에서 교회의 보호자로서의 역할을 지속시켜 나갔다. 레오는 교황으로 선출된 직후 로마 내의 적대자들로부터 유폐될 위험과 곤경에 처했으나 카룰루스에게 피신하여 목숨을 지키고 교황으로서의 지위를 유지할 수 있었다. 왕의 신하들과 함께 로마로 돌아온 레오는 자신에게 쏟아졌던 오명을 씻고 프랑크 주교들의 보좌를 받아가며 권위를 유지하였다. 로마에서 분란이 정리될 무렵인 800년 말에 카룰루스 왕이 로마에 왔고 그 해 11월 23일 교황과 성직자들, 시민들로부터 황제로서의 영접을 받았다. 그리고 크리스마스 날 아침에 카룰루스는 교황으로부터 로마 황제 아우구스투스로서 대관을 받았다. 그는 교황의 대관을 통해서 프랑크 왕국의 왕으로부터 로마제국의 계보를 잇는 황제로 표방하게 되었다. 교황권자들은 교황의 황제 대관을 교황의 지위가 우월하다는 교황 수위권 주장의 역사적 근거로 삼았다.

롬바르드 왕국을 정복하고 광대한 영토를 확장한 카룰루스는 정치적 문제에 있어서뿐만 아니라 교회에 관해서도 강력한 지도력을 발휘하고자 하였다. 교황으로부터 대관을 받았을지라도 로마교회를 위해 했던 것은 그 자신의 최고 지배권 하에서 교황에게 제한된 자치권을 부여할 뿐이었다. 그러한 카룰루스의 강한 집념은 이전에 교황 스테파노 2세나 하드리아노 1세가 추구했던 바와 같은 교황령의 확대와 교황

---

10) Schimmelpfenig, *The Papacy*, pp.89-90.

권의 확립을 크게 제한하였다. 이러한 상황에서 교황은 마치 그의 주군을 동로마 황제로부터 프랑크 왕으로 바꾼 모양이 되어 버렸다. 비록 교황이 프랑크 왕과 평화 관계를 유지했을지라도 저변에서는 서유럽 그리스도교 세계 내의 종교적 주도권을 둘러싸고 두 주체 사이에 갈등이 야기되었다. 종교적 문제에 대한 세속권력의 간섭을 벗어나고자 하는 로마교회의 의지는 10 · 11세기 교회개혁 시대에 이르러서야 강하게 표출된다.

3. 콘스탄티누스 기증문서의 작성과 그 의미

〈콘스탄티누스 기증문서Constitutum Donatio Constantini〉는 로마 황제 콘스탄티누스 1세가 로마제국의 수도를 콘스탄티노폴리스로 옮기면서 로마 도시와 서방 제국을 교황 실베스테르 1세와 그의 후계자들에게 넘기고 자신은 동방 제국의 황제권을 보유한다는 내용을 담고 있다. 이러한 내용은 11세기 교회개혁 시대 이후로 교황령의 정당성을 주장하고 교황권 확립을 위한 역사적 근거로서 이용된 매우 중요한 역사적 사료가 되었다. 그런데 르네상스 시대인 1440년 이탈리아의 인문주의자 로렌초 발라가 이 문서에 표기된 조잡한 라틴어가 4세기경 즉, 콘스탄티누스 대제 시절의 로마 황제들이 사용한 것이 아니라는 점을 밝히면서 이 문서가 위조라고 주장하여 큰 파문을 일으켰다. 이후로 이 문서는 콘스탄티누스가 작성한 것이 아니고 8세기 중엽에 급박한 정치적 현실 속에서 작성되었다는 견해가 일반화 되었다.

유진John Van Eugen은 『중세사 사전』에서 이 문서가 8세기 중엽의 상황을 반영해서 교황청에서 작성한 것이 아니라 어느 개인이 사적으로 작성한 것이었으며, 어떠한 특수한 정치적 목적을 위해 만들어진 것은 아니었다고 설명하고 있다.[11] 그러나 롬바르드 왕국의 위협과 비잔티움 제국의 로마교회에 대한 무관심 속에서 급박한 정치적 상황에 직면해 있던 교황 스테파노 2세가 해결하고자 했던 당면 문제를 살펴보면 그 문서의 작성이 라테란 교회의 한 성직자가 우연히 작성한 것으로 보기는 어려울 것이다.

그렇다면 「성 실베스터 교황의 전설 *Legenda sancti Silvesti*」이라고 알려져 있는 이 원형 문서의 내용은 무엇이며, 그것이 어떠한 정치적 함의를 가지고 있을까? 그리고 콘스탄티누스 기증문서가 작성될 당시의 시대적 상황 속에서는 어떠한 의미를 가졌던 것일까? 나아가서 그것이 후기의 교황권 이론의 강화 과정에서 어떻게 근거로 이용되었을까? 이러한 문제의식을 토대로 콘스탄티누스 기증문서를 분석해본다면 이 문서의 역사적 의미와 중요성을 좀 더 선명하게 이해할 수 있을 것이다.

(1) 문서의 작성과 출처

콘스탄티누스 기증문서는 850년경 프랑스 북부 지역에서 작성된 『위 이시도루스 법령집 *Pseudo-Isidorian Collection*』에 가장 길고 완전한 형태로 포함되어 있다. 그리고 960년경 로마출신의 부제가 '로마제국의 작센 회복'이라는 문구에서 명료하고 수식적인 원전을 이용하였다. 그러나 1001년경 교황 오토 3세 때에 교황청 상서원은 부제가 인용한 원전을 완전한 모조라고 비난하였다. 1세기 뒤에 훔베르트 실바 칸디다 *Humbert of Silva Candida*는 동방 황제와 콘스탄티노플 총주교에 맞서서 교황의 지위를 강화하기 위해서 로마의 정본을 살짝 변형시켜 이용하기도 하였다.[12]

---

11) John Van Eugen, "Donation of Constantine," ed. Joshep H. Strayer *Dictionary of the Middle Ages* 13 vols. (New York: Charles Scribner's Sons, 1989 ed.) vol.4, p.258.

11세기 후반 교회개혁 운동 시대에 교회문제에 대한 신성로마 황제의 간섭을 벗어나고 교황청의 자치권을 얻기 위해 콘스탄티누스 기증문서를 이용하였는데 특별히 기증Donatio의 내용을 강조하였다. 교황청 측근들이 홈베르트가 인용했던 문헌을 채택한 것으로 보이며, 이것이 그라티아누스의 『교회법령집Decretum Gratiani』에 편입되었다.13) 중세 전성기에 집대성된 『교회법령집』에 편입되었기 때문에 이 문서는 더욱 높은 신뢰성을 가지게 되었고 중세 교회법학자들의 중요한 관심대상이 되었다.

그런데 언어학적 분석에 비추어볼 때 이 문서는 성 요한 라테란의 구원교회에 속한 하급 신부가 754년에서 767년 사이에 작성한 것으로 추정하고 있다.14) 이 문서는 4세기 콘스탄티누스 대제 시대의 내용을 담고 있으나 300년이 지난 8세기 중엽에 어떠한 목적을 위해서 작성되었다. 1393년 니콜라스 쿠사Nicholas of Cusa는 이 문서를 간략히 분석하여

---

12) Horst Fuhrmann, *Das Constitutum Constantini (Kostantinsche Schenkung) Text* (Hannover: Hahnsche Buchhandlung, 1968), pp.8-20: Fuhrmann은 콘스탄티누스 기증문서가 수록된 문서를 다음과 같이 분류하고 있다. a) Der 'älteste Text' und 'Frankische Version,' b) Die 'Version des Johannes digitorum mutilus,' c) 'Kürzere Pseudoisidor-Rezension,' d) Die 'Längere Pseudoisidor-Rezension,' e) Die 'Nonantola-Gruppe,' f) Die 'Leo-Humbert-Gruppe,' g) Ausblick auf wetere Versionen. 여기서 마지막 7번째 g)에는 890년경 작성된 'Collectio Anselmo dedicata VIII, 12-14, 24'를 소개하고 있다. 이 문헌은 부르히아르트 보름스 Burchard von Worms(1025)가 그 표제 그대로 자신의 법령집 속에 삽입하였고 바로 이 편집본이 그레고리오 개혁시대의 교회법령집에 널리 이용되었다. 또한 g)의 범주에 속하는 문서로서 'Die Sammulung von Saragossa' (1110-1120) 와 'Text Ivos von Chartres(1116): Collection Tripartota I, 31, 8; Dekreta V, 49: Panormia IV, 1'이 있다. 그 외에도 보르드와즈Bordwauz(1090년경)와 투린 Turin(1100년경)의 법령집 'Liber Tarraconensis'와 람베르트Lambert von St. Omer가 그의 'Liber Floridus(1120년경)'에 기증문서를 수록한 것을 마지막 부류에 포함시켰다.

13) Aemilius Freidberg, *Corpus Iuris Canonici*, 2 vols. (Graz: Akademische Druck-U. Verlagsanstalt, 1956) Prior Pars: D. 96 c. pp.13-14.

14) Eugen, "Donation of Constantine," vol.4, p.258.

4세기에 작성된 것이 아닌 위조문서라고 밝혔으나 당시에는 주목을 끌지는 못했다. 그 후 1440년에 발라는 언어학적 재능을 가진 인문주의 자를 고용해 가면서 이 위조문서의 허상을 온 천하에 드러냈다. 종교개혁 시대에 신교개혁자들은 발라의 연구를 근거로 교황의 주장이 거대한 허구에 의존한다고 가톨릭교회를 비난하였다. 현대에 와서 1950년대까지 이 문제에 관하여 많은 학문적 논란이 있어 왔고 최근까지 대부분의 사가들은 이 문서가 '문학적 허구' 또는 '성인전의 전설'로 보는 경향이 많다.

(2) 기증문서의 내용

8세기의 콘스탄티누스 기증문서가 작성될 때 기초로 하였던 원형 문서는 5세기 말에 작성된 것으로 추정되는 「성 실베스터의 전설 *Legenda sancti Silvesti*」이다. 이 실베스터의 전설은 교황과 동방 황제 간에 최초의 심각한 충돌이 빚어진 시기에 로마교회의 후원 아래 만들어진 것으로 추정된다. 당시의 충돌은 그리스도교의 신조와 교리, 성직자에 대한 사법적 관할권을 중심으로 야기되었다. 황제 아나스타시우스는 최초로 공의회를 거치지 않고서 그리스도론을 규정한 칙서 〈헤노티콘 *Henotikon*〉을 제국 내에 반포하였고, 이러한 황제의 조치에 대해 로마교회는 큰 반감을 표출하였다.[15]

325년 황제에 의해서 소집된 니케아 공의회의 결정 내용이 교황 실베스터의 승인을 받도록 한 바와 같이 로마교회는 아나스타시우스의 헤노티콘이 교황에 의해서 검토되어야 한다는 주장을 제기하였다. 그러한 이유로 485년 교황 펠릭스 3세(483-492)는 로마 공의회를 소집하여 신조와 교리 문제에 대한 황제의 권한과 헤노티콘의 타당성에 대해

---

15) Walter Ullmann, *The Growth of Papal Government in the Middle Ages* (New York: Barnes & Nobles Inc., 1953), p.75.

토론하였다. 이 공의회에서는 그리스도교 세계에서 황제의 지위와 사명이 무엇인지, 그리고 황제가 과연 교회와 신앙의 문제에 관여할 수 있는 자격과 권한이 있는 것인지에 대해서 숙고하였다. 교황이 주도한 로마 공의회에서는 교리와 신앙을 수정하고 성직자에 대한 사법권을 행사하는 일에 관해서 제국의 법령은 어떠한 권한도 가지지 못한다는 점을 명백히 하였다. 그리고 황제의 역할은 신앙에 관해 교회로부터 배우는 것이지 가르치는 것이 아닐 뿐만 아니라 그의 사명은 성직자의 판단에 따라 결정되는 것이라고 하였다. 바로 그것이 황제의 특별한 사명이며 바로 그 안에서 황제의 존재이유가 있다고 주장하였다. 이러한 분위기 속에서 공의회의 결의 내용을 황제에게 주지시킬 뿐만 아니라 로마교회의 권위를 뒷받침할 수 있는 역사적 근거를 가시적으로 보여줘야 할 필요성을 느꼈다. 그러한 배경에서 성 실베스터의 전설이 작성된 것으로 알려지고 있다.

성 실베스터 전설의 내용에 따르면 콘스탄티누스는 로마교회에 특권을 부여하였고 그 특권 위에서 교황은 모든 성직자의 머리가 되었다. 콘스탄티누스는 그리스도교로 개종한 지 8일째 되는 날 왕관을 벗어버리고 땅에 엎드렸으며 그가 입고 있는 자줏빛 겉옷을 눈물로 적셨다. 이러한 일이 있은 후에 교황이 황제가 부복하는 동안 황제의 왕관과 휘장을 지켰고 황제에게 왕관을 씌워 주었다.[16]

성 실베스터 전설의 기록자가 상징적으로 암시한 것이 좀 더 구체적이고 완전한 형태로 콘스탄티누스 기증문서에 표현되었다. 기증문서에는 콘스탄티누스 황제가 모든 황제의 의상과 문장, 왕홀王笏 등 황제권을 상징하는 장식물들을 교황 실베스터에게 양도하였다고 기록되었다. 또한 콘스탄티누스가 기증한 선물의 전체성을 강조하기 위해서 모든 황제의 의상이 교황의 소유로 돌아갔다고 표현하였다. 더욱이 교황에

---

16) 같은 책, pp.76-79.

게 황제가 예속된다는 것을 상징하는 것으로서 교황에게 시종무관 직책을 신설하도록 하였다.[17]

기증문서의 저자는 황제가 진정한 황제권의 징표로서 실베스터의 머리에 황제관을 씌워주기를 원했다고 기록하였다.[18] 그러나 실베스터는 사제인 자신의 머리에 황제관 쓰는 것을 거절하였다. 그래서 콘스탄티누스는 교황의 머리에 교황관phrygium을 착용할 수 있다고 칙령을 내렸다.[19] 또한 콘스탄티누스는 교황이 황제를 모방하도록 황제의 거주지까지 주었고, 로마시를 비롯해서 이탈리아와 서방의 모든 영토를 교황에게 양도하였다. 즉 황제의 특권을 뜻하는 모든 외형적 상징물들과 섬을 포함한 전 서방 영토에 대한 권한이 교황에게 부여되었다는 것이었다.

이상과 같은 기증문서의 내용에 따르면 콘스탄티누스의 기증으로 교황은 일정한 영토를 다스릴 수 있는 왕이요 사제Rex Sacerdos가 된 것이다. 기증문서의 저자는 교황이 특별히 황제의 문장을 사용할 수 있다는 점을 강조하였다. 그레고리오 7세가 「교황법령Dictatus Papae」에서 "교황이 황제의 문장insignia을 사용할 수 있다"라고 한 것은 바로 그러한 내용을 받아들인 것이라 할 수 있다.

---

17) Fuhrmann, *Das Constitutum Constantini (Kostantinsche Schenkung) Text*, p.92: "Tenentes frenum equi ipsius pro reverentis b. Syibestri stratoris officium illi exhibuinus."

18) 같은 책, p.10. 후기의 문서들에서 나타나는 내용 가운데 실베스터는 로마의 주교라는 것 그리고 위 이시도루스 법령집에 기록된 'huius(civitatis)'가 도시 로마라는 것은 Fränkischen Version의 부류에서만 분명하게 묘사되고 있다.

19) 같은 책, pp.91-92: "Decrevimus itaque et hoc, ut isdem venerabilis pater noster Silvester, summus pontifex, vel omnes eius successores pontifices diadema, videlicet coronam, quam ex capiti nostro illi concessimus, ex auro purissimo et gemmis pretiosis uti debeant et eorum capite ad laudem Dei pro honore b. Petri gestare; ipse vero sanctissimus papa super coronam clericatus quam gerit ad gloriam b. Petri omnino ipsa ex auro non est passus uti corona, phrygium vero candido manibus nostris posuimus, et tenentes frenum equi ipsius pro reberentia beati Petri stratoris officium illi exhibuimus."

교황이 일정한 영토에 대해서 군주와 같은 권한을 행사하며, 황제와 같은 권위를 가진다는 것을 상징하는 이 기증문서가 왜 8세기 중엽에 다시 작성되었으며, 무엇을 말하려고 했던 것일까? 이 기증문서는 원형 문서가 작성될 때처럼 매우 긴급한 정치적 상황 속에서 작성되었다. 표면적으로는 교황의 지배권을 피피누스에게 입증하기 위해서 작성된 것으로 보인다. 그러나 그러한 영토 지배권 이외에도 교황 스테파노 2세가 의도했던 것은 동방제국의 영역으로부터 교황권을 해방시키고자 하는 것이었다.

이를 뒷받침하기 위해서 기증문서의 저자는 황제의 사명을 언급하였다. 로마제국이 왜 수도를 콘스탄티노플로 천도했는지를 통해서 이를 설명하고자 하였다. 황제가 수도를 옮긴 것은 신성하게 세워진 그리스도교의 수장이 거주하는 지역에 황제가 거주하는 것이 부적절하다고 생각했기 때문에 황제가 그러한 결단을 내리고 동방에 새로운 도시를 건설했다는 것이었다.[20] 성 실베스터 전설에 이미 묘사된 바와 같이 기증문서도 이 문제를 중시하였다. 그렇지만 기증문서의 저자는 성 실베스터 전설의 원사료보다도 더욱 내용을 상세하고 명확하게 기술하였다. 이러한 내용은 교황의 수위적 권위를 강조하고 이를 은연중에 표방하기 위한 의도를 내포하고 있었다.

교황이 황제가 씌워주고자 했던 황제관을 받지 않았고, 교황의 위엄을 존중하면서 황제가 수도를 옮기기까지 했다는 묘사는 콘스탄티누스가 교황의 묵인 하에 황제관을 로마에서 콘스탄티노플로 옮겼다는 것을 암시하는 것이었다. 콘스탄티누스가 비잔티움으로 천도한 후에

---

20) 같은 책, pp.94-95: "Unde congruum prospeximus, nostrum imperium et regni potestatem orientalibus transferri ac transmutri regionibus et in Byzantiae provincia in optimo loco nomini nostro civitatem aedificari et nostrum illic constitui imperium; quoniam, ubi principatus sacerdotum et christianae religionis caput ab imperatore coelesti constitutum est, justum non est, ut illic imperator terrenus habeat potestatem."

교황이 사양했던 황제관을 쓰고 황제권을 행사하게 되었으므로 그곳은 로마제국의 새로운 수도 즉 황제의 도시가 된 것이다. 그리고 콘스탄티누스는 그의 후계자들에게 그가 교황과 맺은 모든 제도를 존중하도록 하였다. 이러한 기증문서의 내용에 따르면 로마 황제는 교황에게 명령할 권리가 없다. 사실 콘스탄티누스가 황제관을 교황에게 기증한 바가 있기 때문에 원래 황제관은 교황의 것이고 교황이 콘스탄티누스와 그의 계승자들에게 황제관을 사용하도록 허락했다고까지 여겼다.

수도의 천도에 그와 같은 의미를 부여한 기증문서의 저자는 로마교회가 교리적인 문제를 결정할 수 있는 권한이나 교황의 사법적 재치권은 로마 황제에 대한 반역이 아니고, 제국정부의 의도에 따른 그리스도교 세계의 적절한 통치 방식이라는 것을 암시하고자 하였다. 따라서 그리스도교 황제의 사명은 그리스도인이 무엇인지를 알려주고 교리를 설명해주는 사제의 지배에 순종해야 한다고 여겼다. 이러한 이념에 따르면 로마의 그리스도교 세계에서는 자립적인 통치권은 있을 수 없으며, 통치권은 통치권자가 스스로 가지는 권리*sui juris*가 아니고 부여된 은택*beneficium*인 것이다. 즉 로마교회는 보편적 존재로서 그 교회의 중심이 되는 교황을 통해서 황제에게 보편적 통치권을 부여할 수 있다. 그에 따라 로마 황제는 별개로 독립되어 존재하는 왕권이 아니고 로마교회의 방어자요 옹호자여야 한다. 바로 여기에 황제의 존재 이유가 있다고 보았다.[21]

이와 같이 기증문서의 저자가 최종적으로 관심을 보인 것은 로마 그리스도 세계에서 합법적 통치권의 문제였다. 이것은 동방 황제로부터 교황권을 해방시키고 로마교회가 서방의 로마 황제를 특별한 아들로 여기며 새롭게 설정된 관계를 합리화하려는 것이었다. 로마 황제의 사명은 로마교회를 보조하는 일이다. 그러나 비잔티움은 그러한 기능

---

21) Ullmann, *The Growth of Papal Government in the Middle Ages*, pp.83-84.

을 더 이상 수행하지 못했다. 그러므로 로마교회의 유일한 아들로서 그러한 역할을 대신할 수 있는 새로운 황제가 필요한 것은 자연스러운 일이 된 것이다.

8세기 중엽 콘스탄티누스 기증문서가 출현했을 때 동방의 황제나 콘스탄티노플의 총주교는 이 문서의 타당성을 철저히 부정하였다. 그러나 적어도 프랑크 왕국과의 관계를 설정하는 데 있어 로마교회는 자체의 권위를 주지시킬 수 있는 도구로 이 문서를 이용하고자 하였다. 만약 이 문서의 내용을 타당하게 여긴다면 그것은 베드로의 계승 이론과 더불어 교황을 그리스도 세계의 수위권자로서 인정할 수 있는 중대한 근거가 될 수 있었기 때문이었다. 그러한 면에서 후대 교황권 강화시기에 기증문서는 교황권 이론의 강력한 근거로 제시되곤 하였다.

13세기에 인노첸시오 3세와 교회법학자들은 특별히 콘스탄티누스 기증문서의 중요성을 강조하였다. 인노첸시오 4세는 인노첸시오 3세만큼 이 문서에 의존하지는 않았으나 콘스탄티누스의 기증은 원래 신에 의해서 부여된 통치권이 그리스도 대리자 안에서 회복되는 사건이라고 해석하였다. 13세기 말 호노리우스 아우구스토둔넨시스와 같은 교황권주의자는 그레고리오 7세나 인노첸시오 3세보다 훨씬 광범하게 이 문서를 이용해 교황권을 옹호하였다. 반면에 12·13세기 민법학자들은 이 문서의 내용을 철저히 부정하면서 그 문서의 비합법성을 강조하였다. 프랑스의 왕권론자들이 필립 4세의 편에 서서 교황 보니파시오 8세에 대항할 때, 그리고 독일의 정치 이론가들이 루이 4세의 편에 서서 교황 요한 22세와 논쟁을 벌일 때 이 문서의 타당성과 해석에 대해서 논쟁이 일었다. 이와 같이 이 문서를 둘러싼 법적 논쟁은 14·15세기까지도 지속되었다.[22] 그러한 가운데서 교황권 비판론자들은 콘스탄티누스 기증에 대한 주장을 교회의 물질적·정치적 관심이 영적인

---

22) 같은 책, pp.85-86.

것을 넘어서게 되는 전환점으로 보았다. 이러한 콘스탄티누스 기증문
서의 타당성 논란에 결정적인 타격을 가한 것은 로렌조 발라의 문서
위조 발표였다.

제4장

11세기 교회 개혁운동과 개혁법령집

1. 11세기 개혁 시대의 교회법령집

(1) 개혁법령집의 종류와 성격

11세기 교회 개혁자들은 무엇보다도 전통의 법을 통해서 자신들의 개혁 활동을 정당화하고자 하였다. 그러한 동기 속에서 특별히 11세기에 교회 개혁을 뒷받침해 줄 수 있는 개혁법령이 활발하게 편집되었다.[1] 당시 만연해 있던 성직매매와 니콜라주의(성직자 독신주의 위반), 사유 교회Eigenkirche제도 등 도덕적·구조적 문제를 개혁할 수 있는 최초의 행보는 그러한 행위가 교회법을 위반하고 있다는 것을 일깨워주는 일이었다. 11세기의 개혁적 교회법학자들은 그들의 이념과 개혁정신을 뒷받침 할 수 있는 근거와 권위를 과거의 법령들 속에서 얼마든지 발견할 수 있었다.

11세기의 교회 개혁은 도덕적 부패 일소와 더불어 로마교회의 우월

---

[1] James A. Brundage, *Medieval Canon Law* (Lodon and New York: Longman, 1995), pp.37-43.

권과 교황 수위권 이념이 핵심적 요소들이었다. 그러한 정신을 담고 있는 11세기의 개혁 법령집으로는 추기경 훔베르트Humbert의 『74주제 법령집Collectio 74 tiulorum』, 루카의 수도원장 안셀무스Anselm of Lucca의 『교령집Collectio Canonum』, 추기경 데우스데디트Deusdedit의 『교령집Collectio Canonum』, 샤르트르의 주교 이보Yves Carnutensis (ca.1040-1116)의 『교령집 Decretum』, 『파노르미아Panormia』, 『트리파르티타Tripartita』 등이 중심을 이루고 있으며, 보니죠Bonizo of Sutri의 『그리스도의 생애Liber de vita christiana』 역시 그러한 정신을 담고 있다. 이러한 법령집들은 내용이 다양하고 서로 상충되는 법령을 체계적으로 정리한다는 법학적 사고 위에서 작성된 것은 아니었다. 그것들은 당시에 교회를 지배해온 세속권력, 그리고 그들과 타협하며 안주해온 성직자들에 맞서서 극심한 투쟁을 벌여야 하는 로마교회 개혁자들의 개혁 의지를 뒷받침하기 위해서 의도적으로 편집된 것이라 할 수 있다. 이들 개혁법령집들이 사료를 취사선택하고 근거로 삼았던 것들은 『디오니시우스-하드리아나Dionysius-Hadriana』, 『위이시도루스 교령집Psedo-isidor Decretals』, 부르히아르트Burchard von Worms의 『교령집Decretum』 등 그 시기까지 널리 알려져 있었던 법령집들이었다.

11세기를 '교회 개혁운동의 시기'라고 말한다. 또는 '그레고리오 개혁운동Gregorian reform movement'이란 용어를 흔히 사용한다. 그렇다면 그러한 개혁은 무엇을 개선하고자 한 것이었고, 그 성격은 무엇일까? 그러한 개혁이 그레고리오 개혁가 집단에게만 지칭될 수 있는 그들만의 전유물일까? 사실 두 번째의 질문에 대해서는 그레고리오 개혁의 존재 자체를 부정하는 사가들도 상당 수 있다는 점을 상기할 필요가 있다.[2] 그러나 많은 중세사가들 사이에서는 11세기의 개혁운동을 그레고리오

---

2) John Gilchrist, "Was there a Gregorian Reform Moment in the Eleventh Century?," *Study Sessions*, 37 (1970), pp.1-10; Stephen Kuttner, "Liber canonicus; a note on ≪DICTATUS PAPAE≫ c. 17," *Studi Gregoriani. Per la storia di Gregorio VII e della Riforma Gregoriana*, ed. G.B. Borino, 2nd vol. (Rome 1947), pp.387-401.

의 개혁운동과 거의 동일시하거나 개혁활동 그 자체를 기정사실화해왔기 때문에 본고에서는 개혁의 실체를 부정하고자 하지는 않는다. 다만 그것을 인정한다면 위의 두 가지 질문을 중심으로 그 개념을 명백히 해야 할 필요가 있을 것이다.

교회법령 편집의 역사를 살펴보면 고대 교회 시대 이래로 11세기까지 교회법의 전통을 강조하고 체계화하려는 움직임이 있을 때는 항상 교회가 맞서서 해결해야하는 위기 상황에 직면해 있었다는 것을 알 수 있다. 그러한 문제의 해결을 위해서 공의회를 소집하기도 했고, 법령을 편집하기도 하였다. 교회의 위기 상황이 심각해지거나 교회의 질서가 무너진다고 생각할 때 교회는 물리적 힘에 의존해서 이를 응징하거나 교정하고자 하였으며, 그러한 교회의 대응이 신학적으로나 전통적 법령에 비추어 정당하다는 것을 입증하려고 하였다. 그러한 면에서 돌출된 문제들을 해결하고자 하는 교회의 강력한 정책과 행위들을 개혁이라고 볼 수 있을 것이다. 그런데 개혁을 이렇게 설명한다면 카롤링 시대의 카롤루스 대왕이 주도한 교회 정책도 개혁의 범주에 들 수 있고, 9세기 중엽 위 이시도루스 법령 편집[3]을 통해서 성취하고자 했던 것도 역시 개혁이었으며, 11세기 초의 안셀무스 보름스가 법령집[4]을 편집하면서 추구했던 것도 개혁이라는 점을 부정할 수 없다. 그렇다고 카롤링 시대로부터 11세기 말까지의 모든 상황을 교회의 개혁 운동

---

3) R. Sommerville and B. Brasington, *Prefaces to Canon Law Books in Latin Christianity, Selected Translation* (London, 1998), p.96. 위 이시도루스 법령집의 서문에서는 "많은 교회들의 지위가 사악한 경쟁자들 때문에 어려움을 겪고 있으며 많은 형제들이 그들의 교구로부터 추방당하고, 그들이 여전히 생존해 있는 데에도 그들 대신에 다른 사람으로 그 자리를 차지하도록 하였음을 우리는 알고 있다."고 밝히고 있는 것으로 봐서 당시 교회가 처해 있는 현실에 대한 개혁이 법령편집자에게 절실한 과제였음을 알 수 있다.

4) 같은 책, p.99; 부르히아르트 보름스의 법령집 역시 그 서문에서 "우리의 교구에서 교회법과 참회의 재판이 혼동되어 있고 무질서하다."고 말하고 있다.

이라는 하나의 말로 표현할 수는 없다. 적어도 카롤링 시대의 국왕 중심의 교회 개혁은 11세기 중엽 이후의 교회 개혁과는 그 성격이 판이하게 다르다.

11세기의 개혁 법령집들의 성향은 크게 두 가지로 나누어 볼 수 있다. 첫째, 성직매매, 성직자 결혼, 질서 없는 전례의식 등 주로 도덕적, 윤리적 질서, 또는 의전질서의 회복에 중점을 두어 편집된 법령이 있다. 11세기 초에 편집된 안셀무스 보름스의 교령집이 그러한 부류에 속한다. 둘째는 11세기 중엽 이후 로마교회의 우월권과 교황의 수위권을 강력히 내세우고, 로마교회와 교황을 구심점으로 하는 중앙집중적 질서의 확립을 목표로 했던 개혁 법령집들이 있다. 이와 같이 11세기 개혁의 성격이 구분되는 상황을 생각하면서 웰스비Alison S. Welsby5)는 주로 도덕적 질서나 전례의식의 절차에 관한 개혁을 추구하는 부류를 단순히 '개혁 교회법학자reform canonists'라고 지칭하고 로마교회 우월권과 교황 수위권을 중심으로 하는 교황주권론 확립을 본질로 삼는 부류를 '그레고리오 교회법학자Gregorian canonists'6)라고 지칭하는 것이 옳을 것이라고 주장한다.

위와 같은 웰스비의 분류와 달리 본서에서는 11세기 교회법령집을 네 부류로 나누어 보고자 한다. 그것은 그레고리오의 재위 이후까지 활동한 법령편집자들이 분명히 로마 중심적 교회 개혁에 대한 의지를 공유했을지라도 교회법의 편집 방법론이나 개혁적 사고에 있어서는 그레고리오와 같은 극단적인 모습을 보이지 않기 때문이다. 뿐만 아니

---

5) Alison Sarah Welsby, "Pope, Bishop and Canon Law: A Study of Gregory VII's Relationship with the Episcopate and the Consequences for Canon Law," p.6. Available: www.leeds.ac.uk/history/e-journal/welsby.pdf, 2006.

6) 같은 논문, p.5; 웰스비는 Anselm of Lucca, *Collectio Canonum*; Cardinal Deusdedit, *Collectio Canonum*; Bonizo of Sutri, *Liber de vita christiana*(1088-1099); Bernold of Constance, *Swabian Appendix of 74 titularies* 등을 그레고리오 교회법학자들의 법령집으로 분류하고 있다.

라, 74주제 법령집의 경우는 웰스비 식의 두 구분으로 본다면 어느한 편에 소속시키기가 애매한 측면도 있다. 그러한 면에서 11세기법령 편찬의 시기를 11세기 초의 도덕적 개혁 법령 편집의 시기, 11세기중엽 로마 중심 개혁자들의 활동 개시와 함께 시도되는 법령 편집의시기, 그레고리오 개혁의 시기, 그레고리오 개혁 이후의 시기로 분류할수 있다. 본서에서는 첫 번째 부류를 제외한 나머지 세 가지 부류의 교회법령집을 분석해보고자 한다. 그것은 첫째, 11세기의 법령 전체를 고찰하기에는 지면의 제약이 있고, 둘째, 부르히아르트 보름스와 같은 도덕적 개혁 법령집은 다른 세 부류와 성격이 뚜렷이 구분되기 때문이다.

(2) 로마교회의 개혁 활동과 개혁법령집

11세기 개혁 시대에 최초의 개혁 교황은 레오 9세(1049-1054)라고 할수 있다. 레오 9세는 황제 하인리히 3세의 사촌으로서 황제의 개혁적정신을 교회 개혁에 충실히 반영하였다. 교황 레오는 로마에 왔을때 개혁의 열정에 가득 차 있던 프레데릭 로레인Frederic de Lorraine, 교황스테파노 9세(1057-1058), 훔베르트 실바칸디다Humbert von Silva Candida(1010-1061), 힐데브란트Hildebrand, 교황 그레고리오 7세(1073-1086) 등의 성직자들을주위에 포진시키고 교회 개혁을 추진하였다.

로마교회의 정치적인 면에서 본다면 레오 9세의 측근에서 가장 핵심적 역할을 한 사람은 훔베르트였다. 훔베르트는 시칠리아의 대주교로임명을 받아 노르만 왕국과 로마교회의 충돌을 완화시키려는 노력을했고, 그리스 교회와의 갈등이 야기되었을 때 총주교 미카엘 케룰라리우스에게 파견되어 로마교회의 뜻을 전달하는 역할을 하게 된다. 1053년 교황은 총주교에게 두 개(Text A, B)의 편지 〈성 로마교회에 대하여De s. Romana ecclesia〉7)를 보내게 되는데 바로 추기경 훔베르트가 이 편지를작성하게 된다.8) 추기경 데우스데디트의 법령집에 편입됨으로써 잔존하게 된 이 두 문서는 11세기 개혁 초기에 매우 중요한 의미를 가지고 있었다. 특히 첫 번째 편지(A 문서)는 비잔틴 총주교와의 투쟁에서 교황의 지위를 분명히 밝히고 이를 방어하는 내용을 담고 있어서 이는 교황권에 대한 실용적 선언문이라고 평가할 수 있다.[9]

교황 레오 9세는 로마주교의 보편적 지도하에서 교회 질서의 회복을 추진하고자 하였다. 그러한 교회 정책의 하나는 로마교회에 적대적인 남부 이탈리아의 노르만 왕국을 제압하는 것이었다. 이러한 로마교회의 목적을 달성하기 위해서는 독일 황제 하인리히 3세와 비잔틴 황제 콘스탄티누스 9세의 협조가 절대적으로 필요하였다. 그러나 콘스탄티노플의 총주교가 교황의 지위와 권위를 인정하지 않고 오히려 로마교회에 적대감을 드러냄으로서 교황의 의도가 뜻대로 이루어지지 않았다. 로마교회와 총주교 사이의 감정이 악화되고 동·서교회가 분열되는 상황에서 두 편지가 작성된 것으로 추정된다. 첫 번째 편지의 중심 내용은 로마교회의 우월적 위치와 교황의 특권적 지위를 강조하는 것이었다. 즉 머리가 되는 로마교회를 중심으로 지체인 모든 교회들이

---

7) Philipp Jaffé, *Regesta Pontificum Romanorum* (Graz : Akademische Druck- U. Verlagsanstalt, 1957), no. 4302.

8) *De s. Romana ecclesia*의 저작자에 대해서 쉬람 P. Schramm은 두 문헌의 저자는 훔베르트라고 주장하고 있으며, 미셸A. Michel 역시 이에 동조하고 있다. 이에 반해 할러J. Haller는 첫 번째 문헌은 훔베르트 것이라고 할 수 있어도 두 번째 문헌은 완전히 다른 저자에 의해서 작성된 것이라고 주장하고 있다. 이러한 논란 속에서 라이엔J. Ryan은 쉬람과 할러의 견해를 강력히 지지하고 있다. Percy Schramm, *Kaiser, Rom, und Revolution: Studien u, Texts des Geschichte des Römischen Erneuerungsgedankens vom Ends des karolingischen Reiches bis zum Investiturstreit* (Studium der Bibliothek Wahrung, XVII), 2vols. (Leipzig-Berlin, 1929), pp.203-250; Anton Michel, *Humbert, und Kerullarion: Quellen u. Studien des Schima des 11 Jhs.* (2 vols., Paderborn, 1925-1930), I. p.VI.; J. Haller, *Das Papstum: Idee u. Wirklichkeit II* (new ed., Stuttgart, 1951), p.551; J. Joseph Ryan, "Cardinal Humbert De s. Romana ecclesia: Relics of Roman-Byantine Relations 1053-1054," *Medieval Studies* 20 (1958), pp.206-207.

9) Ryan, "Cardinal Humbert De s. Romana ecclesia: Relics of Roman-Byantine Relations 1053-0154," p.207.

단결함으로써 그리스도교 공동체의 단합을 이룩해야 한다는 것이었다. 이를 위해서 특별히 교황은 직무상 무한한 책임을 가지고 있으며, 그러한 권위를 부여 받았다는 점을 내세웠다.[10]

미카엘에게 보내는 편지에는 이사야의 비유를 언급한 바울 서신을 인용하면서 지도적인 위치에 있는 로마교회와 교황, 주교가 처한 위치와 역할을 머리와 몸의 비유를 들어 설명하고 있다. 이러한 설명 속에서 저자는 교황이 로마교회의 영적 수장이라는 인식을 이끌어 낸다.[11] 그레고리오 7세의 「교황법령Dictatus Papae」이 작성될 때 이 법령의 기초자가 바로 그러한 동방교회와의 갈등을 회상하면서 당시의 로마교회 개혁자들의 정신을 법령에 반영한 것이라고 보기도 한다.[12]

로마교회 중심의 개혁활동에 있어 그들의 개혁 정신을 정당화 시켜 줄 수 있는 최선의 무기는 법적인 권위였다. 11세기 중엽 이후의 개혁은 단순히 성직매매나 독신주의 위반과 같은 도덕적 부패의 청산이 궁극적 목표가 아니었다. 성직자들이 정결한 삶을 회복하고 모든 교회들이 세속의 간섭을 벗어나 순수성을 회복할 수 있는 최선의 길은 로마교회를 중심으로 단결하고 교황의 지도를 받는 것이었다. 그러므로 11세기는 도덕적 개혁운동과 더불어 교황의 수위권을 중심으로 추진되는 정치적 개혁이 높은 비중을 가지게 되었다. 과거에도 교회를 정화하고 교회의 순수한 정통성을 추구할 때는 언제나 그래왔던 바와 같이 이 시기에도 교회법령집 편찬이 개혁과 함께 추진되었다. 11세기 중엽 로마교회의 개혁 정신을 가장 잘 반영한 것은 『74주제 법령집Collection

---

10) 같은 논문, pp.211-212.

11) Walter Ullmann, "Cardinal Humbert and the Ecclesia Romana," *Studi Gregoriani* 4 (1952) pp.111-127; 울만은 *De s. Romana ecclesia*의 저작자는 홈베르트라고 인정하고 있으나 홈베르트가 교황권주의자papalist가 아니고 교황청주의자 curialist라고 보고 있으며 이 서한 중에 언급된 교황에 대한 설명은 교황의 지위와 권력의 한계성을 지적한 것이라고 해석한다.

12) Karl Hoffmann, "Der ≪DICTATUS PAPAE≫ Gregory VII.: Als Index einer Kanonessammlung?," *Studi Gregoriani* 1 (1947), p.532.

74 titulorum 또는 *Diversorum patrum sententiae*』13)이다. 이 법령집의 작성에 대해서는 논란14)이 많았으나 대부분의 현대 사가들은 추기경 홈베르트를 저자로 여기고 있으며, 이 법령은 1067년 이전에 이탈리아에서 편집되었고 교황 그레고리오 7세 때에 활용된 것으로 알려지고 있다.

『74주제 법령집』은 로마교회와 교황에 대한 신학적 해석을 교회법령을 통해 법제화 하고자 한 최초의 교회법이다. 법령집 제1주제의 제목은 '로마교회의 수위권에 대해서'이고 20개의 조항으로 구성되었다. 교황에 관한 내용은 제2주제 '로마교회의 권위에 대해서,' 제22주제 '로마 교황에 대해서,' 제23주제 '로마 교황의 법령 준수에 관해서,' 제24주제 '누구도 보편적이라고 불리어서는 안 된다.' 등이며 이들 주제는 총 12개의 조항으로 구성되어 있다.15) 교황권에 관한 규정은 법령 전체에 비해서 분량이 많은 것은 아니다. 그렇지만 이와 같이 로마교회의 수위적 지위와 로마 교황의 특권을 주서rubric 제목으로 특별히 구분하여 분리한 것은 이전의 법령집에서는 시도되지 않은 것이었으며, 이러한 구성은 훨씬 적극적으로 로마교회와 교황 중심의 개혁운동을 반영한 것이라고 할 수 있다.

홈베르트는 당시의 사유교회 제도는 더 이상 참을 수 없는 부조리라고 생각하였다. 수도원을 그렇게 했던 바와 같이 세속인이 교회를 소유하여 매매하고, 그로 인한 소득을 차지하는 뻔뻔한 일이 만연했으

---

13) Cardinal Humbertus, *Diversorum patrum sententie, sive, Collectio in LXXIV titulos digesta*, J. T. Gilchrist (ed.) (Città del Vaticano : Biblioteca Apostolica Vaticana, 1973).

14) 법령집의 편찬 시기에 대해서 푸르니에Foul Fournier는 1050년경으로 산정하고 있으며, 미셸Anton Michel은 1051-1073년 사이로 보고 있다. 힐러는 1060년으로 추정하고 있으며 펠스터Pelster는 그레고리오 7세 재위 초기로 보고 있다. 온클린W. OnClin은 1076년에 힐데브란트의 요청에 의해서 작성되었으며 그 저자는 알 수 없다고 주장한다.

15) John Gilchrist, *The Collection in Seventy-four Titles: A Canon Law Manual of the Gregorian Reform* (Toronto: Pontifical Institute of Medieval Studies, 1980), pp.71-81.

며, 그러한 부패와 부조리는 성직매매에 그 뿌리가 놓여 있다고 생각하였다. 그는 성직매매를 통해서 세속인이 교회를 점유하고 교회의 재산을 지배하는 것은 분명한 강탈행위라고 보았다. 교회의 직무와 교회의 재산은 영혼과 몸의 관계처럼 하나의 존재라는 것이다. 따라서 교회의 재산과 헌물은 신의 소유이고 이를 사취하는 것은 신성모독임에 분명하므로 그러한 행위를 저지르는 자나 동조하고 방관하는 자 모두는 파문되어야 한다는 것이었다.

지역의 교회들이 물질적으로 부패하고, 독자적인 권리를 행사하면서 교회의 질서를 무너뜨리고 로마교회의 지도를 무시하는 행위는 바로 사유교회의 속성 때문이라고 이해하였다. 사유교회는 세속의 성직서임권이라는 막강한 제도가 밀접한 연계를 이루며 뿌리를 내리고 모든 부패와 악의 근원이 되고 있었다.16) 이와 같은 부패에 대한 깊은 염려가 훔베르트로 하여금 법령집 제15주제 제111조-제137조의 법령을 정리하도록 하였을 것이다.17) 당시까지의 법령집 가운데 성직매매에 관련된 조항은 훔베르트가 가장 잘 편집한 것으로 알려져 있다.

『74주제 법령집』은 315개의 법령으로 74개의 주제로 나뉘어 구성된 조직적18) 편집이었다. 『74주제 법령집』의 작성자가 주로 이용한 사료는 『위 이시도루스 법령집』이었다. 74주제는 거의 위 이시도루스에 의존하여 사료를 선택하고, 74주제의 315개 법령 가운데 252개 법령(가

---

16) Anton Michel, "Die Folgenschweren Ideen des Kardinals Humbert und ihr Einfluss auf Gregor VII," *Studi Gregoriani* I (1947), pp.88-89.

17) Gilchist, *The Collection in Seventy-four Titles*, pp.129-149.

18) 교회법령 편집은 두 가지의 형태로 나눌 수 있다. 첫째는 연대기적 편집 (chronological collection)이다. 이러한 방식은 법령을 역사적 순서에 따라 정리하는 법령집을 말하며, Hispana, Dionysio-Hadriana, Pseudo-Isidorian Decretals 등의 법령집이 여기에 속한다. 둘째는 조직적 또는 체계적 편집(systematic collection)이다. 이러한 방식은 법령의 작성 연대에 국한되지 않고 주제에 따라서 해당되는 법령을 분류하여 정리한 것을 말한다. 5세기에 작성된 *Statuta ecclesiae antiqua*와 Anselm of Worms의 *Decretum, Anselmo Dedicata, Collection 74 titulorum*이 이러한 형식에 속한다.

짜법령 146개, 진짜법령 106개)이 위 이시도루스 법령집에서 발췌된 것들이다. 오직 63개의 법령만이 위 이시도루스의 출처가 아닌 원사료material sources, fons materialis와 다른 법령집의 사료formal sources, fons formalis 에서 채택된 것들이다.[19]

『74주제 법령집』의 저자가 보여준 독창적 자세는 주제를 정하고 해당되는 사료를 선택할 때 정확성을 가지고 주제와 일치시켰다는 점이다. 편집자는 11세기 개혁의 핵심적인 주장들을 분명히 의식하고 있으며 그러한 주제에 맞추어 법령을 분류하고 있다. 그러나 그 논지의 방식은 부정문의 형식을 취하고 있으며, 이러한 방식은 그레고리오 개혁 시대의 긍정문 형식과는 매우 대조적이다. 일례로『74주제 법령집』 제24주제에서는 교황의 속성에 대해서 "누구도 보편적이라고 지칭되어 서는 안 된다"라고 기술된 반면에 그레고리오의 「교황법령Dictatus Papae」 제2조에서는 "교황만이 보편적이라고 불린다"라는 형식으로 내용은 같으나 표현 방식은 상반된 모습을 보이고 있다. 이러한 면에서『74주제 법령집』의 저자는 논지의 표현 방식에 있어 그레고리 개혁 이전 시기의 전형적인 정신을 가지고 있음을 보여주고 있다.

『74주제 법령집』이 다른 저작물에 처음 나타나는 시기는 1076년이다. 이 법령집은 그레고리오 개혁 시대에 개혁의 교과서로 널리 받아들 여겼을지라도 1083년까지는 교회법 편집에 큰 영향을 미치지는 못했다. 그러나『74주제 법령집』은 1085년부터 1140년 그라티아누스가 모든 법령집을 집대성할 때까지 교회법 편집에 강력한 영향을 끼치게 된다. 이 시기에『74주제 법령집』의 내용을 포함하고 있는 필사본 가운데 오늘날까지 알려지고 있는 것은 18개이다. 루카의 주교 안셀무스Anselm of Lucca가 작성한 법령집은『74주제 법령집』으로부터 247개의 법령을 가져왔다. 그 외에도 샤르트르의 주교 이보Ivo of Chartre 역시

---

19) Gilchrist, *The Collection in Seventy-four Titles*, pp.14-15.

그의 법령집 편찬에 「74주제의 법령」들을 대거 채택하였다. 뿐만 아니라, 서임권 투쟁 기간 동안에 교황권 옹호론자들의 법령집이나 저작물 속에 74주제의 법령들이 대거 인용되었다.[20]

(3) 그레고리오 7세 시대의 개혁법령집

11세기 중엽 이후 개혁자들은 그들의 개혁 정신에 기초가 될 수 있는 교회법을 재확인하고 강화해 나아가는 데에 심혈을 기울이게 된다. 이러한 개혁가들의 절실한 요구는 대부제 시절 힐데브란트가 페트루스 다미아니Petrus Damiani에게 사도좌의 특권을 설명할 수 있는 역사적인 사료를 모아주도록 부탁한 사례를 통해서 잘 알 수 있다.[21]

교황 그레고리오 7세의 재위기간과 거의 일치하는 1070년대와 1080년대의 교회 법령 편찬은 논증적polemical이거나 선택적인 작업에 머물지 않았다는 점이 이전의 법령 편집과 달랐다. 이 시기의 교회법 편찬은 의문시되고 상충되는 문헌을 제거하고, 한편으로 새롭고 다양한 문헌들을 교회법에 채택하면서 교회법을 개혁 정신과 더욱 일치시키고자 하는 경향을 띠게 된다. 다미아니는 교회 법령은 성령으로부터 힘과 권위를 부여받는다고 확신하였고, 교회법령 가운데 충돌되고 모순되는 문헌이나 불건전한 문헌을 제거해야 한다고 주장하였다. 이러한 생각

---

20) 같은 책, pp.41-48; 74주제 법령집을 인용한 교황권옹호론자들의 저작물은 다음과 같은 것들이 있다; Gebhard of Salzburg, *Epistola ad Herimanmum Mettensem episcopum* (1081); Manegold of Lautenbach, *Liber ad Gebehardum* (1081-1085); Bernold of Constance (1054-1100), *Swabian recention of 74 titularies*; Hersfeld의 익명자, *Liber de unitate ecclesiae conservanda* (1090-1093) 외에 다수의 저작물들이 있다.

21) Perus Damiani, 서한 #65, ed. Kurt Reindel, *Die Briefe des Petrus Damiani in Monumenta Germaniae Historica, Die Briefe der deutschen Kaiserzeit*, Vol. 4, pp.1-4; vol.2, pp.228-247 (Munich, 1992); Karl Hoffmann, "Der ≪DICTATUS PAPAE≫ Gregory VII.: Als Index einer Kanonessammlung?," p.534; Stephen Kuttner, "Liber Canoniscus: A Note on ≪Dictatus Papae≫ c. 17," p.388.

은 한참 시간이 경과된 후에 베르놀드 콘스탄스, 이보 샤르트르, 그라티아누스 등에 의해서 시도된다. 그러나 상충되는 법령의 모순을 제거하고 조화를 이루도록 하려는 것은 이미 그 시대의 법령 편집에서 추구하는 하나의 이상이 되었다.[22]

그레고리오 개혁 시대에 개혁자들이 교과서와 같이 참고한 것은 『74주제 법령집』이었으나 그들은 훨씬 더 직접적으로 개혁의 이념을 반영할 수 있는 교령집 편찬을 지속해 나갔다. 이 시기에 그러한 정신 속에서 편집된 대표적인 법령집으로는 추기경 아토의 『개요 법령 Breviarum』(c. 1075), 루카의 주교 안셀무스의 『교령집 Collectio canonum』(c. 1083), 추기경 데우스데디트의 『교령집 Collectio canonum』(c. 1083-87), 이보의 『교령집』 등이 있다.

안셀무스 루카(1036-1086)는 수도원과 성직자의 개혁에 혼신의 노력을 기울였으며 그레고리오 7세와 함께 교황권의 수호를 위해 적극적으로 투쟁하였다. 안셀무스는 논증서인 『귀베르트와 그를 따르는 자들에 맞서서 Contra Guibertum et sequaces ejus』를 작성하고 대립 교황 귀베르트에 대항함으로써 그레고리오 7세를 옹호하였다. 나아가서 그와 같은 문제를 발생시킨 부당한 세속의 성직서임을 강력히 반대하였다. 그레고리오 개혁가의 한 사람으로서 안셀무스는 자신의 확고한 개혁 정신 위에서 교령 편집 작업을 행하게 된다.

안셀무스는 1083년경 13권 1150조항으로 구성된 『교령집 Collectio canonum』[23]을 편집하였다. 안셀무스의 법령집은 논리적인 질서 위에서 작성된 조직적 편집이었다. 논리적이며 방법론적인 면에서 본다면 이전의 법령집들을 훨씬 능가하는 것이었으며, 이러한 새로운 형식으

---

22) Kathleen G. Cushing, *Papacy and Law in the Gregorian Revolution: The Canonistic Work of Anselm of Lucca* (Oxford: Clarendon Press, 1998), pp.22-24.

23) Anselm II, Saint, Bishop of Lucca, 1036-1086, *Anselmi episcopi Lucensis Collectio canonum una cum collectione minore*, Friedrich Thaner (ed.) (Oeniponte: Librariae Academicae Wagnerianae, 1906-1915).

로 인해서 그의 법령집은 호평을 받아 널리 확산되는 결과를 가져왔다. 나아가서 이후의 법령 편집과 서임권 투쟁의 논증적 저작물의 작성에 상당한 영향을 끼치게 된다.[24)]

안셀무스는 법령 편집에 있어서 페트루스 다미아니와 마찬가지로 성스러운 법을 훼손하는 부정확하고 의심스러운 문헌을 일소하고자 하였고, 그동안 알려진 법령들 외에 새로운 법령들을 찾아서 추가하고자 하였다. 부르히아르트 보름스의 『교령집 Decretum libri XX』(1023)으로부터 『74주제 법령집』까지의 사이에 편찬된 교령집들은 간단히 내용을 참고하기에는 용이하지만 그들 법령집 안에서 새로운 문헌을 찾아내는 데 있어서나 그것들의 논증적 수준에 있어서 그레고리오 시대의 개혁자들이 만족할 만큼의 수준은 아니었다.

안셀무스가 이용한 사료적 법령집 font formalis은 『디오니시우스-하드리아나 Dionysio-Hadriana』, 『히스파나 Hispana』, 『위이시도르 교령집』, 『안셀무스 데디카타 Anselmo Dedicata』, 부르히아르트 보름스의 『교령집』, 『74주제 법령집』 등이다. 그는 11세기 중엽에 널리 유포되었던 새로운 문헌들을 모을 수 있었다. 고대문헌 가운데는 특별히 젤라시오 1세를 비롯한 교황들의 교령을 상당수 수집할 수 있었다. 또한 사서 아나스타시우스를 통해서 7-8세기 보편공의회 법령들을 접하게 된다. 그 외에도 『유스티니아누스 법전』이나 오토 대제의 법령과 같은 세속 법에서도 사료를 채택하였다.

이와 같이 광범한 사료들 가운데서 부적절한 것들을 파기하고 새로운 사료를 채택함으로써 이전의 법령보다 훨씬 더 정확하면서도 풍요로운 법령 편집이 이루어질 수 있었다. 그 외에 형식상의 문제에 있어서도 안셀무스는 주서 제목을 활용하여 이전의 법령집들보다는 더욱 효과적으로 개혁의 목적을 부각시키게 된다. 또한 문헌의 신뢰도를 높이기

---

24) Constant Van De Wiel, *History of Canon Law* (Louvain: Peeteers Press, 1991), p.95.

위해 변조하였던 표제를 문헌 대조를 통해 가려냄으로서 법령의 정확성을 기하였다.[25]

안셀무스 법령집의 제1권에서는 89개의 조항이 사도좌의 권력에 관련된 내용이다. 그만큼 이 법령집은 로마교회보다도 교황 수위권을 직접적으로 계몽하고자 하는 의도를 보이고 있다. 『74주제 법령집』이 '로마의 수위권은 사법적인 면에서 다른 교회에 대해 로마가 가지는 우월권'이라는 점에 중점을 두었던 것에 비해, 안셀무스는 이를 이론적인 면에서 접근하며 수위권을 완전권으로 설명하고 있다. 젤라시오의 두 권력 문헌에 대해서 74주제는 '성직자의 권위*auctoritas sacerdotalis*'라는 보편적이며 일반적으로 해석이 될 수 있는 부드러운 표현을 쓰고 있다. 이에 비해 안셀무스는 '교황의 권위*auctoritas pontificis*'라는 용어를 쓰고 있다.[26] 이는 좀 더 직선적이며 단정적인 용어를 사용해 개혁의 이념과 정신을 표현하고자 하는 안셀무스의 전형적인 방식이라고 할 수 있다.[27]

안셀무스는 법령 제1권과 제2권에서 로마교회와 교황에게 복종함으로써 이루어질 수 있는 교회 통합에 본질적으로 중요한 의미를 부여하였다.[28] 위 이시도루스는 베드로와 다른 사도들이 동등한 것처럼 주교의 자유를 보장하는 교황과 주교직 역시 거의 동등한 위치에 있다는 입장을 보이고 있다. 그러나 안셀무스는 그리스도가 베드로의 반석 위에 교회를 세웠다는 점을 부각시켰다. 그러므로 성직자의 품계는 그리스도가 베드로에게 위임한 권한을 통해서 나온다. 바로 이러한 그리스도의 권한 위임은 합법적인 교황 권위의 원천인 동시에 교회의

---

25) Cushing, *Papacy and Law*, pp.66-69.

26) 같은 책, pp.83-85.

27) Ronald Knox, "Finding the Law: Developments in Canon Law During the Gregorian Reform," *Studi Gregoriani* IX (1972) p.448.

28) Anselm II, *Anselmi episcopi Lucensis Collectio canonum una cum collectione minore* I, p.5.

신분계서 구조의 정점에 있는 그의 지위를 확증해주는 것이다. 따라서 그의 합법적인 후계자는 동등한 신분 가운데서 모두를 대표하는 자로서의 모습이 아니다. 뿐만 아니라, 누구도 교황을 재판할 수 없고 교황이 심판한 것을 누구도 다시 심판할 수 없다는 것이다.[29]

안셀무스의 절대적인 교황 수위권 주장의 이면에는 매우 사려 깊은 개혁적 교회론이 놓여 있다. 그의 교회론은 「사랑에 대한 안셀무스 주교의 설교」에 서술되었고, 같은 내용의 논지가 법령집에 포함되어 있다. 그의 해석으로는 카리타스 caritas(사랑 또는 박애)가 그리스도의 탄생과 함께 세상에 들어왔고, 그의 수난 속에서 완성되었다. 그러므로 카리타스는 모든 교회 활동의 의무이자 동기가 되는 것이다. 안셀무스에게 있어 카리타스는 로마교회 ecclesia Romana의 구조 안에 내재하는 것으로 생각되었다.

안셀무스는 사도 교회와 로마교회를 동일한 것으로 보았다. 이러한 관점으로부터 사도의 특권과 교황의 특권 사이의 관계를 확고하게 연관시킬 수 있었다. 그러한 토대 위에서 안셀무스는 사도의 특권 계승과 베드로의 합법적인 후계 이론을 바탕으로 로마의 수위권을 규정하고자 하였다. 그리고 로마의 수위권에는 로마교회와 로마 교황이 함께 포함된다고 보았다. 그래서 이 두 권력은 분리될 수도 없고 나눌 수도 없는 것이다. 모든 것은 베드로 위에서 성립되며 베드로는 로마교회와 동의어가 된다. 베드로를 계승하는 합법적인 권위는 바로 로마교회의 권위라는 것이다.[30]

안셀무스의 교령집은 1149조항 가운데 위 이시도루스의 문헌을 266개 포함하고 있으며, 74주제를 중심적으로 활용하였다. 이들 법령이 안셀무스에게 많은 것을 시사하고 개혁의 방향을 제시할 수 있는 소중한 문서들이었으나 이들 문서가 그레고리오 개혁 시대의 긴급하고

---

29) 같은 문헌, p.7.
30) Cushing, *Papacy and Law*, pp.114-116.

투쟁적인 상황에 맞설 수 있을 만큼 강력한 무기가 되지는 못했다. 안셀무스는 위 이시도루스의 문헌을 이용했지만 많은 내용을 직선적인 표현으로 수정하였다. 또한 그는 74주제를 교과서적인 법령으로 이용했고 개혁 법령의 편집을 위한 중요한 안내서라고 생각했다. 74주제의 문헌들을 수정하고 일부는 생략하면서 그의 의도에 맞게 적용시켰던 것으로 볼 때, 이는 하나의 사료를 얻는데 참고가 될 수는 있으나 그가 원하는 욕구를 충족시키기에는 미흡하다고 보았다. 법령집의 많은 주제 속에서 안셀무스는 문헌을 채택하고 옮기는 데 있어 기술적으로 매우 높은 정확성을 기하고자 하였지만 원 사료에서 제시하고자 하는 의도를 그대로 충실하게 따르지는 않았다. 어떤 면에서는 안셀무스는 주서의 제목을 적절히 활용하면서, 일부의 문헌은 빼고 넣는 등 능란한 기교를 발휘하면서 신성한 권위를 가진 법령을 자신의 의도에 따라 변형시켰던 것이다. 그러한 면에서 안셀무스는 단순히 사료의 편집자라기보다는 해석자라고 할 수 있다.

11세기의 개혁은 신학적인 면과 교회법적 전통이라는 두 가지 방향에서 활동의 타당성을 찾고자 했다. 신의 은총과 교부들의 사상, 그레고리오 1세, 공의회, 사목적이고 교리적인 정신, 고해종규 등 신학적인 내용은 가톨릭적인 것으로서 정통 그리스도교의 범주 안에 있다는 것을 증명하는 것이다. 한편으로 현실 속에서 세속의 간섭을 벗어나 교회의 자유를 추구하기 위해서는 로마교회와 교황 수위권의 법적 정통성을 인정받아야 여러 가지 장애물에 맞서 싸울 수가 있었다. 그러한 측면에서 신학적 이론과 교회법적 전통을 적절히 조화시키고 균형을 유지하면서 개혁의 정신을 법령 편집에 가장 효율적으로 적용시킨 인물이 바로 안셀무스라고 할 수 있을 것이다.[31]

그레고리오 개혁 시대에 안셀무스의 교령집 외에 다른 하나의 핵심

---

31) Knox, "Finding the Law", pp.426-427.

적 교회법령집은 빙쿨로에 있는 산 피에트로의 사제 추기경 데우스데디트Deusdedit가 작성한 「교령집Collectio canonum」이다. 데우스데디트의 법령집은 1083-1087년 사이에 편집된 것으로 본질적으로 친親개혁적 법령편집이다. 이 법령집과 안셀무스 루카의 법령집은 유사한 시기에 작성되었으나 서로가 의존적인 관계는 아니었다. 이들 법령은 그레고리오 7세의 개혁적 활동을 각기 다른 방향에서 접근한 법령이다. 데우스데디트는 리모쥬 주교구 툴 출신의 수사로서 로마에 와서 그레고리오 7세의 개혁에 참여한 인물로 알려져 있다. 그는 1078년 그레고리오 7세로부터 사제 추기경으로 임명되었고 교황의 사절로서 작센 지역에 일정 기간 머물게 된다. 이때 그곳에서 법령 편집에 필요한 사료를 상당수 발견하게 된다.

데우스데디트의 법령집은 4책 1220조항으로 구성되어 있다. 사료를 배열하는 일정한 방법이 있을지라도 그의 법령집은 조직적인 구성이 아니다. 주서 제목은 자주 겹치는 것이 발견되고 각 문헌 앞에 개별적인 주서 제목을 가지고 있지 않다. 그러한 것을 보완하기 위해 인덱스를 작성하였고 각 조항에 번호를 붙였다.[32]

데우스데디트가 채택한 원 사료는 공의회 법령, 교령, 교부들의 저작물, 로마법, 게르만의 법 등이 있다. 이용한 법령집으로는 『디오니시우스 엑시구스Dionysius Exiguus』, 『히스파나 법령집Collectio Hispana』, 『위이시도루스 법령집』, 브르크하르트『법령집』, 추기경 아토의『법령집』, 『74주제 법령집』 등이 있다. 데우스데디트의 법령집이 가지는 독특한 특징의 하나는 새로운 형태의 교회법 사료를 폭 넓게 이용했다는 점이다. 세속 군주들에게 보내는 교황들의 서한을 비롯해서 다양한 문헌을 새롭게 채택하였다. 그중 가장 두드러진 것은 교황 니콜라스 2세, 알렉산데르 2세, 그레고리오 7세의 서한과 법령을 법령집에 포함시킨 것이

---

32) Cushing, *Papacy and Law*, p.96.

다. 데우스데디트는 교황 그레고리오 7세와 관련된 39개의 문헌을 법령집에 포함시켰고, 안셀무스와는 달리 그레고리오 7세의 뜻을 가장 잘 전한 전달자였다고 할 수 있다.[33] 그 외에도 그는 로마 교황청의 문서고에서 호노리오 1세, 니콜라스 1세, 스테파노 1세 등의 교황 서한을 발굴하여 법령집에 새로운 사료를 부가하였다.

데우스데디트는 교황 그레고리오 7세에게, 그리고 개혁 활동에 충실하게 헌신하였다. 그러한 정신이 그의 교회법 편집에 그대로 반영되었다. 그럼에도 불구하고 그의 법령집에는 그레고리오가 생각했던 것과는 다른 방향에서 내용을 구성하였고, 특히 로마교회의 이념적 구조에 대해서 매우 독특한 견해를 가지고 있었다. 그는 로마교회를 통합적 기구로 보고 로마교회의 수위권을 부각시킬 수 있는 법령을 정리하였다. 그래서 수위권은 로마 교황의 문제라기보다는 모든 성 로마교회에 관련된 문제로 보았다. 교황은 베드로의 후계자로서 지도력을 가지고 있음은 물론이지만 언제나 보편교회에 종속되어 있는 것이다. 안셀무스의 경우에서 보이는 바와 같이 교황을 로마교회와 동일시하는 모습은 보이지 않는다. 데우스데디트는 그리스도가 제도적으로 로마교회에 수위권을 부여하였다고 보았다. 그러나 안셀무스는 그리스도가 베드로의 후계자인 교황에게 수위권을 부여하였고, 교황은 베드로로부터 완전권을 상속 받는 것이라고 여겼다.[34]

로마교회와 교황의 실체에 대한 각기 다른 이해는 법령집의 구성에 그대로 반영되었다. 안셀무스는 그의 법령집 제1장을 '사도좌의 권력과 권위에 대하여'로 정하였다. 이에 비해 데우스데디트는 법령집의 첫 장을 '로마교회의 권위적 특권에 대하여'로 시작한다. 데우스데디트의 법령집 제1권에는 찾기 목록 44개 조항 가운데 교황에 관련된 것이 2개 조항뿐이고, 그 조항들은 교황권위의 행사에 관해 중요한 의미를

---

33) 같은 책, pp.96-97.
34) 같은 책, p.100.

가지는 것도 아니다.

데우스데디트에게 있어 사도들의 도시인 로마의 전통은 매우 중요한 상징적 의미를 가지고 있다. 그리고 사도 바울을 협력사도라고 보면서 순교자들의 도시에 대한 매우 보수적인 역사의식을 가지고 있었다. 사도들의 도시 로마에 대한 경외심 그리고 로마교회와 도시를 동등하게 보려는 그의 의식은 교회를 하나의 통합된 실체라는 생각을 가지게 하였다.

데우스데디트는 공의회주의적인 의식을 가지고 있었다. 그는 로마교회의 정치에서 추기경들의 역할에 깊은 관심을 가지고 있었다. 그에게 있어 추기경의 품위는 매우 고귀한 것이었으며 특별히 사제 추기경의 지위에 대해서 강한 애착심을 가졌다. 그가 1059년 교황 선출 법령을 끈질기게 거부하였던 것은 교황 선출에 주교 추기경에게만 자격을 부여했기 때문이다. 바로 그러한 이유로 그의 법령집에는 1059년 교황 선출 법령을 거의 등한시하고 769년의 교황 선출 법령을 선호하였다.[35]

안셀무스와 마찬가지로 데우스데디트도 그의 법령 편집에서 매우 논증적이고 선택적인 모습을 보인다. 그는 개혁의 정신을 법령에 반영하기 위해서 교회법 문헌에 수정을 가하였다. 목적을 위해서 문헌을 수정하고 개찬하는 일을 서슴지 않았다. 그러한 면에서 학자들 사이에 데우스데디트가 문헌의 위조자인가, 변조자인가의 실체에 대한 논란이 있을 정도였다.

(4) 그레고리오 7세 시대 이후의 개혁법령집

11세기 중엽 이후의 개혁법령 편집은 각기 뚜렷한 특징을 가진 두 단계로 구분된다. 첫 단계는 레오 9세(1049-1054)의 재위로부터 그레고

---

35) 같은 책, pp.101-102.

리오 7세(1073-1085)까지의 시기이다. 이 시기에는 개혁가들은 교황의 권위, 성직매매, 독신주의, 교·속의 관계, 파문의 효력, 무자격 사제가 행한 성사집전의 유효성에 대한 문제 등 다양한 개혁의 요구에 부응할 수 있는 교회법 문헌에 집중적인 관심을 보였다.

두 번째 단계는 11세기 말 교황 우르바노 2세(1088-1099)의 재위 기간을 전후하는 시기이다. 이 시기에는 교회법 문헌 사료들이 가지고 있는 전거의 타당성을 비교 검토하는 새로운 분석적 방법론이 시도되었다. 샤르트르의 주교 이보가 편집한 『교령집』과 후기의 법령집 『파노르미아』는 이전 세대인 그레고리오 개혁 시대의 법령집을 토대로 한 것이지만 그 시대에 도외시되었던 법령들 특별히 부르히아르트 보름스의 법령집을 재도입하였다. 이보 샤르트르와 베르놀드 콘스탄스와 같은 11세기 말기의 교회법학자들은 서로 상반되고 때로는 모순될 수 있는 법령들을 재해석하고 균형과 조화를 이루는 작업을 하게 된다. 특히 베르놀드의 논증적 저서들은 그와 같은 면에서 교회법의 발전에 매우 중요한 역할과 기여를 했다고 할 수 있다.[36]

이보 샤르트르 Ivo of Chartres, Yves Carnutensis(1045-1115)는 방대한 교회 법령 보고라고 할 수 있는 『교령집』을 편집하였다.[37] 이보의 『교령집』은 3,760개의 법령을 포함하고 있으며, 이를 17권의 책으로 나누었다. 이 법령집은 너무도 방대한 분량이고 내용이 복잡해서 널리 유포되기가 어려웠다. 그러한 이유로 이보는 약 1,000여 개의 법령을 포함하는 좀 더 짜임새 있고 간결한 법령집을 8권의 책으로 편집하였다. 『파노르미아』라고 불리는 이 법령집은 훨씬 간략해졌으므로 서유럽 그리스도

---

36) Daniel S. Taylor, *Bernold of Constance, canonist and liturgist of the Gregorian reform: an analysis of the sources in the Micrologus de ecclesiasticis observationibus* Dissertation: Thesis (Ph. D.) University of Toronto (1995), pp.18-19; Dominique Bauer, "Ivo of Chartres, the Gregorian Reform and the Formation of the Just War Doctrine," *Journal of History of International Law* 7 (2005), pp.43-54.

37) 이보는 1093-1095년 사이에 세 가지의 법령집을 편집하였다.

교 세계에서 널리 이용되고 인기를 얻게 된다. 그 외에도 1444개의 법령으로 구성된 『세 부분 법령집Collectio trium partium, 일명 Tripartita』이 이보에 의해서 편집된 것으로 추정되고 있다.

이보의 교회법령집 편찬에서 법령의 수집과 정리 이상으로 중요한 그의 업적은 『파노르미아』 법령집 서문[38]의 작성이다. 이보는 서문에서 그 이전의 교회법학자들이 법령 편집에서 했던 작업과는 다른 세련된 방법론을 교회법 편집에 적용할 것임을 밝히고 있다. 이보의 서문은 교회법령 문헌의 해석에 기준이 될 수 있는 규칙을 수립하였다. 이 규칙은 후대의 교회법학자들에게 중심적인 기준이 되었고 특별히 그라티아누스의 작업에서 그러한 경향을 찾아볼 수 있다.

전통주의자들과 교황권주의자들 사이에 서임권 논쟁이 지속되는 가운데 무엇이 서임권 금지의 본질인지를 논하고자 하는 제3의 부류가 있었다. 그러한 이론을 이끌어가는 지도적 인물의 한 사람이 바로 이보 샤르트르였다. 그는 세속의 성직 서임을 좋아하지 않았으나 그것을 중심적 주제로 삼지는 않았다. 그는 왕이 특정한 권리를 가지고 있음을 인정하였다. 주교나 수도원장의 직무에서 교회에 속해 있는 소유나 재산의 문제와 성사권과 사목의 업무를 구분하였다. 왕은 성사적 권한을 부여할 수는 없지만 그들의 선출을 동의하고 교구의 자원을 새로 선출된 주교의 손에 이전한다는 표를 상징적으로 표현할 수 있다고 보았다. 논쟁이 가속화되고 교황 파스칼 2세에 대한 황제 하인리히 5세의 압박이 거세었음에도 불구하고 이보는 세속의 성직서임을 이단으로 여기지는 않았다.[39] 이와 같은 이보의 입장은 성직서임권 논쟁을

---

38) *Patrologiae Cursus Completus*, Jaffe P. Migne (ed. in 1844-1864), CLXI, Patrologia Latina Database Chadwyck-Healey Inc.1996: 교부 총서의 161권 전체에 Ivo of Chartres의 *Decretum*과 *Panormia*가 전문 수록되어 있다. 그중 *Panormia*의 서문은 col. 1021-1040까지 상당히 긴 내용으로 구성되어 있다.

39) Timothy Reuter, *Ivo Chartres and others on investitures*, Available: http://www.-anfrews.ac.uk/~jfec/cal/papacy/comments /cd4com09.htm

종결하기 위해 1122년 황제 하인리히 5세(1106-1125)와 갈리스도 2세 Callistus II(1119-1124) 사이에 맺어지는 보름스 협약의 내용과 동일한 것이었다.

이보 샤르트르와 거의 같은 세대로서 그레고리오 7세의 개혁 활동에 근접해 있으면서 개혁의 정신을 공유했던 또 하나의 인물은 베르놀드 콘스탄스Bernold of Constance(1040-1110)이다. 베르놀드는 콘스탄스의 성당 학교에서 명성이 높았던 베르나르드 콘스탄스Bernard of Constance로부터 교육을 받고 학문적으로 급속히 성장하였다. 1079년에는 교황 그레고리오가 주재하는 라테란 시노드에 참석한 바 있다. 그는 당시 그레고리오 7세의 개혁법령을 열정적으로 시행하고 교황을 적극적으로 옹호했던 콘스탄스 주교 서품에 참여하면서 그와 함께 활동하게 된다. 베르놀드는 분명히 그레고리오 7세의 개혁 집단에 속해 있다고 할 수 있으며, 그가 저술한 17개 논저들40)은 교황 정책의 대변지와도 같았다. 이러한 글들을 통해서 베르놀드는 신학자로서의 면모를 발휘하였으며, 연대기를 서술한 역사가로서, 그리고 교회법학자로서의 능력을 보여주었다.41)

베르놀드는 1070년대부터 1100년까지 콘스탄스 지역에서 교회법학자로서 지도적인 위치에 있었고, 『74주제 법령집의 쉬바비아 개정판 Swabian Appendix』을 작성한 것으로 알려져 있다. 그가 작성한 다량의 저작물들의 주제는 성직자 결혼, 성직매매, 교황의 사법적 권위, 파문된 자들에 대한 처리 등 당시대의 중요한 현안들을 중심으로 구성되어

---

40) 베르놀드의 17개 논저 가운데 대표적인 것은 성직자의 결혼을 규탄하는 De prohibenda sacerdotum incontinentia, 사제 결혼의 부패에 대한 교황의 질책을 옹호하는 내용이 담긴 De Damnatone schismaticorum, 황제 하인리히 4세와 그의 동조자들에 대한 교황의 파문을 옹호하는 내용의 Apologetocus super excommunication Gregory VII 등이 있다.

41) Thos. M. Schwertner, "Bernold of Constance", Catholic Encyclopedia, Available: http://www.newadvent.org/cathen/02512c.htm

있었다. 이러한 문제들을 해석하고 설명하는 데 있어 신학적 지식도 필요하지만 그와 함께 교회법적 접근은 피할 수 없는 일이었다. 그의 저작 활동에서 교회법적 조항들은 바로 『쉬바비아 개정판』을 근거로 한 것들이었다.[42] 『쉬바비아 개정판』은 교황파의 세력을 강화하기 위해 74주제 법령집을 로마에서 남부독일에 들여온 것을 개정한 것이며 이 개정판의 부록을 베르놀드가 부가하였다. 쉬바비아의 부록은 독일 왕 하인리히 4세와 그레고리오의 투쟁에 관련된 문제에 대한 언급으로 시작된다. 여기에서 파문된 주교를 어떻게 처리할 것인지의 문제를 제기한다. 베르놀드는 1077년 5월자 그레고리오 7세의 교황청 등록 문서의 문헌을 법령집의 부록에 포함시켰다. 이 부록은 그레고리오 1세의 문헌에 근거하는 것으로 사도좌의 명령에 불복종한 왕의 폐위와 파문에 관한 내용이다.[43]

황제 폐위와 관련해서 베르놀드는 교황 젤라시오 문헌을 인용하여 친교황적인 인식을 뚜렷하게 드러냈다. 그는 징계를 받은 주교의 경우에 "그가 계속 불복종한다면 재판에 궐석했을지라도 파문을 명할 수 있다"[44]고 한다든지, "교황은 시노드의 절차를 거치지 않고도 탄핵할 수 있다"[45]라고 해석하는 등 교황의 사법권을 정당화 하였다. 이와 같이 베르놀드는 위 이시도루스 이론과는 다른 새로운 시각에서 파문의 문제를 해석하였다.[46]

그레고리오 개혁의 범주에 속하면서 개혁의 정신을 독일 지역에 확산시키는 데 전념을 했던 베르놀드는 당시 가톨릭교회 예전의 규정과 절차를 상세히 정리한 『예전서 미크롤로구스Micrologus de ecclesiastic

---

42) Gilchrist, The Collection in Seventy-four titles, pp.43-44.
43) Uta-Renate Blumenthal, "The Papacy and Canon Law in the Eleventh-Century Reform," The Catholic Historical Review 84(2) (April, 1998), p.207.
44) c. 323.
45) c. 327 5-7.
46) Knox, "Finding the Law", p.446.

observationibus』(1085-1086) 47)를 통해서도 역시 개혁적 정신을 그대로 드러내게 된다. 『미크롤로구스』는 그레고리오 7세와 로마교회의 예전 원리를 체계화하고 보급하는 역할을 충실히 하였다. 교황 그레고리오 7세 개혁 방향의 한 줄기는 각 지역이 통일되지 않고 때로는 퇴색된 교회의 예전 의식을 옛 로마의 엄격한 예전의식을 회복함으로써 로마화 하는 정책이었다. 개혁 시대에 가장 권위 있고 널리 통용되었던 예전서는 『로마-게르마니아 사목서 *Pontifical Romao-Germanicum(Mainz pontifical*이라고도 불렸음)』이다. 이 예전서가 로마에 도입된 것은 황제 오토 1세(936-973) 때였고, 이 독일식의 예전서는 교황 클레멘스 2세, 다마수스 2세, 레오 9세, 빅토르 2세 등 독일 출신의 교황 때 꾸준히 활용되었다.48)

베르놀드의 예전서는 그가 지닌 신학, 역사, 교회법의 지식이 융합되어 만들어진 작품이라고 할 수 있다. 당시 콘스탄스의 주교좌 학교 도서관에는 상당량의 필사본 법령집들이 보관되어 있었고 그러한 문헌에 대한 검토와 분석이 그의 활동에 중요한 토대가 되었다. 베르놀드의 활동은 교회법, 참회서, 예전서의 편집 작업에 많은 비중을 두게 된다. 특히 콘스탄스의 도서관에는 『쿠에스네리아나 교령집*Collectio Quesnelliana*』, 『디오니시우시오-하드리아나*Collectio Dionysio- Hadriana*』, 부르히아르트의 『교령집』 등이 보관되어 있었다. 그리고 베르놀드 자신이 『74주제의 쉬바비아 개정판』의 편집자였다. 이러한 교회법령집들은 베르놀드에게 예전서를 저작하는 데 있어 매우 귀중한 자료들이었다. 『사목서 *LIber Pontificalis*』와 같은 고대의 예전서도 『미크롤로구스』의 작업에 으뜸가는

---

47) Bernold of Constance, *Micrologus de ecclesiasticis observationibus in Patrologiae Cursus Completus*, CLI, Patrologia Latina Database (Chadwyck-Healey Inc. 1996), cols. 973-1022에 *Micrologus* 전문이 실려 있다. 이 예전서의 작성 연대에 대해서 커쉬J. P. Kirsch는 1085-1086년 사이로 보고 있으며, 타일러Daniel S. Tylor는 1086-1110년 사이로 베르놀드 생애 말년에 작성된 것으로 보고 있다.

48) Daniel S. Taylor, *Bernold of Constance, canonist and liturgist of the Gregorian reform*, pp.24-28.

사료였으나 당시에 그가 접할 수 있었던 여러 종류의 교회법령집들 역시 베르놀드 예전서의 작성에 중요한 토대가 되었다.[49] 따라서 『미크롤로구스』는 미사, 성사, 단식, 성지순례, 교회 절기 등 갖가지 교회의 사목과 예전을 정리함으로써 예전의 교과서가 되었다는 의미도 있으나, 이 예전서에 적용되었던 교회법의 정신과 요소는 그 이후의 교회법학에도 상당한 영향을 미쳤다는 점을 높게 평가할 수 있다.

(5) 개혁법령집의 의미

교회법의 역사에서 11세기는 조직적인 법령 편집이 일반화되었고, 법령집이 체계적이고 논리적이며 정선된 형태로 발전되었다는 면에서 매우 중요한 시기였다. 또한 이 시기에는 로마교회를 중심으로 교회의 통합을 이루고 교황이 그리스도교 세계의 지도를 책임져야 한다는 교황 주권론을 교회법령집에 중심적인 주제의 하나로서 삼았다. 따라서 12·13세기 교황주권론의 확대와 강화를 예비하는 기초적 작업이 이 시기에 마련되었다고 할 수 있다. 그만큼 11세기 중반 이후의 개혁시기에 로마교회의 개혁적 의지가 활발한 교회법 편찬을 유발하였다.

그레고리오 개혁자들은 고대 교회와 성서로부터 근원을 찾아 수위권에 기초한 교황주권론에 정당성을 부여하고자 하였다. 그에 따르면 어머니 교회로서 로마교회의 우월성과 교황의 수위권은 세 가지 방향에서 설명되었다. 첫째는 마태복음 15장 18절의 그리스도로부터 천국의 열쇠를 받는 베드로의 특권에 기초한 성서적 권위와 신학적 해석이다. 둘째는 베드로와 바울이 활동했고 같은 날 순교를 당한 로마에, 제국의 행정적 중심지이자 수도였던 로마에 특별한 의미를 부여하는 역사적 해석이다. 셋째는 로마교회와 주교의 권위를 언급한 고대 교부들의

---

49) 같은 책, pp.281-305에는 *Micrologus*에 적용된 법령집들에 대한 분석이 상술되어 있다.

서한 등에 기초한 교회법적 근거이다. 교황주권론자들은 이 세 가지 요소를 경우에 따라서 혼합하기도 하고 일부만을 채택하면서 교황권을 정당화하였다. 이러한 세 가지 요소 가운데 그들이 손에 쥐고자 했던 이론적 무기는 교회법이었다. 왜냐하면 교회법 수집과 편찬 작업은 초대 교회 시대로부터 전해오는 권위적 문서를 발췌하거나 수집하여 그러한 문헌에 법으로서의 권위를 부여하는 것이 본업이었기 때문이다. 교황권에 대해서는 세 가지 방향에서 설명이 가능하지만 신학적, 역사적 설명과 해석은 결국 교회법령 안으로 스며들어가면서 법적인 권위를 가지고 설득력을 발휘할 수 있게 되었다. 그러한 이유로 교회의 도덕적 질서 회복뿐만 아니라 교황주권론의 주장에 대해서도 결국 교회법을 통해서 권위를 부여하고자 한 것이었다.

개혁 시대까지 교회법령 편찬은 사적인 작업이었고 공적인 법령편집과 연구에 대한 작업은 1210년 인노센치오 3세에 이르러서 시작되었다. 물론 교황의 부탁에 의해서나 교황에게 헌정하기 위해 법령집을 편집한 일도 여러 차례 있으나 모두가 사적인 편집 작업에 속한다. 그렇기 때문에 편집자의 의도에 따라서 얼마든지 선호하는 법령을 중심으로 편집이 이루어질 수 있었고 법령 내용의 변조도 매우 빈번하였다. 『위 이시도루스 법령집』이 그 대표적인 선례였으며, 이는 10,000여 개의 법령으로 구성되어 있는데 진본 법령과 가짜 법령이 혼합되어 짜 맞추어져 있다. 개혁 시대의 교회법학자들도 이 문서들에 대해서 그 진위를 상당히 잘 알고 있었을 것으로 생각되지만 이에 개의치 않고 그러한 법령들을 과감하게 개혁법령집에 도입하였다. 물론 이러한 법령을 수집하고 편집할 때 그대로 편입시키는 것이 아니라, 자신들의 취지와 의도에 맞게 정교한 가공 작업을 했다.

11세기 개혁 시대의 개혁법령을 검토해 본 결과 로마 개혁자들의 개혁정신을 반영한 최초의 법령집은 훔베르트의 『74주제 법령집』이다. 그레고리오의 정신과는 상당히 거리가 있었을지라도 이 법령집은 그레고리오 개혁 시대에 교과서와 같이 이용되었다. 그레고리오 7세는 교회법학자도 아니요, 신학자도 아니었고, 강한 의지를 가진 개혁적 행동가였을 따름이다. 그러나 그의 주변에는 그의 정신에 권위를 부여해줄 수 있는 안셀무스 루카, 보니죠 수트리, 추기경 데우스데디트와 같은 교회법학자들이 있었다. 그들의 법령집들은 그레고리오의 재위 기간이나 사후에 완성이 되었다. 그러나 이들이 개혁정신의 핵심적 내용을 공감하면서도 정작 그들이 완성한 법령집의 내용은 그러한 정신과는 상당한 거리가 있었다. 아무튼 그레고리오 주변의 인물 가운데서 그레고리오의 개혁정신에 가장 가깝게 법령을 편찬한 사람은 안셀무스 루카라고 생각할 수 있다.

11세기 개혁법령집들은 현실이 요구하는 목적에 따라서 편찬된 것이었다고 할지라도 이전 시대의 법령들을 체계적으로 편집하였고, 일부 무시되거나 방치되었던 법령들을 발굴함으로써 교회법이 한 단계 발전할 수 있는 기틀을 마련하였다고 할 수 있다. 이들 개혁법령집들은 11세기말 교황 우르바노 2세의 법령집 편찬을 거쳐서 1140년 그라티아누스의 『교령집』에 거의 대부분 편입되었고, 후대에 전개되는 교령집 연구가들decretists과 교령연구가들decretalists의 논쟁 대상이 되었다.

2. 교황 그레고리오 7세 개혁의 교회법적 원천

(1) 그레고리오 개혁의 교회법적 성격

1076년 11월 1일 플랑드르 백 로베르트 1세[50]는 교황 그레고리오 7세로부터 한 통의 편지를 받게 되는데 이는 교회법적 과정을 거치지

---

50) Robert I of Flanders (b. between 1029 and 1032 - October 13, 1093, Kassel), Robert the Frisian으로도 알려져 있음.

않고 플랑드르 떼후안느 지방의 주교로 임명된 람베르트의 위법적 지위를 지적한 것이었다. 그레고리오는 정결치 못한 사제와 성직을 매매한 주교의 비행을 정문이 아닌 담을 넘어 들어간 강도와 같은 행위에 비유하며 규탄하였다. 나아가서 악한 사제의 행위가 얼마나 가증하고 멸망 받을 만한 것인지를 성서의 내용에 비추어 설명하고 있다.[51] 교황은 교구 내에서 이 글을 지속적으로 읽힐 것을 권면하였고, 모든 성직자들과 평신도들로 하여금 그 진리를 알아서 선포하도록 하였다. 람베르트의 성직매매와 파문에 관련된 내용의 편지는 이외에도 일곱 통이 더 있으며, 그 가운데 로베르트에게 보낸 편지는 세 통, 플랑드르 지방의 주교들과 귀족들에게 보낸 편지가 두 통, 플랑드르 지역의 문제를 인근의 다른 지역 주교들에게 알린 편지가 두 통이다.[52]

---

51) Erich Ludwig Eduard Caspar, *Das Register Gregors VII, Monumenta Germaniae historica.*; *Epistolae selectae.*; Tomvs II fascicvivs I-II (Berlin, Weidmannsche Buchhandlung, 1920-1923), Registrum iv. II. 310f; H. E. J. Cowdrey(tr.), *The Register of Pope Gregory VII 1073-1085* (Oxford: Oxford UP, 2002). 교황 그레고리오 7세의 교황청 상서원 등록문서(교황 문서)는 가스파르Caspar에 의해서 편집 출간되었고 최근에 코쥬리가 영역하였다. 본서에서는 두 편집본을 비교하며 참고한다. 각주에서 그레고리오 7세의 『교황문서』를 표기할 때는 *Register*로 약술한다.

52) 편지의 수신자에 따른 분류와 그 주제는 다음과 같다.
(1) 로베르트에게 보낸 편지: ① 그레고리오 7세가 성직매매로 떼후안느 Thréouanne의 주교에 임명된 람베르트와 더 이상 함께하지 않도록 로베르트에게 경고한 편지(1082년), ② 그레고리오가 로베르트로 하여금 람베르트의 떼후안느 교회를 폐교하고 람베르트에게 추방당한 성직자들을 복권시키도록 재차 경고한 편지(1082-1083년) H. E. J. Cowdrey(ed. & tr.), The Epistolae Vagantes of Pope Gregory VII (Oxford: Clarendon Press, 1972), pp.45, 47, 108-111, 114-115. ③ 떼후안느의 주교 람베르트를 면직시키고 교회법적으로 선출된 게라르드를 인정하도록 마지막으로 로베르트 1세에게 경고(1083년 말); Register, 9.36, pp.440-441.
(2) 플랑드르의 성직자들과 귀족들에게 보낸 편지: ④ 그레고리오가 람베르트를 떼후안느의 주교로 승진시킨 그들을 규탄하고 그를 추방하도록 강권(1082년), Cowdrey, The Epistolae Vagantes of Pope Gregory VII, 46, pp.110-111. ⑤ 그레고리오가 떼후안느의 파문된 주교를 지원했다는 면에서 백작 로베르트 1세에 대해서 취한 단계에 대해서 플랑드르의 주교들과 귀족들에게 교훈

그레고리오 7세의 재위 3년경부터 떼후안느 지방의 주교 문제는 수십 년간 개혁의 중심인물로서 활동해온 그레고리오에게 있어 중대한 개혁의 대상이었다. 1076년부터 1083년 말까지 그레고리오가 보낸 편지에는 당면한 문제에 대한 그의 절절한 심경이 그대로 드러나고 있다. 그러한 면에서 플랑드르 백 로베르트 1세에게 보낸 편지는 메츠의 주교 헤르만Herman of Metz에게 보낸 두 번째 편지와 함께 그레고리오의 개혁 활동과 정신을 보여주는 대표적인 편지라고 할 수 있다.53)

그레고리오는 헤르만에게 보낸 편지에서 사도좌의 명령에 불복종한 군주들에 대해서는 그들의 권력과 직책을 몰수해야 한다는 그레고리오 1세의 편지를 인용하였다. 또한 그는 클레멘스나 젤라시오 1세의 권위를 빌어 사제와 세속 군주의 위상 차이, 영적인 권력의 우월성을 강조하였다. 또한 교황 인노첸시오 1세가 황제 아르카디우스를 파문한 것처럼 하인리히 4세의 파문이 정당하다는 점을 역설하고 있다.54)

로마교회의 정신을 받아들이지 않는 세속 군주에 맞서서 교황이 단호하게 의지를 표명하는 상황에 이르게 된 것은 바로 밀라노 대주교 임명의 합법성 여부에 대한 논란으로부터 출발하였다. 그만큼 교황과 세속 군주 간의 갈등은 그 근저에 교회법적 절차를 따르지 않는 성직 임명에 가장 큰 원인이 있었다. 더욱이 세속 군주에 의해 임명된 성직자는 자질과 자격에 있어 미달된 자가 많았으며, 교회를 부패시키고, 세속의 교회 재산 침탈을 야기하였기 때문에 그리스도교 세계의 구심점

(1083); Register, 9.35, pp.435-436.
(3) 람베르트의 문제를 타 지역 주교들에게 공지하고 그 처리를 위탁: ⑥ 떼후안느의 람베르트 문제를 리용의 대주교 휴Hugh에게 더욱 조사하도록 위탁(1083년), ⑦ 플랑드르의 백작 로베르트 1세가 보낸 편지들의 어조에 대해서 규탄하고 리용의 대주교 휴에 그 편지의 내용을 알림; Register, 9.33, 9.34, pp.433-435.

53) I. S. Robinson, "The Dissemination of the Letters of Pope Gregory VII During the Investiture Contest," *Journal of Ecclesiastical History* 34 (1983), p.175.
54) *Register* 8.21.

을 자처하는 로마교회에게 있어 이러한 문제는 반드시 풀지 않으면 안 되는 중대 사안이었다.

성직매매의 근절, 성직자 결혼의 금지, 사유교회의 환원 등 교황 레오 9세로부터 이어온 개혁의 중심주제들은 오랫동안 개혁의 핵심인 물로 활동해왔던 그레고리오 7세에게 있어서도 교황 재위 기간 동안 철저히 관철하고자 했던 개혁 과제들이었다. 그러나 이러한 교회의 문제들은 교회의 내부에서 성직자들만을 대상으로 청산할 수 있는 것은 아니었다. 적어도 11세기에 당면해 있던 여러 문제들은 봉건적 구조를 가진 중세 사회에서 오랫동안 지속되어온 지역교회와 세속의 유착에서 비롯된 것이었기 때문에 세속권력의 교회 간섭을 배제하지 않고는 결코 해결될 수 없었다. 이러한 상황이 개혁의 중심에선 그레고리오로 하여금 고뇌에 빠지게 했고, 급기야는 황제와 충돌하여 정치적 위기에 직면하도록 하였다.

개혁에 저항하는 세속 군주들과 이에 합세하는 고위 성직자들의 순응과 복종을 촉구하기 위해 필요한 것은 무엇보다도 개혁의 당위성과 근거를 설명해주는 것이었다. 다음으로 이러한 개혁의 주창자인 교황과 로마교회의 절대적 권위를 정당화하는 길이었다. 이와 함께 교황의 권위에 항거하는 세력에 대한 응징이 필요하였다. 이는 파문 선고를 통해 법적 처벌을 가하는 한편, 교황에게 협조적인 세속권력의 도움으로 이들을 응징하는 것이었다.

로마교회 개혁자들의 입장에서는 개혁이 당연한 것이었지만 이를 뒷받침할 수 있는 교회법적·신학적 근거가 조직적으로 마련된 것은 아니었다. 훔베르트 실바칸디다, 안셀무스 루카, 데우스데디트 등 일련의 교회법학자들의 교회법 수집과 편집 작업들이 있었으나 이러한 것이 그레고리오 7세의 정신과 반드시 일치하는 것은 아니었다. 그렇다고 그레고리오가 자신의 개혁 프로그램을 수립하고 관철할 수 있도록 철저한 법적 근거를 체계화할 수 있는 입장도 아니었다. 그는 신념에 가득 찬 개혁활동가이지 교회법학자는 아니었다. 그렇기 때문에 그의 편지들에는 체계화된 교회법적 전통과 근거에 대한, 이를 토대로 이끌어낼 수 있는 철학적 논리에 대한 내용은 거의 찾아볼 수 없다.

다만 그가 상투적이라고 할 만큼 되풀이해서 언급하는 권위의 근거는 신약성서와 구약성서 및 교부들의 문헌, 교황과 공의회의 법령, 교회의 권익을 옹호했던 황제들의 칙령 등이었다. 이러한 정도가 그의 권력과 권위를 주장하는데 이용된 것들이었으므로 이는 어떻게 보면 강력한 개혁의 의지에 비해 교황의 권위를 설득력 있게 이해시킬 수 있는 이론적 작업은 제대로 이루어지지 않았다는 것을 의미한다. 표제를 던져놓으면서 그에 대해 근거를 제시하지 않는 옹색한 방식이 그레고리오 7세의 「교황법령Dictatus Papae」에도 여실히 나타나고 있다. 바로 그러한 점이 그레고리오의 개혁 정신을 모호하게 만들어 버리고 그의 활동과 사상의 궁극적 목표가 무엇인지에 대해 수많은 추측과 논란을 불러일으키게 만들었다.

플랑드르 백 로베르트 1세에게 보낸 편지들이나 메츠의 주교 헤르만에게 보낸 편지를 중심으로 그레고리오의 서한들을 검토해 볼 때 그레고리오의 개혁 내용은 교황 레오 9세로부터 추진되어온 개혁과 그 과정에서 취한 교황의 조치에 대한 정당성, 그리고 이를 마땅히 강권하고 감독할 수 있는 교황의 권위에 대한 설명들이다. 전통에 입각한 개혁내용임에도 불구하고 이론보다는 신념을 중시했던 행동가로서의 그의 기질 때문에 후대의 사가들은 그의 개혁 정신에서 매우 혁명적이고 진취적인 목표를 상정해보기도 한다.

에머톤Ephraim Emerton은 그레고리오 정책의 전체적인 성격을 한 마디로 요약한다면 교회의 '중앙집중화'라고 보았다.[55] 그는 지역교회에서는 주교가 수장으로서의 권위를 가지고 있으나 그들이 교황을 수장으로

---

55) Ephraim Emerton, *The Correspondence of Pope Gregory VII* (New York: W. W. Norton & Company, 1932), p.xxvi-vii.

인정해야 한다는 것을 그레고리오가 면면히 강조하였음을 부각시켰다. 그러한 토대 위에서 지역교회, 수도원, 기타 그리스도교 기관들은 반드시 로마교회를 중심으로 관계가 설정되도록 중앙집중화 과정이 진행되었다는 것이다. 또한 그레고리오가 바라보는 유럽은 각 지역이 전통적인 정치 체계 속에서 통치되지만, 모두가 신성 교회의 고위 재치권에 종속되는 거대한 연방국가와도 같았다고 에머튼은 설명하였다.

적어도 그레고리오에게 있어서는 로마교회를 중심으로 하는 유럽교회의 통합과 교황의 재치권에 종속되는 유럽 국가들의 유기적 관계는 '의義 iustitia'의 실현이라는 궁극적 목표 위에서 설정되었다. 그가 추구한 갖가지 개혁의 내용은 그리스도교 세계가 '의'에 도달하기 위한 방법이요, 과정이고, 도구라고 생각하였다. 이러한 '의'의 실현에 저항하고 교회의 명령을 거부하는 것은 '악superbia'의 결과이고 자만, 무례, 뻔뻔함, 적그리스도가 바로 그러한 범주에 속한다고 여겼다.[56]

그레고리오의 개혁 정신과 목표가 무엇인가에 대해서 갖가지 논란과 해석이 제기된 것은 그만큼 그의 개혁 목표에 대한 철학적 논리가 빈약한 것을 의미할 뿐만 아니라, 주장에 대한 법적 근거가 약하다는 데서 그 원인을 찾을 수 있을 것이다. 푸어만Horst Fuhrmann은 그레고리오가 주장하고 제시한 명제들은 그 어떤 법의 원천과도 거리가 멀었고 그 근거를 찾아내기도 어렵다고 주장하였다. 오히려 어떤 부분에 있어서는 전통적인 교회법을 교묘하게 왜곡하고 변형하였다고 비판하였다.[57]

질크리스트 J. Gilchrist는 그레고리오의 『교황문서 Register Gregors VII』가 교황 요한 8세로부터 인노첸시오 3세 시기까지 유일하게 남아 있는 교황청 등록문서이기 때문에 이는 매우 독특하고 귀중한 문헌임에 틀림없으

---

56) 같은 책, pp.x, xiv.
57) Horst Fuhrmann, "Papst Gregor VII. und das Kirchenrecht zum Problem des Dictatus Papae," *Studi Gregoriani* XIII, pp.145-146.

나 이것이 교회법 편집에 커다란 영향을 미치지는 못했다고 주장한
다.[58] 뿐만 아니라 역사가들이 획기적이고 진보적이라고 평가하는
그레고리오 법령들은 이미 그 이전 시기에 교회법학자들이 정리하고
분석한 것에 의존하고 있어서 새로운 것이 거의 없다는 해석을 하고
있다.

그렇다면 그레고리오의 『교황문서』와 이에 포함되지 않은 문헌을
들여다 볼 때 그가 주장한 개혁의 명제들, 즉 도덕적 개혁에 대한
전통적 관념으로부터 훨씬 앞으로 나아가는 주장들은 과연 새로운
것일까? 이를 확인하기 위해서는 그레고리오의 법령들이 교회법적으
로 어떠한 근거를 가지고 있는지를 추적해야 하며, 그 과정에서 당시까
지의 교회법전을 비교 분석해 볼 필요가 있을 것이다. 그러한 분석을
위해서 다음 항목에서는 그레고리오의 『교황문서』와 기타 문헌들을
중심으로 개혁의 핵심적 명제들을 검토해 보기로 한다.

(2) 교황의 보편적 지위

1075년 3월 3일-5일 사이에 교황청 등록 문서에 주서 제목으로 등재
된 2.55a 「교황법령 Dictatus Papae」은 그레고리오 개혁의 실제적인 목표를
총정리한 문서로 인식되어 왔다. 대부분의 조항들은 그레고리오의
서한들에 직접적으로 언급되지 않은 것들이어서 이 법령이 진정으로
그레고리오에 의해서 작성된 것인지에 대해서 논란이 있기는 하지만
공식적으로는 그레고리오 7세가 규정한 내용들로서 『교황문서』에 정
식으로 등재되어 있다. 그것의 내용과 형식, 그리고 등재의 절차로
볼 때 「교황법령」은 분명히 그레고리오의 권위로 공포된 것임에는
틀림없다.

---

58) J. Gilchrist, "Canon Law Aspects of the Eleventh Century Gregorian Reform
  Programme," *Journal of Ecclediastical History* 13 (1962), pp.21-38.

「교황법령」의 내용이 너무 간결하고 이에 대한 주석도 없고 관련 법령의 제시도 없지만 적어도 이 문서는 그레고리오 개혁의 최종적 목표이자 종착점이라는 것이 일반적인 인식이었다. 그렇기 때문에 많은 교황의 서한과 함께 이 법령은 그레고리오 개혁의 내용과 성격을 규명하는 데 있어 핵심적 사료라고 여기는 것이다. 법령의 각 조항들에 대해서 부가적인 설명이 없으나 그레고리오가 중세의 정치적 현실 속에서 큰 주목을 받는 것만큼이나 이 법령이 가지는 의미는 매우 크다고 할 수 있는 것이다.

『교황문서』 2.55a의 문헌은 기본적으로 로마교회의 특수성과 로마 교황의 특권적 지위를 규정한 법령이다. 이러한 법령이 당시에 얼마나 현실적으로 받아들여지고 적용되었는가는 별개의 문제이다. 그러나 그레고리오 『교황문서』의 문헌들을 통해서 볼 때는 상당부분 그와 같은 원리와 정신이 표출된 것으로 보인다.[59]

27개조로 구성된 「교황법령」에는 제1조와 제22조처럼 로마교회에 관한 조항도 있지만 나머지 대부분의 조항은 교황의 위상과 권한에 관한 내용으로 편재되어 있다. 교황의 위상을 설명한 조항은 제2조 '로마 교황만이 보편적이라고 불리는 것이 정당하다.'와 제8조 '교황만 이 황제의 휘장을 사용할 수 있다.' 제9조 '모든 군주들은 교황의 발에만 입을 맞춘다.' 제11조 '그의 이름은 세상에서 유일하다.' 제23조 '교회법 적으로 선출된 교황은 성 베드로의 공덕에 따라 성화된다.' 등의 조항 등이 있다. 이들 조항들은 로마교회의 특수성과 교황이 사도 베드로의

---

59) *Register* 3.10a: 1076년 사순절 공의회에서는 마인쯔의 대주교 지그프리드를 파문하고 그의 직위를 면직하였고, 롬바르디아의 주교들을 파문하고 정직시 켰으며, 그 외에도 아가트의 주교 베랭거Agathensem Episcopum Berengarium와 비엔나의 주교 헤르만을 면직시키고 파문하였다. 또한 이 공의회에서 황제 하인리히 4세를 파문하고 그와 맺은 봉건적 관계를 해제한다고 선언하였다. 이러한 그레고리오의 조치는 분명 「교황법령」의 제3조, 제12조, 제27조 등에 기초하고 있음을 알 수 있다.

후계자라는 것에 근거하고 있고, 유일하고 보편적이라는 교황의 위상을 교황 수위권의 상징으로 표현하고 있다. 교황의 주교 임면 및 교구 이전권, 황제 폐위권, 신종선서 해제권, 교황의 입법 및 재판권 등 교황이 지닐 수 있는 최고 권한들은 바로 그러한 교황의 수위적 지위를 전제로 하지 않으면 결코 가정할 수 없는 내용들이다.

이전에는 그러한 성격의 교황권 관련 규정이 총괄적으로 정리된 바가 없으며 비로소 「교황법령」에 의해서 교황의 권위가 규정상 최고의 상태까지 높아진 것으로 보였다. 그러한 면에서 울만은 그레고리오의 정치적 이념을 성직자정치 또는 신정정치로까지 보고 있는 것이다. 푸어만 역시 「교황법령」이 『이시도루스 법령집』에 근거했다는 종래의 주장은 근거가 없다고 단정적으로 말하였다. 푸어만은 그레고리오 7세가 교황의 모형으로 여겼던 그레고리오 1세 대교황마저도 교황의 '보편성'을 분명히 거부하였다는 점을 전거 중의 하나로 들고 있다.[60]

호프만K. Hofmann은 「교황법령」 제2조 '교황만이 보편적이라 불리운다'의 항목은 당시의 교회법에서는 유사한 내용을 찾아볼 수 없다고 주장하였다.[61] 위 이시도루스 교회법은 "총주교 가운데 누구도 심지어 교황조차도 보편적이라는 칭호를 사용해서는 안 된다"는 그레고리오 대교황의 말을 인용하였다. 훔베르트는 『74주제 법령집』 24장의 제목을 '누구도 보편적이라고 불리어서는 안 된다'라고 정하였다. 이와 같이 11세기 중엽의 매우 진취적인 개혁 법령조차도 이 문제에 관해서 후대의 그레고리오 개혁파 교회법령집 만큼은 멀리 나아가지 못했다.[62] 이러한 면에서 볼 때는 분명히 그레고리오가 교회법적인 면에서 이전과는 판이하고 극단적인 모습을 보였다고 할 수 있다.

---

60) Fuhrmann, "Papst Gregor VII", pp.141-142.

61) K. Hofmann, *Dictatus papae Gregors VII* (Paderborn, 1933), p.40.

62) 74T tit 24; J. Gilchrist, *The Collection in Seventy-four Titles: A Canon Law Manual of the Gregorian Reform* (Toronto: Pontifical Institute of Medieval Studies, 1980).

그러나 로마 교황을 보편적이라고 지칭하는 것이 전례가 전혀 없는 것은 아니었다. 니케아 공의회에서는 로마의 주교를 교황*papa, pope*이라고 호칭하였고 이 공의회 이전에 이미 교황에 대해서 보편적이라고 하였다. 830년 칼케돈 공의회에서도 역시 교황이 보편적이라고 호칭되었다.[63] 이와 같은 전례가 있었음에도 불구하고 어느 특정인보다는 일반 주교의 권익을 옹호하고 주교의 권위를 최대한 보호하고자 하는 기조를 일관적으로 유지했던 위 이시도루스 법령은 교황의 지위를 부각시키려 하지 않는 흔적이 역력히 보이고 있다. 그러한 면에서 본다면 위 이시도루스 법령이 교황의 보편적 권위를 인정하지 않으려 했다는 것은 그 법령집의 속성상 아마도 당연한 일이었을 것이다. 그렇기 때문에 니케아나 칼케돈의 공의회를 생략해버리고 편집자의 구미에 일치하는 한없이 겸손한 모습을 보인 그레고리오 대교황의 편지 구절만을 인용하고 전거로 삼았다.

교황 수위권을 부각시키고자 하는 법령 편집은 그레고리오 개혁법령집 이전에 훔베르트에 의해서 본격화 되었으며 74주제 법령집은 교황권에 대해서 무관심했던 위 이시도루스의 입장에 대해서 근본적으로 회의감을 나타냈다. 이는 이전의 교회법적 의식으로부터 뚜렷한 방향의 선회를 의미하는 것이었다. 그러나 『74주제 법령집』 24주제의 '누구도 보편적이라고 불리어서는 안 된다'고 한 것을 표면적인 표현 그대로 받아들인다면 이는 분명히 이 법령집에서 특수한 주제로 지정한 로마교회와 교황의 우월권 내용에 상충하는 것이라고 볼 수밖에 없다. 그러나 질크리스트는 그 표제의 내면을 들여다본다면 이러한 표현이 결코 법령 편집자의 일관성을 의심하지 않아도 될 것이라고 주장하고 있다. 그 구절을 되새겨보고 심사숙고하여 생각해볼 때 '누군가에게

---

63) Stephen Kuttner, "Universal Pope or Servant of God's Servants: The Canonists, Papal Titles, and Innocnet II," *Revue de Droit Canonique* vol.32 (1981), pp.109-113.

보편적'이라는 용어를 적용한다면 그는 바로 교황이고, 다른 누구에게도 그렇게 지칭할 수 없다는 것을 그 이면에 내포하고 있다는 점을 강조하고 있다.[64] 그렇게 뒤집어 생각해보면 교황권에 관한 『74주제 법령집』의 논의에 모순과 상충이 해소될 수 있을 것이다.

그레고리오에게 있어 교황의 지위는 로마교회 수위권의 이념과 밀접히 연관되어 있었다. 『교황문서』 1.29 사르디니아가 고대의 전례대로 로마교회에 순종하도록 쇄신할 것을 명령하는 서한에서 그레고리오는 '로마교회는 모든 그리스도인의 보편적 어머니'라는 것을 상기시켰다.[65] 또한 『교황문서』 4.27 「베네치아의 총독 도미니쿠스 실비우스와 베네치아 시민들에게 보내는 편지」에서 그는 베네치아가 파문된 자들을 받아들이고 접촉하는 문제를 지적했으며 조속히 그러한 영적 위험으로부터 벗어날 것과 신의 은총을 입어 로마교회와 화해할 것을 권면하였다. 이때 그레고리오는 이전에 베네치아가 모든 신도들의 '보편적' 어머니, 즉 성 로마교회를 향하여 보여주었던 헌신을 찬양하였다.[66] 그 외에도 캔터베리 대주교 랑프랑크에게 보낸 서한[67]이나 모라비아의 제후 오토와 콘라드에게 보낸 경고 서한[68]도 로마교회를 모든 신도의 '보편적' 어머니라고 지칭하는 내용을 찾아볼 수 있다. 로마교회의 보편성은 성서와 역사적 근거위에서 정당한 것이라는 점을 분명히 하였다.[69] 그레고리오는 특별히 교황 젤라시오 1세와 위 유리우스*Pseudo-iurius* 법령에 입각해서 그러한 보편성을 언급하였다.[70]

로마교회의 보편적 권위는 모든 교회들이 로마교회를 어머니와 머

---

64) Gilchrist, "Canon Law Aspects," p.31.

65) *Register*, 1.29.

66) *Register*, 4.29.

67) *Register*, 6.30

68) *Register*, 1.59.

69) *Register*, 8.21.

70) J. Gilchrist, "Gregory VII and the Juristic Sources," *Studi Gregoriani* 12 (1967), pp.15-16.

리로 여긴다는 것을 의미하며, 따라서 중대한 문제들에 있어 로마교회의 사법적 권위를 인정하며 그 처분과 결정을 따라야 한다는 것을 의미했다. 로마교회는 최후의 법정이고 이의 처분에 불복하고 상소할 수 있는 더 이상의 어떠한 상급 권위도 존재하지 않는다. 그렇기 때문에 로마교회의 결정에 대해서는 누구도, 어떠한 기관도 이를 검토할 수 없으며, 이를 변경하거나 번복할 수 없는 것이었다.

로마교회의 수위권은 모든 교회와 모든 신도들을 대상으로 하는 최고의 권위였다. 그러므로 누구든지 로마교회의 뜻에 일치하지 않거나 동의하지 않는다면 그는 이단으로 간주되었다.[71] 이와 같은 이단에 대한 색다른 해석을 정당화하기 위해서 그레고리오는 그의 서한[72]에서 암부로시우스의 말[73]을 인용하였다. 로마교회에 동의하지 않는 자를 이단으로 보는 관념은 훔베르트 실바칸디다에 의해서 같은 의미로 정리되고 규정되었다.[74]

로마교회의 보편적 권위가 교황에게로 옮겨지는 데에는 별 어려움이 없었다. 로마교회를 대표해서 모든 교회와 신도들을 돌보고 지도하는 존재는 당연히 교황이었다. 따라서 로마교회가 소유하는 권위를 교황이 대표해서 행사할 수 있는 것이다. 교황이 그러한 권위를 인정받지 않고는 주교들에 대해서, 그리고 모든 교회들에 대해서 도덕적 부패를 회복하도록 하고 성직매매의 불법적 상황을 철회하도록 요구할 수는 없었다.

그레고리오 7세는 「교황법령」 제2조를 규정할 때 이미 니케아나

---

71) 같은 논문 p.16.

72) *Register*, 7.24.

73) Ambrosius of Milan, Ep. 1.11, cap. 4, in Migne, Jaffe P. (ed.), *Patrologiae Cursus Completus*, Parisiis, 1844-1864, Available: Patrologia Latina Database (Chadwyck-Healey Inc. 1996), 16.986.

74) Humbert of Silva-Candida *Adversus Simoniacos, Praefatio Monvmenta Germaniae historica: Libelli De Lite* v.1 (Hanover, 1891-7), p.102.

칼케돈의 전례, 그리고 그레고리오 대교황의 서한 구절, 위 이시도루스의 내용을 모두 인지하였을 것으로 판단된다. 그레고리오는 그의 서한들에서 항상 강조하는 바와 같이 전통의 권위를 존중하고 그 범위 내에서 개혁을 추진하며, 교회의 순수성을 회복하고자 하였다. 교황의 보편적 지위는 이미 전통에 근거하고 있었고, 이는 그레고리오의 개혁 정신에 매우 부합되는 사고였던 것이다. 이러한 그레고리오의 법령은 그레고리오 개혁 법령가인 데우스데디트에게 채택되었다. 그의 법령집은 위 이시도루스 법령집에서 언급되지 않은 주요 공의회들에서 이미 교황을 보편적이라고 호칭한 근거를 제시하였다.[75]

1079년 수난절 공의회의 기록에서도 '그레고리오, 보편적 교황'이라는 호칭이 공식적으로 사용되었다.[76] 또한 아풀리아의 공 로베르트 기스카르트가 교황 그레고리오 7세에게 취한 서약[77]에서 '나의 주 그레고리오, 보편적 교황'이라는 표현을 사용하고 있는 것으로 볼 때 로마교회에 가까운 측에서는 교황을 보편적이라고 보는 분위기가 상당히 무르익어 있었음을 알 수 있다.

활발한 개혁 활동에도 불구하고 그레고리오 활동은 정작 교회법에 큰 영향을 미치지는 못했다. 뿐만 아니라, 교황 보편성에 관한 데우스데디트의 해석도 12세기 중엽 교회법을 집대성한 그라티아누스의 『교회법령집Decretum Gratiani』에 영향을 미치지 못했다.[78] 『교회법령집』에서는 '심지어 로마 교황까지도 보편적이라고 불릴 수 없다'고 기술하였다. 그러나 그레고리오 7세 이후의 교황들은 보편적이라는 호칭을 사용하기 시작하였고, 교령집 연구가들decretists은 그라티아누스의 그 구절을 집중적으로 분석하게 된다. 그러므로 12세기 중엽 이후부터는 교황의

75) Kuttner, "Universal Pope or Servant of God's Servants," p.116.
76) *Register*, 6.17a.
77) *Register*, 8.1a.
78) A. S. Welsby, *Pope, Bishops and Canon Law: A Study of Gregory VII's Relationship with the Episcopate and the Consequences for Canon Law*. pp.14-15.

보편성이 현실에서 만큼이나 교회법에도 수용되어 갔다고 할 수 있다.

(3) 교황의 입법권

교황의 보편적 권위는 교황 수위권의 핵심적 전제 조건이었다. 교황이 행사할 수 있는 최고의 입법적 권한과 사법상의 권한을 정당화할 수 있는 수단은 무엇보다도 교황의 권위가 그리스도교 세계의 모든 곳에 영향을 미치도록 할 수 있는 보편적 권위를 인식시키는 것이었다. 이러한 교황의 권위가 받아들여지지 않는다면 교황이 설정하고 달성하고자 하는 목표의 성취를 기대할 수 없었다. 그러므로 「교황법령」의 규정을 통해서 그레고리오가 확립하고자 했던 내용들은 서로가 유기적인 관계를 이루고 있다.

「교황법령」에서 교황의 입법권을 규정한 조항은 제7조 '필요한 때에는 교황만이 새로운 법을 제정할 수 있다.' 제16조 '교황의 명령이 없이는 어느 공의회도 보편적이라고 불릴 수 없다.' 제17조 '교황의 권위가 없이는 어떠한 법령집이나 법조항도 교회법으로 인정될 수 없다.' 등이 있다.

「교황법령」의 입법권에 관련된 조항만을 별도로 분리해서 본다면 법에 관한한 교황은 초법적이고 절대군주와 같은 자의적 입법권자로 해석될 수 있다. 그러나 교회법에 대한 인식을 표현하고 있는 그레고리오의 문헌들과 연관 지어 그 조항들을 들여다보면 이들 조항에 규정된 교황입법권에 대해서 그러한 해석과는 전혀 다른 모습을 발견할 수 있다.

그레고리오는 당시에 통용되는 일반적인 교회법 관행을 따르면서 전통적인 교회법을 강조하였다. 그러한 전통의 법은 신정법을 완성한 것이라고 인식하였다.[79] 따라서 그레고리오 자신이 규정한 법은 고대의 법이나 당시까지 통용되는 법을 설명하고 해석하는 것에 불과하다고 빈번히 언급하였다.

『교황문서』6.34 1079년 4월 20일 '리용의 교회에 특권을 부여'하는 공한에서 그레고리오는 "우리는 고대 교부들의 전철을 따르면서 각 교회에 부여한 권리를 해치거나 변형하지 않고 고수하도록 되어 있다." 는 점을 언급하고 있다.

4.6 '우트레히트의 주교 윌리엄의 사후 파문사면 불가'를 알리는 공한에서 "우리가 교회의 문제에 대한 결정을 내릴 때에는 언제든지 우리가 새로운 법을 만들거나 우리 자신의 결정을 내리는 것이 아니라 성령이 계시한 그(교부)들의 규정을 따르고 보완하는 것일 뿐이다."라 고 언명하고 있다.

또한 9.29 '대립왕 루돌프를 세우기 위해 공의회를 소집'하는 회칙回勅 에서 "공의회에서는 교부의 법령들에 따라서 정당한 것을 하고자 한다." 고 언급하고 있다.[80]

이상과 같이 그레고리오는 로마교회는 교부들의 경로에서 벗어나지 않는 법을 가지고 있음[81]을 강조하면서 로마교회가 새로운 상황과 필요 속에서 새 법을 만들 수 있겠지만 그것이 반드시 전통으로부터 벗어나는 것은 아니라고 보았다. 교황의 기능은 그러한 교회의 기본적 인 법을 손상시키지 않은 채 보존하고 교황 자신의 교령을 통해서 그것을 강화하는 것이라고 생각하였다.[82]

그레고리오는 교부와 성서의 노선을 고수하고 전통의 법을 지키는 것이 그의 신념이라고 그의 교령에서 수없이 강조하고 있다. 그러한 반면에 그의 법령들은 교황을 법의 제정자로, 또는 법의 원천으로 여기는 내용을 규정하고 있는 것이다. 그레고리오의 서한 속에 표현된

---

79) Gilchrist, "Gregory VII and the Juristic Sources," p.9.
80) *Register*, 9.29.
81) *Register*, 1.12.
82) *Register*, 2.67.

그의 신념과 「교황법령」의 법의 원천에 대한 조항을 어떻게 해석해야 할까? 이 양자가 내용상으로 서로 모순되는 것인지, 아니면 같은 내용을 서로 다른 방식으로 표현한 것인지를 검토해볼 필요가 있다.

교회법의 전통을 형성한 법령의 원천은 성서, 작자미상 문서나 위조 법령문서, 보편공의회, 교구 공의회, 지역 공의회의 문서들, 교부와 교황의 교령 등 광범하고 다양한 문헌으로 구성되어 있다. 이러한 원천에서 교회법 법령의 문헌이 채택되고 법령집에 편집된다. 그러한 이유로 같은 주제를 규정한 법령이 서로 대립되고 모순되는 경우가 허다하였다. 그러나 11세기에 이러한 모순과 충돌을 명확히 해석하고 처리할 수 있는 작업이 이루어지지 못하였다.[83]

그러한 작업은 이보 샤르트르의 『파노르미아 Panormia』 서문에서 법령 해석학적으로 논의되고, 12세기 중엽 그라티아누스의 『교회법령집』에서 본격적으로 다루어진다. 그렇기 때문에 11세기까지 지역교회들에서는 상충적인 요소가 제거되고 단일화된 법령집을 확보하기가 어려웠다. 부르히아르트 보름스가 그의 법령집 서문에서 참회벌의 판단과 이에 따른 법령이 혼동되어 있고 체계화되지 않고 있다는 것을 언급한 것으로 미루어 당시의 상황을 이해할 수 있다.[84]

11세기의 교회법에서는 법원法源과 방대한 법령들 자체 내에 내재해 있는 모순과 상충된 요소를 해소시킴으로써 일관성 있고 단일화된 법원을 받아들이려는 경향을 보이기 시작하였다. 그러한 움직임은 11세기의 개혁 법령가들과 그레고리오 개혁파 법령가들에게서 두드러지게 나타나기 시작하였다. 그들은 성직정치적 이념을 뒷받침할 수 있는 교회법적 근거를 마련하고 그동안에 누적되어온 상충의 문제를 해결할 수 있는 방안을 찾게 된다. 바로 그것은 교황을 최고의 입법적

83) Welsby, *Pope, Bishops and Canon Law*, p.9.
84) Austin Creta, "Jurisprudence in the Service of Pastoral Care: The *Decretum* of Burchard of Worms," *Speculum* 79, 4 (2004), pp.929-959.

원천으로 삼는 것이었다.[85] 그것은 교황의 입법적 권위를 강화하지 않고는 교회법의 보편성을 유지할 수가 없다는 것을 절실히 느꼈기 때문이었다.

로마에서 멀리 떨어진 곳에서 개최되었고, 교황이 관장하지 않았을 뿐만 아니라 교황의 권위로 인준되지도 않은 채 소집된 공의회의 법령들이 계속해서 교회법 내의 상충과 모순의 문제를 야기했다고 판단되었다. 이러한 문제의 해결을 위해서 교회법학자들은 교령에 근거를 두지 않는 법령은 교회법 전통으로 인정하지 않는다는 원칙을 수립하였다. 교황을 법의 원천으로 삼는 원칙을 지키기 위해서는 하위 권위의 법령은 상위 권위의 법령에 양보해야한다는 원리를 내세워야 했다.[86] 그들은 법령과 법원의 뚜렷한 질서 체계를 인정할 때 비로소 상충과 모순을 바로 잡아나갈 수 있는 가닥이 잡힐 수 있다고 본 것이다.

11세기 교회법학자들은 법령이 상충할 때 문헌의 계서를 통해 이 문제를 해결할 수 있다고 보았다. 문서의 계서에 관한 원리는 이미 교부 아우구스티누스[87]에 의해서 제기되었으며, 위 이시도루스 법령집[88]에 소개되어 있다. 그레고리오 개혁파 법학자들은 이러한 문서의 계서 원리를 상충해소를 위한 수단으로 삼았다. 그러한 논리는 문서 해석학을 통해 구체화되었다. 문서의 계보에 대한 논의가 데우스데디트의 법령집 서문에 언급됨으로써 이 문제가 그레고리오 개혁파 교회법령집에서 크게 중요시되는 결과를 가져왔다.[89] 이와 더불어 이보 샤르트르는 그의 법령집 『파노르미아』에서 문서의 계서와 문서 해석학을

---

85) Welsby, *Pope, Bishops and Canon Law*, p.10.

86) Stephen Kuttner, "Liber Canonicus: A Note on ≪Dictatus Papae≫ c. 17." *Studi Gregoriani* 2 (1947), pp.395-396.

87) *Patrologiae Cursus Completus*, Patrologia Latina Database (Chadwyck-Healey Inc. 1996), v. 34, p.40.

88) *Pl.*, v. 83, p.901.

89) Welsby, *Pope, Bishops and Canon Law*, p.10.

연계시킴으로써 상충된 법령들의 해석과 상충의 해소 방법을 제시하게 된다.[90]

　11세기의 개혁 교회법학자들은 다른 법의 원천보다도 교황의 교령에 우선권을 부여하였다. 교회 개혁운동 이전 시기의 교회법령집들은 대부분 공의회의 법령을 중심으로 구성되어 있다. 그러나 개혁 교회법령집들은 교황의 교령을 훨씬 더 많이 포함하였다. 『74주제 법령집』이 이전의 법령집에 비해 새로운 것은 교황의 교령들과 교부들의 문헌을 대대적으로 포함했다는 점이다. 교회법령집에서 교령의 비중이 더욱 높아졌다는 것은 교회법 입법의 권한과 전통이 주교의 손으로부터 교황에게로 옮겨가는 변화를 보이는 것이었다.[91] 따라서 11세기 중·후반에는 교황의 입법적 권위에 대한 원칙이 부각되었고, 교황이 법의 원천으로서 강조되었으며, 입법의 전통이 그러한 방향으로 흘러가게 되었다.

　그레고리오 개혁 교회법학자인 데우스데디트와 베르놀드 콘스탄스는 법령 간의 상충되는 문제의 해결을 위해서, 그리고 교황의 입법권을 개혁의 정신에 부합하도록 하기 위해서 법령을 정리해나갔다. 그러한 정신 속에서 데우스데디트는 861년과 879-880년의 포티우스 공의회 요약문을 법령집에 포함시켰다. 이 문헌에는 교황 요한 8세가 성 소피아 공의회의 주요 결정들을 일부 조건부로 승인한 것을 밝히고 있다.[92]

　베르놀드는 "모든 공의회의 유효성은 교황의 소집과 승인여부에 달려있다"는 위 이시도루스의 법령을 강조하였다.[93] 이와 같이 보편공의회의 소집과 결정 사항에 대해서 교황의 권위가 교회법적으로 인정되었던 사례가 있었다. 그러나 문제는 주교구나 지역에서 부정기적으로

---

90) Ivo of Chartre, *Panormia in Patrologiae Cursus Completus*, CLXI, col. 1021-1040.

91) Welsby, *Pope, Bishops and Canon Law*, p.11.

92) Deusdedit, *praef.*, pp.4. 428-431, 432-437.; JE 3322; Capar, MGH., *Epp.*, 7, 1 (1912), p.228.

93) Bernold, *Apolog.*, c.3, p.62 Thaner, *De excomm, vit.*, p.25; Ps. Isid, *praef.*, c.8.

소집된 시노드에서 제정된 법령이나 시행령들이 지역에 따라서, 그리고 사안에 따라서 일관성이 없고 상충되는 것이 많았다는 점이다. 개혁법학자들은 포티우스 공의회 문헌과 위 이시도루스 법령을 출발점으로 삼아 각 처에서 부정기적으로 제정되는 법령을 제어할 수 있는 방안과 원칙을 수립하였다. "모든 법령은 교황 교령과 보편공의회의 법령에 상반되지 않아야 하고, 신앙과 윤리에 어긋나지 않아야 하며 교회의 필요에 상응한 것이어야 한다"[94]는 것이 바로 그것이었다.

「교황법령」 제7조와 제17조의 교황 입법권은 그와 같은 당시의 교회 법적 분위기를 반영하는 것이었다. 이는 당시의 일관성 없는 법령을 통제하고자 하며 중앙집중적이고 통일된 교회법의 시행을 염원하는 그레고리오파 개혁자들의 의식이 반영되고 표현된 것이라고 할 수 있다. 그러나 이러한 관념이 이 시기에 비로소 새로이 나타난 것은 결코 아니며 다만 이 시기에 강조되고 부각된 것으로 보아야 한다.

(4) 교황의 사법권

교황의 수위권은 교황의 보편권이라는 포괄적 지위를 성직 계서적으로 지칭하는 개념이라 할 수 있다. 수위권은 교황의 완전권을 바탕으로 하여 교황의 입법권과 사법적 재치권을 온전하게 시행할 수 있을 때 명실상부하게 인정될 수 있는 권능이다. 그러한 면에서 그레고리오 7세는 교황이 소유하는 '완전권 plenitudo potestatis'과 주교에게 위임되는 '감독권 sollicitudo potestatis'을 분명하게 구분하였다.[95] 교황의 입법권이 교황의 완전권 행사를 가능하게 해줄 수 있는 원리를 규정한 원칙이라고 한다면 교황의 사법권은 현실 속에서 그러한 원칙을 수행하고 교황의

---

94) Deusdedit, praef., 4, pp.10-19; Bernold, *De excomm, vit.*, p.50.
95) J. Gilchrist, "Gregory VII and the Primacy of the Roman Church," *Tijdschrift voor Rechtgeschiedenis* 36 (1968), p.130.

권한을 강행하는 데 필요한 도구라 할 수 있다.

그레고리오의 「교황법령」에서 교황의 사법권에 관련된 조항은 제18 조 '교황의 판결에 대해서는 누구도 이를 취소할 수 없으며, 교황만이 이를 무효화할 수 있다.' 제19조 '누구도 교황을 재판할 수 없다.' 제20조 '누구도 사도좌에 상소중인 사람을 감히 탄핵할 수 없다.' 제21조 '어떤 교회든지 중대한 사건은 교황의 처분을 받아야 한다.' 제24조 '교황의 명령이나 권한 위탁을 받아서 공소公訴할 수 있다.' 이와 같이 교황의 재판권에 관련된 법령들은 교황의 입법권과 마찬가지로 안셀무스 루카 나 데우스데디트와 같은 교회법학자들의 법령집을 통해서 정리되었다. 그레고리오의 「교황법령」에 법원이 밝혀지지 않았다고 할지라도 이들 법령집에서 각 조항의 법원이 상세히 언급되었던 점으로 미루어 볼 때 그레고리오 역시 이에 대해 충분히 인지하고 있었을 것으로 보인다.

교황의 사법적 수위권에 대한 언급은 그레고리오 개혁 시대이전의 법령집들에서 찾아볼 수 있다. 위 이시도루스 법령집에는 교황이 교회 에서 가장 중요한 사건의 최후 상소 법정이라고 규정하였다.[96] 안셀무 스 데디카타 법령집에서는 교황은 다양한 계층과 품계에 속한 사람들이 고발당할 때 그들의 보호자요, 그들의 특권에 대한 방어자라고 언급하 였다. "역경에 처해 있을 때 의지할 어머니를 가지는 것은 좋은 일이며, 교황은 모든 교회의 우두머리로서 바로 그러한 역할을 담당한다"고 이 법령집에서는 밝히고 있다.[97] 이러한 안셀무스 법령집의 조항은 지역의 세속권력이 주교에 대해서 취하는 법적 소송 절차로부터 주교를 방어하기 위해서, 또는 주교를 면직하려는 세속권력으로부터 주교를 보호하려는 의도에서 규정된 것이었다. 11세기 초에 부르히아르트 보름스 역시 그와 같은 전통적 사고 위에서 주교를 보호하고자 하는

---

96) Ronald Knox, "Finding the Law: Developments in Canon Law During the Gregorian Reform," *Studi Gregoriani* 9 (1972), p.432.
97) 같은 논문, p.432.

규정들을 조직적으로 정리하였다.[98]

교회개혁 시대에 그레고리오파 개혁자들은 그와 같이 주교를 보호하고자 하는 규정을 교황의 사법적 수위권 사상으로 발전시켰다. 이는 주교를 보호하고자 하는 것이 아니라, 주교들에 대해서 교황의 특권과 수장적 지위를 강조하려고 하는 것이었다. 훔베르트 실바칸디다의 『74주제 법령집』은 '로마교회의 수위권에 대해서'라는 표제를 법령집 맨 앞에 내걸고 있다.[99] 이것은 교황에게 상소할 수 있는 권리는 더 이상 주교의 지위를 위한 것이 아니라, 교황권력의 성격을 정의하는 것이요, 그러한 사고 위에서 표현된 언어였다. 그레고리오 7세가 주교의 임면권과 이전권을 규정했을 때 이는 점차 진전되고 있던 교황의 사법적 수위권을 중심으로 하는 법적 개념을 반영한 것이었다. 그러한 수위권은 교황이 주교의 사법권을 간섭할 수 있도록 함으로써 교황과 주교 사이의 권력 균형이 교황 쪽으로 기울도록 하였다.

주교의 사법권보다 교황의 사법권을 우위에 두고 이를 현실 속에서 실현하고자 했던 그레고리오에게 지역의 주교들이 저항했던 사례들이 많이 나타난다. 그 가운데서 대표적인 것으로 마인쯔의 대주교 지그프리드와의 충돌을 들 수 있다. 1074년 초 프라하와 올무츠의 주교들 사이에 논쟁이 일어났을 때 그레고리오는 이 문제의 해결을 위해 사건 당사자들을 로마로 소환하였다. 이때 이 지역들을 관할했던 대주교 지그프리드는 교황이 대주교의 사법권을 침해한 것으로 여기고 교황에게 강력히 항의하고 교황의 조치에 저항하게 된다.[100] 이와 같은 첨예한 대립 속에서도 그레고리오는 교황이 대주교보다 높은 사법적 우월권을 가지고 있음을 강조하면서 이 문제를 끝내 로마에서 처리하게 된다.[101]

---

98) Welsby, *Pope, Bishops and Canon Law*, p.16.

99) Gilchrist, *The Collection in Seventy-four titles*, p.71.

100) *Register*, 1.44; 1.60.

101) *Register*, 2.53.

지그프리드는 지역 교구의 사건이 교구의 권위에 의해서 해결이 되지 않았을 때에만 이 문제가 교황에게 상소된다는 점을 강조했다. 이에 대해 그레고리오는 모든 중요한 사건은 자동적으로 로마에 상소될 수 있다는 점을 상기시켰다. 이는 바로 「교황법령」 제21조와 일치하는 주장이다. 이러한 그레고리오의 관념은 그 스스로 창안해낸 생각은 아니었다. 이미 『74주제 법령집』에서 "가장 비중 있는 교구의 사건들이 나 결정들, 불만들과 교회의 중요한 문제들은 언제나 머리와 같은 로마주교에게 상소되어야 한다"고 서술되었다.102) 다만 『74주제 법령집』은 주교가 상소하지 않거나 지역 주교에게는 너무도 힘겨운 것이라고 입증되는 경우가 아니면 그 사건은 주교구에 머물러 있어야 한다는 위 위시도르 법령의 분위기를 일부 유지하고 있다.

안셀무스 루카는 『74주제 법령집』보다 한 걸음 더 나아가 주교의 권익을 옹호하려는 위 이시도루스의 법령 편찬 분위기를 훨씬 더 감소시켰다. 다시 말하면 그는 교황과 주교의 권위 사이에 간격을 더욱 넓혔다. 그는 교황에게는 완전권이 부여되어 있으며, 이 권한은 모든 교회의 선을 위해 행사하는 과업이라는 점을 강조하였다. 이를 위해서는 주교직에 대해서 단단한 사법적 통제가 필요하였다. 이와 같이 강화된 사법권은 개혁의 성공을 위해서뿐 아니라 신의의 보존을 위해서도 본질적으로 중요한 것이었다.103) 따라서 로마교회와 교황을 구심점으로 한 모든 교회의 중앙 집중화는 교황 재치권*jurisdictio*의 강화를 통해서 가능한 것이다. 안셀무스는 이러한 생각들을 그의 법령집 제2권에서 표현하였다. 그러한 면에서 교황의 특권을 강조하는 안셀무스의 법령집은 그레고리오가 지녔던 입장과 상황을 직접적으로 반영하였다고 할 수 있다.

---

102) Gilchrist, *The Collection in Seventy-four titles*, 제1주제 12조.

103) Kathleen G. Cushing, *Papacy and Law in the Gregorian Revolution: The Canonistic Work of Anselm of Lucca* (Oxford: Clarendon Press, 1998), p.118.

안셀무스는 그의 법령집에서 전체적으로 주교의 재치권을 크게 약화시켰다. 모든 교회의 중대한 사건이 로마에서 해결된다는 것은 교황의 권위가 주교의 재치권보다 우선하며 상위에 있다는 것을 의미하는 것이다. 모든 문제가 주교구 내에서 처리되는 한 지역 주교들의 권위는 어떠한 도전도 받지 않은 채 그대로 남아 있는 것이 된다. 그러한 이유로 교황은 교황 특사에게 우월적인 사법권을 부여하여 파견하였을 뿐 아니라, 별도의 외부 재판관을 임명하기도 하였다.[104]「교황법령」제4조 교황 특사에 관한 내용은 로마교회와 교황으로의 집중화를 꾀하고, 교황권 확대를 목표로 교황 재치권을 강화할 수 있는 한 방안으로 규정된 것이었다. 더욱이「교황법령」제18조 '교황의 선고는 교황 자신 외에는 누구도 취소할 수 없다'는 규정은 교황의 사법적 수위권을 확인하는 최후의 선언이었다. 이에 비해 주교의 법적 판결은 상위의 다른 권위에 의해서 변경될 수 있는 여지가 있다는 면에서 교황의 권위는 주교와 뚜렷하게 차등화된다고 할 수 있다.

「교황법령」제21조와 24조는 교황의 사법권이 미칠 수 있는 범위를 규정하고 있다. 교황이 교회에서 최고의 직권 재판권을 가지고 있다는 것은 이미 전통적인 교회법에서 공식적으로 인정되고 있다. 그런데 그레고리오와 그의 추종자들은 이보다 한 걸음 더 나아가서 필요하다고 판단될 때는 언제든지 교황이 주교구와 지역교회의 문제에 직접 간여할 수 있는 사법적 직권을 소유하고 있음을 강조하였다. 제21조와 제24조는 그와 같은 개혁 교회법학자들의 의견을 요약적으로 규정한 것이었다. 이러한 주장은 이미 위 이시도루스의 법령에 그 뿌리를 가지고 있다.

『위 이시도루스 법령집』에 포함된 위 비길리우스Pseudo-Vigilius의 문헌은 "주교가 주저할 때 교황은 교회 내에서 어떠한 사안이든지 조정할

---

104) 같은 책, pp.119-120.

수 있다는 것을 언급했으며, 복음에 위배된다면 주교와 마찬가지로 교황이 주교의 종속자들을 직접 꾸중할 수 있지 않은가"라고 반문하고 있다.[105] 이 문헌에 근거하여 그레고리오와 개혁 교회법학자들은 교황이 주교의 사법적 직권에 간여할 수 있다는 관념을 진전시켜 나아갔다. 이러한 권한에 입각해서 교황은 주교뿐 아니라 하위 성직자에까지 교황의 사법권을 행사할 수 있다고 보았다. 그러한 면에서 로마 교황은 모든 교회에 대해서 전능한 사법권을 가진 재판관이었다.[106]

교황의 사법적 직권에 관한 법령은 『74주제 법령집』에 정리되었다. 이 법령집의 1.10 교황 젤라시오 1세의 문헌에서는 "성 로마교회는 모든 교회를 재판할 수 있는 권리를 가지고 있으며 누구도 그 판결에 논란을 제기할 수 있는 권리를 소유하지 못한다"고 언급하고 있다.[107] 안셀무스 루카는 이 교령과 함께 유사한 내용들을 법령집에 편집하였다.[108]

(5) 궐석자의 재판과 황제의 폐위

그레고리오의 법령이 전통적 관념을 위반하고 새로운 제도를 만들어낸 것이라고 비판받는 요인으로 「교황법령」 제5조의 궐석자에 대한 면직 또는 폐위 조항을 들 수 있다. 사실 로마교회가 상소를 받아들여 청문하고 사건에 관련된 당사자들을 소환할 수 있는 권리는 전통의 교회법에 근거하여 정당한 것으로 간주되어 왔다.[109] 그런데 이러한

---

105) Bernold of Constance, *Apologiticus* c. 23, MGH, *Libelli de lite* II 87f.
106) R. Benson, "Plenitudo Potestatis; The Evolution of a Formula from Gregory to Gratian," *Studia Gratiana* 14 (1967), pp.213-214.
107) Gilchrist, *The Collection in Seventy-four titles*, p.76.
108) Cushing, *Papacy and Law in the Gregorian Revolution*, Appendix Ic p.171, *Collectio canonum*, II.16.
109) Gilchrist, *The Collection in Seventy-four titles*, p.72. 제1주제 제3조 로마시의 대주교 Zephyrius가 모든 주교들에게 보내는 서한.

로마교회의 사법적 권한이 궐석자를 처벌하는 정도에까지 이를 수 있는 권한이라고 정당화될 수 있는지의 문제가 대두된 것이다. 개혁 법령인 『74주제 법령집』에서조차 이 문제와 관련된 전통의 교회법을 그대로 수용하여 궐석자에 대한 재판의 부당성을 규정하고 있다.[110] 그럼에도 불구하고 그레고리오는 교황 법정이나 교황 특사 법정, 또는 공의회의 소환에 불응하거나 거부한 자들은 보편교회에 치명적인 해를 입히거나 한탄할 만한 손실을 주는 것이라고 판단하였다.[111] 이러한 판단에 따라서 그레고리오는 일정한 법적 절차를 거쳐서 그러한 위반자들을 처벌하였다.

소환당한 자를 처리하는 교회법의 절차는 유죄 판결 전에 소환을 불응한 자에게 세 차례의 출두 기회를 주는 것이었다.[112] 그레고리오는 이러한 절차를 상기시키면서 랭스의 대주교 마나세스를 질책한 바가 있다.[113] 뿐만 아니라, 1074년 그레고리오는 파비아의 주교 윌리엄에게 보낸 서한에서 불복종에 대해 법령을 엄격히 적용하기보다는 일정한 관용을 베풀어 기회를 더 준다는 점을 언급하였다.[114] 또한 두세 번의 기회를 주어도 여전히 불복종하는 오를레앙의 주교 라이네리우스의 처벌을 40일 간 유예하고 불복종을 돌이킬 수 있도록 하는 절차를 부여하기도 하였다.[115]

이와 같은 사례에서 알 수 있는 바와 같이 소환에 불응하는 자들에 대해서 그레고리오는 꾸준히 교회법적 절차를 지키려고 노력하였다. 그러나 그레고리오에게 있어 큰 난관은 교회법 절차에 따라 만회의

---

110) 『74주제 법령집』 제13장 제103조-제107조 '누구도 궐석된 상태에서는 재판될 수 없는 것과 부당한 재판에 대해서'.
111) *Register* 4.23. p.236.
112) Gilchrist, "Gregory VII and the Juristic Sources," pp.20-23.
113) *Register*, 2.56.
114) *Register*, 2.35.
115) *Register*, 2.5.

기회를 부여해도 여전히 완강하게 복종을 거부하는 자들에 대한 처리 문제였다. 그 가운데서 가장 치명적인 사건은 하인리히 4세와 그레고리오 7세 사이에 빚어진 충돌이었고, 황제의 저항은 교황의 권위에 대한 정면 도전으로 간주되었다. 더 이상 상황의 호전을 기대할 수 없는 극한 상황 속에서 이에 맞서 교황이 취할 수 있는 방안은 용이하지 않았다.

혐의자가 법정에 출두하기를 계속해서 거부할 때 그를 과연 궐석의 상태에서 재판하는 것이 불가능하다는 것인가? 그리고 심각한 불법을 자행하는 자들을 더 이상 응징할 수 있는 방법은 없는 것인가? 이러한 의문점에 대해서 그레고리오는 단호하게 응징의 가능성을 제시하였다. 교황의 법정에서 혐의가 있는 자를 교회법적 절차에 따라 소환하고 그가 만회할 수 있는 기회를 최대한 부여하지만 이를 더 이상 기대할 수 없는 자들에게는 그에 상응하는 처벌을 시행하는 것이다. 이에 대한 대책으로 그레고리오는 「교황법령」 제5조 '교황은 소환에 불응한 자를 궐석의 상태에서 면직처분할 수 있다'고 규정하였다. 그렇다면 이러한 그레고리오의 규정은 교회법을 위반한 것인가? 질크리스트는 법령 제5조는 전통의 법에 위배되는 것이 아니라고 단호히 언명하고 있다.[116]

우선 『74주제 법령집』 제13장 '누구도 궐석된 상태에서 재판될 수 없다'는 표제는 제11장 제95조와 연계하여 이해되어야 한다. 제95조에서는 "만일 어느 주교가 법적으로 고발되고 교회법적으로 공의회에 소환되었다면 그는 흔들림이 없이 출두하여야 한다. 그러나 그가 출두할 수 없을 때에는 자기 대신에 대리인을 공의회에 보내도록 해야 한다. 그가 출두를 거부하지 않는다는 것을 입증한다면 누구도 그를 해치치 못할 것이다"[117]의 구절을 통해서 볼 때 궐석 재판에서 보호받을

116) Gilchrist, "Gregory VII and the Juristic Sources," p.24.
117) Gilchrist, The Collection in Seventy-four titles, p.122.

수 있는 자는 법정의 소환을 거부하지 않거나 불출두에 대한 충분한 해명과 이유를 가지고 있는 경우이다. 따라서 이러한 일정한 법적 절차를 이행하지 않는 자들은 궐석 재판의 금지 조항의 혜택을 받을 수 없는 것이다.[118] 다른 한편으로 법정이 적법한 법적절차를 잘 수행했 다면 궐석 재판의 금지 조항은 적용될 수 없다는 의미를 내포하기도 한다. 따라서 적법한 절차 속에서 법정의 재판이 진행되고 있음에도 불구하고 명백한 이유가 없이 소환에 불응하는 자들에게 「교황법령」 제5조를 적용하는 것은 결코 교회법에 위배되는 것이라고 볼 수 없다는 것이다.

그레고리오는 소환에 응하지 않는 자들에 대해서 그가 저지른 본래 의 범행보다는 법정 소환 불복종의 죄를 추가하여 이를 궐석의 상태에 서 재판할 수 있다고 본 것이다. 그는 그러한 선례를 이미 충분히 알고 있었다. 995년 파비아 공의회에서 그레고리오 5세는 "교회법을 위반하고 자신의 주교구를 떠나 다른 교구를 침해했던 주교 귀스라를 교회법적으로 소환하고 이에 응하도록 하였다. 만일 이를 거부한다면 그의 사제직이 중지될 것이라"고 하였다.[119] 또한 1060년 교황 니콜라 스 2세의 특사 추기경 스테파누스는 돌의 주교에게 "성베드로와 그의 대리자의 권위로 나는 당신을 소환한다. 만일 당신이 정해진 시간 안에 나에게나 나의 주에게 출두하지 않으면 당신은 가차 없이 처벌을 당하게 될 것이다"라고 하였다.[120]

이와 같은 상황에 비추어 본다면 궐석자의 재판과 면직에 관한 그레 고리오의 입장은 전통적인 교회법을 위반한 것이라고 볼 수 없을 것이 다. 따라서 궐석의 상태에서 내려진 황제 폐위 선언은 적어도 그레고리

---

118) Gilchrist, "Canon Law Aspects", p.34.
119) MGH Constit, et acta, i, 537, line 16.
120) Patrologiae Cursus Completus, Patrologia Latina Database Chadwyck-Healey Inc. v.143 1412B.

오에게 있어서는 정당한 조치였던 것이다.

(6) 개혁법령집의 의미

교황 그레고리오 7세의 개혁이 전통적인 교회법에 근거한 것인지의 문제는 그레고리오 개혁의 성격을 설명하는 데 있어 매우 중요한 열쇠가 된다. 그러나 정작 11세기 개혁의 법적 근거에 대해서 중세 사가들의 견해가 다양하고 상충되기 때문에 그레고리오 개혁에 대한 해석도 다면적일 수밖에 없다.

「교황법령」에 집약된 그레고리오 개혁의 교회법적 근거와 개혁의 성격에 대해서 의견이 일치되지 못하는 것은 다음과 같은 몇 가지 문제로부터 비롯된다고 할 수 있다. 첫째, 중앙집권적 교황 수위권을 강조하는 그레고리오 7세의 개혁 정책이 주교의 권익 옹호에 주안점을 둔 위이시도루스 법령집이나 부르히아르트 보름스의 법령집과는 시각이 다르다는 점이다. 둘째, 그레고리오가 전통의 법을 모아서 편집하고 정리한 위의 두 법령집에 합당하지 않은 주장을 제기하기 때문에 그의 개혁정책은 초월적이며 혁신적일 뿐 아니라 반교회법적이라는 점이다. 셋째, 그레고리오의 개혁이 성직매매 및 독신주의의 금지와 같은 도덕적 차원에 머무는 것이 아니라, 로마교회의 특권적 지위를 토대로 교황 수위권에 최종적 목표를 설정했기 때문에 전통적 개혁 정신에서 벗어났다고 하는 점이다.

그레고리오 7세는 특별히 교황의 보편적 지위를 강조한 인물이었다. 교황의 보편성이 받아들여질 때 명실상부하게 교황 수위권이 인정될 수 있는 것이다. 그러나 개혁 시대 직전까지 큰 위력을 과시했던 두 법령집에서는 이를 언급하지 않았다. 그렇지만 이에 대한 사례가 전혀 없었던 것은 아니었다. 그레고리오는 고대의 니케아 공의회, 칼케돈 공의회의 규정들, 젤라시오 1세와 위 유리우스*Psuedo-iurius* 법령 등에 입각해서 그러한 보편성을 강조하였다.

그레고리오는 교황의 입법적 권위를 강화함으로써 교회법의 보편성을 확보하고자 하였다. 각종 현안문제들에 대해서 각 지역 주교회의에서 규정된 법령들이 오랫동안 상충과 모순을 야기하였다. 이러한 문제를 해결하기 위해서 그레고리오는 하위 권위 법령을 상위 권위의 법령에 종속시킴으로써 법령의 위계질서 체계를 확립하고 상충의 문제를 해결하고자 하였다. 따라서 교황에게 최고의 입법적 권위를 부여하고 교황으로부터 인정될 수 있는 법령들이 교회법의 전통과 권위의 범위 안에 들어올 수 있도록 하였다. 이러한 현상은 위 이시도루스와 브르히아르트 두 법령의 취지와는 완전히 다른 것이었으며, 교회입법의 권한이 주교의 손으로부터 교황에게로 옮겨가는 변화라고 할 수 있다.

3. 교황 그레고리오 7세의 개혁: 전통과 혁신의 양면성

(1) 그레고리오 개혁의 지향점

교황 레오 9세 때로부터 교회 개혁의 중심에 서 있었던 교황 그레고리오 7세의 활동은 11세기 역사에서 분수령을 이루었고, 현대에 이르기까지 많은 역사가들의 관심이 집중되었다. 그것은 아마도 그레고리오의 개혁이 당대의 역사적 사건으로만 그친 것이 아니라, 그 다음 세대를 뛰어넘어 지속되었고 중세의 전성기에 교황의 세속권을 크게 강화하는 데에 동기를 마련해주었다는 데에서 그 한 원인을 찾을 수 있을 것이다.

황제 하인리히 3세와 교황 레오 9세의 협력과 제휴를 통해서 시작된 교회의 개혁운동은 로마교회를 개혁의 구심점으로 삼게 되었고 개혁의 대상은 성직매매, 성직자의 결혼, 교회의 세속화 등 부패와 부조리로부터 교회를 해방시키는 것이었다. 로마 개혁파의 일원으로서 일찍부터 개혁에 깊숙이 간여하였던 대부제 힐데부르란트 역시 교회의 부패를 일소하고 질서를 회복하고자 하는 개혁의 중심적 주제를 벗어나지 않았다. 그러나 교회 질서의 회복은 개혁의 주체인 로마교회와 교황의 지위를 공고히 하지 않고는 불가능한 일이었고, 교회가 세속의 지배와 간섭을 물리치지 않고는 그러한 과업을 성취해 나갈 수 없었다.

교회의 부패를 일소하고 순수성을 회복한다는 것은 오랫동안 왜곡되어온 관행을 무너트리고 초기 그리스도교 시대의 정신과 삶으로 돌아가는 것을 의미하였다. 이는 성서와 교부의 사상과 일치하는 것이며 전통적인 교회법을 부활시키는 것과도 같았다. 따라서 그레고리오는 자신의 행동과 사고가 언제나 성서와 전통적 권위에 기초하고 있다는 것을 강조하였다. 그러한 면에서 그레고리오의 개혁은 새로운 제도를 지향하는 혁신이라기보다는 전통적 질서의 회복을 의미하는 것이었다.

그러나 만연되어 있는 교회와 세속의 밀착과 담합으로 그레고리오의 개혁은 저항을 받았으며 그 저항 세력은 세속 군주들뿐 아니라 세속과 결탁하여 특권을 누리고 있었던 많은 주교들이었다.[121] 그러므로 그레고리오 개혁파들은 우선적으로 로마교회의 보편성을 인식시키고 교황에게 지역교회의 주교들과 차별되는 최고의 권위를 부여하지 않고서는 그들의 개혁적 목적을 달성할 수 없었다. 개혁을 거부하는 주교들과 세속군주들에게 있어서 그레고리오 개혁파의 활동이야말로 파격적이며 기존의 질서를 파괴하는 것이었다.

---

121) 중세의 봉건적 질서 속에서 각 지역의 영적 지도자인 주교가 동시에 세속 정치적 지도자로서의 이중적 역할을 담당하는 경우가 많았다. 교회법적으로는 위 이시도루스 교령집 이후로부터 부르히아르트 보름스의 교령집에 이르기까지 그리스도교 사회 내에서 주교는 로마의 주교나 별로 다를 바 없는 최고의 권위를 인정받았고, 11세기 초반까지의 대부분의 개혁 법령들이 주교의 지위와 사법적 권익을 옹호하는 내용을 규정하고 있었다. 그러한 면에서 그레고리오 개혁에 있어 세속적 힘을 소유하고 교회법적 정당성을 인정받고 있는 주교들의 세력은 '성직을 겸하지 않는 세속군주들'보다도 더 큰 걸림돌이었다고 해도 과언이 아닐 것이다.

초기 그리스도교의 정신과 질서의 회복을 주창한 그레고리오 개혁은 많은 저항에 부딪히면서 로마교회와 교황의 수위적 특권, 황제폐위권, 교황의 영주권, 교황의 주교임면권 등 교황권의 강화가 개혁의 본질처럼 느껴지게 되었다. 바로 그러한 점이 그레고리오 개혁을 바라보는 역사가들이 개혁의 비중을 어디에 두어야 할지 난관에 처하게 하였다. 그레고리오 7세가 누누이 강조한 바와 같이 개혁의 속성은 과연 과거의 순수한 질서 회복에 중심을 둔 것인지, 아니면 서구 그리스도교 사회를 지배할 수 있는 교황의 수위적 권한 강화를 궁극적 목표로 하는 것인지의 논쟁거리를 역사 속에 던진 것만은 분명한 것 같다. 본서에서는 이러한 논쟁의 와중에서 개혁 활동을 변론하는 그레고리오의 편지들과 「교황법령Dictatus Papae」을 중심으로 그레고리오 개혁의 성격을 규명해보고자 한다.

(2) 서한에서 보이는 전통과 개혁의 정신

그레고리오 7세는 성직매매와 성직자 결혼을 근절하기 위한 개혁 활동에서 가장 열정적인 주창자였다. 그는 자신의 개혁적 의도를 전하기 위해서 역대 교황들 중에서 가장 많은 교황특사를 각 지역에 파견하였고, 개혁의 동역자들에게 매우 많은 편지를 보내게 된다.[122] 그러한

---

122) 여러 가지 현안에 맞서서 그레고리오는 어느 교황들보다도 많은 교황 특사를 파견하였고, 자신의 정책과 행위를 정당화하는 서한들을 보냈다. 11세기 말과 12세기 초에 있었던 그레고리오 서한의 수집과 편집활동을 고찰해 본다면 그레고리오 편지가 어느 곳에 어느 정도나 전달되었는지를 알 수 있을 것이다. 그러한 서한 편집으로는 11세기 말 마네골드Manegold of Lautenbach에 의해서 편집된 『게베하르트에게의 헌정서Liber ad Gebehardum』와 12세기 초 우달리크Udalich of Bamberg가 편집한 『우달리크 법전Codex Udalich』, 콘스탄스의 주교 오토에게 보내는 편지를 담고 있는 베르놀드Bernold of Constance의 『호교론Apologeticus』과 『연대기Chronicon』, 부르노Bruno of Merseburg의 『작센전쟁Saxonicum bellum』, 휴Hugh of Flavigny의 『연대기Chronicon』, 파울Paul of Bernried의 『그레고리오 7세의 생애Vita Gregorii VII』 등을 들 수 있다. 또한 쾨니히베르그, 셀레스타트,

그레고리오 성향을 가장 잘 대변해주는 문서가 바로 메츠의 주교 헤르만 메츠Hermann of Metz에게 보낸 두 번째 편지(1081)이다. 개혁적 신념을 주입시키고 알리기 위해 그레고리오는 항상 성서나 교부의 신학과 같은 전통과 권위를 전면에 내세웠고 직면해 있는 현안 문제들을 다루고 풀어나가는 방식과 방향의 정당성을 알리고자 하였다. 그만큼 그의 주장은 선전적일 뿐 아니라 논쟁적이기도 하였다. 마네골드 라우텐바흐는 그레고리오의 일곱 편지를 분석하면서 그리스도교 규칙의 교화나 그리스도교의 은총을 담고 있지 않은 말은 한 마디도 그의 입에서 나오지 않았다고 설명하였다.[123] 베르놀드 콘스탄스의 「호교론 Apologeticus」에서는 콘스탄스의 주교 오토에게 보낸 그레고리오의 편지를 인용하고 있는데 이 편지에서 그레고리오 7세가 거듭 주장하는 것은 교령들이 결코 혁신이 아니라 교부들이 정한 규칙들이라는 점이었다.

그레고리오의 개혁적 행보가 기존의 관행에 대한 급격한 변화를 가져오는 것이었기 때문에 주교들이나 세속권력으로부터 많은 저항을 받을 수밖에 없었다. 그러한 이유로 그레고리오는 개혁 정책의 정당성을 알리기 위해 자주 서한을 작성하여 보낼 수밖에 없었고, 적대 세력에 대해 논박하는 입장을 취할 수밖에 없었다. 개혁의 정신을 정당화하고 교화하려고 할 때 그러한 주장이 수용될 수 있도록 뒷받침해 줄 수 있는 것은 성서나 교부의 신학, 교회법과 같은 전통적 권위였다. 그러한

트리에르 등의 지역에서 편집된 법령집들에는 지역에 보낸 몇몇 그레고리오 편지의 원형들을 일부 또는 전체를 소개하고 있다. 이러한 서한들은 카스파르 Erich Caspar가 편집한 『그레고리오 7세의 교황문서등록부』와 코쥬리H.E.J. Cowdrey가 편집한 『그레고리오 7세의 산재한 서한모음집』에 거의 모아져 있다; I. S. Robinson, "The Dissemination of the Letters of Pope Gregory VII During the Investiture Contest," The Journal of Ecclesiastical History vol.34, (1983), pp.175-193; Erich Caspar, Das Register Gregors VII, 2vols. MGH (Berlin : Weidmann), 1955, 1.15; 영역본 Herbert Edward John Cowdrey, The Register of Pope Gregory VII, 1073-1085 (Oxford, New York: Oxford UP), 2002; H.E.J. Cowdrey, The Epistolae Vagantes of Pope Gregory VII (Oxford: Oxford UP), 1972.

123) Manegold, Ad Gebehardum, M.G.H., Liblelli de lite i. 332f.

필요성을 절실하게 인식하고 있었던 그레고리오는 자신의 개혁적 행위가 결코 새로운 것이 아니고 혁신적인 것도 아니며 순수하게 옛 전통적 권위에 기초하고 있다는 것을 서한에서 누누이 강조하곤 하였다.[124]

그레고리오는 순수한 전통으로 돌아가는 것 자체가 바로 새로워지는 것이라고 주장하였다. 다시 말하면 새로워진다는 것은 신의 형상을 따라 만들어진 인간의 원래 모습처럼 그리스도 안에서 거듭나게 되는 것을 의미하였다. 이는 바로 바울 사도가 고린도인들에게 전한 가르침[125]이었다. 이러한 바울 사도의 가르침은 교부 시대에 보편적으로 받아들여진 전통적 관념[126]이 되었다. 그레고리오는 이와 같이 성경에

---

124) E. Caspar, *Das Register Gregors VII,*, 9. p.20; 같은 문헌 1.15의 서한에는 다음과 같은 성서의 구절들을 되풀이 하면서 그레고리오 자신의 주장이 성경에 근거하고 있음을 강조하고 있다. '크게 외치라 목소리를 아끼지 말라 네 목소리를 나팔 같이 높여 내 백성에게 그들의 허물을, 야곱의 집에 그들의 죄를 알리라'(이사야 58:1), '가령 내가 악인에게 말하기를 너는 꼭 죽으리라 할 때에 네가 깨우치지 아니하거나 말로 악인에게 일러서 그의 악한 길을 떠나 생명을 구원하게 하지 아니하면 그 악인은 그의 죄악 중에서 죽으려니와 내가 그의 피 값을 네 손에서 찾을 것이고'(에스겔 3:18), '여호와의 일을 게을리 하는 자는 저주를 받을 것이요 자기 칼을 금하여 피를 흘리지 아니하는 자도 저주를 받을 것이로다.'(예레미야 48장 10절)

125) 고후: 4:16 그러므로 우리가 낙심하지 아니하노니 겉 사람은 후패하나 우리의 속은 날로 새롭도다.
골: 3:9 너희가 서로 거짓말을 말라 옛 사람과 그 행위를 벗어버리고 10: 새 사람을 입었으니 이는 자기를 창조하신 자의 형상을 좇아 지식에까지 새롭게 하심을 받는 자니라; 엡 4:23 오직 심령으로 새롭게 되어, 24 하나님을 따라 의와 진리의 거룩함으로 지으심을 받은 새 사람을 입으라; 고후3: 18 우리가 다 수건을 벗은 얼굴로 거울을 보는 것 같이 주의 영광을 보매 저와 같은 형상으로 화하여 영광으로 영광에 이르니 곧 주의 영으로 말미암음이니라; 롬 12:2 너희는 이 세대를 본받지 말고 오직 마음을 새롭게 함으로 변화를 받아 하나님의 선하시고 기뻐하시고 온전하신 뜻이 무엇인지 분별하도록 하라.

126) Athanasius, *De incarnatione*, *14*, *Migne*, *Patrol. Graec.*, XXV, 120; Gregory of Nyssa, *DE virginitate*, 12, *Patrol. Graec.*, XLVI, 373 C; Ambrose, *Expositio evangelii Lucae*, vll, 234; Augustine, *De peccatorum meritis et remissione*, II 7 (9) CSEL, LX, 79; Gregory the Great, *Epist.* VI, 12, MG, *Epistolae*, I, 390; Alcuin, *Epist.* 172, MG.

근거를 두는 한편, 교부들의 전통인 '새롭게 변화됨'의 가르침을 강조하면서 그리스도교의 세계가 새로워져야 한다고 주장하였다.[127]

그레고리오는 1075년 밀라노의 봉건적 교회 권력에 대항하여 일어난 파트리아 소요를 목도하면서 소요의 지도자 리우트프란드[128]에게 편지를 보낸다. 이 편지에서 그는 신의 형상과 개혁을 관련지어 설명하였다. 교황은 이 밀라노 성직자의 수고와 고통이 신의 형상을 따라 사람들을 새롭게 해야 하는 교회 개혁의 한 동기를 제공한다고 보았다. 따라서 이 개혁은 그리스도인이 개별적 인격으로서 새롭게 되어야 한다는 전통적 관념과 연결된다고 생각한 것이다.[129]

1075년 그레고리오는 반항적인 독일 지역의 주교들을 순화시키기 위해 루돌프 쉬바비아에게 편지를 보내어 오랫동안 무시되어온 교회법을 준수하고 법에 따라 성직매매와 성직자 결혼을 금지하도록 요구하였다. 이때 그레고리오는 개혁이란 원칙적으로 새로운 조치를 취하고, 새로운 법을 선포한다는 것을 의미하지만 자기 자신은 단지 옛 법을 재확인할 뿐이라고 하였다.[130]

그렇지만 그는 1075년 3월 29일 아노 쾰른에게 보낸 편지에서 로마교회는 부패에 맞서서 새로운 법을 반포해야 좋을 것이라고 말한 바가 있다. 그러고 나서 그해 라테란 시노드에서는 "채택된 성직자 독신주의 법령은 그 자신의 창작물이 아니고 교부들의 정전을 되풀이 한 것에 불과하다"고 주장하였다. 그레고리오는 그 자신이 개혁자로서 행동했을지라도, 자신이 새로운 것을 만드는 혁신적 창안자가 아니라고 극구

---

127) Gerhart B. Ladner, "Two Gregorian Letters; On the sources and nature of Gregory VII' Reform Ideology," *Studi Gregoriani* 5 (1956), pp.222-223.
128) 밀라노 소요를 주동한 성직자로서 소요의 책임자로 몰려 팔다리가 잘리고 코를 베이며 죽는다. 교황 그레고리오는 그를 전형적인 순교자의 모형이라고 생각한다.
129) Ladner, "Two Gregorian Letters," pp.223-224.
130) 같은 논문, p.236.

부인하였다. 그러한 면에서 본다면 그레고리오 개혁은 단순히 혁신적
이라고 말할 수는 없다.

전통은 과거로부터 지속되어온 의식이나 제도, 관습 등을 그 범주
안에 포함한다. 그레고리오가 이상화한 바처럼 교부의 정신과 신의
형상은 그 전통의 일부이다. 그러나 누적되어온 전통 속에는 원래의
것을 변형시키고 심지어는 그것에 위배되는 관습도 포함되어 있다.
그레고리오는 전통의 범주 속에서 원형으로서 모형이 될 수 있는 인간의
삶과 그와 같은 순수성을 오염시키고 손상시키는 제도를 구분하였다.

개혁의 동역자이며 교황 특사인 귀트문트 아베르사[131])에게 보낸
편지[132])에서 그레고리오는 전통의 성격을 분별하여 강력한 개혁의
원리를 표명하였다. 교황이 황제에 대해서 분개하고 있는 것은 세속권
력이 교회의 성직임명권과 재산권을 행사한다는 점이고, 세속의 성직
임명으로 말미암아 부도덕한 성직매매가 만연되고 있는 것이었다.
개혁적 정신을 가지고 있는 로마교회와 교황의 입장에서는 이러한
행위와 제도가 부조리한 것으로 확신하지만, 황제와 기존의 제도에
의해서 임명된 주교들은 그러한 것이 하나의 관행이요, 전통이고 결코
파기될 수 없는 관습이라는 점을 강력히 내세웠다. 이러한 논쟁적

---

131) 같은 논문, pp.227-230; 귀트문트Guitmunt는 1077년 교황의 특사로서 파견되었
고 1083년에는 로마시의 시민들과 황제 하인리히 4세, 그리고 그레고리오
7세 사이에서 화해 협상을 할 때 교황의 편에서 역할을 하는 등 그레고리의
개혁 활동에 적극적으로 참여한 인물이다.

132) Ivo of Chartres, *Decretum*, IV, 213, *Migne, Patrol. Lat.* CLXI, 311; "Gregorius
VII ad Wimundo Abersano episcopo. Unam qui veritati contrarius est abolendum
esse.: Si consuetudinem fortassis opponas, advertendum fuerit quod Dominus
dixit: Ego sum veritas et vita (Joan. XIV). Non ait: Ego sum consuetudo,
sed, veritas. Et certe, ut beati Cypriani utamur sententia, quaelibet consuetudo
quantumvis vetusta, quantumvis vulgata, veritati est omnino postponenda,
et usus qui veritati est contrarius abolendus." *JL* 5277. 이 편지의 약간 변형된
사본이 Ivo의 *Panormia*와 *Colletio Trium Partium*, Gratian의 *Decretum* D VIII,
c. 5.12에 포함되어 있다.

대립 속에서 그레고리오가 할 수 있는 것은 관습에 기초한 관행의 부당성을 지적하고, 이를 무력화시킬 수 있는 권위를 인식시켜주는 것이었다. 그레고리오는 교황특사인 귀트문트가 그와 같은 정신과 원칙으로 무장을 해서 그 지역에 그러한 원리를 전달하고 계몽시키라는 취지로서 편지를 보낸 것이다.

그레고리오는 이 편지의 첫 머리에 '나는 길이요, 진리요, 생명이라' (요한 14, 6)는 그리스도의 말을 인용하면서 아주 오랫동안 지속되고 가장 널리 퍼져 있는 관습일지라도 진리와 대립된다면 폐지되어야 함을 주장하고 있다. 그리스도는 결코 '나는 관습이요'라고 말한 적이 없음을 강조하고 교부 키프리아누스의 문헌을 참조하며 진리와 관습을 대비시키고 있다.[133] 그레고리오는 인간 세계에서 진리가 되는 그리스도를 능가할 권위가 없으며, 따라서 인간들이 지켜온 관습은 어떠한 것일지라도 진리보다 하위에 있다는 점을 인식시키고자 하였다. 이러한 정신에 입각해서 그레고리오 개혁 진영에서는 교회법에 근거하지 않은 관습은 지켜야 할 의무가 없으며, 그러한 제도와 타협할 여지가 전혀 없다는 점을 분명히 하였다.[134]

편지에서 인용된 "나는 길이요, 생명이다. 나는 관습이 아니라 진리이다"의 구절은 성서(요한 14, 6)에 근거한 것이지만 진리를 관습과 대립적인 개념으로 여기고 그릇된 관습을 철폐하기 위해 진리를 내세우는 이러한 형식은 이미 교부들의 문헌에 나타나고 있다. 그레고리오는 이를 충분히 알고 있었기 때문에 귀트문트에게 보내는 편지의 첫머리에

---

133) Ivo of Chartres, *Decretum*, IV, 213; "Si consuetudinem fortassis opponas, advertendum fuerit quod Dominus dicit; Ego sum veritas et vita. Non ait: Ego sum consuetudo, sed veritas. Et certe, ut beati Cypriani utamur sententia, quaelibet consuetudo, quantumvis vetusta, quantumvis vulgata, veritati est omnoni postponenda et usus qui veritati est contrarius abolendus."

134) Ladner, "Two Gregorian Letters; On the sources and nature of Gregory VII' Reform Ideology," p.230.

교부 키프리아누스를 언급했다. 사실 키프리아누스가 관장한 256년 9월 카르타고 공의회에서 바가의 주교 리보수스가 『명문집Sententia』 30에서 "주님은 복음에서 '나는 진리이다'라고 말하였다. '나는 관습이다'라고 말하지 않았다"[135]라고 기술하였다.

키프리아누스는 이단의 세례에 관한 문제를 두고 폼포니우스에게 보낸 편지에서 리보수스의 말을 "관습은 옛 진리가 없이는 잘못된 것이다. … 그리스도가 우리들에게 진리를 보여주면서 복음서에서 '나는 진리이다'라고 말하였다"[136]로 변형하여 서술하였다. 그런데 이러한 생각은 키프리아누스에 의해서 처음 만들어진 것이 아니고 이미 테르툴리아누스가 그의 「처녀의 천 두루기De virginibus velandis」에서 이미 표현한 것이었다.[137]

편지에서는 언급되지는 않았으나 교부 아우구스티누스가 바로 리보수스의 말을 그의 『세례에 대해서De baptismo』에서 인용하였다. 그레고리오 편지의 문구로 미루어 볼 때 그러한 형식의 표현이 마치 키프리아누스의 말을 인용하는 것처럼 보이지만 실제는 테르툴리아누스-키프리아누스-아우구스티누스의 계보를 거치는 원리를 빌려온 것으로 생각된다.

진리는 관습보다 우위에 있다는 정신은 그레고리오 개혁 운동의 최고 원리의 하나이다. 그런데 교황 스테파노 1세는 세례 논쟁에서 키프리아누스에 맞서서 "전통에 근거하지 않은 혁신은 거부되어야 한다"라고 하였다. 이러한 원리는 진리가 전통과 관습을 폐할 수 있다는

---

135) Soden, *Sententiae LXXXVII Episcoporum: Das Protokoll der Synode von Karthago am 1. September 256*, in *Nachrichten von der Königlichen Gesselschaft der Wissenschaften zu Göttingen*, Philo.-Histor. Klasse, (1909), p.247. "*In evangelio Dominus; Ego sum, inquit, veritas. Non dixit; Ego sum consuetudo.*"

136) Cyprian, *Epist.* LXXIIII, 9, p.806. "*Nam consuetudo sine veritate vetustas errotis est … Quam veritatem nobis Christus ostendens in evangelio dicit; Ego sum veritas.*"

137) Tertullian, *De virginibus velandis*, 1, PL, II, p.936.

원리와 충돌하는 것이 아닌가? 그럼에도 불구하고 스테파노의 원리는 그레고리오 개혁 사상의 중요한 또 하나의 축을 이루고 있음을 부인할 수 없다. 이 두 원리는 스테파노와 키프리아누스에게 있어서는 분명히 서로 대립되는 개념이었다.

그와 같은 역사적 배경을 의식하고 이를 외형상으로 볼 때는 분명히 상충하는 원리라고 생각할 수 있으나 이 두 원리를 동시에 받아들인 그레고리오 7세에게 있어서는 그것들이 반드시 대립되는 개념은 아니었다. 오히려 이 두 요소는 개혁을 완성시켜가는 데에 있어 서로 보완적인 관계에 있는 것이었다. 귀트문트에게 보낸 서한에서 "진리와 대립되는 관습은 폐지되어야 한다"[138]는 구절은 역으로 모든 관습이 반드시 진리에 역행하는 것이 아니라는 점을 내포하고 있는 것이다. 따라서 이 두 원리는 현안이 되어 있는 관습적인 제도들이 진리나 진정한 전통과 과연 조화를 이루는 것인지의 문제를 판단하는 데 있어 중요한 기준이 될 수 있었다.

개혁은 반드시 전통을 위배까지 하면서 추진하는 혁신은 아니다. 오히려 진리와 전통에 부합하는 관습을 유지하고 지키기 위해서 혁신과 개혁이 필요한 것이다. 수백 년 동안 지속되어온 그릇된 관습을 제거하고 바람직한 관습과 옛 진리 사이에 가교를 건설하는 것이 바로 그레고리오의 목적이었고 해결해야하는 문제였던 것이다.[139] 그의 행동과 개혁의 원리가 교회법의 전통과 권위에 서 있고 옛 법을 재확인하는 것이라고 공언했을지라도 전통의 범주 내에 머물러 있는 기존의 그릇된 관행을 거부하였다. 이러한 면에서 본다면 그는 혁신적이고 혁명적인 인물로 평가 받기에 충분하다.

---

138) Philip Jaffe, *Gesta Pontificum Romanorum*, 5277; "Usum qui veritati contrarius, est abolendum esse."

139) Ladner, "Two Gregorian Letters; On the sources and nature of Gregory VII' Reform Ideology," pp.234-235.

그레고리오가 많은 편지 속에서 강조한 바와 같이 옛 법은 성서와 교부의 신학에 기초한 것이었다. 반면에 진리로 폐할 수 있는 관습은 이미 옛 법에 위배되는 것이며, 폐지의 대상이 된 제도와 행위를 타파하는 활동은 분명히 개혁적이고 혁명적인 것이다. 그러므로 옛 법을 전통으로 이해하고, 진리는 부패와 모순된 제도를 혁파한다는 면에서 혁신의 근거로 이해한다면 전통과 혁신은 결코 서로가 상충하는 요소는 아니고 보완적인 것이었다. 그레고리오는 분명히 그의 의식과 활동 속에 전통의 고수와 혁신이라는 양면성을 지니고 있었다. 그러나 그에게 있어 그 양면성은 서로 모순되고 상충하여 의식과 논리에 있어 갈등을 야기하고 행동의 일관성을 상실케 하는 이중성은 결코 아니었다. 그레고리오에게 있어 이러한 요소는 각각의 것이 분명한 의미와 중요성을 가지고 있으면서 동시에 그의 활동 방향을 설정해주고 신념을 불어넣어주는 원동력이었다.

(3) 「교황법령*Dictatus Papae*」에 내포된 전통과 혁신의 양면성

그레고리오의 개혁적 정신은 선전적이고 논쟁적인 서한들 이외에도 그의 『교황문서등록부*Registrum*』의 또 다른 문헌들과 법적 권위를 지니는 교령에도 뚜렷하게 반영되어 있다. 그레고리오가 법학자는 아닐지라도, 그리고 그의 법령이 교회법적 근거를 일일이 명기하거나 언급하지는 않았을지라도, 그의 법령들이 이전의 전통적인 교회법을 무시한 채 작성된 것은 아니었다. 그럼에도 불구하고 그레고리오의 「교황법령*Dictatus Papae*」에 규정된 조항들, 특별히 제1조, 제2조, 제8조, 제9조, 제12조, 제13조[140] 등이 전통의 교회법에 위배되거나 일치하지 않는다는

---

140) 「교황법령」 제1조 로마교회는 주님(하나님)에 의해서 세워졌다. 제2조 로마 교황만이 합법적으로 보편적이라고 불릴 수 있다. 제8조 교황만이 황제의 표식(휘장)을 사용할 수 있다. 제9조 모든 군주들은 교황의 발에만 입을

점을 지적하고 그러한 규정들의 내면에 담겨 있는 교황의 인식과 태도는 분명히 전통의 범위를 벗어나고 있음을 부각시키는 견해도 있다.[141] 나아가서 그레고리오는 그와 같이 획기적이고 진취적인 의식 위에서 성직정치의 원리를 마음껏 표현하고 적용했으며, 중세 교황 왕국과 교황 주권의 초석을 마련했다고 말하기도 한다.[142]

그레고리오의 서한 이상으로 「교황법령」은 전통과 혁신에 대한 논란거리를 제공하였다. 그것은 무엇보다도 법령의 내용이 획기적인 것에 비해서 그것의 작성 동기를 알게 해주는 설명이 없고 너무 간결한 조항으로 구성되어 있는 데서 그 원인을 생각할 수 있다. 뿐만 아니라, 각 조항의 문구들은 교회법적 용어나 어감을 진하게 풍기는 용어들을 사용하였을지라도 직접적인 교회법의 전거를 부기하지 않았다는 점이 그 진의를 애매하게 하는 요소라 할 수 있다.

그레고리오는 적어도 표면적으로는 성직매매, 성직자 결혼, 교회 재산의 침탈 등 교회 내의 부패와 싸우며 수없이 많은 사건에 부딪혔다. 그러나 그레고리오가 개혁을 통해서 지향하는 핵심적인 것은 로마교회와 교황의 수위권 강화, 주교와 수도원장을 비롯한 고위 성직자 임면권을 통한 성직계서제도의 확립, 나아가서 로마교회로의 상소권 보장을 통해 로마교회와 교황의 사법권을 확립하는 일이었다. 「교황법령」은 어떻게 보면 그 과정에서 교황이 가정하고 계획했던 것들을 나열한 목록이라고 할 수도 있다. 그러한 면에서 「교황법령」은 교회 부패의 정화를 위한 개혁으로부터 교황의 수장제에 기초한 성직제도의 확립으로 나아가는 길목에 세워진 이정표요 지침이라고 할 수 있을 것이다.

맞추어야 한다. 제12조 교황은 황제를 폐위할 수 있다. 제13조 교황은 필요할 때에 주교를 다른 교구로 전보할 수 있다.

141) Erich Caspar, "Gregor VII. in seinen Briefen," *Historische Zeitschrift* 130 (1924), pp.4, 22, 30.

142) Michael Wilks, *The Problem of Sovereignty in the Later Middle Ages* (Cambridge: UP, 1963), p.70.

그러나 법령의 내용이 매우 진보적이고 과격하기 때문에, 그리고 교회 정화의 외침이나 분위기와는 매우 다른, 어떻게 보면 파격적인 내용을 담고 있기 때문에 「교황법령」의 작성자는 그레고리오가 아니라 그의 측근에 있었던 개혁자들 중의 하나였을 것[143]으로 여기기도 한다.

「교황법령」은 1075년 3월에서 4월 사이에 『교황문서등록부』에 등재된다. 27개 조항의 법령을 통해 구체화된 원칙들은 그레고리오의 정치에 어느 정도 반영되었다고 할 수 있으나 모든 내용이 언제나 동일하게 적용된 것은 아니었다.[144] 또한 「교황법령」은 이후의 교회법 편집에 거의 나타나지 않는다. 당시대의 한 사람이 그레고리오 선언문의 중요성을 인식하고 1085-1090년에 프와티에Poitiers 지역에서 유래하는 『타라코네의 교령집 Liber Tarraconeneisis』의 교정본 원본에 포함시키게 된다.[145] 이러한 정도 외에는 「교황법령」의 반향은 매우 미미했다.[146] 그렇다고

---

143) Karl Hofmann, "Der ≪Dictatus Papae≫ Gregors VII. als Index einer Kanonessammlung?," *Studi Gregoriani* 1 (1920), p.531. 교회법학자이며 개혁자였던 데우스데디트Deudedit가 실제적인 「교황법령」의 작성자라고 일반적으로 여기고 있다.

144) 코쥬리는 「교황법령」의 작성 동기에 대한 몇 가지 가능성을 제기한다. 첫째는 완성된 것은 아니지만 교황의 수위권을 위해 작성된 교회법 모음 계획표였으며 여러 법규가 추기경 데우스데디트나 안셀무스 루카Anselm of Lucca와 같은 당시의 교회법학자들의 교령집의 내용과 같은 것들이 많다는 점을 들 수 있다. 둘째, 그리스 교회와 라틴 교회의 연합을 추진하기 위해 교황 측에서 마련한 협상의 아젠다였을 것이라는 추정이 있다. 셋째는 1075년 수난절 시노드를 대비해 그 기조 강론을 위한 준비 작업이었을 것이라는 견해도 있다. 넷째는 1075년 초에 하인리히 4세가 로마에 와서 대관식을 받도록 기대하면서 황제를 향한 회유와 압박용으로 작성한 것으로 보기도 한다. 코쥬리는 법규의 여러 항목이 황제와 세속 군주에 관련된 것으로 볼 때 네 번째의 견해를 동의하고 있다. Cowdrey, *Pope Gregory VII 1073-1085*, pp.502-507.

145) Uta-Renate Blumenthal, "The Papacy and Canon Law in the Eleventh-century Reform," *The Catholic Hisorical Review* 84(2) (April, 1998), p.213.

146) J. T. Gilchrist, "Canon Law Aspects of the Eleventh Century Gregorian Reform Programme," *Journal of Ecclesiastical History* 13 (1962), pp.21-38; 1076년에서 1140년까지 잘 알려진 38개의 교회법 편집은 50,000조항을 포함하고 있다.

할지라도 11세기 역사에서 그레고리오 개혁의 비중이 매우 컸고 당대에는 관철될 수 없었을지라도 12 · 13세기를 거치면서 그 정신이 현실적으로나 교회법적으로 구현되어 갔다는 면에서 바라본다면 그레고리오 「교황법령」의 중요성은 매우 크다고 할 수 있다.

보리노G. B. Borino는 대부분의 「교황법령」 조항들이 『74주제 법령집』의 주제와 조항들에서 이미 언급되고 소개된 내용들을 요약하고 있는 것이라고 주장하였다.[147] 이러한 보리노의 견해에 대해 질크리스트J. Gilchrist 역시 동의를 표하고 있다.[148] 질크리스트는 27개 조항 가운데서 22개 조항이 『74주제 법령집』과 밀접히 연결되어 있으며 거의 같은 의미를 담고 있다고 보았다. 『74주제 법령집』의 저자인 주교 추기경 훔베르트는 1051년에서 1061년까지 로마에서 매우 강력한 영향력을 발휘한 개혁자의 한 사람이었고 그레고리오 7세는 그 당시 대부제大副祭 archidiaconus로서 교회법적 사고를 정립해 가는 데 있어 개혁 동역자들이 편집한 교령집에 의존했을 것이다.

논쟁을 불러일으킨 「교황법령」의 조항들 가운데서 가장 논란이 된 두 주제를 중심으로 그 성격을 파악하고자 한다. 첫째, 「교황법령」 제2조 '교황만이 보편적이라 불리운다'에서 규정된 보편적 교황론이

그 중에 약 240개만이 그레고리오 7세의 서한과 공의회 법령들을 사료로 하고 있을 뿐이다. 그 가운데서 163개는 1074년과 1080년에 로마에서 개최된 공의회의 법령들이고, 1078년 가을 공의회의 법령은 약 97회 인용되었다. 후자의 법령들이 그런대로 교회법 편집자들에게 많은 영향을 미친 것으로 생각된다. 그러나 전반적으로 교회법에서 그레고리오의 비중은 매우 미미했으며, 이러한 사실로 미루어 볼 때 역사가들이 가정하는 '그레고리오 개혁 프로그램'은 그 당시의 사람들과 그의 후계자들의 마음속에 존재하지 않았음을 의미한다고 할 수 있다.

147) G. B. Borino, "Un ipotesi sul 'Dictatus Papae' di Gregorio VII," *Archivio della R. Deputaz. di Storia Patria*, N.S. 10 (1944), lxvii. pp.237-252; Hofmann, "Der 'Dictatus Papae' Gregory VII als Index einer Kanonessammlung," pp.531-537.

148) J. Gilchrist, "Gregory VII and Juristic Sources of his ideology," *Studia Gratiana* 12 (1967), pp.3-37.

파격적이라는 점이다. 교황의 보편적 권능은 교황의 수위권을 구성하는 핵심적 요소이다. 그러나 호프만K. Hofmann은 제2조의 항목은 당시의 교회법에서는 유사한 내용을 찾아볼 수 없다고 주장하였다.[149]

그레고리오 1세 대교황은 콘스탄티노플의 총주교들이 보편적이라는 호칭을 사용하였을 때 그들을 나무라면서 '누구도 보편적이라고 불리어서는 안 된다'는 내용의 서한을 보냈다. 이 서한은 위 울리우스 Pseudo-Iulius 교령집에 담겨졌고 후대에 편집된 교령집들의 법원法源이 되었다.[150] 그레고리오 대교황의 편지는 9세기의 『위 이시도루스 교령집』에 포함되었고, 이 법령의 편집자는 대교황의 말이 '로마 교황을 비롯해서 누구도 보편적이라고 불릴 수 없다'는 것을 의미한 것이라고 단정적으로 해석하였다.

또한 교회개혁 시대에도 훔베르트의 『74주제 법령집』에 그레고리오 대교황의 서한이 포함되었다. 이 문제에 대해서 질크리스트는 반어적 수사를 통해 이를 해석한다. 그레고리오 대교황의 편지에 기록되어 있는 '누구도 보편적이라고 불려서는 안 된다'고 한 내용의 의미를 곰곰이 생각해보면 '누군가에게 보편적이라는 용어를 적용한다면 그는 바로 교황'이라는 것이다. 그리고 그 외에는 다른 누구에게도 그렇게 지칭할 수 없다는 것을 그 이면에 내포하고 있다고 추정하였다.[151] 이러한 해석은 12세기의 교회법학자 후구치오Huguccio에게서 암시되었다. 따라서 질크리스트는 그레고리오 7세가 규정한 보편적 교황론은 새로운 것이 아니고 이미 오래 전의 전통과 규정 그리고 문헌 속에 담겨져 있었다고 해석하고 있다.[152]

---

149) Karl Hofmann, Der Dictatus papae Gregors VII (Paderborn: Verlag Ferdinand Schöningh, 1933), p.40. 본장의 201쪽과 202쪽의 내용은 주제의 쉬운 이해와 연결을 위해 170쪽과 171쪽 내용을 되풀이하는 것임을 양해해주시기 바랍니다.

150) Gilchrist, "Gregory VII and Juristic Sources," pp.15-17.

151) Gilchrist, "Canon Law Aspect of the Eleventh Century," p.31.

152) Stephen Kuttner, "Universal Pope or servant of God's servants: The Canonists,

교황에게 보편권을 인정하는 것은 교황이 보편적 로마교회와 동일하다는 것을 의미한다. 그레고리오는 바로 그러한 등식을 일반화하여 보편적 교황권을 정당화하려 하였다. 이를 위해 베드로의 권위를 계승한 교황의 지도적 수위권과 완전권을 로마교회의 집합적 성격과 연계시키게 된다.[153] 그레고리오는 베드로가 그리스도로부터 특권적 권한을 부여받았다는 사실을 근거로 하여 로마교회의 권한은 교황이 부여받은 권한과 동등한 것이라고 주장하였다. 그러한 면에서 그는 로마교회의 보편성이 교황의 보편성으로 연결된다고 확신하였다.[154] 보편성과 수위권은 교황의 감독권과 권위를 토대로 성립되는 것이며 이는 재치권의 근거가 되는 것이다. 따라서 언제든지 누구라도 사도좌의 로마교회에 상소할 수 있으며 교황은 사법적 수위권을 행사할 수 있다는 것이 그레고리오의 신념이었다. 이와 같이 교황의 보편권, 수위권, 재치권은 상호 연관된 것이며 바로 이러한 관념 속에서 「교황법령」의 제8조, 제9조, 제10조, 제11조[155]에서 규정된 바와 같이 교황의 절대적 권위를 규정하였다고 할 수 있다.

Papal titles, and Innocent III," *Revue de droit canonique* 32 (1981), pp.109-149.

153) 이러한 관점은 1054년 교황 레오 9세가 콘스탄티노플에 보내는 두 개의 편지(De sancta Romana ecclesia)에 표현된 바 있다. 이 편지를 작성한 추기경 훔베르트는 가톨릭 신앙과 로마교회와 교황의 교령은 동의어라고 설명하였다. 이에 교황은 영적인 문제에 있어서는 직접적으로, 현세적인 문제에 있어서는 간접적으로 지배할 수 있는 권능을 부여받았다는 점을 연계시키고 있다. 그러한 교황의 권한을 강조하기 위해서 훔베르트는 콘스탄티누스 기증문서를 도입하였다. J. Josheph Ryan, "Cardinal Humbert De s. Romana ecclesia: Relics of Roman-Byzantine Relations 1053-1054," *Medieval Studies* xx (1958), pp.206-238; W. Ullmann, "Cardinal Humbert and the Ecclesia Romana," *Studi Gregoriana* iv (1952), pp.111-127.

154) Caspar, *Das Register Gregors VII*, 1.29; 4.27; 6.30; 1.59.

155) 「교황법령」 제8조 교황만이 황제의 휘장을 사용할 수 있다. 제9조 모든 세속군주들은 교황의 발에 입을 맞추어야 한다. 제10조 모든 교회 안에서는 유일하게 교황의 이름만이 암송되어야 한다. 제11조 교황의 이름은 지상에서 유일하다. 제12조 교황은 황제를 폐위할 수 있다.

다음으로 당시의 전통적 교회법 정신에 어긋나는 것으로 규탄을 받는 또 하나의 조항은 「교황법령」 제5조 '교황은 재판에 궐석한 자를 면직할 수 있다'이다. 이는 위 이시도루스 교령집, 특별히 『74주제 법령집』 제13장 제103조-제107조의 '누구도 궐석된 상태에서는 재판될 수 없다'는 내용과 정면으로 대치된다고 할 수 있다. 그럼에도 불구하고 그레고리오는 이 규정이 전통의 법을 무시하거나 경시한 것이라고 생각하지는 않았다. 정상적인 소송 당사자들은 불가피한 경우 법의 보호를 받아야 하고, 피소된 자가 모든 권한과 자격을 보장받은 상태에서 재판을 받아야 하는 교회법적 규정을 그레고리오 자신이 수없이 강조해왔다.[156] 그런데 법령 제5조의 궐석 재판은 법을 악용하여 자신의 위기를 모면하려는 악의를 가지고 재판을 기피하고 완강하게 버티는 자들에게 대항하기 위한 규정이라고 할 수 있다. 그러한 면에서 본다면 이 조항은 결코 전통의 교회법을 위반하거나 뒤집는 새로운 법은 아니다.[157] 오히려 그러한 면에서는 전통의 법을 보완해줌으로써 법적으로 선의의 피해자를 보호하고 악의를 가지고 법을 이용하려는 자를 방어하고 응징하려는 규정이라고 볼 수 있다.[158]

---

156) Caspar, *Das Register Gregors VII*, 5. 23; 9. 13.
157) Gilchrist, "Gregory VII and the Juristic Sources," pp. 20-24. 주제의 연결을 위해서 본장의 203쪽, 204쪽은 앞의 184쪽 '(5) 궐석자의 재판과 황제의 폐위를 위해서'의 내용을 요약하였음을 양해해주시기 바랍니다.
158) Hofmann, *Der Dictatus Papae Gregores VII*; 베르놀드Bernlod는 궐석한 피고의 재판을 금지하는 근거로 위 이시도루스 규정을 지적하였다. 그러나 교황 조시모Zosimus(417-418)가 카르타고 공의회에서 교회법적 소환에도 불구하고 불출석한 피고와 원고를 모두 파문하였던 점을 언급하였다. 피고가 변호할 수 있는 가능성이 없는 것이 아니라면 궐석 재판을 금지하는 것이고 그러나 그에게 주어진 변호의 사명을 이행하지 아니하고 모든 기회를 상실한다면 그에게는 궐석 재판이 될 수 있다. 누구도 궐석 재판될 수 없다는 고대의 법은 정치권력의 임의적 행위로부터 피고를 법정 질서를 통해 보호하고자 하는 것이다. 거만하게 출두를 거부한 피고가 법정 소송을 기피하면 그는 형벌에서 보호를 받지 못한다. 이러한 고대의 법이 11세기에 교황들을 통해서 발현된 것이다. DP 5는 그러한 고대의 법을 단정적으로 확인해준 것이다.

낙스Ronald Knox는 11세기 교회법 편집과 법원에 대한 전반적 고찰을 통해서 그레고리오 개혁 법령집과 그 이전 법령집들, 특별히 『위 이시도루스 법령집』의 차이를 설명하고 있다. 그는 『위 이시도루스 법령집』이 주교를 보호하고 주교의 권익을 지키려는 것을 주 목적으로 하고 있음을 강조하였다. 위 이시도루스 법령에서 주교는 교황에게 항소할 수 있음을 규정하였다. 그런데 최고법정 항소에 대한 이 조항은 교황의 재치권을 강화해주는 개혁적 의도에서 비롯된 것이 아니라, 주교의 사법적 권리를 방어하고자 하는 목적으로 규정된 것이었다. 이와 함께 수도대주교와 같은 상급법정을 인정하지 아니하고, 반면에 거의 실존하지 않는 수좌주교primates에게 항소하는 것을 훨씬 강조함으로써 궁극적으로는 주교의 권익을 보호해주었다. 다만 교황에게 항소할 수 있다는 규정을 정해두었으나 로마로부터 거리상 먼 곳에 있는 주교들에게 이 규정이 적용될 수 없고 거의 유명무실한 것이었기 때문에 소송 당사자인 주교에게는 매우 유리한 규정이었다.

그 외에도 피의자가 복권된 상태에서 재판을 받아야 한다든가, 궐석시에는 어떠한 이유로도 재판이 진행되거나 탄핵될 수 없다는 위 이시도루스 규정들 하나하나가 모두 주교의 권위를 지키려는 시각에서 규정된 것들이었다. 이에 비해서 그레고리오 개혁 교회법령집들은

그레고리오 7세는 그의 서한에서 그는 피고의 출석을 통해 공정한 소송이 이루어져야 한다는 교회법적 규정을 지켜야 한다는 점을 강조하였다. 그러한 조치로 교황특사 휴고Hugo로부터 처벌된 샤르트르의 주교 고스프레드Gosfred는 그가 소환되지도 않고 궐석된 상태에서 재판을 받았기 때문에 그의 직책을 회복시킨 바가 있다. 그러나 소환에 불응한다면 교황은 불복종하고, 오만한 자를 궐석의 상태에서 처벌할 수 있다. 레오 9세도 랭스 시노드에서 그러한 전례를 보여주었다. DP5는 그러한 권한을 교황의 수위권으로 확정지었다. 이를 주교들에게 적용했으며 다음으로 하인리히 4세의 폐위에 적용하였다. 교회의 정치적 위기가 몰아칠 때 그 법령의 입안자는 그러한 상황에 맞서서 이성적 사고를 할 수밖에 없었을 것이다. 개혁의 절정기에 교회법적 전통으로부터 상속된, 그러나 전반적으로는 독자적인 법규를 표절의 비난에 맞서서 완성했다고 할 수 있다.

교황중심의 개혁을 성취하기 위한 방향과 시각에서 위 이시도루스 법령들을 바라보았다는 점이 관심을 끈다. 낙스는 위 이시도루스의 법령 편집자들이 지역교회를 보호하려는 한 방편으로 교황에게 권리를 부여한 것에 반해서 개혁법령 편집자들은 보편교회 안에서 교황이 지역교회를 지배할 수 있도록 이 권리의 사용을 규정하였다고 보았다.[159]

그레고리오 7세가 전통의 교회법을 그대로 따라야 한다는 것을 강조하고 그의 교령들은 성서나 교부의 사상이나 교회법의 토대 위에서 작성되었다는 것을 공언했음에도 불구하고, 그러한 그의 주장에 대해서 의문을 제기하고 회의적으로 평가한 비판가들도 적지 않았다. 당시의 황제파는 당연히 교황이 전통을 위배하고 교회법을 위반했다는 점을 통렬히 비난하였다. 이러한 견해들은 파당적 이해관계 속에 적대감을 표출한 것이기 때문에 객관성을 인정할 수 없다고 하더라도 그의 주변에 있었던 당대의 인물과 현대의 일부 사가들이 제기한 견해에 대해서는 그냥 지나칠 수 없을 것이다.

추기경 아토Atto von Titel S. Marco는 그레고리오의 개혁 세력의 일원이었고 1081년 교황으로부터 추기경으로 서품을 받는다. 그러나 1084년 그레고리오 개혁의 후원을 더 이상 지속하지 않고 교황을 떠나게 된다. 그 후 아토는 그의 지역교회를 위해서 교회법 편람을 작성하는 과정에서 위 이시도루스 법령집을 면밀히 검토하였다. 전통적인 교회법에 대해서 조예가 깊었던 아토는 당시에 개혁적 범주에 속해 있으면서 교회법 편집에 중심적인 역할을 하고 있던 추기경 데우스데디트와 루카의 주교 안셀무스를 정직하지 못한 편집자들이라고 비판하였다.[160]

---

159) Ronald Knox, "Finding the Law; Developments in Canon Law During the Gregorian Reform," *Studi Gregoriani* IX (1972), pp.421-465.
160) Robert Hüls, *Kardinäle, Klerus und Kirchen Roms: 1049-1130* (Tübingen: Niemeyer,

푸어만Horst Fuhrmann은 '교황만이 새로운 법을 제정할 수 있도록 허용된다'고 한 「교황법령」의 규정을 본다면 그레고리오가 교부들의 결정에 매여 있지 않음을 보여주는 것이라고 주장한다. 즉 그레고리오는 교황이 전통과 위임된 권리를 통해서가 아니라, 신이 로마교회에 위탁한 권한을 통해서 입법권과 재치권 행사를 주장한다고 본 것이다.[161] 푸어만은 「교황법령」에 규정된 명제와 원칙은 전통적인 법의 원천과 거리가 멀었고 그 근원을 찾아내기 힘들다고 강조하였다. 더욱이 그는 「교황법령」이 규정한 교황권은 법의 원천과 전통적인 교회법을 예리하게 왜곡하여 변조한 것이라고 보았다.

푸어만은 그레고리오 개혁 교회법학자들이 전승되어 온 법을 가지고 그레고리오의 주장을 뒷받침해주고 그 근거를 마련해주는 것이 불가능하였다고 주장하였다. 다시 말하면, 교황이 세운 원칙과 그가 원하는 교황 수위권에 부합되는 그리고 현실 속에서 그대로 적용될 수 있는 법령을 찾아낼 수 없었다는 것이다. 따라서 그에게 적극적으로 동참했던 개혁적 교회법학자들은 그들이 찾아낸 원천 사료들을 예리하게 왜곡하여 그러한 주장과 원리에 맞도록 가공했다는 것이다. 푸어만은 바로 그러한 작업에 동원되었던 학자들로 루카의 주교 안셀무스, 보니조 수트리, 추기경 데우스데디트 등을 지목하고, 그들을 그레고리오와 한 배를 타고서 왜곡을 서슴지 않은 자들이었다고 비판하였다.[162]

낙스가 그레고리오와 그의 동역자들이 교부와 전통의 법을 교황권에 초점을 맞추어 해석함으로써 전통의 법에서 의도하는 성직의 질서, 주교 중심의 교회 정치를 교황 중심으로 변형시켰다고 보았던 점이나,

---

1977), p.185; Horst Fuhrmann, *Einfluss und Verbreitung der pseudoisidorischen Fä lschungen: von ihrem Auftauchen bis in d. neuere Zeit* 2 (Stuttgart: Hiersemann, 1972), p.3.

161) Horst Fuhrmann, "Papst Gregor VII. und das Kirchenrecht zum Problem des Dictatus Papae," *Studi Gregoriani* 2 (1947), pp.145-146.

162) 같은 논문, p.147.

푸어만처럼 「교황법령」에 규정된 교황권이 법원에 근거하지도 않는 것이며 이는 그레고리오와 그의 동역 개혁자들이 이를 교묘하게 변조하고 왜곡했다는 주장은 그 근저에 그레고리오가 전통적인 법으로부터 멀리 벗어나고 있었고 새로운 정신과 새로운 원칙을 창안하고 있었다는 점을 시사하는 것이 아닐까? 낙스나 푸어만은 이러한 그레고리오와 개혁파들이 전통을 왜곡하고 자신들이 수립한 목적에 맞추어 교회법을 변조했다는 비판적인 시각을 가지고 있지만, 그러나 교회 개혁에 우호적인 시각을 가지고 11세기를 바라보는 학자들은 이를 개혁을 넘어선 혁명적 운동으로 지칭하기까지 한다. 비판적이든 우호적이든 이들은 모두 그레고리오의 「교황법령」에 규정된 원칙이나 교회 개혁운동에 참여한 자들이 교황권 중심의 시각을 가지고 당시의 세계를 재편하려는 의도를 가지고 있었다는 것을 인정한다는 면에서 이들의 유사성을 찾아볼 수 있다.

이상에서 살펴본 바와 같이 그레고리오의 편지에 대한 것만큼이나 그레고리오의 「교황법령」과 교회법적 사고에 대한 해석에 있어서도 역사가들 사이에는 서로 상반된 견해들이 제시되었다. 첫째는 질크리스트와 같이 그레고리오 법령의 전통성을 강조한 사가는 「교황법령」이나 공의회 법령들 가운데 교황권에 관한 규정은 이미 위 이시도루스나 「74주제법령집」에서 거의 동일한 내용을 찾아볼 수 있으며, 그것은 성서와 교부들의 권위를 근거로 한다는 면에서 결코 새롭거나 혁신적인 것이 아니라는 견해이다. 둘째는 낙스나 푸어만과 같이 그레고리오의 법령들이 전통적인 법령을 교묘하고 예리하게 변조하고 왜곡하여 개혁가들의 목적에 맞게 짜 맞출 만큼 선정적이고 파격적이라는 해석이다. 하나의 상황이나 현상을 보고 이처럼 대조적인 견해를 보이는 것 그 자체가 놀라운 일이기도 하지만, 한편으로는 그만큼 당시의 시대적인 상황과 그레고리오의 개혁이 양면성을 동시에 보이고 있기 때문이라고 할 수 있다. 이와 같은 양면성은 어느 한쪽에서만 바라보면 서로 상충하고 대립적인 모습으로 보일 수 있으나 그러나 동시적인 현상으로 보는 것도 얼마든지 가능할 수 있다.

교황의 수위권과 독립성, 교황의 교회법적 선출, 점유된 교회 재산의 회복, 로마의 종심 재판권 등 로마의 개혁가들이 추구했던 핵심적 사안들은 상당 기간 동안 유지되어온 관행에 역행하는 것이라는 점은 분명하다. 그러나 이러한 개혁은 그동안 무시되어오거나 잊혀져왔던 교회법적 전통을 되찾는 과정이라고 볼 수도 있다. 그레고리오와 개혁 교회법학자들은 교령집 편집에 그와 같은 자신들의 계획과 목적을 좀 더 철저하고 적극적으로 반영163)하였던 것이다. 그러한 철저함을 개혁으로, 그보다 더 나아가서는 파격적인 혁신이라고 표현했을 것이다. 그러나 그레고리오 개혁의 범주에서 교회법은 성서와 교부의 권위, 전통적인 교회법을 백안시한 것이 아니라 철저하게 그러한 권위에 의존하면서 당시의 현실에 요구되는 원리와 원칙을 그 안에서 발견하며 이를 강조하였을 따름이다. 따라서 그레고리오 개혁 법령은 전통과 혁신이라는 양면성을 동시에 지닌 것으로, 그러나 이러한 성향이 서로 내부에서 충돌하는 것이 아니라 상호 보족적인 요인으로 작용하며 그 목적 달성을 추구한 것으로 이해될 수 있을 것이다.

(4) 그레고리오 개혁의 평가

그레고리오가 자신의 개혁활동을 전파하고 설명하기 위해 보냈던 편지와 그의 활동의 근거를 규정한 「교황법령」과 시노드의 법령들을 검토해 볼 때 그레고리오 개혁의 속성에 대한 평가는 크게 두 부류로 나누어 볼 수 있다. 첫째는 그레고리오의 개혁은 성직매매와 성직자 결혼, 전이된 교회재산의 회복 등 교회의 부패를 척결하고 교회의

---

163) Welsby, *Pope, Bishops and Canon Law*, p.16.

순수성과 질서의 회복을 추구하는 것이었다는 견해이다. 둘째는 개혁의 발단은 분명히 부패를 일소하고 질서 회복에 대한 요구였지만 그레고리오 개혁가들이 목표로 했던 것은 로마교회가 모든 교회를 관장하고 교황이 점정에서 수위적 권한을 가지는 교황 중심의 성직 구조를 이룩하고자하는, 어떻게 보면 개혁이라기보다는 일종의 혁신이고 혁명적인 활동이었다고 하는 해석이다.

이상과 같이 그레고리오 개혁의 성격은 실제 활동과 교회법적 규정을 통해서 접근해볼 수 있을 것이다. 이 둘은 각기 다른 측면이지만 상호 연계되어 있다. 개혁 활동은 행동 이전에 항상 교회법을 의식하고 교회법에 기초해서 실행해 옮겨야 그 정당성을 인정받을 수 있는 것이었다. 따라서 위에서 구분해본 대립적인 양 극단의 해석은 두 가지 측면에 동일하게 적용된다고 할 수 있다. 그레고리오의 활동과 교회법령은 그것들이 개혁이라고 불리지만 순수한 질서 회복을 위한 혁신인 것인지, 아니면 전통의 범주를 벗어난 혁명적 변혁을 꾀하는 것이었는지의 양 극단의 해석으로 구분된다고 할 수 있다.

후대의 역사가들은 과학적이고 철저한 분석을 통해서 좀 더 명확하고 날카롭게 역사의 현상을 분해하고 해석하려고 하는 경향이 매우 강하다. 그러나 그들이 명확하게 구분할 수 있을 만큼 당시의 그레고리오가 어느 한 입장만을 가지고 개혁 활동을 했던 것 같지는 않다. 그레고리오는 전통의 교회법적 권위를 늘 강조하면서도 귀트문트에게 보낸 편지에서 진리가 관습을 폐지할 수 있다고 설명하였다. 이 한마디에서 우리는 그레고리오 개혁의 단면을 엿볼 수 있다. 그에게 있어 전통과 혁신은 서로 별개이며 결코 하나의 원소로 용해될 수 없는 서로가 모순되는 다른 세계가 아니었다. 아마도 그레고리오의 모습을 그렇게 구분해본다면 그것들은 동전의 양면과도 같은, 그러면서도 결국은 하나로 융합되어 한 방향으로 나아가는 것이었다. 그레고리오에게 전통과 혁신은 항상 그리스도의 진리 위에서 가능한 것이었고 그 어느 것도 진리에 위배된다면 언제든지 폐기될 수 있었다. 그러므로 그레고리오의 개혁 활동과 이를 뒷받침하는 교회법령들은 그리스도의 진리 위에서 전통과 혁신을 동시에 추구했던 것이라고 보는 것이 타당하다고 할 수 있을 것이다.

제5장

12세기 교회법 집대성과 교황의 세속권 이론

    교회법의 역사에서 12세기는 전환의 시기이고 향후 교회법 연구의 토대가 마련된 때였다. 11세기 그레고리오 개혁시대 이래로 교회법의 필요성과 그 중요성은 더욱 증대되었고, 이는 교회법의 종합 정리와 그에 대한 조직적이고 학문적인 연구를 촉진시켰다. 그러한 경향은 결국 12세기에 이르러 그라티아누스Gratianus(?-1158) 1)로 하여금 교회법을 집대성하도록 했으며, 그의 『교회법령집』을 바탕으로 수많은 교회법학자들이 교회법 연구에 몰두하게 되었다.

    교황권의 강화 과정에서 교회법은 교황권의 사상적·이론적·합법적 타당성의 근거로 활용되는 매우 중요한 도구였다. 교회법의 정리와 편찬은 교회의 조직적 관리와 교황중심적 체계의 효율적 운영을 위해서 불가피하였을 것이다. 특히 교회와 국가의 관계는 교회법의 중요한 주제에 속했고 당시의 교회법학자들은 이 문제에 관해 끊임없이 분석하

---

1) 그라티아누스는 이탈리아 출생으로 베네딕트 수도회의 수도사였다. 그는 볼로냐의 성 펠릭스와 나보리우스 수도원에서 교회법을 강의하였고 교회법학을 처음으로 성립시켰는데, 그 이후로 그동안 로마법 연구의 중심지가 되어왔던 볼로냐는 교회법 연구의 중심지가 되었다.

고 주해하였다.

더욱이 교회와 국가 간의 빈번한 알력은 교회법 연구를 촉진시킨 또 하나의 요인이었다. 세속의 간섭을 벗어나려는 보편교회의 관리와 운영에 교회법 지식이 절대적으로 요구되었다. 교회와 국가 간의 긴장이 고조될 때마다 로마교회는 세속권력에 맞선 교황의 권한을 정당화하기 위해 교회법에 의존했을 뿐만 아니라 그러한 사상을 담은 교령을 반포하여 법적 효력을 갖도록 했다.

그렇기 때문에 교황권 강화시기에 두드러진 활약상을 보였던 교황들은 그들 자신이 교회법에 정통한 교회법학자 출신인 경우가 많았고, 필요에 따라 주변에 포진한 교회법 대가들로부터 많은 도움을 받았다. 그러므로 중세 교황권 사상을 바르게 이해하기 위해서는 중세교회법에 대한 고찰이 동시에 진행되어야 한다. 나아가서 교회법에 포함되어 법적 효력을 지니게 된 수많은 교령들에 대한 분석이 필수적으로 선행되어야 한다.

본장에서는 12·13세기 교회법 집대성의 내용과 그 중요성을 살펴보고자 한다. 이를 위해 12세기 교회법 편찬과 교회법학자들의 활약상, 그리고 교회법학에서 다루었던 교황권 관련 중심 주제들을 고찰하고자 한다.

1. 교회법의 집대성

중세 유럽 사회에 그리스도교의 신앙이 뿌리를 내리고 교회가 중요한 정신적 구심점을 이룬 지 상당한 시기가 지났음에도 불구하고 그리스도교 사회 내에서 발생하는 여러 가지 복잡한 문제들, 즉 교회와 세속 사회의 관계, 교황권의 우월성, 사법권 등을 해결하고 규정할 수 있는 법이 공식적으로 마련되지 못했다. 사실상 그리스도교 공인

이후 콘스탄티누스 황제가 교회법규를 재가하고, 또 황제의 요구로 소집된 공의회에서 법령과 칙령이 반포되면서부터 교회법이 정립될 수 있는 여건이 형성되었다.

그럼에도 불구하고 11세기까지 교회법의 발전은 임시방편에 의한 것이었고 그 내용은 체계화되지도 못했다. 그 까닭은 각지의 교회가 자체의 필요에 따라 교회법을 수집·편찬하였을 뿐이었고 보편적으로 적용될 만큼 권위 있는 교회법전이 부재했기 때문이었다. 더욱이 고대 그리스도교 시대와 중세 전반기까지 수없이 개최된 보편공의회의 법령들, 지역적으로 개최된 각종 주교 회의의 교회법령 규정들이 유포되어 방대한 양의 법령들이 유럽 도처에 산재해 있었다. 이러한 교회법령들 가운데에는 같은 문제에 관해서도 그 해석과 규정이 서로 모순되고 대립되는 것들이 많았다. 따라서 그러한 차이를 없애고 조화시킬 수 있는 법령을 새로이 정비해야한다는 것은 필연적인 것이었다.[2]

11세기에 이르러 그레고리오 시대의 개혁자들은 이러한 형편을 개선하고 전 교회에 적용할 수 있는 법전을 수립하여 갖가지 혼란을 막아보고자 하였다. 이를 위하여 교회 법령이 지속적으로 수집·분석되었으며, 그러한 과정은 그라티아누스의 『교회법령집 *Decretum Gratiani*』 편찬으로 이어진다. 1141년 발행된 『교회법령집』은 당시까지 볼 때 역사상 최대의 교회법령 편찬이었고, 이는 그 이전의 단편적인 모든 법규를 종합하고 체계화한 것이었다.[3]

12·13세기는 교회법 사상 매우 중요한 시기라고 할 수 있으며, 이 시기에 수많은 교회법학자가 출현하고 수차례에 걸쳐 대대적으로 교회법이 편찬된다. 교회법 편찬은 그 편찬 성격상 크게 둘로 구분되는

---

2) Stephen Kuttner, "Methodological Problems Concerning the History of Canon Law," *Speculum* 30 (1955), p.545.

3) Clarlence Gallagher, *Canon Law and Christian Community* (Rome: Università Gregoriana Editrice, 1979), pp.50-52.

데, 하나는 사적 법령집 편찬으로서 그라티아누스의 『교회법령집』이고, 다른 하나는 그레고리오 9세, 인노첸시오 3세, 보니파시오 8세 등 후대 교황들이 중심이 되어 공적으로 편찬한 법령집들이다. 후에 인쇄술의 발달로 6개의 법령집들[4]이 묶여서 편찬되는데 이를 『교회법대전Corpus Iuris Canonici』이라고 표제를 붙였다. 교황 비오 4세Pius IV (1559-1565)와 비오 5세Pius V(1566-1572)가 그라티아누스 법령집의 수정을 위해서 이 작업을 시작하였으나 그와 더불어 5개의 법령집을 추가로 교정하여 편찬하게 되었다. 이를 그레고리오 13세Gregorius XIII(1572-1585)가 1580년 7월 1일 공식으로 인준함으로써 교회법이 완성되었다. 이 『교회법대전』은 1917년 반포된 근대 『교회법전』이 나오기까지 교회법의 주 원천이 되었다.

그라티아누스의 『교회법령집』[5]이 편집되기 전에도 이미 서유럽에서는 일련의 단편적인 교회법 수집과 편집이 있었다.[6] 그런데 그 동안

---

4) 鄭鎭奭, 『敎會法源史』(분도 출판사, 1974), 103-105쪽.
   중세의 교회법은 교황 비오 4세(1559-1565)와 비오 5세(1566-1572)로부터 임명된 교정위원들의 법령집 교정 작업을 거쳐서 교황 그레고리오 13세(1572-1585)가 여섯 개의 법령집을 묶어서 『교회법대전Corpus Iuris Canonici』이라고 명명하여 편찬하였다. 여섯 개의 법령은
   (1) Decretum Gratiani
   (2) Decretales Gregorii IX
   (3) Liber Sextus Bonifacii VIII
   (4) Clementiae
   (5) Extravagantes Johnnis XXII
   (6) Extravagantes Communes
   등이다. 『교회법대전』은 1917년 가톨릭 『교회법전』이 반포될 때까지 유일하고 권위 있는 법전으로 이용되어 오다가 새로운 교회법전의 편찬으로 폐기되었다.
5) Decretum Gratiani는 『교회법전집』으로 불리기도 하지만 여기서는 주로 『교회법령집』이라는 명칭을 사용하기로 한다.
6) Joh. Friedrich Schulte, Die Geschichte der Quellen und Literatur des canonischen Rechts (Graz Akademische Druck-U. Verlagsanstalt, 1956), pp.40-60. 그라티아누스가 『교회법령집』을 편찬하기 이전의 주요 교회법 편찬은 다음과 같다. 첫째 교회법학자 루피누스Rufinus(ca. 1192)가 Liber conciliorum으로 지칭한

의 작업이 지역에 따라, 그리고 수집 편찬자에 따라 내용에 일관성이 없었을 뿐만 아니라 분량에 있어서도 점차 방대해졌기 때문에 교회법의 올바른 이해와 적용을 위해서는 종합적이고 일목요연한 편집 작업이 필요하게 되었다. 바로 이러한 때에 그라티아누스는 당시까지 산재해 있던 교회법규 및 교령을 수집·편찬하여 교회법을 집대성하였다.

1139년에서 1142년 사이에 작성된 것으로 추정되는 그라티아누스의 『교회법령집』은 1144년에 비로소 로마에 알려지기 시작하였다.[7] 그라티아누스가 『교회법령집』 작성에 이용한 사료는 로마법, 비지고트 법, 프랑크 법, 게르마니아 법과 공의회의 내용들, 전례서, 기타 그 당시까지 존재했던 대부분의 교회법 편집물을 비롯하여 1139년 라테란 공의회의 규정에 이르기까지 방대한 분량이었다. 그라티아누스 『교회법령집』의 서명은 원래 『모순되는 교회법의 융합Concordia discordantium Canonum』이었다. 이는 『교령집 Corpus decretorum』 또는 단순히 『교령 Decreta』이라는 명칭으로 사용되다가 12세기 말에 『그라티아누스 교회법령집Decretum Gratiani』이라고 불리게 되었고, 이것이 오늘날까지 보편적으로 사용되고 있는 명칭이다.[8]

Collectio Dionysio-Hadriana (6세기 중엽에 편집됨)가 있으며, 이는 아아헨 종교회의에서 채택되었다. 둘째, 한 때 7세기의 세비야의 이시도르Isidore of Serville가 작성한 것으로 여겨졌던 Hispana가 있었다. 이것은 Hadriana와 더불어 조직적으로 발전되었고, 11세기 그레고리오 개혁 때까지 중요한 위치를 차지하였다. 셋째, Pseudo-Isidorian Decretals는 850년경 프랑크 왕국내의 세속적인 권력에 대항해서 주교의 위치를 강화하고 비천한 상황의 교계를 개선하기 위해서 일단의 이름을 알 수 없는 사람들이 모조 법령들을 대거 수집 편찬한 것이다. 넷째, 부르히아르트Burchard of Worms가 편집한 Decretum libri biginti이며, 다섯째, 이보Ivo of Chartres의 Tripartita, Decretum, Panormia 등이다. 이보가 편집한 Decretum과 Panormia는 부르히아르트의 Decretum을 그레고리오의 법령과 혼합한 것이다; John Gilchrist, "Eleventh and Early Twelfth Century Canonical Collections and the Economic Policy of Gregory VII," Studi Gregoriani IX (1972), pp.397-411.

7) Joh. Friedrich Schult, Die Geschichte der Quellen und Literatur des canonischen Rechts, p.48.

『교회법령집』의 내용은 크게 세 부분(Pars I, II, III)으로 구분되는데 그 내용은 다음과 같다. 제1부는 법의 성격과 원천, 교회의 직분과 그 임무 등을 포함하고 있다. 제2부는 재판의 판결 내용과 각종 업무에 관한 것과 재산법, 수도회칙 및 혼인법을 포함하고 있다. 마지막 제3부는 예배법과 성사에 관해 규정하고 있다.

『교회법령집』은 그 이전의 조직적인 법령 수집에 비해 완벽할 정도로 조직적이라는 점에서 큰 가치가 있다. 그라티아누스의『교회법령집』은 편집 및 서술 상에서 조직적인 면과 탁월한 기술 방법으로 인하여 높은 학문적 가치를 지니게 되었으며, 교회법 연구의 기초가 되는 중요한 작업이 되었다. 그뿐만 아니라, 그라티아누스는 교회법을 신학으로부터 분리시켜 하나의 단일 학문으로 성립시켰으며, 그의『교회법령집』은 교회법 연구와 대학의 교회법 강의에서 중심적인 교과서가 되었다.

그 외에도 그라티아누스의 작업이 지니는 중요성은 교회법사에서 그 내용의 성격상 획기적인 전환점을 이루었다는 점이다. 그라티아누스는 베르놀드 콘스탄스Bernold von Konstanz(1050-1100), 이보 샤르트르Ivo von Chartres(1040-1115), 알게르 뤼티히Alger von Lütich(1050-1131), 피에르 아벨라르Pièrre Abaélard(1079-1142) 등이 발전시킨 스콜라 철학의 융합 방법론을 법전의 편집과 서술에 적용하였다.9) 특히 그는 베르놀드가 고안한 방법을 그의 교회법 연구에 적용하였는데, 베르놀드의 방법론은 아벨라르에 의해서 신학에 소개된 바 있었다.10)

---

8) Hans Erich Feine, *Kirchliche Rechtsgeschichte: Die Katholische Kirche* Bd.1 (Weimar: Hermann Böhlaus Nachfolger, 1954), p.246.
9) 같은 책, p.247.
10) Anders Plitz, *The World of Medieval Learning* (Oxford: Basil Blackwell, 1981), p.76: 교회법령집 편찬 작업에서 그라티아누스의 목적은 하나의 책 속에 모든 법원法源을 편집하여 이를 서로 비교하는 일이었다. 동시에 그는 해석의 원칙을 지속적으로 설명하였고 돌출되는 난제들을 질문의 형식으로 설정하였다. 이러한 방식은 베르놀드의 방법론을 따른 것이었다.

그러한 작업의 성격은 그라티아누스가 그의 『교회법령집』의 명칭을 『모순되는 교회법의 융합』이라고 정한 데에서 충분히 엿보인다. 어원 상으로 볼 때 'concordia'는 'concordis'에서 파생한 것이며, 이는 'chorda'와 결합된 상태로서 '현의 조화a harmony of strings'와 같은 이상적 조화를 표현한 것이다.[11] 즉 그라티아누스의 법전은 양립 또는 대립된 내용들을 조화시키고 융합시킨다는 입장에서 편집, 서술되었다고 할 수 있다. 그렇다면 그라티아누스는 무엇을 대립으로 보았으며, 왜 그 자신이 융합과 조화의 작업을 시도하게 된 것일까? 그라티아누스가 이와 같은 작업을 하게 된 배경은 그 당시의 사상적 조류에서 찾아볼 수 있다.

이 시기에 안셀무스 라온Anselmus of Laon (ca. 1050-1117)과 피에르 아벨라르의 사상이 철학적 방법의 발전에 영향을 끼치게 되었다. 그들은 보편의 개념과 실재의 성격에 관련된 문제들을 변증법적 구조 속에서 활발하게 논쟁하였다. 이와 같은 실재론과 유명론의 철학적 논쟁은 철학 그 자체의 범주를 벗어나서 신학과 교회법에도 새로운 여건을 형성해 주었다.[12] 그라티아누스는 바로 이와 같은 사상적 배경 위에서 법전을 편찬하게 된 것이다.[13] 그는 전통적인 교회법 편집 방식과 아울러 새로운 방법론을 동시에 채택하면서 변증법적 형식으로 광대한 교회법을 편찬하였다.

그라티아누스뿐 아니라 그때까지의 교회법학자와 교회법편집자들은 다음과 같은 세 가지 문제에 부딪쳤다. 그 첫째는 산재해 있는

---

11) Charles Duggan, *Twelfth-century Decretal Collections and their Importance in English History* (London: U of London, 1963), p.15.

12) 같은 책, p.15.

13) Stephen Kuttner, "Zur Frage der theologische Vorlagen Gratians," ZRG., Kan. Abt. XXIII (1934), pp.253-258. 이 논문에서는 아벨라르Abaelard와 그라티아누스의 관계에 대해 부정적·긍정적 견해를 가진 학자들을 소개하고 있다. 쿠트너는 아벨라르가 그라티아누스에게 사상적으로 미친 영향을 규명하면서 안셀무스Anselm와 이보Ivo of Chartres, 휴고Hugos of St. Viktor 등과의 학문적·사상적 관계를 설명하고 있다.

법령들 간의 조화와 절충의 필요성이고, 둘째는 갖가지 교회제도의 조화와 확립에 대한 요구이며, 셋째는 교회를 세속사회와 구별할 수 있는 신학적·영적 해석을 법의 실체로 구체화하는 문제였다.[14] 이러한 과제는 그라티아누스의 선대 교회법학자들도 절감하였던 것으로서 이의 해결을 위해 부단한 노력을 기울였다.[15] 특별히 법령, 또는 법원들의 조화와 절충을 추구하는 문제는 『모순된 교회법의 융합』의 성립으로 상당히 해소되었다고 할 수 있다. 그만큼 그 당시까지 존재하던 대부분의 중요한 교회법 문헌이 이 안에 거의 망라되어 집대성되었다. 그리고 그레고리오 개혁 시대 이후로 집중적인 교령의 연구를 통해서 이제는 교황이 논란의 여지가 없이 법의 수호자요, 입법자라고 인식되었다.

한편 그라티아누스의 『교회법령집』은 당시까지 존재하던 거의 모든 교회법 법원을 포함하고 있었기 때문에 당대의 교회법에 관련된 제도와 사상의 기준을 제시해 주는 필수적인 도구가 되었다. 이『교회법령집』이 사적 편찬이었으므로 비록 공적으로 법적 효력을 발휘하지는 못했을지라도 실제상에 있어서는 역대 교황들이 그라티아누스의 『교회법령

---

14) Stephen G. Kuttner, *Harmony from Dissonance: An Interpretation of Canon Law* (Latrobe, Pennsylvania: The Archabbey Press, 1960), fifteen-sixteen.

15) 'Concordia'는 일찍이 성 아우구스티누스와 보에티우스 등의 글에서 사용되었다. 그후 교회법을 개선하고 통일시키려는 노력 속에서 이 용어는 자주 언급되었다. 가령 젤라시오의 사상적인 영향으로 6세기 초에 실시된 로마의 법령 수집에서, 비지고트 왕국 시대 스페인에서, 카롤링 르네상스 동안에, 9세기의 위僞 이시도루스 법령집Pseudo-Isidorian decretals에서 이 용어는 두드러지게 나타나고 있다. 또한 11세기에 보름스의 주교 부르히아르트가 성직자의 교육과 주교 법정의 운영을 위해 작성한 필사본에서 그러한 흔적이 뚜렷이 나타나고 있다. 11세기 개혁의 시기에 교회법학자들은 구법을 새로운 전통과 결합시킴으로서 교회법을 개선하고 정리하였다. 그라티아누스 직전에는 샤르트르의 주교 이보가 그의 교회법전 *Panormia*에서 서문에 '교회법의 조화에 대해서De consonantia Canonum'라는 표제를 붙였는데 이에서 'concordia'에 관한 의식이 이보에게 있었음을 발견할 수 있다. 그는 먼 과거의 것과 모순이 되는 당시의 것을 갖가지로 그의 교회법 편집 속에 다 포함시켰다. 아울러 모든 대립, 상반되는 것을 절충하고 융화시켜 조화시킬 수 있음을 그는 서문에서 밝혔다.

집』에서 법원을 들추어 그것을 근거로 삼아 법령을 편찬했기[16] 때문에 그라티아누스의 법령집은 간접적이지만 교회법으로서 그 중요성이 지대했다고 할 수 있다.

2. 교회법 연구의 확산

그라티아누스의 『교회법령집』 편찬과 더불어 12·13세기는 교회법에 대한 학문적 연구 분위기가 조성되었다. 그러한 분위기 속에서 그라티아누스의 『교회법령집』은 12세기 중엽부터 1234년까지 교회법학자들의 주된 연구 대상이 되었다. 원래 볼로냐 대학은 로마법 연구의 중심지였는데 그라티아누스의 활약 이후로 이곳에서 교회법 연구가 활발하게 진행된다. 그러므로 『교회법령집』 편찬 직후의 교회법 연구는 볼로냐를 중심으로 이루어졌다. 볼로냐에서 수학하고 강의를 했거나 그들과 관계를 맺었던 사람들로 구성된 소위 볼로냐 학파의 활동은 그라티아누스 『교회법령집』 편찬 이후 즉 1140년경부터 1190년경까지 가장 활발하였다. 볼로냐 학파의 대표적 학자로서는 파우카팔레아 Paucapalea, 롤란두스 반디넬리Rolandus Bandinelli, 루피누스Rufinus, 스테파누스 토르나이Stephanus de Tournai, 존 파엔짜John de Faenza, 그라티아누스 추기경Cardinale Gratianus, 시몬 비시냐Simon de Bisignano, 그란둘푸스Gandulphus, 지카르트 크레모나Sicard de Cremona, 페드로 히스파누스Pedro Hispanus, 바찌아누스Bazianus, 멜렌두스Melendus, 후구치오Huguccio 등[17]을 들 수 있다.

---

16) Walther Holtzmann, "Die Benutzung Gratians in der Päpstlichen Kanzlei im 12. Jahrhundert," Studia Gratiana 1 (1953), pp.325-349. 알렉산데르 3세, 인노첸시오 3세, 첼레스티노 3세, 클레멘스 3세 등의 교황들이 신규 법령의 편찬에 항상 그라티아누스의 『교회법령집』을 근거로 인용하곤 하였다. 그와 같이 근거 사료로 이용된 과정과 내용에 대한 분석은 홀츠만의 위 논문에 상술되어 있다.

볼로냐 교회법학자들이 실행했던 주된 작업은 그라티아누스『교회법령집』을 면밀히 검토하여 그 진위를 밝히거나 의문점을 설명하는 일과 주석을 작성하는 일이었다. 이들은 또한 교회법을 해석하는 과정에서 공통적으로 개요 summa를 서술하였다. 바로 그들이 남긴 주석과 개요들을 통해서 그들의 교회법 연구 성향과 방법을 파악할 수 있게 되었으며, 이들의 작업은 서유럽 교회법의 발달과 확대에 지대한 공헌을 하였다.

볼로냐 교회법학파 이외에 교회법 연구에 기여한 학자들로는 프랑스 교회법학파와 앵글로-노르만 교회법학파를 찾아볼 수 있다. 사실 이들 학파의 교회법 연구는 볼로냐 학파의 교회법 연구에서 그 근원을 찾아볼 수 있으나 성격상 볼로냐 학파와 뚜렷이 구별될 뿐더러 그 자체가 지니는 의미 또한 대단히 크다고 평가된다. 이와 같이 이탈리아 이외의 지역에서 교회법학파가 형성된 것은 볼로냐 중심의 교회법 연구가 널리 확산되었다는 것을 뜻하면서, 한편으로 이들 지역에서는 볼로냐와 다른 방향으로 교회법 연구가 전개되어 갔음을 보여주는 것이다.

먼저 프랑스 교회법학파는 북유럽 대학들과 파리를 중심으로 형성되었다. 특히 파리의 학문은 유럽 내의 먼 지역에 전파되고, 전파된 곳에서 파리의 학풍에 따른 학문적 성과가 이룩되기도 하였다.[18] 이 학파가 볼로냐 학파와 다른 점은 우선 이 학파에 의해서 작성된 저작물에는 대부분 그 저자가 밝혀 있지 않다고 하는 점이다. 그리고 또

---

17) Joh. Friedrich Schulte, *Die Geschichte der Quellen und Literatur des canonischen Rechts*, pp.109-172.

18) Stephen Kuttner, *Repertorium der Kanonistik (1140-1234): PRODROMUS COPRIS GLOSSARUM*, Vol.71 in *Studi E Testi* (Città del Vaticano: Biblioteca Apostolica Vaticana, 1937), p.168: 그 예로 개요 *Imperatorie maiestati*는 케르텐Kärnten에서, *Antiquitate et tempore*는 쾰른에서 기록되었음을 지적할 수 있다. 또한 개요 *Omnis qui juste iudicat*의 저자는 파리에서 수학하였는데 그를 통해서 절정기의 앵글로-노르만 학파는 파리와 관계를 맺기도 하였다.

다른 차이점은 이 학파가 비록 볼로냐 학파의 영향을 받아 시기적으로 뒤늦게 형성되었을지라도 개요의 편집과 서술 작업을 볼로냐 학파보다 더 오랫동안 지속했다는 점이다.

프랑스에서 최초의 개요는 『신법의 우아함*Elegantius in Iure divino*』으로서 1169년경에 서술되었다. 이 무렵 볼로냐에서 돌아온 교회법학자 스테파누스[19]는 프랑스 내에서 교령 연구에 지도적인 역할을 한다. 볼로냐에서는 후구치오의 작업 『법령개요 *Summa Decretalium*(1198-1199)』가 최고 절정을 이룸과 동시에 개요의 편집 서술은 종결된다. 그런데 프랑스에서는 후구치오 이후에 더 많은 개요가 서술되었고, 이 학파에 의한 최후의 저작은 『밤베르겐시스 개요*Animal est substantia*(*Summa Bambergensis*라고도 불림)』로서 1206년에서 1210년경에 서술된 것으로 추정된다.[20]

프랑스 학파의 개요는 보편교회를 대상으로 하면서 『파리의 개요 *Summa Pariensis*』에서와 같이 갈리아 지역교회의 특수성을 고려했다는 점이 볼로냐 학파와는 다른 점이라고 할 수 있다.[21] 또한 오도 드 두라*Odo de Doura*는 그의 개요에서 자연법에 대립되는 실정법의 개념을 교회법에 적용하였는데[22] 이는 처음으로 교회법에 실정법 사상을 적용하는 계기가 되었다는 점에서 그 중요성을 평가할 수 있다.

다음으로 잉글랜드에서 이루어진 교회법 연구로 앵글로-노르만 교

---

19) Kuttner, *Repertorium der Kanonistik (1140-1234)*, p.169. 스테파누스*Stephanus*는 1167년에 오를레앙의 생뜨 에보아르트에서, 1177년에는 파리의 생뜨 쥬네비에브에서 주교가 되었다.

20) Friedrich Massen, "Paucapalea. Ein Beitrag zur Literargeschichte des Canonistischen im Mittelalter," *Sitzungsberichte der kais. Akadmi der Wissenschaften zu Wien, Phil.-hist. Kl.* 31 (1859), pp.449-516.

21) Terence P. McLaughlin, ed., *The Summa Parisiensis on the Decretum Gratiani* (Toronto: The Potifical Institute of Medieval Studies, 1952), XVIII. 그러한 예는 다음과 같은 Summa의 내용에서 알 수 있다. "Bolonienses exponunt" (C.13 q.2 c.13), "Magistri tamen Bolonienses illud salvare Bolentes dicunt"(C.32 q.7 c.18).

22) Kuttner, *Repertorium der Kanonistik (1140-1234)*, pp.170-172.

회법학파의 업적을 들 수 있다. 잉글랜드에서의 교회법 연구는 12세기 말에서 14세기 초엽까지 활발했는데 이 당시 잉글랜드 인들이 교회법에 특별한 관심을 가지기 시작한 배경은 여러 측면에서 찾아볼 수 있다. 먼저 이 시기는 잉글랜드 교회가 구심력을 확보하면서 최고로 발전하는 과정이었다. 또한 그라티아누스의 작업으로부터 자극을 받은 잉글랜드 인들은 『교회법령집』에 대한 주석 작업을 활발히 전개하게 된다. 그뿐 아니라 잉글랜드 교회에서 교황에게 보낸 상소문에 대한 답변이 그 어느 때보다도 쇄도하였으므로 그에 대한 정리와 해석이 필요했다.

12세기의 교회법은 시민법과 마찬가지로 잉글랜드의 성직자들에게 대단한 관심거리였고, 이 분야의 새로운 학문은 유능한 젊은이들을 매혹시켰다. 더욱이 교회와 국왕 사이에 사법권의 한계를 두고서 야기 되는 갈등과 충돌을 해결하기 위해서 명확한 사법적 논리가 요구되었 다. 교회 내에서는 점차 증가하는 교구행정, 사법절차, 법령, 법적 대리 인 문제 등 복잡한 문제들을 다루기 위해 전문화된 지식을 소유한 성직자나 평신도 행정 사무원을 필요로 하였다. 이와 같은 상황 속에서 교회나 왕은 공히 풍부한 법률 지식을 지닌 인재들을 원하고 있었고, 이들은 주로 탁월한 주교들 가운데서 선발되었다. 그 당시 주교들은 대부분이 법률 교육을 충분히 받은 사람들이었고, 그들이 채용했던 직원들에게도 법률 지식을 강조하였다. 뿐만 아니라 젊은 성직자들로 하여금 볼로냐 등지의 법률학교에서 수학하도록 하였다.[23]

앵글로-노르만 교회법학파는 볼로냐 학파와 프랑스 학파의 직접적 인 영향력 하에서 성립되었다. 많은 잉글랜드 학자가 볼로냐와 파리, 쾰른 등에서 교회법을 공부하였고, 이를 강의하기도 하였다. 그렇지만 앵글로-노르만 학파의 구심점은 잉글랜드 내에서 형성되었으며, 옥스 퍼드, 엑서터, 링컨, 노섬튼 등의 대학들이 그 중심지가 되었다. 이

---

23) Stephen Kuttner and E. Rathbone, "Anglo-Norman Canonists of the Twelfth Century: An Introductory Study," *Traditio* VII (1951), p.281.

중에서 옥스퍼드 대학은 최고의 법률학교로 자리를 잡았다.[24)]

그러면 잉글랜드의 교회법연구는 볼로냐나 프랑스와 어떠한 관련을 맺고 있는가? 또한 앵글로-노르만 학파는 어느 지역, 어느 학파의 성향을 따르고 있을까?

토마스 베케트Thomas à Becket(1118-1170) 시대부터 13세기 초까지 잉글랜드 학생들이 볼로냐에 대거 들어갔고, 이들 중에는 리처드Richard, 길버트Gilbert, 알란Alan 등과 같이 교사로서 볼로냐에서 활약한 사람들이 있었다. 반면 일부는 법학 지식을 획득한 뒤 고향에 돌아갔던 사람들도 있었다. 그뿐만 아니라 잉글랜드의 수도원과 교회 도서관들에는 멀리 이탈리아에서 들여온 주석 문헌들이 가득하였을 정도였다. 그렇지만 사실상 앵글로-노르만의 교회법 연구가 단순히 볼로냐 연구의 이식이라고만 여길 수는 없다. 그것은 이 학파에 의한 교회법 연구의 성격이 볼로냐의 것들과는 매우 달랐기 때문이다.[25)]

앵글로-노르만 학파는 볼로냐 학파보다는 프랑스 학파와 친화적인 관계에 있었다. 잉글랜드에서 강의나 저작활동을 하던 앵글로-노르만 학파의 핵심적인 학자들은 프랑스에서 교회법을 공부하고 활동했던 사람들이 대부분이다. 그러한 인물로는 제라르 푸셀레Gerard Pucelle, 제랄드 웨일즈Gerald of Wales, 길버트 그란빌Gilbert de Glanville, 마스터 P. 노섬튼Master P. of Northamphton, 베네딕트 스와스톤Benedict of Swaston 등이 있다. 그래서 프랑스의 교회법학은 잉글랜드 교회법학이 수용적 단계에서 생산적인 단계로 전환되는 시점에서 결정적인 영향을 미쳤다. 프랑스 교회법학의 이론이나 지역적 색채가 『이단적 교황에 대한 성직자의 입장Summa Omnis qui iuste』[26)]과 같은 잉글랜드의 대표적인 주석에

---

24) Charles Duggan, "English Canonists and the 'Appendix concillii Lateranensis'; With an Analysis of the St. John's College, Cambridge, MS. 148," *Traditio* XVII (1962), p.460.

25) 같은 논문, p.285.

26) Kuttner, *Repertorium*, pp.196-198. 이 주석은 1186년경 파리나 옥스퍼드 어느

영향을 미쳤으며, 초기 앵글로-노르만 학파의 많은 논문과 주석이 이에 연관된다. 특히 법령 수집 편찬의 체제와 계통적인 조직화의 측면이 프랑스와 잉글랜드 교회법학자 사이의 유사성을 보여주고 있다.[27]

초기 앵글로-노르만 학파의 것으로 알려진 저작물들은 거의 모두가 로마법 재판과 교회법 재판 절차에 관련된 것이었다.[28] 이것은 이 학파의 학자들이 재판절차, 판결, 전례 등과 같은 실제적인 문제에 관심을 집중하였다는 것을 말해 준다. 앵글로-노르만 학파는 볼로냐의 교회법 연구로부터 자극을 받았지만 사실상 볼로냐의 전통적 방식에서 벗어나 있으며 프랑스 학파의 성향과 유사하였다. 그러면서도 다른 한편 앵글로-노르만 학파의 독자성이 뚜렷이 나타나고 있으며, 프랑스 학파가 치중했던 것보다 훨씬 더 지역교회의 문제나 관습을 많이 다루고 있다. 특히 토마스 베케트의 사건은 잉글랜드의 교회법 연구에서 중요한 주제가 되었으며 이로 인하여 잉글랜드에서의 교회법 연구가 활발하게 진행되었다.[29]

한 곳에서 작성된 앵글로-노르만 학파의 대표적인 것이며, *Summa Lipiensis*라고 도 불린다. 내용은 교황이 이단적 성향을 보일 경우, 그가 이단으로 단죄되기 전에도 사제들이 교황에게 복종하지 않아도 되는지의 문제이다. 여기에서는 단죄되지 않은 교황에게 복종하지 않은 태도를 보인 주교 아나스타시우스의 입장이 잘못되었다는 것을 지적하면서 그라티아누스의 해석을 소개하였다; Moynihan, James M., *Papal Immunity and Liability in the Writings of the Medieval Canonists*, in *Analecta Gregoriana* vol.120 (Roma: Gregorian University Press, 1961), p.73.

27) Duggan, "English Canonists and the 'Appendix concillii Lateranensis'", p.290; Charles Duggan, "The Trinity Collection of Decretals and the Early Worcester Family," *Traditio* XVII (1961), pp.506-526.

28) Duggan, "English Canonists and the 'Appendix concillii Lateranensis'," pp.292-293. 초기 Anglo-Norman 학파의 저작물로는 다음과 같은 것이 있다. *Ulpianus de edendo, Ordo Bambergensis, Summa Bellinensis, Practica legum et decrelorum, Ordo Olim edebatur*; Walter Ullmann, "The Paleae in Cambridge Manuscripts of the Decretum," *Studia Gratiani* I (1953), pp.161-216; Mary Cheney, "The Comprimise of Avranches of 1172 and the Spread of Canon Law in England," *The English Historical Review* CCXXII (April 1941), pp.177-197.

이상에서 살펴본 바와 같이 서유럽에서의 본격적인 교회법 연구는 그라티아누스가 교회법학을 학문으로 성립시킨 이후부터 시작되었으며, 이 연구는 이탈리아에서뿐 아니라 프랑스와 잉글랜드 등에서도 활발히 전개되었다.[30] 각 지역에서의 교회법 연구는 각기 다른 시기적, 지역적 환경 때문에 서로 다른 특성을 내포하며 진전되어 갔다. 그 중에서도 볼로냐 학파의 법적 저작물들은 서유럽 교회법 연구의 기초자료들이 되었다. 그것은 볼로냐 학파의 법전 개요 *Summa*들은 보편교회를 그 대상으로 삼았고, 비교적 지역교회에 국한되지 않았기 때문이었다. 프랑스 학파에서 작성한 개요는 볼로냐에서처럼 보편교회를 대상으로 하면서도 점차 갈리카나 지역교회의 특수성을 언급하게 되었던 점이 그 특성이라고 할 수 있다. 프랑스의 오도 드 두라에 의해서 적용된 실정법의 개념은 실정법 사상이 교회법 사상에 융합되는 기초가 되었다는 점에서 그 의의가 크다고 할 수 있다. 이에 비해 잉글랜드의 앵글로-노르만 학파는 어느 다른 지역에서보다도 빈번하게 교회법을 지역교회 문제, 시사 문제 등에 적용하고 있어서 교회법 연구에 실용적인 측면이 매우 강하게 작용했다고 할 수 있다.

이와 같은 교회법 연구의 확산은 단순히 교회 자체 내의 필요를 충족시키는 것만은 아니었다. 이는 교회와 국가, 또는 세속과의 관계에서 발생하는 제반 문제를 법적 근거 위에서 다루고 해결하려는 중세교

---

29) Duggan, "The Becket Dispute and the Criminous Clerks," *Bulletin of the Institute Research* 35 (1962), pp.1-28; C. R. Cheney, "Legislation in the Medieval English Church," *English Historical Review* CXCVIII (1935), pp.193-224; C. R. Cheney, "Legislation in the Medieval English Church," *English Historical Review* CXCIX (1935), pp.385-417.

30) 각 지역의 법령 편찬 작업과 교회법학자들의 활동 분류에 대해서는 다음과 같은 논문들에서 참고할 수 있다. Walter Holtzmann, "Kanonistische Erganzungen zur Italia Pontificia," *Quellen und Forschungen aus Italienischen Achiven und Bibliotheken* XXXVII (1957), pp.55-101; Walter Holtzmann, "Die Dekretalen Sammlungen des 12. Jahrhunderts," *Göttinger Akademie-Festschrift* 23 (August 1951), pp.83-145.

회의 의지를 반영하는 것이기도 했다. 그러한 면에서 12 · 13세기의 교황권 사상의 고찰에서 교회법학에 대한 예비 고찰은 매우 중요하다고 할 수 있다.

3. 교황 세속권 이론의 교회법적 배경

12세기 교회법의 발전과 교회법 연구의 확산은 그레고리오 개혁 시대에 수없이 산재한 법령 속에서 보편교회의 권위와 교황권의 합법성을 뒷받침할 근거를 찾으려 했던 것이 주된 동기의 하나였다. 그러한 경향은 그라티아누스의 『교회법령집』 편찬을 계기로 더욱 본격화되었다.[31] 물론 교회법의 내용 가운데에는 교회 조직의 효율적 관리와 종교적 소송에 관한 사법적 문제나 지역교회의 특수한 문제 등을 대상으로 규정된 법령들이 많이 포함되어 있는 것이 사실이다. 그렇지만 결코 완전히 융합하거나 동질화될 수 없는 교회와 국가, 교황과 세속 군주 사이에서 야기되는 미묘한 대립과 갈등을 해소하기 위해 로마교회는 교회법에 의존해 그 방책을 수립했던 점도 교회법의 영역에서 큰 비중을 차지하였다.[32]

갖가지 문제에 직면해서 반포된 교황의 교령은 법적 구속력을 가지는 법령으로서의 권위를 지녔다. 대부분의 교령은 교황의 자의적 의지의 표출이라기보다는 언제나 전통의 법원과 성서적 · 신학적 내용, 교회법학자들의 해석 등을 근거로 작성되었다. 그러므로 교황들의 법령은 항상 당시의 교회법학자들의 학문과 해석을 반영한 것이라고 할 수 있다. 교황의 정책과 정치적 문제에 깊은 관심을 가지고 방향을

---

31) Hans Erich Feine, "Gliderung und Aufbau des Decretum Gratiani," pp.350-370.
32) Kuttner, "Methodological Problems Concerning the History of Canon Law," p.542.

제시할 때에도 교회법학자들의 해석과 사료적 성격을 지니는 교회법 법원을 근거로 내세우는 경우가 많았다. 이와 같이 교회법학은 중세 교황의 정치적 행보와 불가분의 관계에 있기 때문에 중세 교황의 정치 사상은 바로 교회법에 대한 연구를 통해 올바른 이해가 가능한 것이다.

교황 그레고리오 7세 이후의 몇 세기 동안 서유럽 세계에서 교회법은 큰 위력을 발휘하였다. 인노첸시오 3세, 알렉산데르 3세, 인노첸시오 4세, 보니파시오 8세 등 중세 정치사에서 크게 부각되었던 교황들은 그들 자신들이 당대의 특출한 교회법학자 출신들이었고, 그들 주변에 는 항상 당대 최고의 교회법학자들이 에워싸고 있었다. 교황 알렉산데 르 3세는 '마기스테르 롤란두스'로 알려진 유명한 교회법학자였고, 볼로 냐 학파의 마지스테르 알베르투스는 그레고리오 8세로 교황에 즉위하였 다. 유명한 주석가 후구치오는 인노첸시오 3세의 스승으로서 그에게 큰 영향을 미쳤다. 인노첸시오 3세 자신은 그의 재위 동안 반포된 법령들 을 선별 계통 분류하여 편집한 『제3차 편찬 법령집Compilatio Tertia』33)을 반포하였는데 이는 역대 교황들의 재위 시 편찬된 것들 중에 최초의 공적 법령집이라고 할 수 있다.34) 1226년 교황 호노리오 3세Honorius(1216-1237)는 『제5차 편찬 법령집Compilatio Quinta』을 편찬하였고, 교황 그레고리 오 9세Gregorius IX(1227-1254) 역시 『그레고리오 9세 칙령집Decretales Gregorii IX』을 편찬하여 선포하였다. 또한 교황 인노첸시오 4세는 탁월한 이론 가였으며, 보니파시오 8세는 『제6권 법령집Liber Sextus』의 편찬으로 그 능력을 발휘하였다. 이들 교황들은 모두 12 · 13세기에 속했던 사람들 이며, 바로 그 시기는 이와 같이 화려한 경력을 지닌 탁월한 교황들이 활동했던 시기이자 법의 권위가 크게 인식되고 인정되던 때이기도

---

33) K. Pennington, "The French recension of the Compilatio Tertia," BMCL 5 (1975), pp.53-71.
34) Stephen Kuttner, "The Scientific Investigation of Medieval Canon Law: The Need and the Opportunity," Speculum 24 (1949), p.495.

했다.[35]

이 시기에 교회법이 반드시 교회를 위한 것만은 아니었다. 사실 중세의 교회법학자들은 법률가요, 정치가요, 행정가들이었다. 그들은 교회나 교황을 위해서 봉사했던 것처럼 세속 군주들을 위해 활약하기도 하였다. 중세 잉글랜드의 대법관들은 교회법으로 훈련을 받았지만 그들에게 있어서는 잉글랜드가 우선이고 로마는 그 다음이었다. 12세기까지만 해도 평신도 신분의 교회법학자가 거의 없었으나, 중세 사회에서 교회법이 점차 중요시되어 감에 따라 13세기에 이르러 점차 평신도 교회법학자가 출현하였다. 14세기에는 그들 가운데서 탁월하고 영향력 있는 교회법학자들이 다수 배출되었다.[36] 한편으로 교회의 발달된 법과 행정적 체계와 가치관은 사회나 세속 정부에게 규범이고 모형이었다. 그렇기 때문에 각국 정부는 교회의 조직과 체계에 익숙해 있는 성직자들을 적극적으로 왕정에 참여하도록 하였다.

이처럼 교회법에 대한 관심과 연구가 점차 활기를 띠어가고 또 교황권을 강화하려는 노력이 꾸준히 전개되어가는 과정에서 12·13세기에는 정치적 쟁점으로 부각되었던 교황 수위권에 대한 해석을 둘러싸고 교회법학자들 사이에 견해가 대립되었다. 각각의 학자들이 세속 군주에게 충성하고 있는지, 교황에게 충성하고 있는지에 따라 상이한 견해를 표출하였다. 그러한 상이한 견해는 근본적으로 교황 레오 1세의 교황권 이념과 젤라시오 1세의 교령, 위 이시도루스 법령집, 그라티아누스 법령집 등 교황권에 관해 언급한 사료들에 대한 서로 다른 해석에

---

35) Walter Ullmann, *Medieval Papalism: The Political Theories of the Medieval Canonists* (London: Methuen & Co. Ltd., 1949), pp.4-6.

36) Ullmann, *Medieval Papalism*, p.7. 13세기에 활약했던 평신도 교회법학자로는 에기디우스Egidius Fuscararius, 디누스Dynus de Muxellano, 마르티누스Martinus de Fano 등을 들 수 있고, 14세기에는 요한네스 안드레아Johannes Andreae, 페투르스 Petrus de Ancharano, 요한네스 리그나누Johannes de Lignano, 안토니우스Antonius de Butrio, 요한네스 이몰라Johannes ab Imola 등이 있었다.

서 비롯되었다. 그러한 문제는 교회와 국가가 지상에서 각각 어떠한 역할을 담당하며 각기의 영역은 어디까지인지, 교황권과 황제권, 또는 왕권은 독자적이며 대등한 것이지, 아니면 교황이 세속을 포함한 지상의 최고 수위권자인가 하는 점에 대해 논쟁이 가열되었다.

그런데 그라티아누스는 『교회법령집』에서 두 권력 관계에 대해서 병행주의적 입장과 교황권지상주의의 입장을 동시에 보여주고 있어서 그의 견해는 상당히 애매모호한 모습을 보였다. 그로 인해 그라티아누스 이후에 교권과 속권, 두 권력의 관계에 대한 교회법학자들 사이에 견해가 양분되었다. 병행주의적 입장을 견지했던 교회법학자로는 가장 유명한 교회법령집 연구가decretist인 후구치오, 요한네스 테우토니쿠스 Johannes Teutonicus(d. 1245) 등이며, 성직자정치론적 입장에서 교황권지상주의를 지지했던 학자는 13세기 최고의 교령 연구가decretalist였던 교황 인노첸시오 4세와 호스티엔시스Hostiensis(d. 1271), 야콥푸스 비테르보 James of Viterbo(d. 1308), 에지디우스 콜로나Egidius Colonna(ca. 1247-1316), 아우구스티누스 트리움푸스Augustinus Triumphus(ca. 1275-1328) 등이 있다.[37]

13세기에 교황권지상주의와 교황권제한주의 사이에 논쟁이 야기되었을 때 피에르 듀보아를 비롯한 속권론자들은 세속사에 대한 교황권의 간섭을 배제하고, 왕과 교황 양자 모두 그 권력을 신으로부터 직접 부여받았다는 병행주의적 입장을 강력히 표명하기도 하였다.[38] 왕권론자들은 속권을 옹호할 수 있는 자체의 세속적 법 이론을 가지지 못한 상태였고 교회법 사상에도 비교적 능통하지 못했기 때문에 그러한 주장이 교회법의 해석자들로부터 크게 호응을 받지는 못했다.

그러나 교황권의 허구성을 비난하는 경향은 신학자들 자체 내에서

---

37) Morimichi Watanabe, "Political Theory, Western Europe: After 1100," *Dictionary of the Middle Ages* 10, pp.20B-21A.

38) Heinrich Finke, *Vorreformationsgeschichtliche Forschungen: Aus den Tagen Bonifaz VIII* (Münster I. W.: Druck und Verlag der Aschendorffschen Buchhandlung, 1902), p.152.

도 나타났다. 도미니크 교단 출신인 존 파리John of Paris(d. 1306)는 젤라시오의 〈두 권력Duo Sunt〉 문헌을 상기시키면서 두 권력의 구분을 명백히 하고자 했다.39) 바로 그러한 정신이 마르실리우스 파두아Marsilius of Padua(1275-1342)로 이어졌다. 마르실리우스는 그의 저서 『평화의 수호자 Defensor Pacis』에서 아리스토텔레스의 사회·정치관을 분석하면서 인간의 기본적 권리와 통치권을 설명하고 교황권의 기원과 성격을 규명함으로써 교황의 세속권 사상을 신랄하게 비판하였다.40)

그와 같이 끊임없이 제기된 교황의 수위권에 대한 논쟁을 통해서 볼 때 교회와 국가의 관계가 현실 속에서 얼마나 큰 긴장을 항상 안고 있었는지를 알 수 있다. 세속 군주들과의 대립 속에서 교황들은 교회법적 근거 위에서 작성되고 때로는 공의회에서 통과되는 교령의 반포를 통해 난국 타개의 돌파구를 마련하고자 했다. 그러한 교회법적 배경은 이미 중세 전반기의 다수의 교회법 법원을 인용하는 정도에 머물지 않았다. 교황권 절정기의 중세 교회법 안에는 로마법의 내용과 형식, 신학적 사상이 교회의 제도적 필요에 맞추어 적용되었다.41) 11·12세기 법률학자들이 부활시켰던 로마법은 당시의 중세 사회에 직접 관련이 없는 것들을 전제로 하는 것들이 많아서 현실에 적용될 수 있는 상황은 아니었다. 그러므로 중세의 로마법 연구는 순전히 학문적 성격을 지녔던 것이다. 로마법 연구에서는 내부 언어상의 일관성이나 원칙들을 강조하였고, 교회법학자들은 그와 같은 정신과 방법론을 충실히 수용하였다.

---

39) Jon Courtney Murray, "Contemporary Orientations of Catholic Thought on Church and State in the Light of History," *Theological Studies* 10/2 (1949), pp.194-198.

40) Marsilius of Padua, *Defensor Pacis*, trans. by Alan Gewirth (Toronto: U of Toronto, 1980).

41) Robert E. Rodes, JR., "The Canon Law as a Legal System-Function, Obligation, and Sanction," *Natural Law Forum* 9 (Indiana, 1964), p.49.

교회법학자들이 로마법학자들의 학문적 성과 속에서 취사선택했던 것들 중에는 로마법 사료에 고유한 내용의 것들이 많이 포함되어 있었다. 일례로 교회법학자들이 교황권에 규정한 권력은 바로 로마 황제들이 지녔던 완전권*Plenitudo Potestatis*의 개념이었던 것이다.[42] 이상과 같이 볼 때 정치 상황의 변화에 따른 현실적 요구는 신학적 이론의 토대 위에서 해소되어야 했지만 그 접근 방식과 관념을 정형화하는 데에 있어서는 바로 로마법에 담긴 군주권의 내용들을 상당 부분 차용하면서 진행되었다고 할 수 있다.

---

42) Rodes, "The Canon Law as a Legal System-Function, Obligation, and Sanction," pp.50-54.

교황 인노첸시오 3세의 교·속통합적 이원주의

11세기 그레고리오 개혁 시대에 야기된 제국과 로마교회의 갈등이 1122년 보름스 협약을 통해서 해소됨으로써 향후 상당 기간 동안 교회와 제국의 관계는 비교적 원만하게 유지되었다. 그러나 이탈리아 지배를 통해 제국의 세력을 확대하려는 신성로마황제 프리드리히 바바로사와 하인리히 6세의 야망은 로마교회로 하여금 교황령을 지키고 교황권 강화를 추구하도록 동기를 제공하였다. 이러한 상황 속에서 이미 수년 간 추기경으로 재직하면서 교황청의 정책에 깊이 간여하였고, 또 로마교회의 정치적 업무에서 충분한 경험을 쌓은 바 있던 로타리오Rotario Conti de Segni는 1198년 교황 인노첸시오 3세로 즉위했을 때 세속국가와의 정치적 문제를 가장 민감하게 생각하였다.

이 시기에 세속과의 관계에서 교황이 항상 염려한 두 가지 문제가 있었다. 하나는 빈번하게 일어났던 세속권력의 교회 재산 침탈과 성직 임명이었고, 다른 하나는 신성로마황제들이 이탈리아를 지배함으로써 로마교회에 압박을 가하는 일이었다. 이중 후자가 교황을 더욱 긴장시켰으며, 교황으로 하여금 법적 정당성을 찾아 미묘한 정치적 갈등에 대비하도록 했다. 국가와 교회의 정치적 충돌이라는 유사한 문제에 직면하여 그레고리오 7세는 젤라시오의 두 권력론을 상기하며 교황의 자립을 추구했던 것에 비해 인노첸시오 3세는 '교황권과 황제권 모두가 동일하게 그 기원이 신성하다'는 두 권력론을 회의적으로 생각하였다. 그렇다면 인노첸시오 3세는 국가와 교회의 관계를 어떻게 이해했을까? 현실 정치 문제에서 중세 역사상 가장 강력한 교황의 힘을 행사한 것에 비례해서 그의 교황권 이론도 크게 강화되었을까? 그가 젤라시오와 그레고리오 7세의 교황권 사상으로부터 인노첸시오 4세와 보니파시오 8세 사상으로의 변모 과정에서 과연 가교의 역할을 하였는가?

위와 같은 문제들은 당시의 시대적 상황을 파악하고 그에 대처하고자 했던 인노첸시오 3세의 정책과 입장을 살펴봄으로써 그 해답을 얻을 수 있을 것이다. 그의 교황권 사상을 올바르게 파악하기 위해서는 그가 재위 시에 반포했던 주요 교령들을 세밀하게 분석해보는 일이 특히 중요하다. 최고의 법학자중의 하나였던 그가 반포했던 교령들은 그 자신의 교회법적 관념이 결집된 것이기 때문이다.[1] 그러므로 본장에서는 그의 생애와 당시의 시대적 배경을 간략히 살펴본 후 그의 재위 기간 중 반포했던 교령가운데 〈존경하는 형제를 통해서 Per venerabilem〉, 〈그는 안다 Novit〉, 〈우리의 존경하는 형제 Venerabilem〉 등을 통해서 인노첸시오의 교황권 사상에 접근해 보고자 한다.

1. 인노첸시오 3세와 세속권의 관계

후에 인노첸시오 3세가 되는 로타리오 콘티는 캄파냐 지방의 세니 백작 가문인 콘티 가 출신으로 1160년경에 아나니에서 태어났다. 그의 부친은 스폴레토의 롬바르드 백작 후손이었고 캄파냐 영지를 세습

---

1) C. R. Cheney, "Decretals of Innocent III in Paris, B.N. MS. Lat. 3922A," *Traditio* XI (1955), pp.149-162.

받은 귀족이었다. 로타리오의 모친은 로마 원로원 가문의 딸이었다.[2]

로타리오가 태어난 무렵인 1161년은 교황 알렉산데르 3세가 황제 프리드리히 바바로사Friedric Barbarrossa(ca. 1122-1190)의 강압을 피하여 프랑스에 머물고 있을 때였다. 프리드리히는 이탈리아 전국을 장악하고서 그 자신이 카룰루스 대제와 같은 모습을 지닌 것으로 생각하면서 로마를 제국의 한 도시로, 교황을 제국의 한 예배당 사제로 여기려 하였다. 그러나 성서와 교회법에 정통한 교회법학자 롤란드 반디넬리Rolland Bandinelli로 알려지고 있는 알렉산데르 3세Alexander III(1159-1181)는 황제의 요구를 단 한순간도 인내하며 받아들일 수가 없었다. 황제 프리드리히도 교황이 모든 지상의 군주에 대해서 영적 우월권을 유지하고자 하는 점을 참을 수 없었다.

1160년 독일과 이탈리아 지역으로부터 50명의 주교들이 파비아 회의에서 추기경 옥타비아누스를 교황으로 선출하였고, 그는 대립교황 빅토르 4세가 되었다. 황제 프리드리히는 황제의 뜻을 고분고분하게 받아들이지 않는 알렉산데르 대신에 빅토르를 교황으로 인정하였다. 그러나 잉글랜드, 프랑스, 스페인, 헝가리, 스코틀랜드, 아일랜드 등에서는 알렉산데르를 여전히 진정한 교황으로 생각하였고 그에게 충심을 보였다. 이탈리아에서 코뮌 세력과 교황군의 저항을 받아 바바로사가 패배를 시인한 후에야 비로소 알렉산데르는 17년간의 분열을 종결짓고 자유로운 몸이 되어 교황으로 집권을 하게 된다.[3] 이와 같이 알렉산데르와 프리드리히 사이에 전개된 심각한 갈등은 미래의 교황에게 매우 중요한 현실 문제로 생각되었을 것이다. 그러한 정치적 갈등은 로타리오가 인노첸시오 3세로 교황에 즉위한 이후 강렬한 교황권 강화 의지를

2) Sidney R. Packard, *Europe and the Church under Innocent III* (New York: Henry Holt and Company, 1927), p.11.

3) Joshep Clayton, *Pope Innocent III and His Time* (Milwaukee: The Bruce Publishing Company, 1940), p.20.

가지도록 한 자극적 요소가 되었다.

로타리오는 어린 시절 로마에서 교육을 받았고 파리에서 신학을 공부하였으며 그 후에 볼로냐에서 법학을 공부하게 된다. 파리에서 수학하는 동안 그는 페테루스 롬바르드Peter Lombard(1095-1160)가 편집한 것으로서 교부철학자들의 저서, 그 중에서도 특히 아우구스티누스의 저작으로부터 수집된 그리스도교와 가톨릭 신앙에 관한 논저『명제집 Book of Sentences』을 독파하고 이에 심취하였다. 또한 많은 시간을 들여 신·구약의 성서 연구에 주력하였는데 바로 이것이 그가 교황이 된 후 설교를 할 때는 물론, 서한이나 교령을 작성하는 과정에서 성서를 거침없이 인용하고 은유적으로 설명하는 데 있어 큰 도움이 되었다.

로타리오는 파리를 떠나 볼로냐에 가기 전에 잉글랜드에 건너가 캔터베리 성당에 있는 성 토마스의 묘역에 들러 참배를 하고 순교자의 정신에 깊은 감명을 느꼈다. 이때 케자르의 것이 아닌 것을 케자르에게 바치기를 거부한 순교자의 행적을 통해서 신의 것에 대한 케자르의 착취와 탄압은 결국 저항을 불러일으킨다는 것을 확신하였다. 신약의 복음, 그리스도교의 전통, 캔터베리의 대주교 성 토마스의 사례에 대한 깊은 이해는 로타리오로 하여금 황제와 대립관계에 있을 때 타협의 여지를 남기지 않도록 하였다.[4]

로타리오는 교황이 되기 전에 이미 법률학에도 정통해 있었다. 그는 시민법과 교회법의 연구로 명성이 높았던 볼로냐에서 법학을 수학하였다. 여기는 최초의 교회법학 교수였던 그라티아누스와 롤란두스 등이 가르쳤던 곳이었다. 바로 이곳에서 이네리우스 Irnerius(1050-1125)에 의해 로마 시민법 Corpus Juris Civilis이 활발히 연구되기 시작하였고, 로마법 연구는 교회법학의 발전에 큰 영향을 주었다.[5] 그가 인노첸시오 3세로서 교황이 된 후 자신의 서한에서 시민법과 그라티아누스 법령집을 자유자

---

4) 같은 책, pp.22-23.
5) Packard, *Europe and the Church under Innocent III*, p.12.

재로 인용했던 것은 바로 그와 같은 교육의 덕택이었다.

유럽에서 최고의 교육을 받고 로마로 돌아왔을 때 로타리오는 그가 받은 높은 교육과 가문의 배경 덕택으로 로마교회에서 경력을 쌓을 수 있게 되었다. 이 당시 그의 친척 가운데 3명이 추기경이었는데 그 중 한 명이 1187년에 교황 클레멘스 3세Clemens III(1187-1191)가 되었다. 이러한 환경 속에서 로타리오는 성 베드로 교회의 수사신부가 되었고, 1190년 29세 때에는 추기경이 되었다.

추기경 로타리오는 교황청에서 교황 알렉산데르 3세 이후 4명의 교황을 거치는 동안 가장 영향력이 있는 성직자가 되었고, 그의 이름이 수많은 교황 문서에 기록되었다. 그러한 활약을 통해서 쌓았던 교황청에서의 실제적인 경험이 그의 학문에 첨가되었다. 또한 로타리오는 이탈리아에 황제가 침입했을 때 심한 압박을 받았던 교황들을 보좌하는 과정에서 다양한 정치적 수완을 익혔으며, 원칙을 벗어나 행동하는 사람들이 법의 지배를 받게 하는 방법과 정치학을 배웠다.

교황 첼레스티노 3세Celestinus III(1191-1198)는 말년에 로타리오를 교황 상서원의 업무로부터 당분간 쉬도록 해주었다.6) 직무에서 벗어난 추기경 로타리오는 충분한 여가를 얻게 되었고, 이때「세상의 경멸에 대해서 De Contemptu Mundi」,「네 종류의 결혼Four Kinds of Marriage」,「신비의 성 제단De Sacro Altaris Mysterio」 등 세 종류의 논문을 작성하였다.7)

1198년 1월 8일 90세가 넘은 교황 첼레스티노 3세가 죽었다. 그리고 이때는 이미 황제 하인리히 6세Heinrich VI(1190-1197)도 이탈리아를 침략했다는 좋지 못한 기억을 남기고 죽은 때였다. 이와 같이 세속의 수장과 교황이 모두 교체되는 시기에 그리스도교 세계에는 혼란을 저지할

---

6) 그 이유는 첼레스티노Celestinus의 오르시니Orsini 가와 로타리오Lothario의 콘티 Conti 가가 불화하는 가운데서 서로 인사도 하지 않고 지내는 관계에 있었기 때문이다.

7) Clayton, *Pope Innocent III and His Time*, pp.35-38.

수 있는 강력한 교황이 필요하였다. 첼레스티노의 장례가 치러진 날 추기경 회의가 소집되었고, 로타리오가 만장일치로 교황으로 선출되었다. 그리하여 1198년 1월 8일 로타리오 콘티는 37세의 나이에 인노첸시오 3세로서 성 베드로 좌에 오르게 되었다.

(1) 인노첸시오 3세와 이탈리아의 관계

인노첸시오 3세가 즉위하면서 맨 먼저 부딪치고 해결해야 할 과제는 로마 시와의 관계 설정이었다. 12세기까지 로마는 밀라노나 다른 몇몇 도시들처럼 교회나 제국에 반항적이면서 자치적 열정과 귀족적 자만심을 가진 코뮌으로 남아 있었다. 이러한 로마인들에게 있어 교황은 교구 영주에 불과했고, 코뮌에 대한 교황의 간섭과 권한은 단지 코뮌의 안전을 위해서 그들에게 경종을 울리는 것으로, 그리고 고대의 영화스러움에 대한 기억을 되살리게 하는 것으로나 생각되었다.[8]

그렇지만 인노첸시오 3세가 즉위하던 1198년경에 이르러 교황에 대한 로마인들의 태도는 크게 달라졌다. 프리드리히 바바로사의 통치 기간 이후 제국의 위세는 크게 위축되었고, 반면에 교황의 권위는 점차 상승하고 있었다. 그리하여 1198년 2월 교황으로 서품된 인노첸시오 3세가 시내를 행보할 때, 황제로부터 임명받고 로마에서 황제권을 대표하는 시장, 12세기 중엽 코뮌의 개혁으로 형성된 자치 정부를 책임지고 있는 원로원 의원, 도시와 지방의 귀족들 등이 교황을 수행하였다. 그날 시장은 교황에게 복종의 서약을 행하였다. 그것은 이제 제국의 지배자 하인리히 6세가 죽어 제국의 통치가 정지 상태에 있었기 때문에 교황에게 헌신함으로써 교황의 보호를 받고자 하는 의도였다.[9]

그러나 사실 카피톨[10]에서 일어나는 코뮌의 모든 사건은 교황의

---

8) Packard, *Europe and the Church under Innocent III*, p.16.
9) 같은 책, p.17.

이해를 완전히 무시한 채로 진행되었다. 1199년에는 코뮌이 교황의 도시인 비테르보를 침공하였다. 더욱이 로마의 대귀족 가문인 피엘레온 가, 프랑지팡기 가, 콜로나 가, 오르시니 가, 콘티 가 등이 서로 간에 다툼과 경쟁을 벌였고, 그 틈새에서 인노첸시오 3세는 1203년 아나니로 쫓겨 가기까지 한다. 1204년 코뮌은 교황을 돌아오도록 했지만 싸움은 그치지 않았다. 코뮌의 비타협적인 정신이 상존했으나 1208년 무렵에 이르러 거의 순화되고 마침내 도시는 교황에 의존해야 한다는 것을 깨닫게 된다. 따라서 인노첸시오 3세와 로마가 상호 만족할 만하게 협력관계를 발전시키기까지에는 10년간의 세월이 경과되었고, 그 뒤 8년간의 교황 재위 기간 동안에 비교적 평화로운 관계가 유지되었다.[11]

이렇게 해서 로마시와 우호관계를 수립한 인노첸시오 3세는 이제 눈을 중부 이탈리아로 돌렸다. 중부 이탈리아에서 교황령 즉 베드로의 세습지는 경계가 애매하였고 이에 대한 교황의 권리는 여전히 명확히 규정되지는 않은 상태였다. 단지 카롤링 가의 기증과 여제 마틸다 Countess Matilda(1046-1115)의 유산이 로마로부터 라벤나와 나폴리 왕국 사이의 북부 경계에 이르는 지역까지 교황의 군주권을 정당화해주는 근거였다. 그러한 근거 위에서 베드로 세습지에서 교황들은 이론상으로나 실제상으로 영주권을 행사하였다. 그런데 도시들과 코뮌의 저항 정신이 이러한 교황의 영주권에 주요한 장애가 되었으며, 더욱이 교황은 군대도 가지지 않았으므로 이에 효과적으로 대처하기가 어려웠다.

---

10) Capitol은 고대 로마시를 이루고 있는 일곱 언덕의 하나로 신전이 위치해 있었고, 이곳에서 원로원을 중심으로 코뮌의 정치 활동이 이루어졌다. 그리고 그 아래의 '광장'(Foro=Forum)도 매우 중요한 장소였다. 한편 교황 레오Leo 1세 이래로 형성된 로마주교의 도시는 성 베드로 성당과 바티칸을 중심으로 이루어져 있고, 이 지역은 하드리아누스Hadrianus의 묘지와 성 아르고로스St. Argolos의 성채에 의해 구 도시로부터 격리되어 있었다.

11) Packard, *Europe and the Church under Innocent III*, pp.17-18.

뿐만 아니라 적들이 교황령을 에워쌈으로써 12세기 후반 교황의 취약성은 확연하게 드러났다. 즉 북쪽에서는 롬바르드 도시들이 사실상 독립을 하였고, 남쪽의 시칠리아 왕국은 교황의 봉토였으나 제국의 군대가 토스카나에 주둔하면서 이탈리아 전체를 삼키려는 듯 버티고 있었다.[12]

프리드리히 바바로사는 교황령이든 다른 지역이든 간에 이탈리아 도시들에 대한 로마 황제의 권력을 회복하였고, 이것은 이탈리아의 통일이나 교황의 이탈리아 지배에 적지 않은 장애 요인이었다. 바바로사의 아들 하인리히 6세는 한 걸음 더 나아가 이탈리아 전체를 정복해서 그가 결혼으로 얻게 된 시칠리아 왕국과 더불어 이탈리아를 제국에 통합시키고 지중해 세계를 지배하며, 나아가서 콘스탄티노플을 공략하고자 하였다.[13] 그럼으로써 황제권을 호헨쉬타우펜 가의 세습권으로 만들고자 하였다. 이를 위해 하인리히 6세는 많은 수의 독일 군대를 이탈리아에 파병하였고 중부 이탈리아를 봉토로서 독일 지역의 종신들에게 하사하였다. 그는 자신의 동생 필립 쉬바비아Philip of Swabia(1198-1208)를 토스카나의 대공으로 만들었고, 마르크발트 안바일러Markwald of Anweiler는 안코나와 라벤나 공국의 대공이 되었으며, 콘라드 헤르스링겐Conrad of Herslingen은 스폴레토의 대공이 되었다. 그러나 하인리히 6세의 갑작스런 죽음은 대계획의 성취 직전에 모든 것을 수포로 돌리고 말았다.[14]

하인리히 6세의 죽음으로 인노첸시오 3세는 제국에 깊이 간여할 수 있는 기회를 포착하게 되었다. 더욱이 이탈리아 문제에 관한 한

---

12) 같은 책, p.20.

13) Horace K. Mann, *The Popes at the Height of Their Temporal Influence: Innocent II. to Blessed Benedict XI 1130-1305: (A) The Popes and the Hohenstaufen, 1130-1271 (Innocent III)*, vol. XI of *The Lives of the Popes in the Middle Ages* (London: Kegan Paul, Trench, Trubner & Co., Ltd., 1925), pp.109-120.

14) Packard, *Europe and the Church under Innocent III*, pp.20-21.

교황과 코뮌은 독일인들을 공동의 적으로 생각하였다. 사실 독일 지도 자들의 정책과 독일 군대의 잔인한 행위가 이탈리아인들의 분노를 일으키고 있었다. 황제가 죽음으로써 상황이 불리해지자 안코나와 라벤나의 통치자인 안바일러의 마르크발트와 스폴레토의 콘라드는 인노첸시오 3세와 제휴하고자 했으나 독일의 침략자를 증오하는 인노 첸시오의 감정의 골은 너무도 깊었다. 그는 마르크발트와 콘라드를 파문하고 그들의 종신들을 충성의 서약에서 해제시켰을 뿐만 아니라 그들을 이탈리아에서 추방하였다. 또한 인노첸시오는 스폴레토 공국의 광범한 지역을 정복하였고, 1198년 여름에 그곳 도시들의 대다수를 장악하였다. 이러한 인노첸시오의 공세에도 불구하고 토스카나 지방에 서는 사정이 좀 달라 피렌체, 루카, 시에나는 여전히 그들의 독립을 유지하였다.[15] 더욱이 피사는 황제파Ghibeline였다. 하지만 인노첸시오 는 재탈환한 도시들에 새로운 관리를 배치하고 성채를 쌓아 북방 경계 를 강화하였다.[16]

인노첸시오 3세는 교황 세습지를 복구했을 뿐만 아니라 이를 크게 확대시켰다.[17] 그러나 코뮌의 자치 정신과 탈교회적 정신이 결합되어 교황에게 어려움을 주었다. 이러한 가운데서 인노첸시오 3세는 교황령 의 도시들에 보낸 편지에서 영적 권력과 세속권력의 상징으로서 해와 달의 비유를 들어 설명하였다. 1207년 그는 비테르보에서 세습지 내의 신분회를 개최하고 주교, 수도원장, 백작, 배신, 도시 장관, 집정관, 기타 관리들을 소환하였다. 여기에서 그는 두 가지 원칙, 즉 세속권력에 대한 영적 권력의 우월성과 교황령 안에서의 교황 통치권을 선포하였 다. 두 원칙에 입각한 인노첸시오 3세의 선포는 중부 이탈리아에서

---

15) Mann, *The Popes at the Height of Their Temporal Influence*, pp.124-127.
16) Packard, *Europe and the Church under Innocent III*, pp.21-22.
17) Innocentius 3세의 교황 세습령의 복구에 대한 강렬한 의지와 그것의 추진 계획 및 과정은 John C. Moore, "Pope Innocent III, Sardinia and Papal State," *Speculum* 62/1(1987), pp.81-101에 잘 설명되어 있다.

교황이 황제의 모든 권한을 소유한다는 것을 의미한 것이나 마찬가지였다.[18] 이러한 과정에서 활력이 넘치는 교황 인노첸시오는 교황권 행사의 발판이 될 수 있는 교황령을 확립하였다.[19]

중부 이탈리아 여러 지역에 교황의 확고한 세력 기반을 마련한 인노첸시오는 이어서 시칠리아 왕국으로 관심을 돌렸다. 시칠리아와 말타를 포함하는 남부 이탈리아의 노르만 왕국은 11세기에 노르만 정복자들에 의해 세워졌다. 그런데 이 왕국은 교황의 반도 지배에 장애가 되었던 동시에 다른 한편으로 그리스와 사라센의 침입으로부터 교황을 보호하는 방벽이기도 했다. 교황은 전설적인 콘스탄티누스 기증과 1059년 노르만 통치자의 자발적인 양도 행위 외에 남부왕국에 대한 권리 주장을 뒷받침할 수 있는 여타의 확실한 근거를 가지지 못했다.

두 시칠리아 왕국이 교황의 영향력에서 완전히 멀어지며 제국에 흡수되는 계기가 된 것은 제국과 시칠리아 왕국간의 결혼 정책에 의해서였다. 1186년 호헨쉬타우펜 가의 상속자로서 차기 황제인 하인리히 6세와 시칠리아 왕의 추정 상속인 콘스탄스Constance가 결혼을 하게 되는데, 당시 이 결합이 이탈리아의 항구적인 평화에 장애가 될 것이라는 회의적인 견해가 지배적이었다. 1189년 시칠리아 왕국의 윌리엄 2세가 죽고 하인리히가 시칠리아 왕권의 상속자가 되자 시칠리아에서는 독일 지배자의 왕권 상속을 반대하게 된다.[20] 그러한 반대를 무릅쓰고 1194년 황제가 된 하인리히 6세는 왕국을 완전히 장악하고 고위직에 독일인들을 앉혔으며, 단지 통치의 업무를 그의 아내 콘스탄스에 맡겨 외국인 지배의 거부감을 누그러뜨리고자 하였다.[21]

제국과 시칠리아 왕국의 병합으로 하인리히 6세의 계획은 뜻대로

---

18) 같은 논문, pp.81-101.
19) Packard, *Europe and the Church under Innocent III*, pp.22-23.
20) Mann, *The Popes at the Height of Their Temporal Influence*, pp.124-127.
21) Packard, *Europe and the Church under Innocent III*, pp.22-25.

진전되었고 호헨쉬타우펜 세력은 반도의 양 끝에서 세력을 강화하면서 중부를 점점 압박하였다. 하인리히 6세는 그의 이탈리아 정복을 기반으로 지중해 지배를 통해 유스티니아누스 시대의 영화를 꿈꾸었다. 그해 교황 첼레스티노 3세는 위험한 호헨쉬타우펜 가의 세력 확장을 반대하였다. 교황은 시칠리아가 교황의 봉토라는 사실과 하인리히는 중부 이탈리아에서 독일 수장에게 양도된 땅에 어떠한 합법적 권리도 없다는 점을 되풀이하여 강조하였다. 그럼에도 불구하고 1196년까지 이탈리아 남부의 황제 지배는 사실상으로 이탈리아를 제국화하는 마지막 단계였으며, 이는 결과적으로 교황을 고립시키고 무기력하게 만들었다.[22]

그러나 잔인하고 복수심에 가득하며 멀리만 보고 나아가던 하인리히 6세는 1197년 33세의 젊은 나이로 갑자기 죽는다. 그의 죽음은 4개월 뒤에 즉위하는 새 교황에게 이탈리아와 독일에서뿐만 아니라 남부 왕국에서 특별히 교황권을 강화할 수 있도록 하는 귀중한 기회를 제공하였다. 1198년 인노첸시오 3세가 교황이 되었을 때 시칠리아에는 나이 3세의 프리드리히 2세Friedrich II(1194-1250)의 어머니 콘스탄스가 섭정 왕으로 있었다. 인노첸시오 3세는 맨 처음 시칠리아에 대한 교황의 영주권을 선언하는 교서를 받아들이도록 콘스탄스를 유혹하였다. 나아가서 교황은 두 모자가 이전에 노르만 왕들이 지녔던 교회의 독립을 포기하며, 시칠리아 교회의 주교 선출권과 교구회의의 개최를 허용하고 교황특사의 권위를 인정함으로써 다른 그리스도교 세계와 같은 입장을 취해 주도록 하는 종교 협약을 승인할 것을 강요하였다. 이에 콘스탄스는 건강이 위독한 상태에서 자신의 아들과 왕국을 교황의 영주권에 맡긴다는 유언을 남겼다. 그 해에 콘스탄스가 죽었고 인노첸시오는 그의 어린 피보호자를 돌보고 그 지역을 관장하도록 두 명의 특사를 파견하였다.[23]

---

22) 같은 책, p.25.
23) 같은 책, pp.26-27.

인노첸시오의 그와 같은 집요한 노력에도 불구하고 1208년이 되어서야 비로소 시칠리아에 대한 교황의 지배가 확실해지게 된다. 그때까지 이 지역 사람들은 독일 관리들과 외국인 지배처럼 교회의 지배도 똑같은 외부 세력의 간섭이라고 생각하여 반감을 표출하였고, 중부 이탈리아에서 교황으로부터 쫓겨난 마르크발트가 그 투쟁을 상당히 후원해 왔다. 1209년에 프리드리히 2세는 헝가리 왕의 미망인인 아라곤의 콘스탄스와 혼인하는데 바로 인노첸시오 3세가 자신의 이익을 위해 이 결합을 주선했던 것이다. 프리드리히는 성장해 감에 따라 왕의 고문 임명이나 주교 선출에 관해서 그의 보호자인 인노첸시오 3세와 의견이 때때로 상충하였다. 그렇지만 인노첸시오는 프리드리히를 황제가 되도록 하고 그가 독일 상속지를 장악해가는 과정에서 그를 적극 후원하였다.[24] 당시의 여건으로 볼 때 이러한 교황의 후원은 필사적일 수밖에 없었다. 이에 호응하여 프리드리히는 호헨쉬타우펜의 두려운 공포가 재발되지 않도록 할 것이라는 점을 교황에게 보이기 위해 가능한 한 많은 약속과 양보를 미리 제시하였다.[25]

(2) 인노첸시오 3세와 신성로마제국의 관계

중세에 성 베드로의 후계자들에게 있어 주된 경쟁자는 바로 신성로마제국의 황제들이었다. 카롤루스 대제와 오토 대제의 후계자들은 그들 스스로를 로마황제의 상속자들이라고 생각하였다. 그들은 교회의 문제에선 교황의 권위를 인정하지만 정치적인 면에서는 신외에 그들에게 어떠한 상급자도 없음을 주장하였다. 이에 반해 교황들은 카롤루스 대제와 오토의 대관, 콘스탄티누스 기증 등을 근거로, 그리고 교황이 세상의 주님인 그리스도의 직책을 수임 받은 자라는 점을 내세우며

---

24) Mann, *The Popes at the Height of Their Temporal Influence*, pp.153-154.
25) Packard, *Europe and the Church under Innocent III*, pp.26-27.

교황으로부터 선출을 확증 받는 황제에게만 세속 통치의 권한이 위임된다고 주장하였다. 더욱이 이탈리아에서는 교황들이 정치적인 권한까지를 포함하는 완전한 지배권을 보유하였다.

그러나 사실상 교황과 황제는 세계국가와 보편교회 사이의 화합을 추구한다는 명분과 목적에는 서로가 동의하였다. 그래서 교황은 영적 문제에서 우월하고 황제는 세속적 문제에서 우월하다는 점을 인정하면서 적어도 이론상으로는 가급적 서로의 한계를 지키려고 노력하였다. 그들은 같은 정도의 권력을 가지고서 서로 보완적인 역할을 하였다. 교황이 신의 대리자라면 황제도 역시 마찬가지라고 생각하였다.[26] 교황의 황제 대관은 교황에게 있어 필수적인 보호를 보장받는 방편이었고 황제에게는 불가결한 안수를 의미하였다. 이러한 타협은 최선의 조화와 균형을 전제로 하는 것이었다. 그러나 봉건적 문제의 조정, 성직 서임, 이탈리아의 지배, 유럽의 정치적 발전과 국민국가의 성장 등을 둘러싼 이해관계의 대립이 교황과 황제 사이의 타협을 어렵게 만들었다.

중세의 지역교회 가운데 독일 교회는 교황권지상주의와 가장 거리가 멀었고, 로마교회의 배려를 제대로 받지 못했을 뿐만 아니라 교황의 규율에 잘 순응하지도 않았다. 프리드리히 바바로사와 하인리히 6세는 독일의 거의 모든 고위 성직자들을 호헨쉬타우펜 가 출신 중에서 등용하였으며, 그들 마음대로 주교좌를 판매하였고 궐석된 성직의 수입을 착복하였다. 한편으로 프리드리히 바바로사는 볼로냐에서 로마법의 연구를 적극 후원함으로써 황제권의 합법적 이론 확립을 꾀하였다.[27] 나아가서 그는 이탈리아 도시들의 정복을 시도하면서 케자르의 황제권에 관한 주장을 강조하였다. 하인리히 6세는 결혼을 통해 시칠리아를

---

26) Mann, *The Popes at the Height of Their Temporal Influence*, pp.164-168.

27) Munz, *A Study in Medieval Politics: Frederick Barbarossa* (London: Eyre & Spottiswoode Ltd., 1969), p.100.

통합하고 중부 이탈리아 지배를 확립하면서 이탈리아뿐 아니라 세계 지배의 야망을 강화하였다. 어쩌면 교황권에 치명적인 재난이 되었을 지도 모르는 그러한 대개혁이 하인리히 6세의 사망으로 성사되지 못했 다. 그러한 결과로 13세기 전반에 잉글랜드와 프랑스는 국민국가로의 발전을 꾀하고 근대국가 확립기에 준하는 영토 확장을 서두르면서 왕권을 강화하는 과정이 전개되는 반면 제국은 교황에게 크게 의존할 수밖에 없는 상황이 되어 버렸다.[28]

하인리히 6세의 사후 인노첸시오 3세는 이탈리아의 교황령을 확립 하고 이탈리아에서의 교황 지배를 완성하였으며, 나아가서 독일 지역 에 큰 영향력을 행사할 수 있게 된다. 인노첸시오는 호헨쉬타우펜 가 출신의 주교들에 대립하면서 독일 전역의 교회에 교황 훈령을 확대 하였으며, 호헨쉬타우펜 중심의 중앙집권적이고 세습적 경향에 맞서서 독일의 봉건적 지방분권 정책을 적극 후원하였다. 그래서 1208년까지 10년 동안에 독일 정부와 황제의 무능력 덕분으로 인노첸시오는 독일이 나 이탈리아에서뿐 아니라 유럽전역에서 막강한 권력을 행사하고 과시 할 수 있었다.

하인리히 6세의 사망 이후 대부분의 독일 제후들은 필립 쉬바비아나 오토 브룬쉬빅크Otto von Brunswick(1198-1215)를 그들의 황제로 원했다. 호 헨쉬타우펜 출신의 필립은 하인리히 6세의 동생이었고 선대의 두 황제 처럼 황제당Gibelline 전통에 몰두했으며 프랑스 왕 필립 아우구스투스의 지지를 받았다. 반면에 오토는 중앙집권에 반대하는 배신들의 입장을 옹호하는 교황파Guelf에 속했고 교황의 후원을 받고 있었다. 또한 그는 북부 독일에서 우세하였으며 그의 삼촌들인 잉글랜드 왕 리처드Richard (1189-1199)와 존John(1199-1216)의 후원을 받고 있었다.[29]

필립과 오토는 1198년에 각기의 파당에 의해 모두 황제로 선출되었

---

28) Packard, *Europe and the Church under Innocent III*, pp. 29-30.
29) 같은 책, p.33.

으나30) 누구도 명실상부하게 제국의 지배자가 되지는 못했다. 1356년 선제후의 선출권을 규정한 금인 칙서처럼 규정이 마련되지 못한 때이기 때문에 누구도 이 문제를 용이하게 해결하지 못했다. 따라서 교황에게 이 문제의 해결을 의존할 수밖에 없었고, 양 당파에서 동시에 이에 대한 결정을 교황에게 요청하였다. 인노첸시오 3세는 공정하게 두 후보 중의 하나를 황제로 결정해야 했다. 유럽 세계는 라테란에서의 분명한 답변을 기대하였고 이 결정은 매우 큰 비중을 지니고 있었다. 인노첸시오의 입장에서 볼 때 이와 같이 복잡한 상황 속에서 결정은 매우 주저되는 일이었다.

필립은 호헨쉬타우펜 혈통으로서 하인리히 6세 당시에 이탈리아에서 상당한 역할을 했으며 교회에 대한 지나친 간섭으로 파문선고를 받은 상태였다. 한편 오토는 너무 유약했고 그의 추종 세력이 적었을 뿐 아니라 외국의 조력도 크게 받지 못하고 있었다. 더욱 어려운 현실은 둘 중의 누구도 교황이 원하는 만큼 양보하거나 이탈리아의 교황령을 실질적으로 인정할 것 같지 않았다는 점이다. 마침내 깊은 사려 속에서 1201년 인노첸시오는 오토를 선택하여 그를 황제로 선언하였다. 이때 교황은 논란이 되는 사건에 교황이 간섭할 수 있는 권리와 황제를 선택할 수 있는 교황의 궁극적인 권한을 합리화하는 성명을 첨부하였다.31)

이 무렵 독일의 고위 성직자들은 주로 호헨쉬타우펜 가 출신이거나 측근이었기 때문에 필립의 편에 섰다. 더욱이 그들 자신과 직속 종신들은 각 지역의 제후들이었기 때문에 교황의 간섭을 매우 염려하였다. 그뿐만 아니라 특별히 독일 교회 그 자체에 대한 교황의 간섭에 반대하였다. 그러한 입장에서 그들이 교황의 특사에 반항하고 주교 선출과 하위 성직 임명에 대한 교황의 간섭을 못마땅하게 생각했던 것은 아마 당연한 일이었을 것이다. 인노첸시오는 그의 모든 행위에 대한 근거로

---

30) Mann, *The Popes at the Height of Their Temporal Influence*, pp.162-163.
31) Packard, *Europe and the Church under Innocent III*, pp.34-35.

1179년의 제3차 라테란 공의회 법령들을 제시했으나, 독일주교들은 독일 교회를 지배하고자 하는 교황의 야망을 잘 알고 있었다. 한편 고위 성직 귀족들에 적대 관계에 있는 하위 성직자들은 교황파였고 교황편이었으나 오토 4세의 선택 문제에 관해서는 무관심하였다. 또한 독일 귀족들은 황제파이라기보다는 교황파였으나 통합이 되질 못했다. 이들은 분열과 혼란을 인노첸시오 3세보다 더 유리하게 이용하였다. 이들은 어느 한 쪽을 반대할 수도 있었지만 그렇다고 다른 한쪽에 대한 지원도 기대 할 수 있는 형편이 아니어서 그들 나름대로의 분명한 태도를 표명하지도 못했다. 이와 같은 복잡한 상황 속에서 독일은 1208년까지 내란에 휩싸이게 된다.[32]

독일이 혼란에 빠져있는 동안 1208년 필립이 암살됨으로써 오토 4세는 몰락 직전에 가까스로 진정한 황제가 되었다. 프랑크푸르트에서 많은 귀족이 참석한 제국 의회에서 오토의 선출이 비준되었고, 오토는 여러 지역에서 제국 의회를 열어 자신의 지위를 견고하게 확립하고자 하였다. 교황으로부터 대관을 기대하면서 오토는 비테르보에서 교황과 만났으며, 1208년 10월말 성 베드로의 바실리카에서 새로운 케자르로서 대관을 받았다. 그러나 황제관을 쓰는 순간부터 오토는 호헨쉬타우펜의 전임 황제들처럼 황제당이 되었고 교회의 권리에 대해서는 냉담하였다.

1209년 오토는 토스카나 지방의 지배를 확보함과 동시에 그의 추종자들을 스폴레토 공국과 살레르노 공국에 대공으로 임명하였으며, 아풀리아를 그 자신의 소유라고 선언하였다. 또한 그는 롬바르드 동맹 세력과 화친을 맺고 나폴리에 대항해서 전쟁을 준비하였다. 오토의 궁극적 목적은 마치 교황과 호헨쉬타우펜의 프리드리히 2세를 무시하고 이탈리아와 남부 왕국을 결합하여 소유하려는 것처럼 보였다. 교황

---

32) 같은 책, pp.34-35.

은 그러한 행위에 대해 처음부터 오토를 비난하고 나섰다.[33]

인노첸시오는 프랑스의 필립 아우구스투스에게 보낸 편지에서 오토에 대한 그의 평가가 잘못되었다는 점을 전하면서 필립 왕의 협력을 요청하였다. 또한 독일 지역 귀족들에게 격렬한 어조로 오토의 행위를 비난하는 편지를 보내 오토에 대항하도록 하였다. 그럼으로써 독일은 또다시 완전한 전란 속에 빠져들게 되었다. 그러한 화를 자초한 오토의 궁극적인 실수는 신성로마제국이 본질적으로 독일 세력에 근거한다는 것을 망각했던 점이다. 이탈리아에서는 그의 뜻을 어느 정도 성취한다고 할지라도 독일 지역을 그 자신의 지배 영역에서 상실한다면 그에게 오히려 손해가 된다는 것은 명확한 일이었다.

독일 주교들은 인노첸시오 3세에게 의지하거나 호헨쉬타우펜 가에 의지하거나 간에 오토의 이탈리아 내 정복 지역이 독일에게는 달갑지 않은 자산이라고 생각하였다. 더욱이 그들은 독일의 이러한 재난이 어린 프리드리히를 지지하지 않은 데서 기인한다고 보았던 것이다. 그래서 그들은 사절을 보내 프리드리히에게 그 부친의 황제관을 이어받도록 요청하였다. 인노첸시오는 그가 황제당에 속한다고 분류했고 다시 교황령의 양 편에서 황제의 지배를 추진하지 않을까 염려하여 주저했지만 오토의 배은망덕한 행위를 볼 때 다른 선택의 여지가 없었다.[34] 1213년 프리드리히는 프랑크푸르트에서 황제로 선출된다. 독일 문제로 이탈리아에서 힘을 상실한 오토는 북부 독일의 작센으로 물러났고 1214년 부뱅의 결전을 준비하였다.[35]

부뱅의 전투는 그 국제적 성격과 중요성 때문에 최초의 근대적 전투라고 불리기도 한다. 프랑스의 필립 아우구스투스는 프리드리히를 지원하였고 잉글랜드의 존 왕은 오토를 지원하였으나 이 전쟁은 이들

---

33) 같은 책, pp.36-37.
34) 같은 책, pp.38-39.
35) 같은 책, pp.39-40.

두 왕조의 대립 차원을 훨씬 넘어 광범한 범위로 확대되었다. 필립은 강력한 플랑드르의 백작이 이끄는 대귀족들에 맞서서 도시들과 프랑스의 성직자들을 규합하였다. 한편 존 왕은 라인 지방의 교황파 계열 대공들과 플랑드르 귀족들을 병합하였다. 존은 이 전쟁에서의 승리가 국내의 적들을 압도할 수 있는 계기를 만들어 줄 것이라는 소망과 프리드리히를 제국에서 추방할 뿐 아니라 카페왕조를 쉽게 붕괴시킬 수 있을 것이라는 기대를 가졌다. 그러나 그의 기대와는 반대로 전쟁의 결과는 필립 아우구스투스로 하여금 그의 위협적인 귀족들을 제압하도록 하고 중앙집권화를 강화시켜 주게 되었다. 또한 프리드리히는 독일의 적들로부터 구조되었던 반면 오토는 영원히 은퇴할 수밖에 없는 처지가 되고 말았다.

결과적으로 교황권은 프랑스, 잉글랜드, 특히 이탈리아에서 크게 강화되었다. 이제 새 황제는 자신의 독일 종신들에게 많은 것을 양보하였고 한편으로 그 자신은 교황에 종속되었다. 그는 이미 1212년에 두 시칠리아에 대한 교황의 영주권을 인정한 바 있었고, 1213년에 교황에 신종선서를 하였다. 1215년에는 십자군 원정을 약속했으며, 1216년에는 시칠리아와 제국을 결코 한 사람이 소유하지 않을 것이라고 교황에게 약속하였다.

그래서 그는 황제로서 대관을 받기 전에 시칠리아를 형식적으로 자신의 아들에게 상속시키지 않으면 안 되었다. 이미 그는 라벤나, 스폴레토, 마틸다의 영토와 다른 지역들에 대하여 교회 법정으로부터 교황청으로 상소할 수 있도록 승인하였고, 궐석된 성직의 수입에 대한 소유권을 포기하였으며, 그의 영토 내에서 이교도에 대항해 교회를 도울 것이라고 약속하였다.[36] 프리드리히 이전에 이와 같이 많은 양보를 했던 독일황제는 결코 아무도 없었다. 이제 프리드리히 바바로사와

---

36) 같은 책, pp.41-43.

하인리히 6세의 야망에 찬 독일 황제들의 이전 계획은 완전히 사라지게 되었다.

신성로마제국과 시칠리아 왕국, 중부 이탈리아의 정치적 상황이 교황이 원하는 방향으로 해결된 가운데서 인노첸시오 3세의 말년은 황제와 교황이 서로 평화를 유지한 가장 진기한 상황이 전개되었다. 이제 인노첸시오 3세는 순전한 독일인, 또는 호헨쉬타우펜 출신, 순전한 시칠리아인 어느 한 쪽의 사람에게 제국을 이양시키지 않은 상태에서 그 자신이 로마와 중부 이탈리아를 완전히 지배할 수 있게 되었다.

(3) 프랑스와 잉글랜드에 대한 인노첸시오 3세의 입장

교황 인노첸시오 3세의 시대에 실질적인 교황의 적대자는 필립 아우구스투스Philip Augustus(1180-1223)였다. 카페 가의 필립은 경건한 교회의 후원자였던 그의 부친과는 달리 완고하고 약삭빠른 정치적 수완을 부렸던 사람으로서 봉건적 무정부 상태에서 벗어나 강력한 중앙정부를 만들고, 대귀족과 잉글랜드의 프란타지네트 가의 왕들이 점유하고 있는 영지를 프랑스 왕의 영지로 환원하는 일에 몰두하였다.[37] 피상적으로 보기에 그는 교황의 뜻을 존중한 것처럼 보이나 실제 그의 태도는 그렇지 않았다. 필립은 독일 정책에 있어서 교황에게 결코 복종하지 않았고, 잉글랜드에 대항한 그의 계획 때문에 초래된 파문의 위기를 교황 첼레스티노 3세의 죽음으로 겨우 모면하기도 하였다.[38]

---

37) Edwin Hall and James Ross Sweeney, "An Unpublished Privilege of Innocent III in Favor of Montivilliers: New Documentation for a Great Norman Nunnery," *Speculum* XLIX, n.4 (October 1974), pp.667-669. 이 논문에서 잉글랜드 소유의 노르망디 지역을 침탈하려는 필립 왕의 기도와 이에 대한 잉글랜드 존 왕의 대비책, 그리고 그 지역 내의 수녀원과 교구를 보호하고자 하는 교황의 노력 등이 설명되어 있다. 이때 인노센치오 3세는 1203년 교서 〈*Prudentibus viginibus*〉를 반포하여 몽띠빌리에 지역의 수도원들의 경제적 특권을 보호하고자 하였다.

38) Packard, *Europe and the Church under Innocent III*, pp.47-48.

필립 아우구스투스는 국제적인 정치 문제에서뿐 아니라 그의 결혼 생활로 말미암아 교황과 불편한 관계에 처하게 된다. 필립은 1193년 덴마크의 공주 잉게보르그와 정략적 결혼을 하여 그녀를 후처로 맞이하였다. 그러나 필립은 갑자기 그녀를 되돌려 보내고자 하였고 배신들과 주교들의 회의를 소집해 이혼을 인정받았다. 이에 잉게보르그는 로마에 상소를 하였고 상소를 받은 첼레스티노 3세는 왕에게 서한을 보내고 특사를 파견하여 필립과 잉게보르그의 이혼이 무효임을 선언하였다. 그럼에도 불구하고 필립은 바바리아 귀족의 딸 아그네스와의 결혼을 추진하였다.[39]

인노첸시오 3세는 즉위 후 필립 아우구스투스의 결혼 문제를 적극적으로 다루었다. 교황은 신랄하게 비난하는 서한을 필립에게 보내어 강경한 어조로 결혼 생활의 원상복귀를 권고하였다. 그러나 필립은 아그네스를 쫓아내지도 않고 잉게보르그를 받아들이지도 않았기 때문에 1198년 교황은 필립을 군주로서 받아들이는 모든 지역에 성사금지령을 내렸다.[40] 프랑스 내에서 왕의 영향력이 강력했고, 대부분의 주교들은 이 성사금지령의 발표를 거부하였으므로 처음에는 그 효율성은 별것 아니었다고 할 수 있다. 그렇지만 성사금지령은 여전히 강력한 교황의 무기였다. 해당 지역에서는 교회의 갖가지 업무가 정지되었으므로 1년도 못 가서 필립 아우구스투스 자신이 한계에 부딪치고 말았다.

1201년 왕은 스와송에서 공의회를 개최해 그 문제를 재론하였고, 아그네스를 쫓아내지는 않으면서도 잉게보르그를 받아들이는 모습을 보이면서 위기를 모면하였다. 1201년 마침 아그네스가 죽게 되자 필립은 이듬해 교황과 화해를 추구하였고, 교황은 아그네스의 두 아들을 적자화 해줌으로써 둘 사이에 화합의 분위기가 이루어졌다.[41]

---

39) 같은 책, pp.48-49.
40) Charles Edward Smith, *INNOCENT III: CHVRCH DEFENDER* (BATON ROVGE: LOVISIANA STATE UP, 1951), p.1.

잉게보르그의 사건은 필립 왕과 교황이 각자의 권력을 내세우며 버티는 모습을 확연히 보여주는 사건이었다. 필립은 자신의 결혼문제를 둘러싸고 발생한 갈등이었으나 20년 동안 교황의 요구에 저항하였다. 그러다가 그가 마음에 내킬 때에야 비로소 교황에게 순종하였다. 한편 교황은 초기에는 적극적으로 왕의 문제를 간섭했지만 잉글랜드, 신성로마제국, 프랑스의 세력이 균형을 이룰 때는 그러한 문제를 얼버무렸다. 그렇지만 교황의 태도는 비교적 초지일관하였다.

필립은 프랑스 주교들을 자신의 종신들처럼 지배하였고, 그들에게 과세하였으며, 그들의 주교좌를 박탈하기도 했다. 심지어 그는 교황에 대항해서 주교들로 하여금 그 자신을 지지하도록 강요하였다. 필립은 성직자들도 그들에게 할당된 봉건적 의무를 수행해야 한다고 주장하였다. 그는 금지령과 수많은 로마로의 항소에도 불구하고 그러한 태도를 고수하였다. 그러나 필립 아우구스투스는 교회의 재원에 손댄다거나 교회 사법권을 침해하는 일은 가급적 삼가려고 노력하였다. 그랬기 때문에 프랑스 왕과 교황 사이의 알력이 간간이 유발되었으면서도 문제가 크게 비화되지는 않았다. 어쨌든 어느 중요한 문제에 부딪칠 때 유럽의 여러 나라 가운데 프랑스만이 인노첸시오 3세에게 순순히 복종하지 않았다. 그렇게 된 데에는 인노첸시오 3세가 잉글랜드나 제국의 문제, 십자군 등 많은 일에 몰두해 있어서 프랑스와의 문제에 집착할 여유가 없었기 때문이라는 부분적 이유를 들 수 있다. 그러나 인노첸시오 3세의 세계질서 추구에 맞서서 프랑스는 독립적인 국가로서 그 자체의 활력을 가지고 있었으며, 왕이 특별한 능력을 발휘했던 것이 그 주요인이라고 할 수 있다.[42]

잉글랜드는 중세 세계에서 독특한 위치에 있었다. 이곳은 로마로부터 멀리 떨어져 있었고 해협으로 대륙과 분리되어 있어서 유럽 대륙에

---

41) Packard, *Europe and the Church under Innocent III*, pp.50-51.
42) 같은 책, pp.54-55.

서 진행되는 역사의 흐름이 동일하게 전파되지 못했다. 대륙에서 진행된 대대적인 움직임이 시기가 한참 지나서야 잉글랜드에 영향을 미쳤고, 전파된 모습도 변형된 형태를 취하기가 일쑤였다. 그래서 완전히 로마적이지도 않았던 브리타니아는 결코 중세 그리스도교 세계 속으로 완전히 병합되지도 않았다.[43]

인노첸시오 3세는 그의 재위 기간 중에 두 명의 잉글랜드 왕 리처드와 존을 상대하였다. 리처드는 그 혈통이 노르만 계통이라기보다는 안게빈 계통이었는데 도전적이며 투사적인 성격을 지녔다. 그는 그의 통치 기간 10년 동안에 잉글랜드에서 겨우 몇 달도 생활하지 않았다. 그는 잉글랜드를 단지 그의 대륙 생활과 계획을 위한 자원으로 생각하였다. 종교적 문제에 있어서도 성직자에 과세를 하고 성직을 마음대로 매관했던 일이 비일비재하였고 그 때문에 교황과 충돌을 일으키기도 하였다. 리처드의 주 관심사는 노르망디에 있었다. 도전적인 기사로서 그는 십자군 등 전쟁에서 익힌 전투술을 능란하게 구사할 수 있었으며, 노르망디 지역의 요새를 튼튼히 함으로써 필립 아우구스투스의 침략을 효과적으로 저지하기도 하였다.[44]

1199년 리처드의 뒤를 이어 존이 잉글랜드 왕위를 계승하였고 14년 동안 국내외에서 교회와 충돌하였다. 그는 누가 교황인지, 또는 교회의 조직이 어떠하고, 교회의 재산이 어느 정도인지 등에 관해서는 무관심했다. 그가 염려했던 것은 프랑스에 있는 잉글랜드 소유의 토지를 지키기 위해서 프랑스 왕과 전쟁을 치르고 있다는 점과 동시에 봉건적 무정부에 맞서서 중앙집권적 왕권을 강화하기 위해 물러설 수 없는 전쟁을 하고 있다는 정도였다. 분을 잘 내면서 과욕에 사로잡히고 능력이 부족했던 그는 결국 그의 왕국을 교황에게 양도하지 않을 수 없었고, 그것을 교황으로부터 봉토로서 되돌려 받았다. 또한 교황 사절

43) 같은 책, pp.55-56.
44) 같은 책, pp.57-58.

의 중재를 통해서 왕으로서 그의 권한을 행사할 수 있도록 허용 받았고, 그의 임종 때 자기 아들의 보호자요 섭정자인 교황 특사에게 모든 것을 맡기고 죽었다. 그의 마지막 3년은 교회와 봉건귀족들에 대한 항복으로 점철되었다. 이와 같이 노르망디의 상실, 부뱅과 러니메드 전투의 패배, 그리고 교황에게의 굴복 등 일련의 실정을 통해서 볼 때 그는 너무 유약한 인물이었음이 확인된다.

존은 주위에 너무도 많은 적을 만들고 그들과 대립하였다. 국내의 귀족과 프랑스의 필립 아우구스투스, 교황 모두를 싸움의 대상으로 삼았기 때문에 어느 한 쪽에도 유리하게 싸울 수가 없었다. 존 왕 시대의 국제적인 상황은 윌리엄 시대의 유럽이 아니었고, 교황 인노첸시오 3세는 힐데브란트가 아니었다. 그렇다고 존 왕이 필립 아우구스투스처럼 능숙한 외교적 경륜을 가진 것도 아니었다. 더욱이 잉글랜드가 이미 13세기 초에 제한 왕정의 상태가 되어 있었던 점도 그와 같은 존 왕의 실패를 가져오는 배경이 되었다.

존 왕은 프랑스의 필립 왕에게 패함으로써 국제관계에서 크게 위축되었고, 설상가상으로 교황과의 관계 악화는 그를 더 이상 버틸 수 없는 상태로 만들어 버리고 말았다. 그는 아일랜드와 잉글랜드의 교회와 성직자에게 폭력과 자의적인 행위를 서슴지 않았다. 그러나 그러한 이유만으로 로마교회와 잉글랜드의 관계가 단절되지는 않았으며, 오히려 1206년까지 원만한 관계가 지속되었다. 당시 인노첸시오는 제국의 왕위계승 문제에서 존 왕의 힘을 필요로 하였다. 그것은 필립 아우구스투스가 잉게보르그 문제로 여전히 반항적이었고 독일 왕의 선출에서 교황과 대립하고 있었기 때문이다. 그런데 존과 교황은 캔터베리 대주교의 선정문제로 심하게 충돌하게 되었다. 1204년 캔터베리 대주교였던 허버트 월터가 사망하였다. 캔터베리 주교좌는 국내외적으로 매우 영향력이 크고 중요한 직책이었기 때문에 존은 그의 열렬한 추종자를 후임으로 선정하고자 하였다. 이에 반해 '그리스도 교회 수도회'의 수도

사들은 다른 사람을 선정하였다. 이러한 대립 속에서 양측은 동시에 교황에게 결정을 요청하기에 이른다. 이에 인노첸시오 3세는 양측 모두의 절차가 반교회법적이라고 단정하고 제3자인 잉글랜드 출신 추기경 스티븐 랭턴을 주교로 결정하였다.[45] 자신의 뜻을 관철하지 못한 존 왕은 1년 안에 '그리스도 교회'의 수사들을 추방하여 아우구스티누스 수도회 수사들로 대체하였으며 캔터베리 교구의 토지와 재산을 몰수해 버렸다.[46]

이상과 같은 이유로 인노첸시오 3세와 존의 투쟁은 시작되었다. 이 싸움에서 존 왕의 무기는 교회 토지와 재정에 대한 과세나 몰수, 폭력행사 등이었다. 1208년 인노첸시오 3세는 전 잉글랜드에 성사금지령을 선포하였다. 그리고 1210년에는 존 왕을 파문에 처함으로서 압력을 가하였다.[47] 필립 아우구스투스가 프랑스의 성사금지령을 1년도 견디지 못했던 것에 비하면 존 왕은 5년 동안이나 성사금지령의 상태에서 버틸 수 있었던 점이 이상할 정도이다.

이와 같은 상황 속에서 인노첸시오 3세가 할 수 있었던 것은 잉글랜드 왕을 폐위하고 그의 왕관을 필립 아우구스투스에게 넘겨주는 일이었다. 그러나 그는 이 문제만은 주저하였다. 만일 이 교령이 선포되면 이 법령을 실행하는 프랑스 군대는 신성한 군대가 될 것이며 그 전쟁은 십자군의 성격을 띠게 될 것이기 때문이다.

추기경 판돌포는 교황으로부터 모든 것을 위임받고 이 문제를 타결하기 위해 존 왕과 협상을 시작하게 된다. 1213년 결국 존은 교황 사절에게 설복되었고 논란거리가 되었던 모든 것들, 즉 캔터베리 대주교의 선출, 교회 재산의 관리권 등을 교회에 양보하였을 뿐만 아니라 그의 왕관을 교황에게 양도한다. 또한 그의 국가를 성 베드로의 지배에

45) Clayton, *Pope Innocent III and His Time*, pp.159-160.
46) Packard, *Europe and the Church under Innocent III*, pp.62-63.
47) Clayton, *Pope Innocent III and His Time*, pp.163-164.

귀속시킬 것을 선언하고 매년 교황에게 1000마르크를 지불할 것을 동의하였다.[48] 마침내 잉글랜드는 공식적으로 잉글랜드가 유럽 그리스도교 세계의 국가라는 교황 주장을 인정하고 받아들였다. 그 결과로서 1213년부터 존 왕의 사망이후 5년 동안 잉글랜드는 교황특사에 의해 지배된다. 이상과 같이 각국의 왕들을 압도해 가면서 1214년에서 1216년까지 인노첸시오 3세는 유럽에서 최고의 권력을 누렸으며 교황권이 절정에 도달하였다.[49]

2. 정치적 병행주의의 입장

교황 인노첸시오 3세는 중세 역사상 교황의 권력과 힘을 가장 크게 행사한 교황으로 알려져 있다. 당시 유럽에서는 잉글랜드의 프란타지네트 왕가와 프랑스의 카페 왕가, 그리고 신성로마제국의 호헨쉬타우펜 왕가의 이해 대립으로 복잡한 정치적 관계가 전개되었다.[50] 그 가운데서 특별히 신성로마 황제 하인리히 6세의 사후 황제 계승 문제는 인노첸시오 3세에게 있어서 로마교회의 자유를 최대한 확대시키고 교황의 권위를 강화할 수 있는 절호의 기회였다. 이러한 초미의 관심사를 교황에게 가장 유리한 방향으로 이끌어간 인노첸시오가 소위 최고의 교황권을 행사했다는 평[51]을 들어도 무색하지 않을 것이다.

그러나 인노첸시오가 신성로마 황제 계승을 유리하게 해결하고 대외 관계에서 강력한 권한을 행사했다는 그 자체를 최고의 교황권 행사로 볼 수 있는지, 또한 교황권을 뒷받침해 줄 수 있는 이론과 사상이

---

48) 같은 책, pp.165-166.

49) Packard, *Europe and the Church under Innocent III*, pp.66-67.

50) 같은 책, pp.11-69.

51) Clayton, *Pope Innocent III and His Time*, 18; T. F. Tout, *The Empire and the Papacy* (London: U of Edinburgh, 1894), pp.313-335.

그에게 이르러서 최고조에 달했다고 할 수 있는지에 대해서는 회의적이라 하지 않을 수 없다. 인노첸시오가 국가와 교회의 관계에 대해서 교황 젤라시오 1세의 전통적 입장을 벗어났고 개혁 시대의 교황 그레고리오 7세와는 다른 관점을 가졌던 것이 사실일지라도 인노첸시오 3세가 교황권 이론과 사상을 최고로 극대화한 교황은 아니었다. 다만 그는 중세 교황권 사상의 강화 과정에서 하나의 커다란 전기를 제공했다고 할 수는 있다.

후에 인노첸시오 3세가 되는 로타리오는 파리에서 신학을 공부하는 동안 변증법 강의를 받으며 스콜라 철학의 분석적 방식으로 학문을 탐구했던 한편 볼로냐에서는 교회법학을 통해서 정치적 가르침에 접하였다. 이때 그는 특별히 왕권과 사제권 사이의 관계에 대해 상당한 식견을 얻게 되었다.[52] 교회법학자로서뿐 아니라, 교황으로서 인노첸시오 3세는 당시까지 지속되어온 정치사상의 전통을 유지하면서도 이를 진전시켰다. 전통적 견해를 이원론적 병행주의로 본다면 인노첸시오에게서도 분명히 그러한 입장이 보인다.

그러나 인노첸시오의 후기 입장은 병행주의의 한계를 뛰어넘고 있다. 어떻게 보면 그와 같은 양면성이 상황의 변화에 따라 초래된 것 같기도 하지만, 한편으로 처음부터 인노첸시오에게 그러한 양면성이 있었던 것으로 생각할 수 있고, 다른 한편으로 그것은 오히려 양면성이라기보다는 인노첸시오가 지닌 독자적인 교황권 이념이라고 볼 수도 있다. 이러한 면에서 왓트J. A. Watt가 특별히 인노첸시오의 교황권 사상에 '병행주의적'이나 '일원론적'이라는 용어를 적용하기를 거부했던 점[53]에 공감이 간다.

정치적 역량을 크게 발휘하였던 다른 교황들과 마찬가지로 인노첸

---

52) Mann, *The Popes at the Height of Their Temporal Influence*, p.9-70.
53) J. A. Watt, "The Theory of Papal Monarchy in the Thirteen Century: The Contribution of the Canonists," *Traditio* 20 (1964), pp.212-221.

시오 3세 역시 그의 교령을 통해 자신의 사상적 입장을 표명하곤 하였다. 인노첸시오는 탁월한 교회법학자로서 법령들에 내포된 정치적 의미를 전체적으로 파악했으며 그가 의도하는 바를 교회법적 척도에 따라서 분명하게 교령에 언명하였다. 그러한 면에서 인노첸시오 3세의 교령 〈존경하는 형제를 통해서Per venerabilem〉, 〈그는 안다Novit〉, 〈우리의 존경하는 형제Venerabilem〉 등은 그가 지닌 교황권 이념의 한 단면을 엿볼 수 있는 중요한 사료들이라 할 수 있다.

교황의 교령은 돌출된 문제들에 대한 교황의 답변이고 입장이었기 때문에 이는 단순히 세속 국가나 군주가 이해관계에 따라 지니는 입장과는 차이가 있었다. 교황의 교령이야말로 교황 자신이나 교황을 둘러싼 신학자들과 교회법 학자들의 사상이 결집되어 표출된 것이라 해도 과언이 아니다. 특히 위의 세 교령은 인노첸시오 3세의 사상을 이해하는 데 결정적인 것들이다. 따라서 〈존경하는 형제를 통해서〉에서는 인노첸시오가 규정했던 교황권의 범위를 중점적으로 살펴보고, 다시 이를 〈그는 안다〉와 〈우리의 존경하는 형제〉에서 나타나는 그의 입장과 비교해 보고자 한다.

(1) 교령 〈존경하는 형제를 통해서Per venerabilem〉와 교황의 사법권

1202년 몽페르의 백작 윌리엄은 아들의 대주교를 통해 교황 인노첸시오 3세에게 그의 서자를 적자로 합법화해 달라는 청원을 하게 된다. 이는 그가 '서출로부터의 교황관면'을 통해 다만 그의 자식들이 세속에서 적자로서의 합법적 권리를 누리도록 하려는 것이었지, 그들이 성직자가 될 수 있도록 하려는 것은 아니었다.54) 이 청원에 접하여 인노첸시오는 교황의 사법권에 관해 명확한 입장을 천명할 필요를 느끼게 된다.

---

54) Watt, 같은 논문, pp.212-213.

교황은 이 시기에 얽혀 있는 복잡한 정치적 문제를 유리하게 풀어야 하는 입장에 있었다. 이를 위해 특별히 1200년에서 1204년 사이에 인노첸시오 3세는 독일 지역의 정치적 문제에 관한 한 프랑스 왕 필립 아우구스투스를 교회와 대립해 있는 필립 쉬바비아로부터 분리시키고자 하였으며, 한편으로는 벨프 왕가와 화해시킴으로써 필립 2세와 존 왕 사이에 화친의 관계를 맺어 주고자 하였다. 필립 쉬바비아와의 충돌 속에서 교황이 가졌던 최대의 정치적 관심은 새로이 확립된 교황령과 영지 시칠리아 왕국을 지키는 것이었으며, 무엇보다도 교황권의 완전한 독립을 확보하는 것이었다.[55]

이러한 결정적인 시기에 인노첸시오 3세는 필립 2세의 결혼 문제를 정치적 긴장 해소의 무기로 사용할 수 있었고, 그러한 가운데서 아그네스의 소생인 필립 2세의 서출 자녀들이 교황으로부터 적자로서의 특권을 부여받게 되었다. 이처럼 인노첸시오 3세가 필립 왕의 결혼 문제에 대해 쉽게 합의해 준 이유는 명백하게 왕의 사법권에 속하는 사건들에 공공연히 간섭함으로써 왕의 감정을 사고 싶지 않았기 때문이었다.

그러나 윌리엄 백작의 요청에 대해서 인노첸시오는 그 문제를 그대로 내버려둘 수 없었다. 교령 〈존경하는 형제를 통해서〉는 바로 이 문제에 관하여 윌리엄 백작에게 준 답변으로서 인노첸시오 3세는 답변의 형식을 빌려 당시까지 논란이 되어 왔던 교황 사법권의 개념과 범위를 명백히 하고자 하였다. 즉 그는 세속적 논쟁 사건에 있어서의 교황 사법권의 한계에 관한 일련의 광범한 주장을 중세 교회법의 중심 속으로 편입시키기 위하여 이와 같이 비교적 사소한 사건을 이용하고자 하였다.[56]

---

55) Hellene Tillmann, *Pope Innocent III*, trans. by Walter Sax, vol.12 in *Europe in the Middle Ages* (Amsterdam · NewYork · Oxford; North-Holland Publishing Company, 1980), pp.333-345.

56) Brian Tierney, "'Tria quippe distinguit iudicis …' A Note on Innocent III's Decretal *Per Venerabilem*," *Speculum* 37 (1962), p.48.

이 교령은 인노첸시오 3세에 의해서 작성된 후에 알라누스 앙글리쿠스Alanus Anglicus(ca. 1216)의 사적 법령 편찬 속에 맨 처음으로 포함되었으며, 그 뒤 『제3차 법령집Compilatio tertia』으로 알려진 공적 법령집에 포함되었다.[57] 그는 이 교령을 작성하면서 신중히 선택된 제목이나 기록 내용이 결코 망각되지 않아야 한다는 점과 그에 대한 해석이 부적절해서는 안 된다는 점을 강조하였다. 이러한 생각 속에서 그는 법정에서뿐 아니라 대학에서 사용되어야 한다는 훈령과 함께 이들 편집물 사본을 볼로냐 대학에 보냈다.[58] 그 뒤 교황의 이 문서 구절들은 몇 세대에 걸쳐 여러 대학에서 중세 법학자들에 의해 열정적으로 논의되었다.

〈존경하는 형제를 통해서〉의 해석에 있어서는 그 직후나 현대에 있어서나 마찬가지로 중대한 교회법적 논쟁을 불러일으켜 왔다. 이는 중세의 많은 교령들이 그렇듯이 이 교령 속에도 그만큼 불투명하고 애매한 면들이 적지 않게 내포되어 있기 때문이다. 그럼에도 불구하고 이 법령 속에는 인노첸시오 3세의 진정한 사상과 의도가 담겨있기 때문에 이에 대한 면밀한 검토가 필요하다. 이를 위해 교령의 본문 내용을 직접 인용하고 분석하면서 내포된 의미를 파악하기로 한다.

윌리엄 백작에게 보낸 편지를 통해서 볼 때 인노첸시오는 영적인 것에는 더 큰 관심과 권위, 존경이 요구되기 때문에 영적 사명을 위해 합법화할 수 있는 권위 속에 세속의 세계에서도 합법화할 수 있는 능력을 필수적으로 포함해야 한다고 확신하였다.[59] 그의 이러한 주장

---

57) Aemilius Friedberg, *Quinque Compilationes Antiquae* (Graz: Akademische Druck-U. Verlagsanstalt, 1956), p.128. 이곳 Comp.III. Liv. IV. Tit. XII. 의 제2항에 다음과 같은 기록이 있다. "Idem nobili uiro W. Montis Pesulani. Ver *Venerabilem Fratrem - exhiveri.* (1202.)"

58) Alfred Hof, "'Plenitudo Potestatis' und 'Imitatio Imperii' zur Zeit Innocent III," *Zeitschrift für Kirchengeschichte* LXVI (1954), pp.67-68.

59) Aemilius Friedberg (ed.), *Corpus Iuris Canonici*, 2vols. (Graz: Akademische Druck-U. Verlagsanstalt, 1956), Pars Secunda: Gregory IX's *Liber Extra*, 4. 17. 13.

은 매우 중대한 사안으로서 추후 격렬한 교회법적 논쟁을 불러일으켰다. 특히 중세 정치이론을 연구하는 학자들에게 가장 큰 관심의 대상이 되었던 것은 그가 타인의 사법권을 침해하고자 하지 않는다는 것을 주장했으면서도 세속 문제들에 간여할 수 있는 교황의 권리에 대해 보편적인 설명을 지속적으로 했다는 사실이다.

이러한 그의 사상의 근거가 된 것은 다음의 『구약성서』 「신명기」 17장 8절부터 12절까지의 내용이었다.

> "네 성중에서 송사로 다투는 일이 있으되 서로 피를 흘렸거나 다투었거나 구타하였거나 하여 네가 판결하기 어려운 일이 생기거든 너는 일어나 네 하나님 여호와의 택하실 곳으로 올라가서 레위 사람 제사장과 당시 재판장에게로 나아가서 물어라. 그리하면 그들에게 어떻게 판결할 것을 네게 가르치리니 여호와께서 택하신 곳에서 그들이 네게 보이는 판결의 뜻대로 네가 행하되 무릇 그들이 네게 가르치는 대로 삼가 행할 것이니."

이상의 내용과 더불어 베드로의 특권을 언급한 『신약성서』 「마태복음」 16장 19절의 구절 "네가 땅에서 무엇이든지 매면 하늘에서도 매일 것이요"라는 구절을 인용하면서 새로운 질서 속에서 사도 좌는 명백히 신으로부터 선택된 자리이고 교황 자신은 이것을 관장할 재판관이라고 설명하였다. 따라서 인노첸시오 3세는 그의 법령에서 다음과 같은 결론에 도달하였다.[60]

> "재판은 세 가지 형태로 구분됩니다. 처음 것은 피를 흘리게 한 사건으로서 시민 법정에 속하는 범죄로 불리며, 마지막 것은 구타한 것으로서 교회 법정에 속하는 범죄라고 알려져 있습니다. 중간의 종류는 소송 사건으로

---

60) Tierney, "'Tria quippe distinguit iudicis …,' p.49.

서 시민 법정과 교회 재판, 양자 모두에 관련됩니다. 이러한 문제들에 있어서 어떠한 어렵고 애매한 점이 나타날 때는 언제든지 그것은 사도좌의 재판에 따라야 합니다. 만일 교만하여 선고에 복종하지 않으면, 이스라엘로부터 악을 제거하기 위해 그에게 사형이 선고됩니다. 말하자면, 파문 선고를 통해서 그는 마치 죽은 자와 같이 신앙 공동체로부터 격리될 것입니다."[61]

이 구절의 해석은 교황 인노첸시오 3세가 교회와 국가에 관한 이론에서 본질적으로 병행주의적 입장이었는지, 성직자 정치론에 입각한 교황권지상주의적 입장에 있었는지의 논쟁점에서 결정적으로 중요한 해결의 열쇠가 된다. 명백히 종교적 성격을 지닌 분야에 있어 어렵고 의문스러운 모든 문제, 소위 '어려운 송사*causae arduae*'에 대한 결정권이 교황에게 위임되었다는 것은 이미 잘 정리되어 있었다. 그러나 여기서 대두된 문제는 인노첸시오가 그러한 권한을 단순히 세속적 사법권의 분야에까지 확대하는 것을 의미하였는지, 또는 그의 말들이 좀 다른 의미를 내포하고 있는지의 문제이다. 이에 관하여 타이어니Brian Tierney 는 중세 정치이론에 관해서 서술한 탁월한 현대의 두 저서가 교황의 말들을 왜곡되게 해석했고, 그 왜곡을 다른 전문가들이 지적하지 않았음을 밝히고 있으며, 이를 정정하며 새로운 해석을 시도하고 있다.[62]

타이어니가 지적한 두 저서는 칼라일A.J. Carlyle의 『서구 중세 정치사』 와 맥길웨인C.H. McIlwain의 『서구 정치사상의 출현』이다. 칼라일이 〈존경하는 형제를 통해서〉를 분석한 내용에서 다음과 같이 인노첸시오의 입장을 해석하였다.

"인노첸시오 3세는 로마주교가 언제, 어디서나 영적 직무에 관련된 문제에

---

61) *Corpus Iuris Canonici*, Gregory IX's *Liber Extra*, X. 4. 17. 13.
62) Tierney, "'Tria quippe distinguit iudicis …,' p.50.

관한 한 적법화 할 수 있는 권리를 가지고 있다고 생각했으나, 교황의 세속권이 직접 행사될 수 있는 지역(교황 세습령)을 제외하고 다른 곳에서는 상속과 같은 세속적 목적을 위해 적법화 할 수 있는 권한이 교황에게 있음을 공식적으로 주장한 것이 아니었다. 그렇지만 프랑스 왕의 경우와 같이 의탁할 수 있는 상위의 세속권력자가 없는 때에 왕이 의뢰한다면 교황이 왕의 문제를 처리할 수 있는 것으로 보았다. 여기까지는 인노첸시오가 진전된 주장을 하지 않은 것으로 보인다.

그 이후 그는 교회의 세습령뿐 아니라, 다른 지역에서도 교황이 특정한 사건에 있어 세속적 사법권을 행사할 수 있다고 주장하는 데까지 나아갔다. 인노첸시오는 그가 다른 사람의 권리를 간섭하고자 하지 않는다는 점을 변명하면서, 그리스도가 '케자르의 것은 케자르에게 주라고 설교하였을 뿐 아니라, 상속권을 두고서 한 사람이 그의 형제를 재판해 줄 것을 요청한 송사에서 그 결정을 거부했던 점'을 인용하였다. 그러나 그는 어렵고 애매한 사건은 성직자의 결정에 맡겨져야 하며 그의 판정은 받아들여져야 한다는 원칙이 신명기에 기록되어 있음을 내세웠다. 그는 교황이 신명기의 입법에 기록된 제사장과 같은 지위에 있다는 점, 그리고 이와 같은 원칙은 교회의 권한에 속하는지, 세속의 권한에 속하는지가 불분명한 사건에 특별히 적용될 수 있다는 점을 주장하였다."[63]

이상에서 알 수 있는 바와 같이 칼라일은 인노첸시오 3세가 이 법령에서 영적 사법권과 세속 사법권 사이의 충돌이 있는 사건에서 영적 권력이 결정권을 가진다는 분명한 주장을 하였다고 생각하고 있다. 이러한 칼라일의 견해에 대하여 타이어니는 그가 〈존경하는 형제를 통해서〉에서 "교회와 세속의 사법권간에 충돌이 되는 경우에 교회의 권력이 결정권을 가진다"는 내용을 파악하는 데 그치고 더

---

63) Sir R. W. and A. J. Carlyle, *A History of Medieval Political Theory in the West*, vol. 2 (New York: Barnes & Noble, Inc., 1939), pp. 231-233.

이상의 내면적 내용을 고찰하지 않았다는 점을 지적하였다.

한편, 맥길웨인은 '세 번째 판결'의 형태는 사실상 세속 법정과 교회 법정의 사법권에 동시에 속하는 사건들을 다룰 때 적용된다고 칼라일의 견해와 흡사한 주장을 하였다.[64] 그러나 맥길웨인은 그러한 해석이 그 구절에 대한 유일하게 가능한 해석이 아니며, 만일 '그것들 안에[in quibus][65]의 구절이 세 가지 종류 모두의 사법권에 귀결된다면 위의 해석이 잘못된 것이라는 점을 덧붙였다.[66]

인노첸시오의 말을 모아 볼 때 '그것들 안에[in quibus]'를 세 번째 형태의 재판에 특별히 적용하고자 했다고 여겨진다. 그러나 그렇다고 해서 그가 처음 두 가지 형태의 사건을 교황의 사법권으로부터 배제하고자 한 것이 아니었음이 또한 확실한 것 같다. 세 가지 형태의 재판에서 주요 관심의 대상이며 명확한 해석을 요하는 것은 세 번째 형태의 재판이다. 그러면 처음 두 가지 형태의 재판에 속하는 사건의 범위와 성격은 무엇일까? 그 첫째는 그리스도교인으로서의 신앙적 범죄이다. 예를 들어 교회 법정의 사법권에 포함되는 이단이나 신성모독과 같은 형사 사건이 이에 속한다.[67] 교황은 그러한 사건의 재판을 자신의 사명으로 확신하였다. 교황 직위의 본질은 적어도 영적인 면에 있어서는 '모두의 직권 재판관'이어야 했다.

둘째는 시민으로서의 범행으로 피를 흘리게 한 경우이다.[68] 말하자

---

64) C. H. McIlwain, *The Growth of Political Thought in the West* (New York, 1931), p.232.

65) *Corpus Iuris Canonici*, Gregory IX's *Liber Extra*, 4. 17. 13., col. 716. "… tam ecclesiasticum quam civile, in quibus quum aliquid fuerit difficile vel ambiguum, ad judicium est sedis apostolicae recurrendum."

66) MacIlwain, *The Growth of Political Thought in the West*, p.232. "만일 '그것들 안에'의 말이 세 종류 사법권 모두를 말한다면, 위의 해석은 잘못이다. 그리고 인노센치오 4세가 후에 전임자들의 주장에 실제로 아무 것도 첨가하지 않았다."라고 맥길웨인은 설명하고 있다.

67) *Corpus Iuris Canonici*, Gregory IX's *Liber Extra*, 4. 17. 13., col.716.

68) *Corpus Iuris Canonici*, Gregory IX's *Liber Extra*, 4. 17. 13., col.716. "primum

면 그것은 세속 재판관에게 정상적으로 보고되어야 하는 살인이나 강탈과 같은 범죄에 관한 것이다. 이러한 종류의 사건들마저도 인노첸시오는 교황의 재판 범위에 포함시키고자 하였다. 이를 위해 그는 교령 〈그는 안다〉에서 '죄악으로 인한*ratione peccati*' 사건이라는 말을 제시하였다. 즉 교황은 죄 때문에 비롯된 사건에 간섭할 수 있는 권리를 가진다는 점을 명백히 주장하였다. 인노첸시오에 따르면 폭력 범죄도 역시 죄이고 죄를 내포하는 모든 사건들은 교황 사법권에 속하는 것이었다.[69]

세 번째 형태의 사건은 애매하게 규정되어 있어서 해석상에 더 큰 어려움이 있다. 그 내용은 "*inter causam et causam quod ad utrumque refertur tam ecclesiasticum quam civile*"로서 "종교적이며 세속적인 두 가지 성격을 모두 지닌 사건의 송사를 지칭한다"는 뜻으로 직역해볼 수 있다.[70] 이 점에 관해서 칼라일과 맥길웨인은 인노첸시오의 언급들이 종교적·세속적 사법권이 겹치는 사건에만 해당되는 것이라고 해석하는 데 그쳤다. 그러나 이러한 현대의 역사가들의 해석은 당대의 어느 교회법학자에서도 찾아볼 수 없다. 그것은 『제3차 법령집*Compilatio tertia*』에 대한 초기 주석들이 병행주의의 이념을 가진 라우렌티우스 히스파누스, 빈센티우스 히스파누스, 요한네스 테우토니쿠스 등의 법학자들에 의해 쓰였기 때문에 그랬을 것이라는 점에 이해가 간다.[71]

---

inter sanguinem et sanguinem, per quod ecclesiasticum et criminale motatur."

69) *Corpus Iuris Canonici, Gregory IX's Liber Extra*, 2. 1. 13., col. 243. "우리는 일부 특권이나 대립적인 관습이 보통법으로부터 벗어날 때를 제외하고는 봉에 관해서 그에게 속한 재판을 행하고자 의도하는 것이 아니라, 재판이 명백하게 우리에게 속하는 죄에 관해서 결정하고자 하는 것이며, 누구에 맞서서도 우리는 그것을 실행하고 행사해야 한다"; 앞의 문헌 col. 244. "지금 우리는 죄인을 악에서 덕으로, 오류에서 진리로 회생시키기 위해서 어떠한 형사적 죄에 대해서도 이러한 방식으로 재판을 진행할 수 있다. 그러나 박애와 관계있는 평화에 대항한 죄일 때 특별히 그렇게 하는 것이다"

70) *Corpus Iuris Canonici*, Gregory IX's *Liber Extra*, 4. 17. 13., col.716.

71) Tierney, "'Tria quippe distinguit iudicis ···,' p.51; A. M. Stickler, "Alanus Anglicus als Verteidiger des monarchischen Papsttums," *Salesianum*, XXI (1959), pp.346-

그러나 소위 '혼합된 사건들ratio connexitatis'에 대한 교회 법정의 사법권 행사를 13세기 초기의 교회법학자들이 몰랐던 것은 아니다. 그런데 그와 같이 간소한 주장을 내세우기 위해서 인노첸시오가 베드로나 바울과 같은 사도들이나 구약의 선지자들을 둘러대는 것이 필요했을까? 인노첸시오의 의중은 그렇게 단순하지 않았음이 틀림없다. 그는 혼합된 사건 그 자체에 대한 일부 주석들을 고찰함으로써 당시대 인들에게 보다 깊은 다른 뜻을 제시하고자 했을 것으로 보인다.

교령 연구가들은 1215년부터 세속적인 범위 가운데서 교황 사법권이 행사될 수 있는 모든 사건의 목록을 제시하는 것이 공동 작업의 하나였다. 이들 목록들은 한결같이 '혼합된 사건'을 언급했고 동시에 교령 〈존경하는 형제를 통해서Per venerabilem〉를 언급하였다. 그러나 단순히 '혼합된 사건'의 사법권에 대한 주장을 지지하기 위해서 〈존경하는 형제를 통해서〉가 인용된 것은 아니었다. 그것은 언제나 완전히 다른 주장을 위한 근거로서 인용되곤 하였다.[72] 그래서 탕크레드Tancred(ca. 1186-1236)는 그의 주제의 첫 부분에서 라우렌티우스의 주해를 인용하면

---

406. 이들 이원론자들dualists은 최고의 영적, 세속적 권력이 교황에게서 연합된다고 주장한 알라누스나 탕크레드Tancred와 같은 당시대의 성직자 정치적 관점hierocratic views에 반해서 세속권력의 본질적 가치를 옹호하는 데 관심을 가지고 있었다. 만일 인노첸시오의 견해처럼 교회와 세속 법정의 사법권에 동시에 속하는 사건에서 모호성이 나타날 때 교황이 사법권을 주장한다는 점만을 의미했다면, 아마도 라우렌티우스Laurentius, 빈센티우스Vincentius, J.요한네스Johannes 등은 그 사실을 기꺼이 지적했을 것이다. 〈존경하는 형제를 통해서Per venerabilem〉에 대한 주석에서 신명기의 구절들을 특별히 언급했던 유일한 사람으로서 라우렌티우스는 반드시 그 문헌이 성직자 정치에 입각한 극단적 교황권 사상의 증거가 아니라는 것을 주장하였다. 이 점에 관해 라우렌티우스가 한 구분은 세속적 사건들과 혼합된 사건들 사이가 아니고, 상고심에 대한 사법권appellate jurisdiction과 일상적 사법권에 관한 것이었다. 그러나 한편으로 알라누스는 교황이 영적인 것과 세속적인 것 모두에 대한 직권재판관 "iudex ordinarius … et quod spiritualia et quoad temporalia"이라고 생각하였다.

72) Tierney, "Tria quippe distinguit iudicis …," p.52.

서 다음과 같이 서술하였다.

"한 경우는 주로 어떠한 상급자가 발견되지 않을 때 교회 재판관이 세속적 사법권의 문제에 관심을 가질 수 있다는 것이다. 다른 하나는 세속 재판관이 재판 실행이나 정의 실현에 게을리 할 때이다. 세 번째는 아래 교령 〈아들들은 합법적이다 *Qui filii sint legitimi*〉, 〈존경하는 형제를 통해서 *Per venerabilem*〉의 항목에 있는 바와 같이 어려운 문제이거나 애매하거나 재판관들이 서로 다른 의견을 가지고 있을 때이다. 네 번째는 교회의 사법권에 종속된 토지의 문제일 때이다. … 다섯 번째, 만일 그것이 관습에 따르는 것이라면 … 여섯 번째, 모든 종교적 범죄에 있어서, 일곱 번째, 위의 이전 항목 〈나는 안다 *Novit*〉에 있는 바와 같이 범죄로 인한 어느 사건이 고소를 통해 교회에 위임되었을 때이다. 여덟 번째는 세속 재판관이 의심되거나 비난을 받을 때이다. 아홉 번째는 혼합된 사건이다. 왜냐하면 '이혼 후 지참금에 관한 항목'에 있는 바와 같이 교회 재판관이 결혼 사건에 사법권을 가지고 있다는 사실에 근거해서 그가 신부의 결혼 지참금에 관련해서 재판할 수 있기 때문이다.[73]

탕크레드의 이 주해는 교회법학자 고프레두스 트라넨시스와 베르나르두스 파르멘시스에 의해 거의 변동되지 않고 복사되었으며 그 골자가 인노첸시오 4세와 호스티엔시스에 의해 되풀이 되었다. 그들 각자는 '혼합된 사건'을 설명하기 위해서 신부 결혼 지참금 법에 교령 〈지혜 *De Prudentia*〉를 인용하였던 반면에, 문제가 애매하거나 어려울 때, 재판관들의 의견이 서로 상충할 때 등 세속 사건의 사법권에 대해 훨씬 광범한 교회의 요구를 지지하기 위해 〈존경하는 형제를 통해서〉를 인용하곤 하였다.[74] 교회법학자들이 '세 가지로 구분되는 재판 *Tria quippe distinguit*

---

73) 같은 논문, p.52; *Apparatus as Comp. II*, 2.1.3, MS. Vat.lat.2509.
74) 같은 논문, p.53.

iudicia'의 구절을 상세히 주해할 때 그들의 해석들은 세속적이거나, 영적이거나 둘 중의 하나인, 즉 동시에 세속적이면서 종교적이 아닌 사건들을 언급하면서 세 번째 재판을 일정하게 설명하였다. 인노첸시오 4세는 그러한 흐름에 따라 세 번째 재판들을 다음과 같이 묘사하였다.

"*Sanguinem*: 피고인이 피를 흘리게 했고, 말하자면 살인, 강간, 도둑 등과 같은 형사 범죄를 저질렀다는 것이 입증되었다고 고소인이 말했을 때 그 재판은 유혈(또는 살인) 사건으로 행해진다. *Inter lepram et lepram*: 성직 매매, 신성모독 등 종교적 범죄로서 '당신은 이교도의 나병에 감염되었다'고 고소인이 말하고 피고소자가 그것을 부정했을 때. *Inter causam et causam*: '당신은 부채나 계약으로 나에게 얼마를 빚졌다' 또는 '나는 이 교회 내에서 후원권을 가지고 있다' 또는 약간 유사한 민사적 그리고 종교적 사건에 대해 원고가 말했으나 피고가 그것을 부인했을 때이다. 왜냐하면 이러한 모든 사건들에 있어서 난해하거나 애매하다면 사도좌에게 의탁이 되기 때문이다."[75]

이상과 같은 인노첸시오 4세의 주석은 호스티엔시스와 압바스 안티쿠스와 같은 교회법학자들에 의해서 거의 축어적으로 재해석되고, 보아티누스 만투아누스 등에 의해서 매우 유사하게 설명되었다. 이러한 교회법학자들의 해석에 비추어 볼 때 교황 사법권 중 세 번째 형태의 사법권에 대한 칼라일이나 맥길웨인의 견해가 실제 인노첸시오 3세뿐 아니라, 그의 의중을 읽고 해석한 교회법학자들의 견해와 다름을 알 수 있다. 이들 두 현대의 역사가가 사법권의 세 번째 형태가 혼합 사건들에만 적용되도록 한 것이었다고 생각했던 주된 이유는 이 교령 작성의 직접적인 계기가 이러한 범주에 포함되는 합법화의 문제였다고

---

75) 같은 논문, p.53; Innocent IV, *Commentria in V Libros Decretalium* (Venice, 1570) p.574.

만 생각했던 데 있다.

그러나 이 교령의 '세 가지로 구분되는 재판'의 문단에서 인노첸시오 3세는 교황 사법권의 본질과 범위에 대한 보편적 관점을 제시하기 위해 윌리엄 백작의 자녀 문제로부터 방향을 바꾸었던 것이다. 교회법 학자들의 작업은 탕크레드의 주석들에서 인용된 바와 같이 법령들 속에서 법의 보편적 법칙을 끌어내고자 하였다. 인노첸시오는 이러한 교령 연구가들의 작업을 잘 알고 있었다. 왜냐하면 교황은 그 자신이 잘 훈련받은 탁월한 교회법학자였기 때문이다. 그는 그가 사용하기 위해 선택한 용어들의 의미, 즉 교회법학자가 발견할 수 있는 법적 의미를 정확히 알고 있었다. 인노첸시오의 글들을 통해서 볼 때 그는 오랜 세월 동안 교회법의 전통 속에서 교회법 사상의 발전에 끼친 교회법적 용어와 그것의 법적 의미들을 잘 알고 있었다.[76]

이와 같은 인노첸시오 3세의 사상과 그에 대한 교회법학자들의 해석을 좀 더 명확하게 분석하면서 많은 의문스런 내용에 대해 분명하고 타당성 있게 설명한 작업은 1940년 이후부터 이루어졌다. 이때는 인노첸시오의 정치사상 연구에 있어 새로운 시기로서 마카로네M. Maccarrone 의 『인노첸시오 3세의 교리에 따른 교회와 국가Chiesa e stato nella dottrina di papa Innocenzo III』(1940)를 필두로 시작되었고, 이는 교회법적 구조 안에서 그의 사상을 진지하게 분석하고자 하는 경향을 보여준다. 이와 함께 오노리Mochi Onory, 켐프Friedrich Kempf, 스틱클러A. M. Stickler, 틸만Hellene Tillmann 등이 이 문제의 해석에 주력하여 많은 성과를 낳았다.[77] 그런데

---

76) 같은 논문, p.54.
77) Mochi Onory, S., *Fonti canoistiche dell'idea moderna dello Stato* (Miland: Publicazioni dell'Universita Catoolica del Sacro Cuore N. S. 38, 1951); H. Tillmann, *Papst Innocentz III* (Bonn, 1954) 그리고 그의 논문 "Zur Frage der Verhältnisses von Kirche und Staat im Lehre und Praxis Papst Innocenz' III," *Deutshes Archiv* IX (1951), pp.136-181; F. Kempf, "Die päpstliche Gewalt in der mittelalterlichen Welt," *Miscellanea Historiae Pontificiae* XXI (1959), pp.117-169; A. M. Stickler, "Concerning the political Theories of the Medieval Canonists," *Traditio* VII

이들 연구자들은 교령 〈존경하는 형제를 통해서〉의 해석에 있어서 교황 인노첸시오가 세속적 권력 그 자체를 추구했다는 비난에 맞서서 인노첸시오를 옹호하려는 경향에 상당한 호감을 가졌다는 생각이 든다.

오노리는 위대한 교황이 세속적 야망의 동기에 의해서 행동한 것이 아니고, 정치적 분야에 있어서 모든 그의 간섭들은 영적 질서를 지키려는 동기에 의해서 고취된 것이었음을 확증하고자 하였다.[78] 그러나 그는 세속 문제에 있어서 간접적 권한을 행사하고자 하는 교황의 요구와 교황 그 자신이 규정하고자 하는, 즉 어떤 예외적인 환경 속에서 직접적 권한을 행사하고자 하는 요구 사이에 근본적인 차이가 있다는 점을 알지 못했다. 오노리가 교황에 의한 종교적 사법권의 행사가 세속 분야에 간접적으로 영향을 미친다는 것을 강조한 것은 병행주의적 해석이라 할 수 있다.

인노첸시오 3세의 이론을 요약하여 정리한 호스티엔시스는 "세속 재판관이 태만하거나 의심을 받을 때, 또는 황제의 공위 시에, 그리고 〈존경하는 형제를 통해서〉에서 주장된 바와 같이 사건의 성격이 '어렵고 애매difficult and ambiguous'할 때는 언제든지 세속 사건에 교황이 사법권을 행사할 수 있다"고 인노첸시오가 주장한 것으로 보았다. 이러한 해석은 교황이 병행주의적 입장에 매여 있지 않았다고 바라보는 것이었다.[79] 교황 직책의 본질이 순전히 세속 문제에 관한 사법권을 포함한 것이라고 가정하지 않고서는 어떻게 교황이 그러한 환경들 속에서조차 세속적 사건들의 재판을 주장할 수 있고 위압적인 강제력을 지닌 그의 판결을 실행할 수 있었을 것인가.

틸만Helene Tillmann은 교황의 주장이 중세의 '필요성necessitas' 이론에 근거하고 있다고 설명함으로써 교황의 세속적 권한의 문제에 접근하고

(1949-51), pp.450-463.

78) Onory, *Fonti canoistiche dell'idea moderna dello Stato*, p.276.

79) Tierney, 'Tria quippe distinguit iudicis …,' p.56.

자 하였다.[80] 사실 틸만은 특정한 소송in certis causis에서 교황의 직접적 권한과 간접적 권한 사이의 중요한 차이를 강조한 유일한 사가이다.[81] 그러나 그녀의 '필요 이론'은 이해를 오히려 모호하게 하고 말았다. 인노첸시오 3세는 확실히 로마법의 경구인 '필요성은 법을 의식하지 않는다'를 잘 알고 있었고 예외적인 환경들 속에서 세속적 사법권에 대한 주장의 근거로써 이를 이용할 수 있었을 것이다. 그러나 사실은 그가 그렇게 하지는 않았다. 만약 세속 법정과 교회 법정 사이의 사건 이송에 '필요성'의 법률적 이론이 적용된다면 이는 무리한 일이 되고 말 것이다. 이를 역으로 가정해 보면 교회의 재판관이 '어렵고 애매한' 사건을 발견했다거나 교황이 공위되었을 때는 필요성 이론을 근거로 하여 황제가 종교적 사건을 재판할 수 있다는 것을 13세기의 교황 중 누구도 인정하지 않았을 것이다.

인노첸시오 3세는 필요성 이론을 결코 그의 사법권의 근거로 삼지 않았고 구약의 멜기세덱의 통치에 바탕을 둔 완전히 다른 근거 위에서 그의 주장을 전개하였다. 즉 교황은 제사장이요, 왕이었던 멜기세덱과 같이 사제의 권한과 왕의 권한을 동시에 지니고 있다고 그는 주장하였다.[82] 이 이론 위에서는 왕의 사법권이 교황의 직책에 고유한 것이기

---

80) Helene Tillmann, "Zur Frage des Verhältnisse von Kirch und Staat in Lehre und Paxis Papst Innocenz III.," *Deutsches Archiv für Erforschung des Mittelalters* (Münster/Köln: Böhlau-verlag, 1952), pp.136-181.

81) 같은 논문, p.139: "세속 문제에 있어 '죄의 동기'에 바탕을 둔 교황의 예외적 사법권은 왕과 다른 세속권력자의 업무에 대한 간섭권과 분명히 구분되어야 한다. 첫 번째의 경우는 세속적 문제에 대한 직접적 권력에 관한 것이고, 두 번째는 영적 사법권을 행한 그것의 본질에 관한 것이다. 교황이 개인이나 왕들에 대해서 죽을죄를 공적으로 재판할 수 있는지에 관해서는 근본적으로 어떠한 구별을 짓지 않았다. 그가 죽을죄를 처벌하는 정치적 행동을 하게 될 때, 그는 그의 영적 직능의 영역에 머물러 있는 것이다."라고 틸만은 설명하고 있다.

82) *Corpus Iuris Canonici*, Gregory IX's *Liber Extra*, 4. 17. 13., col.716. "Eius vicarius, qui est sacerdos in aeternum secundum ordinem Melchisedech, constitutus a Deo iudex vivorum et mortuorum."

때문에 적당하다고 생각될 때 교황이 세속 사건들을 재판할 수 있는 것이다. 반면에 황제는 영적 사법권을 소유하고 있지 않기 때문에 종교적 사건을 심판할 수가 없었다.[83]

이러한 논란에 대해서 켐프Friedrich Kempf는 사법권의 자발적 성격을 강조함으로써 다른 입장을 취하고 있다. 물론 캠프는 인노첸시오가 단순히 가장 전문적 감각의 용어인 '자발적 사법권'을 주장하였다고 보지는 않는다.[84] 그러나 그는 〈존경하는 형제를 통해서〉에서 인노첸 시오가 소송의 당사자들이 자발적으로 그를 중재자로서 선택할 때에만 세속 사건에 대한 재판권을 소유한다고 언명했음을 주장하고 있다. 켐프는 〈존경하는 형제를 통해서〉가 교황 알렉산데르 3세의 교령 〈신성함Cum Sacrosanct〉에 비추어 해석되어야 하고 그래서 병행주의의 의미 속에서 이해되어야 한다고 생각하였다.[85]

알렉산데르 3세는 이 초기 교령에서 랭스의 대주교로부터 받은 일련 의 질문에 응답하였다. 그중 마지막 질문은 "세속 재판관으로부터 교황 으로의 상소가 타당한 것인지"였고, 이에 대해 교황은 "확실히 다른 곳에서, 교회가 관행적으로 '상소 사법권'을 가지고 있을지라도 엄격히 두 개의 사법권을 가진다고 믿지 않습니다"라고 답변하였다.[86]

켐프는 바로 여기서 세속 사법권의 자립에 대해 교황이 명백하게 인정했음을 발견하였다. 알렉산데르는 그러한 생각을 마태복음 16장 19절과 같은 성서의 구절을 근거로 주장하였지만, 그의 교령에서는 교황권에 고유하게 포함된 세속권에 관해 신학적인 해석을 전혀 언급하 고 있지는 않다. 그는 설령 지역교회의 관습이 상소를 정당하게 여겼을

---

83) Tierney, "Tria quippe distinguit iudicis …," p.56.
84) Friedrich Kempf, "Die katholische Lehre von der Gewalt der Kirch über das Zeitliche in ihrer Geschichtlichen entwicklung seit dem Investiturstreit," Catholica XII (1958), p.63; 같은 논문, pp.139-140.
85) 같은 논문, p.262.
86) Corpus Iuris Canonici, Gregory IX's Liber Extra, 2. 28. 7. col.412.

지라도 기존의 법령에는 교회의 보편적 항소 법정권에 대해서 어떠한 적합한 근거가 없다는 것만을 지적하였다. 실질적인 사법권이 행사될 수 있는 여건을 규정하는 것은 미래의 교황이 해야 할 일이었을 것이다. 켐프는 바로 인노첸시오 3세가 그 일을 수행하게 되었다고 보았다.

스틱클러A. M. Stickler는 교황이 직접적으로 행사할 수 있는 '예외적 사건' 목록이 교회법학자들의 작업 속에 나타났다는 것은 바로 13세기 중엽에조차 교회법학자들이 세속권력의 자립을 원칙상 인정하였다는 점을 입증하는 것으로 보았다. 따라서 탕크레드와 호스티엔시스와 같은 극단적 성직정치론자들의 글 속에 있는 그러한 목록의 존재는 그들 사상 속에 있는 미해결의 긴장을 반영한다고 주장하였다.[87] 스틱클러의 이러한 견해는 예외적인 세속 사건들에 대한 인노첸시오의 규정과 언급이 바로 세속권의 독립을 의미하는 병행주의적 사고에서 비롯된 것이라는 뜻으로 보인다.

물론 간간이 또는 예외적인 환경 속에서 행사되는 세속 사건에 대한 교황의 사법권 행사가 병행주의자들 자신의 관점을 지탱해주는 증거라고 일부 병행주의자들이 생각한 것은 사실이다. 그렇지만 예외적 사건의 일부는 병행주의자들의 입장과 합치된다고 할 수 있으나 다른 많은 예외적 사건들은 가장 극단적인 성직정치론자들의 이론과 전적으로 일치하였다.[88]

그런데 길레스 로마Giles of Rome(1247-1316)[89]는 예외적인 사건을 비일 관적이라고 보지 않았다. 길레스는 세속적이거나 영적이거나간에 모든 권력은 교황에게 부여되어 있다는 것, 또 때때로 교황이 그의 세속적 권한을 직접적으로 행사할 수 있지만 보통은 세속 군주들이 이를 행사

---

87) Stickler, "Concerning the Political Theories of the Medieval Canonists," pp.450-463.

88) Tierney, "Die katholische Lehre von der Gewalt der Kirch über das Zeitliche in ihrer Geschichtlichen entwicklung seit dem Investiturstreit," pp.57-58.

89) 길레스는 Egidius Colonna, Aegidius Romanus라는 이름으로도 불린다.

하도록 허용한다는 점을 주장하였다. 이러한 주장과 더불어 길레스는 교황의 직책에 고유한 보편적 세속 사법권을 교황이 실제 행사했던 일곱 가지 특수 사건으로 분류하였는데, 그중 하나는 법령 〈존경하는 형제를 통해서〉에 언급된 난해하고 애매한 사건이라고 하였다.[90] 사실 바로 이와 꼭 같은 이론을 인노첸시오 자신이 그의 〈존경하는 형제를 통해서〉의 끝 부분에 다음과 같이 서술하였다.

> "완전권을 설명한 것으로 생각되는 바울은 '여러분들이 천사들을 심판한다는 것을 알지 못합니까? 하물며 이 세상에 속한 것은 더욱더 그러할 것입니다.'라고 말하면서 고린도인들에게 편지하였습니다. 그리고 (교황은) 때때로 일부 문제에 있어서는 그 자신이 세속권의 직책을 수행하고, 때때로 또 다른 문제에 있어서는 다른 사람들을 통하여 그것을 대신 수행하도록 되어 있는 것입니다."[91]

인노첸시오는 종교적 사건들과 세속적 사건들에 대해서 그의 사법권을 정확히 동일한 방식으로 행사하는 것이 적절하거나 바람직하지 않다는 것을 〈존경하는 형제를 통해서〉에서 밝히고 있다. 물론 종교적 분야에서는 교황이 모두의 직권 재판관*iudex ordinarius omnium*이지만, 세속적인 면에 있어서는 관습적으로 세속 군주의 법정에 속했던 많은 양의 사소한 봉건적 소송을 교황청에서 관장하려는 의도를 가지지 않았다. 다만 그는 세속 사건이 그리스도교 세계의 평화와 정의, 질서를 포함하는 종교적 의미들을 가질 때는 언제나 교황의 세속 사법권이 강구될 수 있도록 보장하고자 했다.

따라서 인노첸시오는 그와 같은 모든 사건들의 상소를 받아들일

---

90) Richard Scholz, *Die Publizistik zur zeit Philipp des Schönen und Bonifaz VIII* (Sttutgart: Verlag von Ferdinand Enke, 1903), p.81.
91) *Corpus Iuris Canonici* II, Gregory IX's *Liber Extra*, 2. 28. 7., col.412.

수 있는 교회법적 근거를 그의 여러 법령 속에서 마련하고자 하였다. 사법권의 영역과 관할에 대한 주장을 통해서 볼 때 인노첸시오는 교황 아래 위치한 세속 군주들이 그리스도교 사회의 통치에서 항구적이고 필수적인 역할을 한다는 점을 인정하였으며 그러한 역할이 신성한 질서 체계의 한 부분이라는 것을 당연하게 여겼던 것이다. 뿐만 아니라 그는 행정상 두 계층이 그리스도교 세계의 통치에 필수적이지만 그 중에서도 교황이 우위에 있다는 점을 분명히 하였다.

이러한 인노첸시오의 입장을 타이어니는 병행주의의 모습으로 보기를 거부하였다. 그렇다고 이를 성직자정치론적 교황권지상주의의 입장에서 보려한 것도 아니었다. 왜냐하면 인노첸시오 3세와 그의 후계자들은 모든 세속 군주들의 직책을 폐지할 수 있는 권리가 그들의 능력 안에 있다거나 그들 자신이 모든 세속 권리의 실행권을 가진 것으로는 생각지 않았기 때문이라는 것이다. 뿐만 아니라 인노첸시오는 종교적 분야에 있어서도 교황에게는 주교직을 폐지시킬 수 있는 권리가 없었으며 교회의 모든 문제를 교황 대리자를 통해 다스릴 수 있다고 생각하지 않았다는 것이다.[92]

〈존경하는 형제를 통해서〉에 대한 각기 다른 학자들의 해석은 그 내용의 이해를 혼란스럽게 만들기도 하지만 그러한 해석들 속에서 바르게 이해할 수 있는 실마리를 찾아 낼 수 있다. 타이어니나 왓트는 〈존경하는 형제를 통해서〉의 해석에서 이원론이라는 정형의 관념을 피하고자 했으나 그렇다고 이 교령에 병행주의적 성격이 완전히 배제된 것은 아니다. 그 일례로 상위권자가 없을 때 교황에게 청원하면 교황은 세속적 문제를 결정할 권한이 있다는 점을 합법화하였다. 그러나 윌리엄의 경우 그의 상위자인 세속 군주의 권리를 해치지 않을 때만 성좌의 사법권으로 자녀의 합법화 권한을 가진다고 하였다.[93]

---

92) Tierney, "Die katholische Lehre von der Gewalt der Kirch über das Zeitliche in ihrer Geschichtlichen entwicklung seit dem Investiturstreit," p.58.

한편으로 인노첸시오 사상의 단면 속에는 프랑스 왕 서자의 합법화에 대한 변명도 담겨 있다. 바로 이러한 그의 사상은 신으로부터 부여된 사제권을 바탕으로 교황령 밖에서도 교황이 '우연의, 특정한 사건의 심사'에 예외적인 방식으로 세속 사법권을 행사할 수 있다는 보편적 원칙으로 정립되었다.[94] 이 점에 관해서 틸만은 인노첸시오가 원칙상 영적 권력과 세속권력의 분립과 독립을 표명하지만, 그는 그리스도교 세계에서 '조건부 세속권'을 주장했다고 설명하고 있다.[95] 인노첸시오에 따르면 '우연의, 특정한 사건의 심사'의 경우에만 교황은 세속 사법권을 행사할 수 있다. 인노첸시오가 그러한 경우의 세속 사법권을 규정했던 이면에는 이미 교회의 수장과 세속 군주간의 사법적 관할권 차이를 의식한 것이라고 할 수 있다. 더욱이 인노첸시오가 '우연의, 특정한 사건의 심사'의 경우로 한정한 교황의 세속 사법권은 본질적인 것이라기보다는 로마교회의 보조적 사법권 행사라고 볼 수 있다.

그러한 보조적 사법권은 바로 베드로의 매고 푸는 영적 권한을 그

---

93) Tillmann, *Innocent III*, p.25: 후구치오Huguccio는 상위 재판관이 없는 경우에 주교가 법정 권한을 가진다고 규정한 유스티니아누스 황제의 입법을 바탕으로 세속적 사건에 있어서 성직자의 특정한 사법권, 특히 교황의 특정한 사법권을 주장하였다. 인노첸시오 3세는 바로 그러한 후구치오의 견해를 따랐다고 할 수 있다.

94) Friedrich Kempf, *Papsttum und Kaisertum bei Innocenz III: die geistigen und rechtlichen Grundlagen seiner Thronstreitpolitik: Die geistigen und rechtlichen Grundlagen seinen Thronsteit Politik, in Miscellanea Historiae Ponttificiae* XIX (Rome: Pontificia Universita Gregoriana, 1954), p.258. 인노첸시오 3세는 이에 대한 근거들로서 유사시 성직자의 판결을 요구했던 점을 신명기 17:8-12에서, 시민법적, 교회법적 또는 혼합된 경우를 다룰 수 있는 사도좌의 권리를 마태 16:18에서, 이제까지 타인을 통해 행사했던 세속권력의 실행을 뒷받침할 수 있는 것으로 고린도 전서 6:3을 들고 있다; PL 214 1132 c: Rationibus igitur his inducti, regi gratiam fecimus requisiti, causam tam ex Veteri quam ex Novo Testamento tenentes, quod non solum in ecclesie patrimonio, super quo plenam in temporalibus gerimus potestatem, verum etiam in aliis regionibus, certis causis inspectis, temporalem iurisdictionem casualiter exercemus.

95) Tillmann, *Innocent III*, p.24.

근거로 하고 세속법이 아닌 신정법 위에서, 그리스도를 통한 수위권 위에서 확립된 것이었다. 여기에는 '크리스티아니타스Christianitas' 사상이 그 기초를 이룬다.96) 크리스티아니타스는 제국이나 왕국을 의미하지 않는다. 교황 즉 수장의 능력은 영적 권력에 뿌리를 두고 있으며 세속권력을 폐기하거나 얻으려고 애쓰지는 않는다. 세속 법정의 능력이 고갈되어 있을 때에만 그리스도교 세계의 수장에게 의지할 필요가 있으며 그 수장은 영적 권력을 통해 세속권력이 할 수 없는 것을 완성할 수 있다. 왜냐하면 크리스티아니타스는 종교적일 뿐 아니라 동시에 정치적, 법적 조직이기 때문이다.97)

세속 영역에서 예외적 방식으로 교황의 사법적 행위가 이루어질 필요가 있다는 원칙이 보편적으로 적용되었고, 이 원칙은 모든 어려운 시민법, 교회법, 혼합된 법적 체계에 확대되었다. 그래서 1204년 불가리아의 군주 조앙니짜에게 인노첸시오 3세가 왕관을 수여한 것을 성좌가 예외적 방식으로 소유하고자 했던 사법적 행위로 여기기도 한다.98)

이와 같이 볼 때 〈존경하는 형제를 통해서〉에서 나타난 교황 권한의 속성은 병행주의적 사고를 배제하지 않는다고 할 수 있다. 그러면서도 인노첸시오가 이 교령을 통해 특정한 경우일망정 세속적 영역을 교황의 사법권에 포함시키고자 했던 점은 미미하지만 성직자정치론적 경향의 일면을 보인 것이라 하겠다. 이것은 그의 후기 사상에 나타나는 영적·신학적 통합화를 예시한 것이라 생각된다.

---

96) Gehart B. Lardner, "The Concepts of ≪Ecclesia≫ and ≪Christianitas≫ and their Relation to the Idea of Papal ≪plenitudo potestatis≫ from Gregory VII of Boniface VIII," *Miscellanea Historiae Pontificae* XVIII (1954), pp.52-53.

97) Kempf, *Papsttum und Kaisertum bei Innocenz III*, pp.254-259.

98) 같은 책, p.259.

(2) 세 교령의 비교

〈존경하는 형제를 통해서〉 외에 인노첸시오 3세의 교황권 사상을
내포하고 있는 대표적 교령으로 〈그는 안다〉와 〈우리의 존경하는 형
제〉 등을 들 수 있다. 그런데 이 두 교령은 〈존경하는 형제를 통해서〉와
는 다른 입장에서 교황의 권한을 언급하고 있다. 어떤 면에서 그 두
교령은 윌리엄에게 응답한 교령보다도 인노첸시오의 병행주의적 사상
을 더욱 명료하게 반영한 것으로 보인다. 본 항목에서는 두 교령을
분석하면서 〈존경하는 형제를 통해서〉의 내용과 비교해 보기로 하겠다.
　〈그는 안다〉는 프랑스 왕 필립 2세에게 봉건적 서약을 했음에도
불구하고 봉토를 받지 못한 존 왕이 교황에게 올린 상소의 응답으로
작성된 교령이었다. 이 사건의 처리를 위해 인노첸시오는 카사마니의
주교를 특사로 임명하여 이 논쟁을 조사하도록 하였다. 이때 프랑스
왕은 그러한 교황의 조처에 대해 비난하면서 이것은 순전히 봉토의
논쟁이기 때문에 로마의 권한에 속하지 않는다고 주장하였다.
　그러나 인노첸시오는 두 왕 사이의 봉건법적인, 즉 순전히 세속적인
이 논쟁을 중재할 필요가 있었기 때문에 그 문제의 처리를 위해 교령
〈그는 안다〉를 작성하게 된다. 이러한 까닭으로 인노첸시오는 다른
사법적 영역을 침해한다는 비난을 받았다. 그러나 그에게 있어 이
문제는 왕들끼리의 사건이라고 해서 단순히 봉건적 논쟁으로만 생각될
수는 없었으며, 그 안에 내재된 죄를 심판해야 할 필요가 있는 사건이었
다. 그러므로 이는 명백히 사도좌의 권한 범주에 속한다고 생각하였
다.[99] 무거운 죄악으로 비롯된 사건에서 그리스도교인을 재판하는

---

99) 같은 책, p.263. 이미 데오도시우스는 주교들에게 재판의 전권을 위임하였고
　　Karl 대제는 그 칙령을 갱신하였으나(*Decretum Gratiani* C. CI q. 1 c. 35-37),
　　교황은 인정법menschliche satzung이 아니라, 신정법das götliche Gesetz에 근거를
　　두고자 하였다.

것은 엄격히 사도좌에게 속한다는 것이었다. 그렇기 때문에 죄에 관련되는 한, 왕들도 바로 그 법정에 종속된다고 인노첸시오는 주장하였다. 따라서 그러한 생각을 가진 교황의 입장에서 볼 때 이 사건은 교황이 심판할 죄의 구성 요건을 갖추고 있었다. 그것은 필립 왕이 엄숙하게 맹세한 평화를 해쳤기 때문이다.

〈존경하는 형제를 통해서〉가 예외적 사건을 위해 교황에게 사법권을 부여했던 반면에 〈그는 안다〉는 죄를 재판하는 법정과 교회의 영적 강제력을 엄격하게 교회의 내부에 두었다. 교황은 세속 법정에서 대립된 소송을 교회의 법정에 귀속시키게 되는데 바로 〈그는 안다〉가 이러한 경우에 적용된 것이었다.[100] 그렇지만 프랑스 왕과 봉토를 받지 못한 그의 가신 존 왕 사이의 봉건 투쟁에 대해 교황이 직접적으로 간섭한다면 그것은 세속적·국가적 자립 원칙을 전복시키는 것이 될 것이다.[101]

〈존경하는 형제를 통해서〉는 크리스티아니타스 이념의 조력으로 영적 권력으로부터 세속 사법권의 영역으로의 가교를 만들었으나, 〈그는 안다〉는 오히려 세속 법정과 교회 법정 사이의 차이를 제시하였다.[102] 이러한 차이에도 불구하고 두 법령은 완전한 조화를 이루고 서로가 보완의 관계에 있다고 할 수 있다. 이들 법령이 서로 다른 경우에 적용되지만 그 원칙은 합치된다. 뿐만 아니라 두 법령은 교황의 영적 수위권에 모든 내용을 귀결시켰다.

인노첸시오 3세가 교령 〈그는 안다〉에서 열정적으로 적용하고자

---

100) 같은 책, p.264.
101) 유사한 예로 인노첸시오는 프랑스 왕이 교황의 허가를 받아 툴르즈 백작령을 몰수하려는 것에 대해 왕이 허가를 얻으려면 그 문제가 'ratione peccati'에 관련되는지의 여부를 먼저 결론짓도록 촉구했던 것을 들 수 있다; Othmar Hageneder, "Studien zur Dekretale 'Vergantis': Ein Beitrag zur Heretiker Gesetzgebung Innocent III," *Zeitschrift der Savigny-Stiftung für Rechtgeschichte Kan. Abt.* 49 (1963), pp.158-161.
102) Kempf, *Papsttum und Kaisertum bei Innocenz III*, p.264.

했던 것은 그의 스승 후구치오로부터 배운 것들이었다. 후구치오는 황제가 '범죄 사건으로 인해' 교황으로부터 교회의 법정에 소환 될 수 있다고 하였으며, 이러한 의미에서 황제는 '일부 세속적인 문제에 있어서' 교황에게 종속된다고 보았다.

〈그는 안다〉의 해석자들은 이 법령이 '일부'라는 말 대신에 '간접적'이라는 말을 분명하게 서술하였다고 보았다.[103] 후구치오 가르침을 분석하여 볼 때 〈그는 안다〉는 크리스티아니타스의 이념을 전제로 하였다는 점을 알 수 있다. 크리스티아니타스의 공간에서 '죄악으로 인한' 것을 처벌한 교회의 형벌 선고는 세속 영역에서 중대한 결과를 가져온다. 즉 공개적인 파문은 공민권의 상실을 초래하였다. 이러한 관념 속에서 죄에 대한 교황의 재판은 세속에서의 간접적 권리라는 개념으로 해석되었다.

후구치오와 의견의 일치를 보이면서 인노첸시오는 죄의 권고에 대해 언급한 마태복음 18:15-17과 같은 구절을 상기시키며 그 자신의 견해에 간접적 권리를 적용하였다. 인노첸시오와 마찬가지로 후구치오에 있어서도 교회는 단지 간접적이고 보조적인 의미에서 그리스도교 세계 내의 최후의 법정이었다. 그러한 간접적 성격은 교령 〈존경하는 형제를 통해서〉보다 교령 〈그는 안다〉 안에 더욱 강화되었다.

〈그는 안다〉가 '죄악으로 인한' 것에 교황이 간접적으로 영향력을 행사한다는 것을 의미한 것에 비해서, 〈존경하는 형제를 통해서〉는 예외적 경우에 직접적으로 행사되는 세속 사법권을 말하였다. 반대로 보조적 원칙은 〈그는 안다〉에서보다는 〈존경하는 형제를 통해서〉에서 강조되었다. 〈그는 안다〉에서 그 점을 논하지 않았을지라도 인노첸시오는 분명히 '죄악으로 인한' 것이라는 명분을 필수적인 것으로 여겼고, 두 지배 군주 사이에서 사도적 권위를 가지고 평화를 복구하고자 하는

---

103) 같은 책, pp.265-266.

강한 신념을 가지고 있었다.

그러나 인노첸시오는 불가피한 경우를 제외하고는 단순히 세속 문제에 간섭하려는 목적 하에서 '죄악으로 인한' 사건의 사법권을 그 구실로 이용하지는 않았다.[104] 이와 같은 간접적이고 보조적 개념의 두 가지 원칙은 이미 후구치오의 가르침 속에 그 맹아를 가지고 있었다.

이상과 같이 〈존경하는 형제를 통해서〉와 〈그는 안다〉, 두 교령을 검토해 볼 때 인노첸시오 3세가 그레고리오 7세 이래로 특별히 열정적으로 시작되어온 정치적 요구를 단념하거나 완화하고자 했다고 믿는 것은 잘못이다. 그는 현실적인 가감 없이 그것을 주장했고 로마교회에 거대한 절대권을 보장했던 것이다. 물론 두 교령에서는 두 권력에 대한 원칙적이고 신중한 구분이 그 기저를 이루고 있다. 다만 크리스티아니타스의 이념이 세속 영역으로의 가교를 제공하였던 것이다. 이 교령 속의 갖가지 내용에도 불구하고 그것들은 '세속적인 것에서의 간접적 권력'을 매우 중요하게 인식하고 있다.[105] 그와 같이 인노첸시오가 두 권력을 주도면밀하게 구분했던 점은 당시의 교황권 반대파의 사상보다는 후구치오나 그에 동조하는 사상가들의 방식과 훨씬 더 일치한다.

한편 인노첸시오 3세의 입장은 그의 세 번째 교령 〈우리의 존경하는 형제〉에서 더욱 명백하게 드러난다. 인노첸시오가 교황 특사 기도를 독일 지역에 보내 황제 선출에 간여하도록 하였을 때 독일 제후들로부터 교황의 그러한 조처에 대한 법적 정당성 여부를 추궁 받게 되었다. 1202년 호헨쉬타우펜 가의 일파로 생각되는 제후들이 교황에게 서신을 보내 "법의 수호자인 교황이 그와 같이 법을 위반할 수 있는가"를 질의하였다. 인노첸시오는 그러한 요구에 침묵할 수 없었기 때문에 그들의 질의에 대응하는 답변의 내용을 정리하였고 이를 법적 권위를 지니는

---

104) Tillmann, *Innocent III*, pp. 25-26.
105) Kempf, *Papsttum und Kaisertum bei Innocenz III*, pp. 266-267.

문안으로 작성했는데 그것이 바로 교령 〈우리의 존경하는 형제〉이다.

〈그는 안다〉와 〈존경하는 형제를 통해서〉가 왕권과 사제권의 관계에 대한 보편적 문제와 결합되어 있는 반면에 교령 〈우리의 존경하는 형제〉는 교황권과 황제권의 본질적 문제를 제기하였고 수없이 논의되어온 주제 '황제가 교황으로부터 검을 받지 않는가'를 고찰하고 있다.

인노첸시오는 독일 제후들의 권리인 황제 선출과 사도좌의 권리인 황제 안수를 엄격히 구분하였다. 그는 교황권을 위해 황제 선출에 관한 확인이나 동의권을 주장한 것이 아니라, 황제 안수에 관한 심사권을 주장하였다. 그러므로 황제 안수는 황제의 권위를 부여하고 직책자로서 황제를 인정하는 것 외에 황제의 권력에 아무것도 부과하지 않는다고 생각했던 것 같다.[106]

여기에서 우리는 인노첸시오가 병행주의적 사고 속에 있었음을 알 수 있다. 독일의 왕권 다툼에서 그는 제후들이 자발적으로 그에게 판단을 맡긴다면 재판관 또는 중재자의 직무를 행사할 수 있다는 점을 분명히 하였다. 그가 오토를 옹호하고 필립에 대항하여 선포한 결정을 그는 '사도를 위해서 *favor apostolicus*'라고 불렀다.

두 후보자 중에 누가 자격이 있는지의 심사결과를 전제적으로 선언하였는데 이러한 조처는 결코 사법적 행위가 아니었다. 왕권 다툼 종결 후에 황제 오토 4세가 시칠리아를 침략했을 때 인노첸시오 3세는 오토를 파문하였고, 제후들은 프리드리히 2세를 독일 황제로 선출하게 된다.[107] 이때 오토에게는 실질적인 폐위의 결과가 되었으나 인노첸시

---

106) Theodor Mayer, "Papsttum und Kaisertum in hohen Mittelalter," *Historische Zeitschrift*," Band 187, Heft 1 (1959), pp.43-49; 마이어는 켐프Kempf의 견해를 정리하면서 인노첸시오 3세가 결코 성직자 정치론자Hierokrat가 아니라고 보고 있다. 또한 마이어는 인노첸시오가 "황제의 세속적 검Das Weltlische Schwert이 신으로부터 유래하며 교황은 단지 그것을 황제에게 위임할 뿐"이라고 보았던 점을 소개하고 있다.

107) Othmar Hageneder, "Excommunication und Thronfolgeverlust bei Innocent III," *Romischehistorische Mitteilung 2* (Rom, 1959), pp.18-19; 인노첸시오 3세는

제6장 교황 인노첸시오 3세의 교·속통합적 이원주의   **283**

오는 결코 그에게 폐위 선언을 하지 않았다.[108] 이러한 인노첸시오의 입장은 황제를 직접적으로 폐위할 수 있다는 주장을 했던 성직자정치론 자들hierocrats의 이론과는 분명히 일치하지 않음을 알 수 있다.[109]

병행주의적 입장을 지닌 교회법학자들은 폐위권을 사도좌의 영적 지배에서 그 근원을 찾기는 하지만 단지 간접적인 폐위만이 정당하다고 여겼다. 후구치오도 역시 같은 생각을 가졌으나 그가 제후들의 협력을 조건으로 교황의 폐위권을 인정했을 때 폐위권 이론은 훨씬 더 확대되었다. 제후들의 협력에 대한 분명한 의식은 인노첸시오의 태도에서도 찾아볼 수 있다. 그러나 오토 4세가 시칠리아를 침해한 행위는 제후들의 권리 침해 이전에, 바로 로마교회의 권리를 침해한 것으로 인노첸시오는 간주하였다.

그러므로 교황은 제후들의 동조를 받을 필요가 없다고 생각했고, 제후들의 동조를 조건으로 하는 폐위 조치 대신에 파문선고를 발표했던 것이다. 교황은 병행주의적 사고 속에서도 얼마든지 오토의 통치권 집행 토대를 와해시킬 수 있었으며, 새로운 왕을 선출할 수 있는 가능성을 독일 제후들에게 열어줄 수 있었던 것이다.[110] 이와 같이 인노첸시오 3세의 관점은 병행주의 교회법학파와 일치하지만 그의 교황 재위 후기에는 그러한 그의 견해에 변화가 있게 된다.

오토를 파문했고, 1210년 초에 이를 레겐스부르크의 주교와 프랑스의 왕에게 통보하였다.
108) Othmar Hageneder, "Das Pästliche Recht der Fürstenabsetzung: Seine Kanonistische Grundlagung (1150-1250)," *Archivum Historiae Pontificiae* I (1963), p.64; Helene Tillmann, *Innocent III*, p.44: 황제의 폐위에 관해서 인노센치오 3세는 후구치오의 견해를 따르며 교황의 세속 군주 폐위권을 주장하지는 않았다.
109) Kempf, *Papsttum und Kaisertum bei Innocenz III*, pp.270-271.
110) 같은 책, pp.271-272.

(3) 양검 이론the two sword theory

교회가 자체의 설정한 목적을 수행하는 과정에서 '영적 검gladius spiritualis'과 '물리적 검gladius materials'의 소유 및 사용에 관한 문제111)는

111) R. N. Swanson, "Doctrine of Two Swords," *Dictionary of Middle Ages* 12, pp.233-234 b. 양검 이론은 1050년 이후 2세기 동안에 본격적으로 언급된다. 교황권 이론가들은 교황권력을 일관성 있게 규정하기 위해서 성경 주석, 로마법, 위조 법령, 지향하는 이론 등과 연관 지어 설명하고자 하였다. 궁극적으로 양검 관념은 눅 22:38에 근거하고 있다. 그런데 spiritual sword, material sword 라는 구분, 후에는 이것이 ecclesiastical sword, temporal sword라는 용어로 바뀌는데 이러한 구분과 개별화의 개념은 엡 6:17과 롬 13:4에 그 원리를 두고 있다. 또한 물리적 검을 교회의 감독 하에 종속시키는 사고는 요한 18:10-11에 관련된 사건에 근거를 두고 있다.
원래 알퀸(d. 804)이 양검의 형상을 육체와 영혼의 상징으로 예시했을 때 교회와 국가의 이원성을 지칭하기 위한 것은 아니었다. 양검 이론에 대한 성경 주석 근거의 제시는 초기 신학자 오리겐으로부터 시작된 것으로 알려지고 있다. 교회와 국가의 대립적인 사법권에 양검을 처음 적용시킨 사람은 11세기의 아아헨의 고트셀크Gottschalk로서, 그는 황제 하인리히 4세의 편에 있었던 인물이다. 이때 고트셀크는 교황 젤라시오 1세(492-496)의 *Duo sunt quippe*의 두 권력 이론에 따라 구분의 기초를 두고 양검을 비유한다. 이에 반해 검의 형상에 대한 교황 지지자들의 설명은 모호하였으나, 그들에게는 검이 영적 목적을 위해 사용될 수 있는 강제력으로 이해되었다. 교황 에우제니오 3세는 1151년에 그의 논저 『성찰De consideration』(4.7)에서 양검의 형상을 강제적인 영적 권력들이라는 전통적 관념에 적용시키게 된다.
"영적·물리적 검은 모두 교회에 속하지만 후자는 교회를 위해서 행사되는 것이고 전자는 교회에 의해서 행사되는 것이다. 전자는 사제의 손에 의해서, 후자는 병사의 손에 의해서 행사된다. 그러나 후자는 확실히 사제의 요구에 따라서 그리고 황제의 명령에 의해서 사용되는 것이다."
이는 12세기 교황권 이론에 영향을 주었고, 성직자 정치론 및 완전권plenitudo potestatis 이론과 결합이 된다.
Alfons M. Stickler는 양검의 형상을 두 가지 면에서 고찰한다. 그에 따르면 원래 양검은 일반적인 영적 사법권이나 통치, 세속 사법권이나 통치에 대한 상징이 아니라, 영적 훈계와 형벌, 물리적 형벌(사형과 무력을 포함)을 상징한다. 그래서 처음에 사용된 용어는 gladius sprituals-gladius temporalis가 아니라, gladius spiritualis-gladius materialis였던 것이다. 따라서 두 번째 용어는 세속권력을 지칭하는 것이 아니라 강제력이라는 의미로 쓰였다. 그러므로 교회와 교황이 물리적 검을 가했는지의 문제는 영적 권력이 물리적 형벌을 사용할 수 있는지의 문제였다: Alfons M. Stickler, "Imperator Vicarius Papae: Die

교황권과 세속권의 관계를 이해하는 데 있어 중요한 요소라 할 수
있다. 이러한 검의 소유와 사용에 관해 인노첸시오 3세는 어떠한 입장
이었을까? 인노첸시오 3세는 1205년 2월에 필립 아우구스투스에게
편지를 보내 이교도에 대항해 투쟁할 것을 요구하였다. 이때 그는
"베드로가 그 자신을 통해서 그것을 시행했던 한에 있어 그는 두려워하
지 않습니다"[112]라는 말을 하였으며, 교황이 그리스도교 통치자에게 사용
을 양도했던 세속적 검을 로마교회를 위해 사용하도록 요구하였다.

Lehren der französisch-deutschen Dekretistenschule des 12. und beginnenden
13. Jahrhunderts über die Beziehungen zwischen Papst und Kaiser," *Mitteilungen
des Instituts für Österreichische Geschichtsforschung* LXII (1954), pp.209-211.
그러한 의미의 전환은 오토 프레이징Otto of Freising이 제시하는 양검 이론에서
나타난다. 오토는 교회와 국가에서의 두 최고 권력을 양검과 동일시하였다.
즉 사제sacerdotium는 spiritual sword를 가지며, 반면에 gladius materials는 단순
히 강제력이 아니라, 왕권Regnum과 황제권Imperium의 일방적 통치 기능에
상응한다고 보았다: Otto of Freising, *Chronica* IV, Prologue.
이러한 조류 속에서 12세기 후반부터는 gladius materialis나 glasius temporalis
가 꼭 강제력이 아닌 정치적 권력을 의미했다. 라드너Gehart B. Ladner는 이것이
반드시 직접적 세속권력direct temporal power의 이론으로 이끌려갔다고 보지는
않았다. 왜냐하면 St. Bernard 이래로 물리적·세속적 검은 교황 자신에 의해
직접 사용되는 것이 아니라, 교황 명령에 따라 왕이나 황제에 의해서 사용된다
고 보아왔기 때문이라는 것이다. 라드너는 인노첸시오 3세가 교황이 영적
이유로만 세속적 문제에 간섭해야 한다고 했던 점을 그 근거로 들고 있다:
Gehart B. Ladner, "The Concepts of 'ecclesia' and 'Christianitas' and their
Relation to the Idea of Papal 'Plenitudo potestatis' from Gregory VII to Boniface
VIII," *Misc. Hist. Pont* 18 (Rome, 1954), pp.57-59; 13세기의 사상적 배경이
되는 당시 교회법학자들의 양검 이론은 다음과 같은 연구에서 참고할 수
있다. Alfons M. Stickler, "Der Schwerterbegriff bei Huguccio," *Ephemerides Iuris
Canonici* 3 (1947), pp.201-242; Gaines Post, "Some Unpublished Glosses
(CA.1210-1214) On the *Translatio Imperii and the Two Swords*," *Archiv für Katholisches
Kirchenrecht* 117 (Marz, 1937), pp.403-429; Hartmut Hoffmann, "Die beiden
Schwerter im hohen Mittelalter," *Deutsches Archiv für Erforschung des Mittelalters*,
XX (1964), pp.78-114.

112) Jaffè P. Migne (ed.), *Patrologiæ Latinæ Cursus Completus* (1855) 215, p.527B:
"eo quod queum Petrus per seipsum exercet, non metuunt." "Ut igitur gladium
quem Dominus tibi tradidit, a quo est summa potestas, non videaris sine causa
portare." "Omnis potestas est a Deo."

계속해서 "주‡가 당신에게 검을 부여한 바와 같이, 동기가 없이는 실행할 수 없는 최고의 권력은 그로부터 옵니다"라는 표현을 발견할 수 있다. 그리고 바로 여기에서 "모든 권력은 신으로부터 온다"라는 병행주의적 주장을 발견할 수 있다. 이 편지에서 그는 이교도에 대항한 전투와 교회의 영적·세속적 형벌권 사용에 대해 언급하였다. 이는 교회가 그 자체의 손에 영적 검을 가지고 싸우며, 세속인을 통해 물리적 검을 사용할 수 있음을 의미하였다.

이러한 견해는 이미 그라티아누스에 의해 인식된 것으로 교회의 세속적 검을 세속인에게 대리토록 위임하였다는 것과, 국가권력은 신으로부터 부여받은 세속적 검을 가지고 교회를 위해 싸운다는 것의 두 가지 입장이 동시에 그에 의해 제시되었다. 인노첸시오는 그의 서간에서 그라티아누스의 두 번째 견해를 의식하였다고 할 수 있다. 그러므로 여기서 '물리적 검'은 국가권력을 상징한 것이라기보다는 교회의 봉사를 위해 정해진 세속적 강제력을 상징하였다.[113]

인노첸시오는 원래 '영적 검'을 '베드로의 검'이라고 부르거나 '베드로가 그 자신을 통해 사용하는 검'이라 칭하였다. 그는 바로 이러한 관념 위에서 교회의 형벌권을 이해하였다. 또한 이로부터 종교의 수호를 위해 세속인을 전쟁에 보내는 것을 교회의 당연한 권리로 인식했고, 그 권리를 불신앙자와 이교도에 대항한 십자군 전쟁에서 합법적으로 적용하고자 하였다. 그러나 그는 그것에 '물리적 검'이라는 말을 한 번도 사용하지는 않았다.[114]

그에게 있어서 물리적 검은 언제나 세속적 형벌권이나 심지어는 세속적 지배권까지도 포함하는 것으로 해석할 필요가 있었다. 그 시대에 로마교회에 특별한 봉건적 관계를 맺고 있지 않은 군주들은 그들의 검을 신으로부터 받았다는 것이 일반적으로 인식되고 있었다. 그래서

---

113) Kempf, *Papsttum und Kaisertum bei Innocenz III*, p.276.
114) Migne, *Patrologiæ Latinæ* 214, p.871B-C: *"gladius quem Petrus per seipsum exercet."*

인노첸시오는 교회의 '영적인 검'과 왕의 '물리적 검' 사이의 관계를 병행주의적 사고 속에서 서술했다. 그러나 각기 독립적인 양검은 서로 협동하면서 도움을 주고 보완해야 한다는 것을 언제나 강조하였다.[115]

양검이 단합해야 할 근거로 그는 누가복음 22, 38의 구절 "여기 양검이 있습니다"를 제시하였다.[116] 누가복음의 이 구절은 성직자정치론의 입장에서 해석되기도 하나 인노첸시오 3세는 이를 결코 수용하지 않았으며 오히려 그것을 병행주의적 형식으로 설명하였다. 따라서 이상과 같은 '양검'의 이론을 통해서 볼 때 인노첸시오 3세는 그라티아누스의 관점과 상응하며 그라티아누스를 따르는 병행주의 학자들과 그 견해에 있어 일치함을 알 수 있다. 다시 말해서 성직정치론자들이 지니는 관념 즉 교황이 양검을 동시에 소유한다고 하는 이론은 그에게서 최소의 흔적도 찾아볼 수 없다.

3. 신학적 통합화

인노첸시오 3세가 왕권과 사제권의 관계, 교황권과 황제권의 관계를 병행주의적으로 파악했다는 것[117]에 이론을 제기할 수는 없겠으나, 그에게서 근본적으로 새로운 정신과 사상의 경향을 느낄 수 있다.

---

115) Migne, *Patrologiæ Latinæ* 215, pp.361C-362A.
116) 같은 책, 215, pp.1358D-1359A. "*Ecce duo gladii hic.*"
117) Helene Tillmann, Appendix 1 "Innocent III's alleged claim of the fullness of temporal power," in *Innocent III*, pp.321-332: 틸만은 로마교회의 영적·세속적 근거로 삶는 베드로의 수위권 the Primacy of St Peter은 교황권 안에 영적·세속적 권력이 연합된다는 것을 의미한다고 보지 않는다. 그녀는 교황의 수위권이 교회 내에서의 수위권을 의미했던 것이며, 인노첸시오가 세속을 포함한 전 세계 위에 교황이 군림한다고 결코 주장하지 않았다고 생각하고 있다. 따라서 그녀는 인노첸시오 3세가 '완전권 plenitudo potestatis'의 범위를 세속에까지 크게 확대하지 않았다고 주장하고 있다.

그의 사상 속에는 사실상 다른 영역이 있고, 두 권력의 구분과 이에 대한 변증적 설명과는 다른 합일을 위한 대담한 종합의 의지를 찾아볼 수 있다. 그렇다면 권력의 종합 원칙과 권력분립을 지향하는 원칙이 인노첸시오에게 과연 공존했다고 볼 수 있을까? 아니면 그 두 원칙은 실제 현존하는 두 가지 다른 시각일까?

인노첸시오는 사제의 권력과 왕의 권력을 동등한 위치에 두지 않았으며 서로를 원천과 유출물의 관계로 이해하였다. 그는 왕의 권력이 교황의 권력으로부터 연유한다고 보았으며, 전자는 교회의 완전권이 세속 영역에 투사되어 나타난 존재라고 생각하였다. 이러한 관념은 보편교회의 구성과 본질에 대한 통찰을 통해서 용이하게 이해될 수 있다. 교황은 바로 교회 완전권의 소유자로서 모든 사람의 수위에 선다. 그러나 그리스도교 사회는 구분 없이 단일한 사회가 아니며 두 거대한 사회질서에 따라 구성되었다. 이러한 사회의 구성 안에서 세속인에게 왕권이 주어졌고 성직자에게는 사제권이 주어졌다. 또한 그리스도교 세계 내에서 왕과 성직자는 성직 계층적 구조 속에 존재한다. 여기에서 성직자는 왕보다 우위에 위치하고 성직자의 정점에는 교황이 위치한다. 그것은 교황이 성직자의 수장이 되는, 바로 보편교회의 머리라는 것을 말한 것이다. 평신도에 대한 그의 지배는 실제적으로 사제적 권력이고 이러한 방식으로 그의 능력은 왕의 통치영역에까지 미치게 된다.[118]

교황이 교회 권위에 입각해 평신도들을 전투에 보내고 그들에게 교회의 물리적 검을 위임한다면 교황은 교회 권력의 영역에 머물러 있는 것이 된다. 또한 교황은 교회를 위해서 왕들에게 그들의 세속적 검을 사용하도록 요구할 수 있다. 그리고 그리스도교 군주는 교황의 소환에 응해야 할 책임을 가지고 있다. 그러나 실제상으로 교회의

---

118) Kempf, *Papsttum und Kaisertum bei Innocenz III*, pp.298-299.

권리가 왕들의 권리와 대립되는데 이때 인노첸시오는 특정한 소송 사건에 세속적 사법권을 실행할 권리를 요구하였다. 여기에서 바로 그리스도 대리자의 왕권이 완전하게 실행됨을 찾아볼 수 있다. 왕이나 제후들에게는 능력 밖의 문제들을 교황이 보편교회의 수장으로서 대신 해결해 주는 것이다.[119] 인노첸시오 3세는 그러한 바탕 위에서 교황 수위권 개념을 확립하고자 하였다. 이때 보편교회는 추상적인 교회의 관념 이상의 것을 의미하였다. 이 말은 중세 초기에 싹튼 말이었는데, 왕권과 사제권이 그 안에 통합된 것으로 이해되었다. 그레고리오 7세 이래 그 용어는 교회론적으로 이해되었으나 점차 세속 세계에 대한 교회의 밀접한 관계를 표현하는 말로 사용되었다.[120]

인노첸시오 3세는 교황 수위권에 대한 근거로 사도 베드로가 보편교 회뿐 아니라 '세상 전체,' '세속 전체'의 통치를 위임받았다는 점을 강조 하였다. 이들 용어에서 인노첸시오가 수위권의 두 가지 측면, 즉 한편으 로 교회와 성직자들에 대한 권력과 다른 한편으로 모든 신도들에 대한 권력을 나타내고자 했음이 드러난다. 그러나 이것이 인노첸시오의 의도에 대한 완전한 설명이 되지는 못한다. 왜냐하면 '베드로가 세상 전체를 통치자에게 위임했다'는 말은 그의 세속 지배권의 요구에서 다시 나타나기 때문에 '세상 전체'가 모든 신도들이란 관점으로만 이해 될 수는 없다.[121]

인노첸시오는 '보편교회'와 구분되는 개념으로서 '그리스도교 민중' 을 집단적 형태로 표현했는데 이는 '신도 전체'를 의미하였다.[122] 이러 한 개념을 그가 적용한 예로서 독일 왕권 투쟁의 종결 후에 인노첸시오 가 신의 자비에 의거해 축복하는 내용 가운데 "교회와 동시에 제국,

---

119) 같은 책, p.299.
120) 같은 책, p.300.
121) 같은 책, p.301: "*totus mundus, Petro commissus ad gubernandum.*"
122) Kempf, "Die katholische Lehre von der Gewalt der Kirche …" pp.52-55.

그리고 그리스도교 민중 전체의 무리와 책임자를 위해서"를 찾아볼 수 있다.123) 또 한 예로 프랑스 왕과 잉글랜드 왕 사이의 휴전을 중재하기 위해서 1208년 특사에게 위임한 명령서에 인노첸시오는 "그리스도교 민중의 신성하고 정결한 교회는 얼마나 필수적인지"라고 시작했던 점을 들 수 있다.124)

문헌들을 통해서 볼 때 그리스도교 민중에 대한 염려는 보편교회보다 훨씬 더 광범위하다. 독일 왕권 논쟁과 같은 사건에서 나타날 수 있는 혼란은 제국에뿐만 아니라 모든 그리스도교 민중에도 영향을 미칠 수 있다. 그러므로 그리스도교 민중이 위험에 처했을 때 교회는 상황에 따라 민중들을 전투에 소집하기도 하고, 불신자나 이교도에 대항해서 십자군 전쟁을 일으키기도 하였다. 말하자면 교황은 그리스도교 민중이라는 사회적 통일체의 수장이었다.

그러므로 그리스도교 민중은 인노첸시오에게 있어 어떤 특수한 교회 공동체를 의미하는 것이 아니라 그리스도교 세계 전체를 포함하는 종교적-정치적 의미를 가지는 것이었다. 또한 이것은 교회와 병존하면서 왕국이나 제국의 우위에 위치하는 사회적 공동체를 표현한 것으로서 개별적인 왕국은 이것에 종속되는 한 부분으로 이해되었다. 이상과 같은 면에서 볼 때 그리스도교 민중이나 그와 유사한 용어들은 그리스도교 세계의 실체를 뜻하는 데 사용되었다고 할 수 있을 것이다.125)

인노첸시오는 세상 전체에 대한 지배권 즉 신도 전체, 그리스도교 민중, 그리스도교 세계에 대한 통치권을 보편교회에 대한 지배권과 구분했음이 확실하다. 그러나 이 모든 것은 보편교회의 개념 속에 다시 합류된다. 왜냐하면 어느 한 사람이 신비한 그리스도의 몸, 즉

---

123) Kempf, *Papsttum und Kaisertum bei Innocent III*, p.30: "*ad horem et prefectum tam ecclesie quam imperii ac totius populi Christiani.*"

124) Migne, *Patrologiæ Latinæ* 215, p.1360B: "*quam sit necessarium ecclesie sancte et cunto populi Christiano ….*"

125) Kempf, *Papsttum und Kaisertum bei Innocent III*, p.304.

교회의 지체일 때 그는 그리스도교 민중의 일원인 것이고, 한편으로 교황은 보편교회의 수장 자격으로서만 그리스도교 민중의 수장이기 때문이다.126) 즉 교회에서의 수위권이 교황에게 그리스도교 세계의 지배권을 보장해 주는 것이다.

인노첸시오의 견해에 따르면 크리스티아니타스는 교회를 통해서 구성된다.127) 이것의 영적 기반은 교황으로부터 배우는 공동의 믿음을 통해 형성되고, 이것의 합법적 기반은 로마교회 즉 '교회의 머리caput ecclesiae'에의 영적 복종을 통해 성립하는 것이었다. 이러한 크리스티아니타스의 관념은 그레고리오 7세에 의해 시작되었고, 십자군 전쟁 때 우르바노 2세Urban II(1088-1099)에 의해 적용되었다. 또한 알렉산데르 3세가 프랑스와 잉글랜드 사이의 강화를 위한 노력 가운데서 이를 발전시켰으며, 비로소 인노첸시오 3세에 의해서 그 개념은 실제적으로 완전히 만개했음을 발견할 수 있다. 그러므로 교황들의 정치적 세계관은 바로 크리스티아니타스의 관념으로부터 이해되어야 할 것이다. 인노첸시오 3세 역시 바로 이 개념 속에서 신학적-영적 사상을 견지했던 것이다.128)

이제 이 점에서 인노첸시오 자세의 중요한 분기점을 발견할 수 있다. 교회 수장에 대한 세속권력의 영적 종속에도 불구하고, 현실 속에서 세속권력의 원칙적 독립을 인정한다면, 그러한 입장은 분명히 병행주의적이다. 그러나 그의 관념 속에는 성직자정치론적 성향도 발견된다. 왜냐하면 그는 왕과 황제에게 군림할 수 있는 유일한 지도자로서 교황의 자격을 부각시켰기 때문이다. 인노첸시오는 왕-사제와 사제-왕의 개념에 비추어 세속 영역 위에 미칠 사제적 권력을 일종의 왕권으로 표명했다.129) 그리스도의 대리자인 교황은 두 최고 권위, 즉 왕권과

---

126) 같은 책, p.303.
127) Kempf, "Die Katholische Lehre von der Gewalt der Kirche …", pp.52-60. 이 논문에서는 Christianitas의 유래와 그에 대한 인노첸시오 3세의 사상을 정리하고 있다. 그 외에도 'potestas directa'의 연원을 소개하고 있다.
128) Kempf, *Papsttum und Kaisertum bei Innocent III*, p.309.

사제권을 결합시키고 그는 세상의 정점에 서 있다고 보았다. 그러한 지고함과 고립감 속에서 인노첸시오는 자신이 왕좌에 앉아 있는 것으로 의식하면서 그의 즉위 기념일에 다음과 같이 강론하였다.

"여러분 자신들이 다음과 같은 말을 잘 알 것입니다: 가족 위에 위치시킨 이 종복은 확실히 예수 그리스도의 대리자이고 베드로의 후계자이며 주님 파라오 신의 도움을 받았고, 신과 인간 사이의 중간에서 신 아래와 인간 위에 위치해 있으며 신보다는 열등하고 인간보다는 위대하며 모두에 대한 재판관이지만 누구로부터도 심판 받지 않습니다. 즉 사도가 말하기를 "나를 판단하실 이는 주님이시니라.(1 Cor. 4, 4)라고 하였습니다."[130]

위의 강론 내용과 같이 신과 인간 사이에, 신아래 인간 위에, 신보다는 열등하고 인간보다는 위대한 존재라는 사고 속에서 인노첸시오는 교황이 이 군주적 사제권, 사제적 왕권의 소유자라는 확신을 하였다. 즉 그에 따르면 영적·세속적인 것이 통일적 세계인 크리스티아니타스에 포함되고, 그리스도의 대리자인 교황이 그 세계에서 수위를 차지하게 된다.[131]

확실히 중세 후기의 정신사적 발전 속에서 인노첸시오 3세는 12세기의 교황권 사상을 종합하였다고 할 수 있다. 즉 그는 12세기에 발전된 병행주의적 사상과 성직자정치론의 두 사상 성향을 통합했다고 할 수 있을 것이다. 그레고리오 7세 이래로 제기되어온 주장들을 인노첸시오는 명백한 형태를 가지는 사상으로 고양시켰고, 이를 세련된 언어로 구체화하여 널리 유포시켰으며, 그 내용의 상당 부분을 세심하게 발전시켰다고 할 수 있다. 베르나르드 클레르보 시대의 영적 이념이 인노첸

---

129) 같은 책, p.309.
130) Migne, *Patrologiæ Latinæ* 217: 685A.
131) Kempf, "Die katholische Lehre von der Gewalt der Kirche …," p.53.

시오의 시대에 다시 높은 가치를 인정받았으나 이는 변증적-교회법적 연구와 결합되었다.[132] 이러한 과정에서 인노첸시오 3세는 통합적 이론가로서 시대를 앞서 활동하였으며, 13세기의 교황권 이론의 진전에 역동적인 추진력을 제공했다고 할 수 있다.

13세기는 전 그리스도교 세계의 현실 문제를 포괄하는 신학적 종합이 이루어지는 시기였다. 또한 직접적 권력론이 신학에서만큼 교회법 안에서 중대한 의미를 가지게 되었다. 인노첸시오 3세는 그의 정치이론을 13세기의 신학과 교회법에 짜 맞추었고 왕권과 사제권까지도 자유로이 융통성 있게 결합하였다.[133] 인노첸시오의 사고 경향은 교회법 사상에 그 영향을 미쳐 교회법 연구에서는 구체적인 법령의 문헌 위에 근거하고 이전의 순수한 사법적 논증에 더 이상 매달리지 않았고, 이제 신학적-사변적 고찰에 주력하게 되었다.[134] 이러한 가운데서 교황의 수위권 사상에 대한 알라누스Alanus의 유명한 주해가 자주 인용되었다.[135]

교황 재위 후기에 인노첸시오는 병행주의적 입장으로부터 확실히 새로운 경향을 보이기 시작했다. 인노첸시오는 그러한 정신적 분위기를 조성하였고, 알라누스와 그의 후계자들은 이에 공식적으로 동조하였다. 또한 교황은 라우렌티우스 히스파누스와 연계를 맺으면서 그러한 사상을 강화하였다. 비록 황제권 즉 왕권의 직접적 원천에 대해서

---

132) Kempf, *Papsttum und Kaisertum bei Innocent III*, p.310.

133) 같은 책, pp.310-311.

134) 같은 책, p.311.

135) "Veris est quod (imperator) gladium habet a papa. Est enim corpus unum ecclesie; ergo unum solum caput habere debet. Item Dominus utroque gladio usus est, ut XCVI ≪Cum ad Verum≫(c. 6), I q. 3 ≪Ex multis≫(c. 9). Set Petrum vicarium suum in terris in solidum constituit; ergo utrumque gladium ei reliquit. Item, si Dominus materialem gladium habuit, dicas, quem principem sibi vicarium constituit? Item Moyses utrumque gladium habuit, cuis successor est papa in Novo Testamento."

병행주의적 사고를 유지하였을지라도 그들은 두 신분에 대한 옛 논증의 사슬을 벗어버렸다.

특별히 라우렌티우스는 '황제권은 교황권보다 우선한다'라는 옛 주장을 거부하였고 황제권 또는 왕권이 교회 안에 존재한다고 주장하였다. 그러한 면에서 그는 최초의 진정한 황제는 콘스탄티누스 대제라고 보았다. 그와 가까운 교회법학자들은 그것에 만족치 않고 더욱 진전된 도약적 행보를 하였으며, 그들은 교황에 의한 황제권과 왕권 수여를 교회법적 관념에 따른 확증 행위로 이해하였다.[136]

인노첸시오 3세는 신중하면서도 현실적인 사고 태도를 가지고 있었으며, 스승 후구치오 학문의 엄격한 병행주의적 입장을 배제하지는 않았다. 그리고 많은 교회법학자들이 여전히 '황제권은 교황권보다 우선한다'의 관점을 고수하고 있었다. 그러나 인노첸시오는 그것이 이제 더 이상 온전한 가치를 지닌다고 여기지 않았다. 오히려 라우렌티우스의 일원론적 교황권지상주의 사상을 마음속에 품고 있었다. 왕권이 가능한 한 교회 안에 귀속되도록 하는 그의 노력, 사제권이 왕권에 선행한다고 하는 주장, 그리스도의 대리자가 왕-사제권과 사제-왕권을 소유했다는 언급, 종교적, 도덕적 기능을 기준으로 하여 시도한 왕권과 황제권에 대한 그의 가치 평가 등 영적 관념은 이전의 시대사상을 앞서나갔다.[137]

이상에서 살펴본 바와 같이 영적인 입장에선 인노첸시오 3세의 관점은 후구치오와 라우렌티우스의 관점 사이에 위치해 있음을 알 수 있다. 선출을 통해 완전히 실행되는 국가 권력의 자립 원칙에 대한 인식은 그를 후구치오와 결합시켰고, 옛 로마법에서 추출된 명제 '황제권은 교황권보다 우선한다'로부터의 전향은 그를 라우렌티우스와 결합시켰다. 이렇게 볼 때 인노첸시오 3세의 재위에 이르러 그레고리오 7세로부

---

136) 같은 책, p.312: "*Ante erat imperium quam papatus.*"
137) 같은 책, p.312.

터 시작된 교황권 사상의 확대 과정이 그 절정에 도달했다고 할 수 있는 것이다. 그는 바로 그레고리오 7세의 교황권 사상이 보니파시오 8세까지 진전되도록 한 성숙된 정치사상을 성취시켰다.

그러나 인노첸시오는 통용될 수 있는 특정한 형식을 만들지는 않았다. 그는 교·속을 병행주의적으로 생각하면서도 스스로를 세상의 정상으로 보았다. 그는 그 자신이 규정한 엄격한 법의 규범 속에 있었음과 동시에 교황권에서 정점을 이루는 영적 이념에 고무되었다. 또한 정신적으로 12세기의 사상에 묶여 보수적인 입장을 취했으면서도 13세기의 종합 단계로 넘어갔다. 요컨대 인노첸시오는 그의 사상에 일치하는 절대적인 권력을 실제로 취하지 않았지만 적어도 사상적 체계를 세운 사람이었다고 할 수 있다.

위와 같은 인노첸시오 3세의 교황권 사상은 두 가지 시대적 조류의 결과라 할 수 있다. 그 첫째는 프리드리히 바바로사와 하인리히 6세 등 교황 반대파Gibelline 계열의 신성로마 황제들이 추진했던 이탈리아 지배 정책에 맞서야 했던 시대적 상황이다. 둘째는 1143년에 교회법학자 그라티아누스가 교회법을 집대성한 이래로 많은 연구가들이 교회법의 연구를 활성화하고 발전시키는 과정에서 교회와 국가의 관계, 교황의 지위에 대한 관념이 교회법을 통해 규정되어 가는 과정에 있었다는 점이다. 바로 이처럼 긴급한 현실적 필요 속에서 교황의 권한을 뒷받침해 줄 수 있는 도구인 법이 더욱 다듬어져야 할 모습으로 인노첸시오의 손에 승계되었던 것이다.

유럽의 복잡한 정치적 관계 속에서 교황의 권한을 명백히 해야 할 필요성이 인노첸시오에게 절실하였으며, 교령 〈존경하는 형제를 통해서〉는 바로 그러한 의도에서 작성된 것이었다. 이 교령에서 세 번째 형태의 교황의 사법권을 어렵고 의심스러운 문제로 인노첸시오가 규정했을 때 이는 혼합된 사건이라기보다는 세속사에 대하여 예외적인 방식으로 교황이 행사할 수 있는 직접적 세속 사법권을 의미하였다.

이러한 내용은 분명히 성직자정치론적 의미로 해석될 수 있다. 그렇지만 윌리엄 백작의 경우 그의 상위자인 세속 군주의 권리를 해치지 않을 때만 사도좌의 사법권에 자녀의 합법화 권한을 귀속시킨다고 하였을 때, 이는 인노첸시오가 병행주의적 성향을 배제한 것이 아님을 보여준다.

그러한 어렵고 애매한 문제에 있어서 예외적인 방식으로 교황이 사법권을 행사할 수 있다는 인노첸시오의 관점은 교령 〈그는 안다〉에서 세속 사건이 죄악으로 비롯되었기 때문에 교황이 세속에 간섭할 수 있다는 관점과 좋은 비교를 이룬다. 〈존경하는 형제를 통해서〉가 교황의 직접적 세속 사법권을 의도했던 것에 비해서 〈그는 안다〉는 간접적 성격을 반영하고 있다. 나아가서 〈그는 안다〉에서는 간접적이고 보조적인 의미에서 교회는 그리스도교 세계 내의 최후 법정으로 간주되고 있다. 이와 같은 병행주의적 경향은 교령 〈우리의 존경하는 형제들〉에서 더욱 명백히 나타난다.

이들 교령들을 통해서 볼 때 인노첸시오 3세는 교황과 세속 군주의 관계에 있어 전통에 따른 병행주의적 입장을 취하면서도 동시에 교황의 직접적 세속 사법권을 인정하면서 완전한 형태는 아닐지라도 성직자정치론으로 향하는 경향을 띠고 있음을 알 수 있다. 어떻게 보면 인노첸시오의 양면성은 상충하는 두 관념의 혼재라고 할 수도 있겠으나, 세속 세계를 그리스도교 세계 속에 포함시켜 질서를 규명하려는 크리스티아니타스의 관념을 통해 그러한 양면성을 바라보면 두 입장의 대립적 양상이 해소될 수 있다고 생각된다. 아마도 인노첸시오 자신은 그러한 양면성을 서로 대립적이며 융화될 수 없는 관념이라고 여기지 않은 것 같다.

후기에 신학적 해석을 바탕으로 인노첸시오가 교황권에 세속권력의 종속을 주장하게 되나 그 내용은 13세기 말기와 14세기 초기에 교황주권론자들이 가졌던 성직자정치론적 관념이라고 말할 수는 없다.

그렇다고 할지라도 인노첸시오 3세는 그레고리오 7세가 견지했던 세속 권의 신성 기원과 해와 달에 비유한 두 권력 이론으로부터 훨씬 멀리 나아갔다. 그는 다음 세대인 인노첸시오 4세와 보니파시오 8세의 성직 자정치론적 교황권 사상이 발전할 수 있는 토양을 마련한 교황이었다. 그러한 면에서 인노첸시오 3세는 그레고리오 7세로부터 시작된 교황권 사상의 확대 과정에서 전환점을 이룬 교황이었다고 할 수 있다.

제 7 장

교황 인노첸시오 4세의 성직자정치론

13세기 교황권 사상의 발전 과정 속에서 교황 인노첸시오 3세가 매우 중요한 위치를 차지했던 것만큼 교황 인노첸시오 4세 역시 교황권 사상의 확대라는 측면에서 결코 간과할 수 없는 역할을 하였다. 교황의 잦은 교체기를 틈타 정치적 목적을 달성하고자 했던 황제 프리드리히 2세의 로마교회에 대한 압박은 교황의 반발을 야기했으며, 물리적 힘을 지니지 못한 로마교회로서는 이러한 상황에 맞서 가능한 최대의 이론적 무장이 필요했을 것이다. 교황 인노첸시오 4세는 바로 이러한 정치적 혼란의 와중에서 교황권 사상을 강화했으며 결과적으로 황제에 대한 응징을 합법화하려는 그의 노력이 성직자정치론의 경향을 가지도록 만들었다.

교황 인노첸시오 4세의 교황권 사상은 리용 공의회에서의 황제 폐위 선포와 이에 대항한 황제의 반박론에 대한 해명 문서를 통해서 대체로 파악해 볼 수 있다. 본장에서는 리용 공의회의 황제 폐위 선언에 이론적 기초를 제공해 준 〈협의문Consultatio〉과 황제 반박에 대한 해명 문서인 〈중병자의 치료Aeger cui lenia〉를 분석함으로써 그의 교황권 사상을 추적하고자 한다.

교황 인노첸시오 4세는 교황 보니파시오 8세 시대까지 13세기 교황권 사상의 강화 과정에서 교량적 위치에 있었다고 할 수 있다. 그는 교황 인노첸시오 3세까지의 교회법 전통을 고수하면서 보니파시오 8세에 이르러 절정을 이룬 성직자정치론을 크게 강조하였다. 그렇다면 인노첸시오 4세가 견지했던 교황권 사상은 13세기 초엽의 교황권 사상을 결집시킨 인노첸시오 3세의 입장과 과연 어떻게 비교될 수 있을까? 인노첸시오 4세는 과연 교황과 세속 군주의 관계를 병행주의적으로 보지 않고 명백히 성직자정치론에 입각해 일원적으로 바라보았는가? 이를 긍정적으로 여긴다면 그러한 사상의 흐름은 어떻게 파악될 수 있을까? 본장에서는 이상과 같은 기본적인 문제를 중심으로 교황 인노첸시오 4세의 교황권 사상에 접근해 보기로 한다.

1. 로마교회와 제국의 정치적 관계

1241년 12월 10일 교황 첼레스티노 4세는 그의 재위 17일 만에 세상을 떠났다. 그레고리오 9세의 사망 직후와 마찬가지로 로마인들은 황제 위협의 두려움 속에서 추기경 회의로 하여금 교황을 즉각 선출하도록 강권했으나 세 명의 추기경이 아나니로 도피하였기 때문에 교황 선출을 시행할 수 없었다. 두 명의 추기경은 로마로 돌아왔으나 여전히 자유롭지 못했다. 황제 신봉자였던 추기경 요한네스 콜로나는 로마인들을 속였다. 세 명의 추기경 오토와 성 니콜라이, 그리고 야곱 프레네스테는 1241년 3월 제노아 함대의 함몰 때 다른 성직자들과 함께 황제의 포로가 되었다. 이와 같은 추기경들의 불행한 처지 때문에 새로운 교황의 즉각적인 선출을 기대할 수는 없었다.[1]

---

[1] Hans Weber, *Der Kampf Zwischen Papst Innocenz IV. und Kaiser Friedrich II bis zur Flucht des Papstes nach Lyon* (Lübeck: Nachdruck mit Genehmigung vom

한편 황제는 교황 선출을 방해함으로써 그리스도교에 대한 반감을 노출시켰다. 그의 행위는 긴 세월 동안 중세인의 의식 속에 보편적으로 형성되어 온 종교적 감정을 해친 것이 되고 말았다. 황제의 적대자들은 황제가 수년 동안의 전쟁을 통해 교회와 교회 신봉자들의 재산을 침탈하고 수많은 주교들과 두 명의 추기경을 잡아 가두었음을 비난하였다.[2]

그러나 황제는 추기경들에게 사신을 보내 그 자신과 교회의 열망을 만족시킬 수 있도록 지역교회에 주권을 부여할 것을 권고하였다. 두 명의 추기경이 여전히 포로 상태에 있었으므로 추기경 회의가 원만히 진행될 수 없는 상황이었다. 그럼에도 불구하고 황제는 추기경들 각자가 스스로 교황이 되려고 하기 때문에 교황 선출이 실행되지 못하고 있다고 공공연하게 비난하면서 교황 공위에 대한 책임이 황제 자신에게 있지 않다고 주장하였다. 당시 잉글랜드의 연대기 작가였던 마태 파리 Matthew Paris(1200-1259)는 교황좌 공위의 책임이 황제에게 있다는 비난에 맞서 열렬히 황제를 옹호하였고 오히려 추기경들의 분규에 그 책임을 전가하였다.[3]

사실 프리드리히가 교황 선출을 근본적으로 막으려는 것은 아니었다. 그는 선출의 방해가 국제적 여론을 악화시켜 그 자신에게 더욱 손해를 입힌다는 사실을 잘 알고 있었다. 그럼에도 불구하고 교황 선출을 방해하는 그의 행위는 곤궁에 처한 교황청으로부터 사전에 가능한 한 많은 이익을 얻으려는 데 그 목적이 있었다. 그 한 방법으로 연금시킨 두 추기경을 석방하는 대신 추기경단으로부터 자신의 행위에 대한 정당성을 인정받고자 하였다. 황제는 추기경 오토만을 추기경들이 모여 있는 아나니로 보냈다. 그러나 추기경 야곱 프레네스테는 매우 위험스러운 인물로 생각되었기 때문에 왕국에 데려와 억류시켰다.

Matthiesen Verlag, 1965), p.1.
2) 같은 책, p.2.
3) 같은 책, pp.2-3.

프리드리히는 그의 조치에 불만을 가지고 있는 추기경단으로부터 평화적으로는 얻어낼 것이 없다는 확신을 하게 된다. 결국 프리드리히는 로마시로 진격하여 대규모의 일격을 가하여 교황청의 정치적 위상을 크게 뒤흔들고자 계획하였다. 이를 위해 1243년 초 무력 동원을 시작했고 시칠리아 왕국의 군대는 대기 상태에 있었다. 또한 중부 이탈리아의 군대가 소집되었고 함대가 육군을 지원하도록 명령받았다. 황제의 동원령이 교회를 억압하기 위한 것이라는 점을 누구나 짐작할 수 있는 일이었다. 그럼에도 불구하고 프리드리히는 단지 로마인들이 억류한 추기경들을 자유롭게 함으로써 교회의 자유를 찾아주기 위한 진군이라고 주장하며 비난을 불식시키고자 하였다. 이를 증명하기 위해 추기경 야곱을 석방하였고, 자신이 교회에 대해 우호적이라는 것을 보여주고자 하였다.[4]

그와 같은 행동을 통해 프리드리히는 추기경단의 우려를 없앨 수 있으며 금후에는 로마에 대한 전쟁을 거리낌 없이 시작할 수 있다고 믿었다. 그리고는 교황 선출 시까지 로마를 점령하기 위해 3월 제국을 출발하여 6월 초 로마 전방에 도달하려는 계획 하에 스폴레토 공국과 마르크에 병력을 진군시켰으며 로마의 주변 지역을 잔인하게 약탈하고 성들을 파괴하였다. 이러한 일련의 파괴 행위를 목도한 추기경들은 황제가 군대와 함께 로마 근교에 있는 한 그들의 자유가 위협받는 것이며 그의 행위가 교황 선출을 방해하는 것이라고 강력히 항의하였다. 황제의 측근들조차 추기경들에게 동조하고 황제에게 후퇴를 권고했다는 사실에 비추어 볼 때 황제보다는 추기경 회의가 여론을 얻는데 성공했음을 알 수 있다. 황제는 더 이상의 행동은 자신에 대한 의혹을 증폭시킬 것이라고 의식했기 때문에 결국은 자신의 계획을 취소하고 철수하기로 결심하게 된다.[5]

---

4) 같은 책, pp.4-6.
5) 같은 책, p.7.

이제 교황 선출의 마지막 장애가 제거되었고 추기경들은 아나니에 집결하였다. 1243년 6월 23일 비로소 추기경들은 비밀회의를 시작하여 루시나에 있는 성 로렌조의 사제 추기경인 시니발트 피에스키Sinibald Fieschi를 만장일치로 교황으로 선출하였다. 교회법의 대가로도 유명한 시니발트는 추기경들로부터 적절한 교회 지도자로서 신뢰를 얻었을 뿐 아니라, 황제와도 좋은 관계에 있었다. 그래서 바로 그는 황제와 교회의 적대적인 투쟁을 평화로운 방식으로 조정할 수 있는 적임자라고 기대를 받았다. 1243년 6월 28일 시니발트는 인노첸시오 4세로서 교황 서품을 받았고 회장回文, Rundschreiben을 공포하였다.[6]

(1) 시니발트에서 교황 인노첸시오 4세로

인노첸시오 4세로 교황이 된 시니발트는 제노아 피에스코 귀족가문 출신이었다. 그는 라바그나의 백작 휴그Hugh의 아들로서 1207년 이전에 태어난 것으로 추정된다. 피에스코 가는 36년 동안에 두 명의 교황 (하드리아노 5세와 인노첸시오 4세)과 여러 명의 추기경을 배출하였던 명문 가문이었다. 그는 제노아 출신이었지만 그의 가문은 파르마와 긴밀한 인연을 맺었다. 시니발트 자신은 젊은 시절 이곳에서 교육을 받았고 한 때는 파르마의 수사신부이기도 하였다.[7] 교황 호노리오 3세 때 그는 파르마의 수사신부로서 로마에 진출하여 감사관이 되었다. 또한 그레고리오 9세는 그를 로마교회의 부상서관으로 임명하였고, 1227년 9월 추기경으로 승급시켜 루시나에 있는 성 로렌조의 사제 추기경으로 임명하였다.

---

6) 같은 책, pp.8-9.
7) *Audientia Litteraum Contradictarum*은 교황 상서원의 부서이고, 서한이 발송되기 전에 이곳에서 검토 과정을 거친다. 심사원은 서한에서 어떠한 모순이 있는지, 누구를 해치는 것이 있는지를 결정하고, 만일 그러한 의문점이 있으면 수정하여 봉인관에게 봉인하도록 이첩한다.

그레고리오의 교황실록은 시니발트가 그레고리오의 한 손과 같은 측근의 인물이었다는 점을 보여준다. 시니발트는 교황에게 상소된 소송들을 관장하도록 계속해서 임명되었고, 1235년 마침내 앙코나의 교구사제라는 힘든 자리를 맡게 된다. 그레고리오는 그에게 수차례 편지를 보내 추기경이 수행해야 할 군사적, 행정적, 종교적 의무에 대한 통찰력을 가지도록 도왔다. 그러한 과정 속에서 시니발트는 무력을 동원하여 사투를 중지시켰으며 교황 세습지를 침해한 도시들을 징벌하기 위해 다른 교구사제들과 연합하기도 하였다. 또한 그는 일반적으로 교구의 행정과 종교의 수장으로서 주어진 의무를 수행해야 하였다. 1240년 12월 그레고리오의 부름을 받고 로마에서 보편공의회를 준비하였으며 그레고리오의 임종을 지켰다. 그리고 1243년에 교황으로 선출되었다.[8]

인노첸시오 4세는 자유주의적 성향을 가졌으며 고귀한 인품의 소유자라고 전해진다. 무엇보다도 그의 지적 능력이 잘 알려져 있다. 그는 훌륭한 기억력을 소유했으며 법의 주석가로서 탁월한 능력을 발휘했고 법학의 열렬한 후원자이기도 하였다.[9] 그는 1251년 법령의 수집과 편찬을 추진하였고 이를 그레고리오 9세의 법령집에 추가하였다. 또한 교령 〈로마교회 Romana ecclesia〉를 리용의 공의회에서 선포하였다.[10] 후에 보니파시오 8세는 인노첸시오 4세의 법령들의 대부분을 그의 법령집 『제6권 Liber Sextus Decretum』 속에 포함시켰다. 그리고 법에 관한 인노첸시

8) Horace K. Mann, Innocent IV, The Magnificent, 1243-1254, vol.14 of The Lives of the Popes in the Middle Ages (London: Kegan Paul, Trench, Trubner & Co. LTD., 1928), pp.29-31.

9) Augustus Potthast, Regesta Pontificum Romanorum: Inde ab a. post Christum natum MCXCVIII ad a. MCCCIV, 2 vols (Graz: Akademimshce Druck-U. Verlagsanstalt, 1957), p.2: n. 15128.

10) 이 문서는 애매함과 축약 때문에 볼로냐의 부주교(Archdeacon)에게 보내졌으며 대학의 교사들과 학생들에게 이를 파악하도록 하였다. Potthast 2: n. 15129.

오의 가장 탁월한 능력과 명성은『법령집 제5권 주석Apparatusseu commentria in quinque libros decretalium』을 통해서 잘 나타난다. 그는 교황 재위 기간 중 이 주석서를 작성하고 수정해서 리용 공의회 직후에 편찬하였으며, 이것은 최초의 잉글랜드 교회법학자인 존 아손과 그의 후계자 린우드에게 대대적으로 인용되기도 하였다. 바로 이상과 같은 법률적 업적 때문에 인노첸시오 4세는 후대의 법률가들로부터 '법의 아버지'라고 불리기도 하였다.[11]

(2) 프리드리히 2세의 정책

1213년 두 시칠리아 왕국의 왕이었던 프리드리히는 오토 4세에 맞서 황제로 선출되었고 교황에게 충성의 서약을 했으며, 1215년에 십자군 원정에 출정할 것을 약속한 바 있다. 그리고 1216년에는 시칠리아 왕국과 제국이 결코 같은 사람에 의해서 소유되지 않도록 하겠다고 맹약하였다. 또한 교황령을 완전하게 인정하였으며 시칠리아 왕국을 교황의 봉토로써뿐 아니라 섭정지로 인정하였다. 인노첸시오 3세의 적극적인 후원 아래서 황제가 되었던 프리드리히는 교회의 요구를 대폭 받아들였고, 그 결과 이 시기에 표면적으로는 교황의 의도가 모두 성취된 것처럼 보였다.

황제와 교황의 우호적인 관계가 교황 호노리오 3세(1216-1227) 때까지는 지속되었다. 프리드리히 2세는 1212년에서 1250년까지 독일 제후들, 롬바르디아 지방의 자치 도시들, 중부 이탈리아, 시칠리아 왕국 등에 대해서 지속적인 관심을 기울였다. 그에게는 제국을 재정비하고 황제로서 자신의 세계 군주권을 확립하고자 하는 분명한 목표가 있었다. 따라서 그는 자신을 시칠리아나 독일의 어느 한 쪽만의 군주로 여기지

---

11) Mann, *Innocent IV, The Magnificent, 1243-1254*, pp.14-17.

않고 황제로서 그리스도교 세계의 세속적인 수장이라고 생각하였다.[12]

1243년 인노첸시오 4세가 교황으로 선출될 당시 황제와 로마교회의 관계는 극도로 악화된 상태에 있었는데, 과연 30년 전 인노첸시오 3세 때의 프리드리히가 어떻게 그렇게 변할 수 있었는가를 의아하게 생각할 정도이다. 프리드리히가 황제권을 강화하고자 하는 의도를 분명히 가졌었다고 할지라도 황제가 된 뒤 처음부터 그가 로마교회에 위협적인 존재는 아니었다. 그러므로 인노첸시오 4세 시대의 정치적 관계를 이해하기 위해서는 로마교회에 대한 프리드리히의 입장 변화 과정을 반드시 살펴보아야 한다.

프리드리히는 황제 대관 후에 상당 기간 동안 독일 지역의 사정을 파악하는 한편, 제국 재건에 대한 자신의 이상을 제후들에게 인식시키기 위해 여러 지역을 탐방하였다. 이 기간을 소위 프리드리히의 '실습여행Wanderjahre'이라고 지칭한다.[13] 그러나 독일 제후들은 프리드리히 2세가 계획하는 제국의 문제에 대해서는 무관심했다. 그로 인해 황제는 제후들에 대해서 수세적 입장을 취할 수밖에 없었다. 따라서 제국을 결속시키고 국력을 강화하려는 자신의 원대한 목적을 달성하기 위해 제후들에게 왕의 권한 중 일부를 양도하고 갖가지 특권을 부여하면서 그들의 환심을 사고자 하였다. 그와 같은 특권의 내용들은 황제가 선포한 1220년의 〈성직제후 특권법Privilegium〉[14], 1232년의 〈제후권 확대법Statutum〉[15]과 〈마인쯔 공안법Mainzer Landfriede〉[16] 등을 통해 알 수

12) Thomas Curtis Van Cleva, The Emperor Frederick II of Hohenstaufen: Immutator Mundi (Oxford: The Clarendon Press, 1972), pp.1-20.
13) Ernst Kantorowicz, Frederick The Second 1194-1250 (New York: Frederick Ungar Publishing Co., 1957), p.78.
14) Malcolm Barber, The Two Cities: Medieval Europe 1050-1320 (Londin: Taylor & Francis Ltd, 2004), p.200.
15) Hendrik Spruyt, The Sovereign State and Its Competitors: An Analysis of Systems Change (N. J.: Princeton UP, 1996), p.115.
16) Hendrik Baumbach, "Landfriede (Spätmittelalter)," Historisches Lexikon Bayerns.

있다.[17]

1216년 교황에 오른 호노리오 3세는 인노첸시오 3세가 닦아 놓은 길을 용이하게 걸을 수 있었으며, 이후 10여 년간 교황과 황제 사이에 균형이 잘 유지되어 서유럽 세계의 정치적 평화가 지속되었다. 다만 그리스도교 세계의 두 수장이 대립하도록 한 가장 첨예한 문제는 십자군 원정이었다. 호노리오에게 있어 예루살렘의 재탈환은 그의 재위 기간 중에 생각해 볼 수 있는 가장 숭고하고 위대한 야망이었다. 프리드리히는 인노첸시오 3세에게 십자군 원정을 서약한 적이 있었는데 호노리오는 그러한 인노첸시오 3세와의 약속을 이행하도록 프리드리히에게 촉구하였다.

프리드리히 역시 자신의 사명을 조속히 수행하고자 하였다. 더욱이 그는 십자군 출정 전에 로마에서 대관을 받도록 되어 있었기 때문에 그 순간을 조급하게 기다리고 있었다. 그러나 독일 지역의 사정이 이를 허락지 않았으므로 황제는 출병 날짜를 1219년 성 요한의 축제일에서 미카엘마스로 변경하였고, 그 이후에는 1220년 3월로, 그리고는 5월로 연기하였으며, 마침내는 이를 무기한으로 연기하였다. 그런데 프리드리히가 행한 서약은 교황으로부터의 관면 _dispensatio_ 이 없이는 완전히 취소될 수가 없었다.[18]

그렇다면 독일 지역의 상황이 어떠하였기에 프리드리히가 출병을 연기하지 않으면 안 되었을까? 사실상 십자군 원정을 떠나기 전에 프리드리히는 정리해 두어야 할 일이 상당히 있었다. 무엇보다도 시칠리아 문제에 관해 교황의 이해를 구해야 할 필요가 있었다. 황제는 시칠리아 정치에 대한 권리를 포기해야만 했지만 그 자신이 섭정을 하고자 의도했으며 교황청도 이에 만족하였다.

---

17) Thomas Curtis Van Cleva, *The Emperor Frederick II of Hohenstaufen: Immutator Mundi*, p.120.

18) Kantorowicz, *Frederick The Second 1194-1250*, pp.96-98.

프리드리히에게 있어 중요한 문제는 그의 부재 시에 우려되는 독일의 정치였다. 그래서 1217년 그는 시칠리아의 왕인 자신의 아들 헨리를 독일로 불러 쉬바비아의 백작으로 임명하였으며, 1219년에는 부르군트 왕국의 섭정자로 위임하였다. 나아가서 헨리를 로마제국의 왕으로 선출하도록 독일 제후들을 부지런히 설득하였다. 프리드리히는 그의 생전에 자신의 가문 호헨쉬타우펜 가가 제국의 황제위를 계승할 수 있도록 하고자 하였다. 1219년에서 1220년에 이러한 문제를 두고 협상이 시도되었을 때 교황은 그러한 프리드리히의 계획을 언짢게 생각하였고 프리드리히가 즉각 십자군 출정을 서두르도록 요구하였다.

프리드리히는 1220년 프랑크푸르트에서 제국 회의를 열고 시칠리아 왕 헨리를 로마의 왕으로 선출하는 데 성공하였다. 호헨쉬타우펜 가의 황제 계승이 확정되었고, 독일 내의 섭정 문제가 해결되었으며, 시칠리아 문제는 바로 프리드리히가 원하는 대로 해결되는 듯했다. 시칠리아는 법적으로 제국에 병합된 것이 아니었으며 여전히 교회가 시칠리아에 대해 봉건적 주권을 가지고 있었다. 그렇지만 프리드리히가 자신의 대관 때 포기한 바 있던 두 왕권의 통합 소유가 이루어졌기 때문에 결과적으로는 그의 소원이 성취되었다.

이제 헨리는 시칠리아의 왕일 뿐 아니라 독일 제후들에 의해 신성로마의 왕으로 선출되었다. 로마 교황청은 이러한 정치적 사태를 알고서 매우 분노하였으나 결국은 프리드리히가 확정한 사실들을 받아들일 수밖에 없었다. 이러한 과정에서 프리드리히는 교황청에 대해서 외교적으로 처음 성공을 거둔 셈이 되었다.[19]

교황청은 아마도 그러한 점을 예견했던 것 같다. 호노리오는 이면에서 신앙심 깊은 제후들의 도움을 받아 최선을 다해 이를 막고자 했으나 프리드리히의 정책이 이전의 협약을 어겼다고 비난할 수는 없었다.

---

19) 같은 책, pp.99-100.

더욱이 신앙심 깊은 제후들이 처음에는 헨리의 선출을 반대했으나, 프리드리히가 그들에게 재산의 자유 처분 유언권, 주교 관구에서의 관세권과 주조권, 봉토의 자유 처분권을 부여하고, 제국 내에서의 추방은 교회의 파문을 따른다고 약속하는 등 황제 자신의 권리를 제후들에게 대폭 양보하게 되자 그들은 황제에게 더 이상 저항할 이유가 없게 되었다.

프리드리히 2세와 교황과의 관계가 급격히 악화되고 그리스도교 세계의 두 수장 사이의 균열이 크게 벌어진 것은 교황 그레고리오 9세(1227-1241) 때에 이르러서이다. 교황 즉위 후 몇 달 동안 그레고리오 9세와 황제의 관계는 매우 우호적이었으나, 얼마 지나지 않아 교황은 황제를 굴종시키고자 하였다. 그것은 황제가 강력한 권력을 장악하면 교황령이 즉각적으로 위험 속에 빠질 것이 분명했기 때문이었다. 사실 교황 세습지는 이탈리아의 중부에 위치해 있어서 제국이 북부에서 남부의 시칠리아 왕국으로 연결될 경우 교황의 근거지는 심각한 위기에 처하게 된다.

그레고리오 9세는 호헨쉬타우펜 가를 붕괴시키려는 강한 의지를 가지고, 프리드리히에 대해 심한 공격을 시작하였다. 그레고리오 9세는 황제에 대해서 두 번의 파문을 선고하게 된다. 첫 번째 경우는 프리드리히가 십자군 출병을 지체한 것에 대한 징계로 선포된 파문이었다. 황제는 쌍 제르마노의 협약에 따라 어떤 이유로든 1227년 8월 약속된 날짜를 지키지 않으면 파문에 처해지도록 되어 있었다. 교황은 교황의 세력을 강화하기 위해 1227년 9월 18일 롬바르디아의 몇몇 추기경을 새로이 지명하였고 9월 28일 프리드리히를 파문에 처했다.

그레고리오는 황제의 질병을 고려해서 그에게 관면[20]을 부여할 수

---

20) 관면寬免 dispensatio, dispensation은 교회법이나 교령, 또는 교회의 정책을 위반했을 경우에 처벌을 받아야 하지만 정상을 참작하여 교회가 사면해주는 일종의 사법적 권한을 말한다.

도 있었으나 이를 일체 고려하지 않고 파문해 버렸다. 당시 서유럽인들의 여론은 프리드리히에게 호의적이지 않았다. 그들은 황제의 십자군 원정 연기에 대해 혐오를 느끼고 있었고 약속을 지키지 않은 황제의 파문은 당연한 것으로 생각하였다.[21]

그러나 황제의 십자군 원정 지연은 교황에게 있어 부수적인 문제였다. 교황의 감정을 더욱 자극한 황제의 행위는 교황의 봉토인 시칠리아의 통치와 시칠리아 교회의 예속화, 봉건 귀족들의 추방, 수많은 소송 문제 등이었다. 교황은 이러한 갈등을 결코 풀고자 하지 않았을 뿐만 아니라 황제와 더욱더 완전한 단절을 원하였다. 프리드리히가 이러한 교황의 강력한 태도에 대해 시칠리아에서 교황의 감독권을 수용하는 조건으로서 그의 사면을 얻을 수는 있었으나 황제는 그러한 종속을 다시는 원치 않았기 때문에 당분간 화해는 불가능하였다.[22]

이러한 상황 하에서 교황의 책략은 명백하였다. 파문된 황제는 출병해서는 안 되었고, 더욱이 교황은 파문의 철회를 거부했으며 황제의 어떠한 방책도 수용하기를 거부하였다. 그럼에도 불구하고 1228년 6월 황제는 전함을 이끌고 출병하여 시리아로 향했다.[23]

프리드리히가 시리아에 도착했다는 소식이 당도하자마자 그레고리오는 제국과 시칠리아에서 미리 예비한 전쟁의 포문을 열었다. 그는 모든 종신들을 황제에 대한 충성 서약으로부터 해제시켜 주었고, 독일에 대립 왕을 세우고자 하였다. 교황은 호헨쉬타우펜에 맞설 벨프Welf 가에서 적정 인물을 발탁하고자 하였으나 누구도 이전의 황제 오토 4세와 같은 꼴을 당하려 하지 않았다. 더욱이 대부분의 독일 제후들과 주교들은 여전히 관대한 황제의 충복들이었고 16세의 왕 헨리 4세에게로까지 확대된 교황의 파문령에 대해 무관심하였다. 황제가 시리아에

---

21) 같은 책, pp.167-175.
22) 같은 책, pp.173-174.
23) 같은 책, p.176.

서 승리하였다는 소식이 독일에 전해지기 전에도 독일인들은 교황의 음해 방식을 비난하였고 교황이 악마에 사로잡힌 것으로 보았다.[24) 결국 교황은 독일에서 원하는 결과를 얻지 내지 못했다.

황제의 섭정자 레기날드 스폴레토Reginald of Spoleto는 교황이 행한 바 프리드리히에 대한 신하들의 서약 해제를 전쟁의 선포로 여기고 시칠리아와 사라센 군대를 동원해 마르크와 스폴레토 공국을 침공하였다. 이에 교황은 롬바르디아 반군의 지원 하에 시칠리아 왕국을 침공하였고 일시적으로 육지에 있는 시칠리아의 영토는 교황에게 장악되었다. 이 소식을 접한 프리드리히가 급히 롬바르디아로 항해해 갔을 때는 이미 그 지역이 상실된 뒤였다. 그는 시칠리아 종신들을 충성의 서약으로부터 해제시키고 교황의 봉토를 복구하려는 그레고리오의 의도를 잘 알고 있었으며 다음 단계는 자신의 폐위라는 것도 충분히 인식하고 있었다.

황제의 입장에서 교황의 의도가 못마땅하였지만 그는 쌍 제르마노 협약 불이행과 교회 명예 훼손에 대한 비난을 모면할 수는 없었다. 따라서 그는 시칠리아 내의 교황 신봉자들에게 사면을 내렸고 전쟁 동안에 몰수했던 모든 교회의 토지를 반환하였다. 또한 시칠리아의 주요 거점이 교회의 탐색대에게 장악되었다. 더욱이 파문으로부터 벗어나기 위하여 프리드리히는 시칠리아의 성직자들이 더 이상 세속법에 종속되지 않는다는 것과 일반 과세되지 않을 것이라고 약속했고, 주교 선출에서 그가 이전에 행사해온 동의권을 포기할 것처럼 보였다.

이 시기는 프리드리히가 그의 왕국을 재정비하고 흩어진 세력을 모으며 롬바르디아를 제국에 편입시키기 위해 시간이 필요한 때였다. 롬바르디아인들은 교황이 원하는 만큼 교황을 따라 주지 못했고, 황제는 교황이 롬바르디아인들과 연합하는 것보다 자신과 교황이 결합하는

---

24) 같은 책, pp.176-177.

것이 얼마나 더 교회에 유리한지 인식시켜 주고자 하였다. 어떻게 해서든 프리드리히는 교황청을 롬바르디아 연맹에서 분리시키면서도 한편으로는 교황과 황제의 전통적인 우호관계를 재건하려고 노력하였다. 결국 황제와 교황청 사이에 10여 년 동안 지속되어온 갈등이 일시적으로 해소되었다.[25]

1229년 3월 17일 프리드리히 2세는 예루살렘에 입성하였고 예루살렘 왕으로 즉위하였다. 이제 프리드리히는 동방과 서방에서 전 그리스도교 세계의 황제로서 그 자신이 로마의 진정한 케자르이고 제국을 부활시켰다고 생각하였다. 프리드리히의 예루살렘 대관은 제국의 역사에서 일대 전기가 되었고, 이러한 과정 속에서 프랑스, 독일, 시칠리아, 동방 세계에서 지지를 받은 호헨쉬타우펜 가의 대위업이 달성되었다. 그러나 프리드리히는 그 자신이 케자르의 로마를 굳게 지키는 데 만족하지 않았다. 그는 교황의 기반인 로마를 점유하고 교황의 세력을 굴복시키고자 하는 생각을 버리지 못했다.

교황에 맞서서 취한 프리드리히의 정책은 두 방향에서 추진되었다. 첫째는 교황의 측근에서 교황권을 뒷받침하고 있는 추기경단을 분열시키는 것이었다. 황제는 교황 적대 세력의 중심에 있었고 일부 추기경으로부터 지지도 받았다. 프리드리히는 추기경과 교황의 관계를 독일 제후와 황제의 관계에 비유하였다. 황제가 제후들에 의해 선출되기 때문에 서로가 밀접한 관계에 있듯이 로마주교는 추기경 회의와 여론에 긴밀히 연결되어 있다고 보았다. 따라서 제후들이 황제에 대해 그럴 수 있는 바와 같이 추기경들도 교황의 과도한 주장에 반대할 수 있다고 생각했다.

교황이 황제에 대항해 독일 제후들을 부추긴 것처럼 황제는 추기경들을 이용해 자신에게 유리하도록 상황을 이끌고자 하였다. 더욱이

---

25) 같은 책, pp.209-210.

세상의 평화에 관심을 가진 프리드리히에 대해서 그레고리오가 보여준 지나친 적대감으로 인해 추기경들이 교황에게 반발하기 시작하였다. 롬바르디아의 전쟁으로 교황과의 관계가 악화되자 프리드리히는 측근의 추기경들을 이용해 교황과의 교섭을 시도하였다.

한편 황제는 교황에 대한 부정적 인식을 유포하기 위해 추기경들의 충고를 받아들이지 않고 일부 이탈리아 도시들의 제국 귀속을 거부하는 교황을 비난하였다. 또한 롬바르디아에서 행한 교황 특사의 활동에 대해 추기경들에게 직접 불평하기도 하였다. 설상가상으로 대부분의 추기경들은 교황의 과도한 행위로 교회가 궁지에 빠지지 않을까 깊이 염려하는 형편이었다.[26]

프리드리히가 교황에 맞서서 취한 다른 하나의 적대적 행위는 중부 이탈리아의 도시들과 롬바르디아 지방 점령이었다. 1230년경 프리드리히는 롬바르디아의 자치 도시들을 향해 군사 행동을 취했고 시칠리아에서 포강에 이르는 통로를 장악하고자 하였다. 1230년 9월 16일 프리드리히는 독일, 시칠리아, 토스카나 군대로 구성된 대규모 부대를 이끌고 밀라노를 침공하였다. 그후 1240년경까지 키비타 카스텔라나, 코르네토, 수트리, 몬테피아스코네와 기타 교황 세습지의 도시들이 정복됨으로써 거의 모든 로마 근교의 주변 지역이 황제에게 장악되었다.[27]

이러한 일련의 과정은 교황을 격노하게 만들었으며 평화는 쉽게 유지될 수가 없었다. 프리드리히 2세는 교황의 분노를 누그러트리기 위해 팔레르모의 대주교 베라르드, 아퀴노의 공작 토마스, 타데우스 수에사와 같은 유능한 황제의 특사들을 교황에게 보냈으나 무위로 돌아갔다. 프리드리히는 이단자에 대해 칙령을 반포하는 등 교황과 화해를 시도했으나 소용이 없었다.

---

26) 같은 책, pp.457-459.
27) Thomas Curtis Van Cleva, *The Emperor Frederick II of Hohenstaufen: Immutator Mundi*, pp.439-444.

그는 파문을 피하기 위해 새로운 방법을 택했다. 즉 교황에게 의존하기보다도 분열된 추기경단을 이용해 추기경들에게 의지하고자 하였다. 그는 교황의 지위를 추기경 회의에 종속시키기 위해 해묵은 이론을 다시 끄집어냈다. 즉 추기경들이 교회의 진정한 빛이요 대표자들이며 사도들의 후계자들이라고 주장하였다. 또한 베드로는 단지 대변인일 뿐이며 사도들 가운데 조정자에 불과하며 그들의 독재적 주군이 아니라고 봄으로써 교황을 무가치한 존재로 간주하였다.[28]

1239년 3월 프리드리히는 교황 그레고리오 9세에 의해서 두 번째 파문을 당했다. 프리드리히가 파문을 당하게 된 원인 가운데는 그의 롬바르디아 전쟁이 십자군 전쟁을 불가능하게 했던 점도 있다. 그런데 1240년 12월 십자군이 무슬림 군주에게 철저하게 패배 당하고 예루살렘이 상실될 지경에 빠졌다. 이러한 위기 속에서 프리드리히는 잉글랜드 왕의 도움으로 잉글랜드의 원정대와 자신의 매형을 지휘자로 보내 예루살렘을 회복하였다. 이제 세상의 눈에는 프리드리히가 성지의 보호자였고 교황 그레고리오는 그 파괴자로 보였으며 당시의 팸플릿에는 이러한 견해가 공공연히 표현되었다.[29]

한편으로 몽고의 위협에 직면해서 침입자를 격퇴하기 위해 프리드리히는 교황의 이해를 구하고자 하였다. 교황이 이를 수락하지 아니하자 프리드리히는 교황령을 침입하여 교황과의 화약을 강행하고자 했다. 성지에서 돌아온 잉글랜드 왕 리처드의 중재에도 불구하고 성취된 것이 없게 되자 프리드리히는 군사력을 모아 로마로 진군하였다. 프리드리히의 처지는 유리한 상황에 있었던 반면에 교황은 가망 없는 입장에 처해 있었다. 교황의 신뢰를 받던 추기경 요한 콜로나마저도 공공연히 황제 편에 기울어 교황 측에 대적하였다.

1241년 6월 황제 군은 테르니를 정복하였고 리에티에 진군하여 로마

---

28) Kantorowicz, *Frederick The Second 1194-1250*, pp.470-472.
29) 같은 책, pp.555-558.

근교까지 진출하였다. 8월에 티볼리는 그들에게 길을 열어주었고 황제 군대는 로마의 성벽 근처까지 초토화시켰다. 8월 중순 로마 남부 9마일 지점에 진격하고 마지막 일격을 가하고자 했을 때 교황 그레고리오 9세의 사망 소식이 전해졌다. 이로 인해 황제에게는 공격의 목표가 갑자기 사라져 버렸다. 프리드리히는 교황직 자체나 교회가 그 공격 대상이 아니었으며 그레고리오라는 사람 그 자체와 싸운다고 생각했었 다. 그레고리오의 죽음으로 급박한 사태가 완화되고 평온해졌다. 또한 교황이 없는 상황에서 황제는 서구 세계의 유일한 주가 되었다. 또한 교황 세습령을 포함한 이탈리아-시칠리아 모든 지역이 황제의 세습지 처럼 황제에게 장악되었다.[30]

(3) 인노첸시오 4세와 프리드리히의 충돌

13세기 교황들의 세속적 관심사는 교황 세습지에 대한 교황의 지배 권 확립이었으며 황제 세력을 독일 지역에 국한시키는 일이었다. 이러 한 면에서 볼 때 중부 이탈리아 특히 스폴레토 공국과 안코나의 마르크 장악은 황제권과 교황권 사이에 전개된 대투쟁에서 양측 모두에게 가장 중요한 사안이었다. 이들 지역은 시칠리아 왕국으로부터 북이탈 리아로 가는 중요한 통로였다. 황제가 이 지역을 지배하게 된다면 그것은 북부와 남부의 황제 소유지 사이의 연결을 확보하게 될 뿐 아니라, 교황과의 투쟁 시에 로마 주변의 길과 다리를 굳게 지킴으로써 교황청 동맹지의 교통을 재빨리 봉쇄할 수 있게 된다는 것을 뜻하였 다.[31]

프리드리히 2세는 마르크와 스폴레토 공국을 포기하고 교황으로부 터 황제 대관을 받는 것도 고려보았다. 그러나 그는 자신의 선왕들이

---

30) 같은 책, pp.558-563.
31) Weber, *Der Kampf Zwischen Papst Innocenz IV. und Kaiser Friedrich II*, p.10.

취했던 이탈리아 정책을 포기할 수 없었기 때문에 그 두 지역의 양도 문서를 폐기하고 논쟁 지역의 재탈환을 시작하였다. 프리드리히는 스폴레토와 마르크의 점유를 발판으로 토스카나의 세습지에 세력을 확장시켜 나갔다. 더욱이 많은 수의 도시들이 황제 편에 편입되었던 것에 반해서 교황청에 결속된 도시의 수는 매우 적었다.[32]

프리드리히는 중부 이탈리아의 지배권을 획득하는 데 성공하였다. 도시들은 황제에게 장악되었고 통상로로 통하는 관문도 역시 장악되었다. 교회의 편에 결속된 도시들은 황제 군대의 약탈로 인해 심한 타격을 받았다. 1241년에서 1243년까지의 전쟁 과정에서 황제는 평지에서 어떠한 적도 마주치지 않을 정도였다. 프리드리히는 교황에게 정보와 기부금이 도달되는 것을 방지하기 위해 도로, 다리, 항구를 철저히 지키도록 엄격한 명령을 내렸다.[33] 따라서 로마교회의 재원은 완전히 고갈되었을 뿐 아니라 더 나아가 큰 부채를 지게 되었다.[34]

중부 이탈리아의 대부분 지역이 황제에게 장악된 상태에서 교황청이 불리한 처지에 있었을지라도 새로이 선출된 교황 인노첸시오 4세는 선대 교황들의 목적을 성취하고자 하는 결연한 의지를 가지고 있었다. 그러나 황제 프리드리히는 여전히 교황청의 요구에 굽히지 않고 강력하게 맞서 있는 상황이었다. 그럼에도 불구하고 황제 쪽에서는 새로이 선출된 교황에게 먼저 접촉을 시도하면서 교황 선출을 축하하고 강화

---

32) 당시의 기록을 통해서 볼 때 황제의 수중에 들어가지 않은 지역은 공국 내에서 아시시, 리에티, 생제미니가 있었고 토스카나 세습지에서는 페루기아, 토디, 오르비에토, 나르니, 라드코파니 등이 있었다. 또한 마르크에서는 안코나가 여전히 교황에게 속했을 정도였다.

33) M. G. H., *Epistolae* II, p.9.

34) Weber, *Der Kampf Zwischen Papst Innocenz IV. und Kaiser Friedrich II*, pp.7-14: 로마교회의 재정적 형편은 1243년 7월 13일자로 교황이 동구의 성직자들에게 보낸 편지에 그 곤궁함이 밝혀져 있다. 이미 교황 그레고리오 9세가 로마의 상인들로부터 은화 40,000 마르크의 빚을 내기로 하였다. 교황 인노첸시오 4세는 그가 임기 시작 때 이월 받은 부채의 총액은 은화 150,000 마르크였다.

협정 내용을 소지한 사신들을 파견하였다. 이러한 프리드리히의 강화 내용은 교회의 이익을 보장하는 것처럼 보였으나 실상은 제국의 이익이 완전히 지켜질 수 있는 범위 내에서 강화가 체결될 수 있음을 암시하는 것이었다.

황제는 교섭을 위해 고문 마기스테르 페트루스와 타데우스 수에사를 파견했으나 이들이 파문 상태에 있는 자들이었기 때문에 교황은 그들의 알현을 거부했으므로 황제의 첫 협상 시도는 이루어지지 않았다. 이러한 결과로 황제 사신의 거부 책임이 교황에게 돌려질 수밖에 없었으므로 교황청에서도 대주교 페트루스 루엥과 교황의 고해 신부인 대주교 빌헬름 마데나, 성 파쿤도의 수도원장 빌헬름이 8월에 황제의 궁정이 있는 멜피로 떠났고 이들에게 전권이 주어졌다.[35]

이들이 황제에게 제시한 중재안은 황제가 교회에게서 빼앗은 스폴레토 공국, 마르크 앙코나와 기타 지역의 소유에 대한 문제와 황제가 지속시키고 있는 전쟁에 관한 문제가 들어 있었다. 또한 프리드리히가 연금하고 있는 주교들의 석방이 강화를 촉진할 것이라는 점을 분명히 지적하였다.[36] 황제는 교섭 중에 독일 지역과 아를라트에서 교황의 활동을 봉쇄하고자 하는 의도와 롬바르디아 동맹으로부터 교황을 분리시키고자 하는 목적을 가지고서 교황 사신들에게 불평불만을 쏟아 놓았다. 이러한 황제의 정치적 목적을 간파한 교황청의 전권 대리인들은 황제가 강화 체결을 하지 않을 것이라는 의중을 확인하고 귀환해 버렸다.[37] 이로써 당장의 교섭은 결렬되었고 황제의 편에서 강화 교섭에 적극적 입장을 취할 수밖에 없게 되었다.

황제는 비네아의 마기스테르 페트루스, 타데우스 수에사, 팔레르모

---

35) M. G. H., *Epistulae* II: 7. M.G.H., *Constitvtiones et Acta Pvblica: Imperatorum et Regnvm* II, 329, No. 240.

36) Weber, *Der Kampf Zwischen Papst Innocenz IV. und Kaiser Friedrich II*, pp.25-28.

37) 같은 책, pp.30-32; M. G. H. Epistolae II: 7.

의 대주교 등의 사면을 주선하여 그들에게 사면령이 내려졌으며, 그 중 두 명을 아나니에 체류하고 있는 교황에게 보냈다. 교섭에서 교황은 무엇보다도 공국, 마르크 안코나, 토스카나 세습지 등의 반환을 요구하였다. 반면 황제의 대리자들은 이들 지역에 대한 그들 주군의 소유권 성립을 주장하였다. 즉 그들은 기증 받은 자가 공공연히 배은망덕할 때 기증자가 기증품을 반환 받는 것을 허용하는 전시법과 유스티니아누스 법에 근거하여 황제의 소유권을 주장하였다. 그렇지만 그들은 교회가 연세를 받는 조건으로 황제에게 봉토를 하사해 준다면 황제가 정복지를 반환할 준비가 되어 있음을 설명하였다.

그러나 이러한 제안을 교황이 받아들인다면 황제가 중부 이탈리아에서 사실상의 권력을 유지할 것이고 북부와 남부의 중요 통로를 장악하는 결과가 될 것이 확실했다. 황제는 교황의 호의를 끌어내기 위해 그가 교회에 500명의 군대를 파견하고 은화 30,000마르크를 지불할 것이며, 이것이 수락될 경우 자신의 경비로 성지로의 십자군 전쟁을 수행할 것이라고 약속하였다. 그러나 인노첸시오 4는 이미 교회가 프리드리히와의 사이에서 겪었던 경험들을 잘 알고 있었기 때문에 이를 신뢰할 수 없었다. 뿐만 아니라 그러한 정도는 황제가 중부 이탈리아를 군사적으로 지배함으로써 다른 지역의 그리스도교 세계와 교황청의 교류를 불가능하게 만들 수 있는 가능성을 보상할 만큼 충분한 대가도 아니었다. 따라서 인노첸시오는 황제의 제의를 거부하였다.[38]

황제와 교황의 적대적 관계는 비테르보시의 전투를 통해 격화되었으며 이 전투는 한편으로 교황이 유리한 위치에 서는 중요한 계기가 되었다. 중부 이탈리아의 대부분 지역을 황제가 장악했을지라도 토스카나 세습지와 스폴레토 공국에서는 추기경 라이너 Rainer가 교황의 편에 서서 적극적으로 방어와 수비를 이끌었다. 그렇지만 비테르보는

---

38) 같은 책, pp.33-35.

1240년에 황제에게 문호를 개방하였고 도시의 태수는 황제 편이 되었으며, 1243년에 도시 거주민들은 로마를 향한 황제의 진군에 참여하였다.

라이너는 그러한 황제의 붕당을 무력으로 맞서 제압하여 축출하고자 했다. 그래서 라이너는 로마의 원정군을 모아서 수트리로 진군하여 비테르보로 향했다. 라이너는 도시의 태수를 몰아내고 반군, 시민과 더불어 도시를 장악하였다. 공격 소식을 접한 황제는 1243년 8월 8일에 공국과 마르크, 토스카나의 영토에서 소집된 전투 부대와 함께 출발하여 비테르보에 막강한 군사력과 무기로 대반격을 하여 11월 10일까지 두 차례에 걸친 대격전을 치렀으나 예상외로 황제 군대가 비테르보를 공략할 수 없었다.[39]

이와 같이 인노첸시오 4세의 교황 즉위 이후 첫 전투에서 교황청은 황제에 대해 승리를 거두었고 그 결과로 교황의 명예가 유지되었으며 교황을 향한 새로운 관심을 환기시켰다. 이러한 여세를 몰아 교황은 교회의 방식과 물질적 시혜를 통해 옛 추종자들을 교황청에 굳게 결속시키고 새로운 추종 세력을 확대시키고자 하였다. 따라서 황제의 수중에 있는 여러 도시들에 교황파의 증강을 꾀하였다. 사르디니아 섬과 코르시카 섬은 황제 일파로부터 교황 측에 넘겨졌고 교회 공동체에 다시 받아들여졌다.

이와 같이 점점 격렬해진 황제와 교황의 충돌 속에서 독일의 제후들은 교황과 강화할 것을 황제에게 간청하였다. 이에 황제는 강화를 위해 그라펜 툴루즈를 교황청에 사절로 파견하였고, 콘스탄티노플 볼드윈 황제의 중재로 교황청에서도 협상에 응하였다. 1244년 2월 말에 교회는 추기경 오토를 프리드리히가 머무는 아콰펜덴트에 보냈다. 여기서 추기경 페드루스 비네아와 황제의 고문 타데우스 수에사 사이에 협상이 시작되었다.

---

39) 같은 책, pp.40-44.

이때 제기된 강화 협상의 내용은 다음과 같다. 첫째, 황제의 파문 이전에 황제가 점유한 교회의 모든 땅과 종신들의 땅을 반환한다. 둘째, 황제는 사면 때까지 자신의 파문 형벌을 성실히 이행하고 이를 세상에 서면을 통해 널리 알린다. 또한 황제는 이전 약속 위반의 대가로 교황에게 군대를 제공하고 벌금을 지불하며 그것의 정도는 교황이 정한다. 그 외에도 교황의 결정에 따라서 황제는 보상을 하고 자선을 해야 한다. 셋째, 황제의 영지에 구금된 주교는 석방되도록 하며 배상하도록 해야 한다. 구금에 대한 속죄로 황제는 교회와 복지 시설을 건축해야 한다. 그 수와 장소는 교황이 결정한다. 마지막으로 전쟁 발발 이후 황제에게 병합된 교회의 성직자들이 황제에게 대항해서 행한 모든 위반 사항을 무효화한다. 그들에 대해 취한 모든 형벌은 철회될 것이다. 황제의 파문과 전쟁 발발 이후 전비 부담금과 계약은 파기될 것이고 파문 이전 재산은 그들에게 반환되어야 한다.[40]

이상과 같은 협상안에 대해서 황제의 사신들은 황제가 서약한 사항을 인식하고 이행해야 한다는 당위성을 인식하고 있었지만 복잡한 상황을 풀어 나가기가 그렇게 용이한 문제는 아니었다. 그러한 강화 내용은 사실상 프리드리히에게 있어서 완전한 굴복을 의미하였다. 그렇지만 황제는 상대에게 그의 죄에 대한 확인과 그것에 마땅한 형벌의 결정을 위임하기까지 하였다. 그럼에도 불구하고 롬바르디아 문제는 협약안에 명백하게 언급되지 않았기 때문에 이는 후에 강화를 좌초시키는 원인이 되었다. 말하자면 점령지의 반환에 관해서 양쪽을 모두 만족시킬 만큼 공감대가 형성되었고 그 내용이 문서에 기입되었다 하더라도 반환지에서 행사될 수 있는 황제권에 대한 이해가 서로 달랐다. 따라서 체결된 협약안에 대한 불만족으로 인해서 협정 이행이 어렵게 되었다. 그래서 각 파에서는 강화 좌초의 책임을 서로에게

---

40) M. G. H. Constitvtiones et Acta Pvblica II, p.335.

전가하려고 하였다.[41]

어쨌든 강화 서약 직후에 대법관 페트루스와 타데우스가 그들의 주군 사면 실행을 위해서 교황청에 갔다. 그들은 파문된 황제의 모든 비행을 증명해 줄 것을 요구했고, 그것이 확인된다면 교황의 결정 내용을 황제가 만족하게 이행할 수 있음을 확언하였다. 인노첸시오는 이러한 협상이 황제에 강력하게 맞서서 자신의 요구를 모두 채울 수 있는 절호의 기회로 생각하였다.

인노첸시오는 서약한 강화의 조목들을 모두 수행하도록 할 뿐만 아니라, 나아가서 황제가 더 많은 것을 양보하도록 하는 방편으로서의 사면을 생각하였다. 그러한 의중을 가진 교황은 일단 황제의 사신들에게 그가 황제의 죄를 더 이상 공개할 수 없으며, 따라서 사면에 대해 어떠한 선포도 할 수 없다고 답변하였다. 인노첸시오가 체결된 협약 위에서 강화를 맺고자 했다면 점령 지역의 반환 이전에 황제의 사면을 선포할 필요가 있었을 것이다. 만일 그런데도 프리드리히가 자신의 약속을 지키지 않는다면 그를 곧 재 파문할 수 있기 때문이었다.[42]

황제는 사전에 사면이 없이는 문제가 된 지역의 반환을 거부하겠다는 입장이었다. 그래서 그는 자신의 비행을 속죄해줄 수 있는 교황의 권한을 인정하였다. 왜냐하면 교황청이 황제가 받아들일 수 없는 요구를 내세울 경우 교황은 그의 중요한 목적을 달성하고도 사면을 거부할 수 있기 때문이다. 이러한 상황 하에서 황제가 점령 지역의 반환을 거부한다면 협약이 파기될 것이고, 교황도 그 파기에 대해 비난 받을 수밖에 없었다.

이와 같이 급박한 상황 속에서 인노첸시오가 강화 협정에 언급되지 않은 요구들을 제기하게 되었고, 그로 인해 강화 체결의 희망은 점점 사라졌다. 교황은 강화 협정에 롬바르디아 문제가 포함되기를 갈망했

---

41) Weber, *Der Kampf Zwischen Papst Innocenz IV. und Kaiser Friedrich II*, pp.57-58.
42) 같은 책, pp.58-59.

다. 강화 협정 서약 전의 교섭에서 인노첸시오는 이미 문제를 제기했으나 황제에게 무조건적 굴복을 요구하면 강화가 파기될 수 있는 위험성이 있었으므로 그 문제는 보류한 바가 있었다. 그렇다고 교황이 그 계획을 버린 것은 아니었다. 이 문제를 공론화하기 위해서 교황은 황제가 강화 협정에서 언급된 것을 하나도 하지 않는다고 몰아붙였다.[43]

그러나 프리드리히는 강화 협정 서약 이전의 교섭에서 교황이 롬바르디아 문제를 단념했기 때문에 교황이 이 문제에 큰 비중을 두지 않을 것이라고 믿었다. 교황의 뜻을 과소평가한 프리드리히는 그의 아들 콘라드와 교황 친척 딸과의 정략적인 혼인을 제의하여 교황의 호의를 얻고자 하였다. 그러나 프리드리히는 상대편에서 화해 추구의 노력을 거부하는 쓰라린 경험을 해야 했고, 포기된 것으로 알았던 롬바르디아에 대한 교황의 강력한 요구를 확인하게 되었다. 강화 협정 붕괴 위기 속에서 콘스탄티노플 황제와 툴루즈의 백작, 그 외 여러 귀족들의 열렬한 설득도 교황의 태도를 누그러뜨리지 못했다. 교황과 황제의 마지막 교섭은 결렬로 치닫고 있었다.[44]

황제는 인노첸시오가 추기경 회의의 동의를 받지 않고 교섭을 진행했다고 되풀이해서 주장하였다. 다른 문제에선 인노첸시오가 항상 추기경들의 조언을 받아 결정해왔기 때문에[45] 교황은 추기경들의 의견을 듣지 않고 진행된 이유를 말할 필요도 있었다. 그러나 황제의 의도는 단순히 그 해명을 듣는 데 있는 것이 아니라, 분쟁이 해결되지 않는 책임을 교황청에게 돌리고자 하는 것이었다. 사실 추기경들 가운데 1/3에 해당되는 7명의 발언자가 교황의 정책을 반대하였다. 따라서 추기경들로부터 전적인 동의를 얻어내는 방법은 일시에 많은 추기경을

---

43) 같은 책, pp.61-62.
44) 같은 책, pp.60-62.
45) M. G. H. Epistola II, pp.7, 10, 11.

임명하는 일이었다. 1244년 5월 28일 교황은 3명의 주교, 3명의 사제, 6명의 부제를 추기경에 임명하였다. 인노첸시오는 새로 임명된 추기경들이 참석한 회의에서 정책을 결정하고, 추기경들의 절대적인 지원을 받으면서 그의 길을 계속 갈 수 있었다.[46)]

롬바르디아 문제에 관한 교황의 집요한 요구를 확인한 프리드리히는 롬바르디아에서의 황제권 회복을 교황청으로부터 인정받을 수 없다는 결론을 내렸다. 그래서 그는 자신의 계획을 포기하지 않을 것이라고 결심했으며, 논쟁 문제에 대한 평화적인 합의를 더 이상 기대하지 않았다. 따라서 그는 군사적 수단을 동원해 중부 이탈리아의 교황청 세력을 약화시키면서 교황에게 압력을 가하고자 하였다. 황제는 교황청을 극도의 곤궁 속에 빠트려서 교황이 거처를 캄파냐의 한 도시로 옮기도록 조장하였다. 황제는 그러한 여건 속에서 유리한 입장을 가지고 교섭을 지속시키려고 의도하였다. 그래서 두 궁정이 근접해 있으면 황제와 교황 사이의 개인적인 회동을 통해서 교섭이 용이하게 촉진되리라 기대하였다.[47)]

그러나 교황은 황제가 교황을 왕국의 영토 안에 체류시키고자 하는 것은 교황을 외부와의 교통으로부터 완전히 차단하고 사실적인 포로 상태로 만들어 버릴 것이라고 심히 우려하였다. 이러한 이유로 교황은 황제와의 교섭을 종결지을 수밖에 없다고 판단하였고, 황제의 무력 앞에서 안전하게 도망할 수 있는 계획을 세우게 되었다. 그러나 그는 롬바르디아 문제에 대한 황제의 제안을 한 번 더 듣고자 했으며 만일 이것이 기대했던 바대로 자신에게 확신을 주지 못하면 미리 세운 자신의 계획을 추진하기로 하였다.

인노첸시오는 황제의 의심을 피하기 위해서 나르니로 갈 준비를 하는 한편, 그곳에서 교섭을 추진할 것이라고 황제에게 통보했다. 만일

---

46) Weber, *Der Kampf Zwischen Papst Innocenz IV. und Kaiser Friedrich II*, pp.63-64.
47) 같은 책, pp.65-66.

황제의 조건이 호의적이지 않다고 밝혀지면 바다로 도망하기 위해 키비타 카스텔라나로 갈 것을 계획하였다. 1244년 6월 7일 교황은 모든 추기경과 함께 떠났고, 6월 9일에 키비타 카스텔라나에 도착했다.[48]

이 당시 황제의 궁정은 나르니에서 2마일이 채 떨어지지 않는 테르니에 있었고, 이 도시에서 오토 추기경은 황제의 사신과 만났다. 이 협상에서 롬바르디아 문제의 해결이 강화의 성립에 부동의 전제 조건이라는 것이 교황 측으로부터 분명하게 제시되었다. 반면 황제는 교황청의 요구에 대한 답변을 추기경에게 서면으로 제출하였다. 서면에 담긴 황제의 분명한 뜻은 교회 문제에서는 황제가 무조건적으로 복종하지만 정치적 문제에서는 자신의 주장을 고수하고 관철한다는 것이었다.

황제가 이전에 서약한 강화에서 교회 땅의 반환을 수락했을 때 그것이 중부 이탈리아에 대한 자신의 영향력까지를 부인한 것은 아니었다. 프리드리히의 의도는 공국과 마르크를 분명히 양도하지만 그들 지역은 제국 동맹에 항상 속해야 하고 제국의 일들에 대해 공동으로 책임감을 가져야 한다는 것이었다. 프리드리히는 교황청으로부터 점령 지역의 보호자로 승인되기를 바랐다. 그는 바로 그 지역에서 징병을 하고 군대를 주둔시킬 수 있는 권리와 과세권, 현품 공출권을 요구하였다. 이와 더불어 그 땅을 군사적으로 지배할 뿐 아니라, 북부와 남부 이탈리아의 관문과 로마로 가는 통로의 지배권을 얻고자 의도하였다.[49]

황제는 교회 문제에 무조건 복종하고 그가 교황에게 대항하고 있는 것은 순수한 정치적 문제에 한정된다는 점을 강조하고 그 입장을 고수하고자 했으나 교황 편에서는 완전히 다른 해석을 내렸기 때문에 양편의 의견 일치는 불가능했다. 이러한 상황에서 황제는 막강한 무력을 소유하고서 교황청을 압도할 수가 있었으며, 외부 세계와 교황청의

---

48) 같은 책, pp.65-67.
49) 같은 책, pp.72-73.

내통을 봉쇄할 수 있었기 때문에 황제는 원하는 만큼 많은 것을 실현할 수 있었다. 반면에 교황청은 황제에 대항할 수 있을 만큼의 세속적 수단이 없었으며, 교회의 정신적 무기인 파문 형벌이나 성사금지령은 잦은 남용으로 실효성도 없었다. 이제 파문 징계는 황제의 위상을 뒤흔드는데 부족하다는 점이 명백해졌다.

인노첸시오 4세는 1241년 고위 성직자들이 황제에게 체포되었던 경험으로 보아 황제에 대항해 진행할 공의회를 이탈리아에서 소집하는 것이 매우 불리하다고 판단하였다. 이제 교황은 교황청이 황제의 피상적 태도의 협상에 매달리고 이탈리아인들이 황제의 무력 앞에서 굴복하는 것을 관망하든지, 아니면 교황이 이탈리아를 탈출해서 다른 세속권력을 의지하면서 황제의 무력적 올가미를 부수든지, 둘 중의 하나를 택하는 일만 남았다. 이중 어떠한 길을 그가 채택해야 할지 인노첸시오는 망설이지 않았다.[50]

급박한 상황 속에서 곤궁에 빠진 교황은 제노아 함대의 보호를 받으며 신속하게 도피하고자 했다. 1244년 6월 27일 교황은 키비타 카스텔라나를 떠났고, 수트리를 거쳐 야간에 제노아 함대가 정박하고 있는 키비타 벡키아로 향했다. 6월 30일 다른 행로를 통해 온 5명의 추기경과 함께 교황을 태운 함대는 키비타 벡키아를 출항하였고 7월 6일 제노아에 도착하였다. 교황은 이곳에서 옛 동맹 관계를 결속하기 위해 북이탈리아 동맹들로 하여금 각 지역에서 제노아로 사신을 보내도록 요청하였다. 많은 도시가 그러한 교황의 요구를 따랐고 그 도시들로부터 사신들이 도착하였다. 이와 같은 응답의 정도로 미루어 동맹들의 충성심을 분명히 알 수 있었다. 자신감을 갖게 된 교황은 그의 도망이 투쟁의 끝이 아니라 새로운 투쟁의 시작이라는 확신을 가지게 되었다.[51]

교황은 제노아에서 질병으로 인해 3개월간 체류하고 이후 알프스를

---

50) 같은 책, p.80.
51) 같은 책, pp.80-81.

넘어 프랑스의 리용에 당도하였다. 프리드리히는 리용에 도착한 교황으로부터 소환을 받았으나 적대감을 가진 주교들로 구성된 공의회에 피고인으로 출석할 수는 없었다. 그럼에도 불구하고 1245년 5월 황제는 파르마를 떠나 베로나에 도착하였고, 사신 타데우스를 파견하여 새로운 강화안을 가지고 다시 한 번 교섭을 시도하였다. 타데우스는 교황과 화해가 될 경우 7월 중에 황제가 리용에 가까운 투린에 오도록 할 것을 합의하였다.

그 합의에 맞추기 위해 7월 8일 황제가 서둘러 베로나를 출발했으나 이때는 이미 공의회 회기 중 두 번째 회합이 끝난 뒤였다. 인노첸시오 3세 시대에 개최된 라테란 공의회는 405명의 고위 성직자가 참석했으나 리용의 공의회에 참여한 수는 겨우 150여 명뿐이었다. 그래서 프리드리히가 이 회의의 부실한 성격을 비판했다. 그럼에도 불구하고 이 회의는 보편공의회의 형태를 취했다. 처음 이틀 동안 타데우스는 황제를 열렬히 옹호하였다. 그렇지만 추기경 라이너는 작은 대공이라는 색다른 칭호를 황제에게 붙이면서 여러 가지 내용으로 그를 비난하였다.[52]

한 추기경은 두 번째 날 끝에 12일 간의 휴회를 제의하였고 이미 투린에 당도한 황제는 회기 연장을 환영했다. 그러나 비타협적인 교황은 회의 지연에 동의하지 않았던 것으로 보이며 더 이상 사절의 도착을 기다리지 않았다. 필요한 모든 것은 주교들의 비밀회의에서 다루어졌고, 드디어 7월 17일 최후의 순간이 왔다. 이 날 교황은 황제의 폐위 법령을 낭독했다. 프리드리히에게는 배반과 평화의 파괴, 신성모독, 이교도 등의 죄가 확정되었다.[53]

---

52) Karl Hampe, "Über die Flugschriften zum Lyoner Konzil von 1245," *Historische Vierteljahrschrift* 11 (1908), pp.299-301.

53) Kantorowicz, *Frederick The Second 1194-1250*, pp.596-598; 이후의 Innocent 4세와 Friedrich 2세의 관계는 Karl Hampe, *Papst Innocenz IV. und die Sizilische Verschwörung von 1246* (Heidelberg: Carl Winters Universitätsbuchhandlung, 1923)에 상술되어 있다. Lyon 공의회 이후 프리드리히의 위상은 매우 약화되

(4) 교황권에 대한 프리드리히의 견해

황제와 교황의 투쟁을 통해서 볼 때 프리드리히는 뛰어난 외교적 재능과 탁월한 정치적 현명함을 가지고 있었다. 거기에다 그에게서는 작은 것을 희생하고 실속을 얻으려는 실제적 사고방식을 찾아볼 수 있다. 이에 반해 인노첸시오 4세는 가장 사소한 문제에 지나치게 집착하여 오히려 전체의 목적을 손상시킬 수 있는 주장과 요구를 지속하였다. 굽히지 않는 완고함을 보였던 인노첸시오는 그러한 주장이 포기할 수 없는 교회의 권리라고 확신하였다.

그레고리오 9세와 인노첸시오 4세에 맞서서 항쟁하는 과정 속에서 교황들에 대한 프리드리히의 입장은 다음과 같은 그의 두 가지 주장을 통해서 알 수 있다. 첫째는 교황들이 도덕적으로 부패하다는 것이었다. 프리드리히는 교황들이 신앙을 손상시키고 그가 행했던 봉사에 배은망덕하며, 부패할 뿐 아니라, 음모로 가득하고, 속이고 배반하며, 분규를 일으키고 내란을 조장시킨다고 보았다. 따라서 도덕적 부패로 가득한 교황들은 그들이 점유한 지위에 부적합하다고 생각했다.[54] 그는 교황의 인간적 결함 때문에 교황에게 복종할 수가 없었다. 그는 교황직 그 자체를 부정하고 거부한 것은 아니며 교황직과 교황의 인간 개인을 구분하였다. 특별히 그는 교황 그레고리오 9세의 도덕적 타락에 대해서 1240년 3월 16일의 성명서에 상세히 기입하였다.[55]

두 번째, 프리드리히의 공격은 교황이 교황직에 적합한 직무를 위반하였고, 그래서 과잉의 권력을 행사한다는 점이었다. 만일 교황이 그리스도의 대리직에 충실하고 선임자인 성 베드로의 모습을 모방했다면

었고, 황제는 이제 더 이상 교황에게 위협적인 존재가 아니었다.

54) M. G. H., *Constitvtiones et Acta Pvblica* II, p.296.
55) M. G. H., *Constitvtiones et Acta Pvblica* II, p.310; Walter Ullmann, "Some Reflection on the Opposition of Frederick II to the Papacy," *Archvio Storico Puglise* (1960), pp.18-20.

프리드리히 자신은 교황의 평결을 복종할 것이라고 주장하였다. 그러면 프리드리히가 생각하는 그리스도의 대리직은 무엇인가? 그는 그리스도 대리직은 영적인 충만권으로 구성되며, 비록 교황이 죄인일지라도 그러한 능력 안에서 지상과 하늘에서 그의 권한이 자동적으로 효력이 발생한다는 것을 인정하였다. 그러나 프리드리히는 신정법이나 인정법 어느 것도 교황의 제국 간섭 권한이나 교황의 세속적 판결권을 규정하지 않았다고 주장하였다. 프리드리히는 교황이 세속적 권력을 취하려고 한다고 항상 불평하였다. 그리고 황제의 서품이 교황권에 속하는 것은 정당하지만 이것이 황제의 폐위권을 포함한다고는 인정하지 않았다.[56]

그러나 교황권 이론에 친숙한 사람들에게는 그러한 정도의 프리드리히 주장은 그 이론적, 논리적 근거가 빈약하다고 여겼다. 왜냐하면 어느 시기에도 교황의 도덕적 타락이 교황의 기능에 영향을 미친다거나 그의 행위에 대한 타당성을 소멸시킨다고 여기지는 않았다. 그러한 이론은 이미 레오 4세의 교황직에 관한 사상에서 확립되어 줄곧 이어져 왔다. 11세기의 사상가 추기경 훔베르트는 교황이 이단일 때에만 심판될 수 있고 다른 어떤 범죄로도 심판될 수 없다고 선언하였으며, 후에 이것이 교회법의 내용에 편입되었다. 간단히 말해서 교황권 사상에서 교황의 권력 행사는 인간 개인의 행위나 성향과는 별개라고 간주되었던 것이다.[57]

교황에 맞선 프리드리히의 정책을 관찰해 보면 그는 보편공의회를 이용해 교황의 권력을 축소시키고자 했다. 그는 교황이 공의회 심판을 면제 받을 수 있는 권한이 없다고 주장하였다. 프리드리히의 목적은 무엇보다도 교황의 완전권을 축소하거나 무용지물로 만드는 것이었다.

---

56) Ullmann, "Some Reflection on the Opposition of Frederick II to the Papacy," pp.21-22; M. G. H. *Constitvtiones et Acta Pvblica* II, p.362.
57) 같은 논문, pp.22-23.

이를 위해서는 교황의 권력이나 정책의 결정권을 교황에게 전적으로 맡기는 것이 아니라, 추기경 회의나 보편공의회에 돌려야 했다. 또한 프리드리히는 가급적 교황과 추기경단을 분리시키고 서로 협동하여 황제에게 대적하지 못하도록 하는 작업을 꾸준히 행하였다. 실제로 1243년과 1244년에 인노첸시오 4세와 격돌할 때 그가 추기경들을 부추기고 교황의 결정이 순전히 독단적이어서 실효성이 없다고 교황을 공격하자 교황이 상당히 곤경에 처하기도 하였다.

신정적 성직정치 구조 속에서 교황의 지배권을 통제하기란 거의 불가능하였다. 따라서 프리드리히는 보편공의회가 교황의 부패를 폭로할 수 있고 심판할 수 있는 법정이요, 공회소이어야 한다고 주장하였다. 그는 보편공의회가 세계 교회의 진정한 대표이고 그리스도교 민중은 모든 권력과 권리의 소유자라고 보았다. 이러한 체계 속에서 교황직은 단지 그리스도교 민중의 한 기구에 불과하다고 주장하였다.[58]

이와 같이 그리스도교 민중에 권력을 부여하려는 프리드리히의 견해는 교황 중심의 신정적·성직정치적 체제를 붕괴하려는 것이었다. 물론 프리드리히가 그렇게 생각한다고 해서 현실 상황이 그에게 유리하도록 전개되는 것은 아니었다. 그럼에도 불구하고 그리스도교 민중이 권력을 소유한다는 관념은 상당한 추진력을 가졌다.

프리드리히는 근본적으로 교회와 국가, 교황과 세속 군주의 관계에 대해서 병행주의적 입장을 취했다. 앞에서 언급한 바와 같이 교황은 영적 전권을 소유했고 황제는 세속적 전권을 지닌다고 보았다. 프리드리히의 관점으로는 인간은 육체와 영혼, 또는 물질과 정신으로 구성되어 있어서 두 방향으로 지향한다는 것이었다. 따라서 영혼(영적인 것)이 그러는 바와 같이 육체(세속적인 것)도 역시 자체의 삶이 있으며 각기는 자치적이라고 보았다. 이러한 관념은 전통적으로 반反교황적

---

58) 같은 논문, pp.34-36.

자세를 취한 호헨쉬타우펜 가의 교·속 병행주의적 입장을 보여주는 것이었다.[59]

2. 〈협의문 *Consultatio*〉과 폐위권 이론

황제 프리드리히 2세와의 충돌 속에서 인노첸시오 4세는 로마교회의 확고한 지위와 권리를 확보해야 할 필요를 절실히 느꼈다. 교황의 권한이 영적인 문제에 한정된다는 로마교회의 소극적 자세로는 무분별하다고 여겨 온 황제의 행위를 자제시키기 어려웠고, 그의 절대적인 순응을 이끌어낼 수가 없었다. 이전에 인노첸시오 3세가 교황의 완전권 사상을 정립하고 이를 통해 교황권 강화를 꾀했을지라도 교령 〈존경하는 형제를 통해서 *Per venerabilem*〉를 작성할 당시에 그는 몇몇 예외적인 경우를 제외하고 세속 문제의 관할권을 세속 군주의 권한으로 여겼다. 영적 사건과 세속적 문제의 관할권을 분리시킨 인노첸시오 3세의 이원론적 입장은 황제 선출 투쟁에서 분명히 나타났다. 필립 쉬바비아와 오토의 파문을 단행했을 때 그는 자신에게 대항해서 교황의 권위를 위축시키고 로마교회 관할 지역을 축소시키려는 그들을 영적 권한에 속하는 방식으로만 징벌하였다. 비록 그들의 행위가 극단적인 비행을 저지르는 것으로 보였을지라도 황제의 폐위를 선포하지는 않았다.

일부 교회법학자들이 교황의 세속 군주 폐위권 이론을 주장하기는 했지만 이를 현실 속에서 적용한 교황은 바로 인노첸시오 4세였다. 사실 프리드리히 2세가 파문된 상태에서도 교황에게 무조건적으로 굴복하지 않았고, 그가 로마교회 세습령 지배의 야망에 여전히 사로잡혀 있는 한 인노첸시오 4세는 최후의 수단을 취할 수밖에 없다는 입장을

---

59) 같은 논문, pp. 29-30.

가지고 있었다. 교황은 황제 폐위를 성사시키기 위해 황제의 무력이 미치지 못할 장소인 리용을 택하여 공의회를 소집하였다. 인노첸시오 4세가 선포한 황제 폐위는 황제와의 대립이라는 경직된 상황에서 돌연히 취한 조치는 아니었다. 폐위 선언을 하게 된 이면에는 이미 교황권에는 영적 권한뿐 아니라 완전한 세속적 권한도 포함된다는 그의 입장이 저변에 깔려 있었다. 바로 이러한 입장이 인노첸시오 4세가 인노첸시오 3세와 다른 점이라고 할 수 있다.

(1) 제1차 리용 공의회(1245년)

1245년 7월 17일 황제 프리드리히 2세의 폐위는 황제와 교황 사이의 긴 투쟁에서 대단원의 한 장이었다. 이로 말미암아 폐위가 선포된 공의회에 대해서 많은 역사가들의 관심을 불러 일으켰다.[60] 카일 Sir Henry Cale은 표제가 〈잉글랜드 고위성직자의 청원과 결정된 것에 대한 왕의 답변〉으로 시작하는 두루마리 문서를 편찬했는데, 이는 1245년과 1274년 사이에 편찬된 문서였다.[61] 이외에도 황제의 폐위를 언급한 사료들 가운데 특별히 마테우스 파리의 기록과 「제1차 루지둔넨스에서 생성된 짧은 공의회 기록」으로 알려진 무명의 기록이 수차의 회기로 진행된 공의회의 과정을 소개하고 있어서 특별한 중요성을 가진다.[62]

---

60) A. Folz나 Karajan과 같은 현대의 사가들은 당대의 사료를 바탕으로 리용의 공의회에 관해 정리하였다. A. Folz, *Kaiser Friedrich II und Papst Innocent IV.: ihr Kampf in den Jahren 1244 und 1245* (Strassburg, 1905); T. G. von Karajan, "Zur Geschichte des Councils von Lyon 1245," *Denkschriften der kaiselichen Akademie der Wissenschaften, Philosophishe-historische Classe 2* (Vienna, 1851), pp.67-118.

61) W. E. Lunt, "The sources for the First Council of Lyons, 1245," *English Historical Review* (January, 1918), p.73; "*Articuli et Petitiones Praelatorum Angliae, et Responsiones Regis ad ipsos factae ⋯*."

62) 같은 논문, p.75; 〈*Brevis nota eorum quae in primo concilio Ludgdunensis generali gesta sunt*〉.

탱글Dr. Tangle은 그 기록물이 1280년경에 쓰인 문서들과 함께 발견되었기 때문에 그 기록은 공의회 절차의 선례를 보존할 목적으로 한 교황청 서기에 의해 작성된 것으로 보고 있다.[63] 이에 비해 마테우스 파리는 신뢰할 만한 사료를 통해 공의회의 내용을 접할 수 있었으며 그 자신도 직접 공의회에 참석했던 사람이었다. 그는 공의회에서 행해진 발언들 가운데서 상당히 긴 내용들을 인용하였다.[64]

이외에 리용 공의회의 황제 폐위 선언에 관련된 문서로 〈협의문 Consultatio〉이 있다. 이 문서는 13세기 교회 법학에서 명성이 높은 헨리 수사Henry of Susa, 즉 호스티엔시스의 법령집 주석서Apparatus, Summa에 편집, 정리되어 있다. 〈협의문〉은 인노첸시오 4세가 주교들에게 황제 처리 문제에 대한 견해를 제시하도록 한 요구로부터 시작되었다. 폐위 법령을 선포하기 이전에 프리드리히의 열렬한 옹호자인 타데우스 수에사가 서술한 『재난과 비천으로 인한 분노의 날dies irae, calamitatis et miseriae』을 검토하면서 교황은 폐위 법령을 공의회에서 반드시 통과시켜야 한다고 마음속으로 단단히 다짐하였다.[65]

「루지둔넨스 공의회 기록」의 내용을 통해서 볼 때 교황은 공의회의 2차와 3차회기 사이의 12일 동안에 몇몇 문제들에 관해서 주교들의 의사를 타진하였다. 그런데 인노첸시오 4세가 조언을 구한 특수한 문제에 대한 질문과 답변의 내용들이 그 문서에 분명하게 소개되어 있지는 않다. 마테우스 파리의 계산대로 140명의 주교가 공의회에 참가한 것으로 받아들인다면 문서의 주요 부분이 상실된 것으로 보아야 한다. 오직 1245년 7월에 리용의 원로 주교들에게 부탁한 〈협의문〉

---

63) M. Tangle, "Die sogenannte Brevis nota über das Lyoner Council von 1245," *Mittheilungen des Instituts für Österreichische Geschichtsforschung* 12(1) (1891), pp.247-249.

64) Lunt, "The sources for the First Council of Lyons, 1245," p.76.

65) J. A. Watt, "Medieval Deposition Theory: A Neglected Canonist Consultatio From the First Council of Lyons," *Studies in Church History* 2 (1965), p.198.

하나만이 유일하게 잔존하는 셈이다. 호스티엔시스는 리용의 보편공의회에서 교황의 요구에 따라서 한 주교에 의해 작성된 〈협의문〉의 문헌을 재정리한 것이라고 말했다. 그러나 이 문헌의 저자는 바로 호스티엔시스 자신이라고 생각할 수 있다. 그것은 그가 시스터톤의 주교로서 공의회에 참석하였으며 그 자신의 견해를 제시할 수 있는 위치에 있었기 때문이다.[66]

이상과 같은 당대의 사료들에 소개되어 있는 내용은 각기 그 특성이 다르다. 또한 마테우스 파리와 「루지둔넨스 공의회 기록」이 리용 공의회의 진행 과정을 기술하고 있으나 일부 내용이 서로 부합하지 않아서 내용의 비판과 고증이 필요하다. 그러므로 본 주제의 진행에 적합한 사료는 리용의 황제 폐위 선언을 직접적으로 다룬 〈협의문〉일 것으로 생각된다. 따라서 〈협의문〉의 내용을 분석하면서 1245년 7월 당시 리용 공의회의 분위기와 이를 주도한 인노첸시오 4세의 사상에 접근해 보기로 한다.

(2) 〈협의문 *Consultatio*〉을 통해서 본 '폐위권 이론'

〈협의문〉을 담고 있는 호스티엔시스의 개요 *Summa*는 신뢰할 만한 문서라고 볼 수 있다. 이 문서는 인노첸시오 4세가 조언을 구하고자 했던 문제들을 구분하여 다루고 있다. 이는 교황청이 이미 확정한 황제의 유죄로 인해 프리드리히가 폐위될 만한가에 대한 것과 폐위권 원칙을 중심으로 구성되었다. 이 질문의 성격에 대해서는 「루지둔넨스 공의회 기록」에도 언급되어 있다.[67]

주교들은 프리드리히의 죄에 대해서 상의한 바 없으나 그에 대한 검토는 반드시 거쳐야 할 절차라고 생각하였다. 그들은 그러한 범죄에

---

66) 같은 논문, p.199.
67) M. G. H., *Brevis note* no. 401, pp.513-516.

폐위가 적절한 형벌이라고 생각하는지를 질문 받고 있었다. '해야 하는 것인지urum deberet'는 두 가지 특수한 문제, 즉 프리드리히를 폐위시키는 방법과 이에 대한 근거로 이용할 수 있는 특별 참고문헌, 그리고 이 사건에 뒤따르는 법적 절차 등에 관하여 그 해석을 부탁하는 내용이었다.[68]

본장에서는 〈협의문〉이 호스티엔시스에 의해서 작성되었다는 점을 인정하면서 이 문서에 나타난 호스티엔시스의 견해를 살펴보기로 한다. 또한 그와 같은 호스티엔시스의 작업이 어떻게 교황 인노첸시오 4세에게 수용되었으며, 탁월한 교회법학자인 교황 자신의 입장은 어떻게 정리되는지를 파악해 보기로 한다.

먼저 호스티엔시스는 프리드리히가 교황을 경멸하고, 주교들을 학대했던 점, 교회와의 평화 관계 단절 등 세 가지 면에서 유죄라는 교황청의 판단을 의심하지 않았다. 그래서 그는 폐위가 이러한 죄에 대한 합당한 형벌이라는 것을 밝히고, 그러한 조치가 취해질 수 있도록 자신의 주장을 정리하였다. 교황 경멸에 해당하는 죄목으로서 호스티엔시스는 14개 항목을 인용했는데 그 중에서 자주 인용되는 내용은 다음과 같다.

첫째, 교황 니콜라스 2세(1059-1061)의 문헌에서는 '신도들의 어머니'인 로마교회를 공격하는 것은 '신에 대한 반항적'인 침략자로 표현하였고, 이는 의심의 여지가 없이 이교도로 간주된다. 둘째, 로마교회에 대항해서 공격적인 행동은 하지 않았을지라도 1년 이상 참회하지 않고 파문자로서 남아 있는 것도 역시 교황 불경죄에 해당된다. 셋째, 인노첸시오 3세가 말한 바처럼 반항을 지속한 사람은 이교도 혐의를 받게 된다. 왜냐하면 그리스도로부터 단절되는 사람은 '이교도의 죄'와 '우상 숭배의 죄'를 저지른 '악마의 지체'로 간주되기 때문이다. 그리고 이미 이교

---

68) Watt, "Medieval Deposition Theory," p.200.

적이거나 이교적으로 의심받는 군주는 폐위가 합당하다는 점을 뒷받침
하는 데 적합한 입법이 있었다는 것이다.[69]

호스티엔시스는 황제가 주교들을 포획하고 학대하여 죽도록 한 것
은 그리스도교 군주의 임무를 거부한 것으로 보았다. 그는 왕은 성직자
를 지원해야 하는 것이지 괴롭히는 것이 아니라고 교회 법령을 들어
말하였다. 또한 "왕들은 성직자에 의지해서 그들의 의무를 수행해야
한다. 만일 그렇게 하지 않는다면 그들은 징벌되어야 한다. 뿐만 아니라
나태한 통치자는 파문되어야 한다. 성직자에게 정의를 거부한 왕, 성직
자에게 불의를 지속하는 왕은 나태한 것이다. 만일 그가 파문 이후에도
개전하지 않는다면 그는 폐위되어야 한다."고 주장하였다.[70]

호스티엔시스는 특별히 프리드리히의 경우를 부각시켜 그의 처벌에
대한 근거를 제시하였다. 인노첸시오 3세의 교령 〈우리의 존경하는
형제〉에 명시된 바와 같이 황제의 특별한 존재 이유는 로마교회의
옹호자라는 데 있다는 것이다. 더욱이 시칠리아 왕의 신분으로서의
프리드리히는 로마교회의 봉신이었다. 호스티엔시스는 어떠한 옹호자
나 봉신도 직위를 남용하면 폐위되어야 한다는 것을 정당화하기 위해
제4차 라테란 공의회의 법령을 인용하였다. 여기에 교회를 후원하는
데 실패했거나 성직자에 대항하는 군주는 폐위되어야 한다는 일반론으
로부터 교회와 평화 관계를 깬 군주나 위증자도 그의 직책이 박탈되어
야 한다는 후속적인 논리를 진전시켰다. 호스티엔시스는 교황 리베리
오Liberius(352-366)의 한 교령에서 이에 대한 표현을 발견할 수 있었다.
그와 더불어 '특권을 남용한 군주는 그의 직을 상실하도록 해야 한다'는
교황 그레고리오 1세(590-604)의 말을 근거로 삼았다.[71]

황제의 죄과와 그에 대한 폐위가 타당한 것인지에 대한 호스티엔시

---

69) 같은 논문, pp.200-201.
70) 같은 논문, pp.200-202.
71) 같은 논문, pp.201-202.

스의 답변은 당시 공의회의 분위기에 적절한 내용이었다. 그러면 논쟁거리가 되었던 황제 폐위 선언 절차에 대한 호스티엔시스의 입장은 어떠했을까? 프리드리히의 폐위 선고문이 통과된 직후 이에 대항하여 타데우스는 보편공의회에 황제를 위한 탄원문을 제출하였다. 이때 탄원문의 주된 내용은 공의회에서 취해진 절차가 합법적이지 않다는 점이었다. 즉 타데우스는 프리드리히를 공의회에 출석하도록 소환하지 않았기 때문에 폐위 선언은 적법한 절차가 아니라고 주장하였다.[72] 타데우스는 이미 공의회의 1차회기 동안에 그와 같은 의견을 분명하게 제시하였고, 인노첸시오 4세는 이에 긍정적으로 회답하였다.[73]

호스티엔시스의 〈협의문〉 문헌에 따르면 인노첸시오는 주교들에게 그들의 견해를 물은 바 있다. 그 질의 내용은 '이미 12월 27일 리용에서 교황이 행한 설교 속에서 프리드리히가 공의회에 출두하도록 한 훈령'이 법적으로 타당한 소환으로 여길 수 있는 것인지에 대한 것이었다. 여기서 호스티엔시스는 그렇게 여길 수 있음이 확실하다고 보았다. 또한 교황은 프리드리히가 불참한 상태에서 탄핵될 수 있는지를 물었다. 이에 대해 호스티엔시스는 악명 높은 사건들의 경우에는 죄인이 궐석된 상태에서 처벌될 수 있음을 주장하였고 그 근거로 인노첸시오 3세의 경우와 성 바울(I Cor. V:3)의 주장을 제시하였다. 인노첸시오 4세의 후기 편지는 교황이 그의 주장을 받아들였음을 나타낸다. 아마도 타데우스도 이미 공의회에서 유사한 내용을 구두로 답변 받았던 것 같다.[74]

〈협의문〉의 저자로서 호스티엔시스가 의도했던 것은 황제 폐위 권한을 이론의 여지가 없도록 합법화하는 일이었다. 이는 학문적 논의 보다는 교회법학자들에게 보편적으로 받아들여질 수 있는 신중하면서

---

72) M. G. H. Constitutiones II, no. 399, p.508.
73) M. G. H. Brevis nota, Constitvtiones et Acta Pvblica II, no. 401, p.515.
74) Watt, "Medieval Deposition Theory," p.203.

도 명백하고 간결한 언명이어야 했다. 이를 위해서 그는 보편적인 교회법 전통을 따르고자 하였다. 그것은 이미 반세기 전에 교회법학자들이 폐위권의 타당성을 인정하는 논지를 가졌기 때문이다. 따라서 호스티엔시스가 했던 작업은 이 주제에 관련된 권위자들의 표준적 해석과 교회법적 문헌을 참조하면서 그러한 논지를 요약하는 일이었다.[75]

호스티엔시스는 '죽을 죄'를 저지른 황제가 폐위될 수 있다는 명료한 언급을 하면서 이에 해당하는 세 가지 기준들을 덧붙였다.[76] 이를 열거해 보면 첫째는 위반 정도가 심각한 경우이고, 둘째는 잘못을 저지른 황제가 더 이상 교정될 수 없다는 것이 입증되었을 때이며, 셋째는 그의 행위가 보편교회의 번영과 안녕을 해치는 경우이다. 여기서 호스티엔시스는 12세기의 지도적인 교회법학자 후구치오가 언급한 바처럼 교정 불가능한 경우와 일반적인 교회의 상태를 위태롭게 하는 것 등 폐위될 수 있는 조건을 황제에게 적용한 것이라고 보았다. 또한 그는 특별히 황제에 관해서 그와 유사한 견해를 가진 『명제집Glossa ordinaria』의 저자이며 정통적인 교회법적 관점을 구체화했던 요한네스 테우토니쿠스의 권위에 의지하였다.[77]

어쨌든 이러한 주장은 교황이 보편적 복지의 수호자로서 전 그리스도교 세계의 공동선 유지를 위해 모든 것을 할 수 있는 권한을 부여받았다는 일반적 원칙에 기초한 것이었다. 더욱이 이것은 교황과 황제 사이의 특수한 관계를 따질 때 더욱 강조되었다. 교황 자카리아 Zacharias(741-752)가 프랑크 왕을 폐위시켰던 점을 상술하였던 그레고리오 7세의 한 문헌 내용에 대부분의 교회법학자들이 공감하였다. 이러한 근거 위에서 호스티엔시스는 교황이 왕의 통치 기능 적합 여부에 대한

---

75) 같은 논문, p.203.
76) J. A. Watt, "The Use of Term 'plentudo potestatis' by Hostiensis," *Proceeding of the Second International Congress of Medieval Canon Law* (Rome, 1965), pp.162-187.
77) Watt, "Medieval Deposition Theory," p.204.

심판자일 뿐만 아니라 교황에게 특별히 의존하는 관계에 있는 황제의 적합성도 판단할 수 있는 매우 월등한 심판자라고 생각하였다. 그래서 〈협의문〉에는 "황제가 특별한 방식으로 그에게 종속된다"라고 서술되어 있다.[78]

이상과 같은 호스티엔시스의 폐위권 원칙은 세련된 정치사상이라고 할 수는 없다. 다만 이것은 그가 교회법학자의 한 사람으로서 의견을 표명한 것이었고, 급박한 상황에 처한 인노첸시오 4세에게 제공된 것들 중의 하나일 뿐이었다. 그렇지만 호스티엔시스의 논리는 교황 인노첸시오 4세에게 공감을 주었다. 그러한 사상의 노선에 따라 인노첸시오 4세는 세 가지로 요약되는 입장을 강조하였다. 첫째는 교황 사법권의 우월성과 보편성을 들 수 있다. 인노첸시오 4세는 폐위 교서에서 교황이 "전 그리스도교인 돌보는 일을 하는 것," 즉 모든 그리스도교인들의 공동선에 대한 최고 책임을 가지고 있다고 주장하였다. 이것은 유명한 교회법학자 알라누스 앙글리쿠스가 말한 것으로서 교황이 만일 완전권을 이용하고자 한다면 그리스도교 사회를 위태롭게 하는 어떤 평신도도 면직할 수 있다는 것을 의미하였다. 왜냐하면 교황의 완전권은 그리스도교 세계의 통치에서 모든 필요를 충족시킬 수 있는 특권이기 때문이었다. 따라서 알라누스는 만일 올바른 정부가 부적합한 군주들의 교체를 요구한다면 그때 교황은 그들을 교체할 수 있는 권한을 가진다고 보았다.[79]

리용 공의회 직후 인노첸시오 4세는 그가 교황으로서 선포한 폐위 법령에 대해서 주석을 쓸 때 바로 이 주장을 발전시켰다. 인노첸시오는 프리드리히를 면직시킬 수 있는 완전권은 교황에게만 부여되어 있지 보편공의회에 있는 것은 아니라는 점을 강조하였고, 이를 정치 신학의

---

78) 같은 논문, p.204: Hostiensis는 황제의 종속적 지위에 대해 명백히 언급하였다. Ad 2.2.10, s.v. *vacante*.; "*specialius quodammodo subest ei.*"

79) 같은 논문, p.204.

면에서 교황의 보편적 책무와 연결시켜 그 개념을 발전시켰다. 그에 따르면 '모든 그리스도교인을 돌보는 것'은 바로 왕권이고, 이는 그리스도교 사회에 대한 통치권이며, 대리자에게 전수된 그리스도의 왕권이다. 따라서 이는 모든 사람을 통치할 수 있는 권한, 세계 교회의 보편적 복지를 위해서 어떠한 결정도 내릴 수 있는 권한인 것이다.[80]

둘째는 군주들의 적합성 여부에 대한 기준이다. 그리스도교 사회의 군주는 보편적 복지를 증진시키느냐, 방해하느냐에 따라 그의 적합성 여부 판별이 가능하다. 전자의 경우는 루이 9세와 같이 비록 사후일망정 보답을 받게 되었고, 후자의 경우에 대해서는 프리드리히 2세와 같이 즉각적인 형벌이 주어진다. 이러한 원리에 따라 교황에 대항해서 지속적으로 반항하는 전쟁 도발자와 성직자를 능멸하는 자는 공동선의 이익을 위해 이를 신성하게 책임진 교황에 의해 제거되어야 했다.

셋째는 이상의 논리를 뒷받침할 수 있는 근거를 역사적 사례를 들어 도해 식으로 제시한 설명이다. 리용의 공의회에서 인노첸시오가 쉽게 제시한 역사적 실례 가운데 고전적 사례는 8세기의 사건이었다. 앞에서 언급한 바와 같이 이 사건은 이미 그레고리오 7세에 의해서 조명된 것으로 교황 자카리아가 프랑크의 왕을 폐위시키고 카룰루스 대제의 부친 피피누스로 하여금 왕위를 대신하게 했다는 내용인데 인노첸시오는 이를 교황 편에 유리하게 해석하여 일반화하였다. 이에 관한 문헌은 그라티아누스의 법령집에 포함되어 있으며, 이는 모든 교회법령집 연구가들의 폐위권 이론의 출발점이 되었다. 여기에 '제국 이전 이론'이 첨가되었다. 이것은 그리스 황제의 부적합성 때문에 800년에 동방으로부터 서방 프랑크의 카룰루스에게 로마제국의 통치권이 교황에 의해 옮겨졌다는 해석이다.[81] 이 해석은 인노첸시오 3세의 교령 〈우리의 존경하는 형제〉에서 공식화되었다. 교회법학자들은 이러한 이전 이론

---

80) 같은 논문, p.205.

81) John B. Freed, "Translation of Empire," *Dictionary of the Middle Ages* 12, p.143.

의 공식적 적용을 폐위 이론의 완성으로 간주했다고 할 수 있다.[82]

〈협의문〉의 문헌은 교황 질의에 답변한 내용으로 호스티엔시스에 의해 작성되었으나 사실 이 문헌에 명기된 호스티엔시스의 주장과 그에 대해 제시된 근거는 1245년 리용 공의회에서 일반적으로 받아들여진 내용이었다. 교황 인노첸시오 4세는 〈협의문〉의 내용과 같은 답변을 기대하였고 이를 적극 실천에 옮기고자 하였다. 그러나 이러한 리용 공의회의 폐위권 이론은 교황의 이탈리아 지배를 확보하기 위한 정치적 계산속에서 이루어진 신학적, 법적, 역사적 조합물이라고 할 수 있을 것이다.

3. 인노첸시오 4세의 성직자정치론

(1) 성직자정치론의 의미

성직자정치론The hierocratic theory은 교황이 영적 · 세속적 사건 모두에 있어서 완전권을 행사할 수 있다고 보는 교황권 사상이다. 완전권의 용어가 교황 레오 1세(440-467)의 문서에 처음 쓰였을 때 이것은 교황과 주교의 권한을 구분하여 교황의 권능을 묘사하는 데 사용되었다. 이때의 권능은 예수가 베드로에게 부여한 '매고 푸는 권한'을 토대로 한 영적인 권한을 의미하는 것이었다. 교황 인노첸시오 3세(1198-1216) 때에 이르러서도 이 용어는 교황권에 완전한 세속적 통치권을 포함시킨 것이 아니었고, 단순히 세속적 영향력을 지니는 교황의 영적 주권을 의미했으며, 여기에 교황령과 일부 특정 지역에서의 세속적 주권을 포함시켰을 뿐이었다.[83]

---

82) Watt, "Medieval Deposition Theory," pp. 206-207.
83) William D. McCready, "Papal *plenitudo Potestatis* and the source of Temporal

그러나 13세기 후기와 14세기 초기에 이르면 교황의 완전권은 성직자정치론자들에 의해 폭넓은 의미로 쓰이게 되었다. 그들에 따르면 교황은 세속적 문제에 관련해서 최고의 권위를 지니는데, 이 권위는 어느 세속 군주의 선처로 부여된 것이 아니라 교황 직책 그 자체에 담겨있는 고유한 권한으로부터 연유된 수위권이라는 것이다. 그렇다고 성직자정치론자들이 교황을 전능한 세속 군주로 변형시키고자 한 것은 아니었다. 그들은 세속 군주와 비교해서 교황은 오직 '더 우월하고 더 위엄 있고 더 위신 있는' 상태에서 그의 세속적 권위를 소유한다고 보았다. 또한 신은 세속 통치를 영적 권위자에게 위탁하였고 그 아래 하위 권력을 종속시켰기 때문에 이 원리에 따라서 교황은 군주들을 지도하며 세속 질서에 간섭할 수 있다는 것이었다.

성직자정치론자들에 따르면 세속 군주가 법을 제정할 때 그 법이 완전한 법적 권위를 얻기 위해서는 교황으로부터 인정을 받아야 했다. 더욱이 군주가 그의 영토 내에서 그리스도교 군주로서 적합하게 행동치 않는다면, 교황은 그를 재판에 회부할 수 있고 만일 필요하다면 세속 군주를 폐위할 수도 있었다. 교황권 사상가들은 심지어 세속 권한과 개인의 재산 소유조차도 교황의 관용 위에서 행사되고 소유될 수 있는 권리들이라고 주장하였다. 즉 교황의 사법적 권한이야말로 모든 정치적 권한과 소유권의 원천이라고 보았던 것이다.[84]

영적 권력과 세속적 권력 모두가 교황권에 포함된다고 보는 일원론적 교황권지상주의 이론이 제기되기 시작한 것은 11세기 그레고리오 7세(1073-1085)의 성직 서임권 투쟁 이후였다. 그러나 그러한 주장이 법의 내용으로 논의되고 규정되는 것은 그라티아누스의『교회법령집 Decretum Gratiani』 편찬(1158)과 교령집 연구가 decretist 들의 주석 작업을 통해서

Authority in Late Medieval Papal Hierocratic Theory," *Speculum* 48 no. 4 (oct. 1973), p.654.
84) 같은 논문, p.657.

비로소 시작되었다고 할 수 있다. 그라티아누스와 교령집 연구가들은 교황이야말로 그리스도가 성 베드로에게 위임한바 있는 천국 열쇠의 합법적 소유자라고 여겼다. 그렇지만 『교회법령집』에서의 두 권력에 대한 설명이 상당히 애매하기 때문에 그라티아누스는 병행주의적 해석자이면서도 성직자정치론에 입각한 교황권지상주의적 사상가로서의 이중적 모습을 노출시켰다. 그것은 교회법학자들이 두 편으로 나뉘어 서로의 입장을 정당화하기 위해 『교회법령집』을 자주 인용하며 이를 자신들의 주장에 대한 유력한 근거로 삼았던 것을 볼 때 더욱 명백해진다.[85]

두 권력의 관계에 대해 병행주의적 입장을 취한 대표적인 교령 연구가로는 후구치오 Huguccio(d. 1271)를 들 수 있으며 그와 유사한 입장을 취한 교회법학자는 요한네스 테우토니쿠스 Johannes Teutonicus(d. 1245)이다. 그 외에도 후구치오의 제자였던 인노첸시오 3세는 그의 사상적 영향을 크게 받아 병행주의적 입장을 취했다. 그러나 인노첸시오 3세는 재치권이 포함된 교회의 통치 권력을 완전권으로 표현함으로써 결과적으로 뒷날에 전개되는 성직자정치론적인 교황 수위권 이론의 발전에 기여했다고 할 수 있다. 그런데 정작 성직자정치론의 사상을 강화하고 이를 교회법을 통해 규정하고 그 사상을 현실 속에서 실현하고자 했던 인물은 바로 교황 인노첸시오 4세(1243-1254)였다. 13세기 최고의 교령 연구가 decretalist의 한 사람이었던 그는 교황이 모든 사람에 대해 최고의 유능한 직권 재판관이라고 보았으며 교황의 재치권을 그리스도교인뿐 아니라 이교도에게까지 그 적용을 확대시켰다. 인노첸시오 4세와 더불어 성직자정치론 사상을 주고받았던 교령 연구가인 호스티엔시스 Hostiensis 또는 Henry of Segusio(1200-1275)는 교황의 완전권에 관해서 매우 극단적인 사상을 발전시켰고, 그의 견해는 인노첸시오에게 있어 이론

---

85) Morimichi Watanabe, "Political Theory, Western European: After 1100," *Dictionary of the Middle Ages*. vol.10, p.20A.

적 뒷받침이 되었다.

(2) 인노첸시오 4세의 교황권 사상에 관한 제 해석

중세 교회법 사상의 흐름 속에서 교황 인노첸시오 4세의 위치를
평가하기 위해서는 먼저 교황 인노첸시오 3세의 사상과 교회법 전통에
서 그의 중요성에 대한 이해가 선행되어야 한다. 그것은 인노첸시오
4세의 교황권 사상이 인노첸시오 3세의 사상을 중심으로 한 교회법
전통을 충실히 수용했기 때문이기도 하고, 한편으로 교황권 사상이
인노첸시오 3세의 병행주의적 입장을 벗어나서 성직자정치론적 성향
을 띄기 시작한 것은 바로 인노첸시오 4세로부터라고 할 수 있기 때문이
기도 하다. 따라서 교황권 사상이 강화되는 13세기에 이 두 교황의
사상이 본질적으로 같은 입장을 취하고 있는지의 여부에 대해 많은
역사가들이 관심을 모았다.

전통적 견해를 가진 학자들은 두 교황이 모두 보편적 세속 군주권에
대한 야망을 지닌 것으로 보았고 이는 울만Walter Ullmann 에 의해 좀
더 정연하게 정리되었다. 울만은 그 당시 일부 교회법학자들이 세속
군주의 자치권을 여전히 지지했을지라도 일원적 교황권 사상의 전통이
인노첸시오 3세의 체제하에서 이루어졌다고 여겼다. 그리고 인노첸시
오 4세는 그의 선임자가 설명한 신정 정치적 이론의 충실한 추종자에
불과한 것으로 보았다.[86] 그러나 이러한 이론은 마카롱Michele Maccarone,
오노리Mochi Onory, 켐프Friedrich Kempf, 틸만Hellene Tillmann 등의 역사가들
에 의해 도전을 받게 되었으며, 이들은 인노첸시오 3세의 정치사상이
기본적으로 영적 군주와 세속 군주의 권력 범위를 주의 깊게 구분하는
관점 위에 있었다고 주장하였다.[87]

---

86) Walter Ullmann, *Medieval Papalism: The Political Theories of the Medieval Canonists*
(London: Methuen & Co. Ltd., 1949), pp.119-122.

칸티니Joannes Cantini는 이러한 논의들을 전반적으로 검토하여 새롭고
도 다소 놀라운 결론을 내렸다. 그는 두 번째 부류 사가들의 주요
논점들을 받아들이면서 그들보다 한 걸음 더 진전된 견해를 제시하였
다. 그는 인노첸시오 4세의 기록물들을 샅샅이 살피고 교회와 국가의
관계에 대한 문제를 포함하는 사료들을 최초로 하나의 묶음으로 엮었
다. 이와 같은 작업을 토대로 칸티니는 인노첸시오 4세 역시 병행주의
자였으며, 인노첸시오 3세와 인노첸시오 4세의 이론 사이에는 본질적
으로 연속성이 있음을 주장하였다.[88]

타이어니Tierney는 '병행주의적'이나 '성직자 정치적'과 같은 용어는
서로 다른 역사학파가 이견을 보이면서 벌인 현대의 논쟁에 유용한
목적으로 사용된 것에 불과하다고 보았다. 이러한 용어상의 문제 외에
도 그는 중세인들이 현대의 오스틴 형식Austinian[89]의 범주 안에서 통치
권을 생각지 않았다는 점을 명시하였다. 그랬기 때문에 타이어니는

---

87) Michele Maccarrone, *Nuovi studi su Innocenzo III* (Roma: Nella sede dell'istituto,
    1995); Mochi S. Onory, *Fonti Canonistiche dell'idea moderna dello stato* (Miland:
    Publicazioni dell'Universita Catolica del Sacri Cuore, 1951); Friedrich Kempf,
    "Die Päpstliche Gewalt in der mittelalterlichen Welt," *Miscellanea Historiae
    Pontificae* 21 (1959), pp.117-169; Hellene Tillmann, "Zur Frage des Verhältnisse
    von Kirch und Staat in Lehre und Praxis Papst Innocenz III," *Deutsche Archiv
    für Erforschung des Mittelalters* (Münster/Köln: Böhlau-verlag, 1952), pp.136-181;
    Brian Tierney, Continuity of Papal Political Theory in the Thirteenth Century:
    Some Methodological Considerations," *Mediaeval Studies* 27 (1965), p.229.
88) Joannes A. Cantini, "De Autonomia Judicis Saecularis et de Romani Pontificis
    Plenitudine Potestatis in Temporalibus Secundum Innocentium IV," *Salesianum*
    23 (1961), pp.407-480.
89) *International Encyclopedia of the Social Sciences*, vol.1 (ed.) David L. Sills, New
    york: The Macmillan Company & the Free Press, 1974, p.471. John Austin(d.
    1859)은 잉글랜드의 법학자이다. 그는 주권자가 복종을 의무로 하는 사회
    전체를 위임받은 사람이지만 그 자신은 누구에게도 복종의 의무를 가지지
    않는다고 하였다. 그리고 법이 존재하는 모든 시민사회에는 그러한 통치자가
    있다고 보았다. 잉글랜드에서는 주권 기구가 왕, 상원의원, 선거인단 등으로
    구성되어 있으며, 미국에서는 모든 州의 선거인단이 주권자라고 Austin은
    주장하였다.

인노첸시오 3세의 〈우리의 존경하는 형제Venerabilem〉, 〈존경하는 형제를 통해서Per venerabilem〉, 〈그는 안다Novit〉 등의 사료에서 보이는 내용상의 상충을 결코 대립이나 모순으로 보지 않았으며, 오히려 그 내면에는 일관성이 유지되었다고 주장하였다.90)

(3) 왕권적 사제직을 통해 본 성직자정치론

현실의 정치적 문제는 교황권 강화에 기여한 다른 교황들만큼이나 인노첸시오 4세로 하여금 사상적 무장을 강화하도록 요구하였다. 사실상 프리드리히 2세와의 투쟁은 13세기 교황권 사상의 흐름에 비추어 볼 때 그의 재임기간 동안 가장 중요한 정치적 사건이었다. 바로 이 투쟁에 맞서서 인노첸시오 4세는 선대 교회법학자들에 의해 작성된 교황 수위권 관련 자료들을 정리하게 되었던 것이다. 이것은 그가 프리드리히의 폐위를 준비하고 이를 정당화하려는 공격적 목표 하에서 행한 것이기도 하고, 다른 한편으로 "세상 권력에 대한 교황의 요구는 신정법이나 인정법 어느 곳에도 기초하지 않는 횡포"라고 비난하는 프리드리히에 대항하기 위한 방어적인 것이기도 하였다.91)

정치적인 면에서 교회법적 전통에 따른 인노첸시오 4세의 특별한 기념비는 프리드리히를 비난하고 그의 폐위에 대한 정당성을 서술한 『사도 좌에 대해서Ad apostolice sedis』92)에 대한 그 자신의 주석이었다.93)

---

90) Tierney, "Continuity of Papal Political Theory in the Thirteenth Century: Some Methodological Considerations," pp.236-238.
91) Watt, "Medieval Deposition Theory," pp.239-240. M. G. H., *Constitutiones et Acta Pvblica* II: 362.
92) Norman P. Tanner S. J. (ed), *Decrees of the Ecumenical Councils*, vol.1: *Nicaea I to Lateran V* (Washington D. C.: Seed and Ward and Georgetown UP, 1990), pp.278-283.
93) Lunt, "The Sources for the First Council of Lyons, 1245," p.73; Tangle, "Die sogenannte Brevis nota über das Lyoner Council von 1245," pp.247-249; Walter

그의 폐위 이론은 세 가지 주제를 합성한 것이었다. 첫째는 그 이론의 근거 사료인 〈충성서약 해제Alius item〉94)를 참조하면서 교황 그레고리오 7세와 교령집 연구가들의 전통을 거쳐 〈우리의 존경하는 형제Venerabilem〉95)에서 강조된 교황권 이론이다. 둘째는 '사제의 황제권'에 있어 기초가 되는 '매고 푸는 권한'에 관한 것이었다. 셋째는 '그리스도 대리자'인 교황 직위에 대한 정치적 의미를 고려하는 것이었다.96)

고전적인 〈충성서약 해제〉 문헌에 내포된 사상은 리용 공의회의 비망록이라 할 수 있는 〈협의문〉97)에 잘 나타나 있다. 여기서 인노첸시오 4세는 두 가지 문제, 즉 프리드리히 2세가 폐위 처벌에 해당되는지 여부에 대한 것과 폐위권의 원칙 문제를 제기하였다. 이 비망록의 기록자로 추정되는 호스티엔시스는 황제의 죄악에 찬 행위가 교정될 수 없고, 그리고 그 때문에 그리스도교의 단합이 무너질 우려가 있다면 황제가 폐위될 수 있다는 교회법 사상의 경구를 강조하고 있다. 그러한 해석은 교령 〈중병자의 치료Aeger cui lenia〉98)에 반영되었는데, 이는 교회

Ullmann, "Some Reflection on the Opposition of Frederick II to the Papacy," *Archivio Storico Pugliese* (1960), pp.3-26; Karajan, "Zur Geschichte des Councils von Lyon 1245," pp.67-118; M. G. H. *Brevis nota* no. 401, pp.513-516.

94) Aemilius Friedberg, *Corpus Iuris Canonici* (Graz: Akademische Druck-U. Verlagsanstalt, 1956), Pars Prima: *Decretum Gratiani* C.15 q.6 c.3.

95) Aemilius Friedberg, *Quinque Compilationes Antique* (Graz: Akademische Druck-U. Verlagsanstalt, 1956), Comp. 3.1.6.19.

96) J. A. Watt, "The Theory of Papal Monarchy in the Thirteenth Century: The Contribution of the Canonists," *Traditio* 20 (1964), p.240; J. A. Watt, "The Use of Term 'Plenitudo potestatis' by Hostiensis," *Proceeding of the Second International Congress of Medieval Canon Law* (Rome, 1965), pp.162-187.

97) Watt, "Medieval Deposition Theory," pp.197-214.

98) 이 문헌은 알브레히트Albrecht von Beham가 편집한 서한 등록에 포함되어 전해지며 인노첸시오 4세의 법령으로 알려지고 있다. 그러나 이것이 진정으로 인노첸시오 4세의 문서인지에 대해서는 논란이 많다. 프토레메우스Ptolemaeus of Lucca는 이 편지에 대해서 언급하기를 "licet non sit in corpore iuris, sed est quedam epistola apolodetica ad Tredericum imperatorem" (*Determinatio compendiosa de iurisdictione imperii*, ed. Krammer, 59)라고 하였다. 프톨레메우스

법적 추론에 입각하여 황제의 공격을 방어하는 것이었으며, 폐위권 논리에 대한 합리화였다고 할 수 있다.[99]

교황의 방어는 "도덕적 문제에 있어 사도(교황)의 재치권 밖에 있는 것은 아무 것도 없다"라고 한 그레고리오 7세의 마태 16:18에 대한 주석에 기초하고 있다. 나아가 인노첸시오 3세와 인노첸시오 4세는 예레미야 1:10에 그 의미를 연결시킨다. 이들 세 교황은 "높은 것(영적인 것)을 심판할 수 있는 자는 필연적으로 낮은 것(세속적인 것)에 대한 사법권을 가진다"는 바울 서신의 한 구절을 같은 의미로 이해하였다. 인노첸시오 4세는 황제에 대한 해명 문서인 〈중병자의 치료〉에서 죄에 대한 교황의 심판, 유죄일 경우 죄인의 파문, 죄인으로 판정된 황제의 세속 사법권 상실 등을 특별히 강한 어조로 설명하였다.[100]

〈중병자의 치료〉는 교황에 대한 황제의 복종과 관련된 내용을 서술하고 있다. 이는 그리스도 대리직의 정치적 의미를 강조한 것이었다. 교황은 '그리스도의 영원한 제사장직'을 지속하는 것이며, 신아래서 세상에 대한 신의 섭리와 운영을 담당하는 대리자였다.[101] 교황의

가 말한 황제 프리드리히에게 보낸 해명 서한이 바로 이것인지를 확신하지 못하는 사가들도 있으나 왓트J. A. Watt는 이를 동일한 사람으로 받아들이고 있다. J. A. Watt, "Medieval Deposition Theory," p.252; Constantine Höfler, *Albert von Beham und Registen Papst Innocenz IV* (Stuttgart: Gedruckt Auf Kosten Des Literarischen Vereins, 1847), pp.86-89; Peter Herde, "Ein Pamphlet der päpstlichen Kurie gegen Kaiser Friedrich II. von 1245/46 ('*Eger cui lenia*')," *Deutsches Archiv für Erforschung des Mittelalters* XXIII (1967), pp.468-538; Carlo Dolcini, "〈EGER CUI LENIA〉 (1245/46): INNOCENZO IV, TOLOMEO DA LUCCA, GUGLIELMO D'OCKHAM," *Rivista di Storia Della Chiesa in Italia* XXIX (1975), pp.127-148.

99) Höfler, *Albert von Beham und Registen Papst Innocenz IV*, pp.86-92: Watt, "Medieval Deposition Theory," pp.241-242.

100) Watt, "Medieval Deposition Theory," pp.242-243.

101) Peter Herde, *Eger cui lenia*, p.518: "Non minoris quidem, immo longe maioris potestatis esse credendum est eternum Christi pontificium in fundalissima Petri sede sub gratia ordinatum ···."

임무는 지상에서 대표권을 가지고 통치하는 왕 중의 왕으로 보편 대리
직을 수행하는 것이며,[102] 이는 역사 속에서, 즉 처음에는 예레미야와
멜기세덱의 율법 형태 속에서, 나중에는 그리스도의 대리직이 로마주
교에게서 확립되는 때인 율법의 완성 시기에 관찰될 수 있다고 보았다.
바로 이것이 인노첸시오 4세가 폐위 법령 주해의 핵심 내용으로 발전시
킨 주제였다.

  그는 무엇보다도 '한 사람의 통치'[103]에 대해 관심을 가졌다. 인노첸
시오는 인류의 창조주가 신성한 책임을 가진 유일한 통치자인 그의
대리자에게 질서의 평정을 유지하도록 그의 일을 맡겼다고 보았다.
군주들을 폐위시킬 수 있는 권한을 가진 그리스도의 권력이 저지될
수 없는 것처럼 그의 대리자에게 누구도 반대할 수 없다는 것이었다.[104]
이와 같이 인노첸시오 4세의 정치적 내용이 담긴 글을 통해 보면 신학적
관점에서 그리스도의 왕권에 대한 해석은 조잡하기는 하나, 인노첸시
오에게 있어 그것은 그리스도교 사회 구조에 대한 큰 진리를 담고
있는 것이었다.[105]

  인노첸시오 4세는 〈중병자의 치료〉에서 왕권적 사제직의 개념을
보충하였다. 세속의 문제에 대한 교황권의 행사는 성서적 합법성이
없이 교황 스스로가 규정한 것밖에는 어떠한 근거도 없다고 프리드리히
가 주장했기 때문에 교황에게는 이에 대한 해명이 필요하였다. 인노첸

---

102) Peter Herde, *Eger cui lenia*, p.517: "Generali nampue legatione in terris fungimur
    regis regum,"
103) Innocent IV, *Apparatus* ad 2.14.2.: "Nam non videtur discretus dominus fuisse
    ut cum reverentia eius loquitur, nisi unicum post se talem vicarium reliquisset
    qui hec omnia posset. Fuit autem iste vicarius eius Petrus, Math. xvi. ultra
    medium, et idem dicendum est de successoribus Petri eum eadem absurditas
    sequeretur si post mortem petri humanam naturam a se creatam sine regimine
    unius persone reliquisset."
104) Höfler, *Albert von Beham und Registen Papst Innocenz IV*, p.88.
105) Watt, "Medieval Deposition Theory," p.244.

시오는 그러한 교황 세속권이 신정법의 기본적인 원칙이고, 인류를 위한 신의 계획 중 일부이며, 인간의 창조와 더불어 시작된 신의 섭리 가운데 마지막 단계라고 강조하였다.[106]

그러나 사실은 일련의 정치적 구조를 통하여 인류의 운명을 실현하는 것이 신의 뜻이라는 관념은 13세기에 만연되어 있었다. 인노첸시오 3세는 그의 정치적 주장 속에서 구약사를 매우 빈번히 언급하였고, 인노첸시오 4세는 신이 그의 백성들을 위해서 베푼 정치의 역사를 상세히 설명하였다. 인노첸시오 4세는 처음에는 신이 중재자가 없이 직접 통치했으나, 홍수 시대로부터 신은 사역자들을 선택하여 그의 창조물을 통치하도록 하였고, 그들 중 첫째가는 인물은 제사장과 입법자의 두 기능을 가지며 백성들의 목자로 위임받은 노아라고 하였다. 신은 노아의 시대 이후부터 족장, 사사師士, 왕 등 통치의 직임을 이어받은 사람들을 대리시켜 세상의 통치를 시작했으며, 이것은 그리스도의 시대까지 지속되어 내려왔다고 설명하였다.[107]

그래서 그리스도교 세계의 교황 통치는 유대 제사장들이 이스라엘 백성에게 행한 통치의 직접적인 연속이라고 보았다. 그리고 '자연적

---

106) Peter Herde, *Eger cui lenia*, p.536: Deus enim, licet primum non multos potentes elegerit, potentes tamen non abicit, cum et ipse sot potens et iusti divites fuisse noscuntur in ecclesia primitiva, quibus apostolus vel dominus per apostolum non sapere sublime precepit. Nos quoque, etsi preferamus paupertatem ex spiritu, que inter affluentes divitias cum difficultate nutritur, divitiarum tamen non usum in culpa fore dicimus sed abusum.

107) Innocent IV, *Commentaria: Apparatus in V libros Decretalium* (Frankfurti, 1570) ad 2.2.10.: "Et tempore Noë coepit Deus creatures suas regere per ministros duo, primus fuit Noë, de quo fuerit rector populi, ex eo apparet, quod sibi dominus gubernatorem Archae per quam ecclesia significatur commisit.⋯ In hac autem vicaria successerunt Patreuchae, Iuduces, Reges, Sacerdotes, & ali; qui pro tempore fuerunt in regimine populi Iudaeorum, & fic eurauit vsque ad Christum, qui fuit naturalis dominus, & Res noster,⋯ Et ipse Iesus Christus vicarium suum constituit Petrum & successores suos, quando ei dedit clasues Regni coelorum, ⋯."

주±요, 우리의 왕'인 성육신 구세주는 그 자신이 이 직책을 부활시켰고, 그 안에서 완성된 통치 권력을 베드로와 그의 후계자들에게 이전시켰다는 것이다. 따라서 인노첸시오 4세는 그리스도를 통해서 율법 시대의 미완성된 사제직이 완성되었고, 사제직이 그리스도로부터 베드로에게 위임된 바와 같이 율법 시대와 같은 지도와 통치권이 베드로에게 위임되었다고 하였다. 그러므로 그리스도의 대리자로서 교황은 백성들과 보편교회 안에서 그리스도 자신이 인류에게 행사한 권한, 즉 왕권 행사를 계속하게 된 것이라고 주장하였다.[108]

두 교황이 사상적 유사성을 보이고 있고, 또 인노첸시오 4세가 교회법 전통에 확고하게 서 있음에도 불구하고 인노첸시오 4세는 인노첸시오 3세의 사상으로부터 상당히 전진하였다. 인노첸시오 3세가 가급적 영적 완전권과 세속적 대권을 구분하려 했던 바와는 달리 인노첸시오 4세는 세속적 영역에 교황의 완전권을 크게 확대 적용하였다.[109]

인노첸시오 3세는 교황이 교황령 밖에서는 특정한 사건의 조사가 필요한 경우와 같이 예외적 사건에 대한 세속적 사법권을 가진다는 것을 조심스럽게 언급하였다.[110] 교령 〈존경하는 형제를 통해서〉[111]에

---

108) Watt, "Medieval Deposition Theory," pp. 245-246; Innocent IV, *Apparatus* ad 2.2.10.: "Quod ab eo teneat regnum, sed de plenitudine potestatis qua habet, quia vacarius est Christi." 여기서 Hostiensis는 Innocentius의 문헌을 인용하며 Esaie xxxiii, xxii의 내용을 첨가하였다.

109) Wilhelm Kölmel, *Regnum Christianum: Weg und Ergebnisse des Gewaltenverhältnisse und des Gewaltenverständnisses* (Berlin: Walter de Gruyter & Co., 1970), pp. 250-253.

110) Jaffe Migne, *Patrologiae Latinae*, 214. pp. 1132 c: "Rationibus igitur his inducti, regi gratiam fecimus requisiti, causam tam ex Veteri equam ex Novo Testamento tenentes, quod non solum in ecclesie patrimonio, super quo plenam in temporalibus gerimus potestatem, verum etiam in aliis regionibus, *certis causis inspectis*, temporalem iurisdictionem casualiter exercemus."; Friedrich Kempf, *Papsttum und Innocenz III: die geistigen und rechtlichen Grundlagen seiner Thronstreitpolitik*, in *Miscellanea Historiae Ponttificiae*, vol. xix (Rome: Pontificia Universia Gregoriana, 1954), p. 258.

서 그는 종교적 문제와 세속적 문제를 다룰 때 교황의 재치권을 같은 방식으로 행사해서는 안 된다고 주장하였다. 인노첸시오 3세는 종교적인 문제에 있어서 교황이 모든 사람을 위한 최고의 직권 재판관*judex ordinarius omnium*이라고 보았다. 그러나 그는 전통적으로 세속 법정에 속한 갖가지 사소한 봉건적 소송 문제들을 교황 법정의 관할권 하에 두지는 않았다.

인노첸시오 3세와 비교해 볼 때 인노첸시오 4세는 세속적 사건에 대해 행사될 수 있는 교황 완전권의 범위를 크게 확대시켰다. 인노첸시오 3세는 교황의 세속적 권력 행사범위를 '예외적 사건으로서 필요한 경우'로 한정시켰다. 인노첸시오 4세는 이에 '적어도'라는 부사를 첨가하였다. 또한 전자는 죄에 관련된 권한 행사의 요건으로 '죄악으로 인한' 사건을 강조했는데, 후자는 특별히 '대부분의 죄악으로 인한' 사건이라고 언급하였다.[112]

(4) 단일 수장론을 통해서 본 성직자정치론

인노첸시오 4세는 그리스도교적 통치권은 황제직을 수여하는 교황에게 '특별히 연합된' 황제권이라고 생각하였다. 그러나 신으로부터

---

111) Aemilius Friedberg, *Corpus Iuris Canonici*, Pars Secunda: Gregory IX,s *Liber Extra*, X 4.17.3.; Kenneth Pennington, "Pope Innocnet III's Veiws on Church and State: A Gloss to *Per Venerabilem*," in *Law, Church, and Society*, ed. by Kenneth Pennington and Robert Somerville (Phildelphia: U of Pennsylvania P, 1977), pp.49-67; Brian Tierney, "'Tria quippe distinguit iudicis …' A Note on Innocent III's Decretal *Per venerabilem*," *Speculum* 37 (1962), pp.48-59.

112) Gehart B. Ladner, "Sacerdozio E Regno: DA Gregorio VII a Bonifacio VIII," *Miscellanea Historiae Pontificiae*, vol.xviii (Rome, 1954), p.71; Höfler, *Albert von Beham und Registen Papst Innocenz IV*, 88: "Relinquitur ergo Romanum pontificem posse saltem casualiter exercere pontificale iudicium in quemlibet christianum, cujuscumque conditionis existat, maxime ratione peccati, ut peccatorem quemcumque, postquam in profundum vitiorum venerit per contemptum, …."

직접 제정된 왕의 권력은 인간으로부터 유래하고 세상 안의 권원權源 속에 기초하였으며, 이는 기능적으로 자립한다고 보았다. 그에 따라 왕권은 시민적 질서 그 자체의 강제력으로서 특수한 기능을 가진 '권력'으로 불린다는 것이었다.[113] 인노첸시오 4세는 세속 영역이 자체의 특수한 독자성을 소유한다는 점과 비 그리스도인들은 합법적 사법권과 지배권을 가질 수 있다는 것을 분명하게 인정하였다.

그런데 세속적 분야에 적용된 교황의 완전권은 인노첸시오 4세에 의하여 신학적 · 교회론적 진술을 통해 구체화되었다. 이것은 교황의 수위권을 토대로 하여 영적으로 관련이 있는 사건이나 상위의 세속 군주가 부재해서 재판을 받을 수 없는 사건 등 특수한 조건하에서 행사될 수 있는 것으로 생각되었다. 이러한 모든 경우에 있어서 교황이 세속적인 문제에 간섭할 수 있는 권한을 가진다고 보는 생각은 교회 안에 세상을 포함시키는 세계관, 그리고 교회와 세속 세계가 통합되어 있다는 관념을 토대로 하였다. 수장으로서 교황의 사명은 이러한 통합체를 지키는 것이며, 그 수장은 영적-세속적 완전권의 능력을 가진 그리스도의 대리자 개념으로 이해하였다. 이러한 관념은 교황을 이교도나 유대인에 대항해서, 그리고 자연권의 보호를 위해 황제까지도 폐위할 수 있고 어느 경우에도 적절히 간섭할 수 있는 신분으로 만들어 주었다. 이를 바탕으로 인노첸시오 4세는 세속적 영역에서의 판결권이 그리스도의 대리자에게 부여되었다고 주장하였다.

인노첸시오 4세가 강조한 교황의 완전권 이론은 자연법적 해석과 구원법의 질서를 내포하고 있다. 그는 '인간 본성'의 질서가 최후의 결정을 요구한다면 '그리스도의 대리자'는 교회법적 규정을 떠나서 자연법의 권능을 행할 수 있다고 보았다. 이 최후의 결정은 구원의 질서와 자연의 질서가 교차 되는 영역에 대한 권한을 교황의 수위권으

---

113) Kölmel, *Regnum Christianum*, p.258.

로 연결하는 것이었다. 따라서 인노첸시오는 창조된 인간 세계, 즉 '인간 본성'의 구조를 '단일 수장론' 식으로 설명하였다.[114)

인노첸시오 4세는 그리스도의 대리자를 자연적 인간을 위한 '한 사람의 통치'[115)라는 관념 속에서 이해하였다. 그의 관념은 그리스도교 세계의 통치를 자연법에 따르는 모든 상황의 자연적 · 합법적 통치권과 연계시키는 것이었다. 이때 자연법에 따르는 것이 죄에 빠질 수 있다는 개연성은 염려하지 않아도 된다. 그것은 자연적 인간이 구원의 공동체에 소속된다는 것을 전제로 하는 것이기 때문이었다.[116)

이상과 같은 인노첸시오 4세의 단일 수장론은 신학자 알라누스 (1128-1202)로부터 영향을 받은 것이었다. 인노첸시오는 단일 수장론을 바탕으로 그리스도가 베드로에게 양검을 양도했다는 점, 구약의 교황 모형인 모세가 양검을 소유하였다는 점 등을 들어 교황의 세속권을 주장하였다. 이러한 관념은 세속 통치의 질서가 교회 중심적 질서 속에 포함된다는 교황 위주의 구조로 이해되었다. 이에 따라 황제는 그리스도교의 서품 왕으로서 교황에 '의존'한다는 관념이 발전하게 된다. 나아가서 군주직은 성사적 이해를 통해서, 그리고 황제직은 그리스도교 수난사와 그리스도 중심적 사고 위에서 설명되었다.

인노첸시오 4세가 후구치오의 교회와 국가에 관한 교회법 전통 가운데 많은 부분을 인노첸시오 3세를 통해 이어 받았고 그 토대 위에서 교황권 사상을 정립시켰으나 사실상 그는 처음부터 선대 교황들보다 훨씬 더 적극적이었다. 이는 분명히 13세기 후기의 교황주권론자들만큼 극단적인 입장이라고 할 수는 없다. 그렇지만 '단일 수장론'에 입각한 교황 중심적 성직자정치론의 사고는 인노첸시오 4세에 의해서 교회법

---

114) 같은 책 pp.254-255; Innocent IV, *Apparatus ad* 3.3.4.8 *pro defensione*; 단일수장론 (Μονοκέφάλος, Monokephalie, monocephalous, '*unum corpus, unum caput*').
115) Innocent IV, *Apparatus ad* 2. 14. 2. *privamecy*.
116) Kölmel, *Regnum Christianum*, p.258.

에 구체화되었고, 그 이념은 황제에 맞선 현실 정치 속에서 적용되었다는 점을 인정해야 한다. 인노첸시오 4세는 적어도 선대 교황에 비해 일관성 있게 성직자정치론을 전개하였다. 비록 보니파시오 8세의 교령 〈유일한 하나의 교회 Unam sanctam〉가 인노첸시오 4세의 문헌에 직접적으로 근거한 것은 아닐지라도 인노첸시오 4세가 가졌던 교황권 사상은 13세기 후반의 활발한 논의를 거쳐 〈유일한 하나의 교회〉에서 사상적 연계성을 이루었다고 할 수 있다.

제 8 장

13세기의 신학적·교회법적 교황권 해석

1. 토마스 아퀴나스의 교황권 사상

13세기 중엽 이후부터 14세기 초까지는 교황 세속권 이론이 최고조에 달한 시기이다. 이 시기에 교황청 주변에는 수많은 교황주권론자들이 인노첸시오 3세 때까지도 신중을 기하고 자제해 왔던 교황의 절대권과 세속적 사법권을 서슴없이 주장하였다. 바로 그러한 분위기 속에서 보니파시오 8세의 교령 〈거룩한 하나의 교회*Unam sanctam*〉가 작성되었다. 그러한 까닭에 극단적인 교황권 이념을 지닌 것으로 생각되는 보니파시오 8세 역시 그 당시의 사상적 경향을 따랐던 것이라 할 수 있다.

신학적 기초 위에서 교회법학자들과 교황주권론자들에게 큰 영향을 끼친 사상가로서는 단연 토마스 아퀴나스를 들 수 있다. 또한 보니파시오의 법령 작성에 도움을 주었거나 사상적 배경을 형성한 교회법학자요, 교황주권론자였던 사람들로는 아우구스티누스 트리움푸스, 아에기디우스 로마누스, 알바리우스 펠라기우스, 야콥푸스 비테르보, 아날드 빌라노바 등이 있다.

토마스 아퀴나스는 교황 우르바노 4세의 요청에 따라 1263, 1264년에 『그리스인들의 오류에 반反하여Contra Errores Graecorum』라는 31장으로 구성된 논문을 작성, 서방교회와 교황권을 옹호하였다.[1] 여기서 그는 교황 수위권에 대해서 다음과 같이 서두를 시작하였다.

그리스도의 대리자인 교황이 보편교회의 수위권을 지니지 않는다고 말하는 사람들의 잘못은 성자로부터 성령의 역사가 비롯되지 않는다고 말하는 사람들의 잘못과 비슷합니다. 왜냐하면 그리스도는 신의 아들로서 그 스스로가 그의 교회를 봉헌하였고 그 자신의 본성과 인침의 표식처럼 성령을 통해 교회를 표식하였습니다. ··· 그리고 유사한 방식으로 그리스도의 대리자는 충성스런 사역자로서 그 자신의 수위권과 직접적인 보호를 통해 보편교회를 그리스도에게 종속시켜 보존합니다.[2]

이상에서 볼 때 토마스 아퀴나스는 교황의 수위권 문제를 성령과 관련을 지어 설명하였다. 그는 그리스도 교회는 교황의 수위권을 중심으로 조직되어야 하고, 그 수위권은 필수적인 요소로서 적극적으로 실행되어야한다고 여겼다. 그에 따르면 교황의 수위권이란 그리스도의 대리자가 전 그리스도 교회에서 '완전권plenitudo potestatis'을 지닌다는 것, 그리고 로마 교황은 베드로의 후계자이며 그리스도의 대리자로서 모든 주교들 가운데서 제일인자이고 가장 위대한 존재라는 것을 의미한다.[3] 또한 신앙에 관한 것을 결정하는 것이 교황의 권한에 속하기 때문에 그의 수위권은 신앙에 포함되는 것을 가르칠 수 있는 권한을 내포한다. 뿐만 아니라 그것은 사법적 권한도 포함하고 있다. 이러한 관념은

---

1) Gregory Rocca, "St. Thomas Aquinas on Papal Authority," *Angelicum* 62 (no.3. 1985), p.472.
2) St. Thomas Aquinas, *Contra Errores Graecorum, Opera omnia* issue Lonis III (Roma) v.40a, second part, c. 32, pp.3-13.
3) 같은 책, c. 32, pp.15-16, 17-19.

"구원의 필요 때문에 로마 교황에게 종속되는 것*subesse Romano pontifici, sit de necessitate salutis*"4)이라고 표현하였다.

토마스는 그의 다른 저술 『반 이교도론*Summa Contra Gentiles*』에서 교황 수위권의 본질과 범위를 상술하였다. 여기에서 그는 교회에 하나의 수장이 있을 때에 신의 백성이 가장 잘 통합될 수 있고, 그들을 가장 효율적으로 통치할 수 있다고 주장하였다. 그는 베드로의 후계자이며 그리스도의 대리자인 교황이 모든 그리스도교 백성의 왕들을 주 예수 그리스도의 품으로 인도해야 한다고 보았다. 이와 더불어 교황은 완전 하고 보편적인 사법권을 지니고 있으므로5) 영적 · 세속적 두 권력 모두 를 소유한다고 여겼다.6)

토마스는 교황의 특권을 극찬하는 새로운 교황 중심 교회론 제창자 들 중의 하나였다. 그는 교황의 완전권에 기초한 피라미드식 교회론을 신봉하였다. 따라서 그는 교황주의자이며 교황 수위권의 강력한 지지 자였다. 그는 교황이 폐위된다거나 그의 직을 사퇴 당한다는 것을 결코 가정하지 않았다. 뿐만 아니라 교황을 심판할 수 있는 어떠한 사법 기구도 인정하지 않았다.7)

콩가*Yves Congar*는 토마스가 『신학대전*Summa Theologica*』 II-ii, 1, 10에서 교황 무오류성의 후기 이론을 예시했다고 보았다.8) 물론 교황이 '오류

---

4) 같은 책, c. 36, pp.3-4; 이는 보니파시오의 교령 〈거룩한 하나의 교회〉에 "그러므로 우리는 모든 인류 피조물이 로마 교황에게 종속되는 것이 구원을 위해서 절대적으로 필요하다는 것을 선언하고, 선포하며, 규정한다"; *Unam sanctam, Corpus Iuris Canonici*, Pars Secunda, p.1245. "porro subesse Romano Pontifici omni humanae creaturae declaramus, dicimus, et diffinimus omnino esse de necessitate salutis."

5) Thomas Aquinas, *Summa Contra Gentiles* IV, p.76.

6) I. T. Eschmann, "St. Thomas Aquinas on the Two Power," *Medieval Studies* 20 (1958), pp.177-205.

7) Rocca, "St. Thomas Aquinas on Papal Authority," pp.474-475.

8) Yves Congar, "St. Thomas Aquinas and the Infallibility of the Papal Magisterium," *Thomist* 38 (1974), p.103.

를 범할 수 없다'라고 토마스가 명확히 말한 것은 아니었으나 교황의 무오류성에 대한 가르침이 그의 글 속에서 발견된다고 설명하였다. 토마스는 신의 진리 자체에 오류가 없다는 것, 그리고 교회의 대변인이고 대표자인 교황이 신앙에 대한 결정권을 가지고 있으며 바로 그 신앙은 불멸의 진리이며 무오류라는 것에 역점을 두었다.[9]

그렇지만 토마스는 교황의 사법적 권한이 완벽한 형태로서의 절대적인 것이 아니라는 점을 언급하고 있다. 교회에서 교황의 권한은 청지기의 권한이지, 주인이나 소유주의 권한이 아니라는 것이었다. 그러한 교황의 권한에는 제한이 있다. 교황은 신정법을 변경시킬 수가 없으며 오직 인정법에서만 그렇게 할 수 있다. 이러한 입장에서 토마스는 자연법, 신앙 고백, 성사의 은총 등을 신정법에 포함시켰다. 따라서 교황의 권한은 이러한 모든 것을 존중하는 가운데서 성립될 수 있으며, 이러한 것들을 생략하거나 변경시킬 수는 없는 것이라고 보았다. 그래서 교황은 자의적인 독재적 권력을 행사하는 절대적 존재일 수는 없으며 그 자신이 도덕적이며 그리스도교적인 원리에 매여 지배를 받는 것이라고 해석하였다. 그래서 토마스는 교황의 교회 통치는 이성과 사랑, 그리스도교 신앙에 의해서 행해져야 한다고 강조하였다.[10]

토마스는 교황의 수위권이 특정한 도덕적, 영적, 그리스도교 원리에 의해서 제한되고 한정된다고 하였다. 즉 재난이 일어났을 경우 교황의 수위권이 모든 제한을 초월한다는 주장만을 가지고는 교회가 곤경을 벗어나게 할 수는 없다는 것이다. 그보다는 성령의 지도하에 심하게 쇠약해진 교회의 여건을 인식하도록 하고, 평화적 수단을 찾도록 하는 것이 더 중요하다고 보았다. 성령론과 그리스도론에 입각한 교회론의 종합적 구조 안에 교황의 직책을 두었고, 교회의 으뜸가는 요소들, 즉 은총, 신앙, 소망, 사랑을 중심으로 그리스도인 공동체를 발전시키고

---

9) Rocca, "St. Thomas Aquinas on Papal Authority," p.479.
10) 같은 논문, pp.480-482.

완성하는 수단이 교회이다. 그 제도 안에서 교황 수위권을 바라보아야한다는 것이 토마스 아퀴나스의 견해이다. 이러한 교회론은 성령의힘과 은총으로 가득해 있는 교회의 특성 속에서 교황권을 해석함으로써그의 신학적 입장을 정리한 것이었다.[11]

2. 교황주권론자들의 성직자정치론

성 토마스가 절대적인 성직자정치론을 주장하지는 않았을지라도,그는 분명히 교황권 옹호론자였고, 그의 교황 수위권 사상은 13세기의교황권주의자들에게 신학적 배경을 제공하였다. 윌크스Michael J. Wilks는알바리우스 펠라기우스, 알렉산더 엘피도, 야곱푸스 비테르비오 등이그의 영향을 크게 받고서 극단적 교황 정치론을 전개했다고 보았고그들을 토마스주의자로 규정하기까지 한다.[12] 그렇지만 이들 교황권주의자들은 토마스의 이론 범위를 훨씬 벗어나 극단적인 성직자정치론을 전개하였다.

중세 후기의 교황권주의자들은 초자연적인 것 안에 자연적인 것을,다시 말하면 교회 안에 국가를 병합시켰다. 그들에게 있어 세속 군주는자치 정치의 영역을 가지지 못한 것으로 보였다. 그들이 그렇게 본데에는 몇 가지 이유가 있다. 우선 모든 분야에 교회의 영향이 미치는통일된 그리스도교 사회 내에 국가들이 존재했기 때문이다. 더욱 중요한 것은 그들이 분명히 게르만적 전통인 왕권의 사유 개념으로부터영향을 받았다는 점이다. 그래서 그들은 교회 안에 왕 개인을 연합시키는 것은 교회 안에 왕권의 직책을 연합시키는 것과 동일한 것으로

---

11) 같은 논문, pp.482-484.
12) Michael J. Wilks, *The Problem of Sovereignty on the later Middle Ages* (Cambridge: Cambridge UP, 1963), pp.548-559.

여겼다. 그렇다면 이와 같이 영적인 동시에 세속적인 사회를 지도하고 효과적인 연합을 이룰 수 있는 원칙들을 세우는 데 누가 기능적으로 자격이 있을까? 이 질문 속에 지칭된 사회는 완전히 영적인 것이기 때문에, 그리고 그 사회 안에 조성된 원칙들은 그리스도교 신앙의 원칙들이기 때문에 분명한 답은 교황권으로 요약되는 영적 권위라고 제시되었을 것이다.[13]

12세기 말에서 13세기 초의 교회법학자들은 세속 사건에 행사할 수 있는 교황 완전권의 범위를 크게 확대하였다. 이러한 발전의 마지막 단계는 중세 후기 교황주권론자들에 의해 주장되는 성직자정치론일 것이다. 초기의 양검 이론은 영적 권한과 세속적 권한 사이의 구분이라기보다는 영적 검과 물리적 검을 상징하였다. 이것을 중세 후기의 성직자정치론자들은 그리스도가 인성일 때조차 사제권과 왕권을 모두 소유한다는 것과 그의 유일한 지상 후계자는 로마 교황이라는 점, 그리고 교황은 영적·세속적 사건 모두에서 권한을 소유한다고 해석하였다. 중세의 교황주권론자인 아우구스티누스 트리움푸스는 교황이 세속 사건에서 그의 권한으로부터 누군가 제외될 수 있는지의 문제를 제기하고 이에 대해 다음과 같은 내용을 가지고 부정적으로 답변하였다.

"그리스도가 그의 영적 권한이나 세속적 권한으로부터 누군가 면제되는 것을 허용하게 되면 그것은 그 자신의 능력을 거부하는 것과 같다. 그것은 그가 '세속적인 것과 동시에 영적인 것 모두의 주'라는 것을 부인하는 것이기 때문이다. 이와 유사하게 교황이 그러한 것을 허용하면 그가 '진정한 그리스도의 대리자'라는 것이나 그리스도가 '세계의 진정한 주'라는 것의 어느 하나를 부인하는 것이 될 것이다."[14]

---

13) William D. McCready, "Papal Plenitudo in Late Papal Hierocratic Theory," *Speculum* vol.48. no.4 (Oct, 1973), pp.660-661.

그렇다면 영적·세속적 두 권한을 교황이 동시에 소유한다고 보았을 때 교회 또는 그리스도교 세계와 사회의 관계는 어떻게 이해되었을까? 라드너G. B. Ladner는 젤라시오 1세가 취한 중립적 세계관이 9세기에 영적·세속적 권력을 모두 포함하는 교회ecclesia의 개념으로 전환되었고, 그 후에 그보다 더 중요한 변화가 그레고리오 개혁 시대에 시작되었다고 주장한다. 그레고리오 시대의 시작과 더불어 교회가 크게는 사회와 동의어로 여겼고, 한편으로 교황을 정점으로 하는 성직 제도를 교회라고 생각했다는 것이다.15) 그러나 교회ecclesia와 사회가 동일시되어 세속권력이 교회 안에 존재한다고 생각할 수는 있겠지만, 국가나 세속권력이 이러한 영성화된 사회spiritualized society에 완전히 흡수된다고 볼 수는 없다. 그런데 중세 후기의 교황권론자들은 '사회의 영성화 개념'의 경향을 지녔으며, 이들은 세속적 존재의 독립적 가치를 부인하였다.16)

야곱푸스는 세례의 의미를 가지고 세속 사회가 그리스도교 사회로 동화되는 과정을 설명하였다. 야곱푸스에 따르면 세례 성사는 자연인을 근본적으로 다른 모습으로 변화를 시키며, 그 과정에서 각 개인이 재생의 삶을 체험한다. 따라서 그는 새로운 창조물이 된다. 그는 자연인임과 동시에 그리스도 안에 모든 것이 영적 중요성에 따라 판단되는 새로운 삶을 취한다. 세속 군주 역시 그러한 자연인의 한 사람으로서 영적 권위자인 로마 교황에게 종속되어야 한다. 그러한 면에서 야곱푸스는 교황에게 세속적·정치적 권력을 귀속시켜야 한다고 결론지었다.

---

14) Wilhelm Kölmel, "Einheit und Zweiheit der Gewalt im corpus mysticum: Zur Souveränitätslehre des Augustinus Triumpus," *Historisches Jahrbuch* LXXXIII (1963), pp.103-147.

15) Gerhart B. Ladner, "The Concepts of 'ecclesia' and 'Christianitas' and their Relation to the Idea of Papal 'Plenitudo potestatis' from Gregory VII to Boniface VIII," *Misc. Hist. Pont.* 18 (Rome, 1954), p.5.

16) McCready, "Papal Plenitudo in Late Papal Hierocratic Theory," pp.661-662.

그럼에도 불구하고 야곱푸스는 다른 교황 주권론자들과 마찬가지로 세속적 권력이 그 자체의 고유한 가치와 목적을 가지고 있다고 보았으며, 그것을 '자연적 행복felicitas naturalis'이라고 불렀다. 그러나 세속권력은 그 자체가 그리스도교 신앙의 진리로부터 독립된 궁극적 가치를 가지는 것은 아니었다. 야곱푸스가 말한 바의 '자연적 행복'은 단지 세속권의 '가장 근접한 목적'일 뿐이다.

그는 세속권력의 완전한 독립을 인정하지 않았다. 세속적·정치적 권력은 성격상 영적 가치의 도구나 수단으로 존재한다. 그래서 세속권력은 그러한 가치와 도구에 대해서 권위를 가지고 언명할 수 있는 자격자에게 종속되어야만 하는 것이다. 그럼에도 불구하고 영적 세력에 의한 세속권의 흡수는 아직도 완전하게 받아들여지지 않았다. 비록 후자가 전자에게 종속되기는 했으나 세속권은 역시 영적 권위가 추구하는 목적과는 다른 자체의 목적을 가지고 있는 것으로 보았다.[17]

그러면 시민사회와 그 안에 성립되는 시민적 권한을 교황주권론자들이 어떻게 인식했을까? 중세 후기에 이에 대한 자각은 로마법의 도입으로 강화되었는데 그러한 사상은 공법과 공권력의 개념을 발생시켰다. 이것은 아리스토텔레스 사상의 수용과 더불어 부수적으로 나타난 사회 개념의 변화였다. 아리스토텔레스의 정치 이론에 따르면 시민사회는 인간의 자연적·사회적 본능의 산물이었다. 이러한 사상의 경향에 입각해서 모든 주요 교황주권론자들도 시민사회는 자연의 산물이었고, 이것의 사회적, 법적, 정치적 구조 즉 사회의 모든 구조는 그 구성원들이 서로 더불어 연합하려는 경향을 가진 인간들의 자연스런 산물이라고 간주하였다.[18]

그러나 일부 교황주권론자들은 이것을 옛 교부 철학자들의 이론과 연결시켰다. 이에 따르면 국가는 인간의 죄악을 치유하기 위한 산물이

---

17) 같은 논문, pp.663-664.
18) 같은 논문, pp.664-665.

었다. 인간이 시민사회를 이룩하려는 자연적 충동에 이끌릴지라도 인간의 죄악은 두 복합된 사실을 노출시킨다. 즉 통치 권력의 강제성과 강탈이나 침략으로 이웃을 지배하려는 지배욕망이 표출된다. 아에기디우스 로마누스는 시민사회의 이론에 대해 아리스토텔레스의 이론을 따랐을지라도 한편으로 성직자정치론의 극단적 입장을 취했다. 그는 근본적으로 죄악인 권력은 영적 권위의 중재 노력을 통해 구원을 받을 수 있다고 보았다. 아우구스티누스 트리움푸스는 탄압적이고 독재적인 왕권이 인간 죄악의 산물이라는 견해를 보였다. 그리고 왕권은 시민사회를 형성하고자 하는 인간들의 자연적 성향 속에서 나타나는 정치권력이라고 언급하였다.[19]

이상에서 볼 때 교황권주의자들은 '사회의 영성화 관념'에 입각해 있으면서 한편으로 완전히 다른 전통을 따르고 있었다. 그래서 주요 교황권주의자들에게서 두 가지의 다른 개념이 공존함을 인정하지 않을 수 없다. 첫 번째 관념은 사회가 영성화되었고 그리스도교 신앙의 가치에 지배되며 그에 대한 통치는 교황에게 달려 있다고 하는 점이다. 이러한 개념 하에서는 영적 권위를 벗어나 세속권력이 독자적으로 발생했다거나 독립적으로 권력을 행사할 수 있다고 가정할 수 없었다. 두 번째 관념은 사회가 그리스도교 신앙에 반드시 관련되는 것은 아니며 인간의 사회적 본능에서 비롯된 산물이라는 중립적 개념이다.[20]

그러한 두 가지 관념은 세속 군주권에 관해서도 파악될 수 있다. 야곱푸스 비테르보의 다음과 같은 내용은 이를 단적으로 보여준다.

"시민사회를 지배하는 세속 통치자의 옹립은 인정법人定法으로부터 연유된다. 그러나 그리스도교인을 통치하는 그리스도교 군주는 영적 권력에 의해서 세워진다. 왜냐하면 한 사람이 영적 권력의 사역을 통해서 그리스

---

19) 같은 논문, p.665.
20) 같은 논문, p.665.

도교인으로 만들어지는 것과 같이, 같은 권력의 사역에 의해서 한 군주가 만들어지기 때문이다. 그리고 신정법神定法으로 인하여 각기의 그리스도교인은 그 권력(영적 권력)에 종속된다."21)

야곱푸스가 여기서 내세우는 바는 자연의 축복은 그리스도교인이거나 비非그리스도교인이거나 모든 사람이 공유하는 것이기 때문에 그리스도교 군주는 그의 권력을 인정법과 신정법으로부터 부여받는다는 것이다.

그리스도교 세계에서 세속 군주들은 인정법으로부터 모든 인간들을 지배할 수 있는 권력을 가지지만 신정법으로부터는 신도들을 지배하는 권력을 가진다.22)

야곱푸스는 그리스도교 군주가 두 가지 다른 방식으로 세워진다고 보았다. 하나는 그 군주권이 인정법으로부터 온다는 것이고, 두 번째 방식은 그의 권력이 교황권으로 요약될 수 있는 영적 권한으로부터 그에게 주어진다는 것이다.

그러한 이중적 개념은 아에기디우스 로마누스에게서도 찾아볼 수 있다. 이 두 개념은 그의 다른 두 권의 책 속에서 각기 따로 찾아볼 수 있다. 그의 첫 작업인 『수장의 통치에 관해서 De regimine principum』(1285)에서 그는 사회가 자연의 산물이고 군주는 세습적으로 계승되거나 백성들에 의해 선출되어야 한다고 보았다. 그런데 그의 두 번째 작업인 『교회의 권력에 관해서 De ecclesiastica potestate』(1302)는 완전히 다른 개념 위에서 쓰였고 이전의 입장이 완전히 바뀌었다. 여기서 그는 극단적

---

21) James of Viterbo, *De regimine christiano*, ed. H. X. Arquillière, *Le plus ancien traitè de l'èglise* (Paris, 1926) ii. 10, pp.295-296.

22) James of Viterbo, *De reg. christiano*, ii. 7, p.234.

교황권론자의 어조를 적용했다. 아에기디우스는 세속 군주권의 유일한 원천을 교황으로 보았고, 교황 수위권을 인정하지 않는 이교도에 대해서는 가혹한 태도를 가졌다. 반면에『교회의 권력에 관해서』보다 몇 년 뒤에 쓰인 한 주석에서 그는 비그리스도교 군주들에 대한 동정심을 보인다. 이러한 그의 견해를 고찰해 볼 때, 그는 그리스도교 사회에서 왕권이 순전히 자연적으로 형성되었다고 생각하는지 아니면 그리스도교적 관점에서 생각하고 있는지, 양자의 가능성에 대한 해명이 필요할 것이다. 우리는『교회의 권력에 관해서』의 한 짧은 구절에서 그의 이론이 완성되었음을 발견할 수 있다. 여기서 그는 영적 권력자는 세속 군주의 정상적인 선출이나 세습적 절차에 따른 군주의 결정에 단순히 동의하는 것뿐이라고 주장한다.

> "교회의 주교들은 새로운 법에서 물리적 검과 형사 재판권을 세속 군주들에게 부여하였는데, 아마도 그들이 그러한 검과 형사 재판권을 그 군주들에게 부여된 것을 동의하고 원했던 것과 같다."[23]

이러한 아에기디우스의 견해에 알렉산더 엘피도, 알바리우스 펠라기우스, 아우구스티누스 트리움푸스, 야콥푸스 비테르비오 등의 교황주권론자들이 대체로 동감하였다. 그렇다면 그리스도교 군주가 한편으로는 인정법으로부터, 다른 한편으로는 신정법으로부터 그의 권력을 획득한다는 것은 무엇을 의미하는가? 아마도 인정법에 대한 언급은 왕이 선출되는 관습적 선출 절차나 세습적 절차에 대한 언급일 것이다. 그러나 신정법에 대한 언급은 분명치 않다. 이것은 영적 권위자에 의해 실행된다는 것이 분명하지만 그것이 직관적으로 쉽게 이해되지는 않는다. 일례로 왕의 대관은 안수로 실행되는 의례의 시각적 표현에

---

23) Aegidius Romanus, *De ecclesiastica potestate*, ed. R. Scholz (Weimar, 1929), pp.i, 7, 26.

불과한 것이다.[24]

그러한 영적 권위의 역할에 대해서 알바리우스 펠라기우스는 특별한 의미를 부여하였다. 그는 그리스도교 사회에서 일상적인 도덕을 군주 자질의 기준으로 삼을 수 없다고 생각했다. 그것은 그리스도교 백성을 지도하는 군주는 신의 은총에 의지하여 갖가지 덕을 완전하게 갖추어야 할 필요성이 있기 때문이다. 이러한 은총은 세례를 통해 부여되고, 대관 의식이 바로 그러한 과정을 상징한다. 그리스도교 사회에서 군주가 신앙을 소유한다는 것과 교회의 성사를 통해서 은총을 경험한다는 것은 의심의 여지가 없지만, 군주에게 있어 이것만으로는 충분치 않다. 그는 교황이나 그의 대리자에게서 세속권의 승인을 받을 필요가 있다. 그래서 왕을 탄생시키는 교황의 역할은 어느 곳에서나 행해질 수 있는 갱생 작업 이상의 의미를 가지고 있다고 보았다.[25]

중세 후기 교황권론자들이 지녔던 사회의 양면성에 대한 입장을 정리해 보면, 황제는 그의 존재esse를 선제후들에게서 부여받았고 교황에게서는 그의 능력virtus을 받았다고 주장하는 아우구스티누스 트리움푸스의 말로 요약해 볼 수 있다. 또한 성직자정치론가들이 교황에게 귀속시킨 세속권력은 형식적으로는 세속권력이 아니었다. 즉 형식적으로 그것은 세속적 영역에 관할권이 확대되는 영적 권력인 것이다. 교황이 세속권을 수여하는 것도 그러한 과정의 하나였다. 교황이 소유한 세속권은 근본적으로 영성화된 것이고, 그것은 교회와 영적 사회 안에 내재하는 속성으로 생각했다.

---

24) McCready, "Papal Plenitudo in Late Papal Hierocratic Theory," p.668.
25) 같은 논문, p.669.

3. 제한적 교황권 이론

13세기 후반과 14세기 초에 교회와 국가의 관계를 중심으로 서로 대립하여 논쟁이 제기되었다. 교황권지상주의가 강력히 제기되었던 반면에 교황권의 배경과 그 한계를 지적하는 반성직자정치론도 강화되고 있었다. 강력한 교황권을 옹호하였던 부류는 이미 앞에서 고찰한 바 있는 극단적 성직자정치론자들로서 대부분이 교황청 주변에서 활약한 사람들이었으며, 그들은 '교황권지상주의자들'이라고 지칭되었다. 한편 교황측의 이론적 공격에 맞서 왕의 권력을 옹호하며 그에 대립했던 부류들은 '교황권 제한주의자들'이라고 지칭되었다.[26] 교황측의 이론가들은 '정치적 아우구스틴주의political Augustinism'의 관념을 가지고 있었던 데 비해서 프랑스 왕 측근의 법률가들은 비잔티움주의Byzantinism 의 사고를 가지고 있었다.[27]

왕의 측근에서 가장 탁월한 속권론자는 피에르 듀보아였다. 그는 필립 왕 주변의 의식을 가장 잘 반영한 소책자를 작성하였고 교황좌를 로마에서 파리로 옮겨와야 한다는 주장까지 서슴지 않았다. 그의 책자는 소실되었으나 유사한 내용의 작자 미상 책자들이 프랑스인들의

---

26) Heinrich Finke, *Vorreformationsgeschichtliche Forschungen: Aus den Tage Bonifaz VIII* (Münster: Druck und Verlag der Aschendorffschen Buchhandlung, 1902), p.152.

27) '정치적 아우구스틴주의political Augustinism' 관념에 따르면 시민권력은 교황권에 종속되어 교회 안에서 행사되어야 하며 그 권력의 행사는 교황의 사역이다. 그러므로 그와 같은 사역은 특별히 종교적인 것이지, 세속적인 것은 아니다. 이에 비해 '비잔티움주의Byzantinism'는 왕권의 자치를 비호하는 데로부터 국가교회에 대한 왕의 지배를 주장하는 데까지 나아갔다. 그래서 보편교회에서 왕의 종교적 사명을 내세웠고, 왕에게 위탁된 신성한 사명으로 왕은 종교적 질서에 있어서도 주교보다 우월하고 심지어는 교황보다도 우월한 권력을 가진다는 관념을 포함하였다. 이러한 개념의 비잔티움주의는 신학적 진리에 위배되는 것이었고 중세 정치 전통을 파열시키는 것이었다. 교황권주의자들에게 있어 이러한 극단적 이론은 왕의 종교적 사명을 주장하는 입장과 상통하는 것으로 간주되었다.

정서를 가진 유능한 법률가들에 의해서 유포되었다. 그들은 그리스도가 지상에서 어떠한 세속권력도 행사하지 않았고 사도들에게 그렇게 할 수 있도록 권한을 부여하지도 않았다고 주장하였다. 오히려 그들은 젤라시오의 두 권력론을 내세워 영적 권력과 세속권력을 구분하였고 양자는 신으로부터 직접 유래한다고 강변하였다.[28]

그러한 사상의 경향은 누구보다도 도미니크 수도회 출신인 요한네스 파리John of Paris의 논리에 그 이론적 배경을 두고 있다. 요한네스는 교황권 옹호론자였던 아날드 빌라노바의 주장에 응답해서 작성한 『반反 그리스도의 책Liber de Antichristo』을 통해 이론가로서의 탁월한 능력을 발휘하기 시작했으며, 그의 논저 『왕과 교황의 권력에 관해서De potestate regia et papali』[29]를 작성하여 당시의 지배적인 교황권 이론의 허구성을 제시하였다. 그는 논증적이라기보다는 신학적인 면에서 논리를 전개하였다. 그는 성직자정치론자들이 제기하는 '가톨릭적 이념'의 전통 안에서 영적 권력과 세속권력이 종합화를 이루어 서로 조화를 이룰 수 있다고 보았다. 그의 주된 노력은 왕의 권력을 옹호하는 데 집중되었다기보다는 교황의 영적 수위권을 규명하는 것이었다. 즉 그의 의도는 왕의 역할을 지지한 것은 아니었으나 그보다는 교황의 지위를 순수한 영적 영역에만 국한시키려는 데 있었다.

요한네스는 젤라시오의 교령을 언급하면서 두 권력을 구분하였다. 그는 영적 권력이 세속 질서 속에서 일부 사법적 수단을 가지고 있다고 인정하면서 그 권력의 기원과 성격을 규정하고자 하였다. 그러나 그는 교황의 완전권이 교회법학자들이 주장하는 바처럼 어떠한 세속권력을 포함하는 것은 아니라는 점을 입증하고자 하였다. 그는 두 권력이

---

28) T. S. R. Boase, *Boniface VIII* (London: Constable & Co. Ltd., 1933), p.323.
29) 이 논저의 핵심은 제11장에 있으며 교황청주의자들의 관념을 42개의 내용으로 나누어 제시하였고, 뒤이어 9개의 장에서는 그러한 주장에 대한 반론으로 구성되어 있다.

자연법과 신정법 하에 확립되어 있으며, 이는 서로 독립적으로 존재한다는 이론에서 그 근거를 찾았다. 이와 함께 그는 두 권력을 명확히 구분하였고, 영적 권력의 수위권 본질을 분석하면서 그 권력 안에서 행사될 수 있는 간접적 권력의 개념을 제시하였다.[30]

그러면 그와 같이 두 권력을 구분한 요한네스 파리는 왕권의 본질을 어떻게 생각했을까? 그에 따르면 왕권은 자족적인 것이며 자연법과 국가법에 그 기원을 가지고 있다. 왕은 모든 인간 삶의 성취를 위해서 필요하고 유용한 제도이다. 왕권은 신으로부터 부여되는 것이고, 백성들이 선출하고 동의하는 방식으로 왕이 세워진다. 따라서 왕의 고유한 권력은 교황으로부터 부여되는 것은 아니다. 성 바울이 말한 바처럼 왕은 신의 사역자이다. 세속 인간 세계에서의 정의, 평화, 번영과 같은 시민사회의 목적은 왕의 기능과 능력을 결정한다. 인간 삶에 있어 정부의 최고 책임이 왕에게 위임되었기 때문에 그러한 목적으로 사람들을 지도하는 것은 왕의 의무이다. 그러므로 군주의 기능은 도덕적인 것이지, 순수하게 법적이거나 행정적인 것은 아닌 것이다. 이와 같이 요한네스는 왕권의 자연 기원론과 목적론에 관한 전통적 이론에 복귀함으로써 교황권 옹호론자들의 교황 '중재설'을 반격하였다.[31]

이와 같이 세속권력의 독자성과 그 가치를 인정한 그는 영적 권력의 본질과 존재 가치에 대해서는 어떻게 이해했을까? 요한네스는 지상 도시에서의 안락한 삶만이 인간의 최대 목적이 아니라고 전제하고 영적 권력의 문제를 논하였다. 그에 따르면 인간은 초자연적 목적인 영원한 삶을 지향하도록 되어 있다. 더욱이 덕행에 입각한 인간 사회 질서는 그러한 숭고한 목적에 연관되어 있다. 진정한 사제인 신성왕은

---

30) John Courtney Murray, S.J., "Contemporary Orientations of Catholic Thought on Church and State in the Light of History," *Theological Studies* 11 (1949), pp.194-198.
31) 같은 논문, pp.199-202.

인간과 사회를 이러한 목적으로 인도하는 사명을 가진다.

그 목적을 수행하기 위한 수단은 성사이고, 성사를 통해 인간은 구원을 얻게 되는 것이다. 그러한 성사의 시혜를 위해서 성직자 제도가 확립되었다. 그 구조는 계층적이며 수장제적이다. 그 맨 정상엔 하나의 머리인 교황이 있고, 하나의 몸에 하나의 머리만이 정상적이라고 여겨졌다. 이러한 관념 속에서 요한네스는 신을 영화롭게 하는 목적 안에서의 사제 권력 우월성을 인정하였다. 다만 그는 사제권이 영원한 삶의 은총을 상징하는 성사의 시행을 위해 부여된 영적 권력일 뿐이라고 보았다.[32]

요한네스는 그러한 영적 사명을 지닌 주교나 사제는 직접적 세속 사법권을 가지지 못한다고 보았다. 그는 젤라시오 식의 두 권력 병행주의론에 입각해서 일원적인 성직자정치론적 해석을 반대하였다. 그러나 그의 이원론적 생각이 두 권력의 단순한 평등이나 동격을 의미하지는 않는다. 오히려 교회 권력의 본질적 영성을 부각시키고 영적 권력이 사실상의 우월한 지위에 있다고 여겼다.[33]

요한네스가 정치 질서의 독립과 영적 질서의 우월성을 말했으나 그 우월성은 영적 질서가 세속 질서와의 접촉을 거부하는 것이 아니라, 이는 영적 계층이 세속 질서를 지도하는 원리라고 보았다. 교황은 신앙과 도덕의 교사였다. 교황은 영적 권력 안에 '법적 설명권한'을 가진다는 사실로 판단해보면 그의 행위는 세속 질서에 간접적으로 영향을 미치는 것이 된다. 군주가 교황과 교회로부터 신앙에 대한

---

32) 같은 논문, pp.202-203: John of Paris는 영적 권력의 구성 요소를 여섯 가지로 구분하였다. 첫째, 사제직의 권력에 의한 성사의 성화. 둘째, 참회와 같은 성사의 시행, 교회의 권력으로 죄를 면제시킴. 셋째, 사도의 권위에 의한 복음의 설파. 넷째, 사법적 권력 또는 강제력에 의한 형벌의 부과. 다섯째, 사법적 관할권에 의한 교회 직책과 직원의 배정. 여기에 여섯 번째로 교회의 영적 사역의 지원을 위해 필요한 것을 신도들로부터 요구하는 권력을 추가하였다.

33) 같은 논문, p.204.

가르침을 받는 한, 군주는 이 권력에 종속된다. 그러나 이러한 가르침이 그의 군주적 통치에 직접적으로 영향을 미치는 것이 아니며, 동시에 그의 합법적 신분을 위협하는 것이 아니다.

영적 권력의 재판권은 영적인 문제에 있어서의 재판권이고, 정의, 인정법, 공공 치안 등을 위배한 것에 대한 재판권은 전적으로 군주에게 속한다. 정치적 범죄의 경우에 왕을 교정하는 것은 교황의 업무가 아니고 그 지역의 봉신과 귀족들의 일인 것이다. 만일 그들이 그것을 할 수 없다면 그들은 교회의 도움을 요청할 수 있다. 요한네스가 판단하기에 프랑스 왕권은 교황권으로부터 직접 간섭을 받지도 않았고 간섭받을 수도 없었다. 그러나 황제의 경우는 다르다고 보았다. 황제는 교황으로부터 세워졌기 때문에 교황에 의해서 폐위될 수도 있고, 교황으로부터 봉토를 받을 수도 있었다.[34]

끝으로 요한네스는 '교권sacerdotium'과 '속권 또는 왕권regnum'을 단순히 한 단일 사회 내의 두 권력이나 기능으로 보지 않고 뚜렷이 구분되는 사회 안에 각기의 위치를 가진 존재로 보았다. 그는 로베르토 벨라르미노와 같은 후기의 학자들 사이에서 자주 나타나는 바와 같이 교회가 정치적·종교적 실재라는 관점을 가지지는 않았다.

요한네스 파리가 교황권지상론을 주장하는 극단적 성직자정치론자들의 일원론적 사고에 반대했지만 그는 분명히 필립 왕의 파벌에 가담하거나 그들을 위해 봉사한 것은 결코 아니었다. 다만 그의 두 권력 이론은 정치 현실에서 프랑스 왕의 측근에 이용되었으며, 때로는 그들에 의해서 요한네스의 이론이 왜곡되거나 과장되었다.

왕의 맹신적 추종자로서 보니파시오 8세의 암살 계획을 추진했던 기욤므 드 노가레와 로마에서 교황에게 대립했던 스티븐 콜로나를 비롯한 필립 왕의 측근들은 교황의 완전권을 전면 부인하고 왕권의

---

34) 같은 논문, pp.207-209.

우위를 주장하기 위해 요한네스의 두 권력 구분론을 중요한 이론적 배경으로 삼았다. 그러한 결과로 요한네스의 이론은 프랑스 왕의 입지를 강화해 주는 데 기여하였다. 그렇다고 할지라도 그것은 요한네스의 이론이 원래 의도했던 방향은 아니었다. 요한네스의 의도는 속권 우위론을 주장하려는 데 있었다기보다는 일원론적 교황권지상주의자들에 맞서 속권의 고유한 영역과 자율권을 보장하려는 데 있었다. 요한네스 파리의 이론을 제한적 교황권 사상으로 파악하는 이유가 여기에 있다.

제9장

교황 보니파시오 8세의 보편적 지배권론

14세기 교황의 아비뇽 유수로 교황권이 실추되었던 것에 비해서 이의 원인을 제공한 보니파시오 8세는 그 어느 시대보다도 강력한 교황권 사상을 표방하였다. 13세기에서 14세기로의 전환기에 젤라시오 식의 두 권력 이론보다는 교황이 전적으로 세속적 검도 소유한다는 단일 수장론에 입각한 교황 수위권 사상이 과감히 표출되었다.

세기의 전환기에 서유럽 각국의 대외적 관계는 매우 복잡하게 얽혀 있었으며, 이는 필연적으로 교황의 이해에 관련될 수밖에 없었다. 이 시기에 각국의 위상은 인노첸시오 3세나 인노첸시오 4세가 세속국가들 에 맞설 때의 상황과는 현격하게 달랐다. 프랑스 왕 필립 4세는 교황에 과감히 맞설 수 있을 만큼 국내의 추종 세력을 확보하였고 중앙집권적 왕권을 강화하였다. 이에 반해 교황 보니파시오 8세는 단지 교황권력의 범위를 확대하여 제시하고 강조하는 구태의연한 방식에 의존하였다. 그러한 현실 속에서 보니파시오는 전례를 찾아보기 어려운 강력한 교황권 이론을 세속권력에 대항하는 무기로 삼았다.

보니파시오의 교황권 사상을 이해하기 위해서는 프랑스와 로마교회 의 외교적 관계를 먼저 살펴보아야 할 것이다. 그러한 토대 위에서 보니파시오는 처음부터 교황의 완전한 세속적 사법권에 대한 사상을 지녔을까, 과연 교령 〈유일한 하나의 교회Unam sanctam〉에 명기된 교황권의 내용은 구체적으로 어떠한 것일까, 보니파시오의 그러한 입장 확립에 어떠한 사상적 배경을 찾아볼 수 있을까 등의 문제를 해결할 수 있을 것이다.

그러한 몇 가지 문제를 해결하기 위해서 보니파시오 8세의 교황권 사상이 집약되었다고 할 수 있는 교령 〈유일한 하나의 교회〉를 분석하고 그 시대의 사상적 배경을 알아보고자 한다. 그 교령은 정치적 갈등 속에서 생성되었으므로 프랑스 왕 필립 4세와 보니파시오 8세 사이에 전개된 정치적 관계를 선행적으로 살펴보기로 한다.

1. 대외적 갈등과 교령 〈재속사제에 명함Clericis laicos〉의 반포

(1) 베네딕트 가에타니Benedict Gaetani의 활약과 교황 선출

교황 보니파시오 8세Bonifacius VIII(1294-1303)가 된 베네딕트 가에타니는 1220년경 이탈리아의 아나니에서 출생하였다. 그의 가문은 원래 스페인계였으나 가에타에 오랫동안 정착했기 때문에 아나니로 이주한 후에도 가에타니라는 성을 가졌으며, 인노첸시오 3세, 그레고리오 9세, 알렉산데르 4세 등과 인척 관계에 있었다. 그는 어린 시절 토디 시에서 삼촌인 페테르 주교와 함께 생활했으며 벨레트리의 수사 학교에서 교육을 받았다. 또한 스폴레토에서 마기스테르 아놀드와 마기스테르 테오발드의 가문과 긴밀한 접촉을 하였고 후에는 교황청 학교에서 수학하였다. 거기서 그는 신학, 교회법, 시민법 강의에 참여하기도 했다. 이러한 그의 경력을 통해 볼 때 그가 법에 대한 지식이 풍부하고 이 분야에 높은 명성을 가졌던 것을 알 수 있다. 그렇기 때문에 탁월한 법률가로서의 베네딕트 가에타니가 『제6권 법령집 Liber Sextus Decretalium』 이라는 교회법 편찬을 주도하면서 그의 능력을 발휘하였던 것은 놀라운 일은 아니다.[1]

베네딕트 가에타니는 교황이 되기 전에 예전의 그레고리오 7세처럼 교황청의 투사로서 많은 활약을 하면서 교회의 권리를 방어하는 데 있어 지도적인 역할을 하였다. 그는 교황 알렉산데르 4세 이후 자신의 선대 교황들의 재위시기에 가장 유능한 행정가로서의 능력을 인정받기도 하였다. 그는 무엇보다도 일관성 있는 정책과 과감한 자세를 가지고 적대자들에 맞서 교황의 권리 수호를 최대의 목표로 삼고 활동하였다.

베네딕트 가에타니가 외교적인 문제에 참여하게 된 것은 1255년 4월 교황 알렉산데르 4세가 추기경 오토보노 피에스코 Ottobono Fiesco(인노첸시오 4세의 조카)와 미래의 교황 하드리아노 Hadrianus(1276) 5세, 시몬 드 브리에 Simon de Brie(후의 교황 마르티노 4세 Martinus IV(1281-1285)) 등의 특사들을 잉글랜드에 파견하여 시칠리아의 양도 문제를 처리하도록 위임했을 때 이 특사단의 보조 일원으로서 동행하면서부터였다. 그리고 교황 니콜라스 3세(1277-1280) 때에 이르러 베네딕트 가에타니는 공식적인 교황 특사로서 중요한 역할을 맡게 된다.

그 무렵 루이 9세의 동생이며 아우구스투스와 같이 로마의 종신 원로원으로 행세하던 샤를르 앙주 Charles de Anjou와 1273년 신성로마 왕으로 리옹에서 교황이 인정한 루돌프 합스부르그 Rudolph von Habsburg (1273-1291)가 프로방스의 소유 문제를 놓고 서로 적대적 관계에 있었다. 이 문제의 중재를 위해 그가 추기경 아쿠아스파르타 Aquasparta와 함께 교황 특사로 임명된다. 이 미묘한 국제적인 문제에서 이해 당사자들 모두를 만족시키는 조약이 체결되는데, 바로 베네딕트 가에티니가 그 내용과 형식을 작성한 것으로 알려지고 있다.[2]

---

1) Mary Mildred Curley, *The Conflict Between Pope Boniface VIII and King Philip IV, The Fair*, diss. (The Catholic U. of America, 1927), pp.2-4.

1280년 8월 23일 니콜라스의 사망 이후 추기경 회의는 6개월 동안이나 후임 교황을 결정하지 못하다가 1281년 2월 22일 샤를르 앙주의 영향 하에서 시몬 드 브리에를 교황 마르티노 4세로 선출하였다. 이 시기부터 아비뇽 시대까지 추기경 회의의 결정에 프랑스의 영향력이 미치게 되었다. 한편 마르티노는 베네딕트 가에타니를 부제 추기경으로 발탁했으며 이때 그는 7명의 부제 추기경 가운데 4명의 프랑스인, 1명의 잉글랜드인, 1명의 롬바르디아인 외에 유일한 이탈리아인이었다.[3]

　마르티노가 교황으로 재위하는 동안 국제 문제는 복잡하게 얽혀 들어갔으며 이때 가에타니가 직접적으로 외교적 능력을 발휘하게 된다. 당시 국제 문제의 발단은 샤를르 앙주가 시칠리아를 지배함으로써 아라곤의 페테르 3세와 충돌한 데서 시작된다. 이에 교황 마르티노 4세는 페테르 3세의 파문을 결정하고, 페테르로부터 아라곤, 발렌시아, 카탈로니아 등을 몰수하여 이를 샤를르 발루아에게 넘겨주었다. 그럼으로써 국제간의 분규와 긴장은 해소되지 않고 지속되었다. 따라서 시칠리아와 아라곤의 문제는 교황 호노리오 4세와 교황 니콜라스 4세 하에서도 교황이 중재해서 풀어야 할 중요한 과제로 남게 된다.

　추기경 가에타니와 제라르드는 최선을 다하여 이 문제의 타결을 위해 노력하였다. 1291년 타라스콘에서 각 지역의 사절들(아라곤에서 12명, 잉글랜드 왕 에드워드 1세, 나폴리 왕 샤를르 2세의 특사 4명)이 모여 강화 조약을 체결하게 되었고, 그 조약안이 1291년 4월 7일 비준됨으로써 이 문제가 일단락되었다. 이때 강화안의 기초는 교황 특사에게 위임되었는데 특별히 베네딕트 가에타니가 이를 작성하였다. 이와 같이 가에타니는 국제간의 외교 문제에 탁월한 능력을 발휘하여 국제적인 긴장을 해소하는 데 많은 기여를 하였다. 이에 교황 니콜라스 4세는

---

2) 같은 논문, pp.6-8.
3) 같은 논문, pp.8-9.

교황의 뜻에 따라 뛰어난 활동을 보여준 베네딕트 가에티니를 1291년 사제 추기경으로 임명하였다.[4]

1292년 4월 4일 니콜라스 4세의 사후 교황청 내에서 오르시니Orsini 가와 콜로나 가의 파벌이 대립한 데다 대大역병의 참사가 겹쳤기 때문에 27개월이 경과된 뒤에야 은둔 수도자 페테르 무에로니Peter of Murroni가 교황으로 선출되어 1294년 8월 29일 교황 첼레스티노 5세로 서품 받는다. 그러나 교황으로서 그의 능력에 대한 불신이 확대되면서 급기야 1294년 12월 13일 첼레스티노 5세가 양위를 선언하게 된다. 그리고 1294년 12월 24일 베네딕트 가에타니가 교황으로 선출되어 보니파시오 8세로 서품된다.[5]

그런데 첼레스티노의 퇴위와 전 교황이 살아있는 가운데서의 새 교황 선출 과정은 후에 보니파시오 8세의 역할을 좋지 않게 보는 실마리를 제공하였다. 정치적 갈등이 격화될 때 콜로나 가의 두 추기경과 프랑스 왕 필립 4세의 측근들은 보니파시오가 첼레스티노에게 퇴위하도록 강한 언질을 주어 유약한 교황으로 하여금 물러나게 했기 때문에 보니파시오가 성좌를 강탈한 것이라고 비난하였다. 이 점에 관해서는 현대의 역사가들 사이에서도 해석상의 차이를 보여주고 있다.[6]

---

4) 같은 논문, pp.10-22.
5) 같은 논문, pp.25-48.
6) Heinrich Finke, *Vorreformationsgeschichtliche Forschungen: Aus den Tage Bonifaz VIII* (Münster: Druck und Verlag der Aschendorffschen Buchhandlung, 1902), p.38: 핑케Finke는 추기경 가에티니가 은둔 수도사 교황의 선출에 대해서 못마땅하게 생각하고 있었고 둘 사이에 불편한 관계가 지속되었다고 보았다. 더욱이 추기경 가에티니는 첼레스티노의 정책에 대해서 냉담하였고 그의 퇴위 직전에는 교황청의 핵심 세력이 되어 큰 영향력을 행사했다는 것이다; Joan Charles L. de Sismondi, *History of the Italian Republics of the Middle Ages*, vol.XIV, chap.v (paris, 1826), p.106; 시스몬디는 베네딕트 가에티니가 교황 첼래스티노의 유약한 정치에 불만족하고 그의 통치가 그리스도교의 안전을 위협한다고 과장한 추기경 회의의 회원들에게 선전문을 유포하였다고 하였다. 또한 가에티니가 기지를 부려 첼레스티노의 마음을 지배하였고 그 자신에게 적합하지 않은 직위를 스스로 물러나도록 유인했다고 보았다; Curley,

(2) 잉글랜드와 프랑스의 충돌에 대한 교황의 중재

보니파시오 8세가 교황으로 선출될 무렵 아라곤과 프랑스 사이에 강화의 체결로 두 지역의 긴장이 해소되었으나 필립 4세Philip The Fair (1285-1314)는 가스코뉴와 플랑드르를 둘러싸고 잉글랜드 왕 에드워드 1세와 충돌하게 된다. 어느 시대에도 그랬듯이 이 시기의 잉글랜드·프랑스 관계는 당사국들의 문제에 그치지 않고 필연적으로 로마교회와의 이해관계에 부딪치는 것이어서 이 분쟁에 교황을 끌어들이는 결과가 되었다. 교황과 필립의 처음 마찰은 1296년에 시작되었고 1300년에 일단락된다고 할 수 있다. 먼저 이 기간 중에 전개된 국제적 긴장과 교황의 관심에 대해 살펴보기로 한다.

13세기말경 프랑스는 유럽에서 가장 강력한 국가로 성장하고 있었다. 필립 4세는 이제 봉건시대의 왕이라는 말이 무색할 정도로 봉건 귀족들의 세력을 꺾고 그들로부터 저항을 받지 않게 되었으며, 그 자신이 최고의 권력자라는 자만심을 가지고 있었다. 그는 제국과 교황의 간섭으로부터 벗어나서 어떻게 해서든 프랑스의 독자적인 왕권을 확립하고자 했다. 이와 같이 프랑스 왕권을 강화하려는 그의 목적은 프랑스에 거대한 봉토를 소유하고 있는 잉글랜드와의 문제가 먼저 해결되어야만 실현이 가능했다.

당시의 잉글랜드 왕은 헨리 3세의 아들인 에드워드 1세였다. 그는 스코틀랜드와 웨일즈의 복속을 꾀하였고, 이 과정에서 전개된 일련의 전쟁에서 그의 계속적인 승리는 필립 4세의 질시를 초래하였다. 에드워드는 아키텐을 프랑스의 봉토로서 보유하고 있었는데 이로 인해 그는 프랑스로부터 심한 압박감을 받게 되었고, 결국 두 군주 사이에 논쟁이 일게 되었다. 비스케이 만과 도버 해협을 통과하는 생크 항과 바욘의

---

p.39: 그러나 컬리는 여러 가지 정황으로 볼 때 가에티니가 첼레스티노로 하여금 퇴위를 유인하지 않았다고 결론짓고 있다.

배들이 노르망디의 배들과 뒤섞이기 쉬웠고, 바욘 선원들의 노르망디 침입은 1294년에 시작되는 전쟁의 원인이 되었다.[7]

이러한 두 나라 선원들의 마찰이 수십 년 지속되었고, 아키텐 지역에 있는 잉글랜드 왕의 관리들은 프랑스의 명령에 결코 복종하려 하지 않았다. 에드워드 1세의 편에서는 필립의 불평에 대항하지 않고 가급적 전쟁을 피하고자 하였다. 그래서 그는 결혼 정책을 통해 필립과 혈연적 결속을 꾀하면서 프랑스 왕의 명령에 복종하지 않는 아키텐의 관리 20명을 인도하였다. 그런데 필립은 그러한 잉글랜드에 대한 보답으로 잉글랜드가 가스코뉴를 일시 양도하면 40일 이내에 이를 돌려주겠다고 하고서 이에 대한 약속을 이행하지 않았다. 이로 말미암아 양측의 긴장은 고조되었고 결국 에드워드는 플랑드르의 공작 기 둠피에르, 독일의 아돌프 등과 연계를 맺으면서 북부와 동부에서 프랑스에 군사적 위협을 가했다.[8] 이에 필립은 스코틀랜드의 존 발리올과 연합을 하여 에드워드에 대응하게 된다.[9]

그와 같이 시작한 아키텐 전쟁은 중세 역사에서 가장 특별한 전쟁에 속했다. 물론 이 전쟁이 매우 처절했거나 대대적인 전쟁은 아니었다. 이것은 몇몇 전투에 불과했다고도 할 수 있을 것이다. 그런데 이 전쟁이 특이했던 것은 중세 역사상 가장 경비가 많이 든 전쟁이었다는 점이다. 필립과 에드워드 양자 모두는 제국 제후들의 지원을 얻거나 교회에 세금을 부과하는 등 할 수 있는 모든 방안을 모색하지 않을 수 없었다.[10]

---

7) Joseph R. Strayer, *The Reign of Philip The Fair* (Princeton, New Jersey: Princeton UP, 1980), p.317.

8) J. R. Tanner, and C. W. Previte-orton, Z. N. Brooke (ed.), *Decline of Empire and Papacy*, vol. VII of *Cambridge Medieval History* (Cambridge: Cambridge UP, 1968), p.311.

9) Strayer, *The Reign of Philip The Fair*, pp.318-319.

10) 같은 논문, p.320: 필립은 독일의 제후들에게 금납 봉건세money-fiefs로서 1294년 룩셈부르그 백작과 비엔나의 황태자에게 각각 500 l.t., 1296년 메츠의 주교에게 2,000 l.t., 1296년 홀랜드의 공작에게 6,000 l.t.를 부과하였다.

이와 같은 잉글랜드와 프랑스의 대결을 완화시키기 위해서 보니파시오는 필립과 에드워드에게 프랑스 출신의 두 주교 추기경 시몬 팔레스트리안과 베르나르드 알바노를 보내 사태를 진정시키고자 했으나 오히려 상황만 악화시키고 말았다. 보니파시오는 1296년 6월 24일 세례요한 축제일까지 1년간의 휴전을 선언했고, 양국이 모두 이에 동의했으나 상황은 전쟁을 계속하는 방향으로 진행되었다.[11]

(3) 성직자 과세 문제와 〈재속 사제에 명함*Clericis laicos*〉의 반포

로마교회는 대외적 관계에서 잉글랜드보다는 프랑스와 심한 충돌을 빚게 된다. 둘 사이의 분쟁은 두 시기로 구분될 수 있다. 첫 번째 시기는 1296년부터 1300년까지로 교회와 성직자에 대한 과세를 둘러싸고 빚어진 충돌로서 교령 〈재속 사제에 명함*Clericis laicos*〉과함께 그 긴장이 절정에 이른다. 두 번째 시기는 1301년부터 1303년 보니파시오가 사망할 때까지이다. 이 단계에서는 교회 과세 문제를 넘어서 필립 왕이 교황의 권위와 신뢰도를 부정하여 발생한 것으로서 이 과정에서 교령 〈유일한 하나의 교회*Unam sanctam*〉가 반포된다.

교황이 성직자에 대한 과세 문제로 프랑스 왕과 부딪치게 된 것은 잉글랜드와 프랑스 간의 전쟁에서 비롯되었다. 전쟁을 수행 중인 잉글랜드와 프랑스의 왕은 전쟁 경비 충당을 위해 각자 자국 내의 성직자들에게 세금을 부과하였다. 긴급하게 재원이 필요한 필립에게 법률가들은 그의 모든 신하들이 그에게 종속된다고 해석해 주었지만 당시의 이론에 따르면 교회는 빈자의 범주에 속했고 이에 과세할 수 없었다.[12]

당시 성직자가 십일세를 지불하면 종신으로서 주군에게 지불할 구

---

11) Curley, "The Conflict Between Pope Boniface VIII and King Philip IV, The Fair," pp.71-72.
12) T. S. R. Boase, *Boniface VIII* (London: Constable & Co.Ltd, 1933), p.131.

호금과 기타 의무를 면제받는 것이 상례였다. 그런데 필립 4세는 갖가지 형태의 성직자 세금을 일반 재정 예산 속에 포함시키고 이를 강압적으로 시행하고자 하였다. 이러한 왕의 정책은 1295년 1/100세의 부과로부터 시작된다. 1/100세는 자산 부과세 capital levy였기 때문에 교회와 상인에게 가장 무거운 부담이었다. 교회의 경우, 1294년부터 시행된 2년 기한의 십일세가 아직도 끝나지 않은 상태였다. 그럼에도 불구하고 자산 부과세는 강제 징수되었고 왕의 관리들은 때때로 교회의 숨겨진 재산을 찾아내기 위해 강압적으로 조사하고 가택 수사를 하였다.[13]

한편 잉글랜드에서는 1294년 6월 에드워드 1세가 프랑스와 유사한 조처를 취하는데, 왕이 위탁자를 파견하여 모든 종교 건물과 병원, 대학의 재산을 정밀히 조사하고 등록하도록 하였다. 이것은 비 군사의무 계층이 '왕의 방어를 위해 pro defensione regni' 기여하도록 한 새로운 수단이었다.

프랑스에서는 1296년 초 성직 재정 십일세의 마지막 할부 기간이 채 끝나기 전에 자산세 금납 법령이 시달됨으로써 성직자들은 더욱 압박을 받게 되었고, 이는 앞으로 있을 대격동을 예견하도록 하는 사건이었다. 이제 군사적 의무에 묶여 있는 봉건 귀족들을 제외하고 동산이건 부동산이건 재산을 소유하고 있는 사람들은 모두 과세의 대상이 되었으며, 성직자들은 '보조세 de isto subsidio faciendo'를 면제받지 못했다. 1296년 여름 필립은 4년간의 십일세 연장을 더 요청하기 위해 나르본 지역 공의회에 접근한다.[14] 그리고 교회의 재산은 이중과세를 위해 성직재산 spiritualia과 세속재산 temporalia으로 구분되었다. 따라서 성직자들은 더 이상 그 부담을 견딜 수 없었다. 랭스 지방에서 가장 큰 재원을 소유했던 시토 교단은 로마에 보낸 호소장에서 필립 왕의

---

13) Boase, *Boniface VIII*, p.135.

14) Heinrich Finke, "Zur Charakteristik Philips des Schönen," *Mitteilung des Instituts für Osterreichische Geschichtsforschung* XXVI (1905), pp.201-224.

교회 과세와 신정법 무시를 격렬하게 비난하였다.[15]

교황 보니파시오 8세도 이 문제에 대해서 즉각 조치를 취할 수 없는 형편이었다. 그렇지만 어떠한 형식으로든 이를 문제 삼지 않을 수 없었고 필립의 행위에 제동을 걸 수밖에 없었다. 교황은 여전히 전 세계적인 십자군 전쟁의 열정을 가지고 있었다. 게다가 시칠리아 문제가 아직 종결되지 않은 상태였으므로 로마교회가 중심이 되어 해결해야 할 일들이 산적해 있었다. 이와 같이 복잡한 상황 속에서 로마교회 역시 재정적 수입이 절실히 필요했기 때문에 프랑스 교회의 재산이 국가로부터 침해받는 것은 더 이상 용인할 수가 없었다. 더욱이 프랑스 왕의 조치로 중압감 속에 눌려 있는 성직자들의 항의가 교황청에 쇄도하였다. 이에 1296년 2월 교황은 유명한 교령 〈재속 사제에 명함〉을 작성하여 반포하기에 이른다.[16]

〈재속 사제에 명함〉은 성직자 과세에 대해 언급한 재치 있고 분명한 내용의 교황 성명으로 알려지고 있다. 이 교령은 1179년 제3차 공의회에서 승인된 교회법을 기초로 하고 있으며 크게 두 가지 원칙을 포함하고 있다. 첫째는 세속인들이 왕의 재정적 필요와 보조금 정도를 결정할 수 있는 권리를 가진 것처럼 성직자도 동등한 권리를 가진다. 둘째는 세속 목적을 위한 교회 재정 지출 필요가 있을 때는 교황과 상의해야 한다는 것이다. 인노첸시오 3세와 알렉산데르 4세도 유사한 형태의 교령을 반포했으나 보니파시오 8세의 교령은 그들보다 훨씬 더 강력한 것이었으며, 이는 모든 것이 교황의 허용 여부에 달려 있다는 것을 뜻하였다.[17]

여기에서 보니파시오 8세는 성직자가 교황의 허락이 없이 원조,

---

15) Boase, *Boniface VIII*, pp.134-135.

16) Tanner, *Decline of Empire and Papacy*, p.312.

17) Curley, "The Conflict Between Pope Boniface VIII and King Philip IV, The Fair," pp.74-75.

조성금, 보조금 또는 증여의 명목으로 1/2세, 1/10세, 1/20세, 기타 등등의 재산과 재정의 일정 비율을 세속권력자에게 지불해서는 안 된다고 규정하였다. 그리고 그러한 돈을 강요하거나 지불함으로써 이 교령을 위반하는 모든 자에게는 자동적으로 파문이 가해진다고 경고하였다. 보니파시오는 이 문서에서 그 대상자로 황제, 왕, 군주의 직접적인 호명이나 호칭을 피하였다. 이것은 시대 상황에 맞서서 성직 자의 재정을 보호하려는 실질적인 장치였으나 세속 군주들에게 직접적 으로 대항한 공격적인 움직임은 아니었다. 사실 프랑스나 잉글랜드 어느 곳에서도 이 교령은 즉각적으로 시행되지 않았다.[18]

보니파시오는 잉글랜드와 프랑스에서 〈재속 사제에 명함〉을 유포하 도록 교황 특사들에게 명령하였으나 양 국가에서의 저항은 대단히 강했다. 에드워드나 필립 누구도 이에 복종하지 않았다. 오히려 잉글랜 드에서는 스코틀랜드와 전쟁을 치르기 위해서 에드워드가 1296년 12월 23일에 부과금을 규정하였다. 귀족은 소득의 1/20세, 평민은 1/8세 지불에 동의하였고, 성직자는 1/10세가 요구되었다. 왕은 성직자들의 동의를 기다렸으나 그들은 교황의 허락이 없이는 그러한 보조금 지불에 대한 동의가 금지되어 있음을 주장하면서 완강히 거부하였다. 이러한 상황 속에서 캔터베리의 대주교는 1297년 8월 10일 런던에서 공의회를 소집하여 교황의 허락이 없이는 성직자들이 지원금을 제공할 수 없으나 왕이 직면한 사태를 왕과 주교들이 납득할 만하게 설명한다면 성직자들 도 헌금할 수 있다는 점을 확인하였다. 그런데 스코틀랜드의 내란으로 왕의 태도가 누그러졌고, 왕은 성직자, 영주, 평민의 동의가 없는 한 더 이상 부과금을 부과하지 않겠다고 약속하였다.[19]

그러나 〈재속 사제에 명함〉이 어느 특정 지역을 지칭한 것이 아니었

---

18) Boase, *Boniface VIII*, p.138.

19) Curley, "The Conflict Between Pope Boniface VIII and King Philip IV, The Fair," pp.76-77.

음에도 특별히 프랑스에서는 격렬한 반대에 부딪쳤다. 필립은 어느 군주보다도 과중한 세금을 부과하고 악화惡貨를 자주 유통시킴으로써 성직자와 세속인들을 압박하였다. 필립과 그의 조력자들은 이 교령 이면에 교황의 독재가 숨겨져 있다고 의심하였고, 교황이 왕권을 행사하려는 야망에 사로잡혀 있다고 공격하였다. 1296년 8월 18일 필립은 프랑스로부터 화폐, 정금, 귀금속, 식량, 말, 무기 등의 수출을 금지하는 법령을 선포한다.[20] 그는 이를 통해 보니파시오가 성지를 위해 사용하고자 하는 재원을 봉쇄함으로써 로마에 타격을 주고자 하였다. 또한 필립은 모든 이국인들의 프랑스 체류를 금지하는 법령을 반포하였으며[21], 이를 통해 왕은 교황의 특사들과 대사, 수세리들, 프랑스에서 성직록을 받고 있는 이탈리아인들을 공격하고자 하였다.[22]

프랑스 왕의 그러한 조치에 보니파시오는 매우 당황하여 1296년 9월 25일 교령 〈형언 못할Ineffabilis〉을 작성하여 무례한 필립의 칙령에 대응하였다. 보니파시오 8세는 이 교령에서 〈재속 사제에 명함〉의 원칙을 대체로 유지한 반면, 봉신들의 문제를 언급하면서 내용을 약간 수정한다. 보니파시오는 왕이 그의 적들로 둘러싸여 있다는 점과 교령의 내용을 무시하기 때문에 그의 신하들로부터 거의 사랑을 받지 못하고 있음을 상기시키면서 필립을 위협하였다. 그리고 1296년 9월 30일 교령 〈축출Excidat nos〉을 통해 완강한 교황의 모습을 보인다. 이에 필립은

---

20) Joshep R. Strayer, "Notes on the Origin of English and French Export Taxes," *Studia Gratiana* XV (1972), pp.416-418: 수출금지 조치는 루이 왕St. Louis 재위 시에도 있었으나 식료품의 부족을 막기 위해 지역적으로 행했을 뿐이었으며, 필립 3세의 치하에서 1277년 면, 곡물, 포도주가 처음 전면적으로 금수禁輸된다. 1282년에는 말과 무기를 금수하였다. 필립 4세는 선대왕들의 정책을 확대 이용했는데, 귀금속, 곡물, 천, 염료, 조미료, 포도주, 말, 무기 등을 금수하였다.

21) P. Dupuy, *Histoire du Différend entre le Pape Boniface VIII et Philip le Bel, Roy de France* (Paris, 1655), pp.13, 15.

22) Curley, "The Conflict Between Pope Boniface VIII and King Philip IV, The Fair," p.78.

교황의 교령을 전면적으로 반박하는 내용의 칙령 〈반박문Antequam〉을 반포하여 교황에 대응하게 된다.[23]

이와 같이 상황이 긴박해지자 교황은 1297년 2월 7일에 교령 〈로마 어머니 교회Romana mater ecclesia〉와 〈용인Coram illo fatemur〉을 반포하여 유화적인 모습을 보이게 되었고, 이에 프랑스왕도 그의 칙령을 철회한다. 보니파시오는 한 걸음 나아가 1297년 7월 31일 교령 〈인지Noveritis nos〉를 반포했는데 이는 〈재속 사제에 명함〉의 내용을 무조건적으로 무효화하는 공식적 선언이었다. 이 교령은 재정적 필요가 있을 경우 교황의 동의가 없이도 프랑스 왕의 성직자 과세권을 인정하는 것이었다. 나아가서 성지 원정을 목적으로 필립에게 1/2의 경비를 제공하기로 하고 공석중인 성직자의 성직록을 1년간 그에게 주기로 하였다. 그뿐만 아니라 교황은 1297년 8월 11일 왕의 조부인 루이 9세를 시성하여 필립에게 최대한의 유화적인 모습을 보인다. 이에 프랑스 왕도 수출 금지령을 철회하게 된다.[24]

이 무렵 필립은 플레밍을 패배시키고, 부르허Bruges와 릴Lille을 점령했으며, 에드워드와 플랑드르 공작의 간청에 따라 2년간의 '휴전truce'에 서명하였다. 이 과정에서 보니파시오는 양국의 평화를 이끌어내기 위해서 중재를 맡게 된다. 양국의 대립 완화는 교황이 평화를 위해 소망했던 일이었다. 이와 같은 국제적 상황의 변화로 교황과 필립 왕과의 대립도 일시적으로 원만한 관계를 가지게 되었다. 따라서 이후 1300년까지 교황과 필립 4세 사이에 야기되었던 첫 단계의 불화는 일단 수그러들었다.

---

23) 같은 책, pp.81-83.
24) 같은 책, pp.83-84.

2. 교령 〈유일한 하나의 교회Unam sanctam〉의 반포

(1) 갈등의 재발과 〈유일한 하나의 교회〉의 반포

교황과 프랑스 왕 사이에 빚어진 두 번째 단계의 갈등은 1301년에 시작되었다.[25] 이 단계에서 교황과 왕의 충돌을 몰고 간 것은 정작 과세 문제라기보다는 교황의 권위와 교황으로서 보니파시오 개인의 자격과 합법성을 둘러싼 것이었다.[26] 교황과 왕 사이에 야기된 충돌의 불씨는 베르나르 드 쎄쎄를 둘러싸고 발아하였다. 보니파시오는 즉위 직후 파미에 본원 수도원의 원장을 주교직으로 승격시키고, 1295년 7월 필립이 매우 싫어하는 베르나르에게 새 교구를 맡긴 일이 있다. 그런데 1300-1301년 사이의 어느 시기에 프랑스에 포로로 잡힌 플랑드르 공작의 석방을 위해 베르나르가 역할을 해주도록 로마 교황청으로부터 명령을 받았다고 알려졌다. 더욱이 그가 교황의 수위권 이론을 공공연히 주장한다는 소문까지 일게 된다. 이러한 소문은 필립을 격분시켰고 베르나르와 보니파시오에 대한 왕의 적대감을 불러일으켰다.[27]

베르나르와 적대 관계에 있던 투르의 주교와 아미앵의 주교 대리가 베르나르를 붙잡았다. 필립 왕은 그를 교회법적으로 처벌하고자 피에르 플로테와 기욤므 드 노가레를 로마에 파견하였다. 베르나르의 적대자들이 고발한 대역죄, 신성 모독, 성직 매매, 이교 행위 등의 내용은 교황 자신이 위탁한 위원들의 조사 내용과는 완전히 달랐으며 모든 것이 허위라는 것이 확실하였다. 오히려 교황은 베르나르 학대 행위에

25) Joshep R. Strayer, The Reign of Philip The Fair (Princeton, New Jersey: Princeton UP, 1980), pp.318-319.

26) Heinrich Finke, "Zur Characteristik Philips des Schönen," Mitteilung des Instituts für Osterreichische Geschichtsforschung XXVI (1905), pp.201-224.

27) Mary Mildred Curley, The Conflict Between Pope Bonifce VIII and King Philip IV, The Fair, pp.80-91.

매우 격분하여 1301년 12월 5일 주교를 즉시 석방하고 그의 몰수 영지를 즉각 반환하도록 명령하는 서한을 필립에게 보냈다. 나아가서 보니파시오는 교령 〈신에 따르면 Secundum divina〉을 발표하여 만일 파미에의 주교를 즉각 석방하여 로마로 보내지 않으면 프랑스 왕을 파문할 것이라고 위협하였다. 이에 필립은 어쩔 수 없이 베르나르로 하여금 프랑스를 떠나도록 하였고 1302년에는 몰수했던 그의 영지를 돌려주게 된다.[28]

그런데 베르나르의 문제가 어느 정도 진정되기는 했지만 교황과 왕 양측의 적대 감정은 쉽게 누그러지지 않았다. 필립 왕과 기욤므드 노가레를 중심으로 한 왕의 추종자들은 보니파시오에 본격적으로 대항하기 시작하였다. 더욱이 필립은 보니파시오의 적대자를 규합하면서 도망자 콜로나에게 피난처를 제공했을 뿐 아니라, 교황이 인정한 왕 아돌프 나사이를 폐위시킨 오스트리아의 알브레히트와 동맹을 맺기도 하였다. 설상가상으로 플랑드르의 침입과 군주의 유폐, 주교의 체포 등은 교황청의 감정을 크게 자극하는 것이었다. 이제 두 수장간의 충돌은 폭발 직전까지 와 있었다.[29]

보니파시오의 반응은 1301년 12월 4일 교령 〈세상의 구원자 Salvator mundi〉의 서명과 함께 시작된다. 이 교령은 프랑스와 잉글랜드의 전쟁이 종결되었음에도 프랑스 왕이 특권을 남용하여 교회와 성직자들을 억압했기 때문에 왕에게 부여된 모든 특권을 취소한다고 하는 교령이었다. 다음날인 12월 5일 보니파시오는 〈승진하기 전에 Ante promotionem〉, 〈합리적인 변화 Nuper es rationabilibus〉, 〈아들아 들어라 Ausculta fili〉 등 세 교령을 추가로 반포하였다. 추기경들의 조언에 따라 반포한 교령 〈승진하기 전에〉는 주교들과 수사들, 신학 박사들, 교회법과 시민법 교수들을 1302년 로마에서 개최되는 공의회에 소환하는 내용이다. 교황은 왕으

---

28) 같은 논문, pp.92-94.
29) 같은 논문, pp.94-95.

로부터 고통을 받고 있던 시토, 클루니, 프레모트르, 생 드니, 마르무티에 등의 수도원장들을 공의회에 특별히 초대하였다. 또한 교황은 왕이 직접 오거나 대표를 보내도록 공의회에 초빙하였다. 교령 〈합리적인 변화〉는 일반 선을 위해 교황이 세운 이러한 조치에 왕이 좋은 역할을 담당하도록 훈계하는 내용이었다.[30]

위의 세 교령 가운데 특별히 〈아들아 들어라〉는 프랑스의 교황권 제한주의자들[31]의 반항을 야기하였다. 이 당시 필립은 여전히 독재적인 조치를 계속하였다. 그는 적절하다고 생각되는 사람에게 그 자신이 직접 성직록이나 주교직을 수여하였고, 교황에게 호의적으로 보이는 고위 성직자들을 면직시켜 다른 사람들로 대치하는 등 교황에게 속하는 권한을 침해하기도 하였다. 이와 같이 점차 강해지는 왕의 독단을 더 이상 방관할 수 없다고 생각한 보니파시오는 교령 〈아들아 들어라〉[32]를 반포하게 된다. 이 교령을 통해서 보니파시오는 교회의 성직록을 점유하고 모든 프랑스 교회의 보호권을 남용하며 화폐를 개조한 왕을 나무랐다.[33]

교령 〈아들아 들어라〉로 인해 교황권 제한론자들의 분노가 폭발하

---

30) 같은 논문, pp.95-96.
31) 당시 프랑스에는 두 파벌이 대립했는데 그 하나는 교황권지상주의자들이고 다른 하나는 왕의 추종자들이며 이들은 교황권 제한주의자들과 일치된다. 교황권 제한주의자들은 한때 일부 성직자와 프랑스의 신학교에서 지니는 종교적 견해를 가진 집단을 가리킬 때 사용되었다. 그들의 이론에 따르면 교황권은 첫째 신의 뜻에 따라 침해될 수 없는 군주들의 세속권에 의해 제한되고, 둘째 보편공의회 권한에 의해서, 그리고 교황법령에 절대무오絶對無 誤의 권위 부여를 동의 할 수 있는 주교들의 권한에 의해서 제한되고, 셋째는 교황이 그의 권한을 행사할 때 설명하도록 되어 있는 특수 교회의 법령과 관습에 의해서 제한된다.
32) P. Dupuy, Histoire du Différend entre le Pape Boniface VIII et Philip le Bel, Roy de France (Paris, 1655), p.48.
33) Curley, The Conflict Between Pope Boniface VIII and King Philip IV, The Fair, pp.95-97; Dupuy, Histoire du Différend entre le Pape Boniface VIII et Philip le Bel, Roy de France, p.48.

게 된다. 그들은 이 문서가 왕의 위엄을 해치는 것으로 간주하였고, 보니파시오 8세 이전에 들어본 적이 없는 말, 즉 "교황이 신의 지상 대리자로서 세계 모든 왕국의 주님이라 하고, 프랑스 왕권을 교황에게 의존하게 만든다는 내용이라"고 전함으로써 필립을 분노케 하였다. 그러나 사실 이 교령은 교회에 대한 군주들의 독재적 불의를 교황이 반대할 수 있는 권리를 설명한 것이었지 이것이 세속 군주의 자유를 파괴하거나 예속화를 의미한 것은 아니었다. 또한 교황이 수위권을 주장했으나, 그것은 도덕적 문제에 관련된 범위 내에서 수위권이며 '죄악으로 인한ratione peccati' 문제의 사법권을 뜻한 것이었다. 여기에서 그가 세속 문제에서의 수위권을 주장한 것은 아니었다.[34]

그러나 필립은 교황이 세속적 수위권을 주장한다는 말을 퍼뜨리고 교황을 순전히 프랑스 국내의 세속적 문제에 간섭하는 사람으로 표현함으로써 민족주의 감정을 유발시키고자 하였다. 이때 피에르 플로테의 것으로 보이는 모조 교령 〈하나님을 두려워하라Deum time〉가 유포됨으로써 양측의 감정은 더욱 악화되었다. 한편 보니파시오가 이탈리아 사람들과 로마 사람들을 우상 숭배로 이끌고 나갔다는 소문이 확산되었는데 이는 이탈리아에서 프랑스로 도망 온 교황의 적대자, 두 명의 콜로나 가 출신 추기경 야곱과 페트루스가 의도적으로 퍼뜨린 것으로 추정된다.[35] 지금 필립은 좀 더 강력한 항의가 없이 교령 〈아들아 들어라〉의 선언을 방관한다면 그의 권력이 흔들릴 것이라고 생각했기 때문에 이에 대응하기 위해 프랑스 역사상 최초의 삼부회의Estatè General

---

34) Curley, *The Conflict Between Pope Boniface VIII and King Philip IV, The Fair*, pp.98-99.
35) Tillmann Schmidt, "Papst Bonifaz VIII. und die idolatrie," *Quellen und Forschungen aus Italienischen Archiven und Bibliotheken* Bd.66 (Tübbingen: Niemeyer Verlag, 1986), pp.75-107; John Marrone and Charles Zuckerman, "Cardinal Simon of Veaulieu and Relations Between Philip the Fair and Boniface VIII," *Traditio* XXXI (1975), pp.196-222.

를 소집하였다.

필립은 먼저 성직자, 귀족, 제3신분 등 세 계층을 규합하려 의도하였
다. 원래가 독재적이었던 왕은 제3신분의 동정심을 사기 위하여 갑자기
의회주의자가 된 것처럼 행동하였다. 삼부회의는 1302년 4월 10일
노틀담 성당에서 개최되었다. 여기에서 필립은 로마로 소환을 받은
고위 성직자들이 교황의 소환을 거절해야 하며 이러한 왕의 명령을
위반한 사람은 적으로 간주될 것이라고 선언하였다.[36]

이러한 소식이 1302년 6월 로마에 전달되었고, 이 문제에 관해 1302
년 8월 추기경 회의가 개최되었다. 여기에서 〈아들아 들어라〉가 삐에르
플로테에 의해서 프랑스에 왜곡되어 전해졌음이 지적된다. 또한 추기
경들은 공히 "교황은 영적 · 세속적 사법권을 가지고 있다"는 점과 "교황
은 그리스도가 베드로와 그의 후계자들에게 부여한 영적 사법권을
가지고 있으며 세속적 사법권은 황제와 왕들에게 속하는데 '죄에 관련
된 ratione peccati' 세속적 사건에 대한 재판은 교황에게 속한다"는 점을
강조하였다. 이 회의를 통해 교황은 프랑스 왕과 화협을 유지하고자
한다는 것과 프랑스 국민을 사랑하고 있다는 것을 강조하였다. 그리고
그의 도움이 없이는 필립이 주위의 많은 적을 물리칠 수 없으므로
프랑스 왕위에 있지 못할 것이며, 그가 왕을 폐위하지 않을 것이나
만일 그가 참회하지 않는다면 별수 없이 폐위할 것이라는 점을 분명히
하였다.[37]

필립은 국가 비상사태를 구실로 삼아 보니파시오로부터 공의회 출
석을 요구받은 주교들의 참석을 저지하게 된다. 그랬기 때문에 1302년
12월초에 개최된 공의회에는 프랑스 주교 78명 중에 36명만이 참석하
였을 뿐이고 프랑스 북부 지방에서는 아무도 오지 않았다. 이러한

---

36) Curley, *The Conflict Between Pope Boniface VIII and King Philip IV, The Fair,*
pp.101-102.
37) 같은 논문, pp.109-110.

결과에 대해 보니파시오의 심기가 불편하였고 공의회에서는 보니파시오가 원래 의도했던 바대로 프랑스 교회의 개혁에 대한 효과적인 조치를 취하지도 못하고 말았다.[38]

1302년 로마의 공의회를 통해서 원하는 목적을 성취하지 못한 보니파시오는 국가와 교회의 관계를 규명하는 데 있어 가장 중요한 단서라고 할 수 있는 교령 〈유일한 하나의 교회〉를 선포하였다. 이 교령은 그 이전까지의 정치적 충돌에 대해 언급한 것은 아니며 그 안에 있는 교회의 성격과 교황의 지위에 대한 일련의 보편적인 신학 논지들을 진술한 것이었다. 〈유일한 하나의 교회〉의 반포로 보니파시오와 필립 사이의 협상은 완전히 희망을 잃게 되었다. 왕은 신학적 반론을 제기하여 응답하지는 않았다. 그 대신 그는 보니파시오 개인에게 잔혹한 공격을 감행하였다.[39]

(2) 〈유일한 하나의 교회〉의 이론적 배경

교령 〈유일한 하나의 교회〉[40]는 교황의 '완전권plenitudo potestatis'에 세속권과 영적 권한을 모두 포함시킨 공식적 문서로서 교황청 상서원에 등재된 문서 가운데 가장 세심하게 작성된 문서에 속한다. 이것은 15세기 말 편찬된 법령집 『누락 법령집Extravagantes communes』[41]에 포함되

---

38) Brian Tierney, *The Crisis of Church & State 1050-1300* (Englwood Cliffs, N.J.: Prentice-Hall, Inc., 1964), p.182.

39) Tierney, *The Crisis of Church & State 1050-1300*, pp.183-184.

40) Aemilius Friedberg (ed.), *Corpus Iuris Canoni, Unam sanctam* (Graz: Akademische Druck-U. Verlagsanstalt, 1956) Pars Secunda, p.1245. 이하에서 인용되는 *Unam sanctam*의 문헌은 교령의 명칭만을 밝히고 인용하기로 한다.

41) 'Extravagantes'는 『그라티아누스 법령집Gratian's Decretum』 또는 『교회법전집 Corpus Juris Canonici』에 포함된 세 공적 법령집 즉 『Decretals of Gregory IX』, 『The Sixth Book of the Decretals』, 『Clementines』 등에 포함되지 않은 교령들을 지칭한다. 그 가운데 1499년에서 1505사이에 카푸이스Joannes Chappuis에 의해서 수집된 "Extravagantes communes" 파리 본은 공적법령집 체계에 따라 정리되어 편찬

었고, 이 법령집이 『교회법대전Corpus Juris Canonici』에 포함되었기 때문에 이 문서는 공적인 문서로 여겨지게 되었다. 교령 〈유일한 하나의 교회〉는 1302년 11월 18일 자로 되어 있고 이는 추기경 회의 기간 중인 것으로 알려져 왔다.[42] 그러나 그것이 반포된 날짜는 사실상 불확실하다. 당 시대의 기록에 따르면 성 베드로 교회당의 헌당 축제일이었던 11월 18일은 어떠한 추기경 회의도 회기 중이 아니었다.[43] 어쨌든 그것이 1302년 11월 어느 날에 추기경 회의에서 반포된 것만은 분명하다. 〈유일한 하나의 교회〉의 형식 자체는 적어도 추기경 회의에서의 통례적인 결정 형식을 결론 속에 제시하고 있기 때문에 그렇게 받아들일 수 있다.[44]

그러면 〈유일한 하나의 교회〉의 작성에 근간을 이룬 이론적 배경은 무엇일까? 이 법령의 특이한 점은 내용 속에 전거가 전혀 포함되지 않았다는 점이다. 그렇다고 할지라도 이 문서는 그 시대의 논쟁 문서 가운데서 매우 비중이 있고 설득력이 있으며 권위 있는 교령으로 인식되었다.[45] 이 교령에 언급된 세속권력의 기원론과 종속론은 열렬한 교황권 옹호자인 아에기디우스 로마누스의 이론을 따른 것이었는데, 이는 휴고 빅토르의 저작물과 성 베르나르드의 양검 이론에서 연유된 것들이었다.[46] 교령에서 '영적이면서 그러나 위엄있는 … 사도를 시험

되었기 때문에 특별히 공공(communes)이라는 의미를 표재에 덧붙여 지칭하였다. 이 법령집은 1281년에서 1482년까지 약 200여 년 동안의 교황들 즉 마르티노 4세, 보니파시오 8세(특히 Bull Unam Sanctam), 베네딕토 11세, 클레멘스 5세, 요한 22세, 베네딕토 12세, 클레멘스 6세, 우르바노 5세, 마르티노 5세, 에우게니오 4세, 갈리스토 3세, 바오로 2세, 식스토 4세 등의 교령들을 모아서 편찬한 것이었다. 그리고 이 법령집은 후에 『교회법대전Corpus Juris Canonici』 안에 포함되었다.

42) Finke, *Vorreformationsgeschichtliche Forschungen: Aus den Tage Bonifaz VIII*, p.146.
43) Boase, *Boniface*, pp.130-135.
44) Finke, *Vorreformationsgeschichtliche Forschungen: Aus den Tage Bonifaz VIII*, p.147.
45) Boase, *Boniface*, p.319.
46) Sir Maurice Powicke, *The Christian Life in the Middle Ages and Other Essays*

하면서; 영적 사람'의 표현은 휴고의 『성사론De Sacramentis』47)의 고전과도
같은 구절을 이용한 것이었다. 이것은 아에기디우스의 논저 속에 군데
군데 삽입되어 있었다.

그러한 이유 때문에 〈유일한 하나의 교회〉의 작성에 도움이 되었던
당대의 인물로는 아에기디우스가 가장 먼저 꼽히곤 한다.48) 아에기디
우스의 『교회 권력에 관하여De ecclesiastica potestate』는 1302년 교령이 작성되
기 전에 이미 작성되어 보니파시오에게 전해진 것으로 추정된다. 또한
1302년과 1303년 사이의 겨울에 〈유일한 하나의 교회〉에 대해 주해를
썼던 추기경 요한네스 무나쿠스에게 그 논저가 알려져 있었다. 아에기
디우스는 다음과 같이 극단적인 교황 수위권의 입장을 견지했다.

(Oxford: Clarendon Press, 1935), p.54.

47) R. J. Deferrari, *Hugh of St. Victor: On the Sacraments of the Christian Faith*
(Cambridge Mass. 1951), p.3; Spiritualem autem et dignitate… testante Apostolo;
Spiritualis homo, etc.

48) Robert Hull, *Medieval Theories of The Papacy and other Essays* (London: Burns
Oates & Washbourne Ltd, 1934), pp.62-64; Finke, 앞의 책, pp.159-160; Boase,
앞의 책, p.319. *Unam sanctam*이 아에기디우스의 논저를 참고로 했는지에
관해 사가들 사이에 각기 다른 견해를 찾아볼 수 있다. 먼저 핑케Heinrich
Finke는 리비에M. Riviere의 논문을 인용하면서 교령을 작성했던 사람이 아에기
디우스의 논저를 이용했다는 근거를 발견할 수 없다고 말하였다. 아에기디우
스의 논저는 36장으로 구성되어 있는데 교령과 유사한 부분은 두 장에 불과하
다는 것이다. 그래서 아에기디우스를 이용했다면 그것은 그의 논저에서 인용
한 전거의 머리 부분일 따름이라고 주장했다. 이에 대해 훌Robert Hull은 교령이
광범한 해석이나 설명보다는 아에기디우스의 주장의 핵심을 단순히 이용하
는데 만족했을 것이며, 영적인 것의 수위권spiritualia temporalia antecellunt의 원칙을
충분히 수용했다고 보고 있다. 그러나 핑케는 우선 아에기디우스의 논저가
1302년에 작성된 것에 대해서는 인정하지만 그 논저의 내용이 교령을 변명한
다거나 옹호하는 목적과는 맞지 않기 때문에 보니파시오 8세가 *Unam sanctam*
을 기초할 때 아에기디우스의 논저 『De ecclesiastica potestate』를 이용했을 가능
성이 없다고 주장하였다. 다만 모나쿠스Johannes Monachus가 교령의 반포 후에
작성한 주해에서 그 저작을 이용했기 때문에, 그 논저의 작성 시기는 1302년
가을로 보아야 할 것이라고 핑케는 주장하고 있다.

"영적 권력과 교황에게 원칙적으로 모든 권리와 모든 소유가 귀속됩니다. 그러므로 이에 맞서는 요구는 엄하게 처리되어야 합니다. … 인류를 지배하는데 있어 교회 안에는 완전권을 소유하는 머리가 있고, 이것은 신비한 몸을 위해서 모든 권력, 즉 두 개의 검을 가집니다. 교회는 왕을 세우고 폐할 수 있으며, 황제권은 동방으로부터 서방으로 위임되었습니다. 교회는 교회의 동의를 의미하는 안수와 도유(기름부음)를 통해 왕의 대관에 관여합니다. 그래서 자신의 국가가 교회로부터 위임된 것으로 여기지 않는 왕은 없으며, 위임을 통해서만 그는 통치하고 재판할 수 있고 그렇지 않고는 그렇게 할 수 없는 것입니다."[49]

아에기디우스는 교황권 이론의 중심적인 주제를 매우 분명하게 감지하고 있었다. 그는 권력의 계층 구분이 분명히 있으며 세속적 검이 영적인 것보다 하위에 있지 않으면 그것은 진정한 질서가 아니라고 보았다. 또한 그는 바로 교회를 통해서 모든 권력이 제정되고 그러한 과정을 통해서 지배권이 정당하게 행사될 수 있다고 주장하였다.[50] 이러한 아에기디우스의 견해는 보니파시오가 표현한 그 어떤 것보다 훨씬 더 극단적인 추론이었다.

그 외에도 아에기디우스는 '보통법 lex communis'의 관념을 교황권에 적용하였다. 그 개념에 따르면 교황은 인류를 이끌어가는 과정에서 세속적인 문제에 간여하지 않아야 하고 그것의 관리는 세속권력이 행해야 한다. 교황이 보통법을 침해하면 그것은 세속적인 것에 간섭을 하는 것이 되며, 단지 '영적인 법 les spiritualis'에 따라서 세속적인 것에 간섭해야 한다면 그것은 교회의 특수한 것에 의해서 맡겨지는 경우 즉 '죄악으로 인해 ratione peccati' 비롯된 사건의 경우일 뿐이다. 아에기디우

---

49) Finke, *Vorreformationsgeschichtliche Forschungen: Aus den Tage Bonifaz VIII*, pp.161-162.

50) Boase, *Boniface*, pp.318-319.

스는 교황이 세속적인 것에 간섭할 수 없다는 것은 교황권이 취약하기 때문이라기보다는 보통법에 입각해 있기 때문이라고 생각했다. 그래서 세속적인 것으로 인해 영적인 것에 문제가 발생하지 않는 한 보통법이 지켜져야 한다고 여겼다.[51]

이러한 견해를 가진 아에기디우스는 교황의 신뢰받는 고문이었으며, 그가 보니파시오 8세에게 헌정한 책이 좋은 인상을 주었음이 분명하다. 그러한 까닭으로 보니파시오가 선택한 표현들 속에는 이 책에 대한 그 자신의 긍정적 입장이 반영되었다고 할 수 있다.

아에기디우스와 같은 계열에 속하면서 보니파시오에 조력했던 학자들로서는 아우구스티누스 트리움푸스, 야곱푸스 비테르비오 등이 있다. 아우구스티누스 트리움푸스는 보니파시오 사후 보니파시오에게 쏟아진 비난을 물리치는 데에 앞장섰다. 그는 영적인 권한을 육체적인 것의 궁극적 근거요, 원리라고 여겼고, 극단적 교황권 옹호에 동조하였다. 그의 견해는 로마와 나폴리에서 잘 알려져 있었고 그의 명성은 상당히 높았다.[52]

문체나 해석에 있어서 아에기디우스의 논저와 유사하고 예리한 철학적 전문성을 발휘한 작품은 『그리스도교의 통치 De regimine Christiano』로서 이것은 그의 제자로 생각되는 야곱푸스 드 비테르비오의 것이었다. 이 저작물은 보니파시오에게 헌정되었고, 교황권 옹호의 보답으로 야곱푸스는 1302년 9월 3일 베네벤토의 주교로 임명되었다.[53] 야곱푸스의 논저는 9월 이전에 작성된 것으로 저자는 가톨릭의 보편적이고 신성한 사도 교회로서의 왕국, 왕과 왕의 대리자들의 권력 등을 논급하

---

51) Finke, *Vorreformationsgeschichtliche Forschungen: Aus den Tage Bonifaz VIII*, pp.162-163.

52) Richard Scholz, *Die Publizistik zur Philipps des Schönen und Bonifaz VIII* (Stuttgart: Verlag von Ferdinand Enke, 1903), pp.172-189.

53) Hull, *Medieval Theories of The Papacy and other Essays*, p.64; Boase, *BonifaceVIII*, p.320.

였다. 그는 영적 권력과 세속적 권력에 대해서 아에기디우스가 진전시킨 것을 수정하였다. 그는 세속권력이 영적 기구를 통해서 생성되지 않는다면 비합법적이고 부당하다는 아에기디우스의 이론을 그대로 받아들일 수는 없었다. 즉 그에게 중도의 길이 있었다. 그는 세속적 권한 그 자체가 실체적 존재로서 인간의 자연적 성향에서 비롯된 것이기 때문에 신의 간접적 생성물이라고 생각하였다. 즉 자연의 작업이 신의 작업인 한 그것은 신으로부터 유래하지만 간접적인 것이고 불완전하다. 그렇기 때문에 모든 인간의 권력은 신으로부터 직접 유래하는 영적인 것을 통해서 형성되고 완성되어야만 완전하게 성숙된다고 보았다.[54] 여기서 '형성된다formatio'는 '동의approbatio'와 '비준ratificatio'을 의미한다. 그래서 왕의 도유는 신성함의 표시일 뿐 아니라, 세속권력의 승인과 완성인 것이다.[55]

야곱푸스는 영적 권력이 세속권력을 제정했다면 세속권력은 영적 권력의 사법권에 속한다고 주장하였다. 모든 자연의 세속적인 것이 영적인 것에 복종하고 영적인 것을 지향하는 한 영적 권력은 제국을 움직이는 동인이라고 하였다. 세속권력에 종속되는 세속적인 것들은 영적 권력에도 종속된다. 이때 세속권력에는 직접적으로 종속되지만, 영적인 것에는 간접적으로 종속된다. 또 다른 측면에서 세속적인 것들은 권력과 간섭의 형식으로 세속권력에 종속되며, 원칙적 질서 속에서는 영적 권력에 종속된다.[56]

---

54) Boase, *Boniface VIII*, p.320; Finke, *Vorreformationsgeschichtliche Forschungen: Aus den Tage Bonifaz VIII*, p.165.

55) James of Viterbo, "To what men the power of Christ which could be communicated has been communicated. Priesthood and royal power distinguished," *On Christian Government* (Woodbridge: The Boydell Press), 1995, pp.60-71; Finke, *Vorreformationsgeschichtliche Forschungen: Aus den Tage Bonifaz VIII*, p.165.

56) James of Viterbo, "On the differences between priestly and royal power in the prelates of the Church; and of the actions of each; and certain other

야곱푸스는 그의 결론에서 완전권 개념을 정리하였다. 이에 따르면 교회의 모든 구성원이 완전권의 지배 아래 있다고 하였다. 따라서 신도들의 지도를 위해 배치된 각 권력은 영적이건 세속적이건 그 안에 포함된다. 교회 내부의 각 권력은 완전권으로부터 파생되며 완전권을 지향한다. 왜냐하면 완전권은 모든 권력의 시작이며 끝이고 각기의 인간 권력은 그것에 적절히 종속되기 때문이다. 완전권은 모든 다른 권력을 능가하며 죽을 운명을 가진 인간의 다른 권력에 의해 제한되거나, 지배되거나, 심판되지 않는다. 완전권은 그것에 종속된 민중이 무수하기 때문에 무한하며, 어떠한 법에 지배되지 않기 때문에 장소의 확대에 어려움이 없고, 어떠한 조치나 행동의 종류와 방식에 있어 누구에게도 매이지 않기 때문에 그것은 제한이 없다는 것이 야곱푸스의 주장이었다.[57]

이와 같이 야곱푸스가 지닌 영적 권력의 절대적인 수위권 사상은 중세 교황권 사상의 절정이라고 할 수 있다. 야곱푸스의 이론은 〈유일한 하나의 교회〉에서 유사한 형태로 되풀이되는 몇 개의 명제를 포함하고 있다. 그래서 그러한 것들은 아에기디우스의 논저와 같이 이 교령의 초안에 원리를 제공하였다고 할 수 있다. 이 두 명의 아우구스티누스 수도회 성직자는 교황 보니파시오 8세에게 그들의 저작을 헌상하였다.

한편 논저를 작성해 교황에게 직접 헌상하지는 않았으나 교황권 논쟁에서 교황을 적극적으로 지지하였던 인물로는 헨리쿠스 크레모나[58]가 있다. 헨리쿠스는 교황권 이론의 강화에 기여한 공로로 교황으

---

comparisons of the one with the other," pp.128-135.

57) James of Viterbo, "That in the highest spiritual power there is a fulness of both pontifical and royal power; and in what way," pp.60-71; Finke, *Vorreformationsgeschichtliche Forschungen: Aus den Tage Bonifaz VIII*, pp.165-167.

58) Elaine Golden Robinson, "Henry of Cremona," *Dictionary of Middle Ages* 6: p.165: 헨리쿠스Henricus de Casalociis de Cremona(d. 1312)는 로마의 교회법 박사로서 1297년이나 1298년으로 추정되는 시기에 짧은 논저 『*De potestate papae*』를 서술했는데 이는 교황이 오직 영적인 사건에서만 권력을 소유한다고 주장하

로부터 레기오의 주교로 임명을 받았다. 이러한 관계로 아에기디우스 로마누스, 야곱푸스 비테르비오, 헨리쿠스 크레모나, 이 세 사람 중에 한 둘이, 그렇지 않으면 세 사람 모두가 교령 작성 작업에 임명되었을 것이라는 추측을 가능케 하고 있는 것이다.

3. 교령 〈유일한 하나의 교회〉에 표출된 보편적 교황권론

〈유일한 하나의 교회〉는 공의회에서의 논란을 거쳐 산출된 결과로 받아들여지는 것이 일반적이지만 실제 공의회의 문서로서 반포된 증거는 없다. 그래서 이 교령의 작성과 반포는 교황의 독자적인 행위였음이 분명한 사실이다. 그렇지만 이 교령은 보니파시오 8세 자신뿐 아니라 그 당시 교황청 주변에서 활약하는 교황권 옹호론자들의 견해를 반영하는 것이어서 중세 후기 교황권 사상을 이해하는 데 매우 중요한 문서라고 할 수 있다.

혹자는 〈유일한 하나의 교회〉를 가장 탁월한 신학적 문서의 하나로 주장하는가 하면 일부에서는 이전 교황과 신학자들이 이미 기틀을

는 사람들에 대항해서 작성한 글이다; Finke, 앞의 책 pp.167-169: 헨리쿠스는 반론에서 성서의 많은 내용과 여러 실례를 통해 논리를 증명하고자 하였다. 그에 따르면 구약 시대에 노아와 아브라함은 제사장과 왕의 직을 동시에 소유했으며, 신약 시대에 그리스도는 왕이요 제사장이었으며, 동시에 '세상의 主dominus in temporalibus'였고, 그의 권력을 베드로와 교황에게 위임하였다. 따라서 맨 위로부터 아래까지 모두는 교황의 권력에 속한다(Ergo de primo ad ultimum sunt sub potestate pape). 이때 그는 교황이 'Translatio'의 덕택으로 황제 선출의 승인권 및 폐위권, 지도권을 소유한다고 하였다. 달은 해의 빛을 받을 때에야 비로소 빛을 발한다는 자연과학자와 천문학자들의 학설을 제시하면서 황제 역시 교황이 그에게 권력을 수여할 때에야 비로소 권력을 가진다고 그는 설명하였다. 여기서 그의 'Fecit Deus duo luminaria'라는 표현을 비롯해 많은 점에서 Unam sanctam의 내용과 표현 양식이 일치하고 있어서 서로의 관련성을 인정하지 않을 수 없다.

마련한 내용의 반복에 불과하다고 보는 견해도 있다. 또한 이 교령의 내용을 교황의 절대 권력의 표현으로 보는가 하면 그 진정한 의미는 '간접적 권력'에 대한 설명으로 간주하는 경향도 있다.[59] 이러한 논쟁점 외에도 제기될 수 있는 갖가지 논점들은 〈유일한 하나의 교회〉 자체의 분석을 통해서 어느 정도까지는 정리될 수 있을 것 같다.

교령 〈유일한 하나의 교회〉는 무엇보다도 교회와 국가의 관계, 영적 권력과 세속권력의 관계를 예레미야 선지자의 말, "보라, 오늘 나는 너를 따르게 될 열방과 왕국들, 기타 모두의 위에 너를 두었다"에 기초하여 설명하였다. 이와 관련된 교령 〈유일한 하나의 교회〉의 중심 주제를 일곱 가지로 나누고, 교령의 내용을 살펴보면서 분석하고 파악하기로 한다.

첫째, 〈유일한 하나의 교회〉는 교회의 단일성을 강조하였다. 교령의 첫머리는 다음과 같은 내용으로 시작된다.

> "신앙의 힘에 의해서 우리는 하나의 신성한 가톨릭교회Catholicam와 그것의 복음이 있다는 것을 믿고 고수하지 않을 수 없습니다. 우리는 그것(교회)을 확고하게 믿고, 그것의 밖에서는 구원도 없고 죄의 용서도 없다는 것을 단순하게 고백합니다."[60]

위의 내용에서 특별히 'Catholicam'이라고 지칭한 것은 로마 가톨릭교회의 단일성과 그 정통성을 함축적으로 표현한 것으로 보인다. 또한 이러한 단일성의 주장은 각 국가의 지리적 영역 안에 흩어져 있는 어떠한 교회도 모두 이 단일한 교회의 범위에 포함시켜 지역의 교회가

---

59) Hull, *Medieval Theories of The Papacy and other Essays*, p.62.

60) *Unam sanctam*: "Unam sanctam Ecclesiam catholicam, et ipsam apostolicam, urgente fide, credere cogimur et tenere. Nosque hanc firmiter credimus, et simpliciter confitemur: extra quam nec salus est, nec remissio peccatorum."

교회의 보편성과 단일성에서 벗어날 수 없음을 전제하려 한 것으로 생각된다.

둘째, 이 교회는 하나의 몸과 하나의 머리를 가지고 있음을 강조하였다.

"그러므로 그 교회는 하나이고 유일한 하나의 몸과 괴물과 같이 두개의 머리가 아닌 하나의 머리를 가집니다."[61]

여기서 그리스도가 그 머리이고 그의 대리자는 성 베드로인데 그 대리권은 베드로의 후계자에게 지속된다는 점을 시사하고 있다. 따라서 성 베드로의 후계자에게 종속되지 않는다고 생각하는 자들은 그리스도의 무리에 포함되지 않는다고 보았다.[62]

셋째, 보니파시오 8세는 〈유일한 하나의 교회〉에서 교황의 현실적 의도를 직접적으로 표현하는 한 과정으로 양검은 교회의 지배하에 있다는 주장을 제시하였다. 젤라시오 1세의 두 권력 이론은 교회의 독자성을 내세우려는 방편으로 출현하였고, 11세기 교회 개혁 시대에 교황 그레고리오 7세가 이 용어를 이용하여 교회의 독자적 권한을 설명하고자 하였다. 그런데 보니파시오가 여기서 이용한 양검 이론의 비유는 베르나르드의 저술 『성찰De Consideratione』에서 보편화시킨 내용을 이용하고 있다.[63]

교령에서 "교회의 권력 안에 분명히 세속적 · 영적 양검이 있다고 복음서가 말한 것을 인지해야 합니다"[64]라고 기록하고 있다. 이것은

---

61) *Unam sanctam*: "Igitur Ecclesiae unius et unicae unum corpus, unum caput, nonduo capita, quasi monstrum."

62) Curley, *The Conflict Between Pope Boniface VIII and King Philip IV, The Fair*, p.119: 'sive alii se dicant Petro ejusque successoribus non esse commissos, fateantur necesse est de ovibus Christi non esse.'

63) 같은 책, pp.119-120.

적어도 교황의 권력을 영적인 검*gladius spiritualis*에만 국한시키거나, 그의 세속적인 검에 관한 권리를 다른 사람의 손에 있는 검의 사용을 결정하는 권한 정도로만 한정할 수는 없음을 뜻한다. 다시 말해서 이것은 교황의 세속권이 간접적 권한 그 이상이라는 결론에 도달하게 한다.[65] 또한 교령은 양검 즉 영적·물리적 양검이 교회의 손 안에 있으며 전자는 교황을 통해 교회 자체에 의해서 사용되어야 하는 것이고, 후자는 사제의 지도하에서 왕과 병사들의 손으로 행사되는 것임을 설명하고 있다.

> "그러므로 교회의 권력 속에는 두 개 모두가 포함되어 있는데, 말하자면 영적인 검과 물리적인 검이 있음이 분명합니다. 그러나 전자는 확실히 교회를 위해서 행사되고, 후자는 분명히 교회에 의해서 행사됩니다. 전자는 사제에 의해서, 그리고 후자는 사제의 동의와 용인에 따라 왕들과 군사들에 의해서 사용됩니다."[66]

보니파시오는 양검이 교황의 것이고 양검의 중요성은 똑 같다고 생각한 것 같다. 위 인용문의 뒷부분이 약간 그 의미가 애매하지만, 그것은 세속 검의 사용을 관리하는 원칙을 기술한 것이었다.[67]

넷째, 양검이 교황의 권한에 포함된다는 것보다 더 결정적인 행보는 세속적 권력은 영적인 것에 종속된다는 것이었다. 두 권력이 활약하는 분야와 수행하는 업무, 추구하는 목적 등이 다르지만 한 권력이 다른

---

64) Unam sanctam: "In hac eiusque potestate duos esse gladios, spiritualem videlicet et temporalem, evangelicis dictis instruimur."

65) Hull, *Medieval Theories of The Papacy and other Essays*, pp.67-68.

66) *Unam sanctam*: "Uterque ergo est in potestate Ecclesiae, spiritualis scilicet gladius et materialis; sed is quidem pro Ecclesia, ille vero ab Ecclesia exercendus. Ille sacerdotis, id manu regum et militum, sed ad nutum et patientiam sacerdotis."

67) Hull, *Medieval Theories of The Papacy and other Essays*, p.68.

권력에 복종해야 한다고 보았다.

"어쨌든 한 검이 다른 한 검에 종속되어야 하는데 세속적 권력이 영적 권력에 종속되어야 합니다."[68]

보니파시오는 영적 권력에 대한 세속권력의 종속은 세속권력의 기원에서 비롯된다고 보았다. 즉 세속권력은 영적인 것에서 기인한다는 것이다. 이에 대한 근거로 그는 사도 바울의 견해를 인용하고 있는데, 그에 따르면 신으로부터 오지 않는 권력이 없고, 신으로부터 제정되지 않은 권력이 없다. 그런데 우주의 법에 따라 모든 사물이 다른 하나에 종속된다. 다른 하나에 종속되는 양검의 하나는 열등한 위치에 있으며 그것을 소유한 권력이 우주의 통치자의 의지 수행에 따라 잘 인도된다면 그 권력들은 바람직한 모습을 가지게 될 것이다.[69]

이러한 과정에서 보니파시오는 영적 권력이 고귀함에 있어서나 위엄에 있어서 모든 세속권력을 능가하기 때문에 영적인 것들이 세속적인 것들보다 우위에 있다는 것이 분명하다고 확신했다. 따라서 그는 육체가 영혼에 종속되는 것처럼, 그 목적에 있어 열등한 세속권력이 우월한 영적 권력에 종속된다고 결론지었다.[70] 뿐만 아니라, 모든 것은 이

---

68) Unam sanctam: "Oportet autem gladium esse sub gladio; et temporalem auctoritatem spirituali subjici potestati."

69) Curley, "The Conflict Between Pope Boniface VIII and King Philip IV, The Fair," pp.120-121.

70) Unam sanctam: "Nam cum dicat Apostolus: Mon est potestas nisi a Deo; quae autem sunt, a Deo ordinatae sunt: non autem ordinatae essent, nisi gladius esset sub gladio, et tanquam inferior reduceretur per alium in suprema. Nam secundum beatum Dionysium, lex divinitatis est infima per media in suprema reduci. Non ergo secundum ordinem universi omnia aeque ac immediate, sed infima per media, et inferiora per superiora, ad ordinem reducuntur. Spiritualem autem et dignitate et nobilitate terrenam quamlibet praecellere potestatem oportet tanto clarius nos fateri, quanto spiritualia temporalia

세상 삶에서 통합되고 이러한 통합은 신 안에서 종결된다고 여겼다.
그러나 천체와 이에 종속된 다른 만물은 조화를 이루며 공존하지만,
각자는 각기 자체의 삶과 활동을 보유한다는 것이 보니파시오의 생각이
었다. 그는 바로 그러한 측면에서 교회와 국가의 존재를 바라보았다.[71]

〈유일한 하나의 교회〉는 그러한 관념을 디오니시우스 아레오파기타
의 '신정법 lex divinitatis'의 이론에 근거해 설명하고 있다.

> "왜냐하면 성 디오니시우스에 따르면 최하위의 것이 중재를 통해 최상위
> 의 것에 도달하는 것이 신정법이기 때문입니다. 그러므로 우주의 질서에
> 따라 모든 것은 같은 방식으로 직접적으로 되는 것이 아니라, 최하위의
> 것이 중간 것을 통해, 중하위의 것이 중상위의 것을 통해 질서에 회귀하는
> 것입니다."[72]

이 부분에서 리비에J. Rivière는 '신정법'이라는 용어는 아에기디우스
로마누스의 『교회 권력에 관하여』 I, 4에서 취한 것이라고 설명한다.[73]
사실 13세기에 많은 학자들에 의해서 수없이 언급되어 온 '신정법'의
용어와 관념은 디오니시우스로부터 시작되었다. 이는 존 사라센John
the Saracen과 로버트 그로세테스트Robert Grosseteste(1168-1253) 등에 의해서
번안되어 적용되었고, 윌리엄 오베르뉴William of Auvergne(d. 1225)와 알란

---

antecedunt."

71) Curley, *The Conflict Between Pope Boniface VIII and King Philip IV, The Fair*,
p.122.

72) *Unam sanctam*: "Nam secundum B. Dionysium lex divinitatis est infima per
media in suprema reduci. Non ergo secundum ordinem universi omnia aeque
ac immediate, sed infima per media et inferiora per superiora ad ordinem
reducuntur."

73) David Ruscombe, "LEX DIVINATIS IN THE BULL UNAM SANCTAM POPE
BONIFACE VIII," In *Church and Government in the Middle Ages*, ed. by C. Brooke
(Cambridge: Cambridge UP, 1976), p.206.

릴Alan of Lille(1120-1203)과 같은 저작가에 의해서 정치적 중요성이 크게 부여되었다. 특히 성 보나벤투라St. Bonaventure는 위 디오니시우스의 '신정법'을 〈유일한 하나의 교회〉와 매우 유사한 내용으로 받아들였다. 토마스 아퀴나스 역시 위 디오니시우스의 '우주의 계서제' 관념을 받아들인 바 있다.

이와 같이 상당히 보편화된 관념 위에서 아에기디우스는 일반적인 신분계층 구조의 이론을 두 가지로 나누어 생각하였다. 그 하나는 로마서 13장 1절의 내용대로 모든 권력은 신으로부터 온다는 것이고, 그 다음은 그 권력들이 어떻게 신으로부터 제정되는가를 설명하였다. 즉 그 설명은 '신정법에 따라 최하위의 것이 중간의 것을 통해 최고의 것에 회귀하는 것'이라 하였다. 아에기디우스는 이 우주의 법칙을 양검 이론에 적용하였다. 물리적 검은 신에게 직접 연결되는 것이 아니라, 영적 권력을 통해서 연결이 이루어진다는 것이었다. 그래서 물리적 검은 영적 검의 지배에 종속되도록 되어 있고, 영적 검의 명령과 필요에 따라서만 사용될 수 있다는 것이다.

이러한 아에기디우스의 입장은 교황권 절대론을 강력히 옹호하는 것이었다. 그가 필립 4세와 같은 세속 군주에 대해서 교황의 수위권을 주장했다는 점은 그의 『교회의 권력에 관하여』의 내용이나 〈유일한 하나의 교회〉에 대한 그의 주해에 비추어 볼 때 결코 부인될 수는 없을 것이다.74) 그러한 연장선상에서 〈유일한 하나의 교회〉가 위 디오니시우스를 언급한 것은 우주 내 권력의 신성위계 원칙 속에서 세속권력이 영적 검에 종속된다는 것을 뒷받침하려는 의도에서 이루어졌다.

다섯째, 그리스도교 국가의 집합 속에서 윤리적인 면에 입각한 최고의 판결권은 교회 안에, 좀 더 구체적으로는 교황 안에 놓여 있다는 것이다. 즉 최고의 교회 권력이 국가를 마음대로 처리할 수는 없으나

---

74) 같은 논문, pp.206-217.

만일 국가가 윤리적이지 못하다면 교회는 국가 생활과 그것의 활동을 무효화할 수 있다는 것이다. 베드로에게 그리스도가 한 말 가운데 "네가 땅에서 무엇이든지 매면, 하늘에서도 매일 것이요"의 구절이 이 법에 대한 근거라고 여겼다. 보니파시오 8세 자신이 다음과 같은 말을 썼을 때 바로 이 이론을 강조한 것이었다.

"왜냐하면 지상 권력을 제정할 수 있고, 그것이 옳지 못하면 재판할 수 있는 권한이 영적 권력에게 속하기 때문입니다."[75]

이 구절은 가장 중요한 의미를 가지고 있다. 보니파시오 8세는 이를 성 빅토르 휴와 알렉산데르 헤일즈Alexander of Hales(1185-1245)로부터 빌려 온 것으로 생각된다. 위의 〈유일한 하나의 교회〉 구절은 다음과 같은 할레의 구절에 의존한 것으로 보인다.

"영적인 생명이 지상의 것보다, 그리고 정신이 몸보다 더 고귀한 것인 만큼 영적인 권력은 명예나 위엄에 있어 지상 또는 세속적인 권력을 앞서는 것입니다. 왜냐하면 지상 권력을 제정하는 것과 그것이 바르지 못할 경우, 그것에 대해 재판할 수 있는 권한이 영적인 권력에 속하기 때문입니다."[76]

---

75) *Unam sanctam*: "Nam veritate testante, spiritualis potestas terrenam potestatem instituere habet et judicare si bona non fuerit."

76) "Quanto vita spiritualis dignior est quam terrena et spiritus quam corpus, tanto spiritualis potestas terrenam sive saecularem honore ac dignitat praecedite. Nam spiritualis potestas terrenam potestatem et instituere habet Ut Sit, et judicare habet si bons non fuerit." Alexander of Hales, *Summa Theologiae*, IV, q. X, m. V, a 2, Curley 앞의 책, p.122; Hugonis de S. Victoire, *De Sacrementis* in Migne, *Patrologia Latina*, CLXXVI, lib. II, pars II, *De Unitate Ecclesiae* (paris, 1854), cap.IV, col. 418.

교령의 'instituere'라는 말은 다양하게 번역되지만 문맥을 볼 때 보니파시오는 그 말을 '교훈하고 지도하는 것'의 의미로 사용한 것 같다. 그렇지만 영적 권력은 교훈과 지도에 한정되지 않고 특정한 사정에 따라서는 세속권력을 중지시키거나 박탈할 수 있는 권리를 가진다고 본 것이다. 이때 교회의 간섭은 '죄를 저지를 수 있는 기회를 피하지 않고 계속 저지르는지'의 여부에 따라 결정된다. 이는 어떤 세속 사건이 '죄악으로 인한 ratione peccati' 문제와 관련되어 있다면 교황이 이 문제에 세속적 권한을 행사할 수 있다는 의미이다. 이미 앞 장에서 살펴본 바와 같이 이 이론의 주창자는 인노첸시오 3세이다. 그러나 보니파시오 8세는 프랑스의 필립 4세와의 투쟁 가운데서 특별히 '죄악으로 인한' 것을 강조하였다.

　　로베르트 벨라르미노 Robert Bellarmine 는 이러한 보니파시오 8세의 성향이 '세속 문제에 있어서의 간접적인 왕권'을 의미하는 것이라고 설명하였다.[77] 벨라르미노는 누가복음 22장의 '보라, 여기 검 둘이 있다'의 구절에 근거해서 교황이 양검을 소유한다고 하는 주장에 대해서 "확실히 성 베르나르드와 교황 보니파시오는 교황이 양검을 소유한다는 식으로 말하고자 한 것이 아니라, 다른 방식으로 말하려 했다는 신비한 해석이 그곳에 있다는 점을 우리는 후에 해석합니다."[78]라고 하면서 보니파시오가 교황에게 양검을 동시에 귀속시키지 않았으며, 세속적 검의 사용에 대해서는 간접적 권한을 주장했다고 보았다.[79]

　　그러나 보니파시오 8세가 그의 재위 초기에 '죄악으로 인한' 것을

77) St Robert Bellarmine, S. J., "That the pope posses the highest temporal power indirectly," *The Temporal Power of the Pontiff*, trans. by James P. Goodwin S. J. http://www.iea.com/7Ebradh/STRobert/str_chapter6. htm, Decmber 1, 1999.

78) Hull, *Medieval Theories of The Papacy and other Essays*, p.67; *Porro S. Bernardus et Bonifacius Papa mystice interpretati sunt hunc locum, nec volunt dicere eodem modo habere pontificem gladium utrumque, sed alio et alio, ut postea exponemus.*

79) John Courtney Murray, S.J., "St. Robert Bellarmine on the Indirect Power," *Theological Studies* 9 (1948), pp.491-535.

언급하면서 두 권력의 구분을 표명하기도 했다는 것은 분명하지만, 후기에는 그의 입장이 완전히 달라진다. 보니파시오는 분명히 세속적 검의 직접적 권한을 주장하는 입장에 서 있었다. 이와 같이 달라진 교황의 해석은 교령 속에 분명하게 내포되었다.

여섯째, 보니파시오 8세는 교회와 국가가 동시에 우월하고 완전히 독립적이라는 관념을 거부하였다. 보니파시오는 그러한 관념을 마니교의 이단이라고 지칭하였다. 즉 마니교의 교도들은 신의 이론 일체를 거부하였고, 동시에 우월한 두 개의 세계 원리를 인정한다는 것이었다. 그는 두개의 최고 권력을 인정하는 사람들은 수위의 교황권력을 마비시키는 것이며 그것은 마니교의 이원론으로 기우는 것이라고 말하였다. 그러나 영적인 권력은 세속적 권력을 안내하고 지도하는 사명을 가지고 있기 때문에 그와 같은 이원론의 관념은 부조리하고 공격적인 것이라고 보았다.[80]

"그러므로 그릇된 것이요 이교도라고 우리가 판단한 마니교도와 같이 두 원리를 만든 사람들을 제외하고, 누구든지 신으로부터 제정된 권력을 거부하는 사람은 신의 계율을 거부하는 것이 됩니다. 왜냐하면 모세가 증명한 바와 같이 신이 하늘과 땅을 창조한 것은 한 번의 태초에 그렇게 한 것이었지, 여러 번의 태초에 그렇게 한 것은 아니었기 때문입니다."[81]

일곱째, 교령 〈유일한 하나의 교회〉의 마지막 구절은 교회 권력의 '상위 위계론'에 관한 것으로 교령의 내용 가운데 가장 중요하고 결정적

---

80) Curley, *The Conflict Between Pope Boniface VIII and King Philip IV*, The Fair, p.124.

81) *Unam sanctam:* "Quicumque igitur huic potestati a Deo sic ordinatae resistit, nisi duo (sicut Manichaeus) fingat esse principia, quod falsum est et haereticum judicamus; quia, testant Moyse, non in principiis, sed in principio coelum Deus creavit et terram."

인 부분이다. 교회 권력의 상위 위계론은 신교와 구교 학자들 가운데 가장 많은 논란을 불러일으킨 개념이기도 하다.[82]

"그러므로 우리는 모든 인류 피조물이 로마 교황에게 종속되는 것이 구원을 위해서 절대적으로 필요하다는 것을 선언하고, 선포하며, 규정합니다."[83]

이 마지막 문장에서 교황은 그 당시의 교회법적 이론에 입각해서 세속권력에 대한 교회 권력의 상위 위계론을 발전시켰다. 그는 여기서 '세속 문제에 있어서 직접적인 왕권'이라는 의미로 생각할 수 있는 말을 하였다. 어쨌든 이 개념은 앞부분에 언급되어 있지 않은 교리적 성격을 가지고 있다. '모든 인류 피조물'이라는 말은 구원을 소망하는 모든 신도를 의미하는데, 이는 모든 창조물들이 로마 교황에게 복종해야 한다는 것을 선언하는 결론적 문장으로 해석된다. 이 교리적 문장은 어떤 종류의 종속이어야 하는지를 말하는 것이 아니라, 세례를 통해 교회의 공동체에 들어온 개인에 관한 교황의 견해라고 할 수 있을 것이다.[84]

〈유일한 하나의 교회〉 반포 직후에 작성된 요한네스 모나쿠스의 주해[85]는 교령의 전체적 내용이 '구원의 필요성'에 관계된다고 보았다.

---

82) Curley, *The Conflict Between Pope Boniface VIII and King Philip IV, The Fair*, p.125: 신교 학자 베르크톨드Berchtold를 비롯한 일부 학자들은 이 교령이 성격상 교리적인 정의와 같다고 보았다. 이에 비해 그라우에르트Grauert는 베르크톨드가 교령 *Unam sanctam*의 전 내용을 교리적 정의의 성격으로 주장하는 한 그의 설명에 동조할 수 없다고 하였다. 그는 교령을 순수한 사법적 요소와 입법적 행위를 포함하는 기본법의 하나로 간주하였다.

83) *Unam sanctam*: "Porro subesse Romano Pontifici omni humanae creaturae declaramus, dicimus, et diffnimus omnino esse de necessitate salutis."

84) Curley, *The Conflict Between Pope Boniface VIII and King Philip IV, The Fair*, p.126.

85) 요한네스Johannes Monachus는 추기경으로서 보니파시오 8세의 재위 시에 주석

408

그는 마지막 문장의 'Porro'를 "이러한 모든 것을 관찰할 때 확실히 그렇다."라고 설명하였다. 요한네스는 'declaramus'에서 모든 교회의 독자성을 관찰할 수 있고, 'dicimus' 속에서 성서로부터 바라본 교회의 형상을 관찰했으며, 'diffinimus'에서는 교회의 양검을 의식했고, 'pronunciamus'는 이상의 내용을 다시 한 번 요약하는 것으로 보았다. 그는 〈유일한 하나의 교회〉의 주해에서 세속권력의 존재 이유가 영적인 것으로부터 부여된다는 것과 후자는 전자보다 먼저 존재했고 신으로부터 다른 것을 제정할 수 있는 사명을 받았다는 점을 부각시켰다.[86] 바로 이러한 주해는 보니파시오 8세의 생각을 충분하게 반영한 것이었다.

4. 교령 〈유일한 하나의 교회〉의 해석과 평가

교령 〈유일한 하나의 교회〉는 교황 보니파시오 8세가 1302년 로마의 주교회의에서 반포한 법령이다. 이 교령은 13세기에서 14세기로의 전환기에 프랑스와 로마교회 사이에 빚어진 갈등 속에서 작성된 것으로 교회와 국가의 관계를 규명하고자 의도한 것이라 할 수 있다.

울만Walter Ullmann은 교회와 국가의 갈등 속에서 형성된 성직자정치론을 교황 정부의 기본 원리로 보고 있으며, 이 이론은 중세 전기 이래로 지속되어온 전통적 요소로 간주하였다. 그는 12 · 13세기의 교황들이 거듭 언명했던 내용들은 그 이전 시기에 나타난 것의 반복에

을 작성하였다. 그는 1302년 11월 18일 교령의 반포 후 8일 만에 위험한 지역인 프랑스에 특사로 임명되었다. 그 후 이듬해 2월에 그는 파리에 도착하여 6월말까지 그 곳에서 체류했고 7월초에 교황청에 귀환할 수 있었다. 그의 주해는 그가 특사로 임명된 날과 실제 출발하는 날 무렵에 서술된 것으로 추정된다.

86) Finke, *Vorreformationsgeschichtliche Forschungen: Aus den Tage Bonifaz VIII*, pp.176-179.

불과하다고 주장하였다. 보니파시오 8세에 이르기까지 그리스도의 대리권을 강조했던 교황들이 전통적 사고에서 거의 벗어나지 않았다는 것이었다.

울만은 13세기 초의 잉글랜드 교회법학자 알라누스Alanus가 그 시기 어느 교회법학자보다도 극단적 교황 완전권 이념을 가졌으며, 이는 인노첸시오 4세와 호스티엔시스 그리고 보니파시오의 교령 〈유일한 하나의 교회〉에 받아들여졌다고 보았다. 울만은 알라누스가 극단적 교황권주의 관점을 학문적으로 체계화하였으며 그러한 표현이 보니파시오의 교령에서 선언적 형식으로 나타났다고 주장하였다.[87]

알라누스를 최초 극단적 교황권주의를 성립시킨 인물로 보는 울만의 견해에 대해서 스틱클러A. M. Stickler는 알라누스가 비중 있는 학자였던 것은 분명하지만 그 당시 그러한 견해를 가진 여러 사람 중 하나에 불과하다고 비판하였다. 알라누스의 영향을 받은 것은 주석집 「자연법 Ius Naturale」 단 하나에 불과하며 많은 교회법학자들의 주석에서 알라누스의 견해가 지속된 흔적은 없다고 주장하였다. 그리고 교령 〈유일한 하나의 교회〉에 반영된 사상의 기원을 추적해 보면 알라누스보다는 오히려 그라티아누스와 동시대인이었던 휴고Hugh of ST Victor와 베르나르드Bernard of Clairvaux의 표현들이 직접적으로 발견되고 있음을 강조하였다. 더욱이 알라누스의 주석이 소개되어 있는 탕크레드Tancred의 『명제집 Glossa ordinara』을 세심히 들여다보면 알라누스는 원칙적으로 교·속 두 권력의 독립을 인정하였고 매우 예외적인 상황에서만 교황이 영적 권력을 가지고 세속적 문제에 관여할 수 있다고 생각하였다. 이러한 면에서 스틱클러는 울만이 이 문제에 관해서 오류를 범하였음을 지적하였다.[88]

---

87) Walter Ullmann, *Medieval Papalism: The Political Theory of the Medieval Canonists* (London; Methuen & Co., 1949), pp.147-148.

88) A. M. Stickler, "Concerning the Political Theories of the Medieval Canonists,"

리비에Jean Rivière는 중세 교황들의 교령 중에서 가장 극단적인 표현을 했던 것으로 보이는 〈유일한 하나의 교회〉가 교회의 단일성, 교회 안에서의 구원론, 교황의 그리스도 대리직, 두 권력 이론 등을 언급하지만 이것은 성서 문헌에 입각한 사고나 선례들이 법의 형태로 표현된 것에 불과하다고 주장하였다. 울만의 중세 정치에 관한 연구는 주제에 대한 평면적 해석에 초점을 모으고 있는 반면에 그는 당시의 정치 문제에 관한 구조적이고 역동적인 접근을 소홀히 하고 있다. 그렇기 때문에 그는 국가와 교회의 대립 속에서 나타나는 정치적 긴장들이 교황들의 입장과 이념에 연결되는 과정을 밝혀주지 못했다고 할 수 있다. 한편으로 리비에는 교령 〈유일한 하나의 교회〉에 나타나는 교황권의 요소를 다루는데 있어서 신학적·성서적 해석에 치중하고 교회법학적 배경을 소홀히 하였다. 따라서 그는 〈유일한 하나의 교회〉를 너무 평범한 것으로 만들어 버린 것이 아닌가 생각된다. 5세기나 6세기의 교황권 이념이 12·13세기의 것과 동일한 것이라고 보기에는 정치적 상황이나 교회법적 내용에 있어 너무도 큰 격차가 있었다고 볼 수밖에 없다.

〈유일한 하나의 교회〉의 내용을 분석해볼 때 보니파시오 8세는 직접적 세속권의 토대 위에서 교황의 보편적 지배권을 주장했음이 명백하다. 이미 그러한 관념은 교령의 작성에 조력한 것으로 여겨지는 아에기디우스나 야곱푸스 비테르비오의 저작물에서도 공공연히 제시되고 있었음을 알 수 있다. 그렇다면 교황은 이 이론을 하나의 신조로 규정하고자 했을까? 교령은 전 교회가 따라야 하는 가톨릭 교리의 인준된 문서가 되도록 하려는 의도로 작성되었던 것을 부인할 수는 없다. 그러므로 이것은 엄연한 가톨릭 교리의 선언이라고 할 수 있을 것이다.

Traditio 7 (1951), pp.450-463.

교황 세속권의 정당화 논리를 위해서 보니파시오는 권력 기원의 추상적 문제를 언급하였다. 그는 〈유일한 하나의 교회〉에서 세속권력은 영적 권력을 통해서 완성되기 때문에 영적 권력의 지도를 받아야 하며, 결과적으로 영적 권력에 종속된다는 점을 주장하였다. 뿐만 아니라 그는 로마 교황에 대한 모든 사람의 종속을 선언하였다. 이러한 종속이 순전히 영적 문제에 관한 것이라면 문제가 되지 않겠지만, 세속적 문제에 있어서까지 주장된다면 그에 대한 타당한 해명이 필요할 것이다. 보니파시오는 이를 신정법으로 치장하였다. 즉 교황에 대한 종속은 바로 신정법에 대한 복종을 의미한다는 것으로 이끌어 갔다. 이러한 교황의 권리는 교황 자신의 능력에서 비롯된 권리가 아니고 오로지 그리스도의 뜻에 의존하는 것이어서 누구도 그리스도로부터 부여받은 세속적 권리를 박탈하거나 묵살할 수가 없다는 것이었다.[89]

보니파시오가 세속권 문제에 있어서 교황에 대한 복종을 주장했을 때 그 범위는 어디까지였을까? 그는 이에 대해 상세히 설명하지는 않았지만 복종에 대한 교황의 주장은 권리에 기초를 둔 것이었고, 교황에 대한 복종은 의무라는 점을 강조하고자 하였다. 물론 그 자신이 탁월한 교회법학자였음에도 불구하고 직접적으로 그 내용을 구체화하지는 않았다. 보니파시오 8세가 〈유일한 하나의 교회〉를 통해서 교황의 세속적 권력에 대해 직접적 권한을 내세웠으나 그것은 일종의 정의의 형식이었지 그 권한의 기초나 여건, 한계에 대해서는 규정하지 않았던 것이다.

보니파시오 8세의 교황권 사상은 인노첸시오 3세나 인노첸시오 4세의 관념보다도 훨씬 더 강화된 것이었다. 보니파시오 역시 교황의 세속적 사법권을 논할 때 '죄악으로 인한' 것을 언급했으나 이는 선대 교황들이 규정한 범위에 국한되지 않았고 그 한계가 모호할 정도로

---

89) Hull, *Medieval Theories of The Papacy and other Essays*, pp.71-72.

초월적인 것이었다. 이미 인노첸시오 3세에 의해서 교황의 완전권 속에 교황의 세속적 권력이 포함되기는 했지만, 그것은 제한적이었다. 그러나 보니파시오 8세는 교황의 완전권에 모든 그리스도교 국가에 미칠 수 있는 교황의 절대적인 세속적 권력을 포함시키게 된다. 교령 〈유일한 하나의 교회〉는 그와 같은 보니파시오 8세의 교황권 사상을 집약한 것이었다.

보니파시오 8세는 〈유일한 하나의 교회〉를 통해 교황의 보편적 지배권을 규명했다. 그것의 배경은 토마스 아퀴나스, 성 휴고 빅토르 등 신학자들의 사상을 토대로 교황 주변의 교황주권론자들이 발전시킨 극단적 성직자정치론과 교황 완전권이었다. 교회법학자였던 보니파시오는 전통적 신학과 교회법 사상에 따른 교황권 사상과 당대의 변화된 교황주권론자들의 사상을 모두 충분히 파악하고 있었다. 그러한 분위기 속에서 그와 같은 극단론을 사상적으로 결집시키는 동기가 되었던 것은 바로 프랑스 왕 필립 4세의 교황에 대한 강경한 대립이었다. 그러나 세속국가에 대해 교황의 권위를 세우고자 하는 강력한 신념에도 불구하고 보니파시오는 봉건 체제가 해체되며 중앙집권적 영토·지역 국가로 전환되는 정치적 조류를 거스를 수는 없었다.

보니파시오에게 있어서 완강한 프랑스 왕에 대적할 수 있는 유일한 길은 그리스도교적 정서 위에서 교황의 권한을 정당화시켜 줄 수 있는 법적·사상적 무장이었다. 교황 완전권 이론을 중심으로 그에 의해서 확립된 철저한 성직자정치론은 바로 교황 세속권 이론의 중세적 절정이라고 할 수 있다. 그러한 면에서 보니파시오는 중세 시대의 어느 교황도 감히 요구해 보지 못한 절대적 교황권을 제시했으며, 교황의 세속권을 강화하고자 했던 교황들 중에 마지막 교황이었다. 그러나 이는 당시의 서유럽 세계에서 진행되는 정치적 현실에 수용될 수 없는 주장이었다. 그 결과로 교황의 보편적 지배권론은 실제적이기보다는 이론에 불과한 것이 되어 버렸다.

제 10 장

13세기 교황 중심의 유럽질서

13세기는 교황의 보편적 지배권이 확립된 시기였다. 이 시기에 그러한 교황의 권위를 뒷받침해줄 수 있는 이론적 근거가 교회법을 통해서 마련되기도 하였고, 한편으로는 교황이 국가와 세속권력에 강력한 영향력을 발휘할 수 있을 만큼 로마교회와 교황의 입지가 크게 강화되었다. 인노첸시오 3세, 그레고리오 9세, 인노첸시오 4세와 같은 걸출한 교황들이 이른바 교황중심의 유럽질서를 확립하여 세속과의 관계에서 그 어느 시대에도 찾아볼 수 없는 막강한 권력을 행사하였다.

서방 세계에서 교황의 보편적 지배권이 확립될 수 있는 여건이 형성되기까지는 교회법의 집대성, 교황 수위권의 강화, 복잡한 이해관계로 얽힌 서유럽 국가들의 대외적 관계 등 다양한 요소들이 작용하였다. 그런데 이러한 여건과는 별도로 부가될 수 있는 또 다른 요소로는 교황의 교회법적 징벌권을 들 수 있다. 이것은 세속권력들이 교황의 권위를 절대적으로 존중한다는 것을 전제로 하는 것이지만 결정적인 순간에 교황의 단죄와 징벌은 막강한 위력을 발휘하기도 하였다.

교회의 징벌로서 마지막 단계의 강력한 벌은 파문이다. 이는 교회가 사용할 수 있는 최후의 수단이다. 파문은 교황의 권위를 강화시키고 교황중심의 유럽 질서를 확립해 가는 과정에서 교황이 사용할 수 있는 몇 가지 정치적 무기 중의 하나였다. 파문이 정치적 무기로 활용되기 시작한 것은 11세기 교회개혁 시대이다. 교황들이 파문을 매우 긴요한 정치적 무기로 활용했다는 것은 11세기로부터 13세기까지 나타난 공통적인 현상이지만 11 · 12세기와 13세기는 그 양상이 서로 다른 모습을 보이고 있다.[1]

11 · 12세기에는 교황령의 수호를 위한 긴장감 속에서, 그리고 로마 교회와 교황이 세속권력의 영향력으로부터 벗어나고자 하는 투쟁 속에서 파문이 효과적인 방어수단이었다. 그리고 파문 제재를 당한 세속권력에 대해서는 봉건적 관계를 해제시키는 것이 부가적인 벌이었다. 13세기 교황들은 호헨쉬타우펜가 황제들의 이탈리아 지배의 망령에서 벗어나고자 몸부림쳤고, 그와 같은 교황들의 필사적인 투쟁이 교황의 권위를 한 단계 더 높이 상승시켰다. 이는 교황의 보편적 지배권이 크게 확대되는 결과를 가져왔다.

교황의 정치적 무기인 파문제재의 대상도 교황 중심의 유럽질서를 확립하는 곳으로 모아졌다. 본장에서는 그와 같이 변화된 환경 속에서 빈번하게 선포되었던 파문의 목적을 평화질서의 회복과 교황의 대영주권 확립으로 분류해서 13세기 교황중심 유럽질서 속에서 파문이 정치적으로 이용되는 과정을 살펴보고자 한다.

교황의 파문을 정치적 도구로 이용한 것을 분석한 연구로는 하비 William Harvey의 논문[2]이 유일하다. 이 논문은 원사료를 토대로 매우 조직적으로 작성된 높은 수준의 연구라고 평가할 수 있다. 본장은

---

1) 장준철, 「11 · 12세기 정치적 파문의 성격과 의미」, 『서양사연구』 제41집 (2009), pp.137-165; 이 논문에서 11 · 12세기 정치적 파문의 성격에 대해서 상세히 고찰한 바 있다. 이 논문과 본고를 비교해 본다면 13세기 정치적 파문의 성격이 더욱 선명이 이해되리라 생각된다.

2) Wilma Harvey, *Excommunication as an Instrumant of Papal Policy 400-1303 A.D.* Mount Holyoke College, BA Thesis, 1934.

하비가 설정한 방향과는 다른 각도에서 정치적 파문을 접근해 보았다. 하비가 많은 사례를 열거했다면 본장에서는 정치적 파문의 성격과 의미에 초점을 맞추어 살펴보고자 한다. 즉 정치적 파문을 교황중심 유럽질서 유지 수단으로 바라보면서 이를 교회의 평화 유지 추구와 교황의 대영주권으로 구분하여 파악해보고자 한다.

1. 교황의 보편적 지배권

13세기는 영토 분쟁과 왕위 계승을 둘러싸고 유럽 국가들의 관계가 복잡해진다. 노르망디와 아퀴타니아와 같은 잉글랜드 왕들의 영지를 몰수하려는 프랑스 왕들의 정책으로 양국 사이에는 긴장과 대립이 지속되었다. 또한 하인리히 6세의 사후에 신성로마제국의 황제 계승은 프랑스와 잉글랜드, 독일 사이에 첨예한 국제적 관심사가 되었다. 이러한 상황 속에서 교황은 유럽 국가들의 복잡한 국제 관계에 직·간접적으로 개입하였고, 한편으로 각 국가의 국내적인 문제에도 간섭하였다. 이 시기 교황의 정치적 간섭과 개입은 11·12세기에 비해 훨씬 직접적이고 빈번하였다. 그 가운데 대부분은 신앙이나 교리나 영적인 문제와 전혀 관계가 없는 세속적이며 순전히 정치적인 속성의 사건들이었다.

당시의 정치적 현실을 살펴보면서 왜 교황들이 국제 관계와 각 국가의 내부 문제에 적극적으로 개입하고 간여할 수밖에 없었는지, 그리고 정치적인 문제에 교황이 간섭할 수 있는 근거는 무엇이었는지에 대한 의문을 가지게 된다. 세속 정치에 대한 교황의 간섭이유나 동기는 강화된 교황권을 토대로 로마교회와 교황의 지배 영역을 넓히려 했던 현실적인 이해관계 속에서 바라볼 수 있을 것이다. 여기에서 우리의 관심을 끄는 것은 교황이 세속권을 내세울 수 있었던 교회법적·이론적 배경과 근거는 무엇이었고 그것이 이전과 어떻게 달라졌는가 하는 점이다.

이탈리아 이외에 유럽의 다른 국가들에 영향력을 행사하면서 교황의 권위를 부각시키는 모습은 교황 레오 9세의 헝가리 정책에서부터 찾아볼 수 있다. 그 후 교회 개혁 시대에 그레고리오 7세는 헝가리, 잉글랜드, 아일랜드, 코르시카, 스페인 등에 대해서 교황의 영주권이나 콘스탄티누스 기증에 기초한 특별한 교황의 지배권을 주장하기 시작하였다.3) 현실 정치에서 이전보다 훨씬 막강한 권력을 행사한 교황은 인노첸시오 3세였다. 교황의 권력과 영향력을 강화해 나아가기 위해서는 교황의 수위권에 대한 이론과 법적 근거를 필요로 하였다. 그러한 이론적 무기는 인노첸시오 3세와 인노첸시오 4세에 의해서 명료하게 정리되었다고 할 수 있다.

인노첸시오 3세는 교황의 수위권을 근거로 사도 베드로가 보편교회뿐 아니라, 세상 전체, 즉 세속 전체의 통치를 위임받았다고 생각하였다. 인노첸시오는 그리스도인 민중populus Christianus의 개념을 제시하였고 이를 보편교회ecclesia universalis와 구분하였다. 그는 그리스도인 민중이란 신도 전체universi fideles를 의미한다고 보았다. 인노첸시오에게 있어 그리스도인 민중은 어떤 특수한 교회 공동체를 의미하는 것이 아니라 그리스도교 세계 전체를 포함하는 종교적-정치적 의미를 가지는 것이었다.4) 이것은 교회와 병존하면서 왕국이나 제국의 우위에 위치하는 사회적 공동체를 말하는 것으로서 개별적인 왕국은 이에 종속되는 한 부분으로 이해되었다.

그리스도인 민중은 그리스도 국가Christianitas5)와 연계하여 이해될

---

3) Harvey, 같은 논문, pp.47-49.

4) Friedrich Kempf, *Papsttum und Kaisertum bei Innocent III*, in *Miscellanea Historiae Pontificae*, XIX (Roma, 1954), p.304.

5) Friedrich Kempf, "Die katholische Lehre von der Gewalt der Kirch über das Zeitliche in ihrer Geschichtlichen entwicklung seit dem Investiturstreit," *Catholica* XII (1958), pp.52-60.

수 있는 개념이다. 그리스도 국가는 교황의 가르침에서 얻을 수 있는 공동의 믿음을 기반으로 형성되는 것이며, 이 국가의 시민 즉 그리스도 인 민중이 교회의 머리에게 영적으로 복종할 때 비로소 이 국가의 존재 가치를 인정받게 된다.[6] 인노첸시오는 크리스티아니타스 즉 그리스도 국가의 수장으로서 교황은 세속 영역 위에 힘을 미칠 수 있는 사제적 권력을 소유하고 있으며 이는 일종의 왕권이라고 해석하였다. 그리스도의 대리자인 교황은 그리스도의 두 최고 권위, 즉 왕권과 사제권을 결합하였으며 세상의 정점에 서 있다고 보았다.[7]

인노첸시오 4세는 교황은 그리스도의 대리자이고 각 국가를 통치하는 군주들은 교황의 대리자라는 확고한 의식을 가지고 있었다. 인노첸시오 자신이 세속의 문제를 지배할 수 있는 강력한 권력을 가진다고 보지는 않았으나 교황은 무한한 영적 재치권을 가진다고 주장하였다. 그리스도의 대리자로서의 위치에 있기 때문에 교황은 모든 사물과 사람에 대해서 보편적 감독권을 소유한다고 믿었다. 그래서 교황은 세속에 대한 직접적이고 광범위한 영역은 아닐지라도 '죄로 인한*ratione peccati*' 문제는 무엇이든지 간섭할 수 있다고 보았다. 그는 이탈리아를 제외하고 다른 지역에서는 직접적인 현세적 권력을 주장하지는 않았지만 분규가 있는 국가들과 왕들 사이에 중재자로서의 자격을 가지고 재치권을 행사하는 데에 강한 열정을 보였다. 인노첸시오는 교황이 직권재판관으로서의 권위를 가지고 있으며 이러한 권위를 토대로 유럽과 세계의 평화를 유지할 수 있고 최고 상태의 육체적이고 도덕적인 복지에 도달할 수 있다고 믿었다.[8]

인노첸시오 3세의 크리스티아니타스 사상은 인노첸시오 4세의 단일 수장론*regimen unius personae*으로 발전한다. 인노첸시오 4세는 교황은 그리

---

6) Kempf, *Papsttum und Kaisertum bei Innocent III*, p.309.
7) Jacques-Paul Migne, *Patrologia Latina*, 1844-1855 vol.217, p.685A
8) Harvey, *Excommunication as an Instrumant of Papal Policy 400-1303 A.D.* pp.88-87.

스도 국가에서 유일한 수장이고 단일 수장제 하에서 교황은 현세권을 동시에 소유한다고 보았다. 이는 그리스도가 베드로에게 양검을 양도한 바가 있으며 거슬러 올라가 구약에서는 교황의 모형인 모세가 양검을 소유했다는 점을 그 근거로 삼고 있다.[9]

교황이 현세권을 소유한다는 것은 이제 세속에 대한 통치가 교회 중심의 질서에 속한다는 것을 의미하며 이는 수장인 교황이 교·속의 모든 것을 통괄할 수 있다는 것을 표방하는 것이었다. 이와 더불어서 황제는 제후들에 의해서 선출되지만 교황으로부터 도유를 받고 대관을 받기 때문에 전적으로 교황에게 의존된다는 관념이 교황 단일수장론의 한 구성 요소로 자리를 잡게 되었다.[10] 인노첸시오 4세는 그리스도교적 통치권은 황제직을 수여하는 교황권에 특별히 연합된 황제권이라고 생각하였다.

인노첸시오 4세는 세속 영역이 자체의 특수한 독자성을 소유한다는 점과 비非신앙자들은 자신들의 영역에서 합법적 사법권과 지배권을 가질 수 있다는 것을 분명하게 인정하였다. 세속의 분야에 교황이 행사할 수 있는 권한은 교황의 완전권과 영적 수위권으로부터 비롯되는 것이라고 보았다. 그러나 모든 세속적 문제가 교황의 직접적인 간섭과 통제를 받는다는 것을 의도하는 것은 아니었다. 단지 영적 관련이 있는 사건이나 상위의 세속 군주가 부재한 경우 등 특수한 조건 하에서만 교황의 세속권이 행사될 수 있는 것으로 생각하였다.[11]

세속적인 문제에 간섭할 수 있는 교황의 권한은 교회의 범위 안에 세상을 포함시키는 질서 체계에 대한 관념, 그리고 교회와 세속 세계가

---

9) Wihelm Kölmel, *Regnum Christianum: Weg und Ergebnisse des Gewaltenverhältnisse und des Gewaltenverständnisses* (Berlin: Walter de Gruyter & Co., 1970), pp.254-258.

10) 같은 책, pp.253-254.

11) 장준철 『12·13세기의 교황 현세권이론 연구』, 전남대학교 박사학위논문, 1995, pp.106-107.

통합되어 있다는 관념 속에 확립되어 있다. 수장으로서 교황의 사명은 이러한 통합체를 지키는 것이고, 그 수장은 영적-세속적 완전권을 가진 그리스도의 대리자라는 개념으로 이해되었다. 따라서 교황에게는 그리스도의 대리자로서 세속적 영역에서의 재판권이 부여되었으며, 교황은 황제를 폐위할 수 있는 권한도 소유한다고 여겼다.

13세기에 교황이 간여할 수 있는 세속적 문제의 범위는 어느 정도 한정되어 있다. 그렇다고 할지라도 이는 11·12세기에 비해서 매우 확대된 개념이며 그러한 관념이 이론적으로 정리되고 교회법학자들의 논의를 거쳐서 교회법의 내용으로 구체화되었다. 교황의 정치적 권력을 이론적으로나 교회법적으로 정비해나가는 한편 교황의 뜻과 의지를 세속의 문제에서 관철하기 위해 사용할 수 있는 무기 중의 하나가 파문이었다. 이미 11세기 교회 개혁 시대 이후로 파문은 교황들의 강력한 정치적 무기로 사용되었다. 13세기에 와서 파문은 교황들에 의해서 더욱 빈번하게 사용되는 무기가 되었다.

2. 평화 유지와 파문의 선포

교황이 직권 재판관으로서 각 국가들의 문제를 중재하고 때로는 재치권을 직접적으로 행사할 수 있다고 보는 관념은 13세기의 교황들에게 있어 하나의 신념이었다. 교황들은 그리스도의 대리자로서 영적·세속적 수위권을 가지고 유럽 세계의 평화를 유지해야 한다고 생각하였다. 그러나 이러한 교황의 정책과 의도를 가로막고 저해한다면 그러한 세력은 제재를 받아야 했으며 그 수단은 파문이었다. 교황의 그러한 권한은 궁극적으로는 교황의 보편적 지배권으로 표현될 수 있다. 현세의 문제에 대한 교황의 보편적 권력은 지역에 따라서 어느 곳에서는 직접적인 간섭의 형태로, 어느 곳에서는 간적접인 형태로 행사되었다.

세속의 정치적 문제에 대해서 교황이 보편적 지배권을 행사한 사례를 두 부류로 구분하여 고찰하고자 한다. 첫 번째 사례는 유럽의 평화 유지를 명분으로 교황의 재치권을 행사하며 파문을 선포하는 경우이다. 두 번째 사례는 교황의 대영주권에 관련된 파문사례들이다. 본 항목에서는 첫 번째의 사례를 살펴보고 다음 항목에서 두 번째 사례를 고찰하려고 한다.

9세기에 카롤링 왕조의 쇠퇴로 인해서 프랑스에서는 왕의 권력이 약화되고 정부의 구심점을 상실하게 된다. 987년 카페 왕조의 출현은 국가의 중심적인 존재로서 왕의 지배 권력은 종말을 고하게 되고, 국가의 정치적 결속력은 해체된다. 뿐만 아니라 10세기 후반까지 잔존했던 카롤링 시대의 지역 행정 조직인 파구스pagus가 붕괴되고 그 대신 지역의 수많은 세력들이 각자의 영역을 고수하며 각 지역에서 지배 권력을 소유하게 되었다. 그들은 자신들을 제어할 수 있는 최고의 권력이 부재하다는 것을 잘 알고 있는 상태에서 임의로 성을 쌓고 이웃지역으로 세력을 확대하기 위해서 극심한 경쟁을 벌이게 된다.12) 지역의 통제력이 해체됨으로써 나타난 사회적 불안은 특별히 프랑스의 남부 르와르강 유역에서 극심하였다.

통제력이 상실된 채 지역의 세력이 난무하는 가운데서 그 피해가 여러 가지 면에서 확대되기 시작했다. 맨 먼저 그 피해의 대상으로 교회를 들 수 있다. 사회의 질서와 인정법을 무시하는 지역 영주들은 재속교회나 수도원을 막론하고 교회 재산을 침탈하고 성직자에게 신체적 위해를 가함으로써 교회에 심각한 피해를 입히게 된다. 10세기 초에 쓰여진 『성스런 교회의 상태De statu sanctae ecclesiae』의 무명저자는 이미 교회 재산과 사법권 침탈의 위험을 인지했던 것13)으로 보아 10세

---

12) H. E. J. Cowdrey, "The Peace and the Truce of God in the Eleventh Century," *Past and Present* No.46 (Feb. 1970) p.46.

13) H. Löwe, "Dialogus de statu sanctae ecclesiae. Das Werk. eines Iren im Laon

기 말까지 그러한 두려움은 사회에 상당히 만연되어 있었다고 할 수 있다.

다음으로 점차 진행되어가는 공권력의 해체로 인해 사회 질서를 유지할 수 있는 힘이 사라지고 공백상태가 되었다는 점이다. 그러한 통제력의 공백은 일종의 야생의 정의wild justice와 같은 상쟁feud을 새롭게 부추기는 결과를 가져왔다. 세속 영주들은 상쟁에 잘 대비하여 최대한으로 자신들의 이익을 지키기 위해 전력을 기울였고 무법적인 사회에서 최악의 상황을 피하고자 하였다. 어느 측면에서는 싸움이 상류사회의 놀이 문화가 되었고 복수가 정당화될 정도로 폭력이 확산되어갔다. 이러한 폭력은 교회만이 아니라 사회 전반에 걸쳐 큰 피해를 입혔고 사회를 황폐화시키는 결과를 가져왔다.

점점 고조되는 사회의 무질서는 무엇보다도 농민들에게 큰 고통을 안겨주었다. 봉건화되어가는 프랑스 지역에서는 시간이 지남에 따라 교회가 기사의 군사적 기능을 인정하고 지지함으로써 기사의 군사적·사회적 기능이 강화되어 갔다. 그러한 결과로 기사계급milites과 빈자 paupers의 간격이 더욱 크게 벌어지게 되었다. 이러한 11세기 초의 사회적 현상은 방어 능력이 없는 빈자들의 형편을 매우 어려운 상황에 처하게 하였다. 프랑스의 북부 지역에서는 봉건화가 잘 진행되어 있었고 영주들이 영지 내 농민들을 외부의 침입으로부터 보호하는 데에 심혈을 기울였다. 그러나 프랑스 남부 지역에서는 사유지가 많았고 그 사유지의 농민들은 보호를 받지 못했기 때문에 외부의 폭력으로부터 쉽게 침해될 수밖에 없었다. 여성이나 상인, 순례자들처럼 무장하지 못한 농민들은 폭력으로부터 보호받아야 할 필요가 절실하였다.

---

des 10. Jahrhunderts", *Deutsches Archiv für Erforschung des Mittelalters* 17. (1961); E. Dümmler, "Über den Dialog *De statu ecclesiae*," *Sitzungsberichte der königlich preussischen Akademie der Wissenschaften zu Berlin, ph.-hist. Classe*, xvii (1901), pp.362-386.

농민들의 피해를 막아줄 수 있는 방법은 교회가 제도적으로 그들의 보호를 법제화해주는 것이었다. 그것은 교회와 성직자를 보호하는 것만큼이나 농민의 보호도 교회의 이익을 지키는 데에 매우 중요한 일이었기 때문이었다. 따라서 교회는 평화공의회 Peace council를 소집하여 보호를 받아야 할 계층의 생명과 재산 보호를 위해서 입법을 추진하고 대책을 마련하게 된다. 10세기 후엽에 아퀴타니아와 부르군드의 주교들은 공의회를 소집하였고, 이 회의에는 수도원장과 모든 계층의 평신도들도 참여하였다.[14] 이 당시의 공의회에는 신비한 효능을 발휘한다고 여기는 수많은 성물을 가져왔고 평화를 회복하고 올바른 신앙을 확립하기 위해서 법규가 마련되었다.

기사들의 무분별한 폭력 외에도 폭풍, 기근, 전염병과 같은 자연재해는 삶과 생명과 재산을 파괴하였다. 이와 같은 재난들은 죄를 저지른 인간들, 특별히 무력을 가진 속인들의 폭력에 대한 신의 분노 *ignis sacer*로 인해서 초래된 신의 형벌이라고 생각하였다.[15] 따라서 교회는 제후들이 주교들에게, 또는 신에게 복종함으로써 평화와 정의의 약속에 답변하는 것이 온당하다고 여겼다. 이는 신의 진노로 시작된 일련의 사태가 성인들의 개입으로 진정되고 치유되며, 세속인들이 평화와 정의의 협정을 맺음으로 신의 진노에 답하고 그것이 주교의 승인을 통해 평화로 결말을 맺는다는 생각에서 비롯되었다. 이러한 면에서 평화의 추구는 교회 재산의 회복이나 사회 혼란의 방지에 그 무게 중심이 있다기보다는 일종의 종교적 운동의 형태를 취했다.

신의 평화 *Pax Dei*, Peace of God는 그리스도 자신이 교회에 전해준 평화, 그리고 사도 시대 그리스도교의 관점에서 찾아볼 수 있는 평화의 회복을 의미하는 것이었다. 11세기의 역사가 아데마르 Adhemar de Chabannes[16]

---

14) Cowdrey, "The Peace and the Truce of God in the Eleventh Century," p.44.
15) 같은 논문, p.49.
16) Classic Encyclopedia, Available: http://www.1911encyclopedia.org/Adhemar_

는 그의 글에서 994년 리모주의 평화공의회를 자주 언급하였다. 그는 폭력의 자제를 요청하는 주교의 요구에 부응하는 아퀴타니아의 사람들은 평화의 딸이라고 묘사하였다.[17] 그것은 주교들의 평화는 그리스도 자신이 그의 사도들에게 위임한 것과 똑같은 평화이기 때문이라는 것이다. 따라서 신의 평화는 그리스도가 초대 교회가 시작할 때에 사도들에게 위임한 평화의 회복을 의미하는 것이었다. 그러한 교회의 평화가 무거운 죄로 인해 파괴되었지만 죄인들이 참회를 통해서 돌아온다면 평화가 회복된다고 보았다. 따라서 폭력으로부터의 해방을 의미하는 평화는 신성하게 유지되는 질서와 치유, 정의의 회복을 뜻하는 것이었다.[18]

평화 입법의 목적은 그리스도가 그의 제자들에게 전해준 평화의 회복이었다. 그러므로 공의회는 그리스도인 공동체의 통합과 회복을 주된 사명으로 간주하게 되었다. 그것은 오염된 교회의 회복을 의미할 뿐 아니라, 동시에 사회의 평화와 정의가 회복되는 것을 뜻하는 것이었다. 주교에게는 교구 내에서 질서를 회복하고 평화를 유지할 수 있도록 영적 권한이 부여되어 있고, 이에 상응하는 영적 재치권을 행사할 수 있다. 이러한 주교의 기능은 11세기 교회 개혁 시대에 교황권과 연계되었고 수위적 지위에 있는 교황의 주 관심대상이 되었다. 1063년 교황 특사 페드로 다미아니는 리모주의 '신의 평화' 입법에 교황의 권위를 부여하여 이를 더욱 효과적으로 실행하고자 하였다.[19]

신의 평화에 대한 관심사는 교황 우르바노 2세에 의해서 본격화되었

---

de_Chabannes; 아데마르Adhemar는 프랑스 리모쥬의 성 마샬St Martial 수도원 출신으로 역사서 *Chronicon Aquitanicum et Francicum or Historia Francorum.(MGH Scriptores)*, 성인전 *Commemoratio abbatum Lemovicensium basilicae S. Martialis apostoli (848- 1029)*와 서간문 *Epistola ad fordanum Lemovicensem episcopum et alios de apostolatu S. Martialis (PL, cxli.)* 등을 저술하였다.

17) PL cxli, c.115.
18) Cowdrey, "The Peace and the Truce of God in the Eleventh Century," p.51
19) 같은 논문, p.56.

다. 프랑스 귀족 출신이며 클루니 대수도원장 출신으로서 우르바노는 교황권을 위해 신의 평화를 이용할 수 있는 가능성을 충분히 인식하고 있었다. 그는 클레르몽 공의회의 설교에서 그리스도인 삶의 회복을 목표로 신의 평화를 추구했던 프랑스 남부의 상황에 대해서 많은 언급을 하였다. 클레르몽 공의회를 들여다보면 초기의 평화공의회에서 많은 것들을 거의 그대로 도입하였음을 알 수 있다. 우르바노는 그리스도교 세계의 내부 혼란에 대해서 깊은 염려를 가지고 있었다. 따라서 그는 그리스도인들이 교회의 평화를 원래의 모습으로 회복하도록 강조함으로써 평화운동에 대한 관심을 불러일으켰다. 그는 클레르몽의 연설에서 그리스도인 형제들을 겨냥한 투쟁을 끝내고 대신 그들의 무기를 이교도를 대항한 건전한 전쟁에 돌리도록 역설하였다.[20] 그러한 면에서 우르바노의 십자군 운동은 평화운동의 결정판이었다고 할 수 있다.

클레르몽 공의회의 내용을 전하고 있는 「람베르트 보고서Liber Lamberti」의 기록에서는 수사, 성직자, 여성, 그리고 그들과 함께 있는 사람은 언제나 평화의 상태에 있어야 하고, 화요일, 수요일, 목요일에 행해진 가해에 대해서는 평화의 위반으로 간주되지 않으며, 재판하여 벌을 주지 않을 것이지만, 그 외에 나머지 4일 동안에 행해진 폭력에 대해서는 신성 평화를 위반한 죄를 저지른 것으로 간주될 것이라고 규정하였다.[21] 11, 12세기 앵글로 노르만 역사가 윌리엄 맘스베리William of Malmesbury와 오르데리쿠스 비탈리스Ordericus Vitalis가 정리한 클레르몽 공의회의 법규 제16조에서 제19조까지는 신의 휴전과 신의 평화에

---

20) D. C. Munro, "The Speech of the chroniclers record of Urban at Clermont, 1095," *American Historical Review* xi (1906), pp.231-242; A. Gieysztor, "The Genesis of the Crusades; The Encyclical of Sergius IV (1009-12)," *Medievalia et Humanistica* v (1948), pp.3-23.

21) Somerville, *The Councils of Urban II, vol.1, Decreta Claromotensia* (Amsterdam, 1972), pp.46, 59, 60.

관한 규정들이다. 제16조에서는 휴전해야 하는 기간을 예수공현일
Epiphany 전 7순 일요일(대강절Advent)부터 공현일 후 8일까지, 부활절
전 7순 일요일부터 부활절 후 8일까지, 승천절Rogation 첫날부터 성령감
림절Pentecost 후 8일까지, 매주 수요일 일몰부터 월요일 일출까지로
정하였다. 또한 주교, 수사, 수녀, 사제 등 성직자의 재산과 생명을
위해하는 자에 대해서는 아나테마 파문anathema으로 처벌한다는 내용을
규정하였다.[22]

　　교황 우르바노가 소집한 클레르몽 공의회에서 규정된 신의 평화와
휴전에 관한 규정은 1123년 교황 갈리스토 2세가 소집한 제1차 라테란
보편공의회의 법규 제13조[23]에서, 교황 인노첸시오 2세가 소집한 제2
차 라테란 보편공의회 법규 제12조[24]에서, 그리고 1179년 교황 알렉산
데르 3세에 의해서 소집된 제3차 라테란 보편공의회의 법규 제21조[25]
에서 확인되고 재규정되었다. 이러한 일련의 규정으로 신의 평화와
휴전은 유럽의 모든 교회로 확대되었다. 또한 1179년 제3차 라테란
보편공의회의 법규 "지켜야하는 휴전De treugis servandis"은 1234년에 편집된
교황 그레고리오 9세의 『교령집 Liber Extra』의 제1장 34절 "휴전과 평화De
treuga et pace"(L. I, t. 34)[26]에 삽입되었다.

　　제3차 라테란 공의회에 이르기까지 사투를 규제하는 법규가 지속적
으로 교회법에서 언급되고 규정되는 것으로 볼 때 사회를 혼란에 빠트
리고 생명과 재산을 위협하는 전투 행위가 규제에도 불구하고 일거에
쉽게 진정되지는 않았음을 알 수 있다. 각국의 왕들도 교회법에 따라

---

22) Somerville, *The Councils of Urban II*, pp.83-98.

23) H. J. Schroeder, *Disciplinary Decrees of the General Councils: Text, Translation, and Commentary* (St. Louise and London: B. Herder Book Co., 1937), p.187.

24) 같은 책, p.203.

25) 같은 책, p.231.

26) Gregorius IX, *LIBER EXTRA*, Liber I, Titulus 34 *De treuga et pace* in *Corpus Iuris Canonici* Pars Prior, Aemilius Friedberg (ed.) (Graz:Akademische Drug-U. Verlagsanstalt, 1959).

이러한 사투를 금지했으나 효율적으로 그러한 행위를 막을 수는 없었다. 사회의 평화와 안정을 유지하는 것은 각국의 정부보다는 오히려 교회가 더 큰 관심을 가지는 현안이 되어 버렸다. 귀족들의 사투를 제어하지 않고는 교회가 안정적으로 사회를 이끌어 갈 수 없었으며 교황이 보편적 수위권을 확대해 나갈 수 없었던 것이다.

13세기까지 교황들이 기사들의 사투를 십자군 운동으로 돌려보려고 지속적인 노력을 기울였음에도 불구하고 이를 쉽게 진정시킬 수 없었기 때문에 교황이 소집하는 일련의 공의회에서 이를 규제하고 처벌하는 규정을 수차례 갱신해야 했다. 그 외에도 13세기의 교황들이 각 지역의 현실적인 문제들에 간섭하면서 명분이 불분명한 충돌 행위를 여러 가지 방법으로 해결하려는 사례들이 나타난다. 그러한 문제들에 대한 교황들의 관심과 간섭은 종교적이거나 영적인 문제가 아니고 순전히 현세적이고 세속적인 성격의 범주에 속하는 경우가 많았다.

교황은 국가의 정치에 간섭할 수 있다고 생각했으며 그러한 교황의 권위를 받아들이지 않을 때에는 파문과 같은 무기로 위협하였다. 특별히 호전적인 군주나 도시들에 대해서 그들의 전투행위를 중지하도록 지속적으로 훈계하였으며, 이에 응하지 않으면 파문될 것이라는 점을 강조하였다. 호노리오 3세(1216-1227)는 밀라노와 파비아가 도시간의 분쟁을 지속하게 되자 북이탈리아에서 4년간의 휴전을 선포한 라테란 공의회의 법령을 위반했다는 점을 들어 그들 도시들을 징벌하였다.27) 1274년 그레고리오 10세(1272-1276)는 이들 도시에 대해 재차 파문을 선포하였다.28) 또한 교황파와 반교황파의 투쟁 마당이 된 피렌체에 대해서도 성무금지령을 선포하였다.29) 보니파시오 8세(1294-1303)는 북

---

27) Honor, III, *Reg.* 27: cited by Mann, vol.13, p.22.
28) Gregor X, *Reg.* pp.483-483.
29) Augustus Potthast, *Regesta Pontificum Romanorum inde ab anno MCXCVIII ad a. MCCCIV,* n.20749.

이탈리아의 평화 유지를 위해 열정적으로 노력하였으며, 이곳을 무대로 각축을 벌인 프랑스, 잉글랜드, 독일에 대해서 신의 휴전에 동의하지 않는다면 교회의 징벌을 가할 것이라고 위협하였다.[30]

교황의 지도력 하에서 유럽 내에서 평화를 유지하고 유럽의 통합을 이룩하려는 교황들의 야망이 십자군 운동의 열기를 조장하였다. 그러한 면에서 십자군 운동은 유럽의 평화와 복지 수호를 수단으로 삼아 보편왕국의 이념을 구현하려는 의도의 표출이었다. 따라서 도시와 국가들을 평화로 이끌어가는 것은 교황과 보편교회의 사명으로 간주되었다. 이러한 사명감 속에서 교황은 각 지역의 분쟁에 간섭할 수 있는 명분을 찾았다. 뿐만 아니라, 각 지역의 분쟁과 투쟁이 성지의 회복을 지연시키고 있다는 점을 크게 부각시켰다.[31]

1198년 인노첸시오 3세는 잉글랜드와 프랑스의 전쟁을 끝내고 그들의 힘을 생산적인 목적을 위해 사용하도록 하기 위해서 십자군의 참여와 성지 회복을 언급하였다. 교황은 잉글랜드의 왕 리처드 1세와 필립 아우구스투스에게 각각 서한을 보냈다. 이 서한에서 인노첸시오는 2개월 안에 전쟁을 끝내지 않으면 그들의 영토에 성무금지령을 선포한다고 경고 하였고, 성지 회복을 위해 그들의 전쟁에 대한 힘과 열정을 돌리도록 강력히 권고하였다.[32] 인노첸시오는 헝가리의 앤드류에 대해서도 유사한 조치를 취하였다. 앤드류는 형제간에 분쟁을 하였는데 교황은 앤드류의 반역행위에 대해서 그가 철회하지 않는다면 파문을 내릴 것이라고 경고하였다. 그리고 그가 이전에 약속한 십자군 원정에 나아가지 않으면 역시 같은 교회의 벌로 징계할 것이라고 엄중히 말하였다.[33]

---

30) R. W. Carlyle and A. J. Carlyle, *A history of medieval political theory in the west* (Blackwood, Edinb, 1950), vol.v, p.375.

31) Harvey, *Excommunication as an Instrument of Papal Policy 400-1300 A.D.*, pp.90-91.

32) Innocentius III, *P.L.* 214, col.329, *Reg* I, 355; *Reg* I, 230, *P.L.* 214, col. 196.

33) Innocentius III, *P.L.* 214, col. 8. *Reg.* 110.

십자군 원정의 출병 지연으로 교황과 심각한 충돌을 빚은 사례는 황제 프리드리히에게서 찾아볼 수 있다. 프리드리히는 그의 재임 기간 동안에 이탈리아 지배에 심혈을 기울였으며 교황령에 서슴없이 진출하여 명실상부하게 이탈리아 전역을 지배하고자 하였다. 황제의 간섭과 위협으로부터 교황령을 지키고 보호하려 했던 교황 그레고리오 9세는 프리드리히를 십자군 원정에 출병시킴으로써 그가 교황령에서 일으키는 분쟁을 완화시키고자 하였다. 교황의 뜻대로 움직여 주지 않는 황제에 대해서 그레고리오는 1227년과 1239년 두 번의 파문을 선고하였다.[34]

교황 그레고리오가 내린 파문에도 전혀 개의치 않고 종횡무진으로 활개를 치며 교황령을 장악했던 프리드리히는 교황 인노첸시오 4세의 단호한 저항에 부딪히게 된다. 추기경들이 투옥되거나 로마 밖으로 추방된 상태에서 가까스로 일부 추기경이 아나냐에 모여 시니발트 피에스키를 인노첸시오 4세 교황으로 선출하였다. 교황이나 로마교회의 입장에서 볼 때 황제의 행위는 오만방자한 모습이었고 더 이상 이를 방관할 수 없는 상황이었다. 1245년 교황 인노첸시오 4세는 이탈리아를 신속히 탈출하여 프랑스의 리용에서 공의회를 개최하고 황제 프리드리히의 폐위를 선언하게 된다.[35] 그 이후 프리드리히는 황제의 권위를 모두 상실하고 무기력한 모습으로 말년을 보냈다. 이 사건은 단순히 프리드리히의 황제권 상실에 그친 것이 아니라 그 뒤를 계승한 신성로마 황제들이 강력한 권력을 더 이상 행사할 수 없도록 만들어 버렸다.

교황 인노첸시오 4세는 교황에게 가장 위협적이며 파문에도 굴하지

---

34) Horace K. Mann, *The Lives of the Popes in the Middle Ages* vol.XIII: *The Popes at the Height of Their Temporal Influence* (London; Kegan Paul Co. LTD, 1925), pp.214, 284.

35) Ernst Kantorowicz, *Frederick The Second 1194-1250* (New York: Frederick Ungar Publishing Co., 1957), pp.555-563.

않았던 프리드리히를 폐위시킴으로써 비로소 교황에게 맞설 수 있는 모든 세속권력을 제거할 수 있었다. 인노첸시오 4세는 인노첸시오 3세처럼 유럽 내에서 세속권력에 맞서서 교황 중심의 질서를 수립하였다. 이와 같이 세속권력과의 치열한 충돌 속에서 교황들은 가능한 모든 수단을 동원하였는데 일차적으로 파문이 최후의 수단으로 이용되었지만 파문의 효력이 미치지 못하는 경우에는 황제를 폐위함으로써 교황의 목적과 뜻을 달성하고자 하였다. 이러한 과정 속에서 교황은 서유럽 사회에서 보편적 지배권을 행사할 수 있었고 파문은 그러한 교황의 행로에서 매우 중요한 수단이었던 것이다.

3. 교황의 대영주권

12 · 13세기 교황의 보편적 지배권 확립을 위해서 적극적으로 추진한 정책의 두 번째 사례로 교황의 봉건적 영주권을 들 수 있다. 현실적으로 복잡하게 뒤얽힌 국제적 관계와 지역의 정치적 문제들을 직 · 간접적으로 깊이 간여할 수 있는 효율적인 방법은 일정 지역에 대해서 교황이 종주권을 인정받는 것이었다. 이러한 교황의 구상이 어느 곳에서나 실현될 수는 없었다. 그러나 교황의 도움과 협력을 필요로 하는 지역에서는 교황의 봉건적 영주권을 인정하는 경우가 상당히 있었고, 일부 지역에서는 그러한 관계를 받아들이도록 강요당하는 경우도 있었다. 교황의 대영주권을 인정하는 지역에서는 교황이 그 지역 세속권력의 보호자요 후원자로서 역할을 수행하면서 그들 지역의 권익 옹호를 위해 파문을 이용하는 사례가 빈번하였다.

교황이 세속국가에 대해서 대영주권을 행사하기 시작하는 것은 11세기 그레고리오 개혁 시대로 거슬러 올라가 그 기원을 찾아볼 수 있다. 11세기 교회 개혁 시대는 교황권의 강화를 추구하고 교황의 현세적 권력을 확대하려고 시도하는 때였고, 교황은 영적 권력의 세속에 대한 우월권을 봉건적 영주권이라는 가시적인 관계로 설정하고자하였세. 그러한 면에서 교황 그레고리오 7세(1073-1085)는 교황 레오 9세(1048-1054)와 다른 입장을 보였다. 레오는 헝가리의 왕 앤드류가 교황의도움과 보호를 요청했을 때 헝가리에 대해서 어떠한 봉건적 영주권을요구하지 않았고 그것은 황제의 권리라고 양보하는 모습을 보였다.그러나 그레고리오는 이전에 스테파누스 왕이 헝가리를 교황의 보호하에 둔 적이 있었음을 상기시키면서 솔로몬 왕에게 헝가리는 교황의봉토임을 주장하였다.36) 이때 교황은 솔로몬이 독일 왕으로부터 이땅을 봉토로 받은 것이 사실이라면 왜 교황의 도움을 받으려고 하는지반문하였다.

　세속적 영지를 교황의 봉토로 만들려는 그레고리오의 노력은 지속적으로 진행되었다. 헝가리의 영주권은 군주의 자발적인 헌납으로교황에게 귀속되었다고 주장하였다. 이에 비해 코르시카와 아일랜드는콘스탄티누스 기증을 근거로 교황에게 봉토로 귀속된 것이라고 주장하였다.37) 스페인의 경우는 고대로부터 사도좌에게 속했기 때문에 한동안 이교도가 이 지역을 점유했다고 할지라도 스페인에 대한 교황의권리는 여전히 유효하다고 하였다.38) 그 외에도 카룰루스 대제의 기증을 통해서 작센의 영주권이 사도좌에게 이전되었다고 주장하였다.39)

---

36) Greg. VII, *Reg.* 11, 13, 그레고리오는 헝가리의 솔로몬 왕보다는 그와 대립상태에 있는 겐사Gensa를 선호하고 지지하였다. *Reg.* 11. 63. 70.

37) John of Salisbury, *Metalogicus*, IV, 42. *PL.* 199, col. 945. "Nam omnes insulae, de jure antiquo, ex donatione Constantini, qui eam fundavit et dotavit, dicuntur ad Romanam Ecclesiam pertinere."

38) Greg. *Reg.* I. 7.

39) Greg. *Reg.* VIII, 23. "Idem vero magnus impertor Saxoniam obtulit beato Petro, cuius eam devicit adiutorio, et posuit dignum devotionis et libertatis, sicut ipsi Saxones habent scriptum et prudentes illorum satis sciunt."; Philip Jaffe, *Regesta Pontificum Romanorum*, p.431.

그레고리오는 1075년 러시아의 왕 드미트리우스에게 보내는 서한에서 그의 아들이 사도좌에게 적절한 충성심을 보여줌으로써 왕국을 사도의 선물로 받게 되었다고 언급하였다.[40] 또한 크로아티아의 왕 데미트리우스에 대한 기사 위젤린의 복수를 금지하는 서한에서 그레고리오는 교황에게 신종선서를 행한 사람을 달마티아의 왕으로 세웠다는 점을 말하고 있다.[41] 1080년 이탈리아 남부의 노르만 왕국과 우호적인 관계로 돌아설 때 그레고리오는 노르만의 왕 로베르트 귀스카르트가 남부에서 정복한 땅을 인정해주는 대신 그로부터 충성의 서약을 받고 정복지를 봉토로 수여하게 된다.[42]

나아가서 그레고리오는 신성로마제국에까지 교황의 영주권 이념을 확대하려고 한 최초의 교황이었다. 그는 1081년 황제는 성 베드로의 군사요 충신이어야 한다고 말하였다.[43] 그는 이를 원래 영적 권력은 세속권력보다 우월한 위치에 있다는 관념과 연계하여 그 관계를 규정하려고 하였다. 이 당시로는 매우 획기적인 일이었고, 그렇다고 황제가 봉건적 영주권을 받아들이도록 압박을 가하지는 않았다.

교황은 제국을 교황의 봉토로 만드는 목적을 달성하지는 못했을지라도 작고 미력한 국가들에 대해서는 자신의 뜻대로 과감하게 밀어붙였다. 바로 이러한 교황의 정책은 현세적 지배를 위해 교황권을 강화하고 교황들이 꿈꾸던 교황의 보편적 지배권을 확보하고자 하는 수단이었

---

40) Greg. *Reg.* II, 74, "Filius vester limina apostolorum visitans ad nos venit et, quod regnum illud dono sancti Petri per nanus nostras vellet optinere, eidem beato Petro apostolorum principi debita fidelitate exhibita devotis precibus postulavit indubitanter asseverans illam suam petitionem vestro consensu ratam fore ac stabilem, si apostolicae auctoritatis gratia ac muninine donaretur."

41) Greg, *Reg.* II, 7,4.

42) Greg, *Reg.* II, 8,1a. Lehnseid Robert Guiscards vor Gregor VII. "Haec omnia suprascripta observabo tuis successoribus ad honorem sancti P, ordinatis, qui miohi, si mea culpa non renanserit, firmaverint investituram a te mihi concessam."

43) Greg, *Reg.* IX, 3.

다. 그러한 의도와 정신 속에서 그레고리오는 잉글랜드에 대한 봉건적 영주권을 확립하려고 시도하였다. 그러한 요구를 받은 윌리엄 정복자는 강력하게 이를 거부하였고 교황은 그에게 더 이상 신종선서를 강요하지는 않았다.[44]

교황의 보편적 지배권을 확대하려는 방편으로 각 지역에서 교황의 영주권을 확립하려고 하였음에도 불구하고 그레고리오는 이를 파문과 연결시켜 강제하지는 않았다. 스페인은 고대로부터 교황에게 종속되어 있으므로 교황의 동의가 없이는 스페인의 무어족을 공격할 수 없도록 금지하였다. 그러나 법령을 어기고 스페인을 공격한 원정대에 대해서 금지령을 선포하였고 그 이상의 엄중한 조치를 취하지는 않았다. 또한 교황은 헝가리의 왕 솔로몬에 맞서 교황의 뜻을 충실히 따랐던 겐사를 옹호했지만 교황은 솔로몬에 대해서 파문을 선고하지는 않았다. 이와 같이 그레고리오가 강력한 제재를 가하지 아니 한 것은 그들 국가들이 교황의 영주권을 자발적으로 받아들이는 경우가 많았기 때문이기도 하지만 그레고리오는 그와 관련된 문제를 엄중한 교회의 징벌로 다스리기를 원치 않았다.[45]

교황의 영주권을 지키기 위한 수단으로 파문을 이용하는 것은 12·13세기의 교황들의 정책에서 나타난다. 교황 호노리오 2세(1124-1130)는 아풀리아의 대공 윌리엄이 사망한 뒤 아풀리아를 차지하려는 시칠리아

---

44) Greg VII. *Epist. Extra. Regist.* XI. Willelmi regis Anglorum ad Gregorium VII. "Hubertus legatus tuus, religiose Pater, ad me veniens ex tua parte, me admonuit quatenus tibi et successoribus tuis fidelitatem facerem et de pecunia, quam antecessores mei ad Romanam Ecclesiam mittere solebant, melius cogitarem: unum admisi, alterum non admisi. Fidelitatem facere nolui, nec volo, quia nec ego promisi, nec antecessores meos [Col. 0748B] antecessoribus tuis id fecisse comperio." 잉글랜드를 봉토화하려는 시도는 그레고리오 이전에 교황 알렉산드로스 2세 때에도 있었으나 이를 성취하지는 못하였다. Alex. II, ep. 139. *PL.* 146. col. 1413.

45) Harvey, *Excommunication as an Instrument of Papal Policy.* pp.50-51.

의 왕 로게리우스를 파문하고 그를 대적하는 성전聖戰을 외치기까지 하였다. 윌리엄이 사망했을 때 이미 아풀리아는 교황의 봉토였고 그의 후사가 없었기 때문에 그의 영토는 몰수되어 교황에게 귀속되어야 한다고 주장하였다.46)

중세의 전성기에 교황의 영주권을 통해서 세속국가의 정치적 문제에까지 깊숙이 간여하면서 현실 속에서 교황의 보편적 권위를 가장 크게 강화시킨 교황은 인노첸시오 3세이다. 이 시기에 교황의 영주권을 인정함으로써 교황과 긴밀한 관계를 유지하고자했던 지역으로 잉글랜드와 시칠리아를 들 수 있다.

11세기에 알렉산데르 2세와 그레고리오 7세가 윌리엄 정복자에게 신종선서를 통해 봉건적 관계를 맺고자 시도한 적이 있으나 윌리엄의 거부로 이는 성사되지 못한 적이 있었다. 그러나 13세기에 와서 국내외적 문제가 복잡하게 얽힌 상황 속에서 잉글랜드의 왕은 유럽 세계에서 막강한 정치적 위력을 발휘하였던 교황의 힘과 도움을 도외시할 수 없었다. 잉글랜드의 존 왕은 프랑스 내에 있는 영토를 둘러싸고 프랑스의 왕 필립 아우구스투스와 충돌해왔으며 긴장이 여전히 지속되는 상황에 처해 있었다. 그러한 현실 속에서 1204년에는 잉글랜드의 봉토 노르망디를 프랑스의 왕에게 몰수당하였다.

한편 존 왕은 국내적으로 봉건적 무정부 상태에 맞서서 중앙집권적 왕권을 강화하기 위해 봉건 귀족들과 대결할 수밖에 없는 급박한 상황을 맞이하고 있었다. 설상가상으로 존은 캔터베리 대주교 임명을 둘러싸고 교황청과 심각한 대립 상태에 빠지게 된다.47) 그 결과 1208년에는 잉글랜드 전체에 성사금지령이 선포되고, 1210년에는 존 왕이 파문 선고를 받게 된다. 이와 같이 어려운 대내외적 환경 속에서 존 왕은

---

46) Harvey, *Excommunication as an Instrument of Papal Policy*, pp.76-77.

47) Joshep Clayton, *Pope Innocent III and His Time* (Milwaukee: The Bruce Publishing Company, 1940), pp.159-165.

필립 왕과의 전쟁에 패배함으로써 국제 관계에서 그 힘이 크게 위축되었고, 교황과의 관계 악화는 그를 더 이상 버틸 수 없는 상태로 만들어 버리고 말았다.

마침내 1213년 존 왕은 그 동안 문제가 되었던 캔터베리 대주교의 선출, 교회재산의 관리권 등을 교회에 양보하였다. 그뿐만 아니라, 그의 왕권을 교황에게 양도하고 잉글랜드를 성베드로의 지배에 귀속시킬 것을 선언하고[48] 매년 교황에게 1000마르크를 지불할 것을 약속하였다.[49] 잉글랜드가 로마로부터 멀리 떨어져 있기 때문에 성사금지령과 파문의 상태를 상당기간 버틸 수 있었지만 존은 교황과의 관계를 우호적으로 개선하지 않고서는 사면초가의 처지를 벗어날 수가 없었다. 겉으로 보기에는 존이 자발적으로 교황의 봉건적 영주권을 인정하고 잉글랜드를 교황의 지배에 귀속시킨 것으로 보이지만 이미 수년 동안 지속된 파문은 존 왕이 모든 것을 포기하고 교황의 뜻을 받아들일 수밖에 없는 상황으로 만들어 버렸던 것이다.

존이 교황의 영주권을 받아들임으로써 그가 모든 주권과 이익을 포기한 것은 결코 아니었다. 대립적인 관계에서 교황을 자기 편으로 끌어들인 것은 존의 정치적 입지를 강화할 수 있는 기회가 되었다.

---

48) Innocent III, *P.L.* 216, col. 876. "Quod si forte nequiverimus eos ad hanc ultimam juramenti partem inducere, videlicet quod si per nos ipsos vel alios contravenerimus, ipsi pro Ecclesia contra violatores securitatis et pacis mandatis apostolicis inhaerebunt, nos propter hoc domino papae ac Ecclesiae Romanae per nostras patentes litteras obligavimus omne jus patronatus quod habemus in ecclesiis Anglicanis. Et omnes litteras quae pro securitate praedictorum sunt exhibendae praefatis archiepiscopo et episcopis ante suum ingressum in Angliam transmittemus. Si vero nobis placuerit, [Col. 0877B] saepefati archiepiscopus et episcopi praestabunt, salvo honore Dei et Ecclesiae, juratoriam et litteratoriam cautionem quod ipsi nec per se nec per alios contra personam vel coronam nostram aliquid attentabunt, nobis praedictam eis securitatem et pacem servantibus illibatam."

49) Sidney R. Parkard, *Europe and the Church under Innocent III* (New York: Henry Holt and Company, 1927), pp.58-67.

인노첸시오 3세와 그 이후의 교황들은 잉글랜드의 대영주로서 잉글랜드의 봉신들과 외부의 침략자들에 맞서 있는 존 왕을 보호하고 지원하는 데에 적극적인 입장을 취하게 된다. 1215년 존 왕이 러니미드에서 대헌장을 서명했을 때 인노첸시오는 대헌장을 규탄했으며 왕국과 왕을 혼란에 빠트린 자들을 파문하고 그들의 영토에 성무금지령을 선포하였다.

존 왕은 성 베드로의 군사로서 교황의 뜻을 따르는 일에 충성했으며, 이러한 태도는 성지로 향한 십자군 원정으로 표현되었다. 1216년 프랑스의 루이 왕이 잉글랜드 지역 봉신들의 요청에 따라 잉글랜드를 침입했을 때 루이는 교황 사절에 의해서 파문되었고 그의 영토에는 성무금지령이 선포되었다.[50]

인노첸시오 3세는 잉글랜드에 대해서뿐 아니라 폴란드, 헝가리, 사르디니아, 불가리아 등에 대해서도 대영주권을 행사하였다. 인노첸시오 이후의 교황들 역시 그러한 정책을 계속해서 지켜 나갔다. 특별히 잉글랜드에 대해서 봉건 영주로서의 지위를 항상 의식하였고, 십자군 원정을 촉진시키려는 의도와 함께 평화를 위해서는 유럽의 어느 곳이라도 간섭할 수 있다는 신념을 가지고 있었다. 교황 호노리오 3세는 존 왕에게 지속적으로 대적하는 자들에 대해서, 그리고 루이 왕과 협조적인 관계를 유지하며 잉글랜드와 대적하였던 웨일즈에 대한 교황 특사의 성무금지령 시행을 방해하는 자들에 대해서 단호하게 파문을 선고하였다. 또한 교황 그레고리오 9세는 잉글랜드 왕 헨리 3세와 대립하고 있는 잉글랜드의 대귀족들이 왕에 대한 충성의 관계를 회복하지 않는다면 징계를 받을 것이라고 강력히 경고하였다. 뿐만 아니라 그레고리오는 프랑스의 왕 루이 8세가 해협을 건너가서 잉글랜드의 영토를 점유하고 있는 것을 중단하도록 강력히 경고하였다.

---

50) Harvey, *Excommunication as an Instrument of Papal Policy*, pp.93-94; Roger of Wendover, *The Flowers of History*, vol.2 (London: Henry G. Bohn, 1849), pp.139-152.

중세 전반을 통해서 볼 때 교황들은 세속권력과 봉건적 관계를 맺고 대영주로서 권위를 가지고 그들에게 봉건세 지불의 의무를 부과하거나 그 지역의 정치적인 문제에까지 간섭하려는 노력을 꾸준히 기울여왔다. 한편으로 세속군주의 편에서도 의도적으로 교황과 봉건적 관계를 맺고자하는 경우도 많았다. 정치적으로 난관에 봉착한 군주들은 자발적으로 교황의 봉신이 됨으로써 다른 강력한 세력에 종속되지 않고 위기를 모면할 수가 있었다. 1143년 포르투갈의 왕 아폰수 1세는 카스티야의 왕에게 복속되는 것을 피하기 위해서 교황의 봉건적 영주권을 받아들였다. 1076년 크로아티아와 달마티아의 백작 디미트리는 그러한 목적을 위해서 교황의 특사로부터 대관을 받았다.[51]

또한 인근 지역을 정복하여 영토를 확장한 경우에 교황으로부터 이를 인정받는 수단으로서 교황에게 그 땅을 헌납하고 봉건적 관계를 통해서 이를 다시 봉토로 하사받는 길이 있었다. 키예프의 대공이나 프로방스 백, 남부이탈리아와 시칠리아의 노르만 군주들, 아라곤의 왕들이 이러한 방식으로 교황의 봉신이 되었다. 어떠한 상황 속에서 봉건적 관계가 맺어지든 간에 교황의 영주권을 인정한 지역은 교황에게 종속된 교황 왕국의 일원이 되었다고 할 수 있다. 교황은 그들 지역에 대해서 보호자요 후원자이면서, 필요에 따라 세속적인 문제에 대해서 얼마든지 간섭할 수 있는 권위를 가지게 된 것이다. 이러한 면에서 볼 때 교황의 대영주권은 교황의 보편적 지배권 이상을 실현하는 데 있어 매우 효율적인 정책이었다. 그러나 군사적 무력을 소유하지 못한 교황으로서는 이러한 정책을 성취하고 유지해 나가기 위해서 교황의 권위를 대신해줄 수 있는 강력한 교회의 징벌이 필요하였다. 따라서 파문은 그 자체가 목적은 아니었지만 교황의 권위와 봉건적 영주권을 강화하고 확산시키는 데에 반드시 필요한 정책적 도구였다. 다시 말하

---

51) Wilhelm Georg Grewe, Michael Byers, *The Epochs of International Law* (Berlin, New York: Walter de Gruyter, 2000), pp.119-121.

면, 파문은 교황의 보편적 지배권 확립과 성취를 위해서 이용될 수 있는 보조적인 도구이자 무기였다고 할 수 있을 것이다.

이상에서 살펴본 바와 같이 확실히 13세기는 교황의 보편적 지배권이 완성된 시기라고 말할 수 있다. 교황이 현세권을 소유한다는 것은 이제 세속에 대한 통치가 교회 중심의 질서에 속한다는 것을 의미하며, 교황이 교·속의 모든 것을 통괄할 수 있다는 것을 뜻하는 것이었다.

13세기의 교황들은 그리스도의 대리자로서 영적·세속적 수위권을 가지고 유럽 세계의 평화를 유지해야 한다고 생각하였다. 이러한 교황의 정책과 의도를 가로막고 저해한다면 그러한 세력은 제재를 받아야 했다. 호전적인 군주나 도시들에 대해서 전투를 중지하도록 지속적으로 훈계를 하였고 이를 받아들이지 않으면 단호하게 파문으로 제재를 가하였다.

세상의 평화를 유지하고 사회의 통합을 이룩하려는 교황들의 야망은 십자군 운동을 통해서 표출되기도 하였다. 십자군 운동은 귀족들의 호전성을 해소시켜줌으로써 유럽 내의 평화를 유지할 수 있으며 이를 통해 교황이 보편적 지배권을 구현할 수 있는 길이기도 하였다. 그만큼 유럽 내의 도시와 국가들을 평화로 이끌어가는 것을 교황과 보편교회의 사명으로 간주하였던 것이다.

교황의 보편적 지배권은 교황의 대영주권 확립 속에서도 구체화되어 갔다. 교황 그레고리오 7세가 교황의 대영주권 이념을 확립하기 시작하였고, 13세기까지 교황들은 세속군주와 봉건적 관계를 맺으며 국가의 땅을 교황의 봉토로 만드는 정책을 적극적으로 추진하였다. 중세 전성기의 교황들은 교황의 영주권을 통해서 세속국가의 정치적 문제에까지 깊숙이 간여하였다.

13세기 교황중심의 유럽질서는 사회의 평화와 통합을 유지하고 교황의 대영주권 확립을 통해서 현실 속에 구체화 되었다. 교황은 서유럽

세계를 교황의 보편 왕국으로 여겼고 보편적 지배권을 행사함으로써
그와 같은 세계를 확립하고자 하였다.

제11장

교황주권사상의 이론적 구조

1. 교황의 완전권 *Plenitudo Potestatis* 관념

인노첸시오 3세로부터 인노첸시오 4세와 보니파시오 8세에 이르기까지 강화되어 가는 교황 세속권 이론은 교황의 완전권과 성직자정치론적 보편지배권으로 귀결된다고 할 수 있다. 따라서 교황주권사상에 대한 이해를 위해서는 교황의 완전권 이론과 성직자정치론의 실상을 명확히 파악해야 할 것이다.

5세기 중엽 교황 레오 1세의 교황권 사상으로부터 출발하여 11세기 그레고리오 개혁을 통해 점차 교황의 현실정치 간여와 사법권에 대한 근거가 되어 왔던 교황 수위권 이론은 12세기에 교황의 완전권 이념으로 발전한다. 교황의 완전권은 그리스도교의 종교적 영역에 대한 지배는 물론이고, 교황의 수위권을 바탕으로 하는 교황의 세속 정치 간섭권, 세속 사건에까지 확대되는 교황의 사법권, 황제와 왕의 임면에 대한 재가권 등을 포함하는 것으로 이해되어 왔다. 이러한 교황 완전권 이론은 12 · 13세기 교황주권사상의 핵심적 요소라 할 수 있다. 교황 세속권 이론에서 교황의 절대적 권한을 의미하는 개념은 성직자정치론과 더불어 교황 완전권 이론으로 표현되었다. 정치적인 면에서 종교적 수장이 지니는 완전권 이념은 절대권이라는 정치적 권력의 이론과 부합하는 것이어서 완전권은 그와 유사한 절대권을 추구하는 세속 군주권 사상에도 하나의 모형이 되었을 것이다.

그렇다면 완전권 이론은 처음부터 교황의 절대적인 권한을 의미하는 것이었을까? 어느 시점에서 이 용어가 교황의 편에서 정치적 중요성을 가지게 되었으며 그 관념의 신학적·교회법적 근거는 무엇일까? 또한 완전권 관념에 입각한 교황 주권의 범위는 어떻게 상정해 볼 수 있을까? 이러한 문제의식을 중심으로 12·13세기 교황주권사상의 핵심적 요소였던 완전권에 접근해 보기로 한다. 나아가서 교황의 완전권 사상이 세속 군주권 사상에 영향을 미쳤던 바처럼 교황권은 그 확립 과정에서 로마제국의 황제권과 법 제도를 모방했던 과정도 중요한 관심의 대상이 되어야 할 것이다.

(1) 완전권 개념의 유래와 교회법적 위치

13세기 교황의 완전권은 제반 종교적 문제를 설명하는 교황의 여러 서한과 보편공의회 입법 내용, 교황의 강론, 교회법학자들과 신학자들의 논거 등에서 교황의 재치권을 표현하기 위해 자주 이용되었다.[1] 그렇다면 이 용어의 연원은 어디에서 찾을 수 있으며 그에 대한 관념은 어떠한 과정 속에서 공식화되는 것일까?

완전권에 대한 최초의 언급은 교황 레오 1세(440-461)의 문헌 속에서 찾아볼 수 있다. 레오는 이 말을 한 번 사용했으며 더 이상 부언하거나 특별히 강조하지는 않았다. 그러나 이것이 교회법령 수집 편찬자들에 의해서 채택되면서 고전적 신조가 되었다. 특별히 11세기 말 그레고리

---

1) J. A. Watt, "The Theory of Papal Monarchy in the Thirteenth Century: The Contribution of the Canonists," *Traditio* 20 (1964), p.250.

오 개혁 시대에는 많은 문헌과 법령 편찬을 통해 이에 대한 내용이 널리 알려지게 되었다. 이는 그라티아누스 『교회법령집』 속에 편입되어 네 번 언급되었는데, 세 번은 교회법 법령 canons에 사용되었으며 한 번은 평론 dictum에서 사용되었다.

레오 1세는 성 베드로의 군주적 기능을 가리켜서, 또 베드로 후계자에게 그 기능이 지속된다는 점에 법적 의미를 부여했다.[2] 이러한 레오의 '완전권' 용어 사용은 그 범위가 제한적이었다. 그는 완전권을 교황에게만 속하는 특정한 권한으로 여겼지만 이를 세속권력과의 관계를 표현하기 위해서 사용한 것은 아니었다. 교황의 지위를 수도 대주교 metropolitan, 부주교 suffregan 등 다른 계층의 고위 성직자들과 대조시키기 위해 '완전권 plenitudo potestatis'과 '감독권 pars sollicitudinis'의 용어를 구분하여 사용하였다. 또한 당대의 서한들에서는 교황이 주교에게 '견의 pallium'를 수여할 때나 교황 특사에게 특권을 위임할 때 그 권한의 표시로 이를 사용한 것으로 나타나고 있다. 그러한 면에서 왓트 J. A. Watt는 레오가 적용했던 그 용어의 의미를 '직무의 충만 fullness of office'이라고 해석하고 있다.[3]

그러한 왓트의 견해에서 한 걸음 더 나아가, 호프 Alfred Hof는 "교황 레오 1세가 단순히 주교에 대한 자신의 관계를 '직무의 충만'으로 표현한 것이 아니고, 테살로니아에 파송한 교황 특사의 직권에 이를 관련시키고 있다"고 주장하였다.[4] 당시 로마황제의 권력은 '최고의 권위 summa auctoritas'로 이해되었고, 그의 절대 권력은 제국 내에서 실제적인 정점에 위치했으며, 그로부터 갖가지의 '권위 auctoritas'가 하위 직책자에게까지 승계된다고 여겼다. 바로 이와 같이 레오 1세는 자신이 교황으로서 완전권을 소유하였고, 이로부터 '우리들 대신에 vice nostra' 행하는 대리자

2) *Corpus Iuris Canonici*, Pars Prior: "Decretum Gratiani," C. 3 q.6 c.8.
3) Watt, "The Theory of Papal Monarchy in the Thirteenth Century," p.252.
4) Alfred Hof, "'Plenitudo Potestatis' und 'Imitatio Imperii' zur Zeit Innocent III," *Zeitschrift für Kirchengeschichte* LXVI (1954), p.48.

는 '감독권 *pars sollicitudinis*'을 간직한다고 보았다.[5]

완전권은 레오 1세에게서 그 연원을 찾을 수 있으나 이 용어를 발굴하고 그 의미를 확대시킨 것은 12·13세기의 교령연구가 decretalist들이었다. 그러나 초기의 교령연구가들이 교황 통치권 전체를 뜻하는 개념에 대해 깊은 관심과 매력을 느낀 것은 아니었다. 이미 교회법학자들은 교황의 입법, 행정, 사법적 우월권, 법의 선포 및 면제, 해석권, 교황 법정으로의 소환권, 교회 조직 변경권 등을 분석하고 있었다. 그러나 그들이 교황의 베드로 승계와 사법적 권한 행사를 개념화하여 전문용어로 표현하는 용어로 완전권을 선택하지는 않았다. 그 대신 그들은 '*plena potestas*,' '*supertativa auctoritas*,' '*plenaria potestas*,' '*plena auctoritas*,' '*summa potestas*' 등의 구절에 만족하였다. 루피누스나 스티븐 토르나이와 같은 교령집연구가 decretists들은 교황과 주교의 사면권을 대조시킬 때 '*plenitudo potestatis*'가 적절하다고 여겼을 뿐이며, 이러한 면에서 초기의 교회법학자들은 보수적이었다고 할 수 있다.[6]

법령에 기초를 두면서 교황 우월권의 실체를 나타낼 수 있는 용어의 적합성을 지적한 사람은 베르나르드 클레르보였다. 그러한 인식은 시몬 비시그나노가 그의 개요 summa(1177-1179)를 쓸 때 시작되었으며, 후구치오가 그의 개요를 작성했을 때 거의 완성되었다. 그리고 마침내 인노첸시오 3세 재위 기간 동안에 완결되었다.

이 과정에서 완전권의 용어와 개념은 다음과 같은 요인들이 광범하게 상호 연관되는 가운데서 활발하게 이용되기 시작하였다. 첫째는 『그라티아누스 교회법령집』에서 정리된 모든 자료의 포괄적인 적용이다. 둘째는 『시민법 대전 *Corpus Iuris Civilis*』의 법적 원칙들과 절차를 교회의 상용구로 이용했던 점이다. 마지막으로 당시 교황 입법에서 기념비적인 두 '고대의 법 *ius antiguum*'을 재활성화시켰던 점이다.[7]

---

5) Hof, "'Plenitudo Potestatis' und 'Imitatio Imperii' zur Zeit Innocent III," p.48.
6) Watt, "The Theory of Papal Monarchy in the Thirteenth Century," pp.252-253.

444

이러한 과정에서 완전권은 완벽한 전문적 용어로서 정착되기 이전에 이미 교황의 사법적 우월권을 표현하는 용어로 역할을 하기 시작했다. 후구치오 시대까지 교회법학자들은 교황 수위권에 관련된 자료를 찾기 위해 그라티아누스『교회법령집』을 샅샅이 뒤져 이 용어를 채택하게 되었다. 그와 함께 교령연구가들은 수세기 동안 많은 교황의 법령들 속에 자주 등장했던 베드로 문헌을 새롭게 해석하게 되었다.

교령연구가들이 전수받은 첫 번째 전통은 레오 1세로부터 연유된 베드로 문헌에 대한 주석과 완전권 용어였다. 완전권 사상의 정립에 관련된 두 번째의 전통은 로마제국의 행정적 구조와 로마법이었다. 중세 로마교회의 전 역사에서 로마제국의 조직 체계는 총체적인 사법적 실체로서 언제나 전형적인 모델이었다. 이에 대한 실례로서 4세기에 대주교구와 주교구를 구분하는 데 있어 로마제국의 행정구역이 그 기초로서 적용되었던 점을 들 수 있다.

또한 로마법이야말로 교회법의 발전을 자극했을 뿐 아니라, 13세기 교황권의 강화에 지대한 영향을 끼쳤던 점을 간과할 수 없다. 특별히 로마법은 중앙 집권적 통일을 유지할 수 있는 군주권에 가장 발전된 기술과 근거를 제공했는데 교황권은 이를 이용한 최초의 왕권이었고, 교회의 법률가들은 그에 기초해 교황의 사법권을 도약적으로 발전시킨 최초의 사람들이었다.[8] 이러한 상황은 이미 11세기에 시작되었으며 교황과 로마교회 법률가들은 '황제 모방imitatio imperii'의 과정을 밟아갔으며, 이는 12세기 중엽까지 크게 진전되었다.

베드로 문헌의 주석과 완전권 용어 사용의 전통, 그리고 교령연구가들로 하여금 군주권의 실체를 분석하도록 촉구한 로마법의 전통은 서로 융합되어 교황의 사법적 우월권에 대한 교회법적 개념으로 완성되어갔다.[9] 이와 같이 그 용어가 완전한 의미를 담고 발전해 가는 과정에

---

7) 같은 논문, pp.253-254.
8) 같은 논문, p.255.

서 처음에는 당대의 교황 공한에서 확인될 수 있는 정도였다. 마침내 이는 새로이 완성된 형태로서 『교회법대전Corpus Iuris Canonici』에 삽입되어 구체화되었다.

교황의 통치권을 표현하기 위해 수용된 용어 완전권은 13세기에 많은 문헌에서 보편화되어 나타났다. 그 가운데 1274년 리용의 제2차 공의회에서 선포된 〈신앙고백〉이 권위 있는 대표적 문헌이다. 이것은 교황 그레고리오 10세와 그리스 황제 미카엘 8세가 라틴 교회와 그리스 교회 사이의 항구적인 연합을 위해 마련한 신앙고백이었다.10) 리용의 고백문에는 완전권의 용어가 두 번 나타난다. 다음의 내용이 그 첫 번째 것이다.

> "성 토마스 교회는 그 자체가 가톨릭 보편교회 위에 최고의, 그리고 충만한 수위권을 가집니다. 자비로운 주는 로마 교황이 후계자인 사도 베드로에게 수위권 또는 최고권을 완전권과 함께 허용하였습니다."11)

위의 내용은 교황 우월권의 본질에 특별한 사법적 형식 즉 최고의 군주적 사법 권위를 부여한 것이었다. 두 번째로 그 용어가 사용된 리용의 고백문 구절은 다음과 같다.

> "다른 교회에 감독권을 허용하는 완전권이 이것을 그와 같이 구성합니다."12)

---

9) Richard Helmholz, "Canonists and Standards of Impartiality for Papal Judges Delegate," *Traditio* 25 (1969), pp.399-403.
10) D. J. Geanakopolis, *Emperor Michael Palaeologus and the West, 1258-1282* (Harvard: The Shoe string Press, Inc., 1959), pp.258-276.
11) Watt, "The Theory of Papal Monarchy in the Thirteenth Century," p.251.
12) 같은 논문, p.251. "Ad hanc autem sic potestatis plenitudo consistit quod ecclesias ceteras ad sollicitudinis partem admittit."

여기에서는 최고 권력의 하나로 완전권이란 말이 사용되고 있다. 그리고 다른 모든 교회의 권력체들이 지니는 사법권은 로마교회로부터 연유된다는 점을 말하고 있다.

이상에서 알 수 있는 바와 같이 리용의 신앙고백은 두 가지 의미에서 완전권의 용어를 사용하였다. 전자는 일반론적 내용으로서 교황 사법권의 총체를 요약한 것이고, 후자는 하위 성직의 사법권과 교황권과의 관계를 표현한 것이었다. 이 고백문에서 교령집연구가들의 관심을 끈 것은 그 용어를 좀 더 한정해서 논리적으로 사용한 후자였다. 그것은 그들이 그라티아누스 『교회법령집』에서 '완전권' 용어를 처음 접했을 때 바로 그와 같은 의미를 발견했기 때문이었다. 리용의 고백문은 교황의 우월권에 관한 신조로서 완성된 형태의 완전권 관념을 담고 있으며 13세기에 공적으로 선포된 가장 권위 있는 문서에 속한다.

(2) 완전권 개념의 확대

후구치오의 개요(1187)가 작성되는 시기까지 교황권에 관해서 전통적인 레오의 형식에 따르는 분명한 교회법적 가르침이 있었다. 그러나 이제 더 이상 '감독권in partem sollicitudini'과 '완전권plenitudo potestatis'을 단순히 지역과 보편의 차이로 인식하지는 않았다. 이제 완전권은 하위 사법권이 교황권으로부터 도출된다는 것을 의미하게 되었다. 따라서 이러한 결론을 뒷받침하기 위해 베드로 문헌 주석들에 비중을 두었고, 나아가서 시민법의 사법권 본질에 대한 분석을 통해서 이에 대한 관념을 더욱 강화하였다.

교령연구가들은 교황 우월권에 대해서 많은 분량의 주해를 하였는데 이는 당시 로마교회의 공통적인 분위기였다. 그들에게 있어 베드로는 교회가 의지하는 단단한 머릿돌saxum immobile로서 그리스도의 권한을 행사하고, 그리스도의 공동체에 대해 최고의 책임을 지고 있으며, 그

책무를 이행하는 데에 최고의 권력이 주어진 수장이라고 확신하였다. 이러한 이론이 교회법적 관용구로 요약이 되었고 그 중 가장 핵심적인 용어가 바로 '완전권'이었다.13)

교령연구가들이 베드로 문헌에 의지하는 목적 가운데는 그리스도교의 성직계층 제도를 정당화하려는 의도도 있었다. 이미 그라티아누스는 구약에서 발생되어 신약에서 완성되는 성직제도 발전사를 고찰함으로써 이를 설명한 바 있다. 이러한 견해에 따르면 그리스도가 베드로에게 열쇠를 준 사실은 그 역사의 중심적 사건이었다. 그를 '마치 최고의 사제와 같이' 여겼던 것은 '전체의 선두에, 그리고 전체를 위해서' 그를 선발한 것을 의미하였다.14) 나중에 그라티아누스 법령집에서 이 구절을 되풀이한 것으로 볼 때 그라티아누스는 이 구절을 대단히 중시했던 것으로 생각된다.15)

여기에서 그라티아누스는 두 가지의 개념을 제시하고자 했다. 그 하나는 베드로가 특별히 교회 통치 질서에 관련하여 교회 통일의 본질적 원천이었다는 점이고, 다른 하나는 이 질서 안에서 베드로는 사도 중의 최고였다는 점이다. 그라티아누스는 같은 장 *distinctio*에 다음과 같은 성서적 정전 *canon*, "신약성서에서 주 그리스도 이후에 사제의 지위는 베드로로부터 시작한다"를 덧붙였다.16) 이와 같은 베드로의 사도적 지위에 대한 중요성을 교령연구가들은 그라티아누스와 같이 완전권 개념의 핵심으로 이해하였다.

교령집연구가들의 전통적 해석을 따르면서 완전권의 개념에 완전한

---

13) Watt, "The Theory of Papal Monarchy in the Thirteenth Century," p.255.
14) 같은 논문, p.256; *Corpus Iuris Canonici*, Dist. XXI.
15) Causa XXIV quest 1 c. 4.: "Unde cum Dominus omnibus discipulis parem ligandi atque solcendi potestatem daret, Petro pro omnibus et prae omnibus claves regni coelorum."
16) Corpus Iuris Canonici, Pars Prior: Dist. XXI c. 2; "In novo testamento post Christum dominum a Petrus sacerdotalis coepit ordo."

형태를 부여한 교회법학자는 후구치오였다. 그는 베드로 성직의 우월성은 복음 사업에 다른 사도를 파견하는 것으로부터 시작한다고 보았다.[17) 또한 베드로의 성직이 신으로부터 직접 만들어졌으나 다른 사도직은 베드로에 의해 만들어졌다는 관점이 그라티아누스와는 다른 점이었다.

후구치오는 주교직을 교회, 국가, 세계 내에서 재치권裁治權, *jurisdictio*이 부여된 개체 단위로 간주하였다. 이때 각기의 개체와 중앙 통치권자와의 관계에 대해서는 제국 정치체제를 모형으로 삼아 이해하였다. 제국법에 따르면 제국의 행정관들은 '가장 충만한 사법권 *iurisdictio plenissima*'을 소유하고 있는 자(황제)가 그들에게 부여한 권위를 토대로 재치권을 행사하였다. 이처럼 교회법에서도 지역의 재치권을 소유하고 있는 주교는 완전권을 소유한 자로부터 그의 권력을 획득하는 것으로 생각하였다. 교령집연구가들은 '감독권*partrem sollicitudinis*'을 소유한다는 면에서 본다면 교황도 한명의 주교라는 데에 누구도 의심하지 않았다. 그러나 마태복음 16장 18절을 바탕으로 차별 있는 성직계층 관념을 확립하는 데 있어 그들은 로마제국의 행정제도에서 확실한 모형을 발견하였다.[18)

완전권은 특별히 교황 통치권의 일반화된 개념을 표현할 수 있는 용어로 인식되었다. 완전권이 교황의 통치권 또는 군주권을 의미하는 전문적 용어로 정착되었을 때, 베드로 우월권의 성서적 기초, 로마법에서 취한 사법적 우월권의 원칙, 통치권의 법적 특권 목록 등 세 가지의 틀이 이를 지탱해 주었다. 이와 같이 중세 전성기의 완전권 개념은 교황 레오의 문헌에는 언급되지 않은 점까지 포함하게 되었다. 그러한 이유로 교회법학자들은 감독권과 명백하게 구분되는 개념으로 완전권을 이해하였다.[19)

---

17) Huguccio는 Dist. XXI c.2의 내용에 대한 주해에서 Roman prelacio의 주제를 발전시켰다.
18) Watt, "The Theory of Papal Monarchy in the Thirteenth Century," pp.257-258.

완전권의 용어는 교황 알렉산데르 3세(1159-1181), 첼레스티노 3세(1191-1198), 인노첸시오 3세(1198-1216) 등의 교황 문서에 나타난다. 알렉산데르 3세 당시 교황 상서원의 기록[20]에서 이 용어가 처음 완전한 형태로 쓰였을 때 이는 일반적인 교황권을 의미한 것이 아니라, 교황 특사에게 부여된 대리권을 뜻하였다. 이것은 이미 하드리아노 4세가 사용한 '전권 plenaria potesta'[21]의 의미와 같았다. 교황 그 자신이 완전권을 맨 처음 말한 인물은 첼레스티노 3세[22]로 생각되는데, 그도 역시 교황 특사의 대리권을 의미하는 범위에서 벗어나지 못했다. 이 용어는 인노첸시오 3세에 의해서 비로소 그 범위가 확대되어 새로운 국면을 맞이하게 된다.[23]

완전권은 인노첸시오 3세에 의해서 '충만한 교회의 재치권 plenitudo ecclesiasticae jurisdictionis'으로 표현된다. 인노첸시오는 교황의 지위가 '법보다 우위 supra ius'이고 '모두의 직권 재판관 iudex ordinarius omnium'이라는 교회법령집 연구가들의 관념을 공식적으로 인정하고 선언하였다. 나아가서 그 용어를 처음으로 상서원의 관례적 용어로 사용하기 시작했고, 이를 '그리스도의 대리자 vicarius Christi' 개념과 긴밀하게 연결시킴으로써 신학적 기초를 단단하게 다졌다.[24]

---

19) 같은 논문, p.261.

20) P. Kehr, Italia Pontificia, VI 2, p.268: 1162년 Alexander 3세는 대주교 Syracuse of Genoa에게 보낸 편지에서 다음과 같이 말하고 있다. "a nobis st a catholicis successoribus nostris eandem auctoritatis et potestatis plenitudinem recepturi quam episcopus et cardinalis habuerit qui a nobis et successoribus nostris illuc de corpore ecclesiae fuerit destinatus."

21) Migne, PL 188, p.1438: Hadrian 4세는 Trier의 대주교 Hillin을 교황 특사로 임명하면서 다음과 같이 선포하였다. "… indulsimus ut ibi legationis officio apostolicae sedis auctoritate fungatur plenariam a nobis recipiens potestatem quaecumque fuerint corrigenda corrigere."

22) Magne, PL 206, p.1075: Celestinus 3세가 잉글랜드의 고위 성직자에게 보낸 서한에서 그 내용을 엿볼 수 있다.

23) Gerhard B. Ladner, "The Concepts of 'ecclesia' and 'Christianitas' and their Relation to the Idea of Papal 'Plenitudo potestatis' from Gregory VII to Boniface VIII," Misc. Hist. Pont 18 (Rome, 1954), pp.63-65.

교황의 우월권에 관련된 인노첸시오 설교의 중심 주제는 베드로와 그의 후계자들에게 위임된 권한에 관한 것이었다. 그에 따르면 교황의 위치는 구약에서 언급된 바와 같이 '최고의 높은 우월권'의 소유자이고 '으뜸의, 그리고 최고의 마기스테르요, 교회의 원수'라는 것이다. 교황이 몸의 머리이고, 다른 성직자들은 지체이며, 그 지체는 '충만한 감각기관'인 머리로부터 그들의 권한을 이어받고 있는 것이다.

베드로만이 완전권을 가지고 있으며, 그의 후계자인 교황 역시 베드로처럼 그리스도의 대리자이다. 그는 신과 인간 사이의 중보자로서 모든 인간을 심판할 수 있으며, 그에게는 신 이외에 어떠한 상위자도 없고, 그리고 모두를 맬 수 있으되 누구에 의해서도 매이지 않으며, 그 자신만이 완전권을 가지고 행동할 수 있는 그리스도의 대리자였다. 인노첸시오 3세는 이와 같은 주장을 뒷받침할 수 있는 성서적 근거로 예레미야 1:10, 마태복음 16:18, 요한복음 20:23과 1:42, 고전 4:4 등을 자주 언급하였고, 더불어 완전권에 대한 설명이 그에 이르러 처음으로 교황의 문서에 등장하였다.[25]

교황이 완전권에 의지해 존재하는 법을 초월한다면 그의 권력은 절대 권력이다. 그러므로 완전권은 교황 권위만을 뜻하는 용어가 아니라, 교황이 일상적인 법의 관행에 얽매이지 않고 필요하다면 교황 단독의 판단에 따라 행동할 수 있는 주권을 뜻하는 것이기도 하다.[26]

그와 같이 완전권에 입각한 교황의 권력을 '절대 권력'이라고 보고 교황을 '모든 법의 초월자'라고 할 때 완전권의 진정한 범위와 성격은

---

24) J. A. Watt, "The Use of Term 'plenitudo potestatis' by Hostiensis," Proceeding of the Second International Congress of Medieval Canon Law (Rome, 1965), pp.165-166.

25) Watt, "The Theory of Papal Monarchy in the Thirteenth Century," pp.261-262. 교황청 상서원chancery 문서에 등재되었던 내용들은 Migne의 PL 214. 77, 106, 218-9, 286, 319, 324, 456, 458-459에서 찾아볼 수 있다.

26) Watt, "The Use of Term 'plenitudo potestatis' by Hostiensis," p.167.

무엇일까? 그것은 교황의 세속적 사건에 대한 직접적 사법권을 의미하는 것일까?[27] 울만Walter Ullmann은 교황의 완전권이 전 세계의 영적-세속적 사건에 대한 완전하고 배타적인 사법권을 포괄하는 것으로 보았다.[28] 울만은 그러한 관념이 극단적 교황권주의자인 에기디우스 스피리탈리스Egidius Spiritalis의 문헌[29]에서 비롯된 것이라고 여겼다. 그러나 에기디우스식의 관념은 12 · 13세기에조차 보편적인 것은 아니었다. 더욱이 영혼*anima*이 육체*corpus*보다 우월하다는 중세의 신념이 교황의 직접적 세속권 이론으로 진전되었다고 보는 것은 울만의 추론에 불과하다.

그렇다면 12 · 13세기에 좀더 보편적으로 인식되었던 교황 완전권의 이념은 무엇인가? 교황이 모든 법의 초월자라는 것은 교황이 지녔던 관면권dispensatory power의 한 표현이라 할 수 있다.[30] 한편으로 그것은 특별히 결함을 보완한다는 것을 내포하기도 한다. 관면은 존재하는 법을 무효로 할 수 있는 절대적인 권력의 사용이다. 보완*supplatio*은 존재하는 법이 특수한 여건에 부적합하기 때문에 나타난 결함을 보강할 수 있는 절대 권력의 행위이다. 양자 모두의 경우는 필요하다고 판단될 때 교황이 공동의 복지를 위해 행동할 수 있는 특전인 것이다.

이러한 관점은 인노첸시오 3세에게서 찾아볼 수 있다. 제후가 파문의 상태에서 선출한 주교를 승인하는 한 교령에서 그는 "그에게 결함이 있다면 완전권으로부터 보완될 수 있다"라고 했다. 교회법학자 호스티

---

27) Franz Gillmann, "Von dem Stammen die Ausdrucke 'potestas directa' und 'potesta indirecta' papae in temporalibus?" *Archiv für Katholische Kirchenrecht* 98 (1918), pp.407-409.

28) Walter Ullmann, *Medieval Papalism: The Political Theories of the Medieval Canonists* (London: Methuen & Co. Ltd., 1949), p.107: 이에 대해 울만은 "간단히 말해서 교황은 전 세계의 영적 · 세속적 문제에 대해서 완전하고 배타적인 사법권을 소유한다. 교황의 완전권은 인간 삶의 생각할 수 있는 모든 문제를 다 포괄한다."라고 설명하고 있다.

29) Egidius Spiritualis, *Sae.* XIV.

30) R. H. Helmholz, *The Spirit of Classical Canon Law* (Athens & London: U of George P, 1996), pp.312-313.

엔시스는 바로 인노첸시오 3세의 이 교령을 교황권에 대한 그의 논리를 전개하는 데 있어 출발점으로 삼았다. 그 구절이 인노첸시오 4세에 의해서 가끔 이용되었다고 언급했던 것으로 볼 때, 호스티엔시스는 인노첸시오 4세도 역시 같은 견해를 가진 것으로 보았던 것 같다.

호스티엔시스는 특별히 '완전권을 통한 보완'이라는 문맥을 일반화하면서 교황은 어떠한 결함을 보완하기 위해서 완전권을 사용해도 좋다는 논리를 전개하였다.[31] 그는 완전권이 '법보다 우위 _supra iuris_'라는 교황의 우월권을 내포하고 있지만 그것이 교회의 기본법을 무너뜨리는 것이 아니라, 오히려 그것을 유지하기 위한 재량권이라 생각했다.

그렇다고 해서 뚜렷한 동기가 없이 _sine causa_ 보통법 _ius commune_ 으로부터 너무 자주 이탈하는 것은 바람직한 것이 아니었다. 그에게 있어 모든 법의 구조와 절차는 의義, _iustitia_ 를 보장하기 위해 확립된 것으로 이해되었다. 다시 말하면 법과 적절한 입법 과정은 교회의 질서를 파괴와 혼란으로부터 보호하기 위한 전문적 수단인 것이다. 절대 권력으로서 완전권은 법적 기능이 정상적으로 작동되도록 하기 위한 것이어야만 했다. 그러므로 만일 그 기능이 어떤 면에서 결함이 있다면 완전권은 정의를 가로막는 방해물을 제거해야 한다. 교황이 모든 면에서 정의를 담당하는 자라고 본다면 그의 절대 권력은 그가 사명을 완성할 수 있는 수단이었다.[32]

그러나 교황 인노첸시오 4세의 측근이었던 교회법학자 호스티엔시스는 교황이 세속적인 것에 직접적인 완전권을 가진다고 보지는 않았다. 인노첸시오 3세가 '죄악으로 인한' 것과 '우연의 사건'을 언급했던 것으로부터 인노첸시오 4세가 '대부분의 죄악으로 인한' 것과 '적어도 우연의 사건'을 표방한 것은 교황 완전권의 범위가 확대되어가는 한 과정이라고 할 수는 있다. 그렇다고 해도 인노첸시오 4세가 교황의

---

31) Watt, "The Use of Term 'plenitudo potestatis' by Hostiensis," p.167.
32) 같은 논문, pp.172-174.

완전하고 직접적인 세속적 권력을 의도한 것은 아니었을 것이다.

교황의 완전권을 교황의 직접적 세속권력으로 표방하는 주장은 13세기 말에 이르러서야 어느 정도 그 비중을 갖게 된다. 또한 보니파시오 8세는 완전권에 직접적 세속권을 포함시키는 정도를 넘어 인류에 대한 교황의 책임과 사명을 강조하게 된다.[33] 그러므로 울만이 교황 완전권을 직접적 세속권으로 해석해서 이것이 중세 후기 전반의 보편적 인식이었던 것으로 본 것은 교황권의 내용을 너무 단순화시킨 것이라 할 수 있다. 그러한 관념은 13세기 말과 14세기 초의 교황권론자의 주장만을 대변한 것이라 해도 과언은 아닐 것이다. 이에 대해 라드너 Ladner는 완전권이 영적으로는 직접적이고 세속적으로는 간접적 권한이라고 보고 있다.[34] 왓트 Watt 역시 호스티엔시스의 분석을 통해 라드너의 견해에 동조하고 있다.[35]

(3) 완전권의 '황제권 모방 *Imitatio Imperi* '

12 · 13세기 교회 법학의 발전과 더불어 교황의 완전권은 이론적으로 그리스도교 사회의 수장권과 최고 지배권을 교황에게 부여하게 되었다. 말하자면 완전권은 신을 대리한다고 여기는 교황권을 신학적-교리적 측면에서 교회의 정점에 둔 절대 권력이었다. 따라서 모든

---

33) Gehart B. Ladner, "Aspects of Medieval Thought on Church and State," *Review of Politics* 9 (1947), pp.418-419: 라드너는 "12 · 13세기의 일부 교황과 교회법학자들은 교황을 진정한 황제라고 선언하면서 로마교회에 로마제국의 직무 그 자체를 부여함으로써 자립적인 국가들의 전면에 교황의 새로운 지위를 정의하고자 하였다. 그러나 보니파시오 8세가 모든 국가들에 대한 교황 수위권 이론을 선언하는 시점까지 그러한 관념의 대부분은 폐기되었다. 사실상 모든 인류는 교황을 황제로 만들 필요를 느끼지 않게 되었다. 교황은 제국과 다른 형태의 정치적 우위에 위치하였다."고 주장하고 있다.

34) Ladner, "Aspects of Medieval Thought on Church and State," p.73.

35) Watt, "The Use of Term 'plenitudo potestatis' by Hostiensis," pp.173-175.

교회의 권력은 그로부터 나오고, 또한 모든 교회 권력은 그 안에 포함된다. 그런데 교황 완전권의 확대 과정 속에서 로마법의 원리를 도입했기 때문에 완전권 이론은 황제권의 여러 요소를 수용하면서 확대되었다고 할 수 있다.

교황의 완전권은 황제권 모방과의 연계 속에서 몇 가지 항목으로 나누어 파악해 볼 수 있다. 먼저 교황의 직책상 속성을 황제직과 비교해 볼 수 있고, 이와 같은 바탕 위에서 완전권이 행사될 수 있는 공간적 범위를 생각해 볼 수 있다. 다음으로 제도적인 면에서 교황의 주교직 임면권과 교구 조직을 황제의 관리 임면권과 행정 구역 정비에 연결시켜 볼 수 있다. 그 외에 입법권 및 사법권, 문장紋章의 사용 등을 통해 황제권 모방의 과정을 고찰해 볼 수 있을 것이다.

인노첸시오 3세는 교황권을 로마시의 시장과 황제권에 내재하는 '충만 권력die Machtfülle'과 대등한 것으로 이해하였다.36) '충만 권력'은 오직 신으로부터 유래되었고, 이는 모든 것을 포함하며 완성된 것으로서 부족한 것이 없는 것으로 생각되었다. 뿐만 아니라 그것은 어떠한 무엇을 부가해서 증대될 수 없고, 더 이상 빈 공간이 남아 있지 않는 것이라 여겼다. 그러므로 '충만die Fülle'은 더 이상 다른 것을 채울 필요가 없다. 따라서 주主가 베드로에게 충만 권력의 특권을 부여했으므로 로마교회는 명예의 손상이나 권력의 손실을 두려워하지 않아도 되었다.

이러한 교황의 완전권은 분명히 로마 황제의 절대권과 상응한다고 할 수 있다. 로마 황제의 실제적인 절대권 역시 결코 침해될 수 없는 실체라고 간주되었다. 그것은 그의 권력이 신으로부터 부여되었다고 생각했기 때문이다. 로마 황제의 절대권은 근본적으로 항아리에 물이 가득 찬 것처럼 '충만'한 권력이다. 그것은 때로 손상되고 제한되었으나

---

36) Hof, "'Plenitudo Potestatis' und 'Imitatio Imperii' zur Zeit Innocent III," p.50. 교황권은 'potestas ligandi atque solvendi'에 기초하는데 그레고리오 7세는 이것을 'univeralis concessio ligandi atque solvendi'로 확대시켰다.

직책을 가진 자는 명령하고 시민은 복종해야 한다는 결코 침해될 수 없는 원칙을 기반으로 한다. 이와 같은 충만한 황제권은 교회법 이전에 이미 체계화된 로마법에서 구체화 되어 있었다. 인노첸시오 3세를 비롯한 교회법학자들은 이러한 완전한 권력을 교황권의 모델로 삼고자 하였다.

그렇다면 완전권이 행사될 수 있는 공간적 배경과 그 범위는 어느 정도일까? 그것은 한마디로 '긴 확대와 연장longe lateque diffusa'37)이라 할 수 있다. 그 범위 안에 전 교회를 포함하고, 그 영역은 바다와 땅 끝까지 펼쳐져 있다. 신을 보편 주라고 부르는 바와 같이 완전권을 소유하는 로마교회는 보편적이라고 지칭된다. 베드로와 그의 후계자들에게는 세계의 권역이 위탁되었고, 그들은 전 그리스도교 세계의 대표자가 되었다. 교황의 완전권은 지상의 어느 먼 곳까지라도 그 힘을 미칠 수 있고, 어느 곳에서나 현존하는 잠재력이며, '감독 사역의 소명 ministri in partem sollicitudinis vocati'을 통해서 현실에 영향을 줄 수 있는 전 세계적인 권한이다.38)

이미 로마제국은 황제와 '신의 대리자vicarius Dei'의 통치권과 직권이 미치는 공간적 범위를 '지상의 영역orbis terrarum' 즉 바다로부터 이어지는 땅, 서구로 여긴 바 있었다. 따라서 유스티니아누스 황제는 그의 법령집에서 "지상에 있는 모든 인간들을 중시하고 그에 대해 심혈을 기울인다"고 언급하였다.39) 이와 같이 고대 말기 그리스도교의 세계 동포 사상과 함께 제국 사상은 교황 완전권이 행사될 수 있는 지역적 범위에 대한 인노첸시오 3세의 해석에 근거가 되었다.

어떤 면에서 보면 그러한 완전권의 보편적 성격은 시대적 경향을

---

37) Migne, *Patrologiæ Latinae Cursus Completus*, 214, 458.
38) Hof, "'Plenitudo Potestatis' und 'Imitatio Imperii' zur Zeit Innocent III," pp.52-53.
39) 같은 논문, p.53; *Corpus Iuris Civilis Const.*, "Tanta" 19 (Krueger-Mommsen s. 21).

띤 관념이었다. 당시의 성직 계층은 모든 교회, 모든 주교, 신도들 위에 수위권을 가지는 교황좌 소유자가 완전권을 통해서 시대의 불필요한 다양성을 종식시킬 수 있다고 생각하였다. 수위권과 더불어 완전권과 같은 교황의 특권은 교황이 베드로 안에서 베드로와 함께 있으므로 영원히 소멸되지 않는다. 왜냐하면 주主는 그것을 장래에 후계자들에게 지상 어느 곳에서나 사용할 수 있게 하였기 때문이다.[40]

완전권이 행사될 수 있는 범위에 이 세상 끝까지라는 현세적 경계를 언급한 것은 종말론적 관념을 의식한 것이며, 분명히 마태복음 28:18-20의 구절을 근거로 신학적 해석을 보여주려 한 것이었다. 그럼에도 불구하고 그 안에는 황제권 모방과 같은 그리스도교 화된 로마의 제국 사상이 결합되었고, 그러한 흔적을 완전권의 공간적 연장 속에서 찾아볼 수 있다. 이미 고대의 이교도적 사상 속에서 '영원한 로마*Roma aeterna*', '영원한 제국*aeternitas imperii*', '영원한 황제*aeternitas Augusti, imperator aeternus*'라는 관념이 발전되었고, 시인 베르길리우스는 끝이 없는 제국, 즉 주피터가 사물과 시간의 경계를 짓지 않은 제국에 대해 노래하였다.[41]

이러한 황제와 제국의 영원성과 끝에 대한 관념은 초기 그리스도교 수난 시대의 역사 해석 속에서 세상의 영원과 끝이라는 그리스도교적 사상과 결합되었다. 더욱이 인노첸시오 3세는 그의 세계적 사명 속에 황제와 제국의 종말론적 사명을 편입시켰다.[42] 그러므로 그가 완전권에 '세상의 끝까지'라는 지속성을 포함시켰던 점은 이러한 공간적 범위에 있어서 '황제권 모방'이 공명된 것이라 할 수 있다. 이제 완전권은 그리스도교적 종말론, 그리고 황제권 모방과의 결합을 통해서 '모든 땅 위에서'라는 공간적 범위와 '세상 끝까지'라는 권역의 요소를 포함하게 되었다.

---

40) Migne, *Patrologiæ Latinæ*, 214, p.779.
41) Hof, "'Plenitudo Potestatis' und 'Imitatio Imperii' zur Zeit Innocent III," p.55.
42) 같은 논문, p.55.

다음으로 완전권 하에서 실행된 제도들을 살펴봄으로써 좀 더 구체적으로 황제권 모방의 과정을 추적해보고자 한다. 이를 위해 먼저 행정적인 면에서 관직 임면권과 행정구역 구분 등의 비교를 통해서 교황 제도에 접근해 보기로 하겠다. 황제는 원래 모든 통치권의 소유자로서 모든 관리에 대해 절대권을 행사하였다. 명확한 입법을 통해 규정된 황제의 관직 임면권은 중세 군주적 교황권의 직접적인 모델이 되었다. 시민법에 따르면 관직의 선발과 임명 electio order ordinatio은 황제에게 속한 권한이며, 이때 대상자의 선발은 품위와 자격을 기준으로 하며, 그의 면직과 교체는 황제의 결정에 달려 있다. 황제는 '*praefectura*', '*diocesis*', '*prouincia*' 등과 같은 행정구역을 신설하거나 분구할 수 있었다.[43] 로마 말기에 이르면 교회는 그러한 행정구역에 맞추어 교구 조직을 정비하게 된다.

총대주교, 대주교, 주교 등과 같은 고위 성직자에 대한 교황의 임면권을 황제의 관직자 선정, 임면권에 비추어 생각해 볼 수 있다. 교황은 주교의 전보, 면직, 승계에 대한 권한을 소유하였다. 인노첸시오 3세는 완전권의 연장선상에서 성직록 결정권을 교황의 권한으로 이끌어냈으며, 이를 교황의 주교 임명권과 연계시켰다.

새로이 주교로 선출된 자는 심사 이후에 교황으로부터 견진 성사를 받고 주교로서의 직권을 수행할 수 있었다.[44] 심지어 선출이 지연되어 주교 좌가 오랫동안 공석일 경우에 교황은 자신의 완전권을 근거로 선출을 거치지 않고도 주교를 임명할 수 있었다. 주교의 선출은 교회법에 명백히 규정되어 있지만 실제상으로는 주교의 임명이 최종적으로 교황에 의해 이루어졌다. 그것은 교황이 완전권을 소유했다고 믿었기 때문에 가능한 것이었다.

또한 주교가 관장할 교구의 배치와 변경은 좀 더 중대한 문제로서

---

43) 같은 논문, p.58.
44) 같은 논문, p.57; *Corpus Iuris Canonici* c. 17 X I, 6.

교황의 완전권에 속하였다. 이미 11세기 이후로 교황의 주교 임면권에 대한 주장이 제기되었지만, 그러한 교황의 권한은 13세기에 와서야 인노첸시오 3세의 법령을 통해서 교회법적 효력을 발생하게 되었다.[45)

교회에서는 엄정한 왕권적 성직 계층질서가 확립되었다. 그 질서 체계 위에서 신은 보편적 교회를 몸으로서, 교황과 로마교회를 '충만한 감각기관'을 소유한 머리로서, 그리고 충만함의 일부를 포함하고 있는 개별 교회를 지체로서 만들었다고 확신하였다. 따라서 교황은 직권자로서 완전권을 가진 교회의 군주이고 모든 교회의 고위 직책자들에게 그의 권력 일부를 부여했다고 생각하였다.[46)

그렇다면 완전권 위에서 정립된 교황 사법권의 본질은 무엇이며, 무엇을 교황권의 황제권 모방이라고 하는 것일까? 12세기까지 전통적으로 교황의 직무는 '직권적 사법권iurisdictio ordinaria'을 포함하는 것으로 여겨졌으나 인노첸시오 3세 이후부터는 한 걸음 더 나아가 교황을 '유일한 직권 재판관iudex ordinarius singulorum'이라고 간주되었으며, 이는 완전권 위에 기초하는 것으로 생각하였다. 따라서 교황은 모든 주교들의 직속 재판관ordinarii이다. 즉 그는 '관리하는 주disponente Domino'로서 '다른 모든 사람들보다 상위에 위치하는 직권을 가진 최고 권력principatus ordinariae potestatis super omnes alias'이다.[47) 완전권에서 비롯된 교황의 직권 사법권은 모든 다른 관할자의 자격을 제한하였고 그들을 압도한다. 그래서 그는 모든 사람들의 최고 재판관이었고, 교황의 상부에는 어떠한 최고 법정도 존재하지 않았을 뿐만 아니라 더 이상 항소할 수도 없다.[48)

---

45) *Corpus Iuris Canonici*, c. 17 X I, 6.

46) Hof, "'Plenitudo Potestatis' und 'Imitatio Imperii' zur Zeit Innocent III," pp.56-57.

47) 같은 논문, p.58; *Corpus Iuris Canonici*, c. 23 X 5, 33; Justinian의 Novelle를 비교해보면 이 법령이 Imitatio Imperii로 추정될 수 있다: *Corpus Iuris Civilis*, Novelle 131, c. 1, ed, Schoell-Kroll III, S. 655.

48) Hof, "'Plenitudo Potestatis' und 'Imitatio Imperii' zur Zeit Innocent III," pp.58-59.

한편 직권 사법권의 특성이 로마황제의 입법에 있지는 않았으나, 그 유사성을 절대권에 근거한 황제의 재판권에서 찾아볼 수 있다. 즉 완전권 속에 확립된 교황의 직권 사법권의 모형을 황제의 절대권에서 추적해볼 수 있다. 로마법에 따르면 황제는 제국 안에서 발생한 모든 문제를 판단하고 재판할 수 있는 직접적 권한을 가지고 있으며, 범행을 저지른 행정관이나 군대 직책자를 처벌할 수 있었다.

황제는 최고의 항소법정이었고, 그 스스로가 모든 민·형사재판을 열고, 또한 선고할 수 있었다. 그러한 권한을 가진 황제의 판결에 맞서서 항소를 제기할 수 있는 상위 법정은 없었다. 다만 황제는 혼자서 모든 항소 사건을 처리할 수는 없기 때문에 대리 위임을 통해서 사법권의 일부를 양도함으로써 과중한 재판의 부담을 덜었다. 따라서 황제로부터 권력의 일부를 이양 받은 로마의 지방 장관은 '사법 전권*plenissima iurisdictio*'을 가지고 황제를 대리하였으며, 그의 관할구역 내에서 최고의 권력을 행사할 수 있었다.[49]

로마의 지방 장관이 지녔던 '사법 전권'은 중세 교회법에서 규정한 주교의 '직권*ordinaris potestas*' 또는 '직권 재판권'과 매우 유사하다. 중세의 주교는 그의 교구 내에서 직권 재판관이었다. 이는 교회의 지도를 위해 정해진 주교의 직무에 속한다. 주교는 최상부의 직권 재판관인 교황으로부터 대리권과 직권을 하향적으로 위임받았다. 주교 역시 동일한 방식으로 그의 하위 직책자에게 그의 권한을 대리시킬 수 있었다.

주교는 자신의 관할 교구 내에서 으뜸가는 직권 재판관으로서 교회의 분쟁과 징계, 형사 사건에서 일급심 법정 재판권을 가지고 있었다. 여기로부터 상위의 직할 재판관이 있는 상급심 법정, 즉 대주교나 총대주교로의 항소가 가능하였다.[50] 이상과 같은 내용을 통해서 알 수 있는 바와 같이 교회의 조직과 주교의 권한 소유 형태는 로마제국의

---

49) 같은 논문, pp.59-60.
50) 같은 논문, p.60.

행정조직과 황제의 권한 위임의 형태에서 그 모형을 보는 듯하다.

한편 황제권의 모방은 의전의 형태에서도 찾아볼 수 있다. 3세기 말에 디오클레티아누스가 절대적인 황제권을 강화하면서 그에 대한 상징으로 동방의 전제군주들처럼 황제관을 착용하고 땅에 끌리는 긴 의상에 문장紋章을 새김으로써 위엄을 표현하고자 했다. 교황도 그와 같은 휘장과 문장을 사용하였는데 이는 바로 황제권 모방의 과정을 뚜렷이 보여주는 것이라 할 수 있다. 로마제국에서는 황제에 이르기까지 직책자의 신분에 따라 각 신분에 적합한 휘장과 의상을 착용함으로써 직책에 따른 신분을 구분하였는데 이러한 방식이 교회의 성직 제도에 도입되었다.

황제는 왕관으로 대용되는 월계관, '긴 겉옷Toga,' 그리고 휘장을 시간과 장소에 구애됨이 없이 착용하였고 집정관 표지인 홀笏, Lorbe erfasces을 로마 지배권의 상징으로 지님으로써 다른 신분과의 차이를 표현하였다. 처음에는 12개의 집정관 표지 홀을 사용했으나 도미티아누스 황제이래로 24개의 홀을 사용하였다. 황제뿐 아니라 다른 신분도 홀을 소지할 수 있었으나 그것의 사용 장소와 수는 서열에 따라 한정되었다. 예를 들어 속주 총독은 로마시를 제외하고는 어느 곳에서나 그에게 허용된 6개의 홀을 사용할 수 있었으며, 로마시의 행정관도 홀을 지닐 수 있었으나 그것의 사용은 그의 고향으로만 한정되었다.[51]

교황이 황제권을 상징하는 휘장을 사용할 수 있다고 처음 규정한 문헌은 그레고리오 7세의 「교황법령Dictatus Papae」의 제8항이다.[52] 그레고리오가 휘장의 사용을 통해서 황제권과 같은 교황의 권위를 표현하고자 했으나, 이 당시 교황이 실제 착용했던 것은 왕관이 아니라 '견의 phrygium'였으며, 그것은 주교의 제복이었다. 교황의 높은 권위를 상징하

---

51) 같은 논문, pp.62-63.

52) *Dictatus Papae*, VIII. Quod (Romanus pontifex bzw. papa) solus possit uti imperialibus insignis.

는 휘장의 사용에 대한 구체적이며 실제적인 언급은 인노첸시오 3세에 의해서 이루어진다.

인노첸시오는 왕관으로 표현되는 세속권력과 달리 교황의 절대권의 상징으로 착용하는 법면主教冠, mitra을 성직자 왕권 또는 사제 왕권과 연관하여 말한 바 있다. 인노첸시오 3세는 "로마의 주교가 '법면'을 언제 어디서나 착용했으나, 황제는 언제 어디서나 이를 착용하지는 않았다"고 언급하였다.53)

그처럼 독특한 법면을 착용하는 한편 교황은 충만한 주교 직책을 상징하는 문장이 새겨진 견의肩衣, pallium를 착용하였다. 그런데 인노첸시오 3세의 법령에 따르면 오직 로마주교에게만 완전권이 있다는 전제 하에서 교황만이 '언제, 어디서에나' 견의를 착의하도록 되어 있었다. 총대주교와 대주교는 교황으로부터 주교직의 수행 표시로서 견의를 수여받았는데 그들이 복종 선서를 거절하면 착용할 수 없었다. 왜냐하면 그들은 감독의 사명vocati in partem sollicitudinis을 가진 것이지 완전권in plenitudine potestatis을 가진 것이 아니기 때문이다.54)

교회법에 따르면 교황의 다음 서열에 있는 4명의 총대주교는 그들의 대주교에게 견의를 수여할 수 있었으며, 로마시, 교황, 사도 휘장을 착용한 교황 대리의 면전을 제외하고는 십자 휘장vexillum crucis을 착용할 수 있는 특권을 인노첸시오 3세로부터 인정받았다.55)

끝으로 입법적인 면에서 교황의 법률 제정과 법전 편찬의 과정을 통해 황제권 모방과정을 살펴볼 수 있다. 로마제국에서 법률을 제정하고 기존의 법을 현실에 맞게 해석할 수 있는 권리는 황제의 절대적인 주권이었다. 로마법에서 관습법은 중요한 법의 원천으로서 성문법으로 전환되면서 사실적인 법률로 신민에게 받아들여졌고 그 법적 효력이

53) Migne, *Patrologiæ Latinæ*, 217, p.481.
54) Hof, "'Plenitudo Potestatis' und 'Imitatio Imperii' zur Zeit Innocent III," p.62.
55) 같은 논문, p.62.

발생되었다. 그와 같이 교회 관습법의 법률화도 교황권에 의해서 특별한 방식으로 진행되었는데, 인노첸시오 3세는 이에 결정적으로 중요한 역할을 하였다.

인노첸시오 3세는 교회 관습법의 법률화에 있어 유스티니아 황제 법전 Digest 중의 "그(황제)는 관습법을 해석하기에 적합하다"라는 말 그대로를 수용하며 그것을 모방하였다. 인노첸시오 3세는 『제3차 법령집 Compilatio tertia』을 편찬하였는데 이는 교황에 의해 추진된 최초의 교회법 편찬이었다. 교회법 편찬과 법령의 입법 과정에서 교황은 황제권 모방의 모습을 보였다. 12세기 이후 교회법학은 이미 활발하게 진행된 로마법 연구의 영향으로 급격히 발전하였고 교황의 입법권은 교회법에 구체화되었다.

교황 입법권의 신학적 주장은 이미 그레고리오 7세에 의하여 제기되었으며 교회 개혁 시대에 교황들과 교회법 학자들, 교황주권론자들의 폭넓은 관심을 불러일으켰다.[56] 그러한 것들은 지속적으로 황제권 모방과 더불어서 그라티아누스에 의해 학문적으로 논술되었다.[57] 사실 그라티아누스는 교황 입법권 이론의 유일한 기초자로서 교황을 주요, 법령의 반포자라고 언급하였다. 그리고 그는 로마교회에는 법령에 구속되지 않는 권리가 부여되어야 하며 교황에게는 로마 황제처럼 법에 구속되지 않는 원수元帥와 동등한 권리가 주어져야 한다고 말하였다. 그가 법령에 대한 해석권을 로마교회의 권한으로 인정했을 때 이는 '유일하게 법을 해석하는 황제'라는 로마법을 이에 적용한 것이었다.[58]

---

56) 같은 논문, p.66: *Dictatus Papae*, VII: "Quod soli licet pro temporis neccesitate novas leges condere."

57) Joh. Friedrich von Schulte, *Von Gratian bis auf Papst Gregor IX*, Bd. I in *Die Geschichte der Quellen und Literatur des Kanonistischen Rechts* (Graz: Akademische Druck- U. Verlageanstalt, 1956), p.93.

58) *Decretum Gratiani*, C. 25 qu. 1 c. 16, 1011; *Corpus Iuris Civilis*, Cod. Iust.1,

교황의 입법권은 교황이 질의 받은 것에 대한 답변으로 작성한 서한에 부여된 법적 권위를 뜻하며 그러한 서한을 교령decretal이라고 지칭한다. 그러한 교령들은 보편타당한 합법적 권위와 법적 구속력을 지녔다. 그런데 이러한 형식은 황제의 교서가 보편적인 법적 구속력을 지녔던 것과 똑같다. 교황의 개별적 결정이 지니는 법적 구속력은 공식적 교회법에 속하는 인노첸시오 3세의 법령집에 상술되어 있다.[59]

인노첸시오 3세를 출발로 하여 교황들은 법령 편찬을 시도하였고, 그것은 전교회에 적용될 수 있는 보편타당성을 지니게 된다. 1210년 인노첸시오 3세에 의해 주도된 『제3차 법령집 Compilatio tertia』의 편찬은 그와 같은 성격의 최초 작업이라 할 수 있다.

교회법 법전 편찬 과정을 볼 때 이에 대한 교황의 완전권은 고대 로마의 황제 사상과 연관되어 있음을 알 수 있다. 유스티니아누스 황제는 마기스테르 트리보니아누스Magister Tribonian와 그 휘하에 있는 궁정 법률가들로 하여금 『학설휘찬Digest』을 편찬케 하여 그것을 황제의 권위로 공포하였다.

인노첸시오 3세는 마기스테르 페트루스 콜리바키우스Magister Petrus Collivacius에게 법령 편찬과 개편의 사명을 부여하였고, 이를 위해 교황이 그에게 부여한 권한을 볼로냐 대학에 보낸 서한에서 밝히고 있다.[60] 그가 『제3차 법령집』 편찬 과정에서 타당한 근거 위에 확립된 문헌 자료를 대학에 보내서 강의토록 하거나 재판의 판결에서 그 안에 포함된 법령을 보편적으로 적용할 수 있도록 했던 점은 이미 유스티니아누스 황제가 밟았던 과정과 유사하다.

그는 서한 〈모두를 위한 헌법Constitutio Omnem〉과 함께 세 가지의 법령

14, 1 (ed, Krueger S.68).

59) Hof, "'Plenitudo Potestatis' und 'Imitatio Imperii' zur Zeit Innocent III," p.67; *Corpus Iuris Canonici* c. 30 X 1, 6.

60) 같은 논문, p.68.

편찬 범례를 콘스탄티노플, 로마, 베이루트에 보내도록 명령하였다. 그 외에도『제3차 편찬』법령집의 구조와 구성은 대부분의 교회법 편찬이 그러하듯이 로마법의 선례를 모방한 것이었다.[61] 이와 같이 인노첸시오 3세로부터 시작된 공식적 법전 편찬에서 교황 입법의 중요한 발전 과정은 황제권 모방의 형태를 통해 진행되었음을 알 수 있다.

2. 성직자정치론 *hierocracy*

(1) 성직자정치론의 유래와 개념

교황의 성직자정치론은 교황이 영적·세속적 사건 모두에 있어서 완전권을 행사할 수 있다고 보는 교황권 사상이다. 이미 언급한 바와 같이 완전권의 용어가 교황 문서에 처음 나타났을 때 이것은 교황 그 자신의 권력보다는 교황 특사가 위임받은 권한을 묘사하는 데 쓰였다. 이때의 권한은 세속권 또는 현세권*temporal power*을 필수적으로 포함하는 완벽한 권한이 아니고, 정해진 한계 내에서의 완전권을 의미하는 것이었다. 이 용어가 교황권에 연관되어 사용되었을 때조차도 완전한 세속 통치권의 포함을 의미한 것이 아니었고, 단순히 세속적 영향력을 지니는 교황의 영적 주권을 의미했으며, 여기에 교황령과 일부 특정 지역에서의 세속적 주권을 포함시켰을 뿐이었다.[62]

그러나 13세기 후기와 14세기 초기까지 그 용어는 성직자정치론자들에게 광범한 의미로 쓰이게 되었다. 그들에 따르면 교황은 세속

---

61) 같은 논문, p.68.
62) William D. McCready, "Papal plenitudo Potestatis and the source of Temporal Authority in Late Medieval Papal Hierocratic Theory," *Speculum* 48 no.4 (oct. 1973), p.654.

사건들의 관계에서 최고의 권위를 지녔으며, 이는 어느 세속 군주의 선처 때문이 아니라 교황 직책 그 자체의 고유한 권한 때문에 비롯된 우월권이었다. 그렇다고 성직자정치론자들이 교황을 전능한 세속 군주로 변형시키고자 한 것은 아니었다. 그들은 세속 군주와 비교해서 교황은 오직 더 우월함과 더 위엄 있고 더 위신 있는 상태에서 그의 세속적 권위를 소유한다고 보았다. 신이 세속 통치를 위탁받은 영적 존재 아래 하위 권력을 종속시켰기 때문에 교황은 군주들을 지도하는 방법으로 그들의 권력을 사용할 수 있고 세속 질서에 간섭할 수 있다는 것이었다.

성직자정치론자들에 따르면 세속 군주의 법 제정도 완전한 법적 권위를 얻기 위해서는 교황으로부터 확증 받아야 했다. 더욱이 군주가 그의 영토 내에서 그리스도교 군주로서 적합하게 행동하지 않는다면 교황은 그를 재판에 회부할 수 있고 만일 필요하다면 세속 군주를 폐위까지 할 수 있었다. 교황권 사상가들은 심지어 세속 권한의 행사와 개인의 재산 소유권조차도 교황의 관용 위에서 소유될 수 있는 권리들이라고 주장하였다. 즉 모든 정치적 권한과 모든 소유권의 원천이 교황의 재치권이라고 보았던 것이다.[63]

그리스도교 세계 안에서 영적 신분과 세속적 신분의 관계에 관한 원칙은 교황 젤라시오 1세가 비잔티움 황제 아나스타시우스 1세에게 보낸 편지에서 맨 처음 표현되었음은 이미 앞에서 설명한 바 있다. 젤라시오 1세는 교황의 신성한 권위auctoritas와 황제의 권력potestas이 평행적이고 이원적으로 존재함을 분명히 했으나, 영적 권력이 세속권력보다 근본적으로 우월하다고 주장했으며, 바로 이 점이 중세 후기에 전개되는 일원적인 교황 수위권 이론의 기초가 되었다.[64]

---

63) 같은 논문, p.657.
64) Morimichi Watanabe, "Political Theory, Western European: After 1100," *Dictionary of the Middle Ages* 10, p.20A.

(2) 11세기 개혁 시대의 성직자정치론

두 권력에 관한 교황권론자들의 일원론적 교황권지상주의 이론이 제기되기 시작한 것은 11세기 그레고리오 7세의 성직 서임권 투쟁 이후였다. 그러나 그러한 주장이 법의 내용으로 논의되고 규정되는 것은 그라티아누스의『교회법령집』편찬과 교령집 연구자들의 주석 작업을 통해서 비로소 시작되었다고 할 수 있다. 그라티아누스와 교령집 연구자들은 교황이 그리스도가 성 베드로에게 위임한 천국의 열쇠의 합법적 소유자라고 여겼다. 그렇지만『교회법령집』에서는 두 권력의 문제에 대해 상당히 애매한 설명을 했기 때문에 그라티아누스는 병행주의적 해석자이면서도 성직자정치론에 입각한 교황권지상주의적 사상가로 간주되어 왔다. 그것은 교회법학자들이 두 편으로 나뉘어 서로의 입장들을 정당화하기 위해『교회법령집』을 자주 인용하며 자신들의 주장에 대한 유력한 근거로 삼았던 것을 볼 때 더욱 명백해진다.[65]

두 권력의 관계에 대해 병행주의적 입장을 취한 대표적인 교령 연구가로는 후구치오를 들 수 있으며 요한네스 테우토니쿠스 역시 후구치오에 동조하였다. 후구치오의 제자로서 그의 사상적 영향을 받은 인노첸시오 3세는 그의 병행주의적 사상을 따랐으나 결과적으로는 교황의 통치 권력을 완전권으로 표현함으로써 뒷날에 전개되는 성직자정치론적인 교황 수위권 사상의 발전에 기여한 것이 되었다.

성직자정치론의 사상을 강화하고 이를 교회법을 통해 규정하고 그 사상을 현실 속에서 실현하고자 했던 인물은 바로 교황 인노첸시오 4세였다고 할 수 있다. 13세기 최고의 교령 연구가decretalist의 한 사람이 었던 그는 교황이 모든 사람에 대해 가장 유능한 직권 재판관이라고

---

65) Watanabe 10, p.20B.

보았으며 교황의 사법권을 그리스도교인뿐 아니라 이교도에게까지 확대시켰다. 인노첸시오 4세와 성직자정치론 사상을 공유했던 교령 연구가 호스티엔시스는 교황의 완전권 이론을 과감하게 확대시켰다.

세속적 사건에 대한 교황의 관할권 문제를 긴박한 현실 정치 속에서 다루었던 또 다른 시기는 교황 보니파시오 8세와 프랑스 왕 필립 4세의 충돌 시기였다. 이 무렵 교황 측에서는 교황의 세속권에 관련된 다량의 논고와 소책자를 작성 유포하였고, 교황 지지자들은 영적이건 세속적이건 모든 삶의 문제를 다룰 수 있는 교황의 권한을 강력히 주장하였다.

그러한 교황권에 대한 주장은 교령 〈재속 사제에 고함 Clericis laicos〉(1296), 〈아들아, 들어라 Ausculta fili〉(1301), 〈유일한 하나의 교회 Unam sanctam〉(1302)에 서술되었다. 이들 교령의 내용 속에는 세속 사건에 대한 교황의 직접적 권력을 주장한 것으로 해석되는 단어와 구절들이 포함되어 있다. 그러한 관념을 이론적으로 정리하면서 교황을 적극적으로 지원한 사상가들은 비테르비오의 야곱푸스, 아에기디우스 콜로나, 아우구스티누스 트리움푸스 등이었다. 이와 같이 성직자정치론은 바로 보니파시오 8세의 시기에 절정을 이루었고 이로 말미암아 이론적인 면에서 교황의 권력은 최대로 확대되었다고 할 수 있다.[66]

교회와 국가의 관계에 대한 교회법학자들과 교황들의 이론에 접근하기 위해서는 쟁점이 되어 왔던 몇 가지 문제가 먼저 파악되어야 할 것이다. 첫째, 교황이 소유한 것으로 주장되어 온 권한은 종국적으로 세속권력을 포함하는가? 그리고 그것을 국가와 교회의 관계에 있어 차별화를 전제로 하지는 않는 것일까? 둘째, 양검 이론은 이러한 관계 속에서 어떠한 의미를 가지고 있을까? 셋째, 성직자정치론은 교황의 직접적 세속권력의 표현으로 볼 수 있을까? 마지막으로 후기의 급진적인 교회 이론에 관해서 그 연원은 무엇이며, 의미는 어떻게 정리해

---

66) Watanabe 10, p.21A.

볼 수 있을까? 이와 같은 문제들을 중심으로 중세 학자들의 변론을 정리해 보기로 한다.

성직자정치론적 입장을 가진 학자들의 부류는 특정한 교회론적-구원론적 관념에 기초한 신학 사상가들과 사법적 성직자 정치의 개념을 가진 교회법학자들로 크게 나누어 볼 수 있다. 전자에 속하는 신학자는 휴고 빅토르와 호노리우스 아우구스토둔넨시스를 들 수 있으며, 후자에 속하는 교회법학자는 파우카팔레아, 롤란디 반디넬리, 루피누스 등을 생각할 수 있다.

그라티아누스의 교령집이 나오기 이전, 즉 교령집 연구가 이전의 시기는 서임권 투쟁에서 하인리히 4세에 대한 그레고리오 7세의 조치를 정당화해야 할 필요가 긴급한 때였다. 교황의 사법적 능력으로는 폐위될만한 왕을 폐위할 수 없는 상황이지만 교황의 황제 폐위 선언이 정당한 것이었다는 변론이 데우스데디트, 안셀름 루카, 성 블라시엥의 베르놀드, 헤란트 할버쉬타트, 만네골드 라우텐바흐 등에 의해서 주창되었다.

교황의 사법적 권한에 대한 해석은 휴고와 호노리우스에 의해 서술된 신학적 관념 속에서도 확실하게 나타났다.[67] 휴고와 호노리우스는 로마 교황청의 정책에 직접적으로 참여를 하지 않았으나 영적 권위 그리고 왕의 즉위와 주교의 역할 등에 대해서 신학적으로 해석하였다. 그들은 정치적 행위와 신학적 사고의 통합 과정을 통해 교회의 정치적 질서에 대한 영적 이해를 추구하였다. 그들에 따르면 구원사역의 중재와 관리를 위임받은 신분인 성직자가 다른 신분보다 앞의 서열에 있다고 하는 것은 구원의 목적이 지상의 어떤 목적보다 앞에 위치한다는 것과 같으며, 그러한 질서는 구원사회의 기본 원리였다. 이러한 관념은 영적인 해석이지만 실제상으로는 역사적 사건 속에서 구체화되고 제도

---

67) Kölmel, *Regimen Christianum*, p.207.

화되는 것으로 보았다.

휴고는 그리스도의 신성한 몸과 성사적 삶의 구조 안에서 바라보는 보편적 신앙에 대한 이해를 강조하였다. 그는 바로 그 신성한 삶의 구조 안에서 평신도와 성직자가 구분되는 동시에 다른 한편으로 통합된다고 보았다. 두 신분은 각기 다른 특수한 사명에 따라 제도적으로 분리되지만, 영적인 면과 신앙적인 측면에서는 그리스도의 몸 안에 합일된다. 그렇지만 지상의 영역에 속하는 제도들이 완전히 독자적이거나 자치적이라 할 수 없으며, 그리스도와 성령 안에서 영적 통합을 이루며 더 높은 삶의 원칙에 따라 합일되고 지배되는 것이다.

이러한 합일과 지배 속에서 성직은 위엄을 부여받고 성스럽게 된다. 그러한 모습은 교회의 방식에 따른 왕의 등용을 통해서 그 형태가 구체화된다. 이는 구원 사회에 속한 삶의 형태와 왕의 통치권을 연결시킨 것이라 할 수 있다. 신으로부터의 유출되는 권력은 사제의 중재를 통해 완성되므로 그리스도교 사회에서의 통치권은 성직자의 중재를 통해서 신으로부터 부여되고 규정되는 제도인 것이다.[68] 이러한 휴고의 신학적 해석이 법적·역사적 관점에서 비롯된 것은 아닐지라도 이는 교회의 본질과 내적 구조를 설명하는 데 있어 중요한 토대가 되었다. 그러나 휴고의 영향력이 지속적으로 작용했음에도 불구하고 그의 신학적 논리가 더 확대되거나 발전하지는 못했다. 이제 그러한 순수 신학적 논리보다는 교회법학의 정치·사법적 논리가 활성화 되었다.

교회법학자들은 교황의 사법적 권위와 성직자정치론적 개념을 동등하게 생각하였다. 교회법학자들은 그들의 주해를 통해서 특별히 교황의 세속권을 강조하였다. 성직자정치론적 입장을 취한 무명의 저자가 작성한『밤베르겐시스의 개요 *Summa Bambergensis*』에서는 그라티아누스의 『교회법령집』에 기초하여 황제 권력의 교황 의존을 설명하였다.[69]

---

68) 같은 책, pp.208-210.

69) Alfons M. Stickler, "Imperator Vicarius Papae: Die Lehren der französisch-

"그(황제)는 재판에서 그(교황)와 같은 사법권을 가지지 않고 오직 조사권만을 가진다. 그럼에도 불구하고 교황으로부터 황제의 검을 받은 그는 충실하다고 신뢰받는다. 확실히 교황의 것과 동등하지 않지만 모든 사법권을 교황으로부터 부여 받음을 상징하는 황제의 선출은 개인적인 결함이 있다면 취소될 수 있다. 열정을 가진 사도들은 주의 양검을 가진다. 그러므로 만일 그것들이 표식을 가지고 있고, 표시되었다면 이는 그와 같은 검을 지칭한다."[70]

『밤베르겐시스의 개요』이후 성직자정치론적 경향을 띤 학자들의 계보가 이어졌다. 특별히 베장송Besançon의 논쟁에서 성직자 정치적 입장을 지닌 집단은 세속 검이 교황으로부터 유출된다는 점을 주장하였다. 황제 권력이 교황으로부터 나온다는 것은 바로 황제 권력이 교황에게 의존한다는 것을 뜻하며 이러한 원칙 위에서 로마의 왕은 교황으로부터 서품되고 대관되어야 한다고 강조하였다.

더욱이 교황은 두 개의 검을 소유하기 때문에 교황이 이미 세속적 검을 가지고 있는 것이며, 그 권력이 교황으로부터 황제에게 양도된다고 보았다. 800년 카룰루스 마그누스의 대관 이래로 교황들은 황제 대관이 자기들의 권리라는 것을 의심하지 않았다. 그렇다고 할지라도 그러한 황제 대관을 법적 원칙으로 확립하는 작업은 수백 년 동안 시도되지 않았다.[71]

그러한 교황들의 관념과 의지는 12세기 그라티아누스 법령집의 편찬과 더불어 교회법의 중요한 주제가 되었다. 그라티아누스는 영적 사명과 세속적 사명을 구분하기 위한 근거를 탁월한 방식으로 제시했으

deutschen Dekretistenschule des 12. und beginnenden 13. Jahrhunderts über die Beziehungen zwischen Papst und Kaiser," *Mitteilungen des Instituts für Österreichische Geschichtsforschung* LXII (1954), p.204.

70) Cod. Bamberg, fol 48rb/va.
71) Kölmel, *Regimen Christianum*, pp.211-212.

며, 교회 영역을 위한 교회 입법이 세속권력의 법보다 우위에 선다는 점을 명료하게 밝혔다. 더불어 그는 고대 로마 말기 이래의 전통적 사고에 입각해서 성직 계층에 대해서 그리고 그들의 지도적 지위와 사명을 설명하였다. 이 주제에 관해 그라티아누스가 『교회법령집』에서 제시한 근거를 살펴보면 다음과 같다.

D. XCVI c. 6 〈cum ad verum〉, "… 직책의 특수 행위, 그리고 구별되는 위엄이 두 권력을 구분한다. …"[72] 여기에서는 두 권력의 기능상 구분을 설명하고 있다.

C. XXXIII q. 2 c. 6, "… 신의 성스런 교회는 지상의 법에 구속되지 않으며 영적인 것이 아니면 검을 사용하지 않는다."[73]

D. XCVI c. 10은 이미 앞에서 설명된 젤라시오의 교령 〈두 권력Duo sunt〉을 근거로 교·속 두 권력 이론의 내용인데 이를 그라티아누스가 C. II q. 7 c. 41에서 해석하고 있으며 9세기의 전통적인 용어로 기술되었다. C. II q. 7 c. 41, "세상을 통치하는 두 사람은 왕과 사제임이 분명하다. 세속을 위해서는 왕이 우선하는 바와 같이, 신의 목적을 위해서는 사제가 선행하는 것이다."[74]

C. XXIII q. 4 c. 45와 C. XXIII q. 5 c. 20은 세속권력이 신으로부터의 부여된다는 것을 설명하고 있으며, 이는 성직자정치론의 반대자들로부터 환영받는 논거가 되었다. C. XXIII q. 4 c. 45, "… 그(세속권력)가 확실히 신으로부터 권력을 양도받았으며, 그의 요구에 의해서 해로운

---

72) *Corpus Iuris Canonici*, Pars Prior: 339. "… actibus propriis et dignitatibus distinctis offitia potestatis utriusque discreuit …."

73) *Corpus Iuris Canonici*, Pars Prior: 1150. "… Sed sancta Dei ecclesia numquam mundanis constringitur legibus; gladium non habet, nisi spiritualem.…."

74) *Corpus Iuris Canonici*, Pars Prior: 497. "… Sed notandum est, quod duae sunt personae, quibus mundus iste regitur, regalis uidelicet et sacerdotalis. Sicut reges presunt in causis seculi, ita sacerdotes in causis Dei …."

검이 허용되었을 것이라는 것과 신의 사역이 그러한 요구 속에서
행해진다는 것을 그들은 상기하였다."[75]; C. XXIII q. 5 c. 20, "… 같은
방식으로 교회의 계율권을 보호하도록 하기 위해서 세속의 수장들은
때때로 교회 안에서 최고의 권력을 지닌다. … 세속의 수장들은 그리
스도가 보호하는 교회를 소생시키기 위해서 신에게 은혜를 입은
것을 인식할 것이다. …"[76]

D. X c. 1-7과 D. XCVI c. 11은 교회 권위의 우월성을 주장한다. D. X
c. 1. "… 황제의 법은 신의 법보다 우위에 있는 것이 아니라 종속된
다."[77]; c. 5, "여러분의 황제권 자체는 주님의 사제에게만 적합한
일을 침해해서는 안 되며, 일상적인 행정을 위해 공적인 왕권을 행사
해야 한다."[78]; c. 7, "여러분의 법정에서 현존하는 지상 제국의 법을
정화한다면, 우리는 거부하지 않는다. 바울은 그릇된 로마 시민에게
맞서서 그 자체를 증거로 삼았다."[79]; D. XCVI c. 11, "황제가 건전한
태도를 지녔다고 우리가 적절히 말할 수 있는 가톨릭교도이고 아들이
라면, 교황에게 종속되어야 하는 것이며, 그에 앞서 가서도 아니

---

75) *Corpus Iuris Canonici*, Pars Prior: 944. "… Meminerant enim a Deo potestates
has fuisse concessas, et propter uindictam noxiorum gladium fuisse permissum,
et Dei ministrio esse datum in huiusmodi uindices. …."

76) *Corpus Iuris Canonici*, Pars Prior: 936-37. "… Principes seculi nonnumquam
intra ecclesiam potestatis adeptae culmina tenet, ut per eandem potestatem
disciplinam ecclesiasticam muniant. … Cognoscant principes seculi Deo se
debere esse rationem reddituros propter ecclesiam, quam Christo tuendam
suscipiunt. …."

77) *Corpus Iuris Canonici*, Pars Prior: 19. "… Lex imperatorum non est supra legem
Dei, sed subtus. Imperiali iudicio non possunt iura ecclesiastica dissolui."

78) *Corpus Iuris Canonici*, Pars Prior: 20. "Imperium uestrum suis publicae rei
cotidianis amministrationibus debet esse contentum, non usurpare que
sacerdotibus Domini solum conueniant."

79) *Corpus Iuris Canonici*, Pars Prior: 21. "Si in adiutorium uestrum terreni imperii
leges assumendas putatis, non reprehendimus. Fecit hoc Paulus cum aduersus
iniuriosos Romanum ciuem se esse testatur."

되고, 교회의 억압자가 되어서도 아니 된다: 그(황제)는 종교에의
순응을 가르치는 것이 아니라, 인식하기에 적합한 존재이다. 그는
그 자신의 특권을 소유하였고, 현재 그의 공법 운영은 신의 섭리에
의한 결과이다. 또한 그는 천상 질서의 위계에 반해서 불경스럽게
그(신)의 은총을 침해하지 않아야 한다."80)

D. XXII c. 1은 베드로가 "정당하게 땅과 하늘의 황제권iura terreni et celestis
imperii을 가진다."는 페테루스 다미아니Peterus Damiani (1007-1072)의 유명
한 구절을 인용하였고, 거기에는 루피누스가 인용했던 바 있는 'terreni'
라는 말에 대한 근본적 정의가 진술되었다. D. XXII c. 1, "확실히
그 자신만이 이것을 성립시켰고, 믿음의 바위 위에서의 차후 탄생을
예비하였고, 그는 확실히 좋은 영생을 지상과 천국의 제국에 고취시
켰다. 따라서 그는 지상의 지혜를 좋아하지 않으나 그의 말은 하늘과
땅을 건설하였고, 그 안에 모든 요소가 숨겨져 있으며, 로마에 그리스
도교를 건설하였다. 그는 그의 특별한 특권을 수행하였고 그의 권한
을 강화하였다."81)

C. XV q. 6 c. 3은 헤르만 메츠에게 보낸 그레고리오 7세의 서한에서
인용하였는데 이 내용을 보면 그레고리오가 하인리히 4세의 폐위를
정당화하기 위해 칠데리히의 폐위 사건을 근거로 삼았다. 그라티아누

---

80) *Corpus Iuris Canonici*, Pars Prior: 341. "Imperatores debent Pontificibus subesse,
non preesse, si imperator catholicus est (quod salua pace ipsius dixerimus)
filius est, non presul ecclesiae; quod ad religionem conpetit discere ei conuenit,
non docere; habet priuilegia potestatis suae, que administrandis legibus publicis
diuinitus consecutus est, et eius beneficiis non ingratus contra dispositionem
celestis ordinis nil usurpet. ⋯."

81) *Corpus Iuris Canonici*, Pars Prior: 73. "Illiam vero solus ipse fundavit, et super
petram fidei mox nascentis erexit, qui beato eternae uitae clauigero terreni
simul et celestis imperii iura commisit. Non ergo quelibet terrena sententia,
sed illud uerbum, quo constructum est celum et terra, per quod denique
omnia condita sunt elementa, Romanam fundauit ecclesiam. Illius certe
priuilegio fungitur, illius auctoritate fulcitur."

스는 이것을 D. XCVI c. 10의 내용에서 언급하면서 교황이 황제에 대한 신하들의 충성 서약을 해제할 수 있다는 것을 기술하였다.

그라티아누스의 『교회법령집』에서는 이상과 같은 8개의 다양한 문헌을 '모순된 것들의 절충concordia discordantium'을 위해 싣고 있는데 이 문헌들은 교황의 세속적 권력과 황제의 지위에 대한 논쟁에서 수시로 이용되는 전거가 되었다. 그래서 그라티아누스의 법전 편찬은 그 다음 세대에서 커다란 정치적 중요성과 영향력을 가졌다. 이들 문헌을 요약해보면 첫째는 교·속의 두 권력 또는 두 직책의 구분에 관한 내용으로서 교황 젤라시오의 두 권력론을 중심으로 한 사료들이다. 둘째는 신성 기원론에 바탕을 둔 세속권력의 정당성과 역할을 언급한 문헌들이다. 세 번째 문헌들은 교황 권위의 우월성과 황제 권력의 의존과 종속에 관한 것들이다. 그리고 세 번째 문헌들은 처음 두 부류의 문헌보다 후기에 작성된 것들로 세속 군주를 폐위할 수 있는 교황권의 특수성과 교·속을 포함한 교황의 수위권을 주장하는 내용이다.

위의 문헌들 가운데 성직자정치론에 관련된 주장들은 성서의 상징적 내용과 실정법적 주장, 성직 계서적 수위권 주장 등과 더불어 그라티아누스 자신의 윤곽을 제시한 것이었다. 그런데 기존의 교회법 영역에 포함되는 고대의 검 해석에 베르나르드 클레르보의 양검 비유를 부가한 새로운 주장이 나타났다.[82]

(3) 성직자정치론과 교황정부

13세기의 시작 무렵부터 인노첸시오 3세의 시기까지 교회법학자들이 양검의 비유를 설명하였으나 성직자 정치의 사상에서는 이에 관련된

---

82) Kölmel, *Regimen Christianum*, p.214.

내용이 거의 나타나지 않았다. 『밤베르겐시스의 개요 *Summa Bambergensis*』의 초안자들은 두 왕이 전 세계의 통치를 위해 배정되었으며, 양검을 소유한 베드로의 덕택으로 교황이 그것들을 소유하게 되었다고 보았다. 또한 황제는 성 베드로로부터 하나의 검을 받았기 때문에 교황으로부터 집행권을 부여받는 것이라고 설명하였다.[83] 바로 이것은 상징적인 양검 이론을 통해서 교황의 황제 대관과 검의 양도가 결합되었다는 것을 의미하는 것이었다.

탕크레드와 알라누스는 그러한 내용을 유사하게 이어 나갔다. 새로운 진보적 이론을 대표했던 알라누스는 수많은 인용을 통해서 13세기의 이론 속에 확립된 일련의 내용을 종합하였다. 그는 교회는 하나의 몸이고, 하나의 머리를 가진다는 단일 수장론 Monokephalie, monocephalous 의 입장을 가졌다. 따라서 두 개의 검을 소유한 그리스도가 베드로에게 양검을 양도하였으며, 교황의 모형이라 할 수 있는 구약시대의 모세 역시 양검을 소유하였다고 주장하였다.[84]

이러한 과정 속에서 영적-세속적 수위권과 단일 수장론은 '교회 안의 왕권 rex in ecclesia'이라는 옛 형태로 계속 표현되었으나 세속 통치는 '교회 중심적 질서' 속에 포함되는 것으로 이해하였다. 나아가서 세속 통치는 교황 중심의 질서 체계 안에 존재한다는 개념으로 연결되었다. 이러한 생각은 그리스도교의 서품 왕직으로서의 황제 지위는 교황에게 의존한다는 관념을 형성하는 데에 중요한 토대가 되었다. 나아가서 성사적 이해를 통해서만 군주직의 속성과 위상을 생각할 수 있게 되었다. 황제직은 그리스도교 수난사와 그리스도 중심적 사고와 연결되어 이해

---

83) 같은 책, p.215; "isti duo sufficient ad regendum totum orbem. Petrus autem habuit illos duos ad signandum, quod papa debet illos habere." 이 내용을 Bambergensis에서 다음과 같이 재확인하였다. "Imperatores autem habent executionem (gladii) et a domino papa. Nam imperator gladium suum accepit supra altare sancti petri."

84) Kölmel, *Regimen Christianum*, p.216.

되었다. 바로 그러한 이해를 바탕으로 양검의 비유가 거론되었다. 구원 사적 의미는 교회와 성직 위계 사상과 연결되었으며, 그 결과 성직 계층의 피라미드식 위계질서를 고안하였다.[85]

한편 속권황제권/왕권, *imperium/regnum*과 교권사제권, *sacerdotium*의 관계에 대한 성경적 비유가 제시되었다. 이와 관련해서 『요크 논고*Yorker Traktate*』에는 교회 내에 존재하는 양검에 대한 논의가 서술되었으며 그 근거가 되는 성경 구절이 제시되었다. 존 솔즈버리 역시 교회의 손에 양검이 소유되었음을 묘사하였고, 이에 베르나르드 클레르보Bernardus Claraevallensis (1090-1153)의 주장이 뒤따랐다.

성직자정치론의 주제는 이러한 일련의 계보 안에서 지속되었다. 베르나르드는 그의 논고 『성찰*De consideratione*』에서 교황의 권력을 새로운 표현인 '완전권*plenitudo potestatis*'으로 설명하였다. 이에 비해 황제의 영역에 맞는 행위는 검의 형식으로 간주되었고, 이는 특수화된 세속적 사고 속에서의 황제 사명으로 이해될 수 있다. 그러나 베르나르드가 교황의 긴밀하고 직접적인 세상 지배권을 결코 고려하지 않았음이 『성찰』 4, III 6에서 나타난다. 여기에서 콘스탄티누스의 기증을 받은 교황 실베스테르는 복음서에 소개된 주재자의 형상은 아니었다. 베드로와 콘스탄티누스를 연계시킨 '주의 말씀'이라는 것은 그리스도교 공동체의 넓은 공간 속에서 사제의 묵인과 황제의 명령이 서로 연합됨을 의미하였다.

사실 이러한 베르나르드의 해석은 애매하였다. 그럼에도 불구하고 다음 시대의 교황권주의자들은 베르나르드의 말을 황제 권력의 유출에 대한 근거로, 그리고 영적 권력에의 부속이라는 형태로 구체화하였다. 말하자면 베르나르드는 성직의 위계질서 속에 접합된 황제 권력이라는 관점 위에서 두 권력 협동의 개념을 완성한 것이었다. 이러한 사상을

---

85) 같은 책, p.216.

가진 베르나르드는 성직자정치론의 진전에 기여했다고 할 수 있다.[86]

성직자정치론적 관점의 진전 과정 속에서 12세기 말과 13세기 초엽은 하나의 중간 과정으로 생각되는데 이때 교황 인노첸시오 3세의 위치는 매우 중요하게 평가된다. 이 시기에 이르러 물리적 검, 즉 세속적 권력이 교황으로부터 유출된다는 것은 황제의 교회적 서임을 상징하는 것으로 해석되었다. 더불어 교회법학 분야에서 황제의 직위에 대한 논의가 본격화되었다. 그런데 황제의 통치권이 그리스도교 세계의 통치로서 독자성을 지닌다는 점이 성서적·교회학적 논증을 통해 증명되었다. 이러한 경우에 황제가 순전히 세속적이고 비신앙적인 통치자와 성격상 어떻게 비교될 수 있는지는 12세기의 논의에서는 독립적으로 다루어지지 않았다.

이에 대해서는 교령 연구가들 사이에 논란이 있었는데 처음에는 라우렌티우스 히스파누스에 의해서, 나중에는 요한네스 테우토니쿠스에 의해 반복적으로 언급되었다. 특별히 요한네스 테우토니쿠스는 인노첸시오 3세의 교령 〈우리의 존경하는 형제 Venerabilem〉에 대한 주해에서 "나는 신으로부터 유래되는 물리적 검을 법적으로 가지는 황제를 교회 밖에서는 신뢰하지 않는다. 그러한 이유로 콘스탄티누스 1세는 진정한 로마의 황제였다는 것을 믿는다."[87]라고 썼다.

1220년까지 교회법령집 연구가들과 교령 연구가들의 성과를 두 가지 주제를 바탕으로 파악할 수 있다. 첫째, 오직 신으로부터 a solo Deo 황제 권력이 유출되었다는 관념에 맞서서 후구치오-바지아노 Baziano, 파리 학파와 앵글로-노르만 학파 등의 주석은 '베드로/그리스도의 대리자 vicarius Petri/Christi'의 관념에서 나타나는 교황의 중재 기능을 주장하였

---

86) 같은 책, p.216.

87) "extra ecclesiam nullum credo impertorem, qui habet de iure gladium materialem, qui a Deo processit. Unde credo quod Constantinus primus fuit verus imperator Romae." Kölmel, 같은 책 p.226.

다. 그렇다고 성직자정치론자들이 교령 연구가들에게서 나타나는 권력의 민중 유래를 단호하게 배격하지는 않았다. 둘째, 황제는 교황보다 하위에 있으므로 교황 입법권의 권위로 황제를 폐위할 수 있다. 그리고 황제의 통치권은 교황으로부터 부여된 권력이며, 교황을 대신해서 물리적 검을 실행한다는 것이었다.[88]

그렇다면 후기의 성직자정치론의 사고 속에서 교황의 세속적 권력은 직접적 권력이라고 할 수 있을까? 황제 권력이 교황으로부터 유출된다고 하는 것은 교황이 황제에게 권력을 위임한다는 것이고, 이는 황제가 위임된 물리적 검을 소유하는 형식으로 상징된다. 황제의 교황 의존 이론에 따라 행사될 수 있는 황제에 대한 교황의 재판권, 교황 완전권에 바탕을 둔 교황의 직접적인 황제 폐위는 사실상 세속적 권력에 속한다. 그러나 이러한 권력이 외형상에 있어서나 결과에 있어서는 세속적 모습일지라도 그 권력의 유래와 근거는 그것이 세속적이 아니라는 점을 보여준다. 왜냐하면 그러한 권력의 토대가 되는 단일 수장론, 베드로의 대리직, 양검 이론 등은 교황권력에 세속적 속성보다는 교리적, 성직적 속성을 부여한 것이기 때문이라는 것이다.[89]

알라누스가 맨 처음 "그(황제)가 교황으로부터 검을 받았다는 것은 사실이다. 확실히 교회의 몸은 하나이다. 따라서 주는 양검을 보유하였다. … 그러나 그는 그의 대리자 베드로를 지상에서 확고하게 세웠기 때문에 양검을 그에게 부여하였다."[90]라고 주장했다. 그는 교황이 교회의 수장으로서 황제의 품격을 지니는 것으로 간주하였는데, 그것은 교황이 그리스도와 베드로의 후계자이기 때문이라고 하였다. 교황에게

---

88) 같은 책, pp.228-229.
89) 같은 책, p.230.
90) "Verius est quod gladium habeat a papa. Est enim corpus unum ecclesiae. Item dominus utroque gladio usus est … Sed Petrum vicarium suum in terris in solidum constituit ergo utrumque gladium ei reliauit." Kölmel, 같은 책, pp.230-231.

소유되어 있는 세속적 권력을 별개로 분리시킬 수가 없으며, 이를 특수화된 세속 지방과 영역에 국한하여 해석하는 것이 불가능해졌다고 여겼다. 다시 말하면 교황의 세속적 권력은 교회의 우월한 통치권에서 비롯된다. 그리고 교황은 교회에 대해서 권력을 가지고 있기 때문에 교회가 존재하는 세상 전체에 대해서도 교황이 권력을 행사할 수 있다고 보았다.[91]

교회의 세속적 권력에 대한 근거 짜 맞추기는 황제와 군주에 대한 교황의 재판법 규정을 위해 진행되었고, 이는 세속적인 것에 대한 교황의 간섭이라는 형태를 취하였다. 그런데 이러한 교황의 세속 분야에 대한 권력이 긍정적으로 인정되는 경향에 비해서 이에 역행하는 부정적인 내용도 나타난다. 그것은 영적 · 세속적 모든 계층에 동시적으로 관련되는 것이라고 교회 내부에서 인정되는 경우가 아니라면, 교황이 세속적 문제에 간여할 수 없다는 내용이었다.

반면에 긍정적인 입장은 구원법적 동기가 있다면 세속적 과정 속에 교황이 간섭할 수 있다고 보는 시각이다. 이와 같이 서로 상반된 두 입장이 상존하는 가운데서 알라누스의 견해는 향후의 방향을 제시하는 흥미로운 것이었다. 알라누스는 교황이 '모든 범죄pro omni crimine'를 황제의 폐위의 근거로 삼을 수 없으며, 황제가 오직 완고하고 추행을 저질렀을 때만 폐위할 수 있다고 하였다.[92] 그리스도가 검과 직책을 구분하여 부여했기 때문에 그가 보기에 교황 자신은 물리적 검을 지닐 수 없었다.

교령 〈존경하는 형제를 통해서Per venerabilem〉(IV, 17.13)에 대해 주해한 요한네스 갈렌시스는 "교황이 교령을 통해 합법화의 직접적 권리의 소유를 주장한 것이 아니라, 단지 직접적이 아닌 후속적인 결과를

---

91) 같은 책, p.231.

92) "sed nec tum (bei Hartnäckigkeit) forte pro omni sed solum pro tali quod scandulum induxit, ut est haeresis, symoniaca, discordia continua et si qua sunt similia." Kömel, 같은 책, p.231.

통한 합법화 권리를 소유한다."는 것이라고 설명하였다. 이와 유사하게 탕크레드는 새로운 근거 위에서 예외적인 경우를 한정하였다. 그 구체적인 실례로 상위자가 없는 경우, 세속 선임자가 나태하거나 의심받는 경우, 교회 토지문제와 관습법에 관련된 경우, 교회에 대한 범행, 세속 재판관이 의심 받는 경우, 혼합된 사건 등을 열거하였다. 이러한 범위의 세속권은 교회법에 보편적으로 기술되었으며, 그러한 관념은 인노첸시오 4세를 거쳐 급진적 성직자정치론자들 중의 대표적 인물인 아에기디우스 로마누스와 그 이후의 교황 주권론자들의 시기까지 큰 변동 없이 지속되었다.[93]

알라누스는 교황을 '모든 어렵고 애매한 문제에 대한 모든 사람의 직권 재판관'이라고 표현하였다. 이는 교황이 그의 보편적 직무에 상응하는 능력을 가지고 있으며 필요할 때 모든 것을 간섭할 수 있다는 것을 의미하였다. 따라서 알라누스가 제시한 직권 재판관의 관념은 13세기 초의 교회법적 해석을 거쳐 다음 세대에 지대한 영향을 끼치게 된다.[94]

3. 양검two swords 이론의 형성과 변천

중세시대에 잉글랜드에서는 에드워드 1세와 에드워드 3세를 거치면서 의회제도가 확립되기 시작하였고, 프랑스에서는 필립 4세가 통치할 때에 봉건 왕정이 성장하고 중앙집권화가 강화되면서 관료제도, 상비군 제도, 과세제도 등이 확립되기 시작하였다. 스트레이어Josheph R. Strayer는 그의 저서 『근대국가의 중세적 기원』에서 근대국가는 1100년에서 1600년 사이의 기간에 그 기본 틀을 형성하였다고 주장하였다.[95]

---

93) 같은 책, pp.231-232.
94) 같은 책, p.232.
95) 조지프 R. 스트레이어, 중앙대학교 서양사연구회 역, 『국가의 탄생: 근대국가

스트레이어는 서유럽의 국가들이 어떻게 지금과 같은 모습을 가지게 되었는지, 그리고 그 기원은 어디에서 찾을 수 있는지, 국가들은 어떻게, 그리고 왜 국가권력과 주권을 생각하기 시작했는지에 대해서 밝히고자 하였다. 이와 같은 연구는 이미 중세에 근대 정치적 요소가 시작되었다는 것을 보편적으로 인식시키는 데에 크게 기여하였다.

그렇다면 근대국가의 제도적인 요소와는 다른 측면에서 근대 정치이론은 어디에서 그 기원을 찾아볼 수 있을까? 정치사상의 분야에서 근대적 요소를 논의 할 때는 많은 역사가들이나 정치이론가들이 공통적으로 이탈리아 르네상스의 근대성을 더욱 강조하며 마키아벨리가 근대 정치이론을 확립했다는 것을 당연시 해왔다. 마키아벨리의 군주론이 중세의 도덕적·윤리적 가치를 제거하고 현실주의적 정치 감각을 그의 정치 이론에 극대화 시킨 것은 분명히 중세를 단절시킨 혁명적인 것이었으며, 새로운 근대적 감각을 여실히 보여준 것이었다는 것을 부인할 수는 없다. 그렇다면 근대 정치이론은 마키아벨리의 정치이념에 충실했고 근대 정치사상은 군주론에 온전히 함몰되어 있다고 보아야 할 것인가?

마키아벨리가 정치에서 윤리적 성격을 완전히 배제하고 실정법 사상을 새롭게 소개한 것은 분명히 획기적인 일이었지만 근대 정치의 성격을 마키아벨리의 군주론적 이론으로만 모두 설명할 수는 없다. 뿐만 아니라 마키아벨리가 생각하는 국가와 주권, 권력의 개념 가운데 상당 부분은 그의 독창적 창작이라기보다는 이미 중세의 정치이론에서 활발하게 논의되고 제시된 것들이었다. 따라서 본 연구에서는 근대 정치이론의 중요 요소들을 중세에 끊임없이 제기되어왔던 두 권력Duo sunt과 양검 two swords 이론의 변천을 통해서 조명해 보고자 한다.

교황 젤라시오 1세의 교령을 근거로 전개된 두 권력론은 많은 학자들

의 중세적 기원』(학고방, 2012), 26쪽.

로부터 집중적인 조명을 받았고 여러 가지 측면에서 연구되었다. 지글러 Aloysius K. Ziegler96)는 교회와 국가의 관계에 영향을 미친 젤라시오의 교령 〈두 권력 Duo sunt〉에 대해서 분석하고 그것이 중세의 정치이론에서 어떠한 가르침으로 남겨졌는지를 설명하였다. 홀 Robert Hull97)과 울만 Walter Ullmann98) 역시 지글러와 같은 측면에서 젤라시오의 두 권력론을 바라보며 이를 분석하였다. 특별히 울만은 두 권력론이 교황 수위권의 강화에 어떠한 영향을 주었는지, 그것이 어떻게 변형되어 강조되었는지를 설명하고자 하였다. 그 외에도 많은 연구자들이 중세의 정치이론을 설명할 때 젤라시오의 두 권력의 의미와 위치 그리고 이에 대한 중세학자들의 해석을 파악하려고 하였다.

양검 이론에 대한 연구 성과는 그렇게 많은 편은 아니다. 양검 이론이 중세 학자들에 의해서 많은 관심을 끌게 된 것은 12 · 13세기이지만, 국가나 교회의 권력을 설명할 때 이것이 두 권력론만큼 첨예하고 민감하게 언급되지는 않았다. 그만큼 두 권력론에 비해서 양검 이론은 정치권력을 뒷받침할 수 있는 강력한 이론적 근거가 되지는 못했던 것 같다. 그렇다고 할지라도 중세의 교회법학자들에게 있어서는 양검 이론이 교회 권력의 실체와 속성을 설명하기 위해서 결코 간과할 수 없는 이론적 근거였다. 호프만 Hartmut Hoffmann 은 중세 전성기에 양검 이론의 실체는 무엇이었는지를 검토하였다. 레나 Thomas Renna 는 사제적 역할과 군사적 역할을 가진 왕의 권력은 어떻게 이해해야 할지를 양검 이론을 통해서 설명하고자 하였다. 또한 케인즈 Howard P. Kainz 는 두

---

96) Aloysius K. Ziegler, "Pope Gelasius I and His Teaching on the Relation of Church and State," *Catholic Historical Review* 27 (1942), pp.412-437.

97) Robert Hull, "A Famous Text; The 'Duo Sunt of Gelasius," in *Medieval Theories of the Papacy and the other Essays* (London: Burns Oates & Washbourne Ltd., 1932), pp.449-462.

98) Walter Ullmann, *Gelasius I (492-496): das Papsttum an der Wende der Satantike* (Stutgart: A. Hiersemann, 1981).

개의 도시, 두 개의 검, 그리고 그 이면의 요소들을 분석함으로써 중세가 톨릭의 정치학을 파악하였다.

두 권력 이론과 양검 이론은 중세정치사가들로부터 비교적 많은 관심을 받은 주제였다. 따라서 당시의 정치적 관념을 설명하기 위해서 이들 주제를 여러 각도에서 바라보고 접근하면서 그 본질과 속성을 파악하려는 연구가 많이 진행되었다. 그러나 이러한 연구들이 거의 모두가 중세의 정치적 관념을 이해하고 그 속성을 파악하는 데에만 충실했을 뿐이다. 이들 연구들은 두 권력론과 양검 이론이 중세 이후의 정치이론과 어떠한 관련이 있는지, 그것들이 중세인들의 정치의식 변화에 어떠한 영향을 미쳤는지, 그리고 중세 정치이론이 근대적 요소의 형성을 위해서 새로운 지평을 제시하지는 않았는지에 대해서는 관심을 보이지는 않았다.

그와 같은 관점에서 양검 이론을 접근하려고 했던 시도는 유일하게 클라크D. E. Clark 99)의 연구를 들 수 있다. 클라크는 양검 이론과 근대 정치의 기원을 주제로 참신한 연구를 시도하였고 필자도 매우 큰 흥미를 가지고 이 논문을 접하였다. 그러나 그 내용은 필자가 가지는 위와 같은 몇 가지의 문제의식을 만족할 만큼 해결해주지는 못하였다. 그의 연구에서는 양검 이론의 논쟁에 대해서 집중적인 검토가 이루어지지 않았고, 정작 논문의 제목이 암시하는 근대 정치이론의 뿌리를 양검 이론과 연계해서 규명하지 못하는 한계를 드러냈다.

국내의 연구에서는 1980년대 중반이후 2000년대 중반까지 마르실리우스나 오컴의 정치사상에서 정치적 근대성을 찾으려는 시도가 몇몇 연구자들에서 이루어져왔다. 그러나 그들의 연구가 양검 이론과 연관된 것은 찾아볼 수 없다. 따라서 본 연구에서는 위에서 제기한 문제의식을 중심으로 양검 이론의 근대적 형상화를 규명해보고자 한다.

---

99) Delane Eugene Clark, *The Two Swords Controversy And the Roots of Modern Political Theory*, Thesis (University of Virginia, 1989).

(1) 두 권력론과 양검 이론의 가교

494년 교황 젤라시오 1세는 동방의 황제 아나스타시우스 1세에게 "세상을 지배하는 두 권력이 있는데 그 하나는 사제의 신성한 권위 *auctirita sacrata pontificum*이며, 또 다른 하나는 왕의 권력*regalis potestatis*이다. 신의 심판에서 교황이 왕을 변호할 책임이 있는 한, 둘 가운데 사제의 책임이 더욱 무겁다"[100]로 시작되는 장문의 편지 〈두 권력*Duo Sunt*〉을 보냈다. 교황 젤라시오 1세가 교황이 될 때까지 로마교회는 비잔틴 황제의 교회 간섭과 비잔틴 교회의 이단 처리 과정에 대해서 못마땅하게 생각해왔고, 더 이상 이를 방관할 수 없다고 여겼다. 교황은 그러한 상황을 진정시키기 위해서 황제에게 이 편지를 보낸 것이다. 그리스도교의 신학적 문제와 이단의 처리를 둘러싼 동방교회와 로마교회의 논쟁은 451년 칼케돈 공의회로부터 시작되었으며, 아카시우스 분열 Acasian Schism을 거치면서 동·서교회의 불화는 더욱 심화되었다.[101] 로마교회와 교황은 비잔틴 황제가 공의회의 개최나 결정, 기타 종교적인 문제에 간섭함으로써 교회의 고유한 권한을 침해해 왔다고 여겼다.

로마교회에게 있어서는 황제가 종교적인 문제에 간여한다는 것이 참을 수 없는 문제였지만 비잔틴 황제의 입장에서 보면 그것은 정당한 것이었다. 비잔틴 황제들은 황제가 지상에서 신을 대리한다고 보는 고대 로마의 정치적 이념과 동방의 헬레니즘적 통치 관념을 연관시키면서 자신들이 그리스도교 황제로서 종교적 사명을 지니고 있다고 생각하였다.[102] 그래서 신성하게 임명된 황제는 그리스도교 왕으로서의 권위

---

100) Andrea Thiel (ed.), *Epistolae Romanorum Pontificum a S. Hilario usque S. Hormisdam* (Brundbergae, 1868), pp.250-251.

101) Karl Baun, Hans-Georg Beck, Eugen Ewig, and Hermann Joshef Vogt, *The Imperial Church from Constantine to the early Middle Ages*, trans. Anselm Biggs (New York: The Seabury Press, 1980), pp.421-433.

102) Fransis Dvornik, *Early Christian and Byzantine Political Philosophy: Origins and*

를 가지고 있으며, 신민들을 그리스도교의 원리 위에서 통치할 수 있는 자격을 부여받았다고 주장하였다. 따라서 제국 정부는 황제가 신성한 권위 위에서 정통 신앙을 선언할 수 있다고 보았으며, 교회의 조직과 질서를 유지하는 일이나 성직자의 임명과 사법적 처리까지도 황제의 당연한 권리로 생각하였다.[103]

5세기 후반에 황제 교권주의의 관념 위에서 황제 아나스타시우스는 그리스도교의 균열을 회복시켜야 한다는 책임 의식을 가지고 교황과 콘스탄티노플 총대주교 사이의 중재를 시도하였다. 그러나 종교적인 문제에 서슴없이 간섭하는 황제들의 행위를 로마교회가 더 이상 용인할 수 없었다. 그러한 측면에서 젤라시오는 보편교회 안에서 황제의 사명과 그의 존재, 지위 등을 이론적으로 설명해야 할 필요성을 느꼈으며 그와 같은 교황의 생각이 교령 〈두 권력 Duo sunt〉으로 표출된 것이다.

젤라시오의 〈두 권력〉에 대한 인용과 해석은 9세기부터 나타나고 있으며, 10세기까지 주로 교회 문제에 관한 세속권력의 간섭이 부당하다는 것을 지적하고 왕들의 권력이 자체의 영역과 범주를 이탈하지 않도록 경종을 울리기 위한 목적으로 언급되었다. 사제는 하나님 앞에서 왕을 위해 책임을 지고 변호해야 하는 위치에 있기 때문에 영적 권위가 세속권력보다 더욱 숭고하다는 점을 강조했다. 그렇지만 이 시기까지만 해도 영적 권위가 세속 문제에까지 영향을 미칠 수 있다고 보지는 않았다. 한 예로 10세기 초에 랭스 대주교가 관장한 주교회의에서 주교들은 왕권의 신성기원을 인정하는 한편 두 권력은 서로 평등한 지위에 있다고 해석하였다. 그들은 젤라시오의 〈두 권력〉을 인용하면서 이를 두 권력의 조화와 상호 협동의 필요성에 대한 언명으로 받아들

Background (Washington: Dumbarton Oaks, 1966), vol.2 pp.805-806; Dvornik, *Byzantine and the Roman Primacy* (New York: Fordham UP, 1979).

103) 장준철, 「교령 Duo sunt에 나타난 두 권력 이론」, 『서양중세사 연구』 1 (1997), 56-57쪽.

였다.[104]

11세기 교회 개혁 시기에 이르면 교황의 권위를 영적인 범위에 국한하지 않고 세속적인 문제에까지 확대시켜 나가는 경향을 보였고, 이때 교령 〈두 권력〉을 그 근거로 삼았다. 교황 그레고리오 7세[1075-1083]는 메츠의 주교 헤르만에게 두 차례의 편지를 보냈는데 이 편지에서 그는 황제 하인리히 4세의 폐위를 정당화하였고, 그에 대한 근거로 젤라시오의 두 권력론을 언급하였다.[105] 12·13세기 교회법학자들이 교황권의 성격을 설명하는 데에 이용했던 핵심적인 사료 가운데 하나는 그레고리오 7세가 인용한 〈두 권력〉이었다. 이 문헌은 그라티아누스의 『교회법령집』에 삽입되었는데 사실상 이것은 젤라시오의 〈두 권력〉을 그레고리오 7세가 각색한 것이었다.

교회법학자들은 영적 권력과 세속권력은 구분되지만 서로 협동해야 한다는 것, 그리고 영적 권력이 더욱 우월하다는 명제를 정당화하려고 꾸준히 노력하였다. 베닌카사 아레조Benincasa of Arezo는 〈두 권력〉 해석을 통해서 교령집 연구가decretists들에게 교황권과 세속권력의 관계에 대한 방향을 제시하였다. 그는 "교황은 황제와 모든 사람들의 영혼을 위해 신으로부터 책임을 부여받았다"는 것과 "황제의 사법권이 교황의 사법권에 종속된다"는 것을 주장하면서 교황의 권력이 세속에까지 미칠 수 있음을 암시하였다. 그러한 교회법학자들의 해석을 토대로 울만Walter Ullmann은 젤라시오가 신의 뜻이 이 땅에 성취되어 간다고 보는 그리스도교 목적론을 두 권력의 관계와 연계시켰다고 주장하였다. 그는 젤라시오의 논리 이면에는 황제가 백성들보다 우위에 있지만 종교적 수장에게는 머리를 굽혀야 한다는 뜻이 내포되어 있다고 보았

---

104) Robert Hull, "A Famous Text: The 'Duo Sunt' of Gelasius," p.18.

105) Gregory VII, "Two Letters to Hermann of Metz," in *The Correspondence of Pope Gregory VII*, trans. Ephraim Emerton (New York, Columbia UP, 1932), pp.102-105, 166-175.

다. 그뿐만 아니라 그는 젤라시오가 레오 1세 대교황이 규정한 '완전권 plenitudo potestas' 위에서 바라본 교회론적·사법적 원칙이 성직자 정치론적 원리를 암시한 것으로 파악하였다.[106]

울만의 해석처럼 중세의 전성기에 성직자 정치론적 사고가 확립될 때까지 젤라시오의 두 권력론은 교권 이론가들에게 있어 매우 유용한 근거였다고 할 수 있다. 그러나 보편교회가 두 권력의 독립과 구분보다는 오히려 교황의 완전권을 세속적 사법권에까지 그 범위를 확대시키고, 교황의 절대적 수위권을 주장하는 단계에 이르면 두 권력론은 점차 그 중요성이 상실된다. 그러한 상황 속에서 왕권론자들이 〈두 권력〉을 교권과 속권의 동등성이나 왕권신수설로 이용하는 것에 반해 교권론자들은 양검 이론을 가지고 그에 대응하게 된다.

양검two swords 이론은 11세기 이후 2세기 동안 빈번하게 언급되면서 교권과 속권의 관계를 설명하는 데에 이용되었지만 그 근원은 고대의 신학자 오리겐Origen의 성경 주석으로부터 시작되었다. 오리겐의 해석에 따르면 양검의 관념은 누가복음 22장 38절 "그들이 여짜오되 주여 보소서 여기 검 둘이 있나이다 대답하시되 족하다 하시니라"에 뿌리를 두고 있다. 나중에는 이 양검을 영적인 검 spiritual sword과 물리적인 검 material sword으로 구분하고, 이를 다시 교회의 검ecclesiastical sword과 세속적 검temporal sword으로 변용하여 구분하게 된다. 그러한 구분은 에베소서 6장 17절 "구원의 투구와 성령의 검 곧 하나님의 말씀을 가지라"와 로마서 13장 4절 "그러나 네가 악을 행하거든 두려워하라 그가 공연히 칼을 가지지 아니하였으니 곧 하나님의 사역자가 되어 악을 행하는 자에게 진노하심을 따라 보응하는 자니라"를 근거로 삼았다. 이와 같은 성서에 근거를 둔 양검의 형상을 9세기에 알퀸Alcuin (d. 804)은 육체와 영혼의 상징으로 예시하였다.[107]

---

106) Walter Ullmann, *Gelasius I: das Papsttum an der Wende der Spatantike* (Stttutgart: A Hiersemann, 1981), pp. 201-202.

그러나 교황 니콜라스 1세(858-867)는 검을 물리적 강제력material coercion 으로 표방하였고, 그러한 생각은 11세기까지 일반화된 관념이었다. 성직 서임권 논쟁의 시기에는 이 두 번째의 검은 교회가 위험에 처해 있을 때 황제가 행사해야 하는 힘으로 여겼다. 교황 그레고리오 7세는 황제가 나태한데다 완고해서 영적인 제재로 교정될 수 없을 때 무엇을 해야 하는지의 문제를 제기하였다. 그에게 위임된 권력에는 물리적 강제력이 포함되어 있고 그가 무능력할 때에는 그 권력이 다른 세속 군주에게 위탁될 수 있다고 보았다.108)

12세기에는 양검의 형상이 전통적인 징벌의 의미 속에서 사용되었 다. 그라티아누스는 그러한 의미를 담고 있는 양검 이론을 그의 『교회법 령집』에 받아들였으며, 교황이 무장된 세력을 지도 감독할 수 있는 권리를 가지고 있다고 보았다. 양검의 관념은 베르나르드 클레르보 Bernad of Clairvaux(1090-1153)에 의해서 좀 더 구체적이고 정형화된 어구로 표현되었다. 베르나르드는 1150년 제2차 십자군 원정의 실패 이후 교황 에우제니오 3세에게 보낸 편지109)와 그의 저서 『성찰De Consideratione』110) 에서 양검에 대해 언급하였다. 베르나르드는 "영적인 검과 물질적인 검은 교회에 속하지만 전자는 교회가 사용하는 것이고, 후자는 교회를 위해서 뽑아야 한다"고 기술하였다. 다시 말하면 하나는 성직자의 손에 의해서 사용되고 다른 하나는 병사의 손에 의해서 사용되어야 한다는 것이었다. 그러나 후자는 사제의 요청에 따라서, 그리고 황제의 명령에 의해서 사용되어야 마땅한 것이라고 하였다.

107) R. N. Swanson, "Doctrine of Two Swords," *Dictionary of Middle Ages* 12, pp.233-234.
108) A. M. Stickler, "Iln'gladius' nel Registro di Gregorio VII," *Studi Gregoriani* 3 (1948), pp.89-103.
109) Bernardus, *Epistulae.* 256 (PL 182 463-64); Elizabeth Kennan, "The 'De Consideratione' of St. Bernard of Clairvaus and the papacy in the mid-twelfth century: a review of scholarship," *Traditio* vol.23 (1967) p.79.
110) Bernardus, *De Consideratione.* 4.3 (PL 182. 776).

울만이나 플리헤는 베르나르드가 교황 그레고리오 7세의 교황권 사상을 충실히 따랐으며, 양검 이론을 통해 성직자정치론을 정리한 것으로 해석하였다.[111] 그리고 베르나르드의 양검 이론은 교황 젤라시오의 두 권력론의 다른 표현으로 이해되었다. 베르나르드에게 있어 교황은 베드로의 대리자에 머문 것이 아니라, 그리스도의 대리자였다. 교황은 그리스도의 대리자로서 성직 정치뿐 아니라 세상의 통치까지도 위임을 받았다고 보았다. 베르나르드가 양검의 형상을 통해 표출하고자 했던 성직계서적 관념은 교황이 세상의 모든 인간의 문제에서 완전한 자유를 가지고 활동하고 명령할 수 있는 권한을 가진다는 것이었다.[112]

교황이 영적인 검과 세속적인 검을 동시에 소유하고 있으며, 영적인 검은 교회가 직접 행사하고 세속적인 검은 교회를 위해서 사용되는 강제력이라고 본 베르나르드의 관념은 교황의 완전권 위에 토대를 두고 있었다. 그는 그리스도인 공동체의 단합은 지도력이 하나로 단일화될 때 가능하고, 그러한 통합된 사회는 완전권을 가진 수장을 중심으로 형성된다고 해석하였다. 또한 그는 교황의 완전권은 세상을 지배하는 교황 통치권의 본질을 설명할 때 일반적으로 적용하는 교황권력의 속성이라고 보았다. 그래서 밀라노 사람에게 보내는 편지에서 베르나르드는 교황의 완전권은 신에 의해서 제정되었기 때문에 절대적이라고 설명하였다. 그렇기 때문에 완전권은 모든 것을 포함하는 포괄적인 것이며, 그리고 그것을 만들어낸 신 앞에서는 세속적인 것과 영적인

---

111) Walter Ullmann, *The Growth of Papal Government in the Middle Ages* (London, 1955), pp.262-72; A. Fliche, "Bernard et la société civile de son temps," *Bernard de Clairvaus* ed. Commission d'Histoire de l'Histoire de l'Ordre de Citeaux, Abbaye N.D. D'aiguebelle (Paris, 1953), pp.355-378.

112) Bernardus, *Sermo XLIX in Cant.* (PL 183, 1018); 'Discretio quippe omni virtuti *ordinem ponit: ordo modum tribuit et* decorem ⋯ est ergo discretio non tam virtus quam quaedam moderatrix ⋯ tolle han et virtus vitium erit.' 'Deum sibi et *assignato officio* nemo contentus erit, sed omnes omnia indiscreta administratine priter attentabunt, non plane unitas erit, sed magis confusio.'

것이 구분되지 않는다고 주장하였다.113)

베르나르드의 양검 이론과 교황권의 속성에 대한 이해는 당시 교회
법학자들의 용어와 해석을 이용한 것이었으며, 베르나르드는 교회법학
자들의 교령집과 법령주석에 대해서 잘 알고 있었던 것으로 평가된
다.114) 그럼에도 불구하고 베르나르드가 비유적으로 이용한 양검 이론
은 무엇인가 명확치 못하고 매우 애매모호한 모습을 보이고 있다.
그는 그레고리오의 교황권 이념을 표방하는 것 같이 보이지만 어느
한편으로는 교황의 권력을 질타하며 교권과 속권의 독립적 영역을
암시하는 교·속병행주의적dualism 입장을 보이기도 하였다. 그러한
베르나르드의 이중적 자세는 현대의 교황권 연구 학자들로 하여금
베르나르드의 양검 이론을 완전히 상반된 방향에서 해석하도록 한
원인이 되었다. 카알라일A. J. Carlyle은 베르나르드의『성찰』전반에 걸쳐
있는 양검 이론의 모호성이 존 솔즈버리의『폴리크라티쿠스Policraticus』
(1155-1159)에 이르러 명료해진다고 주장하였다.115)

존 솔즈버리의 설명에 따르면 교회는 피를 묻히는 칼을 직접 사용하
지 않기 때문에 군주는 교회의 손으로부터 이 칼을 받는다. 교회는
기본적으로 그것에 대한 소유권을 가지고 있지만 교회는 군주에게
육체적 강제력을 행사할 수 있는 권한을 부여하였고, 바로 그 군주의
손을 통해서 이 칼을 사용한다. 그러므로 군주는 사제의 종이요, 성스러
운 직무를 수행하는 자이다.116) 이러한 교회와 군주에 대한 존의 주장은

---

113) Bernard, *Consideration*. 2,7 (PL 182, 752). "Ergo juxta canones tuos alii in partem
sollicitudinis, tu in plenitudinem potestatis vocatus es. Aliorum potestas certis
arcatur limitibus, tua extenditur et in ipsos qui potestatem super alios
acceperunt."
114) A. M. Stickler, 'De ecclesiae potestate coactiva materiali apud Magistrum
Gratianum,' *Salesianum* 4 (1941) pp.2-23.
115) A. J. Carlyle, "The Development of the Theory of the Authority of the Spiritual
over the Tempral Power from Gregory VII to Innocent III," *Tijdschrift voor
Rechtsgescheidenis* 5 (1923), pp.33-44.

교회의 전적인 주권을 분명하게 언명하는 것이라고 할 수 있다. 그는 교회가 가지는 양검의 소유권과 그것들의 사용에 대한 확고한 원칙을 제시함으로써 교권과 속권의 관계와 위상을 명확히 규명하고자 하였다.[117]

이상에서 살펴본 바와 같이 중세의 양검 이론은 고대 신학에서부터 간간이 언급되어 왔으나 12세기에 이르러서 보편적으로 언급되었다. 양검 이론은 젤라시오의 두 권력론과 동일시되면서 교회와 국가의 관계를 설정하는 데에 핵심적인 근거이자 도구로 이용되기도 하였다. 교권주의자들의 입장에서는 영적 권력과 세속적 권력을 모두 소유하는 교황의 왕권적 통치권을 주장하기 위해서 두 권력론과 양검 이론을 적극적으로 이용했던 반면에 왕권론자들은 세속 군주가 교황에 종속되지 않고 독립적으로 존재하며 신으로부터 통치 권력을 직접 부여받았다는 주장을 이끌어 가는 데에 그러한 요소를 중요한 근거로 삼았다.

(2) 양검 이론의 변형

10세기까지 젤라시오의 교령 〈두 권력 _Duo sunt_〉은 세속권력이 교회의 문제에 간섭하지 못하도록 하기 위해 교회 측에서 근거로 제시한 사례가 종종 있었다. 때로는 왕의 영적 선을 권면하기 위해서, 그리고 한편으로는 왕권의 신성기원을 인정하면서 교권과 왕권, 두 권력의 조화와 상호 협동의 필요성을 강조하면서 〈두 권력〉을 언급하기도 하였다.[118] 11세기 그레고리오 개혁 시대에는 교황과 황제의 격렬한 충돌 속에서 〈두 권력〉과 〈양검 이론〉을 교·속 양측이 각자 유리한 방향으로 이용

---

116) John of Salisbury, _Policraticus_ 4. 3, ed. Cary J. Nederman (Cambridge UP, 1990).
117) 이희만, 「존 솔즈베리의 국가 유기체론 -제도화를 중심으로」, 『서양사론』 106 (2010), 113-141쪽.
118) 장준철, 「교령 _Duo sunt_에 나타나는 두 권력이론」, 58-60쪽.

하였다. 1090년경 황제를 위한 변명으로 『교회 통일의 유지에 관하여De unitate ecclesiae conservanda』를 쓴 발람 나움부르그Walam of Naumburg는 교황은 오직 영적 검만을 가지고 있는데 만일 교황이 그 권한 범위를 넘어서게 되면 이는 세속권력에 의해서 응징되어야 한다고 주장하였다[119]. 휴 플뢰히Hugh of Fleury는 그레고리오 7세에 맞서 잉글랜드 왕 헨리 1세에게 헌정한 논저 『왕의 권력과 사제의 권위에 관한 논고Tractatus de regia potestate et sacerdotali dignitate』에서 "왕권은 성부의 형상이고 영적 권력은 그리스도의 형상이기 때문에 성부가 성자 그리스도보다 더 위대한 것처럼 왕권은 영적 권력보다 더 위대하다"고 주장하였다.[120]

왕권론자들이 두 권력론이나 양검 이론을 왕권의 독자성이나 왕권의 우월성을 주장하는 방편으로 이용한 것은 세속권력을 압도하려는 교황의 우월권에 대한 반작용이라고 할 수 있다. 그렇기 때문에 그러한 논리와 주장은 깊은 철학적·학문적 성찰을 토대로 한 것이라기보다는 대부분 현실 정치 속에서 자신들이 지지하는 파당의 감정을 대변한 하나의 선언적인 언명에 불과한 것이었다.

그에 비해 교황의 수위권과 교황의 완전권을 중심으로 교황 우월권을 주장하는 교회법학자들은 교부들의 이론과 사상, 그리고 권위 있는 교황들의 교령과 교령집 등을 근거로 교권이론을 조직적으로 구성해 나아갔다. 그러한 가운데에서 11·12세기에는 교권이 가지는 양검의 속성과 범위와 용도를 구체화 하면서 교황의 권력을 좀 더 가시적으로 보여주고자 하였다.

이러한 권력의 속성과 범위를 둘러싸고 전개된 교·속의 대립적 상황 속에서 13세기 중엽 아리스토텔레스 사상과 학문의 소개는 서유럽

---

119) Walram, bp.of Naumburg, *Waltrami ut videtur Liber de unitate ecclesiae conservanda*, ed, W. Schwenckenbecher, *MGH* (Hannoverae, impensis bibliopolii Hahniani, 1883), pp.20-21.

120) Hugo Floriacensis, *Tractatus de regia potestate et sacerdotali dignitate*, PL 163, coll. pp.939-976.

사회에서 정치 이념의 방향을 크게 돌려놓는 계기가 되었다. 아리스토텔레스의 정치사상은 그동안 간간이 선언적 언명에 그친 왕권론자들의 주장에 학문적 가치와 근거를 깨우쳐 주게 되었다. 다른 한편으로 이는 교권론자들이 견지해온 권력의 기원론과 위계질서에 대한 논리를 무력화시키는 결과를 가져오게 되었다. 그러한 과정에서 11 · 12세기에 강력하게 대두된 양검 이론의 논리는 급격히 변형될 수밖에 없었다.

아리스토텔레스의 『정치학』은 1260년대 중반 처음으로 윌리엄 뫼벡 william of Moerbeke, Guillaume de Moerbeke(1215-1286)에 의해 라틴어로 번역되었다. 또한 정치적 내용을 일부 담고 있는 『니코마코스 윤리학』은 그보다 먼저 로버트 그로세스트Robert Grosseteste(1175-1253)에 의해 번역되었다.[121] 그리고 토마스 아퀴나스와 그의 제자로 알려진 페트루스 오베르뉴Petrus de Alvernia가 아리스토텔레스 『정치학』의 주석집을 작성하였고 윌리엄 오컴이 좀 더 명확하고 간결하게 아리스토텔레스 정치학 이론을 정리함으로써 중세인들이 새로운 시각에서 국가와 정치를 바라보게 되었다.

중세의 학자들이 받아들인 아리스토텔레스 정치사상의 골격은 다음과 같이 간결하게 정리해볼 수 있다. 인간이 도시와 국가를 건설하는 것은 자연적 현상이며, 인류에게 있어 정치적 삶은 매우 자연스러운 것이다.[122] 그리고 도시나 국가는 안전이나 상업만을 보호하기 위해 존재하는 것이 아니고 덕을 따르는 행복한 삶을 조성해주기 위해서 존재하는 것이다.[123] 인간 사회 속에서 어떤 인간은 자연적으로 노예가 된다. 그와 같이 자연적으로 노예가 된 인간은 자연히 지적 능력이 결여되어 있고 덕이나 행복을 얻을 능력이 부족한 것이다.[124] 세상에는

---

121) Robert Grosseteste, "Medieval Political Philosophy," *Stanford Encylopedia of Philosophy* (2006).

122) Aristotle, *Politics* I.2, 1252 b30-1253 a3, trans, Trevor Saunders (Oxford UP, 1995).

123) *Politics* III.9, 1280 a32-b35.

124) *Politics* I.5 and 6.

여러 가지 형태의 국가가 있는데 그중에는 좋은 국가가 있기도 하고 타락하고 왜곡된 국가도 있다. 좋은 형태의 국가는 통치자나 통치를 받는 자들 모두가 행복을 느끼는 공동선을 추구하는 것을 말한다. 좋은 왕이 있다면 그는 최선의 통치자이며 독재자는 최악의 통치자이다.[125]

국가 안에서 법의 지배는 인간의 지배보다 더욱 고귀하고 좋은 것이다.[126] 그래서 군주의 무분별한 판단에 모든 결정을 전적으로 맡기는 것보다는 그러한 결정을 잘 구분하여 차등 있게 정치에 적용하는 것이 더욱 좋다. 어떠한 입법자도 발생할 수 있는 모든 문제를 예측하여 이를 대비할 수 없다. 그렇기 때문에 법을 통한 지배는 예외적인 문제가 발생했을 때 일반적인 규정에 예외를 두어서 형평성 있고 공정하게 진행되어야 한다.[127] 좋은 정부의 형태는 혁명을 유발시킬 만큼 부패하지도 않고, 갖가지 문제가 발생하지 아니하는 안정된 상태를 유지해야 한다.[128] 왕정은 이상적이고 최상의 정치 형태이다. 또한 일반인들이 정치적 역할을 수행할 수 있는 좋은 정치가 유지된다면 민주정치도 이상적인 정치 형태에 속할 수 있다.

이상과 같이 중세인들이 받아들인 아리스토텔레스의 정치적 이념은 그의 자연에 대한 이해에서 출발했다고 할 수 있다. 그가 바라본 자연의 원리 속에는 현상을 판단해 줄 수 있는 기준을 내포하고 있다고 보았다. 인간의 행위와 사회 현상은 자연적 정의의 기준을 통해서 그 정당성을 판단할 수 있다. 그러한 정의론에 입각해서 아리스토텔레스가 제시하는 정치적 정의는 자연적인 것과 인습적인 것이 있다. 자연적인 것은 언제 어디서나 동일한 힘을 가지고 있으며 인간의 임의적인 생각이나 의도와는 별개로 존재하는 것이다. 이에 비해 인습적인 정의는 개인들

---

125) *Politics* III.7.
126) *Politics* III.16, *Rhetoric* I.1 1354 a30-b15.
127) Aristotle, *Nicomachean Ethics* trans, Michael Pakaluk (Oxford : Clarendon Press, 1998) V.10, and *Politics* III.16, 1287 a23-28, 1287 b15-27.
128) *Politics* V, and VI.5.

의 필요성에 따라서 개인들의 집합체인 공동체가 만들어내는 것이고, 그렇기 때문에 항상 가변적인 속성을 가지고 있다. 따라서 인습적인 정의는 자연적인 정의에 종속된다고 보았다.[129]

아리스토텔레스는 자연적 정의가 불변적인 것이라고 하면서도 가변성을 배제하지는 않았다. 폴리스가 자연적으로 형성된 것처럼 공동체의 구성원들이 자연적으로 도달하게 되는 정치적 행위와 판단이 자연적 의미와 부합할 수 있다고 보았다. 다시 말하면 자연적 정의는 자연이 제시하는 불변의 진리에 고정되어 있는 것이 아니라 정의로운 사람들이 자연적으로 도달하는 합리적이고 이성적인 의식과 행위를 내포하는 것이다.[130] 따라서 이것은 덕성을 갖춘 인간들이 자연적으로 정치적 공동체에 속해 있으면서 정치적 정의를 실현하며 살아갈 수 있다는 것을 항상 전제로 하였다. 그러한 면에서 본다면 자연은 인간에게 확고 불변하고 고정된 자연적 정의의 기준을 강제하는 것이 아니라 자연적 정의를 이해하고 이를 현실 속에서 실현하고 판단해 갈 수 있는 능력을 제시해 주는 것이라고 할 수 있다.[131]

아리스토텔레스는 『니코마코스 윤리학』과 『정치학』에서 법철학과 정치 철학을 매우 긴밀하게 연결시켰다 즉 법과 정치는 인간 사회에서 발생하는 모든 일들의 정신이요 철학이라고 보았다.[132] 『니코마코스 윤리학』에서 법은 덕스러운 존재를 지원하며 개인의 삶을 발전시켜 나아가게 하며, '완전한 공동체 사회'를 형성하도록 도와준다고 하였다. 그래서 그는 사람들이 덕스러운 존재의 양식에 맞게 행동하기 위해서는

---

129) *Nicomachean Ethics*, 1134 b.

130) Bernard, Yack, "Natural Right and Aristotle's Understanding of Justice". *Political Theory* Vol.18. No.2. (1990), pp.232-233.

131) 김병곤, 「Thomas Aquinas의 중세 자연법사상: Aristotle 철학의 스콜라적 변용」, 『한국정치학회보』 29.1 (1995), 316-318쪽.

132) John Finnis, 'Natural Law: The Classical Tradition' in Jules Coleman and Scott Shapiro (eds), *The Oxford Handbook of Jurisprudence and Philosophy of Law* (Oxford University Press, 2002), pp.7, 18.

실제적인 지혜와 능동적인 이성을 가져야 한다고 강조하였다. 그렇기 때문에 정의란 사람들로 하여금 적합한 행동을 행하도록 하고, 법을 잘 지키고, 공정하고 덕성을 가지고 행동하도록 하는 마음의 상태라고 규정하였다.[133]

아리스토텔레스는 『정치학』에서 법은 '완전한 공동사회'의 건설을 촉진시킬 수 있는 기능을 가져야 한다고 주장하였다. 아리스토텔레스에게 있어 이상적인 정치적 실체는 참주정과 민주정의 중간 정도의 정치형태 속에서 정치가 이루어지는 폴리스였고, 그것이 바로 가장 안정된 국가를 창조해 내는 이상적인 결합이라고 보았다.[134] 아리스토텔레스는 이러한 형태의 국가가 가능한 것은 바로 인간은 정치적 동물이고, 그 인간들은 폴리스의 공동체에 자연스럽게 적응할 수 있기 때문이라고 하였다. 이와 같이 자연과 인간, 정치와 법이 이상적으로 존재하고 결합할 수 있는 것은 자연과 사회의 현상이 궁극적인 선과 목적을 향하여 진행되고 있다는 데서 실마리를 찾고 있다. 이러한 목적론은 아리스토텔레스로 하여금 자연적인 인간의 성향은 선하다는 것과 어떻게 완전한 사회가 실현될 수 있는지를 이해할 수 있도록 하였다.[135]

자연법에 기초한 아리스토텔레스의 정치사상은 사람의 통치보다는 법의 통치가 더 고귀하다는 점과 선한 왕과 폭군을 구분한다는 점에서 중세인들의 구미에 맞는 내용도 있다. 그러나 인간의 정치적 삶이 자연발생적이라는 견해는 아우구스티누스의 신학적 해석과는 상반되는 것이었으며, 신분의 차별과 노예의 존재가 자연적으로 발생한다고 보는 아리스토텔레스의 사상은 신약성서나, 교부들의 그리스도교적인

---

133) JAK Thomson, *The Ethics of Aristotle* (Penguin Classics, 1953), book V, pp.120-122.
134) Aristotle, *Politics*, book II.
135) Marett Leiboff and Mark Thomas, *Legal Theories in Principle* (Lawbook, 2004), pp.7, 54.

사상과 배치되는 것이었다.[136] 무엇보다도 인간의 삶과 사회, 정치 등 세상의 일들이 자연적으로 형성되었다고 보는 아리스토텔레스의 자연관은 하나님의 창조와 섭리를 세상의 형성과 원리로 바라보는 그리스도교의 교리와는 완전히 다른 것이었다. 그러한 이유 때문에 아리스토텔레스가 중세 사회에 알려지기 시작하는 초기 단계에서는 그의 사상을 이교적이고 반그리스도적인 것으로 여기고 이를 매우 심하게 경계하였으며, 그의 저서를 접하는 것을 완전히 금하였다. 그럼에도 불구하고 13세기 중엽에 이르러 아리스토텔레스의 저서가 번역되고, 그의 사상이 대학 강의에서 소개되면서 아리스토텔레스의 사상은 점차적으로 그리스도교 신학에 도입되었고 그리스도교의 사상과 접합점을 이루어 나갔다.

스콜라철학의 창시자로서 알려진 알베르투스 마그누스Albertus Magnus (1193-1280)는 파리 대학의 강단에서 당시에 금기시되어왔던 아리스토텔레스의 책과 사상을 소개하고 가르치기 시작하였다. 그의 제자 토마스 아퀴나스Thomas Aquinas(1224/25?~1274)는 알베르투스의 가르침 속에서 아리스토텔레스에 대한 관심을 크게 가지기 시작하였다. 토마스는 아우구스티누스와 같은 교부 철학자들에게 깊이 매료되었던 한편으로 아리스토텔레스나 키케로와 같은 고대의 철학자들에게 심취하기 시작하였다.

스토아철학을 명쾌하게 정리하면서 자연의 진정한 법은 자연과 일치하는 올바른 이성에 기초한다고 보았던 키케로의 자연법사상은 아리스토텔레스의 자연법사상과 함께 토마스에게 깊은 영향을 미쳤다. 토마스는 그러한 자연법 이론을 그의 『신학대전Summa Theologiae』에서 조직적으로 검토하였다. 토마스에게 있어 법은 공동선을 위한 이성의 명령이었다.[137] 따라서 그는 영원법, 자연법, 신정법과 더불어서 인정

---

136) Simona Vieru, "ARISTOTLE'S INFLUENCE ON THE NATURAL LAW THEORY OF ST THOMAS AQUINAS," *The Western Australian Jurist* Vol.1 (2010), pp.116-117.

법의 개념을 정립하고자 노력하였다.

토마스는 영원법이란 하나님의 세상 창조에 따른 신적·합리적 모형이고 그 모형은 다른 세 가지 법의 기초가 된다고 보았다.[138] 그는 세상이 신의 섭리 또는 신의 이성의 지배를 받으며 신의 이성은 영원한 것이라고 주장하였다. 그러한 테두리 안에서 신정법은 하나님으로부터 유래되는 것이며, 이는 인간이 영원한 행복에 도달할 수 있도록 행동을 이끌어가는 법이요 원리라고 여겼다.[139] 그리고 신정법은 인간에게 영원법의 원리를 계시하는 성경에 구체화 된 것으로 보았다. 토마스는 인간의 자연적 성향은 덕성과 선을 향하고, 이성에 따라 행동함으로써 인간은 덕성과 일치하는 행위를 하게 된다고 주장하였다. 궁극적으로 아퀴나스에게 있어 법의 목적은 완전한 공동체 사회로 인도하는 공동선을 촉진하는 것이었다.[140]

토마스는 자연법이란 인간이 이성적 존재로서 영원법에 참여하며 이루어 나가는 과정이며, 인간이 참여할 때에만 법이라고 일컬어질 수 있다고 주장하였다.[141] 이에 비해 인정법은 공동체 사회의 지도를 위임 받은 공적인 사람이 영원법을 해석하고 법률을 만들기 위해 인간의 이성을 행사할 때 비로소 등장하게 된다. 따라서 인정법이 신의 이성에 적합하고 합치된다면 그 자체가 도덕적 의무와 결합된 것이라고 보았다. 그리고 그것은 공동선을 촉진하고 입법자의 권위를 넘어서지 않으며 개인들에게 부당한 부담을 부과하지 않는 것이어야 한다.[142]

---

137) Simona Vieru, "ARISTOTLE'S INFLUENCE ON THE NATURAL LAW THEORY OF ST THOMAS AQUINAS," p.118-119.

138) Brian Bix, "Natural Law: The Modern Tradition" in *The Oxford Handbook of Jurisprudence and Philosophy of Law*, eds, Jules Coleman and Scott Shapiro (Oxford University Press, 2002), p.71.

139) Thomas Aquinas, *On Law, Morality and Politics*, trans, William Baumgarth and Richard Regan (Indianapolis: Hackett Publishing co., 1988), p.18.

140) 같은 책, p.16.

141) 같은 책, p.12.

그러나 인간이 만든 법은 도덕적으로 오류를 범할 수 있고 그러한 이유로 정의롭지 못한 것이다. 그래서 그는 모든 인정법은 그 내용이 환경과 필요에 따라 달라질 수 있지만 자연법에 일치해야 한다고 주장하였다.

토마스는 '정의롭지 못한 법은 법이 아니다'라는 경구를 지지하였다. 그와 같이 정의롭지 못한 법은 양심에 매여 있지 않으며 법적 정당성을 결여하고 있다고 보았다. 그러므로 사람들은 그가 정의롭지 못한 법을 복종해야 할지에 대해서 도덕적 판단을 해야 할 필요가 있다는 것이다. 그와 같이 토마스는 법 자체의 타당성보다는 공동체 사회의 공동선에 대해서 매우 큰 관심을 보인 것으로 보인다.

토마스는 법의 목적은 공동선 또는 공동체 사회의 선을 촉진하는 것이라고 본 아리스토텔레스의 견해에 공감을 가졌다. 그뿐만 아니라 인간은 사회적 동물이며, 그가 사회의 일원이 될 때에 비로소 덕성을 얻을 수 있다는 생각에도 동조하였다. 그러한 토대 위에서 토마스는 아리스토텔레스의 보편법과 인습법의 관념을 훨씬 더 발전시켰다고 할 수 있다.[143]

자연법을 토대로 공동선을 이룩할 수 있다고 보는 아리스토텔레스의 자연관은 토마스 아퀴나스에 의해서 하나님이 섭리하는 신정법의 일부로 파악되었다. 토마스의 궁극적 목적은 하나님이 정상에 위치하는 자연법의 피라미드식 모형을 만드는 것이었다.[144] 아리스토텔레스의 철학을 광범하고 조직적으로 탐구할 때에 토마스가 주안점을 두었던 것은 하나님의 존재를 입증하기 위해서 아리스토텔레스의 철학적 원리를 이용할 수 있는 것인가 하는 것이었다.[145] 그래서 토마스는 그리스도

---

142) 같은 책, pp.16-17.

143) Daniel Nelson, *The Priority of Prudence: Virtue and Natural Law in Thomas Aquinas and the Implications for Modern Ethics* (Pennsylvania State UP, 1992), p.32.

144) Michael Freeman, *Lloyd's Introduction to Jurisprudence* 7th ed. (Sweet & Maxwell, 2001), p.105.

교 교리와 신의 존재를 입증하기 위해서 그가 도움을 받을 수 있는 범위까지 아리스토텔레스의 철학을 적용하였던 것이다.

토마스가 신의 존재를 좀 더 명확하게 입증하고 그리스도교의 교리를 옹호하는 데에 궁극적인 목적을 가지고 있었지만 고대 철학의 영향으로 인해서 그리스도교의 전통적 사고와는 다른 안목을 가지고 세상과 자연과 정치를 바라보게 되었다. 토마스는 그의 신학 안에 자연에 대한 찬양, 그리고 이성을 통해서 자연을 이해할 수 있는 인간의 능력에 대한 인식을 새롭게 각인시켰다. 아리스토텔레스가 윤리적 존재와 정치적 존재로서의 인간을 주장했던 것과 같이 토마스는 그리스도인과 시민으로서의 인간을 구분하였다. 그리스도인의 신분을 가지고 시민으로서의 역할을 직접적으로 담당할 수는 없다고 보았다. 시민으로서의 인간은 이교도일 수도 있고 그가 좋은 시민으로서 평가될 수도 있다. 그와 같이 정치적 영역은 종교적인 것으로부터 분리될 수 있으며 더 이상 종교의 지원을 받을 필요가 없다고 본 것이다. 매우 잘 정리되고 질서정연한 사회에서는 자연, 이성, 철학 그것들 자체로 충분하다고 생각하였다. 그래서 교회로부터 독립된 국가에는 자연적 기초와 현실적인 윤리적 가치가 동시에 존재한다고 보았다.[146]

토마스는 권력의 유일한 원천은 베드로에게 권한을 부여한 그리스도의 말씀에만 있다고 보지 않고 자연적인 공동체 즉 국가에도 있다고 보았다. 이러한 국가와 권력은 비 그리스도교적인 사회들에도 적용될 수 있는 것이었다. 따라서 개인으로서의 인간은 시민으로서 정치적 분야에서 활동하는 자연적 모습의 인간과 신실한 그리스도인으로서의 초자연적인 모습의 인간으로 두 가지 모습을 보여주는 것이다.[147]

토마스는 그와 같이 인간과 사회와 국가의 속성을 구분하면서 세상

---

145) Hans Küng, *Great Christian Thinkers* (Continuum, 1994), p.108.

146) Clark, *The Two Swords controversy and the Roots of Modern Political Theory*, pp.50-51.

147) Ullmann, *A History of Political Thought: The Middle Ages*, pp.183-84.

에 존재하는 두 권력에 대해서 직접적으로 언급하고 해석하였다. 이는 젤라시오의 두 권력론에 대한, 그리고 양검 이론에 대한 해석을 변형시키는 전환적인 계기가 되었다.

토마스는 아리스토텔레스의 『니코마코스 윤리학』 제1권의 신분 계서구조의 원리를 세속권력과 영적 권력의 관계에 적용하였다. 『신학대전』에서 몸이 영혼에 종속되는 것처럼 세속권력은 영적 권력에 종속된다고 하였다. 영적 권력이 세속권력보다 우위에 있거나 세속권력으로부터 위임받은 문제가 세속적인 것일 때에 영적 권력은 이를 재판할 수 있는 권력을 가지게 된다고 하였다.[148] 토마스는 『군주의 통치 Governance of Rulers』에서 권력을 인간의 최고 목적과 결부시키면서 정부의 필요성을 설명하였다. 그의 설명에 따르면 인간은 신을 기쁘게 해야 하는 최고의 목적을 사명으로 가졌기 때문에 인간 사회는 개별적 인간으로서 같은 목적을 가져야 한다. 또한 덕스럽게 사는 것만이 다수로 구성된 사회의 최고 목적이 될 수는 없으며 오히려 덕스러운 삶을 통해서 신에 속한 것에 다가가야 하는 것이라고 보았다.[149] 인간의 자연적 능력과 정치적 기구가 이러한 목적을 추구할 수 없기 때문에 이를 수행할 수 있는 다른 권력을 불러들여야 한다. 즉 인간들을 사회의 목적에 따라 이끌어가는 과업은 인간의 국가에 있는 것이 아니라 신의 정부에 있는 것이다. 따라서 그러한 목적 수행은 필연적으로 교황 권위에 의존하도록 해야 한다는 것이 그의 생각이었다.[150]

토마스의 이러한 목적론적 관점은 구원을 위해서는 교회의 적극적인 참여가 필요하고 모든 일상적인 삶은 교회의 통제 하에 있어야

---

148) Thomas Aquinas, *Summa Theologicae* (Taurini, Marietti, 1948), II-II, Q60, Art.6.

149) Thomas Aquinas, *On the government of rulers : De regimine principum*, ed. & trans. James M. Blythe (Philadelphia : U of Pennsylvania P, 1997), pp.97-98.

150) George Kloisk, "Thomas Aquinas on Churh and State," in *History of Political Theory: An Introduction* Vol. I: *Ancient and Medieval* (Oxford : Oxford UP, 2012), pp.291-292.

한다는 것을 의미하였다. 그러나 구원의 문제는 인간 개인과 하나님의 연합을 통해서 이루어질 수 있는 것이기 때문에 이것이 반드시 그러한 관계에 대해서 교회의 간섭을 필요로 하는 것은 아니다. 세속의 영역이 영적인 권력에 종속되어야 한다는 문제는 사실상 영적 구원의 문제와는 별개의 다른 범주에서 논의되어야 할 것이다.

토마스의 주장을 면밀히 검토해보면 세속의 문제에 간섭할 수 있는 교황의 권한은 간접적인 것으로 해석된다. 그가 광범위한 종속을 의도 했다고 할지라도 그것이 군주 위에 군림할 수 있는 공식적이고 법적인 권위를 뜻하는 것은 아니었다. 그보다는 교황의 역할을 적절히 수행하기 위해서는 하위 영역의 활동을 통제할 수 있는 능력이 필요하다고 보았다. 토마스는 보니파시오 8세와 그의 지지자들이 주장했던 바처럼 교황이 완전권 위에서 왕이나 황제를 지배할 수 있는 법적 주권을 가지고 있다는 극단적인 생각을 하지는 않았다. 그러나 그의 저서 『다방면의 질문들Quaestiones Quodlibetales』에서는 교황과 세속권력의 관계에 대해서 좀 더 공식적이고 법적인 관계를 주장하는 모습을 보였다. 이 글에서 로마시대에는 왕들이 그리스도에 대적했지만 지금의 왕들은 그리스도를 이해하고 경외함 속에서 공경하기 때문에 왕들은 교회의 종신이라고 기록하고 있다.[151] 그러한 그의 견해는 『롬바르드 명제집 주석』에서도 찾아볼 수 있다. 여기에서는 "세속적 지상의 권력은 신의 권력으로부터 연유된다. 따라서 영혼의 구원에 영향을 줄 수 있는 문제에 있어서는 하나님이 명령하는 범위 안에서 세속권력은 영적 권력에 종속된다. 그러한 문제에 관한한 세속권력은 영적 권력에 복종 해야 한다"고 보았다.[152]

---

151) Dino Bigongiari, *Political Ideas of St. Thomas Aquinas* (New York : Hafner Pub. Co., 1966), p.xxxiv.

152) Alessandro Passerin d'Entrèves (ed.), *Aquinas: Selected Political Writings* (New York: Mcmillan Co., 1959), Dist. 44, Quest. 3. Art 4, p.94.

토마스가 두 권력의 관계에 대해서 중세 교회와 사상가들의 입장을 대체적으로 수용하고 있었지만 아리스토텔레스의 국가와 권력의 자연적 기원론을 두 권력의 관계에 적용하는 모습을 보여주었다. 토마스의 해석에 따르면 고위와 하위의 권력이 서로 두 가지 방향에서 연관될 수 있으며 하위의 권력은 전적으로 상위의 권력으로부터 연유된다. 그렇기 때문에 모든 하위의 권력은 상위의 권력을 토대로 성립하는 것이다. 따라서 하위의 권력은 절대적으로 그리고 모든 면에서 상위의 권력에 복종해야 한다. 하나님의 권력은 이러한 면에서 모든 창조된 권력에 관련되어 있다. 그와 똑같이 황제의 권력은 지역의 군주들과 관계를 맺고 있다. 그러한 것처럼 교회 안에 있는 다양한 품계와 성직은 교황 자신에 의해서 서품되고 배치되기 때문에 교황의 권력은 교회의 모든 영적 권력과 연계되어 있는 것이다.

토마스는 영적인 권력과 세속적인 권력 양자 모두가 신의 권력으로부터 연유된다고 주장하였다. 그러므로 세속권력은 영혼의 구원에 속하는 것들에 관련되는 것에서만 영적인 권력에 종속된다는 것이다. 그러나 마태복음 22장 21절 '가이사의 것은 가이사에게 돌려라'의 내용대로 시민의 사회적 생활에 관련되는 것에서는 영적 권력이 세속권력에 복종하도록 되어 있다고 생각하였다.[153]

이상에서 살펴본 바와 같이 토마스가 자연법을 토대로 자연적 정치의 영역에 대해서 매우 진보적인 관점을 보이고 있지만 그러한 관점이 교권과 속권에 관한 그의 사상에 크게 반영되지는 못했다. 더욱이 토마스 아퀴나스는 어떤 면에서 매우 온건하고 절제하는 사상가로서 그의 생애동안 교회의 권위에 대해서는 근본적인 의문을 품지는 못했다. 그렇지만 자연법에 근거한 시민사회의 형성과 국가권력의 기원에 대한 토마스의 주장은 아우구스티누스 신학의 신적 기원설과 매우

---

153) Ewart Lewis, *Medieval Political Ideas* (New York, Knopf, 1954), vol.II, pp.566-567.

대립되는 것이었다. 자연법사상을 받아들였던 그가 영적 권력과 세속 권력의 관계를 성공적으로 분리시키지는 못했지만 자연법과 신적 기원론의 종합화에 상당한 진전을 이루고 있었음을 부인할 수는 없다. 그러한 면에서 토마스는 두 권력론과 양검 이론의 전통적 의미를 변화시키는 계기를 마련해주었다. 아리스토텔레스 사상과 그리스도교 신학을 결합시켜 이성과 신앙을 조화시킨 그의 사상에 뒤 이어 다음 세대의 매우 진보적이고 과격한 사상가들이 과감하고 파격적인 행보를 걷게 된다.

(3) 양검 이론의 근대적 형상화

13세기 후반 아리스토텔레스의 학문과 사상이 활발하게 연구되고 이를 통해 그동안 의식하지 못했던 세상과 현실적인 삶의 문제를 새롭게 조명하게 되었다. 13세기 후반은 아리스토텔레스적인 가치관을 태동시키는 시기였다고 한다면 14세기는 그러한 의식과 가치관이 중세적 인식을 근대적인 것으로 탈바꿈시키는 시기였다고 할 수 있다.

아리스토텔레스의 자연법사상과 윤리학, 정치학은 선풍적인 관심을 불러일으켰고, 이는 교황권지상주의자이건, 반교황권주의자 혹은 왕권론자이건 모두에게 깊은 영향을 미치게 된다. 신적 기원론에 기초한 단일한 세계관은 아리스토텔레스의 자연관을 통해 새로운 요소를 받아들이게 되었다. 그러한 원리에 따라 윤리적·정치적 가치를 추구한 중세의 학자들은 두 권력론의 해석에서 교권의 양검 소유를 여전히 옹호하는 부류와 새로운 가치관 위에서 과감하게 반교황적 사고를 표명하면서 세속적·물리적인 검의 독자성을 주장하는 부류로 나뉘게 된다.

보니파시오 8세를 지지했던 에기디우스 로마누스는 아리스토텔레스의 학문에 깊이 심취하고 『니코마코스 윤리학』과 『정치학』의 영향을 받아 많은 저술활동을 했으면서도 교황지상권주의 노선을 그대로 유지하였다. 에기디우스는 보니파시오 8세의 교령 〈유일한 하나의 교회〉의 작성에 참여했으며, 교회법학자 헨리쿠스 크레모나와 더불어 교황의 측근에서 중세 역사상 가장 강력한 교황권 이론을 주장하였다.[154] 보니파시오가 그의 교령에서 교황이 소유하는 양검을 표방했던 것도 그러한 지지자들의 협력 속에서 이루어졌다.

13세기 말·14세기 초엽에 아리스토텔레스의 사상의 영향을 받았으면서도 여전히 교황주권주의 입장을 유지했던 사상가들이 있었던 반면에 반교권주의 사상가들이 조직적으로 이론을 무장하기 시작하였다. 교황의 절대적인 권력에 대한 거부감은 교황청 내부에서 보이기 시작하였고 추기경 요한네스 모나쿠스와 망드의 주교 귀릴무스 두란티스는 추기경 회의까지도 무력하게 만들어버린 교황의 교황청 운영 방식에 문제를 제기하였다. 이는 근본적으로 에기디우스나 헨리쿠스 크레모나와 같은 교황 측근의 의식에 문제를 삼은 것이었으며, 나아가서 교황권 지상주의에 대한 반발이었다.[155]

그러나 그보다는 본격적으로 반교권주의의 목표를 분명히 설정하고 이에 대한 체계적 이론을 구체화하는 경향이 나타났다. 그러한 새로운 사상의 무장은 아리스토텔레스의 자연관과 인민주의, 그리고 폴리티polity의 정치사상에 대한 이해가 있었기에 가능한 일이었다. 세기의 전환기에 반교권적 기치는 요한네스 파리Joannes Parisiensis, John of Paris (1240-1306)와 마르실리우스 파두아Marsilius of Padua(1275/80-1342/43)에 의해서 본격화되었다.

요한네스 파리는 파리 대학 신학부 출신의 도미니크 교단 수사요

---

154) Philip Schaff, *History of the Christian Church*, vol.vi: *The Middle Ages A.D. 1294-1517* (Grand Rapids: Wm. B. Eerdmans, 1910), pp.30-31.

155) Brian Tierney, *Foundations of the conciliar theory; the contribution of the medieval canonists from Gratian to the Great Schism* (Cambridge UP, 1955), pp.179-182.

교육자이며 신학자로서 피터 롬바르드의 『명문집』에 대한 주석을 작성하였으며 성체변화설 부정으로 인해 교황청으로부터 이단시된 바가 있다. 토마스 아퀴나스처럼 아리스토텔레스의 학문을 토대로 그리스도교의 신학을 활발하게 검토하였으며, 프랑스 왕 필립 4세와 보니파시오 8세의 충돌 속에서 필립을 옹호하기 위해 『왕권과 교황권에 대해서 De Potestate regia et papali』를 저술하였다. 요한네스는 그의 저서를 통해 토마스 아퀴나스나 아에기디우스와는 완전히 다른 각도에서 교권과 속권의 속성을 설명하였다.

요한네스 파리는 아리스토텔레스와 토마스 아퀴나스의 자연법 이론에 의지해서 저서의 중심적 내용을 구성해 나가는 한편, 당시 교황주권론자로서 핵심 인물이었던 아에기디우스 로마누스의 『교회권력에 대해서 De ecclesiastica poteste』, 야고부스 비테르보의 『그리스도교 국가에 대해서 De regimine christiano』, 헨리 크레모나의 『교황권에 대해서 De potestate papae』 등의 저서에 소개된 사료를 비판적으로 검토하면서 교권과 속권의 관계에 대해서 그들과 상반된 입장을 표명하였다.156)

요한네스는 왕권을 옹호하는 한편 교황이 영적인 일에 있어서나 세속적인 일에 있어서 최고의 지배자라는 주장을 거부하였다. 즉 하나님은 모든 세상의 지배자이고, 그리스도는 하나님이며, 교황은 그리스도의 대리자이므로 세상의 지배자라는 논리를 반박하였다. 교황은 그리스도의 대리자가 결코 아니며 그리스도는 세상의 지배자가 아니었으며, 설령 그리스도가 세상의 지배자였을지라도 그리스도가 그의 모든 권력을 그의 대리자에게 위임하지 않았다는 것이었다.157)

---

156) Arthur P. Monahan, *John of Paris on Royal and Papal Power: A Translation, with introduction, of the De Potestate Regia et Papali of John of Paris* (New York & London: Columbia UP, 1974), p.xviii.

157) JOANNES Parisiensis, *On royal and papal power.* Translated with an introduction by J. A. Watt. (Toronto: Pontifical Institute of Mediaeval Studies, 1971), pp.100-116.

요한네스는 세상에서 어느 한 사람이 하나님의 대리자로서 두 권력을 모두 지닌 것은 아니며, 세속적인 영역에서는 세속군주가 하나님의 대리자이며 영적인 영역에서는 교황이 그리스도의 대리자라고 보았다. 그는 사법적인 면에서 볼 때 그리스도인에게 적용될 수 있는 영적 사법권과 세속적 사법권은 관할 영역이 서로 다르며 어느 한 쪽이 다른 한 쪽에 종속되는 것이 아니라고 보았다. 그리스도교 이전의 시기에는 사제가 두 권력 모두를 가지며 사회를 이끌어 갔지만 그리스도의 시대에는 성직자는 오로지 사제로서 교회의 사역만을 담당해야 한다는 것이었다.[158]

요한네스는 지상의 세속권력은 영적 권력을 가진 사제에 의해서 제정되고 부여된 것이 아니라 그것은 신으로부터 온 것이라고 강조하였다. 어떤 면에서는 영적인 것이 우위에 있지만 그것은 세속권력이 그에 기인하기 때문은 아니라는 것이었다. 두 권력이 관할하는 사법적 영역은 각기 뚜렷하게 구분되어 있으며, 그러한 사법적 권력은 모두가 신으로부터 부여된 것이다. 그 가운데 세속적인 권력은 현실 속에서 행사될 수 있는 실체적인 것일 뿐 아니라 영원한 행복을 위한 삶을 위해서도 존재하는 것이다. 이에 비해 영적인 권력은 그리스도교 공동체의 생존 즉 육체적 행복을 위해 관심을 가지는 정도일 뿐이다. 그러므로 세속군주는 재산의 몰수나 신체적 형벌과 같은 세속적인 벌을 처벌할 수 있지만, 교회는 파문이나 성사금지령과 같은 영적인 벌만을 부과해야 하는 것이다.[159]

요한네스는 군주와 교황이 간접적으로 서로를 강제할 수 있다고 보았다. 교황이 영적으로 잘못을 범하면 그에 대한 교정은 추기경들의 업무에 속하며, 군주가 현세적으로 잘못을 범하면 그에 대한 교정은

---

158) John Kilcullen, "Medieval Political Theory," in *Handbook of Political Theory* eds. Gerald F. Gaus and Chandran Kukathas (Sage Publication, 2004), pp.54-56.
159) JOANNES Parisiensis, *On royal and papal power*, p.192.

가신이나 다른 군주의 업무에 속한다는 것이다. 그러나 군주가 영적인 면에서 잘못을 범하면 교황이 파문과 같은 영적인 형벌을 선고해서 백성들이 그를 폐위하도록 영향력을 행사할 수 있다고 보았다. 교황이 영적인 면에서 잘못을 범하면 군주는 그러한 교황에게 계속 복종하는 사람들의 재산을 압류하는 방식을 통해서 교황이 스스로 물러나도록 하거나 백성들이 그를 폐위하도록 유도해야 한다고 하였다.

그뿐만 아니라 교황이 현세적인 일에서 비행을 저질렀다면 황제는 직접적으로 그를 처벌할 수 있다는 것이었다. 요한네스는 그와 같이 교황과 군주가 각자의 영역에서 사법적 강제권을 행사해야 하며 경우에 따라서 간접적으로 영향을 미칠 수 있다고 보았다.160) 더욱이 교황이 새로운 교리나 해로운 가르침을 가지고 교회를 위험에 빠뜨린다면 군주는 힘으로 그에게 저항하고 교회는 이단적인 교황을 폐위시키기 위해 움직여야 한다고 주장하였다. 나아가서 그는 "군주는 심지어 세속적인 검을 사용해서라도 최선을 다해서 영적인 검의 남용에 저항하도록 허용되어야 한다"는 강경한 입장을 표명하였다.161)

요한네스는『왕권과 교황권에 대해서』에서 두 권력론을 은유적으로 표현한 양검two swords의 전통적인 관념을 논박하였다. 그는 '양검을 받으라'고 한 그리스도의 말은 은유적인 것으로 그것을 뒷받침할 수 있는 뚜렷한 근거가 없다면 더 이상 논의의 대상이 되지 못한다고 하면서 양검에 대한 부정적인 견해를 밝혔다.162) 요한네스는 양검이 현실 속의 어떠한 권력을 말하는 것이 아니고 하나님의 말씀을 신비적으로 상징화 한 것과 이 세상에서의 고난을 의미한다고 주장하면서

---

160) 같은 책, pp.156-161.

161) 같은 책, p.162.

162) Monahan, *John of Paris on Royal and Papal Power*, p.94. 존은 은유의 신비적 신학은 토로의 대상이 못된다고 주장한 디오니시우스와 은유는 그 차체로는 권위적인 내용으로 받아들일 수 없다고 말한 아우구스티누스의 견해를 근거로 들고 있다.

전통적인 양검 이론과는 다른 해석을 제시하였다. 그 근거로서 그는 에베소서 63장 16-17절의 "믿음의 방패와 성령의 검 즉 하나님의 말씀을 가지라"는 권면의 내용과 누가복음 2장 35절 "또 칼이 네 마음을 찌르듯 하리니," 열왕기하 13장의 "칼이 너의 집에서 떠나지 아니할 것이라"는 구절을 들었다. 이와 같은 양검은 사도들이 사역의 과정에서 가지는 '하나님 말씀의 검'과 박해를 받으면서 당하게 되는 '고난의 검'을 의미하는 것이라고 해석하였다.

요한네스는 양검을 영적인 권력과 세속적 권력으로 사도들이 이해했다고 할지라도 그 세속적인 검은 베드로나 다른 사도 누구에게도 소유되지 않았다고 단언하였다. 그의 주장에 따르면 "너의 칼을 칼집에 넣어라"는 그리스도의 말씀에서 알 수 있는 바와 같이 베드로는 자기 것이 아닌 세속적인 검을 결코 손대지 않았으며 단지 영적인 검에만 손을 댔을 뿐이다. 그러므로 교회의 재판관은 영적인 검마저도 영적 극한 상황에서 매우 신중하게 꼭 필요한 때에 이를 사용해야 하는 것이었다. 그리고 마태복음 10장 34절 "내가 이 검을 주러 왔노라"라고 한 그리스도의 말씀은 두 개의 검이 아니라 하나의 검을 의미하는 것으로 보았다. 이와 같은 성경의 말씀을 통해서 본다면 베드로와 사도들이 그리스도로부터 부여 받은 검은 오직 하나의 검이었다는 것이 요한네스의 해석이었다.[163]

요한네스는 양검의 존재가 분명하지만 그 하나는 사도들과 그들의 후계자들에게 속하는 것이고, 다른 하나는 세상 군주의 허락이나 위임을 통해서만 그들의 것이 될 수 있는 가능성은 있다고 보았다. 그와 같이 영적인 검은 사제들에게 소유되어 있고 물리적인 세속적 검은 병사들의 손에 있으며, 이 후자의 검은 사제들을 위해서 선하게 사용될 수는 있으나 사제 자신들의 손이나 명령으로 사용되어서는 안 된다는

---

163) 같은 책, p.95. 존은 요한계시록 1장 13절과 외경 19장의 구절을 추가적으로 언급하였다.

것이었다. 그러므로 사제들은 세속적인 문제에 있어서 명령이나 강요를 할 수 있는 권한을 가지고 있지 않으며, 이는 황제의 의지에 달려있을 뿐인데 다만 그를 설득하여 도움을 얻을 수는 있다고 하였다.

요한네스는 교황의 완전권에 영적 권력과 세속적 권력을 모두 포함시키는 두 권력론, 또는 양검 이론을 배격하였고, 두 권력을 어느 한쪽이 다른 한쪽에 종속되는 것이 아닌 독자적인 영역의 권력으로 구분하였다. 교황은 영적인 재치권만을 소유하는 것으로 그 영역을 제한시켰고, 세속적 일에 대해서는 전적으로 군주 권력의 영역으로 구분하였다. 교황의 영적 권력을 하나님으로부터 부여받은 바와 같이 왕이나 황제의 권력도 하나님으로부터 직접 부여받았음을 강조하였다. 요한네스가 교권으로부터 세속적인 검을 박탈하고 이를 군주의 고유한 권한으로 여기면서 군주 권력의 신적 기원론을 주장했던 것은 마치 근대국가의 왕들이 표방했던 왕권신수설을 연상시킨다. 이처럼 요한네스는 양검 이론을 중세의 전통적 관념으로부터 과감히 탈피하여 근대적 요소로 변형시켰다. 그러한 면에서 요한네스가 교권주의에 대한 중세 교회법 학자들의 관념을 그의 이론으로 완전히 무력화시켰다는 레크레르의 평가[164]가 결코 지나친 것은 아니라고 생각된다.

아리스토텔레스 사상의 영향 하에서 세속권력의 독자성을 강조하면서 양검 이론에 대한 근대적 해석을 시도한 요한네스 파리의 정치적 이해는 세기의 전환기에 새로운 도약과 변화를 예고하는 것이었다고 한다면 새로운 시대에는 교권마저도 부정하면서 성직자주의 혹은 교황 주권주의를 전면적으로 거부하는 경향이 나타났다. 그러한 매우 과격하고 대담한 자세를 가지고 선봉에 섰던 이론가로 요한네스 파리보다 한 세대 뒤에 활약했던 마르실리우스 파두아를 들 수 있다. 마르실리우

---

164) Jean de Leclercq, *Paris et l'ecclesiologie du XIIIe siecle* (Paris, 1942), pp.65-70; Brian Tierney, *Foundations of the conciliar theory; the contribution of the medieval canonists from Gratian to the Great Schism* (Cambridge UP, 1955), pp.157-178.

스는 이탈리아 파두아 출생이지만 파리 대학에서 교수로 재직하기까지 아리스토텔레스 학문의 분위기에 흠뻑 젖으면서 아리스토텔레스 사상을 기반으로 인민주권론과 국가이론을 제시하게 된다. 신성로마 황제 루드비히 4세를 옹호하기 위해서 시작된 그의 반교황적 자세는 저서 『평화의 수호 Defensor Pacis』라는 걸작을 탄생시키게 되었다. 마르실리우스의 시각은 처음부터 완전권에 토대를 둔 교황권에 대한 강력한 저항과 비하에 그 초점이 맞춰져 있었다.165)

마르실리우스는 보니파시오나 아에기디우스의 주장처럼 "교황의 완전권은 양검으로 표현되는 세속권력과 영적 권력을 모두 포함하고 권력을 위임받은 군주가 물리적인 검을 사용한다"는 교황주권주의의 부당성을 드러내고자 하였다. 마르실리우스는 완전권의 본질과 속성을 "영적인 면에서 모든 사회 구성원 전체에 미치는 권한, 모든 의지적 충동에 따라, 그리고 법률에 의해서 제한되지 않고 행사되는 권한"이라고 규정하였다. 순수한 형태의 완전권은 오직 그리스도 혹은 신에게만 있고, 인간적 형태의 완전권은 반드시 인정법에 의해 제한되어야 한다고 주장하였다.166) 이는 교황이 행사할 수 있는 정치적 주권과 보편적이고 강제적인 사법권을 부정하는 것이었고, 그러한 정치적 주권을 인민 집단에 이전시키는 것이었다. 이를 통해서 그는 교황을 정점으로 하는 교회론적 계서제도나 정부와 법률의 생성에 대한 신정적 하향적 인식을 완전히 부정하고자 하였다.167)

165) 강치원, 「마르실리우스의 政治思想에 있어서의 아리스토텔레스的 要素」, 『關大論文集』 14.1 (1986), 289-306쪽.

166) Marsilius of Padua, Defensor Pacis trans. Alan Gewirth (Toronto: U of Toronto P, 1980), I, ix, 2; 박은구, 「Marsilius of Padua의 人民州權論: 政府論을 중심으로」, 『서양사론』 44 (2002), 108쪽.

167) Walter Ullmann, 'Personality and Territoriality in the Defeonsor Pacis : the Problem of Political Humanism,' Medioevo VI (1980), p.407 ; 박경자, 「마르실리우스 파도바의 법 개념과 근대성 – 강제성을 중심으로」, 『철학논집』 24 (2011), 205-226쪽.

마르실리우스는 교회와 성직자가 특정한 지역과 사람들에 대해서 배타적인 지배권을 요구하는 것은 신학적으로 오류이며, 인간 이성에 위배될 뿐만 아니라, 역사적으로도 근거가 없는 순수한 탐욕의 발로라고 주장하였다.[168] 사제직은 세상의 세속적 삶을 정치적으로 지배할 수 있는 권한을 전혀 가지고 있지 않다는 것이다. 그렇기 때문에 국가의 모든 정치적 권한이 세속정부에 의해 행사되어야 하고, 교권의 세속적 지배에 대한 요구를 결코 용납해서는 안 된다는 것이다. 따라서 교황과 교황권주의자들이 세속적 권력에 대한 요구를 계속한다면, 그것은 이 땅에서의 평화를 위협하고 국가를 해체시키게 될 가장 위험하고 혐오스러운 악이 될 것이라고 보았다. 오히려 그는 세속정부가 성직자 집단을 포함한 공동체의 모든 것들을 지배해야 한다고 생각하였다.[169]

마르실리우스가 교권의 세속적 지배권을 배제하고 세속국가에 모든 권력을 귀속시키려고 했던 것은 국가의 단일성에 대한 그의 신념에서 비롯되었다. 그는 모든 사회적 공익은 단일 정부에 의해서 완전하게 성취될 수 있다고 보았다.[170] 정치 공동체가 하나의 국가로 존립한다는 것은 하나의 정부가 국가 내에서 모든 분야의 일들을 지배할 때 가능하다는 것이었다. 그러한 국가의 단일성은 질서의 단일성, 즉 국가 내의 사람들을 통치하는 정부의 단일성을 의미하는 것이었다. 하나의 정부를 가진 하나의 국가는 행정적, 사법적, 심의적 권위를 가지고 있으며 지속적·강제적 지배력을 가지는 통치조직으로서의 세속정부를 말한다. 그러한 정부의 단일성이 유지될 때 비로소 국가는 공동체의 사회적 정의와 공익을 실현할 수 있다고 보았다.[171]

마르실리우스는 국가의 존립과 구성의 원동력은 좋은 삶에 대한

---

168) *DP*, II, xxiii-xxv.
169) 박은구, 「Marsilius of Padua의 人民州權論: 政府論을 중심으로」, 86-87쪽.
170) *DP*, I, xxvii, 6.
171) 박은구, 「Marsilius of Padua의 人民州權論: 政府論을 중심으로」, 89-90쪽.

공동체 구성원들의 본성적이고 개별적인 욕구로부터 출발한다고 보았다. 그러한 그의 입장에서는 인민집단의 본성적 욕구와 의사가 국가와 정부 그리고 법률을 제정하는 원천이라고 보는 것이 당연하였을 것이다. 즉 그에게 있어서는 인민의 의사가 선거와 법률을 통해서 단선적으로 관철되는 정부가 건강하고 합법적인 정부였던 것이다. 따라서 그는 인민집단 전체 즉 사회가 이 땅의 현실 속에서 모든 정치적 권한과 권위를 가진 유일하고 단일한 주체이고 주권자라고 주장하였다.[172]

아리스토텔레스로부터 많은 영향을 받고 아리스토텔레스적인 시각에서 국가와 정부의 원천을 바라보았던 마르실리우스는 세부적인 면에서 아리스토텔레스와는 다른 입장을 많이 보이고 있다. 특히 그의 인민주권론은 로마적 전통을 수용한 것이라고 볼 수 있다. 그가 생각했던 인민 집단은 본성에 따라 자발적이고 자율적으로 국가를 구성하는 자유민이었다. 그리고 그러한 인민은 교육과 여가가 부족한 가난한 대중들까지도 포함하는 매우 포괄적인 개념 속에서 이해될 수 있었다.[173] 그 인민은 평민과 명예로운 계층을 동시에 포함하는 전체이기도 했다. 이러한 마르실리우스의 개념은 국가의 구성원을 시민과 비시민으로 구분하고 정치적 주권을 시민에게만 한정했던 아리스토텔레스의 관념과는 다른 것이었으며 정치활동에 참여하는 시민의 범위를 인민 전체로 확대하였다.

그럼에도 불구하고 마르실리우스는 기본적으로 아리스토텔레스의 정치이론에서 많은 것을 시사 받았다. 마르실리우스는 아리스토텔레스의 『정치학』의 원리에 따라 민주적 구성과 민주적 절차가 이루어져야 한다고 주장하였다.[174] 아리스토텔레스의 민주적 원리에 따르면 민주정의 기초는 자유이며, 그러한 정치체제에서의 정의는 최고의 권위를

---

172) 박은구, 「Marsilius of Padua의 人民論 分析」, 『서양사론』 49 (2001), 3-5쪽.
173) *DP*, I, v. 1.
174) *DP*, I, xii, 4.

가진 다수 대중의 의사로 결정되는 것이며, 이는 모든 사람의 평등한 권리에 바탕을 두고 있다. 마르실리우스는 바로 그러한 원리에 따라 평등한 권리를 가진 모든 자유민 집단의 의사에 따라 국가의 '중요부분'이 구성되어야 한다고 설명하였다. 그는 민주적 구성 원리는 모든 사람의 자유로운 의사와 평등한 권리에 기초하고 있다는 것을 분명히 인식하고 있었다.[175]

국가의 단일성과 인민주권론에 기초한 마르실리우스의 정치이론은 영적인 권력뿐 아니라 세속권력을 포함하는 교황의 완전권을 더 이상 인정하지 않았다. 신적기원론과 하향적 원리에 기초를 두고 완전권을 핵심 축으로 하여 교회가 양검을 소유하고 세속적·물리적 검을 군주에게 위임했을 뿐이라는 교권주의자들의 논리와 주장은 인간에 의해 국가가 설립되고 국가는 이성과 경험이 완전히 발달된 결사체라고 보는 인민주권론에 결코 부합되지 않는 것이었다. 마르실리우스가 반교황적·반성직자주의적 자세를 가지고 시작했다고 할지라도 그의 『평화의 수호』는 중세인들이 결코 상상할 수 없었던 새로운 정치이론을 제시하였다.

마르실리우스의 인민주권론은 인간을 자유롭고 자율적인 정치적 동물로서 인식하고 정치공동체에서 정치적·사회적 주체로서 시민에 대한 이해를 새롭게 제기한 매우 근대적인 정치의식이었다. 이는 교권주의자들뿐 아니라 왕권론자들의 주장까지도 무력화시키는 획기적인 관념이었다. 마르실리우스는 교권주의자들이 완전권 안에 포함된 두 개의 권력으로 표방했던 양검에 대해서 영적인 검을 교회에 국한시키고 세속적인 검을 세속권력의 고유한 권한으로 인정하여 주체가 서로 다른 두 권력으로 분리하여 인식하는 것이 아니라, 오히려 교회와 성직자의 관리에 관한 권리까지도 세속국가와 정부의 권력 하에 두어야

---

175) 박은구, 「Marsilius of Padua의 人民論 分析」, 43-45쪽.

한다는 주장을 과감하게 피력하였다. 이는 중세의 양검 즉 두 개의 권력을 이성을 가진 자유로운 인민이 구성하고 결정하는 국가의 권력으로 이전하고 통합시키는 결과를 가져왔다.

인민의 공공선을 세속정부의 목표로 파악했던 윌리엄 오컴 역시 마르실리우스와 같이 아리스토텔레스적인 의식 속에서 세속정부와 교회정부의 조화로운 협업을 완강히 부인하였다. 그는 세속정부는 본질적으로 종교와 무관한 인정제도라고 보았다. 나아가 신의 현세적인 대리자는 교황이 아니라 황제라고 주장하였다.176) 그리고 신민의 의사와 공공선을 제국의 근본으로 보았던 오컴 역시 교황의 완전권과 성직주의적 양검 이론을 부정하고 이를 신민과 공공선의 역할로 전이시켰다.

이와 같이 13세기 후반 이래로 이미 중세에는 근대적 시민의식과 근대적 인민주권론이 활발하게 논의되고 있었다. 그러한 토대 위에서 중세적 양검 이론은 요한네스 파리나 마르실리우스, 오컴 등에 의해서 새롭게 인식되었다.

이와 같이 아리스토텔레스의 사상적 영향을 받은 이론가들에 의해서 중세적 권력론은 급격히 변형되었다. 13세기 후반이후로 근대적 시민의식과 인민주권론이 활발하게 논의되면서 국가와 정부 권력의 시민적 기원론이 아우구스티누스의 신적기원론을 점차 탈피하도록 하였으며 근대국가의 이론으로서 자리를 잡아가게 되었다. 마키아벨리적 근대 정치이론보다 훨씬 이전에 제기되고 검토되어온 근대적 요소들이 이미 선행하고 있었던 것이다. 그러한 가운데서 중세적 양검 이론은 요한네스 파리나 마르실리우스와 같은 이론가들에 의해서 중세적 인식을 벗어나 근대적 요소로 새롭게 태어나고 근대적 모습으로 형상화되었다고 할 수 있다.

---

176) 박은구, 「William of Ockham의 世俗政府論」, 『崇實史學』 3 (1985), 97-138쪽.

교황권 이론의 긴 여정을 마치면서

계몽주의 시대의 정치이론가들은 중세의 정치의식을 하나로 묶어 마치 신 중심의 시대에 국가의 통치권이란 교회나 교황에게 의존하고 도덕률에 얽매였던 것으로만 여겼다. 토마스 홉스는 통치권은 다른 권위에 의존하지 않고 독립적인 것이며 도덕적 정당성을 부여 받기 위한 어떤 외부의 권위를 필요로 하지 않는다고 보았다. 그는 제국 내에서 황제가 최고의 권위를 가지고 법도 제정할 수 있다고 보는 로마법의 통치권 이념과 중세 신학과 교회법의 정치이론을 모두 벗어나 혁신적 정치이론을 소개했다.[1] 존 로크는 통치권이란 위로 하늘로부터 부여되는 것이 아니라 아래로부터 즉 민중으로부터 부여되는 것이라고 하였다.[2] 이러한 근대적 정치이론은 언제나 중세의 정신을 비하하면서 혁신성을 강조하는 것이었다. 그러나 중세의 정치사상은 그렇게 자신 들의 혁신성을 강조하기 위해 대비시킬 수 있는 단일한 체계를 가진 것은 아니었다.

---

1) Thomas Hobbes, *Leviathan*, ed. C. B. Macpherson (Penguin, 1968), ch.16.
2) John Locke, *Second Treatise of Government*, ed. C. B. Macpherson (Indianapolis: Hackett, 1980), p.Vii.

아마도 울만Walter Ullmann처럼 그리고리오 개혁 시대로부터 보니파시오 8세까지, 좀 더 좁게는 12세기 중엽부터 13세기 말까지 중세의 전성기에 거의 단일한 신정적 정치이론에 입각한 성직자정치론 또는 교황권지상주의가 지배적이었던 것으로 중세 교황권사상을 이해한다면 계몽주의자들의 중세 정치사상에 대한 이해가 정당할 것이다. 그러나 그 시대를 그렇게 간단하게 정의할 만큼 중세는 단순한 시대가 아니었다.

성 아우구스티누스의 『신의 도성De Civitate Dei』에서 도성 civitate은 로마제국과 같이 특정한 영토를 가진 국가를 뜻하는 것이 아니라 인간의 사회를 의미하였다. 그는 영토국가이며 정치적 공동체로서의 국가에 대해서는 무관심했다. 그보다는 그리스도교화된 로마제국을 가치 있게 여겼다. 그가 이상적으로 생각하는 사회, 즉 신을 향한 최고의 선을 추구하는 사회는 영토국가가 아니라 신비하고 초자연적인 사회였다. 그에게 있어 제국이나 왕국은 지상의 영토를 가진 국가로서보다는 신의 도성이 이룩되도록 하는 정부의 기능이나 형태였다.

제후나 왕, 황제가 다스렸던 중세의 세계는 아우구스티누스가 생각했던 것처럼 하나의 뚜렷한 영토를 가진 정치적 공동체라고 보기보다는 왕권regnum과 황제권imperium이 기능적으로 작동하는 세계가 아니었을까? 중세의 정치이론에서는 특별히 그리스도교적 요소가 있었고, 현실의 정치적 구조가 국가의 기능적 관념을 돋보이게 만들었다.

중세의 군주들은 다양한 사회적 집단으로부터 여러 형태의 충성을 받으며 권력을 유지하였다. 대영주로서의 지위와 주종 관계를 바탕으로 하는 물질적 관계로 인해서 군주들은 권리와 법, 질서와 평화를 유지하는 수호자로서의 기능을 가졌다. 신성로마제국은 영역국가는 아니었다. 800년 카룰루스 대제나 962년 오토 대제가 대관을 받을 때 그들은 영토나 물질적 보상을 받은 것이 아니라 합법적인 권리와 의무, 그리고 정부의 기능을 부여받은 것이다. 보편제국의 가장 중요한 의무는 보편교회, 또는 교황을 보호하는 것이었다. 그러나 그러한 보호의 기능은 교회와 국가, 서로에게 기대와 충족의 정도가 달랐기 때문에 잠재적인 갈등의 소지가 되었다.[3]

5세기의 교황 젤라시오 1세는 아나스타시우스에게 보낸 서한에서 세상을 통치하는 두 원리는 사제의 권위와 왕의 권력이라고 하면서 교회와 국가의 기능을 분명히 제시하고자 하였다. 적어도 카롤링 시대까지는 사제와 왕이 각기 객관적이며 독자적인 기능을 가진 것으로 이해되었다. 그러한 관념은 이후 그레고리오 개혁 시대에 이르기까지 그리스도의 몸인 교회 안에 세속 정치적 기능과 영적 기능이 모두 포함되어 있다는 주장으로 변형되었다.

이 시점에서 중세 사회에서 전개된 교권과 속권의 관계를 구조화한 라드너Gehart B. Ladner의 견해를 살펴보는 것이 좋을 것 같다. 라드너는 교황권sacerdotium과 황제권imperium으로 상징되는 교권과 속권의 관계를 '카롤링 전통', '그레고리오 전통', '반전된 카롤링 전통'의 단계와 유형으로 구분하였다. 그러한 용어를 중세 교황권 이론의 진행 과정에 적용하여 다음과 같이 살펴보면 훨씬 이해가 쉬워진다.[4]

그레고리오 개혁 이전시기에는 교회 안에 사제와 왕 또는 교황과 황제의 이중적 지도력이 있었고, 이러한 관념 속에서 국가의 속성을 교회의 한 기능으로 바라보았다. 라드너는 이를 '카롤링 전통'이라 규정하였다. 교회 안에서 영적인 권위가 세속적인 것보다 우월하다는 것은 논란의 여지가 없는 원칙이었으나 사실상 황제를 비롯한 세속 군주들이 지역교회뿐 아니라 교황까지도 압도하는 시기였기 때문에 그러한 형식적인 원리는 큰 문제가 되지 않았던 시기였다.

---

3) Gehart B. Ladner, "Aspects of Medieval Thought on Church and State," *Review of Politics* 9 (1947), pp.405-407.

4) Gehart B. Ladner, "The Concepts of ≪*Ecclesia*≫ and ≪*Christianitas*≫ and their Relation to the Idea of Papal ≪*plenitudo potestatis*≫ from Gregory VII of Boniface VIII," *Miscellanea Historiae Pontificae* XVIII (1954), pp.49-77.

그레고리오 7세는 교권과 속권을 뚜렷이 구분하면서 젤라시오의 두 권력론의 원리로 회귀하는 분명한 모습을 보였다. 여기서 그레고리오는 '세상'이라는 어휘보다는 9세기에 처음 사용되었던 '크리스티아니타스Christianitas' 즉 그리스도교 사회를 빈번히 사용하면서 그리스도의 몸인 교회를 복잡한 정치적 힘과 영향으로부터 해방시키고자 하였다. 그러한 의도 속에서 그레고리오는 '성스러운 로마교회Sancta Romana Ecclesia'를 '그리스도교 사회의 어머니Mater Christianitatis'라고 불렀다. 나아가서 왕과 황제를 교회 안에서 교황보다 더 낮은 기능의 직책자로서 간주하였고, 그리스도교 사회 안에서 영토를 소유하고 민중을 지도하는 군주를 보편교회 즉 로마교회와 특별히 결속시켰다.

그레고리오 이후로 로마교회를 보편교회로 동일시하는 경향이 이전보다 훨씬 뚜렷해졌다. 그리고 '교회Ecclesia'를 '로마교회Ecclesia Romana'로 일치시키며 교회를 성직자와 세속인으로 구성된 '연합기구' 즉 '사법적 그리스도의 몸Corpus Christi Juridicum'과 신도들의 공동체인 '신비한 그리스도의 몸Corpus Christi Mysticum'이라는 이중적 의미로 사용하였다. 바로 연합기구로서의 사법적 그리스도의 몸은 교황을 정점으로 하는 로마교회를 지칭하는 것이었고 이는 교속 관계의 변화에서 매우 중요한 역할을 하게 된다. 라드너는 이를 '그레고리오 전통Gregorian tradition'이라고 규정하였다.

그레고리오 전통이 강력하게 추진력을 발휘했을지라도 12·13세기에 카롤링 전통은 여전히 명맥을 유지하면서 왕권론자들뿐 아니라 교황 편에 있는 신학자나 교회법학자들에 의해서 이용되었다. 12,13세기에는 서로 다른 두 전통이 혼합된 새로운 양상이 나타났다. 라드너는 이를 '반전된 카롤링 전통the inverted Caroling tradition'이라고 지칭하였다. 이는 직접적 세속 교황권 이론에 상응하는 것이라고 보았다. 이러한 견해는 통치권이 교회 안에 하나의 기구로서 존재하고 교회의 왕권적 성격을 기정사실화 하는 것이다. 따라서 이는 왕권은 기원이나 세속 통치에 있어 교황권에 완전히 종속되는 것으로 여겼다.

보니파시오 8세와 그의 주변 교회법학자들이 그러한 극단적인 견해를 주장한 것은 분명하다. 그러나 적어도 12·13세기에는 직접적 세속 교황권보다는 간접적 세속권 이론이 주도적이었다. 이 시기에는 카롤링 전통, 그레고리오 전통, 반전된 카롤링 전통이 혼재하였다. 그렇기 때문에 교황의 권력이 세속권을 포함하는지, 또한 교황 수위권이 세속 사회까지 포괄해서 정당화되고 왕과 황제는 그의 권위에 종속되는 것인지를 두고 교회법학자들 사이에 첨예한 논란이 대두되었다. 12세기에 교황의 핵심적 권력을 표현하기 위해 채택된 완전권은 상당기간 동안 교황령을 제외하고는 다른 곳에서는 직접적 세속권을 포함하지 않는 것으로 이해되었다.

또한 교·속 관계를 상징하기 위해 '영적 검 *gladius spiritual*'과 '물리적 검 *gladius materials*'이 존재한다는 양검 이론이 자주 언급되었다. 처음에 이 용어가 등장하기 시작할 때에 물리적 검은 교회의 형벌과 같은 강제력이라고 이해되었다. 그러나 점차 시간이 경과되면서 오토 프레이징과 같은 학자는 양검이 교회 안에 존재하는 두 개의 최고 권력이라고 보았다. 사제는 영적 검을 가지는 반면에 물리적 검은 단순히 강제력이 아니라 왕권과 황제권에 속하는 통치 기능이라고 해석하였다. 그러면 교회가 양검을 모두 가지는가에 대한 물음에 대해서 오토는 오류를 범하지 않는 로마교회는 그것이 소유하는 것을 무엇이든지 정당하게 가질 수 있다고 보았다.

12세기 후반부터는 물리적 검을 더 이상 강제력으로 보지 않고 세속적 검 즉 정치적 권력을 뜻하게 되었다. 그러나 그것이 교황의 직접적 세속권으로 연계되지는 않았다. 아직은 교황이 세속적 검을 직접 소유하는 것이 아니라 교황의 명령에 따라 왕과 황제가 행사한다는 베르나르드의 해석이 지배적이었다.

'완전권 *plenitudo potestatis*'은 교황 알렉산데르 3세(1159-1181) 때에 교황특

사에게 부여된 전권을 규정하기 위해 채택되었고, 첼레스티노 3세(1191-1198) 이후로 교황의 권한을 지칭하게 되었다. 교황 인노첸시오 3세(1198-1216)의 상서원에서는 특사의 대리권인 '전권plenary potestatis'을 제한된 범위 내의 권력으로 보았으며, 교황의 완전권을 특사 대리권과 분명하게 구분하였다.

교황 인노첸시오 3세는 완전권을 중세적인 교황권의 의미로 확립한 사람이었다. 완전권이 교황의 권한으로 정착된 후로 오랫동안 교황의 완전권은 영적 권력으로 여겼지만 그 속성은 군주의 완전한 통치권과 대등한 것이라고 보았다. 인노첸시오 3세는 완전권은 교황이 왕권을 생성한다거나, 모든 왕국에 대한 세속적 사법권을 가진다고 보지는 않았다. 영적인 이유가 있을 때에만 교황의 권력이 세속 분야에 영향을 미칠 수 있다고 하였다. 인노센치오 3세는 그레고리오 전통 위에서 두 권력론과 양검 이론을 언급할 때 영적인 것과 세속적인 것이 교회 안에 있다고 보기보다는 그리스도교 민중이 분포해 있는 '그리스도교 사회Christianitas' 안에 있다고 보았다.

때로 인노첸시오 3세는 카롤링 전통의 영향을 받아 그리스도가 교회 안에 왕권과 사제권을 세웠고, 그래서 왕권은 성직의 성격도 가진다고 잉글랜드의 존 왕에게 쓴 편지에 언급한 바가 있다. 한편으로는 로마교회에 종속된 존 왕의 봉건적 지위가 교회 안에서 사제권과 왕권에 대해 가지는 교황의 우월권 아래 있다고 한 것은 반전된 카롤링 전통의 모습을 보였다. 이러한 혼재된 전통의 영향을 받았으면서도 인노첸시오 3세는 전반적으로 교·속의 관계를 그리스도교 사회 안에서 바라보는 그레고리오 전통의 계열에 서 있었다.

인노첸시오 4세는 그레고리오 9세 법령집의 주석에서 요청을 받거나 군주가 무능할 때에만 교황이 왕국들을 간섭할 수 있다는 견해를 가졌다. 그러나 교황권이 세속에 미칠 수 있는 가능성을 인노첸시오 3세보다 더 넓게 확대시켰던 인노첸시오 4세는 카롤링 전통과 반전된 카롤링 전통의 영향 하에서 교황의 직접적 세속권을 과감하게 주장하기도 하였다. 그랬기 때문에 황제 계승의 문제에 깊숙이 개입하면서도 교황의 황제 폐위까지는 결코 가정하지 않았던 인노첸시오 3세에 비해서 인노첸시오 4세는 황제 프리드리히를 폐위시키는 데에 주저하지 않았다. 그럼에도 불구하고 인노첸시오 4세는 교황의 완전권은 영적으로는 직접적이고 세속적으로는 간접적이라는 기본 입장을 가졌다.

아리스토텔레스 정치학의 영향으로 중세 정치사상의 지형이 바뀌기 시작한다. 토마스 아퀴나스, 요한네스 파리, 윌리엄 오컴, 마르실리우스 파두아 등이 아리스토텔레스의 영향 하에서 국가와 왕권의 자연적 기원, 인민주권설을 비롯한 근대적 정치이념을 제시하였다. 교회와 성직자, 교황까지도 국왕의 권위에 종속되어야 한다고 보는 반성직자론의 강력한 등장으로 교황권지상주의는 더 이상 통용될 수 없는 지경에 이른다.

토마스 아퀴나스는 아리스토텔레스의 자연법 관념에 따라 왕권의 기원과 성격을 자연적인 것으로 바라보았다. 토마스는 왕권과 사제권을 교회의 범주 안에 두지 않았다. 왕은 왕국의 백성을 돌보는 것이고, 사제는 교회 사역자일 뿐이며 그들은 그리스도교 민중의 지도자들이라고 주장하였다. 그럼에도 불구하고 그는 사제권의 영적 성격을 강력하게 강조하여 교황의 직접적인 세속권력을 인정하는 모습으로 보이기도 하였다. 이는 토마스가 아리스토텔레스의 정치·사회·자연법 등의 이론을 받아들였지만 아직은 교황의 수위권이나 완전권을 부정하는 데까지 나아가지 않았다는 것을 보여주는 것이었다.

이미 아리스토텔레스의 정치학 이론이 중세의 정치사상에 깊숙이 스며들어가고 있는 시기에 교황 보니파시오 8세는 프랑스 필립 왕과의 극한 대립 속에서 작성한 교령을 통해 극단적 교황권 사상을 표방하였다. 교령 〈유일한 하나의 교회〉에는 반전된 카롤링 요소가 반영되었다. 보니파시오는 교회의 통합을 강력히 염원하고 있었고, 모든 지상 권력이 그 교회의 한 부분이라는 점을 분명히 하고자 하였다. 그는 영적 권력이 지상 권력을 제정할 권리를 가지고 있다고 보았다. 그는 더 이상 세속권력을 언급하지 않았고 그보다는 인류의 창조물이 교황의 완전권에 종속된다고 하면서 교황권을 극대화 하였다. 이와 같은 보니파시오 8세의 극단적 교황권지상주의 이론은 프랑스 왕과 그의 추종자들로부터 공격을 받아 심한 어려움에 처하고 영적 권위가 상실된 것에 대한 반작용일 것이다.

이상과 같이 중세 교황들이 이해하고 표방했던 교황권의 속성과 교·속 관계론에 대한 라드너의 분석은 오랫동안 진행해온 필자의 연구와 흐름이 거의 일치한다고 볼 수 있다. 이는 방대한 사료를 제시하면서 종횡무진 연구 결과를 방출하면서도 거의 단선적인 교황권 해석을 보였던 월터 울만의 세계와는 길과 방향이 완전히 다른 것이었다.

교황권에 대한 탐구를 시작하면서 처음부터 라드너의 견해를 접한 것은 아니었다. 오랜 기간 지나면서 교황권을 바라보는 필자의 시각은 울만의 견해에는 동조할 수 없었으며, 점차 라드너에게 근접해 있다는 것을 알게 되었다. 그러나 각론에서는 라드너와는 다른 접근 방법을 진행하였다.

라드너는 교·속 관계와 교황권을 카롤링 전통, 반전된 카롤링 전통, 그레고리안 전통으로 범주를 나누어 이를 중세의 각 시대와 교황들의 교황권 이론에 적용하면서 교황권 이론의 흐름을 설명하였다. 본서는 그러한 구분보다는 일원론적 교황권론 또는 교황권지상주의, 이원론적 교황권론 또는 교·속 병행주의로 나누어 복잡한 이론적 구조를 단순화 시키면서 중세의 교황권을 설명하고자 하였다. 어떻게 보면 라드너의 구분이 좀 구체적이고 심층적일 수 있으나 혼선을 불러일으킬 수 있는 소지가 있다. 일례로 반전된 카롤링 전통을 교권과 속권을 교회 안에 두고 교황권이 왕권보다 우월하다고 보면서 이것은 교황의 직접적 세속권에 상응하는 것이라고 설명하였다. 그러나 이를 적용하는 과정에서는 반드시 직접적 세속권을 의미하지 않을 때도 있었다. 때로는 적용 과정에서 그레고리오 전통과 반전된 전통과의 차이가 그렇게 명확하지 않다.

본서에서는 중세 교황권의 역사를 초기 교황권의 성립기, 카롤링 시대, 그레고리오 개혁 시대, 인노첸시오 3세까지의 시기, 인노첸시오 4세의 시기, 보니파시오 8세의 시기로 나누었다. 교황권 성립기부터 카롤링 시대는 아직 교황권의 이론적 실체가 확립되지 않은 시기로 세속권력에 교회가 압도되는 시기로 보았다. 그리고 그레고리오 개혁 시대에는 로마교회와 교황이 세속권력의 힘으로부터 벗어나고자 하는 때이며 그 방편으로 교황권을 새롭게 인식시키며 교황의 우월권을 주장하는 시대였다.

그라티아누스의 주도로 교회법이 집대성되고 교회법학자들의 교회 법 연구가 활발해지는 12세기는 교권과 속권의 관계를 일원적으로 보아야 하는 것인지, 병행주의적으로 보아야 하는 것인지에 대한 해석 이 활발하게 논의되기 시작하였다. 그러한 논란 속에서 교황 인노첸시 오 3세 때까지 교황의 수위권이 일반적으로 인정되었으나 교·속 병행 주의가 기본적인 입장이었다. 인노첸시오 3세에 의해서 새롭게 정립된 교황의 완전권은 영적 권한으로서 간접적 세속권력이라는 선을 가급적 넘지 않으려고 하였다. 그러나 인노첸시오 3세는 죄와 관련되어 영적으 로 필요한 경우에 한하여 일부 세속권을 행사할 수 있다고 보았다.

인노첸시오 4세는 병행주의적 입장을 기본으로 하였지만 이론적으 로 교황의 세속적 권한을 크게 확대 해석하였고, 그 범위 안에 황제 폐위권까지도 포함시켰다. 이 시기까지 교회법학자들 사이에서는 교황 의 완전권에 이전보다 훨씬 더 광범위한 세속적 권력을 포함시키는 경향을 보였다. 인노첸시오 4세는 그러한 교회법학자들의 견해를 적극 수용하였고 그러한 모습은 인노첸시오 3세의 병행주의로부터 보니파 시오 8세의 교황권지상주의로 전환되는 예비적 단계였다고 할 수 있다.

12·13세기의 교황들이 병행주의적 입장을 기본으로 가지고 있었으나 그것은 고정된 것이 아니었으며 현실적 필요와 상황에 따라 교황권 지상주의적 의식을 주저하며 표방하였다. 그러한 토대 위해서 교황 보니파시오 8세에 의해 극단적 교황권지상주의가 완전한 형태로 모습을 갖추게 된 것이었다.

그레고리오 개혁 시대 이후로 로마교회를 중심으로 교황들은 현실적 문제를 둘러싸고 첨예하게 대립하면서 황제나 왕들과 끊임없는 갈등과 긴장관계에 있었다. 그러한 대립 속에서 교황들은 황제나 왕들에 맞서서 이용할 수 있는 군사적 무력을 소유하지 못했다. 교황이 세속군주들을 압도할 수 있는 힘은 그리스도교 세계에서 표방할 수 있는 도덕적·종교적 절대 권위뿐이었다.

교황들은 완전권으로 요약되는 특수한 권위의 틀을 만들어 냈다. 갖가지 문제에 부딪힐 때마다 교황들은 교황이 세속의 문제에 간여할 수 있는지, 세속군주의 권위는 교황권에 종속되는지에 대한 정당성을 주장하기 위해 끊임없이 교회법학자들의 조력을 받았다.

정치적 현실을 감안하면서 교황들은 다양한 교회법적 이론을 선택적으로 이용하였다. 그렇기 때문에 때로는 교·속 병행주의적 입장을 표방하다가도 사안에 따라 일원적인 교황권론을 주장하기도 하였다. 그만큼 교황권 이론은 현실 정치와 깊은 관련이 있었기 때문에 교황권 이론의 속성이나 변이 과정은 바로 교·속의 관계 속에서 만들어진 결과적 생성물이라 할 수 있다.

그러므로 중세의 교황권은 현실과는 동떨어져서 이론의 정립과 논란을 통해서 형성된 것이 아니었다. 로마교회와 교황들이 대응해야 했던 정치적 현실 속에서 점차 강화되어 가고 변형되어 나갔다. 그 마지막 절정이 바로 보니파시오 8세의 교령 〈유일한 하나의 교회〉였다. 보니파시오가 취했던 교황권의 이념은 더 이상 압도할 수 없는 세속군주의 힘에 맞서서 보여주고자 했던 최후의 선언이자 몸부림이었다.

교황의 아비뇽 유수로 시작되는 교황 권위의 실추와 동시에 근대적 정치이론의 발생은 더 이상 교황의 권위를 이전시대와 같이 회복하지 못하도록 만들었다. 가톨릭의 역사에서 더 이상 교황의 세속권은 논의의 대상이 되지 못하였다. 그러므로 이론적으로나 현실적인 영향력에 있어서 세속 문제에까지 힘을 미치면서 위력을 발휘했던 교황권은 중세만의 독특한 현상이었다는 점을 강조하면서 중세 교황권 탐구의 긴 여정을 마치고자 한다.

■ 본 저서와 관련된 필자의 학술지 발표 논문과 출간물 ■

「서양 중세 두 검(Two Swords) 이론의 근대적 형상화」, 『전북사학』 45 (2014), pp.371-412.

「12세기 교황중심 유럽질서와 파문제재」, 『서양중세사연구』 25 (2010), pp.126-153.

「11·12세기 정치적 파문의 성격과 의미」, 『서양사연구』 41 (2009), pp.137-165.

「전통과 혁신 : 교황 그레고리우스 7세 개혁의 양면성」, 『서양중세사연구』 2 (2009), pp.31-58.

「그레고리우스 개혁의 교회법적 원천」, 『서양중세사연구』 20 (2007), pp.33-63.

「11세기 개혁 시대의 교회법령집 분석」, 『서양중세사연구』 18 (2006), pp.65-96.

「교령 〈Unam sanctam〉에 나타난 교황의 보편적 지배권론」, 『서양중세사연구』 5 (1999), pp.43-64.

「교황 이노첸시우스 4세의 교권정치론」, 『서양중세사연구』 2 (1997), pp.109-122.

「교령 Duo sunt에 나타난 두 권력이론」, 『서양중세사연구』 1 (1997), pp.51-82.

「교서 Per venerabilem을 통해서 본 Innocent 3세의 교황 전권 사상」, 『원광대 논문집』 1 (1994), pp.121-145.

「중세 교황의 Plenitude Potestatis 사상에 관하여」, 『역사학연구』 12 (1993), pp.29-71.

『12·13세기 교황 현세권 이론』, 전남대학교 박사학위논문, 1995.

『서양 중세교회의 파문』, 혜안, 2014.

■ 1차 사료 ■

Aegidius Romanus. *De ecclesiastica potestate*. Ed. R. Scholz. Weimar, 1929.

Alcuin, Epist. 172, in Migne, Jaffe P. (ed.), *Patrologiae Cursus Completus*, Parisiis, 1844-1864, Available : Patrologia Latina Database Chadwyck-Healey Inc. 1996.

Ambrosius. Epistles. 1.11, cap. 4, in Migne, Jaffe P. (ed.), *Patrologiae Cursus*

Completus, Parisiis, 1844-1864, Available : Patrologia Latina Database Chadwyck- Healey Inc. 1996.

Ambrosius. Expositio evangelii Lucae, vll, Sancti Ambrosii Mediolanensis opera, 4; Corpus Christianorum., Series Latina 14.

Anselm II, Saint, Bishop of Lucca. 1036-1086, Anselmi episcopi Lucensis Collectio canonum una cum collectione minore. Friedrich Thaner(ed.), Oeniponte : Librariae Academicae Wagnerianae, 1906-1915.

Aquinas, Thomas. Commentary on the Politics. Pittsboro, NC : InteLes Corp., 1992.

Aquinas, Thomas. Contra Errores Graecorum, Opera omnia. Lonis III Roma.

Aquinas, Thomas. Law, Moralit's & Politics. Edited by. D. Baumgarth & R.J. Regan S. J. Indianapolis, 1988.

Aquinas, Thomas. On Law, Morality and Politics. Trans, William Baumgarth and Richard Regan. Indianapolis : Hackett Publishing co., 1988.

Aquinas, Thomas. On the government of rulers : De regimine principum. Ed. & Trans. James M. Blythe. Philadelphia : U of Pennsylvania P, 1997.

Aquinas, Thomas. St. Thomas Aquinas on Law and Justice : Excerpts from Summa Theologica. Birmingam : The Legal Classics Library, 1988.

Aquinas, Thomas. Summa Contra Gentiles. U of Notre Dame Press, 1975.

Aquinas, Thomas. Summa Theologica. II. Taurini, Marietti, 1948.

Aquinas, Thomas. The Political Ideas of St. Thomas Aquinas Representative Selections. New York : Hafner Pub. Co., 1953.

Aristotle. Nicomachean Ethics. vol.10. Trans, Michael Pakaluk, Oxford : Clarendon Press, 1998.

Aristotle. Politics. I. Trans, Trevor Saunders, Oxford UP, 1995.

Athanasius. Apologia contra Arianos 35 (PG 25.308A/B), Nicene and Post-Nicene Fathers. Second Series, Vol.4. Edited by Philip Schaff and Henry Wace. Buffalo, NY : Christian Literature Publishing Co., 1892.

Athanasius. De incarnatione, 14, n Migne, Jaffe P. (ed.), Patrologiae Cursus Completus, Parisiis, 1844-1864. Graec., XXV.

Augustine. De Civitate Dei, vol.1 CCL 47. Turnhout, 1955.

Augustine. De peccatorum meritis et remissione, II 7 (9) CSEL, LX.

Basil. "Letters," Early Church Fathers : Nicene and Post-Nicene Fathers, 2nd Sr., Vol.8., edited by Philip Schaff and Henry Wace. Buffalo, NY : Christian Literature Publishing Co., 1895.

Bernardus, Epistulae. 256 in Patrologiae Latinae Cursus Completus. Vol.182. Ed. Jaffe G. Migne, Parisiis, 1844-1864.

Bernardus, *Sermo XLIX in Cant. in Patrologiae Latinae Cursus Completus*. Vol.185. Ed. Jaffe G. Migne, Parisiis, 1844-1864.

Bernardus. *Consideration*. 2.7 in *Patrologiae Latinae Cursus Completus*. Vol.182. Ed. Jaffe G. Migne, Parisiis, 1844-1864.

Bernold of Constance. *Micrologus de ecclesiasticis observationibus* in *Patrologiae Cursus Completus*, CLI, Patrologia Latina Database Chadwyck-Healey Inc. 1996.

Boehmer, ed. *Tractatus Eboracenses*. M. G. H. : *Libelli de lite, III.* Hanover, 1981.

Caspar, Erich. *Das Register Gregors VII*, 2 vols. MGH. Berlin : Weidmann, 1955.

Cowdrey, H. E. J., trans. *The Epistolae Vagantes of Pope Gregory VII.* Oxford : Oxford UP, 1972.

Cowdrey, H. E. J., trans. *The Register of Pope Gregory VII, 1073-1085.* Oxford, New York : Oxford UP, 2002.

Cyprian. Epist. LXXIIII, 9 in Epistles of Cyprian. Kessinger Publishing, LLC, 2004.

D'Entrèves, Alessandro Passerin, ed. *Aquinas : Selected Political Writings*. New York : Mcmillan Co., 1959.

Eusebius & Deferrari, Roy J. *Ecclesiastical History*, Books 1-5, *The Fathers of the Church*, Vol.19. Washington, D.C. : Catholic U of America P. 2005.

Eusebius, *Historiae Ecclesiastica*, The Ecclesiastical History. Harvard UP, 1926-1932.

Felix III. *Epistulae*, 15, c. 3. Ed. Thiel, *Epistolae Romanorum Pontificum a S. Hilario Usque S. Hormisdam.* Brunsbergae, 1868.

Floriacensis, Hugo, *Tractatus de regia potestate et sacerdotali dignitate*, in *Patrologiae Latinae Cursus Completus*. Vol.163. Ed. Jaffe G. Migne, Parisiis, 1844-1864.

Freidberg, Aemilius *Corpus Iuris Canonici*, 2 vols. Graz : Akademische Druck- U. Verlagsanstalt, 1956.

Friedberg, Aemilius *Quinque Compilationes Antique*. Graz : Akademische Druck-U. Verlagsanstalt, 1956.

Gauis, *Institutiones*, ed. B. Kübler, Leipzig, 1935.

Gelasius, *Gelasii papae ad Anastasium Augustum* in A. Thiel (ed), *Epistolae Romanorum Pontificum a S. Hilario Usque S. Hormisdam.* Brunsbergae, 1868.

Gregorius IX, LIBER EXTRA, Liber I, Titulus 34 *De treuga et pace* in *Corpus Iuris Canonici* Pars Prior, Aemilius Friedberg (ed.) Graz : Akademische Drug-U. Verlagsanstalt, 1959.

Gregory of Nyssa, *DE virginitate*, 12, Patrol. Graec., XLVI.

Gregory the Great, *Registrum Epistolarum.* Venetiis, 1571.

Gregory VII, "Two Letters to Hermann of Metz," in *The Correspondence of Pope Gregory VII* trans. Ephraim Emerton. New York, Columbia UP, 1932.

Gregory VII. *Epist. Extra.* Registrum Epistolarum, Ed. P. Ewald and L. M. Hartmann. *Monumenta Germaniae Historica.* 1891-1899.

Höfler, Constantine. *Albert von Beham und Registen Papst Innocenz IV.* Stuttgart : Gedruckt Auf Kosten Des Literarischen Vereins, 1847.

Hugh of St. Victor. *On the Sacraments of the Christian Faith.* Trans. by R. J. Deferrari. Cambridge Mass, 1951.

Hugo Floriacensis. *Tractatus de regia potestate et sacerdotali dignitate, PL* 163.

Humbert of Silva-Candida. Adversus Simoniacos, *Monvmenta Germaniae historica :* *Libelli De Lite,* v. 1, Hanover, 1891-7.

Humbert, *Libri III Aversus Simoniacos* (1054-58). Ed. F. Thaner, MGH Libelli de Lite, I. Hanover, 1891.

Humbertus, *Diversorum patrum sententie, sive, Collectio in LXXIV titulos digesta.* Ed. J. T. Gilchrist, Città del Vaticano : Biblioteca Apostolica Vaticana, 1973.

Innocent III, in *Patrologiae Cursus Completus,* CCXIV. Patrologia Latina Database Chadwyck-Healey Inc. 1996.

Innocent IV, *Commentaria : Apparatus in V libros Decretalium.* Frankfurti, 1570.

Ivo of Chartre, *Decretum, Panormia in Patrologiae Cursus Completus,* CLXI, Patrologia Latina Database Chadwyck-Healey Inc. 1996.

Jaffé, Philipp, *Regesta Pontificum Romanorum.* Graz : Akademische Druck- U. Verlagsanstalt, 1956(1835-1888).

James of Viterbo. *De regimine christiano.* Ed. H. X. Arquillière, *Le plus ancien traitè de l'èglise.* Paris, 1926.

James of Viterbo. *On Christian Government.* Woodbridge : The Boydell Press, 1995.

Jerome, *Epistula* 112. 8 (Ad Augustinum). Ed. Jérôme Labourt, Saint Jérôme, Lettres, vol.6. Paris, 1959.

Joannes Parisiensis, *On royal and papal power.* Trans. with an introduction, J. A. Watt. Toronto : Pontifical Institute of Mediaeval Studies, 1971.

John of Paris On Royal and Papal Power. Trans. with introduction Arthur P. Monahan. New York & London : Columbia UP, 1974.

John of Salisbury, *Metalogicus,* IV, 42. *Patrologiae Cursus Completus,* CLXI, Patrologia Latina Database Chadwyck-Healey Inc. 1996.

John of Salisbury, *Policraticus* 4. 3. Ed. Cary J. Nederman. Cambridge UP, 1990.

Lake, Kirsopp trans. *The First Epistle of Clement to the First Epistle of Clement.* *The Apostolic Fathers.* Vol.II. London : William Heinemann; New York : G. P. Putman's Sons, 1913.

Lake, Kirsopp, trans. *Shepherd of Hermas. The Apostolic Fathers.* Vol. II. New York : G.

P. Putnam's Sons, 1913.

Manegold, Ad Gebehardum, M. G. H., Liblelli de lite I. Hanover, 1981.

Migne, Jaffe P., ed. *Patrologiae Cursus Completus*, Parisiis, 1844-1864. Available : Patrologia Latina Database Chadwyck-Healey Inc. 1996.

Peterus Damiani, *Liber Gratissimus* (1052) "A eulogy of the emperor Henry III." Ed. L. de Heineman, *MGH Libelli de Lite*, I. Hanover, 1981.

Petrus Damiani, *Die Briefe des Petrus Damiani in Monumenta Germaniae Historica, Die Briefe der deutschen Kaiserzeit*. Ed. Kurt Reindel. Munich, 1992.

Potthast, Augustus. *Regesta Pontificum Romanorum inde ab anno MCXCVIII ad a. MCCCIV*. Akademische Druck- u. Verlagsanstalt, 1957.

PSEUDO-ISIDORIAN DECRETALS AND OTHER FORGERIES, in Christian Classics Ethereal Library at Calvin College. Available : http://www.ccel. org/ccel/schaff/encyc09.pseudo_isidorian_decretals_and_other_ forgeries.html 2006년 5월 10일.

Schroeder, H. J. *Disciplinary Decrees of the General Councils : Text, Translation, and Commentary*. St. Louise and London : B. Herder Book Co., 1937.

Schulte, Joh. Friedrich. *Die Geschichte der Quellen und Literatur des canonischen Rechts*. Graz Akademische Druck-U. Verlagsanstalt, 1956.

Soden. *Sententiae LXXXVII Episcoporum : Das Protokoll der Synode von Karthago am 1. September 256*, in Nachrichten von der Königlichen Gesselschaft der Wissenschaften zu Göttingen, Philo.-Histor. Klasse, 1909.

Somerville, Robert. *The Councils of Urban II*. Vol.1, *Decreta Claromotensia*. Amsterdam, 1972.

Tanner, Norman P., ed. *Decrees of the Ecumenical Councils*, vol.1 : *Nicaea I to Lateran V*. Washington D.C. : Seed and Ward and Georgetown UP, 1990.

Tertullian, *Latin Christianity Its Founder : Tertullian*. Translated by Peter Holmes, in *Ante-Necean Fathers*. Eds., Alexander Roberts and James Donaldson. Vol.3. New York : Charles Scribners's Sons, 1908.

Tertullian. *De virginibus velandis, 1, Patrologiae Cursus Completus*, CLXI, Patrologia Latina Database Chadwyck-Healey Inc. 1996.

Thiel, Andrea, ed. *Epistolae Romanorum Pontificum a S. Hilario usque S. Hormisdam*. Brundbergae, 1868.

Walram, bp. of Naumburg. *Waltrami ut videtur Liber de unitate ecclesiae conservanda*. Ed, W. Schwenckenbecher, *MGH*. Hannoverae, impensis bibliopolii Hahniani, 1883.

■ 2차 사료 ■

Barber, Malcom. *The Two cities : Medieval Europe, 1050-1320.* London : Routledge, 1992.

Barraclough, Geoffrey. *The Medieval Papacy.* W. W. Norton & Company, 1979.

Bauer, Dominique, "Ivo of Chartres, the Gregorian Reform and the Formation of the Just War Doctrine," *Journal of History of International Law* 7, 2005, pp.43-54.

Baun, Karl, Hans-Georg Beck, Eugen Ewig, and Hermann Joshef Vogt, *The Imperial Church from Constantine to the early Middle Ages.* Trans. by Anselm Biggs. New York : The Seabury Press, 1980.

Baus, Karl. *From the Apostolic Community to Constatine.* Vol.1 of *History of the Church.* Edited by H. Jedin, J. Dolan. New York : Herder & Herder, 1965.

Benson, Robert L. "Plenitudo Potestatis; The Evolution of a Formula from Gregory to Gratian," *Studia Gratiana* 14 (1967), pp.195-217.

Benson, Robert L. Ed. *Renaissance and Renewal in the Twelfth Century.* Cambridge : Harvard UP, 1982.

Berman, Harold J. *Law and Revolution : The Formation of the Western Legal Tradition.* Cambridge : Harvard UP, 1983.

Bernard, Yack. "Natural Right and Aristotle's Understanding of Justice". *Political Theory* Vol.18. No.2. (1990), pp.216-237.

Bigongiari, Dino. *Political Ideas of St. Thomas Aquinas.* New York : Hafner Pub. Co., 1966.

Bix, Brian. "Natural Law : The Modern Tradition" in *The Oxford Handbook of Jurisprudence and Philosophy of Law.* Eds, Jules Coleman and Scott Shapiro. Oxford UP, 2002.

Blumenthal, Uta-Renate. "The Papacy and Canon Law in the Eleventh-century Reform," The Catholic Hisorical Review vol.84. no.2 (April, 1998), pp.210-218.

Boase, T. S. R. *Boniface VIII.* London : Constable & Co. Ltd., 1933.

Borino, G. B. "Un ipotesi sul 'Dictatus Papae' di Gregorio VII," *Archivio della R. Deputaz. di Storia Patria*, N.S. 10 (1944), lxvii. pp.237-252.

Brooke, C. *Medieval Church and Society.* London, 1971.

Brown, R., K. Donfried, and J. Reumann, editors. *Peter in the New Testament : A Collective Assessment by Protestant and Roman Catholic Scholars.* Minneapolis

: Augsburg Press, New York : Paulist Press, 1973.

Brundage, James A. *Medieval Canon Law*. Lodon and New York : Longman, 1995.

Burn-Murdoch, H. *The Development of the Papacy*. London, 1954.

Burns, J. H., ed. *The Cambridge History of Medieval Political Thought c.350-c.1450*. Cambridge, 1988.

Cantini, Joannes A. "De Autonomia Judicis Saecularis et de Romani Pontificis Plenitudine Potestatis in Temporalibus Secundum Innocentium IV," *Salesianum* 23 (1961), pp.407-480.

Carlyle, A. J. "The Development of the Theory of the Authority of the Spiritual over the Temporal Power from Gregory VII to Innocent III," *Tijdschrift voor Rechtsgescheidenis* 5 (1924), pp.33-44.

Carlyle, R. W. and A. J. Carlyle. *A History of Medieval Political Theory in the West*. 6 vols. New York : Barnes and Nobles, Inc., 1909.

Caspar, Erich. "Gregor VII. in seinen Briefen," Historishe Zeitschrift, 130 (1924), pp.1-30.

Caspar, Erich. *Das Geschichte des Papsttums von den Anfängen bis zur Höhe der Weltherrschaft*, 2 vols. Tübingen : Druck von H. Lapp Jr., 1930-33.

Cheetham, Nicholas. *Keepers of the Keys : The Popes in History*. London & Sydney : Macdonald Co., 1982.

Cheney, C. R. "Decretals of Innocent III in Paris, B.N. MS. Lat. 3922A," *Traditio* XI (1955) : 149-162.

Cheney, C. R. "Legislation in the Medieval English Church," *English Historical Review* CXCIX (1935), pp.385-417.

Cheney, C. R. "Legislation in the Medieval English Church," *English Historical Review* CXCVIII (1935), pp.193-224.

Cheney, Mary. "The Comprimise of Avranches of 1172 and the Spread of Canon Law in England," *The English Historical Review* CCXXII (April 1941), pp.177-197.

Chodorow, Stanley. *Chritian Political Theory and Church Politics in the Mid-twelfth Century; The Ecclesiology of Gratian's Decretum*. Berkeley : U of California P, 1972.

Clark, Delane Eugene. *The Two Swords Controversy and the Roots of Modern Political Theory*, Thesis, University of Virginia, 1989.

Clayton, Joshep. *Pope Innocent III and His Time*. Milwaukee : The Bruce Publishing Company, 1940.

Cleva, Thomas Curtis Van. *The Emperor Frederick II of Hoehstaufen : Immutator Mundi*.

Oxford : The Clarendon Press, 1972.

Collins, Roger. *Charlemagne*. Toronto, Buffalo : U of Toronto P, 1988.

Congar, Yves. "St. Thomas Aquinas and the Infallibility of the Papal Magisteruim," *Thomist* 38 (1974), pp.81-105.

Corwin, Virginia. *St. Ignatius and Christianity in Antioch*. New Haven : Yale University Press, 1960.

Cottrell, Alan. "Auctoritas and Potestas : A reevaluation of the Correspondence of Gelasius I on Papal-Imperial Relation," *Medieval Studies* 55 (1993), pp.95-109.

Cowdrey, H. E. J. "The Peace and the Truce of God in the Eleventh Century," *Past and Present* No. 46 (Feb. 1970), pp.42-67.

Creta, Austin. "Jurisprudence in the Service of Pastoral Care : The *Decretum* of Burchard of Worms," *Speculum* 79(4) Oct. 2004, pp.929-959.

Culmann, Oscar. *Peter : Disciple, Apostle, Martyr*. Trans. by Floyd Fuson. New York : Living Age Books, 1958.

Curley, Mary Mildred. "The Conflict Between Pope Boniface VIII and King Philip IV, The Fair," Diss. The Cathilic U. of America, 1927.

Cushing, Kathleen G. *Papacy and Law in the Gregorian Revolution : The Canonistic Works of Anselm of Lucca*. Oxford : Clarendon Press, 1998.

D'Entrèves, A. P. *The Medieval Contribution to Political Thought*. New York, 1959.

Dolcini, Carlo. "〈EGER CUI LENIA〉 (1245/46) : INNOCENZO IV, TOLOMEO DA LUCCA, GUGLIELMO D'OCKHAM," *Rivista di Storia Della Chiesa in Italia* XXIX (1975), pp.127-148.

Duggan, Charles. "English Canonists and the 'Appendix concillii Lateranensis'; With an Analysis of the St. John's College, Cambridge, MS. 148," *Traditio* XVII (1962), pp.459-469.

Duggan, Charles. "The Becket Dispute and the Criminous Clerks," *Bulletin of the Institute Research* 35 (1962), pp.1-28.

Duggan, Charles. "The Trinity Collection of Decretals and the Early Worcester Family," *Traditio* XVII (1961), pp.506-526.

Duggan, Charles. *Twelfth-century Decretal Collections and their Importance in English History*. London : U of London, 1963.

Dümmler, E. "Über den Dialog *De statu ecclesiae*," *Sitzungsberichte der königlich preussischen Akademie der Wissenschaften zu Berlin, ph.-hist. Classe* xvii (1901), pp.362-386.

Dupuy, P. *Histoire du Différend entre le Pape Boniface VIII et Philip le Bel, Roy de France*. Paris, 1655.

Dvornik, Francis/Dumbarton, Oaks. "Pope Gelasius and Emperor Anastasius I," *Byzantinische Zeitschrift* 44 (1951), pp.111-116.

Dvornik, Fransis. *Byzantine and the Roman Primacy*. New York : Fordham UP, 1979.

Dvornik, Fransis. *Early Christian and Byzantine Political Philosophy : Origins and Background*. 2 Vols. Washington D.C. : The Dumbarton Center for Byzantine Studies, 1966.

Emerton, Ephraim. *The Correspondence of Pope Gregory VII*. New York : W. W. Norton & Company, 1932.

Eno, Robert B. *The Rise of the Papacy*. Eugene, Oregon : Wipf & Stock, 2008.

Ensslin, Wilhelm. "Auctoritas und Potestas : Zur Zweigewaltenlehre des Papstes Gekasius I," *Historische Jahrbuch* 74 (1955), pp.661-668.

Eschmann, I. T. "St. Thomas Aquinas on the Two Power," *Medieval Studies* 20 (1958), pp.177-205.

Eugen, John Van. "Donation of Constantine," Ed. Joshep H. Strayer *Dictionary of the Middle Ages* 13 vols. New York : Charles Scribner's Sons, 1989.

Feine, Hans Erich. "Gliderung und Aufbau des Decretum Gratiani," *Studia Gratiana* 1 (1953), pp.353-370.

Feine, Hans Erich. *Kirchliche Rechtsgeschichte : Die Katholische Kirche*. 2 Bands Weimar : Hermann Böhlaus Nachfolger, 1954.

Finke, Heinrich. *Vorreformationsgeschichtliche Forschungen : Aus den Tage Bonifaz VIII*. Münster : Druck und Verlag der Aschendorffschen Buchhandlung, 1902.

Finke, Heinrich, "Zur Charakteristik Philips des Schönen," *Mitteilung des Instituts für Osterreichische Geschichtsforschung* XXVI (1905), pp.201-224.

Finnis, John. 'Natural Law : The Classical Tradition' in Jules Coleman and Scott Shapiro. Eds. *The Oxford Handbook of Jurisprudence and Philosophy of Law*. Oxford University Press, 2002.

Fliche, A. "Bernard et la société civile de son temps," in *Bernard de Clairvaus*. Ed. Commission d'Histoire de l'Histoire de l'Ordre de Cîteaux, Abbaye N.D. D'aiguebelle. Paris, 1953.

Folz, A. *Kaiser Friedrich II und Papst Innocent IV.; ihr Kampf in den Jahren 1244 und 1245*. Strassburg, 1905.

Freed, John B. "Translation of Empire," *Dictionary of the Middle Ages*, 12.

Freeman, Michael. *Lloyd's Introduction to Jurisprudence*. 7th cd. Sweet & Maxwell, 2001.

Frend, W. H. C. *The Rise of the Monophysite Movement*. Cambridge, 1972.

Friedberg, Emil. *Die Canones-Sammlungen zwischen Gratian und Bernhard von Pavia.* Leipzig, 1894.

Fuhrmann, Horst. "History of Canon Law," *New Catholic Encyclopedia.* vol.3. New York : McGrow Hill Book Co., 1967.

Fuhrmann, Horst. "Papst Gregor VII. und das Kirchenrecht zum Problem des Dictatus Papae," *Studi Gregoriani* XIII (1989), pp.123-149.

Fuhrmann, Horst. *Das Constitutum Constantini(Kostantinsche Schenkung) Text.* Hannover : Hahnsche Buchhandlung, 1968.

Fuhrmann, Horst. *Einfluss und Verbreitung der pseudoisidorischen Fälschungen : von ihrem Auftauchen bis in d. neuere Zeit.* 2, Stuttgart : Hiersemann, 1972-3.

Gallagher, Clarlence. *Canon Law and Christian Community.* Rome : Universita Gregoriana Editrice, 1978.

Geanakopolis, D. J. *Emperor Michael Palaeologus and the West, 1258-1282.* Harvard : The Shoe String Press, Inc., 1959.

Georg, Karl. *Projekt Pseudoisidor, Schon Handschriftenbeschreibungen.* Available : http://www.pseudoisidor.mgh.de/html/Handschriftenbeschreibungen.html, 2008년 3월 29일.

Gewirth, A. "Philosophy and Political Thought in the Fourteenth Century," *The Forward Movement of the Fourteenth Century.* Ed. F. Utley, Columbus, 1961.

Gierke, O. *Political Theories of the Middle Age.* Trans. by F.W. Maitland, Cambrideg, 1900.

Gieysztor, A. "The Genesis of the Crusades; The Encyclical of Sergius IV(1009-12)," *Medievalia et Humanistica*, 5-6 (1948-50), pp.3-34.

Gilby, Thomas. *The Political Thought of Thomas Aquinas.* Chicago : U of Chicago P, 1963.

Gilchrist, J. T. "Canon Law Aspects of the Eleventh Century Gregorian Reform Programme," *Journal of Ecclesiastical History* 13 (1962), pp.21-38.

Gilchrist, J. T. "Gregory VII and Juristic Sources of his ideology," *Studia Gratiana* 12 (1967), pp.3-37.

Gilchrist, J. T. "Was there a Gregorian Reform Moment in the Eleventh Century?," *Study Sessions* 37 (1970), pp.1-10.

Gilchrist, J. T. "Gregory VII and the Primacy of the Roman Church" *Tijdschrift voor Rechtgeschiedenis* 36 (1968), pp.123-135.

Gilchrist, J. T. *The Collection in Seventy-four Titles : A Canon Law Manual of the Grgorian Reform.* Toronto : Pontifical Institute of Mediaeval Studies, 1980.

Gilchrist, John. "Eleventh and Early Twelfth Century Canonical Collections and the Economic Policy of Gregory VII," *Studi Gregoriani* IX (1972), pp.377-417.

Gillmann, Franz, "Von dem Stammen die Ausdrucke 'potestas directa' und 'potesta indirecta' papae in temporalibus?" *Archiv für Katholische Kirchenrecht* 98 (1918), pp.407-409.

Gillmann, Franz, *Zur kanonistischen Schuldlehre in der Zeit von Gratian bis zu den Dekretalen Gregors IX*. Mainz : Kirchheim, Citta del Vaticano : Bibl. Apost. Vat., 1935.

Gilmore, M. P. *Argument from Roman Law in Political Thought 1200-1600*. Harvard UP, 1941.

Goff, Jacques Le. *Medieval Civilization*. Oxford : B. Blackwell, 1988.

Grewe, Wilhelm Georg and Michael Byers, *The Epochs of International Law*. Berlin, New York : Walter de Gruyter, 2000.

Grosseteste, Robert, "Medieval Political Philosophy," in Stanford Encylopedia of Philosophy, 2006.

Hageneder, Othmar, "Das Pästliche Recht der Fürstenabsetzung : Seine Kanonistische Grundlagung (1150-1250)," *Archivum Historiae Pontificiae* I (1963), pp.55-95.

Hageneder, Othmar, "Excommunication und Thronfolgeverlust bei Innocent III," *Romischehistorische Mitteilung* 2 (Rom, 1959), pp.9-50.

Hageneder, Othmar, "Studien zur Dekretale 'Vergantis' : Ein Beitrag zur Heretiker Gesetzgebung Innocent III," *Zeitschrift der Savigny-Stiftung für Rechtgeschichte* Kan. Abt. 49 (1963), pp.138-173.

Hall, Edwin and Sweeney, James Ross. "An Unpublished Privilege of Innocent III in Favor of Montivilliers : New Documentation for a Great Norman Nunnery," *Speculum* vol.XLIX, n.4 (October 1974), pp.562-679.

Haller, J. *Das Papstum : Idee u. Wirklichkeit II*. Stuttgart, 1951.

Hamilton, Bernard. *Religion in the Medieval West*. London : E. Arnold, 1986.

Hampe, Karl, "Über die Flugschriften zum Lyoner Konzil von 1245," *Historische Vierteljahrschrift* xi, pp.297-313.

Hampe, Karl, *Papst Innocenz IV. und die Sizilische Verschwörung von 1246*. Heidelberg : Carl Winters Universitätsbuchhandlung, 1923.

Harvey, Wilma. *Excommunication as an Instrumant of Papal Policy 400-1303 A.D.* Mount Holyoke College, BA Thesis, 1934.

Helmholz, Richard H. "Canonists and Standards of Impartiality for Papal Judges Delegate," *Traditio* 25 (1969), pp.386-404.

Helmholz, Richard H. *The Spirit of Classical Canon Law*. Athens & London : U of George P, 1996.

Herde, Peter. "Ein Pamphlet der päpstlichen Kurie gegen Kaiser Friedrich II. von 1245/46 ('Eger cui lenia')," *Deutsches Archiv für Erforschung des Mittelalters* XXIII (1967), pp.468-538.

Heussi, Karl. *Die römische Petrustradition in Kirche Schicht*. Tübingen; J. C. B. Mohr [Paul Siebeck], 1955.

Hof, Alfred. " '*Plenitudo Potestatis*' und 'Imitatio Imperii' zur Zeit Innocent III," *Zeitschrift für Kirchengeschichte* LXVI (1954), pp.37-71.

Hoffmann, Hartmut. "Die beiden Schwerter im hohen Mittelalter," *Deutsches Archiv für Erforschung des Mittelalters* XX (1964), pp.78-114.

Höfler, Constantine. *Albert von Beham und Registen Papst Innocenz IV*. Stuttgart : Gedruckt Auf Kosten Des Literarischen Vereins, 1847, 1902.

Hofmann, Karl. "Der ≪Dictatus Papae≫ Gregors VII. als Index einer Kanonessammlung?" Studi Gregoriani I (1947), pp.531-537.

Hofmann, Karl. *Dictatus papae Gregors VII*. Paderborn, 1933.

Holtzmann, Walther. "Die Benutzung Gratians in der Päpstlichen Kanzlei im 12. Jahrhundert," *Studia Gratiana* 1 (1953), pp.323-349.

Holtzmann, Walther. "Die Dekretalen Sammlungen des 12. Jahrhunderts," *Göttinger Akademie-Festschrift* 23 (August 1951), pp.83-145.

Holtzmann, Walther. "Kanonistische Erganzungen zur Italia Pontificia," *Quellen und Forschungen aus Italienischen Achiven und Bibliotheken* XXXVII (1957), pp.55-101.

Hughes, P. *A History of Church History*, 3 vols. A History of Christianity. New York, 1953.

Hull, Robert. "A Famous Text; The '*Duo Sunt*' of Gelasius," in *Medieval Theories of the Papacy and the other Essays*. London : Burns Oates & Washbourne Ltd., 1932.

Hull, Robert. *Medieval Theories of The Papacy and other Essays*. London : Burns Oates & Washbourne Ltd, 1934.

Hüls, Robert. *Kardinäle, Klerus und Kirchen Roms : 1049-1130*. Tübingen : Niemeyer, 1977.

Hutchins, Robert Maynard. *St. Thomas and the World State*. Milwaukee : Marquette University Press, 1949.

Jones, A. H. M. "The Constitutional Position of Odoacer and Theodoric," *Journal of Roman Studies* 52 (1962), pp.126-130.

Jordan, Mark D. *The Alleged Aristotelianism of Thomas Aquinas.* Toronto : Pontifical Institute of Medieval Studies, 1992.

Kantorowicz, Ernst. *Frederick The Second 1194-1250.* New York : Frederick Ungar Publishing Co., 1957.

Karajan, Theodor Georg von. "Zur Geschichte des Councils von Lyon 1245," in *die Denkschriften der kaiserlichen Akademie der Wissenschaften, Philosophishc-historische Classe.* ii (Vienna, 1851), pp.67-118.

Kaser, M. *Das römische Privatrecht.* Munich, 1955.

Kempf, Friedrich. "Die katholische Lehre von der Gewalt der Kirch über das Zeitliche in ihrer Geschichtlichen entwicklung seit dem Investiturstreit," *Catholica* XII (1958), pp.51-67.

Kempf, Friedrich. "Die Päpstliche Gewalt in der mittelalterlichen Welt," *Miscellanea Historiae Pontificae* XXI(1959), pp.117-169.

Kempf, Friedrich. *Papsttum und Kaisertum bei Innocenz III : die geistigen und rechtlichen Grundlagen seiner Thronstreitpolitik in Miscellanea Historiae Pontificiae.* Vol.XIX. Rome : Pontificia Universita Gregoriana, 1954.

Kennan, Elizabeth. "The 'De Consideratione' of St. Bernard of Clairvaus and the papacy in the mid-twelfth century : a review of scholarship," *Traditio* vol.23 (1967), pp.73-115.

Kilcullen, John. "Medieval Political Theory," in *Handbook of Political Theory.* Eds. Gerald F. Gaus and Chandran Kukathas. Sage Publication, 2004.

Kleist, J. A. *The Epistles of St. Clement of Rome and St. Ignatius of Antioch.* Ancient Christian Writers, 1946.

Kloisk, George. "Thomas Aquinas on Churh and State," in *History of Political Theory : An Introduction.* Vol.I : *Ancient and Medieval.* Oxford : Oxford UP, 2012.

Knox, Ronald. "Finding the Law; Developments in Canon Law During the Gregorian Reform," *Studi Gregoriani* IX (1972), pp.421-465.

Kölmel, Wilhelm. "Einheit und Zweiheit der Gewalt im corpus mysticum : Zur Souveränitätslehre des Augustinus Triumpus," *Historisches Jahrbuch* LXXXIII (1963), pp.103-147.

Kölmel, Wilhelm. "Über spirituale und temporale Ordnung," *Franziskanische Studien* XXXVI (1954), pp.171-195.

Kölmel, Wilhelm. *Regimen Christianum : Weg und Ergebnisse des Gewaltenverhältnisse und des Gewaltenverständnisses.* Berlin : Walter de Gruyter & Co., 1970.

Küng, Hans. *Great Christian Thinkers.* Continuum, 1994.

Küng, Hans. *The Church.* New York : Sheed & Ward, 1968.

Kuttner, Stephen and E. Rathbone. "Anglo-Norman Canonists of the Twelfth Century : An Introductory Study," *Traditio* VII (1951), pp.279-358.

Kuttner, Stephen. "Methodological Problems Concerning the History of Canon Law," *Speculum* 30 (1955), pp.539-549.

Kuttner, Stephen. "The Scientific Investigation of Medieval Canon Law : The Need and the Opportunity," *Speculum* 24 (1949), pp.493-501.

Kuttner, Stephen. "Universal Pope or servant of God's servants : The Canonists, Papal titles, and Innocent III," *Revue de droit canonique* 32 (1981) pp.109-149.

Kuttner, Stephen. "Zur Frage der theologische Vorlagen Gratians," *ZRG.*, Kan. Abt. XXIII (1934), pp.243-268.

Kuttner, Stephen. "Liber Canonicus : A Note on ≪Dictatus Papae≫ c. 17." *Studi Gregoriani* 2, 1947, pp.387-401.

Kuttner, Stephen. *Gratian and the Schools of Law, 1140-1234*. London : Variorum Reprints, 1983.

Kuttner, Stephen. *Harmony from Dissonance : An Interpretation of Canon Law*. Latrobe, Pennsylvania : The Archabbey Press, 1960.

Kuttner, Stephen. *Repertorium der Kanonistik (1140-1234) : PRODROMUS COPRIS GLOSSARUM*. Vol.71 in Studi E Testi Citta Del. Vatican : Biblioteca Apostolica Vaticano, 1937.

Kuttner, Stephen. *The History of Ideas and Doctrines of Canon Law in the Middle Ages*. London, 1980.

Ladner, Gehart B. "Aspects of Medieval Thought on Church and State," *Review of Politics* 9 (1947), pp.403-421.

Ladner, Gehart B. "Sacerdozio E Regno : DA Gregorio VII a Bonifacio VIII," *Miscellanea Historiae Pontificiae* vol.xviii. Rome, 1954.

Ladner, Gehart B. "The Concepts of ≪Ecclesia≫ and ≪Christianitas≫ and their Relation to the Idea of Papal ≪plenitudo potestatis≫ from Gregory VII of Boniface VIII," *Miscellanea Historiae Pontificae* XVIII (1954), pp.49-77.

Ladner, Gerhart B. "Two Gregorian Letters; On the sources and nature of Gregory VII' Reform Ideology," *Studi Gregoriani* 5 (1956), pp.225-231.

Leclercq, Jean de. *Paris et l'ecclesiologie du XIlle siecle*. Paris, 1942.

Leiboff, Marett and Mark Thomas. *Legal Theories in Principle*. Lawbook, 2004.

Lenherr, Titus. *Die Excommunikations- und Depositionsgewalt der Haeretiker bei Gratian und den Dekretisten bis zur Glossa ordinaria des Johannes Teutonicus*. Sankt Ottilien : EOS-Verlag, 1987.

Lerner, R. & Mahdi, M. *Medieval Poltical Philosophy*. Ithaca, 1963.

Lewis, Ewart. *Medieval Political Ideas*. New York : Knopf, 1954.

Loewenich, Walter von. *Die Geschichte der Kirche*. I. Hamburg : Siebenstern Taschenbuch Verlag, 1971.

Löwe, H. "Dialogus de statu sanctae ecclesiae. Das Werk. eines Iren im Laon des 10. Jahrhunderts", *Deutsches Archiv für Erforschung des Mittelalters* 17. (1961), pp.12-90.

Luchaire A. *Innocent III*. Paris, rpr., 1969.

Lunt, W. E. "The sources for the First Council of Lyons, 1245," *English Historical Review* (January, 1918), p.73.

Maccarrone, Michele *Nuovi studi su Innocenzo III*. Roma : Nella sede dell'istituto, 1995.

Mann, H. K. *The Lives of the Popes in the Middle Ages*, 18 vols. London, 1906-1932.

Mann, Horace K. *Innocent IV, The Magnificent, 1243-1254*. vol.14 of *The Lives of the Popes in the Middle Ages*. London : Kegan Paul, Trench, Trubner & Co. Ltd., 1925.

Mann, Horace K. *The Popes at the Height of Their Temporal Influence : Innocent II. to Blessed Benedict XI 1130-1305 : (A) The Popes and the Hohenstaufen, 1130-1271 (Innocent III)*, vol.XI of *The Lives of the Popes in the Middle Ages*. London : Kegan Paul, Trench, Trubner & Co. Ltd., 1925.

Marrone, John and Zuckerman Charles. "Cardinal Simon of Beaulieu and Relations between Philip the Fair and Boniface VIII," *Traditio* XXXI (1975), pp.196-222.

Massen, Friedrich. "Paucapalea. Ein Beitrag zur Literargeschichte des Canonistischen im Mittelalter," *Sitzungsberichte der kais. Akadmi der Wissenschaften zu Wien, Phil-hist. Kl.*, 31 (1859), pp.449-516.

Mayer, Theodor. "Papsttum und Kaisertum in hohen Mittelalter," *Historische Zeitschrift*," Band 187, Heft 1 (1959), pp.43-49.

McCready, William D. "Papal plenitudo Potestatis and the source of Temporal Authority in Late Medieval Papal Hierocratin Theory," *Speculum* 48 no.4 (oct. 1973), pp.651-674.

Mcdonald, L. C. *Western Political Theory*. New York, 1968.

McIlwain, C. H. *The Growth of Political Thought in the West*. New York, 1931.

McLaughlin, Terence P. Ed. *The Summa Parisiensis on the Decretum Gratiani*. Toronto : Pontifical Institute of Mediaeval Studies, 1952.

Michel, Anton. "Die Folgenschweren Ideen des Kardinals Humbert und ihr Einfluss auf Gregor VII," *Studi Gregoriani* 1 (1947), pp.65-92.

Michel, Anton. *Humbert, und Kerullarion : Quellen u. Studien des Schima des 11 Jhs.* 2 vols., Paderborn, 1925-1930.

Moore, C. John. "Pope Innocent III, Sardinia, and the Papal State," *Speculum* 62 (January 1987), pp.81-101.

Morall, John B. 박은구 역, 『중세 서양의 정치사상』, 1983.

Morall, John B. *Political Thought in Medieval Times.* New York : Harper & Brothers, 1962.

Morris, Colin. *The Papal Monarchy : the Western Church from 1050 to 1250.* Oxford : Clarendon Press, 1989.

Munro, D. C. "The Speech of the chroniclers record of Urban at Clermont, 1095," *American Historical Review* xi(1906), pp.231-242.

Munz, Peter. *A Study in Medieval Politics : Frederick Barbarossa.* London : Eyre & Spottiswoode Ltd., 1969. LTD., 1928.

Murray, John Courtney, S. J. "Contemporary Orientations of Catholic Thought on Church and State in the Light of History," *Theological Studies* 10/2 (1949), pp.177-235.

Murray, John Courtney, S. J. "St. Robert Bellarmine on the Indirect Power," *Theological Studies* 9 (1948), pp.491-535.

Nelson, Daniel. *The Priority of Prudence : Virtue and Natural Law in Thomas Aquinas and the Implications for Modern Ethics.* Pennsylvania State UP, 1992.

Nelson, Janet L. "Gelasius I's Doctrine of Reponsiblity : A note," *Journal of Theological Studies* 18 (April 1967), pp.154-162.

O'Connor, D. W. *Peter in Rome : The Literary, Liturgical and archeological Evidence.* New York : Columbia UP, 1969.

Oakley, Francis. "Celestial Hierarchies Revised : Walter Ullmann's Vision of Medieval Politics," *Past & Present* 60 (Aug., 1973), pp.3-48.

Oakley, Francis. *The Western Church in the later Middle Ages.* Ithaca : Cornell UP, 1979.

Onory, Mochi S. *Fonti canoistiche dell'idea moderna dello Stato.* Miland : Publicazioni dell'Universita Catholica del Sacro Cuore N. S. 38, 1951.

Packard, Sidney R. *Europe and the Church under Innocent III.* New York : Henry Holt and Company, 1927.

Passerin d'Entreves, Alessandro. *The Medieval Contribution to Political Thought : Thomas Aquinas, Marsilius of Padua, Richard Hooker.* London : Oxford UP, 1939.

Pennington, K. "The French recension of the Compilatio Tertia," BMCL 5 (1975), pp.53-71.

Pesch, Robert. *Simon-Petrus : Geshcichte und Geschichtliche Bedeutung des ersten Jünger Jesu Christi, in Päste und Papstum.* Band 15. Stuttgart : Anton Hiersemann 1981.

Plitz, Anders. *The World of Medieval Learning.* Oxford : Basil Blackwell, 1981.

Post, Gaines. "Some Unpublished Glosses (CA) 1210-1214) On the *Translatio Imperii* and the Two Swords," *Archiv für Katholisches Kirchenrecht* 117 (Marz, 1937), pp.403-429.

Powell, J. M. *Innocnet III; Vicar of Christ or Lord of the World.* Boston, 1963.

Powicke, Sir Maurice. *The Christian Life in the Middle Ages and Other Essays.* Oxford : At the Clarendon Press, 1966.

Questen, Johannes "Pre-eminet in love," *Patrology.* Vol.1. Westminster, MD : Newman Press, 1950.

Reuter, Timothy *Ivo Chartres and others on investitures.* Available : http://www.-anfrews. ac.uk/~jfec/cal/papacy/comments /cd4com09.htm

Reuter, Timothy und Silagi, Gabriel. *Wortkonkordanz zum Decretum Gratiani.* München : Monumenta Germaniae Historica, 1990.

Reviron, Jean (ed), *Les idees politico-religieuses d'un eveque du IXe siecle : Jonas d'Orleans et son "De institutione regia."* Paris : Librairie philosophique J. Vrin, 1930.

Reynolds, Roger E. "Canon Law : to Gratian," *Dictionary of the Middle Ages,* vol.7. New York : Scribner's Son, 1986.

Reynolds, Roger E. "The South-Italian Canon Law Collection in Five Books and its Derivatives : New Evidence on Its Origins Diffusion, and USE," *Medieval Studies* 52(1) 1990, pp.278-295.

Richards, Jeffrey. *The Popes and the Papacy in the Early Middle Ages 476-492.* London, Boston and Henley : Routledge & Kegan Paul, 1979.

Riesenberg, Peter N. *Inalienability of Sovereignty in Medieval Political Thought.* New York : AMS Press, 1970.

Rivière, Jean. *Le Probème de l'èglise et de l'ètat au temps de Philippe le Bel.* Paris and Louvain : La Librairie Ancienne Honoré Champion, 1926.

Roberts, Adrian R. and Hazel, Debora E. "The Great Fifth Century African Pope, St. Gelasius I : A Firm Leader, Defender of Papal Supremacy, and Champion of the Poor," *Griot* 13:2 (1994).

Robinson, Elaine Golden. "Henry of Cremona," *Dictionary of Middle Ages* 6, p.165.

Robinson, I. S. "The Dissemination of the Letters of Pope Gregory VII During the Investiture Contest," *The Journal of Ecclesiastical History* vol.34 (1983), pp.175-193.

Robinson, I. S. *The Papacy 1073-1198 : Continuity and Innovation.* Cambridge : Cambridge UP, 1990.

Rocca, Gregory. "St. Thomas Aquinas on Papal Authority," *Angelicum* 62 (no.3. 1985), pp.472-484.

Rodes, Robert E. JR. "The Canon Law as a Legal System- Funtion, Obligation, and Sanction," *Natural Law Forum* 9 (1964), pp.45-49.

Rordorf, W. "Was heisst : Petrus und Paulus haben die Kirch in Rom 'gegrundet?" in *Unterwegs zur Einheit : Festschrift H. Suraimann.* Eds. J. Brantschen and P. Selvation. Freiburg : UP, 1980.

Ruscombe, David. "LEX DIVINATIS IN THE BULL UNAM SANCTAM POPE BONIFACE VIII,' In *Church and Gavernment in the Middle Ages.* Ed. C. Brooke. Cambridge : Cambridge UP, 1976, pp.205-221.

Ryan, J. Josheph. "Cardinal Humbert De s. Romana ecclesia : Relics of Roman-Byzantine Relations 1053-1054," Medieval Studies xx (1958), pp.206-238.

Schaff, Philip. *History of the Christian Church.* Vol.6 : *The Middle Ages A.D. 1294-1517.* Grand Rapids : Wm. B. Eerdmans, 1910.

Schatz, Klaus. *Papal Primacy : from its origins to the present.* Translated by John A. Otto and Linda M. Malony. Collegeville : The Liturgical Press, 1996.

Schimmelpfenig, Bernard. *The Papacy.* Tranlated by James Sievert. New York : Columbia UP, 1988.

Schmidt, Tillmann. "Papst Bonifaz VIII. und die idolatrie," *Quellen und Forschungen aus Italienischen Archiven und Bibliotheken* Bd. 66 (Tübbingen : Niemeyer Verlag, 1986), pp.75-107.

Scholz, Richard. *Die Publizistik zur zeit Philipp des Schönen und Bonifaz VIII.* Sttutgart : Verlag von Ferdinand Enke, 1903.

Schramm, Percy. *Kaiser, Rom, und Renovatio : Studien u, Texts des Geschichte des Römischen Erneuerungsgedankens vom Ends des karolingischen Reiches bis zum Investiturstreit.* Studium der Bibliothek Wahrung, XVII. Leipzig-Berlin, 1929.

Schroeder, H. J. *Disciplinary Decrees of the General Councils : Text, Translation, and Commentary.* St. Louise and London : B. Herder Book Co., 1937.

Schulte, Joh. Friedrich. *Die Geschichte der Quellen und Literatur des canonischen Rechts.* Graz : Akademische Druck-U. Verlagsanstalt, 1956.

Sertillanges, Antonian Gilbert. *Saint Thomas Aquinas and his Work.* London : Burns, Oates & Washbourne, 1930.

Smith, Charles Edward. *INNOCENT III : CHVRCH DEFENDER.* BATON ROVG

E : LOVISIANA STATE UP, 1951.

Smith, J. A. Clarence Smith. *Medieval Law Teachers and Writers : Civiilans and Canonist*. Ottawa : U of Ottawa P, 1975.

Somerville, Robert. *The Councils of Urban II*, vol.1, Decreta Claromotensia. Amsterdam, 1972.

Sommerville R. and B. Brasington, *Prefaces to Canon Law Books in Latin Christianity, Selected Translation*. London, 1998.

Southern, R. W. *Western Society and the Church in the Middle Ages*. Harmondsworth, 1970.

Spruyt, Hendrik. *The Sovereign State and Its Competitors : An Analysis of Systems Change*. N. J. : Princeton UP, 1996.

Steenberghen, Fernand van. *Thomas Aquinas and Radical Aristotelianism*. Washington, D.C. : Catholic U of America P, 1980.

Stickler, Alfons M. "Alnus Anglicus als Verteidiger des monarchischen Papsttums," *Salesianum* 21 (1959), pp.346-406.

Stickler, Alfons M. "Concerning the political Theories of the Medieval Canonists," *Traditio* VII (1949-51), pp.450-463.

Stickler, Alfons M. "Der Schwerterbegriff bei Huguccio," *Ephemerides Iuris Canonici* 3 (1947), pp.201-242.

Stickler, Alfons M. "Imperator Vicarius Papae : Die Lehren der französisch-deutschen Dekretistenschule des 12. und beginnenden 13. Jahrhunderts über die Beziehungen zwischen Papst und Kaiser," *Mitteilungen des Instituts für Österreichische Geschichtsforschung* LXII (1954), pp.165-212.

Stickler, Alfons M. 'De ecclesiae potestate coactiva materiali apud Magistrum Gratianum,' *Salesianum* 4 (1941), pp.2-23, 96-119.

Stickler, Alfons M. "Il'gladius' nel Registro di Gregorio VII," *Studi Gregoriani* 3 (1948), pp.89-103.

Strauss, L. *History of Political Philosophy*. Chicago, 1981, pp.223-250.

Strayer, Joseph R. *The Reign of Philip The Fair*. Princeton, New Jersey : Princeton UP, 1980.

Strayer, Joshep R. "Notes on the Origin of English and French Export Taxes," *Studia Gratiana* XV (1972), pp.399-422.

Swanson, R. N. "Doctrine of Two Swords," *Dictionary of Middle Ages*, 12.

Synider, G. "Survey and 'New' Thesis on the Rome of Peter," *Biblical Archeologist* 32 (1969), pp.2-24.

Tangle, M. "Die sogenannte Brevis nota über das Lyoner Council von 1245,"

Mittheilungen des Instituts für Österreichische Geschichtsforschung xii (1891), pp. 246-253.

Tanner, J. R., C. W. Previte-orton, Z. N. Brooke, ed. *Decline of Empire and Papacy*, vol. VII of *Cambridge Medieval History*. Cambridge : Cambridge UP, 1968.

Tanner, Norman P. S. J. *Decrees of the Ecumenical Councils*. Vol. 1 : *Nicaea I to Lateran V*. Washington D. C. : Georgetown UP, 1990.

Taylor, Daniel S. *Bernold of Constance, canonist and liturgist of the Gregorian reform : an analysis of the sources in the Micrologus de ecclesiasticis observationibus*. Dissertation, University of Toronto, 1995.

Taylor, Justin. "Early Papacy at Work : Gelasius I (492-67)," *Journal of Religious History* 8 (December 1975), pp. 317-332.

Tellenbach, Gerd. *Church, State and Christian Society : At the Time of the Investiture Contest*. Trans. by R. F. Bennett. Oxford : Basil Blackwell, 1959.

Thompson, Augustine and Gordley, James, trans. *Gratian : The Treatise on Laws (Decretum DD. 1-20) with the Ordinary Gloss*. Washington D.C. : The Catholic U of America P, 1993.

Thomson, JAK. *The Ethics of Aristotle*. book V. Penguin Classics, 1953.

Tierney, Brian. "Continuity of Papal Political Theory in the Thirteenth Century : Some Methodological Considerations," *Medieval Studies*, XXVII (1965), pp. 227-245.

Tierney, Brian. " 'Tria quippe distinguit iudicis⋯,' A Note on Innocent III's Decretal *Per venerabilem*," *Speculum* 37 (1962), pp. 48-59.

Tierney, Brian. "The Canonist and the Medieval State," *The Review of Politics*. XV (1953), pp. 378-388.

Tierney, Brian. *Church Law and Constitutional Thought in the Middle Ages*. London : Variorum Reprints, 1979.

Tierney, Brian. *Foundations of the conciliar theory; the contribution of the medieval canonists from Gratian to the Great Schism*. Cambridge UP, 1955.

Tierney, Brian. *Religion, Law and the Growth of Constitutional Thought 1150-1600*. Cambridge : Cambridge UP, 1982.

Tierney, Brian. *The Crisis of Church & State 1050-1300*. Englwood Cliffs, N.J. : Prentice-Hall, Inc., 1964.

Tillmann, Helene. "Zur Frage des Verhältnisse von Kirch und Staat in Lehre und Paxis Papst Innocenz III.," *Deutsches Archiv für Erforschung des Mittelalters*. Münster/Köln : Böhlau-verlag, 1952, pp. 136-181.

Tillmann, Helene. *Pope Innocent III*. Trans. by Walter Sax, vol. 12 in *Europe in* the *Middle Ages*. Amsterdam · New York · Oxford : North-Holland Publishing Company, 1980.

Tout, T. F. *The Empire and the Papacy*. London : U of Edinburgh, 1894.

Tylor, Justin. "Early Papacy at Work : Glasius I(492-6)," *Journal of Religious History* 8 (Dec. 1975), pp.317-332.

Ullmann, Walter. "Boniface VIII and his Contemporary Scholarship," *Journal of Theologocal Studies* 27 (1976), pp.58-87.

Ullmann, Walter. "Cardinal Humbert and the Ecclesia Romana," *Studi Gregoriani* iv, pp.111-127.

Ullmann, Walter. "Die Bulle 'Unam Sanctam' : Rückblick und Ausblick," *Römische Historische Mitteilungen* 16 (1974), pp.45-77.

Ullmann, Walter. "Some Reflection on the opposition of Frederick II to the Papacy," *Archivio Storico Pugliese* (1960), pp.3-26.

Ullmann, Walter. "The Paleae in Cambridge Manuscripts of the Decretum," *Studia Gratiani* I (1953), pp.161-216.

Ullmann, Walter. "Personality and Territoriality in the *Defensor Pacis* : the Problem of Political Humanism," Medioevo VI (1980), pp.397-410.

Ullmann, Walter. *Gelasius I (492-496) : das Papsttum an der Wende der Satantike*. Sttutgart : A. Hiersemann, 1981.

Ullmann, Walter. *Medieval Papalism : The Political Theories of the Medieval Canonists*. London : Methuen & Co. Ltd., 1949.

Ullmann, Walter. *Medieval Political Thought*. Harmondsworth : Penguin Books, Ltd., 1975.

Ullmann, Walter. *Principle of Government and Politics in the Middle Ages*. Methuen, 1961.

Ullmann, Walter. *The Growth of Papal Government in the Middle Ages : A Study in the Ideological Relation of Clerical to Lay Power*. New York : Barnes & Nobles Inc., 1953.

Ullmann, Walter. *The Papacy and Political Ideas in the Middle Ages*. London : Variorum Reprints, 1976.

Vieru, Simona. "ARISTOTLE'S INFLUENCE ON THE NATURAL LAW THEORY OF ST THOMAS AQUINAS," *The Western Australian Jurist* 1 (2010), pp.115-120.

Waley, D. *The Papal State in the Thirteenth Century*, London, 1961.

Walsh, J. E. *The Bones of St. Pter; The First Full Account of the Search of the Apostle's Body*. Garden City, New York : Doubleday, 1982.

Watanabe, Morimichi, "Western European Political Theory : After 1100," *Dictionary* of the Middle Ages 10 : 20A-21A.

Watt, J. A. "Medieval Deposition Theory : A Neglected Canonist Consultatio From the First Council of Lyons," Studies in Church History 2 (1965), pp.197-214.

Watt, J. A. "The Theory of Papal Monarchy in the Thieteen Century : The Contribution of the Canonists," Traditio 20 (1964), pp.179-317.

Watt, J. A. "The Use of Term 'plentudo potestatis' by Hostiensis," Proceeding of the Second International Congress of Medieval Canon Law. Rome (1965), pp.162-187.

Weber, Hans. Der Kampf Zwischen Papst Innocenz IV. und Kaiser Friedrich II bis zur Flucht des Papstes nach Lyon. Lübeck : Nachdruck mit Genehmigung vom Matthiesen Verlag, 1965.

Weiland, Ludwig. Constitutiones et acta publica imperatorum et regum inde ab a. DCCCCXI usque ad a. MCXCVII(911-1197) in Monvmenta Germaniae Historica. Berlin : Weidmannsche Buchhandlung, 1978.

Welsby, Alison Sarah. Pope, Bishop and Canon Law : A Study of Gregory VII's Relationship with the Episcopate and the Consequences for Canon Law. Available: http://www.leeds.ac.uk/history/e-journal/ welsby.pdf.

Wiel, Constant Van de. History of Canon Law. Louvain : Peeters Press, 1991.

Wilks, Michael J. The Problem of Sovereignty on the later Middle Ages. Cambridge : Cambridge UP, 1963.

Wood, Charles T., ed. Philip the Fair & Boniface VIII. New York, 1976.

Yack, Bernard. "Natural Right and Aristotle's Understanding of Justice," Political Theory 18-2 (1990), pp.216-237.

Ziegler, Aloysius K. "Pope Gelasius I and His Teaching on the Relation of Church and State," Catholic Historical Review 27 (1942), pp.412-437.

강치원,「마르실리우스의 政治思想에 있어서의 아리스토텔레스的 要素」,『關大論文集』 14-1 (1986).

김병곤,「Thomas Aquinas의 중세 자연법 사상 : Aristotle 철학의 스콜라적 변용」, 『한국정치학회보』 29-1 (1995).

박경자,「마르실리우스 파도바의 법 개념과 근대성-강제성을 중심으로」,『철학논 집』 24 (2011).

박은구,「서양중세 政府論 一考」,『崇田大學校 大學院 論文集』(1983).

박은구·이희만 역,『중세 유럽의 정치사상』, J. 모랄, W. 울만 지음(혜안, 2016).

박은구,『서양중세 정치사상연구』(혜안, 2001).

박은구,「Marsilius of Padua의 人民論 分析」,『서양사론』 49 (2001).

박은구, 「Marsilius of Padua의 人民州權論 : 政府論을 중심으로」, 『서양사론』 44 (2002).

박은구, 「William of Ockham의 世俗政府論」, 『崇實史學』 3 (1985).

박은구·이연규, 『14세기 유럽史』(1987).

변우찬 역, 『옥스퍼드 교황사전』, 존 노먼 데이비스 켈리, 마이클윌시 저(분도출판사, 2014).

유희수, 『낯선 중세』(문학과지성사, 2018).

이영재, 「교황 Gregory 7세의 서임권 투쟁에 관하여」, 『서양중세사연구』 제15호 (2005).

이영재, 『Gregory 7세의 교황주권론 연구』, 숭실대학교 박사학위논문 (2003).

이희만, 「존 솔즈베리의 국가 유기체론－제도화를 중심으로」, 『서양사론』 106 (2010).

정진석, 『教會法源史』(분도출판사, 1974).

중앙대학교 서양사연구회 역, 『국가의탄생 : 근대국가의 중세적 기원』, 조지프 R. 스트레이어 저(학고방, 2012).

차용구 역, 『교황의 역사: 베드로부터 베네딕토 16세까지』, 호르스트 푸어만 저(길, 2013).

홍성표, 『중세 영국사회의 범죄』(느티나무, 2006).

홍성표 역, 『중세의 종교개혁』, 브렌다 볼튼 저(느티나무, 1999).

지은이 | 장 준 철

전북대학교 사학과 학사, 전남대학교 사학과 박사, 오하이오 주립대학 대학원 수료
캔자스 대학 교환교수, 미시간 주립대학 교환교수, 원광대학교 교수 역임
원광대학교 박물관장·한국서양중세사학회 회장·전북사학회 회장 역임
현 원광대학교 사학과 명예교수

연구서 | 서양중세교회의 파문(혜안, 2014)

서양 중세의 교황권
정치적 갈등과 투쟁의 역사

장 준 철 지음

초판 1쇄 발행 2021년 6월 20일

펴낸이 오일주
펴낸곳 도서출판 혜안

등록번호 제22-471호
등록일자 1993년 7월 30일

주소 04052 서울시 마포구 와우산로 35길 3(서교동) 102호
전화 02-3141-3711~2 / 팩스 02-3141-3710
이메일 hyeanpub@hanmail.net

ISBN 978-89-8494-663-7 93920

값 40,000 원